君士坦丁堡

举世向往之城，1453~1924

[英]菲利普·曼塞尔 著
陈功 译

PHILIP MANSEL

民主与建设出版社
·北京·

献给伊斯坦布尔的朋友们

如果将整个世界视为一个帝国,那么首都一定是君士坦丁堡!

——拿破仑,1807年

君士坦丁堡，1840年

（由 J. 赫勒特绘制）

本书地图系原文插附地图

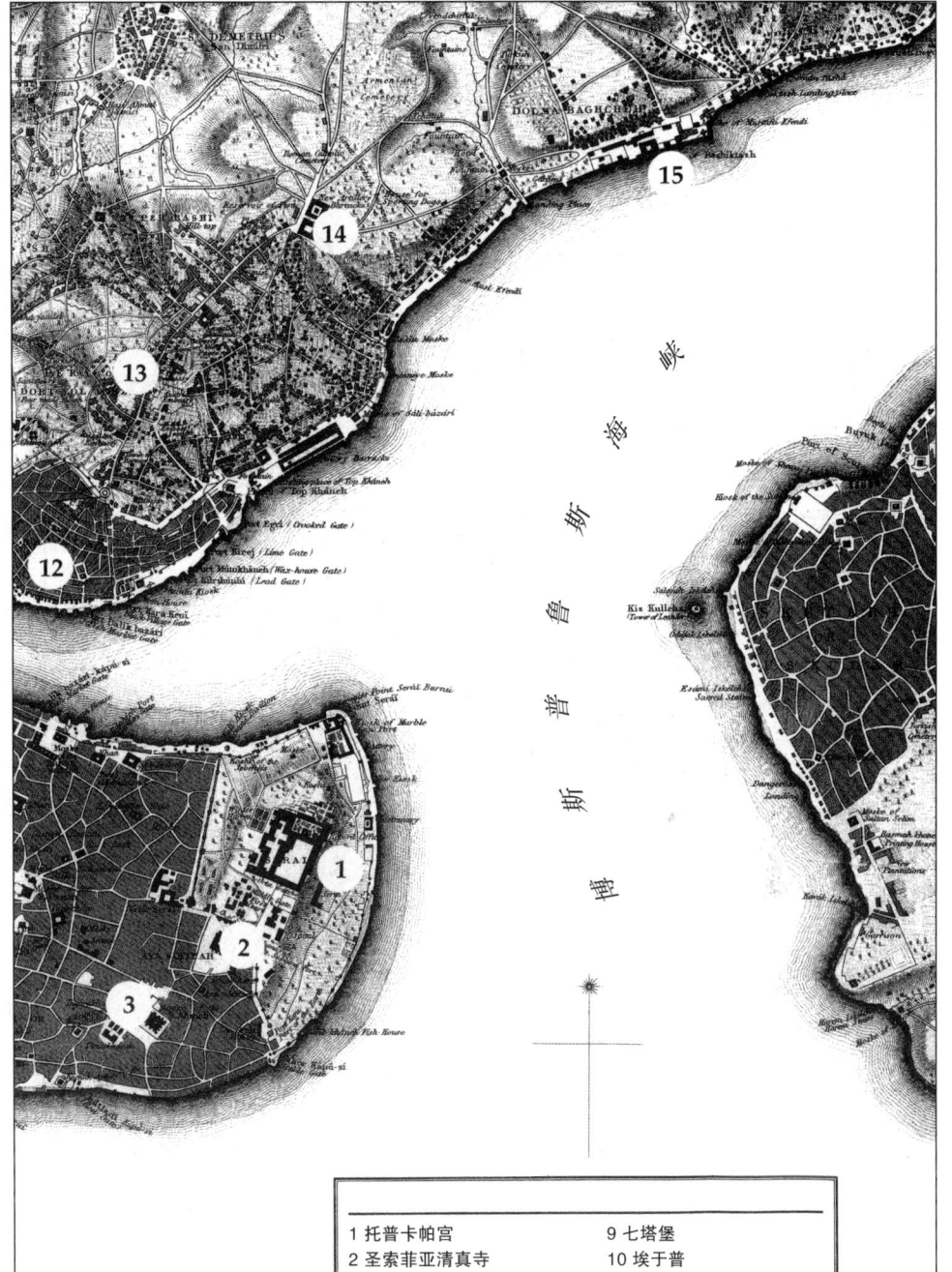

1 托普卡帕宫
2 圣索菲亚清真寺
3 苏丹艾哈迈德清真寺
4 巴扎
5 苏莱曼清真寺
6 法提赫清真寺
7 普世牧首住所
8 亚美尼亚大牧首住所
9 七塔堡
10 埃于普
11 兵工厂
12 加拉塔
13 佩拉或贝伊奥卢
14 塔克西姆
15 贝西克塔斯,之后的多尔玛巴赫切宫

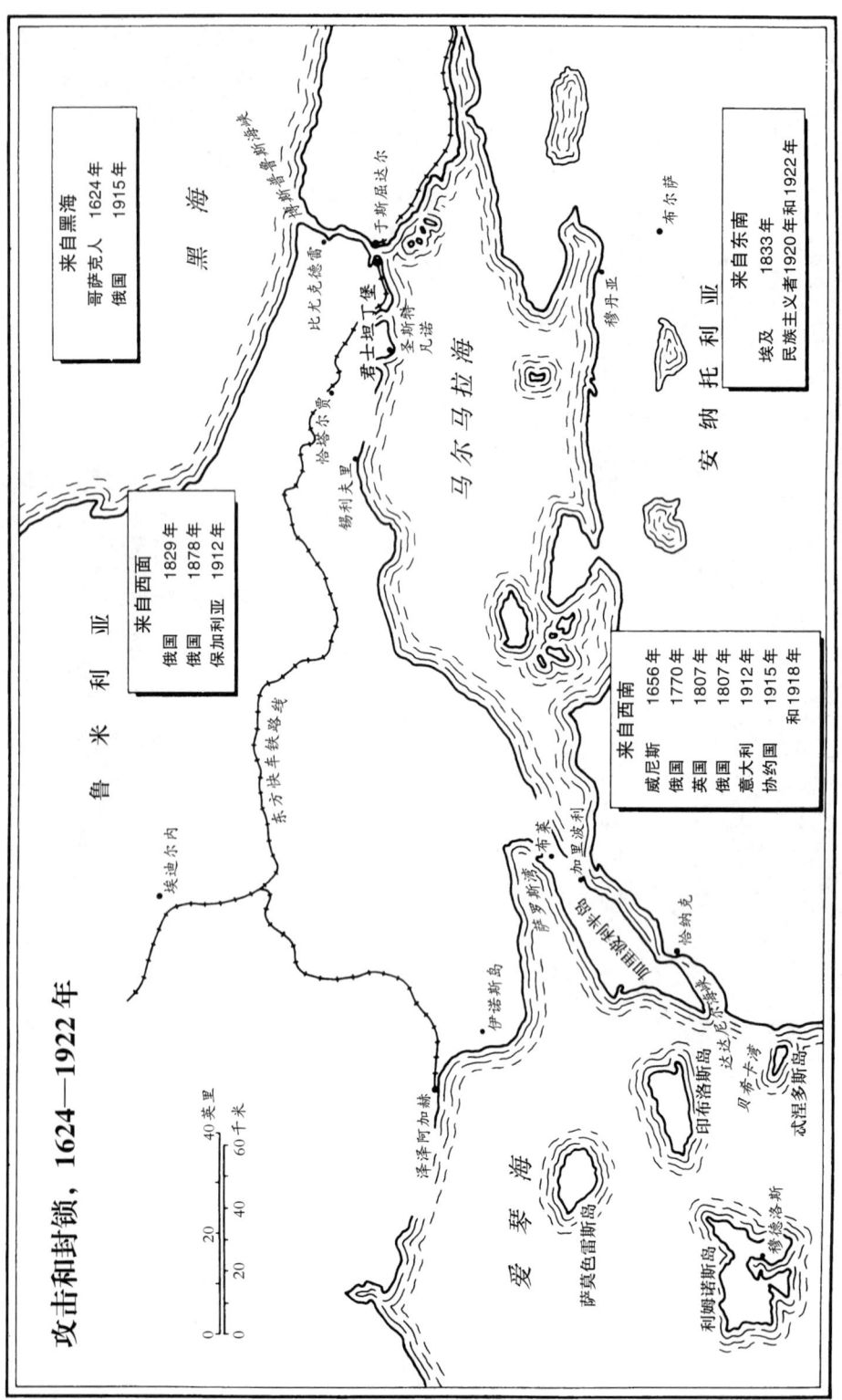

目 录

致 谢 /i

前 言 /iii

1 "征服者" /1

2 神的城市 /28

3 皇 宫 /58

4 后宫和公共浴室 /83

5 黄金城 /113

6 维齐尔和译员 /137

7 惬意的毯子 /169

8 大使和艺术家 /197

9 禁卫军蹙眉 /229

10 马哈茂德二世 /249

11 奇迹之城 /271

12 通往沙皇格勒之路 /301

13 耶尔德兹 /324

14 青年土耳其党人 /357

15 首都之死 /392

尾 声 /429

词汇表 /448

附录一 /454

附录二　/455

附录三　/456

附录四　/458

附录五　/459

附录六　/460

附录七　/462

附录八　/464

注　　释　/465

参考文献　/507

出版后记　/529

致　谢

作者向大英图书馆、伦敦图书馆和伊斯坦布尔图书馆的工作人员致以诚挚的谢意。作者也想向所有与他分享时间和知识的人致以谢意：其中有尼古拉·阿德杰姆奥卢、赫勒敦·胡斯里、尼加尔·阿莱姆达尔、图拉伊·阿尔坦、穆内维尔·阿亚斯利、萨菲亚·阿伊拉、居内伊特·艾拉尔、穆拉特·贝尔盖和塔吉赛尔·贝尔盖、凯末尔·贝伊迪尔利、托比·巴肯、弗雷德里克·E.冯·塞尔辛、阿尔基斯·库尔库拉、约翰·丹尼尔松、巴士里·达尼什蒙德、希琳·德夫里姆、塞利姆·德林吉尔、塞利姆·迪尔瓦纳、内斯托林·迪尔瓦纳、阿伊拉·埃尔杜兰、奥斯曼·埃尔克、塞尔丘克·埃森贝尔、罗伯托·法尔基、安德鲁·芬克尔、萨拉·福克斯-皮特、约翰·弗利里、戴维·吉尔摩、尼鲁费尔·戈凯、塞夫吉·格努尔、埃里克·格伦贝格、马诺斯·哈里塔提斯、弗雷德里克·希策尔、费夫齐·卡特尔杰奥卢、亚历山大·科德罗斯、奥尔罕·科尔奥卢、锡南·库内尔阿尔普、奥尔罕·柯普律吕、沃尔夫-迪特尔·莱姆克、杰弗里·刘易斯、尼娜·洛巴诺夫、贝尔图尔·马尔丁、龙尼·马古利斯、乔尔乔斯·马夫罗戈扎托斯、阿希莱斯·梅拉斯、艾塞古尔·纳迪尔、安德烈·尼乌瓦斯兹尼、塔尔坎·奥利维耶和泽尔法·奥利维耶、伊斯梅特·奥兹别科、凯瑟琳·佩奇女士、凯沃尔科·帕慕克扬、雅克·佩罗、弗兰克·G.佩里、扬尼·佩索普洛斯、巴鲁赫·平托、朱利安·拉比、阿兰·德·莱西·拉什、内杰代特·萨卡奥卢、萨米王子、约翰·斯科特、谢里法·斯费内、科斯塔斯·斯塔马托普洛斯、梅廷·坦利维尔迪、E.F.德·泰斯塔、贝林·托罗尔桑、塔哈·托罗斯、埃琳娜·托尔诺男爵夫人、图尼夫妇、图尼-韦尔热纳夫妇、杰弗里·惠托尔、迈克尔·惠托尔、亚历山大·沃尔孔斯基公爵、内吉拉·雅沙尔、马法尔达·佐纳罗·梅内古泽尔女士。特别感谢道格拉斯·马修斯所做的索引，阿里·阿奇卡林所做的翻译，以及阅读手稿并给出建议的雅科沃斯·阿克斯特奥卢、霍华德·戴维斯、卡罗琳·芬克尔、罗杰·赫德森、卡罗琳·诺克斯、福阿德·纳哈斯。作者还尤为感谢梅廷·穆尼尔和奥古丝塔·里贝尔的友好与鼓励。

前　言

本书写的是一座城市和一个王朝家族的故事。王朝在塑造城市方面与民族身份、气候和地理一样具有决定性的力量，本书就是凭着这一观念写成的。15—19世纪，像巴黎、维也纳、柏林这样的王朝都城使里昂、法兰克福、纽伦堡这些因地理或商业而兴盛的城市相形见绌。本书叙述的是在很长的一段时期内，君士坦丁堡这座最伟大的王朝都城的故事。因为奥斯曼王朝和君士坦丁堡之间的相互作用造就了唯一在每个方面都发挥作用的首都：政治、军事、航海、宗教（既对穆斯林也对基督徒）、经济、文化和美食。

君士坦丁堡是这座城市在本书中使用的名称：它频繁用于奥斯曼的公文和钱币，并且是其他语言中针对这座城市使用次数最多的名称。（当引文中出现其他名称时，我不做修改。）几乎没有人始终用一个名称来称呼这座城市。其他的名字、绰号和简称包括：伊斯坦布尔、伊斯兰堡、斯坦布尔、库什塔、君堡、君士坦丁波利斯、沙皇格勒、罗马人的大城市、新罗马、新耶路撒冷、朝圣之城、圣徒之城、世界之眼、寰宇庇护所。

1

"征服者"

> 罗马帝国的权力中心所在地就是君士坦丁堡……因此您是罗马人的合法君主……罗马人的皇帝也就是全世界的皇帝。
>
> ——特拉布宗的乔治
> 致"征服者"穆罕默德，1466年

1453年5月29日下午，苏丹进入了那座他向往已久的城市。他骑着白马，在一条遍布死亡气息的大道上前行。君士坦丁堡正被得胜的奥斯曼军队大肆劫掠。根据一位威尼斯观察者的记载，鲜血就像突如其来的暴雨过后的雨水般流过街道，尸体如同甜瓜般沿运河漂到海中。[1] 奥斯曼官员图尔松贝伊写道，军队"从皇宫和有钱人的房子里带走金银器、宝石、值钱的商品以及织物。许多人就这样脱贫致富。每个营帐里都满是英俊的男孩和美丽的女孩"。苏丹一直骑马前行，直到他到达东方基督教世界的母堂、普世牧首所在地——圣索菲亚大教堂。这座教堂在900年前由查士丁尼皇帝下令建造，拥有当时欧洲最大的圆形穹顶。苏丹从马上下来，弯下腰，从地上掬起一捧土，把土撒在自己的头巾上，以示自己在真主面前的卑微。

在希腊人视为"人间天堂，上帝荣耀的宝座，智天使的翅膀"的圣地里，一个土耳其人进行宣礼："万物非主，唯有真主，穆罕默德是真主的使者。"圣索菲亚大教堂变成了圣索菲亚清真寺。几百名希腊人在大教堂里避难，希望能有奇迹拯救他们。当苏丹进入教堂时，这些人正在被俘虏他们的人赶出去。苏丹拦下一个正在乱砍大理石地面的士兵,带着征服者的骄傲说道:"你有战利品和俘虏就够了,这座城市的建筑属于我。"在画着耶稣基督、圣母玛利亚、东正教圣徒和拜占庭皇帝的马赛克镶嵌画下,他向真主祷告。听完随从的祝贺,他回复道:"愿奥斯曼家族在此永远存续!愿成功永刻于印章石上!"[2]

在土耳其语里被称为"法提赫"(Fatih,意为征服者)的奥斯曼帝国苏丹穆罕默德二世在1453年时只有20岁。他出生于君士坦丁堡西北200英里开外的奥斯曼首都埃迪尔内。根据某部他自己编纂的史书记载,穆罕默德二世从小就有征服君士坦丁堡的想法,并且坚持认为征服这座城市刻不容缓。1451年,他的父亲穆拉德二世去世,他继承皇位,实现雄心壮志的机会到来了。

君士坦丁堡天然是人心向往的对象,因为地理和历史似乎已经决定它将成为一个伟大帝国的首都。它位于一个三角形半岛的末梢,三面环水。北边是一个长6千米、宽1千米的海港,叫金角湾,这或许是因为它在夕阳的照耀下会变为金色;东边是分隔开欧洲和亚洲的狭窄水道博斯普鲁斯海峡;南边是连接爱琴海和黑海的狭小内海马尔马拉海。这座城市既是天然的堡垒,也是无与伦比的深水港,享有通往非洲、地中海和黑海的便捷海路。此外,它坐落在欧洲和亚洲、多瑙河和幼发拉底河之间陆上通道的十字路口上。它的地理位置似乎是为了接受全世界的财富而被专门创造出来的。

据说拜占庭在公元前7世纪落成,当时是一个希腊殖民地,324年,君士坦丁大帝将其重建为新罗马,一个战略位置优于台伯河边的旧罗马的新首都。在之后的1000多年里,它一直都是罗马帝国在东方的首都。6世纪时,圣索菲亚大教堂的建立者查士丁尼皇帝在君士坦丁堡统治着一个从幼发拉底河到直布罗陀海峡的帝国。这座城市在罗马的宏伟之上增加了时间的魔法:92位皇帝在"众城之女王"统治过。世界上没有其他任何一座城市有如此长久延续的帝国历史。此外,在拜占庭帝国1000多年历史的大多数时间里,它都是欧洲最大、最富有魅力的城市,是古典雕像和手稿的宝库,也是东方基督教世界的神经中枢。它的财富让中世纪旅行家图德拉的本雅明写道:"希腊居民富有黄金和宝石,他们穿着绣着金线的丝绸服装,骑着骏马,看起来像王子……君士坦丁堡的财富举世无双。"十字军骑士维尔阿杜安男爵写道,当他的同伴于1203年"看到包围着君士坦丁堡的高大城墙和富丽塔楼,看到恢宏的宫殿和如此多高耸的教堂(要不是亲眼所见,没有人会相信这一景象)",他们感到惊奇不已。

君士坦丁堡被欧洲最宏伟的城墙包围着,它们建于412—422年。君士坦丁堡的各处城墙都是普通城墙的3倍厚,配有护城河、城垛,散布着192座塔楼。城墙从金角湾延伸到马尔马拉海,长达6千米,随地势变化而起伏。城墙还沿马尔马拉海和金角湾延伸,将这座城市完全包围了起来。到19世纪,护城河已经被填成花园和墓地。城墙摇摇欲坠,爬满了常春藤,在此处巡逻的士兵还没有山羊多。然而,拜伦写道:"我见过雅典、以弗所和德尔斐的废墟;我穿过土耳其大部,到过欧洲许多地方和亚洲的一些地方;但是对于从七塔堡到金角湾尾端的景色,我从来没有见过能与之媲美的自然景观或是艺术作品。"3

据一个拜占庭人所写,修建城墙是因为君士坦丁堡是"举世向往之城"。没有一座城市经受过比它更多的攻击和围困:斯拉夫人(540年、559年、581年),波斯人和阿瓦尔人(626年),阿拉伯人(669—679年和717—718年),保加利亚人(813年、913年和924年),罗斯人(860—1043年4次攻城)。君士坦丁堡的商业对手威尼斯组织了1204年西方十字军对它的劫掠,自此之后君士坦丁堡再也没能恢复元气。在1261年拜占庭人收复君士坦丁堡之后,拜占庭帝国在穆斯林敌人面前的一败再败,以及敌对派系间的内战,使得首都的人口从巅峰时期的40万人下降到大约5万希腊人(或者说"罗马人"),他们当时仍然这样骄傲地称呼自己。① 到1400年,它已经萎缩成一系列小城,由农庄和果园分隔开。

末代皇帝君士坦丁十一世在1453年只统治君士坦丁堡城、一些岛屿、沿海地区和伯罗奔尼撒半岛。商业已转入威尼斯人和热那亚人之手。古典

---

① 今天土耳其共和国仍然称呼其信仰东正教的公民为"罗马东正教徒"(Rum Ortodoks)。

雕像已被出售或被偷走。皇宫屋顶的铅已被用于铸币。当苏丹从圣索菲亚清真寺的屋顶上审视被毁的宫殿时，他想到了其他消亡的帝国和皇帝，吟诵了下面的诗句：

> 蜘蛛是霍斯劳大殿的守卫
> 猫头鹰召唤阿夫拉西亚伯宫殿的巡夜人[4]

如果历史和地理将君士坦丁堡塑造成一个无可比拟的帝国首都，那么奥斯曼人就认为他们注定要统治一个伟大的帝国。当突厥人还是中亚的游牧民时，许多突厥人就已经自视为"天选之民"。他们是战争时期的魔鬼，和平时期的天使，同时具备英勇与仁爱，他们注定统治世界。奥斯曼家族本是突厥乌古斯部卡耶部落的成员，他们于12世纪同其他成千上万的突厥人一起从中亚来到安纳托利亚。他们是被气候，以及拜占庭帝国和塞尔柱苏丹国——塞尔柱苏丹国是盛极一时的突厥国家，以安纳托利亚中南部的科尼亚为首都——衰落造成的权力真空而吸引来的草原游牧民。14世纪初，奥斯曼一世在地处拜占庭帝国边缘的安纳托利亚西北部开创了一个环绕布尔萨的埃米尔国。布尔萨是奥斯曼帝国的第一个首都。

归功于一系列杰出的苏丹，战无不克的精英部队禁卫军（Janissaries，来自土耳其语yeniceri，意为"新军"）的建立，以及邻国的弱小和不团结，奥斯曼土耳其闪电般地蹿升为世界强权国家。他们利用穆斯林对以圣战者的身份与基督徒作战的渴望——圣战让人们有机会获得战利品。然而，奥斯曼帝国的崛起也超越了穆斯林与基督徒之间的分歧。土耳其人为希腊人作战，反之亦然。事实上，奥斯曼土耳其人在1352年第一次渡海进入欧洲时，身份是拜占庭内战中约翰·坎塔库泽努斯皇帝的雇佣兵。有五位奥斯曼王子迎娶了希腊或是斯拉夫的公主（虽然"征服者"穆罕默德二世的母亲可能是基督徒或有犹太血统，但他的血管里并没有流淌着拜占庭皇室的血）。奥斯曼人最初是拜占庭皇帝的雇佣军，但很快就成了皇帝的敌人，他们因与富裕的商业共和国热那亚结成同盟而获益匪浅。到1366年，奥斯曼的首都已经由亚洲的布尔萨迁移到欧洲的埃迪尔内。在接下来的30年中，奥斯曼人打败了两个强大的东正教君主国保加利亚和塞尔维亚，二者都有赢得君士坦丁堡的野心。

突厥征服者帖木儿是奥斯曼帝国在中亚的一个竞争对手，他的崛起短暂抑制了奥斯曼帝国的扩张。1402年，他打败并俘虏了奥斯曼苏丹巴耶济德一世，巴耶济德并不总是配得上他的称号"耶尔德勒姆"（Yildirim，意为"雷电"）。但在跛子帖木儿死后，奥斯曼重新开始争雄世界。安纳托利亚大部和巴尔干都被征服。君士坦丁堡已被奥斯曼包围，成为其如汪洋大海般疆域中的一座希腊小岛。巴耶济德一世和"征服者"的父亲穆拉德二世都包围过它。它还没有被攻占，这简直就是个奇迹。

君士坦丁堡陷落后，根据伊斯兰教法中规定如何对待拒绝投降的城市的部分，苏丹的军队可将大约3万基督徒居民掠为奴隶并赶出城去。还有成千上万人成为"宝剑的食物"。末代皇帝君士坦丁十一世战死，罗马帝国是他的裹尸布。他的宰相卢卡斯·诺塔拉斯被处死。处死诺塔拉斯要么是因为害怕他会为苏丹的西方敌人威尼斯和罗马天主教廷服务，要么是因为他拒绝把儿子交给苏丹取乐。大部分留在城内的希腊和威尼斯贵族与他命运相同。

君士坦丁堡被武力夺取，直到469年后奥斯曼帝国终结时，武力都是帝国首要的控制手段，这与它在其他王朝中的作用并无不同。苏丹在1452年准备围城之时就已设计并建造了博斯普鲁斯边上宏伟的如梅利堡。1453—1455年，有7座塔的巨大城堡七塔堡在城西"以最快的速度"修建起来，在这里，君士坦丁堡的陆上城墙与马尔马拉海相接。七塔堡现在被废弃的状况并不能体现出七塔堡曾经比巴士底狱和伦敦塔更让人恐惧的事实。这是一座贮藏财宝，囚禁敌国大使，处死苏丹的敌人——有时是苏丹自己——的城堡。1463年11月1日，黑海沿岸特拉布宗帝国的末代希腊皇帝大卫·科穆宁因被怀疑与苏丹的敌人合作，而与他的六个儿子、一个兄弟和一个侄儿一起在他的妻子海伦娜皇后面前被处死，七塔堡接受了血的洗礼。之后他们的尸体被丢出七塔堡，被当地的狗撕咬啃食。皇后因试图埋葬他们而被罚款。[5]

没有一位诗人或旅行者像"征服者"穆罕默德二世这样因君士坦丁堡而陶醉。奥斯曼君王已经使用了突厥头衔"汗"（Khan，皇帝），还有波斯称号"帕迪沙"（Padishah，伟大的国王）、"沙欣沙"（Shahinshah，众王之王），以及阿拉伯语头衔"苏丹"（Sultan，统治者）。从1453年开始，穆罕默德二世和他的继承人都把自己视为罗马帝国的继承人、欧洲唯一名副其实的皇帝。围城后几天，一个生活在城中的热那亚人写道："在夺取君士坦丁堡后，他变得不可一世，以至于他认为他自己很快就将成为全世界的主人，他还公开宣誓他意图在两年之内到达罗马。"作为要征服的土地，欧洲和罗马比中亚或是高加索说突厥语族语言的民族占有的土地更让奥斯曼人感兴趣。"红苹果"是土耳其语里对统治世界的一个比喻。1453年前，"红苹果"被认为是圣索菲亚教堂前查士丁尼大帝巨像右手上的地球。在1453年雕像被毁以后，"红苹果"西移，变成奥斯曼人下一个目标——罗马城——的象征。穆罕默德二世的曾孙苏莱曼大帝总是喊着："到罗马去！到罗马去！"对于后来的苏丹来说，"红苹果"是哈布斯堡神圣罗马帝国皇帝的首都维也纳。[6] 奥斯曼帝国的雄心无人可比。相比之下，波斯的沙阿鼠目寸光，法国的国王胆怯平庸，神圣罗马帝国的皇帝只想着自己的一亩三分地。

能与亚历山大大帝匹敌的渴望也激励着奥斯曼人。穆罕默德二世把自己和亚历山大紧密联系起来，以至于"每天"都让人读他的图书馆里阿里安的《亚历山大远征记》，他钦定一个名叫米哈伊尔·克里托夫洛斯的希腊小吏用和《亚历山大远征记》抄本一样的纸、一样的格式为他写作希腊语传记。一位威尼斯使节写道，穆罕默德二世"声称他将从东方打到西方，正如同之前的西方人进军东方一样。他说，世界上只能存在一个帝国、一个征服者和一个王权。没有一个地方比君士坦丁堡更值得成为开创全球统一事业的起点"。[7]

穆罕默德二世及其后人在君士坦丁堡统治的帝国是一个王朝国家。陷于自身民族主义困境中的欧洲人经常称苏丹为"土耳其大公"（Grand Turk），称奥斯曼帝国为"土耳其"，似乎奥斯曼帝国是一个民族国家。而帝国的官方名称传达出它的王朝本质：它是"被真主保护的"或者"崇高的""奥斯曼家族的疆土",可简写为"崇高之国"或是"崇高国度"。军人、官员和法官组成的统治精英,以及19世纪中期以后的全体国民,都以王朝名称而被称为"奥斯曼人"。直到19世纪末,"土耳其"一词都是指代安纳托利亚农民的贬义词。

如同哈布斯堡王朝创造了维也纳一样,君士坦丁堡也是奥斯曼人的创造。他们需要一座配得上他们帝国的世界城市。穆罕默德二世和他的后继者称他们自己为"世界的征服者""世界之王"。对于苏丹和他们的城市而言,最受欢迎的称谓之一很快变为"寰宇的庇护所"。君士坦丁堡似乎恰如其分地为这个帝国创造出一个多民族首都,根据后来的统计,这个帝国包括七十二个半民族。①

多民族主义成为君士坦丁堡的本质。奥斯曼作家常用的文学手法就是比较帝国和首都诸多民族的优点和相貌。在15世纪,人们能犀利地感受到更多基于地理和历史而非种族的民族差异:奥斯曼治下的第一位普世牧首金纳迪乌斯称希腊人为"大地上最优秀的民族"。中世纪的一句波兰谚语说道:"只要世界还是那个世界,波兰人就不会是日耳曼人的兄弟。"16世纪杰出的历史学家穆斯塔法·阿里称赞奥斯曼国内民族的数量是帝国的力量来源之一——土耳其人、希腊人、法兰克人、库尔德人、塞尔维亚人、阿拉伯人和其他民族。19世纪,苏丹的大臣杰夫代特帕夏称奥斯曼帝国是一个伟大的社会,"因为它的人民说许多种语言,并且因为它从它的许多民族中挑选了最好的天才、习俗和举止"。[8]君士坦丁堡的民族多元化骄傲地展现在绘画、照片和苏丹亲卫队的组成等方面,在20世纪,它又由政治游行队伍和被派去废黜苏丹的代表团体现出来。

然而,现实政治是君士坦丁堡民族多元化的首要原因。"征服者"需要庞大而富有的一群人在他的新首都里服务宫廷和国家机器。但穆斯林土耳其人的数量不足以把君士坦丁堡变为一座完全的土耳其城市。这一阶段帝国人口的主体是基督徒。土耳其人需要遍布帝国各处,在巴尔干的城镇和安纳托利亚的乡间殖民。因此,历史学家克里托夫洛斯写道,1453年后

---

① 当时吉卜赛人被认为是半个民族。

苏丹"从亚洲和欧洲各地"把人民聚集到君士坦丁堡,"他小心翼翼,尽可能快地转移各族人民,特别是基督徒"。在新首都里,每个邻里(mahalle,城市的基本生活单位,拥有自己的礼拜场所、商店、喷泉和夜间警卫)保留了居民故乡的城市名称,以及特有的风俗、语言和建筑风格。[9]

土耳其人是苏丹带到君士坦丁堡的第一批,也是人数最多的居民。在1453年被攻陷后的几年里,这座城市一直遭受瘟疫之苦,仍然是一片废墟。苏丹不得不用被称为"强制迁移"(surgun)的奥斯曼式手段将土耳其人移到他的新首都。编年史家阿希克帕沙扎德写道:

> 苏丹派官员到各地,宣布任何被钦定的人都要前来,并在君士坦丁堡拥有住房、果园和花园的终身保有权……尽管实施了这一政策,城市的人口还是没有再度繁盛起来;于是,接下来苏丹命令用武力把各地的家庭带来,无论贫富。他们派官员带着诏书到各地的宗教法官和行政长官那里去……于是城市人口繁盛起来。

穆罕默德二世亲自前往布尔萨,强迫这座富裕的贸易城市里的手工业者和商人前往首都。艺术家和匠人被残忍地从舒适的塞尔柱王朝故都、安纳托利亚的科尼亚,转移到博斯普鲁斯边上被鲜血浸染的都城,感叹他们命运的悲歌流传至今。有时候"征服者"自己都不放心他的新战利品,于是他退回到前首都埃迪尔内。埃迪尔内有三重吸引力,即安静、靠近猎场和地理上的优势:它是奥斯曼在欧洲发起战役的天然动员中心。[10]然而,苏丹并没有疑虑太久。

就像1100年前召集罗马元老前往君士坦丁堡的君士坦丁大帝和250年后俄国圣彼得堡的彼得大帝那样,苏丹命令"帝国的中流砥柱"迁移到他的新首都。他告诉他们"每个人选定在哪里建筑,就在那里建宏伟的房子。他也命令他们建造浴室、客栈、市场和许许多多非常美丽的作坊,他命令他们建起礼拜场所"。他统治下最有能力的政治家马哈茂德帕夏是第一批为自己建立清真寺的人之一,这座清真寺现在被埋没在大巴扎边上商舍和小巷的迷宫中。[11]

"征服者"也带来了希腊人。这座城市一些区域的希腊人口从未减少。城西南靠近城墙的萨马提亚,即今天的科贾·穆斯塔法帕夏街区,单独投降了。因此,它逃过了洗劫,这解释了为何今天该街区有数量众多的教堂。城市中心的第二大教堂、拜占庭大多数皇帝的埋葬地,以及威尼斯圣马可大教堂的设计灵感来源之一——圣使徒教堂——就因苏丹明确的旨意而毫发无损。穆罕默德二世在他统治的大部分时间里都在与安纳托利亚和巴尔干的邻国统治者作战,这些统治者里既有基督徒也有穆斯林。他征服了特拉布宗、克里米亚、塞尔维亚、埃维厄岛,以及在安纳托利亚与他为敌的突厥卡拉曼贝伊国。随着他的帝国不断扩张,越来越多的希腊人被强行带到君士坦丁堡。为保障食物供应,希腊农奴(在16世纪被解放)被安置在城外的村庄中。[12]

生活在一起的希腊人和土耳其人之间没有宗教壁垒。基督徒是"有经人":尽管伊斯兰教接替了基督教的主导地位,但他们的宗教并不是完全与伊斯兰教的最终启示不同。亚伯拉罕和玛利亚受到穆斯林的尊崇,耶稣是伊斯兰教最伟大的先知之一,正如一则奥斯曼时期的教谕形容他为"(真主)将拯救遍洒在他身上"。根据《古兰经》里确立的伊斯兰教法,基督徒获得"受保护者"的地位,有权自由礼拜,根据他们自己的律法生活,作为回报,基督徒要缴纳人头税和其他税款。

穆罕默德二世走得更远。由于支持与教宗妥协的人与其反对者之间的争端,1453年君士坦丁堡没有大牧首,苏丹本可以空置这一职位,任由它消失,就像奥斯曼统治下安纳托利亚的许多东正教主教教区经历过的情况那样。但"征服者"是他所处时代里思想最开明的统治者。普世牧首从4世纪开始就在君士坦丁堡主持东正教会,穆罕默德二世的独到之处是恢复了该职位。

最博学、最受人钦佩的教会人士之一是生于君士坦丁堡的僧侣乔尔乔斯-金纳迪乌斯·斯科拉里乌斯。他大约50岁,曾是东正教信徒中反对与罗马教会统一的派系领袖。他在君士坦丁堡遭受洗劫时被俘,虏获他的土耳其人在埃迪尔内奉他为座上宾。据克里托夫洛斯所说,"征服者"找到金纳迪乌斯,赐给他自由和礼物:"最后让他成为基督徒的大牧首和大祭司，赐予他许多其他的权力和管理教会的特权，所有这些权力都不比先前皇帝统治的时期小。"这点得到现代学者证实。他于1454年1月5日在圣使徒教堂举行祝圣礼并正式上任。

任命文件已经失传，后来的希腊人夸大了苏丹赐给金纳迪乌斯的特权：在今天伊斯坦布尔大牧首所在地的前厅里挂着一幅真实性存疑的画，画里穆罕默德二世和金纳迪乌斯像两个地位平等的人那样拥抱在一起。不过，大牧首从此成了奥斯曼帝国的仆人。这位新大牧首付了一大笔钱，得到了苏丹本人的承认，苏丹这样称呼他："成为福运亨通的大牧首吧，愿我们的友谊牢固可靠，你保有你前代大牧首享有的特权吧！"

这是一笔交易。苏丹保护大牧首免于遭受敌对的斯拉夫东正教会和穆斯林狂热分子的侵扰。作为回报，大牧首为苏丹征税，并且在理论上保证希腊人的忠诚，阻止他们帮助苏丹的天主教敌人，即威尼斯和教宗国，二者都在1453年协助守城，并试图收复君士坦丁堡。大牧首作为东正教徒群体的首脑，统领以《查士丁尼法典》为基础的独立的东正教司法体系，他有判处罚款、监禁和驱逐的权力。尽管君士坦丁堡大牧首比他在梵蒂冈的同级别者更加贫弱，但他对于他的信众来说更为重要。大牧首职位是维系信仰和希望的标志和机构：征服君士坦丁堡后，奥斯曼疆域中皈依伊斯兰教者的比例降低了。[13]

穆罕默德二世积极主动地推行这些措施，他欣赏希腊文化，也看重希腊人能为首都带来的财富。君士坦丁堡有时确实为伊斯兰教和基督教之间的高墙打开了一扇门。在1455年或1456年，苏丹带着大臣拜访了大牧首的居所，要求金纳迪乌斯写一篇解释基督教的文章，这篇文章从希腊语被翻译为土耳其语，以便苏丹阅读。这篇《基督教信仰简纲》（*A Short Outline of the Christian Faith*），又长又复杂。即使是基督徒也很难理解像"我们相信上帝的话语，上帝话语表现出的人是基督，我们相信这个人，而基督作为人的一生是圣人的一生，他的智慧和神迹的力量是上帝的力量"这样的话。不过苏丹保持了对基督教的兴趣，他的基督教遗物收藏中有"圣婴基督"的摇篮，他告诉梵蒂冈的使节，即使有人出50万杜卡特金币，他也不卖，他还有施洗约翰的臂骨和头颅。[14]

苏丹的一些手下就没有那么心胸开阔了。祝圣礼几个月后,金纳迪乌斯发现一个土耳其人死在圣使徒教堂的庭院里。穆斯林暴徒随时以最大的恶意揣测基督徒,即使是苏丹本人,或许也不能保护牧首免于愤怒的穆斯林暴徒的攻击。金纳迪乌斯把大牧首居所、遗物和财宝转移到12世纪建成的万祝圣母砖造教堂里,该教堂位于金角湾岸边的法纳尔区。由于苏丹把许多希腊俘虏安置在这里,这里始终是希腊人聚居区。

亚美尼亚人是苏丹带到君士坦丁堡的另一个基督徒群体。他们是一个独特的民族,至少从公元前6世纪起就居住在东安纳托利亚和高加索。从451年在卡尔西顿——现在的卡德科伊,正对着君士坦丁堡——举行的公会议开始,东正教徒和天主教徒都认为耶稣基督具有两个不同的特性——人性和神性。然而,亚美尼亚人是一性论派,认为耶稣基督只有一性,即具有统一的人性与神性。虽然南安纳托利亚的最后一个亚美尼亚王国在14世纪消失了,但亚美尼亚语和亚美尼亚字母保持了亚美尼亚人鲜明的民族特性。他们作为珠宝制造商、匠人(特别是建筑师)和商人在东地中海出人头地,这些技能自然会引起"征服者"的注意。克里托夫洛斯写道,穆罕默德二世"把他统治下的那些在财富、技术知识和其他方面格外出色的亚美尼亚人,特别是亚美尼亚商人阶层,转移到城市里"。这是应苏丹要求美化了的官方版本记载。亚美尼亚商人涅尔谢斯在1480年指责苏丹刮起了"针对基督徒和他自己人民的巨大风暴,把民众从一个地方转移到另一个地方……我在苦涩的时光里写下这些,因为他们违背我们的意愿,用武力把我们从阿马西亚带到君士坦丁堡;我满怀伤感,泪流满面地抄下这些文字"。

亚美尼亚的传统通过伊斯坦布尔库姆卡帕区亚美尼亚大牧首座堂正面的铭文展现出来,它宣称穆罕默德二世在1461年任命了君士坦丁堡亚美尼亚大牧首。事实上,亚美尼亚大牧首留在奇里乞亚的锡斯或是高加索的埃奇米阿津,至今大牧首仍在那里。这种历史叙事体现出亚美尼亚人对于在奥斯曼帝国提升地位的渴望,以及穆罕默德二世作为像亚历山大大帝一样的跨民族英雄的声望,因而不同的民族都可以乞求他的保护。而当亚美尼亚人的财富和影响力增长时,他们主教的地位也上升了。到17世纪,主教被承认为荣誉大牧首，或者"被称为大牧首的高级教士"，他像普世牧首那样管理自己的法庭和监狱。[15]

金角湾以北是富裕的加拉塔区，加拉塔在各种意义上都与君士坦丁堡相对。从13世纪开始热那亚人就控制了这里，并在这里定居。加拉塔之于君士坦丁堡就如黎凡特之于拜占庭帝国，一个在奄奄一息的帝国内部控制地区商贸的半独立殖民地，浑如400年后上海在奄奄一息的清朝内部扮演的角色那样。加拉塔（也叫佩拉，来自希腊语"外侧"一词）同君士坦丁堡完全不同，它像是一个意大利小城，拥有天主教堂、笔直的街道、精心建造的石造房屋和一个小广场。它最高的建筑是博斯普鲁斯海岸上孤立的哥特式尖顶地标建筑加拉塔石塔，今天它仍然高耸地矗立着直指天际。加拉塔在1453年比金角湾南边的拜占庭城更加富裕，人口也更加稠密。

热那亚和奥斯曼帝国曾长期结盟。但是许多在加拉塔的热那亚人与奥斯曼人为敌，苏丹说这些热那亚人让他无法在围城的第一天就夺取城市。然而，比起复仇，他对他们的财产更有兴趣。大英图书馆保存着1453年6月1日穆罕默德二世赐给"加拉塔民众和他们的贵族"特权的希腊语[①]诏书。作为服从和上缴人头税的回报，他们将成为被保护的帝国臣民。他们被允许保有财产，"按他们的传统和习俗生活"，除了"把教堂的钟敲得震天响"——这点让奥斯曼人特别厌恶。奥斯曼人决不容忍有声音与宣礼塔上宣礼员的宣礼声竞争。市民的武器被没收，一部分城墙被拆毁，现存的所有城墙只是靠近金角湾的一小段，那里有热那亚大家族多利亚家族贮藏的武器。然而，加拉塔没有遭到惩罚。前执政官在几天后给他在热那亚的兄弟写信："'征服者'让人列出了所有离开的商人和市民拥有的所有财产的清单，说'如果他们回来，他们应该把财产拿回去，如果不回来，那么所有东西都属于我'。"[16] 大部分人都回来了。

苏丹喜欢他的宫廷里有法兰克人（即西欧人）存在。他让热那亚裔明矾富商弗朗西斯科·德拉佩里奥担任他的非正式外交官（今天独立大街上

---

① 直到16世纪初，奥斯曼苏丹都雇用一些希腊文秘，用土耳其语和希腊语签发公文。

的圣玛丽·德拉佩里斯教堂仍在纪念他的家族）。苏丹特别喜爱加拉塔的拉丁气息，以至于他曾经进入一座方济各会教堂观看弥撒。

随着苏丹征服事业的扩展，越来越多的意大利人被带到城里，1460年是爱琴海沿岸热那亚殖民地的意大利人，1475年是克里米亚的意大利人。意大利人像希腊人一样对苏丹有用。苏丹在亚得里亚海和爱琴海上面对当时的列强之一威尼斯，而威尼斯拥有比奥斯曼更强大的海军。佛罗伦萨是威尼斯在意大利的头号敌人。因此，苏丹鼓励佛罗伦萨人移民到加拉塔，将被驱逐的威尼斯人的房子赏给他们；他甚至在1463年对威尼斯宣战前征求了佛罗伦萨领事的建议。加拉塔的佛罗伦萨人在这一年装点他们的房子，庆祝苏丹征服波斯尼亚的独立王国（波斯尼亚很快成了奥斯曼的堡垒，被称为"保卫斯坦布尔城门的狮子"）。1465年佛罗伦萨人在他们的主要贸易站举行晚宴，苏丹是座上宾，他得到了"慷慨奢华的献礼"。到1469年，奥斯曼帝国有50家佛罗伦萨商行。他们进口丝绸、天鹅绒、纸（大部分奥斯曼公文都写在意大利纸上）、玻璃和狐狸皮。他们在"保证市场运转"——这是一个常见用语——方面的主要问题来自瘟疫和威尼斯人，而不是奥斯曼人。[17]

加拉塔的例子表明东方和西方可以在君士坦丁堡共处。奥斯曼帝国从来不是像布罗代尔宣称的那样，是"反欧洲，反基督教世界"的。加拉塔的商人王朝——泰斯塔家族、德拉佩里斯家族、福尔内蒂家族——是在首都定居最久的家族。土耳其人称之为"淡水法兰克人"，他们与来自欧洲的"咸水法兰克人"不一样。由12名参事组成的"佩拉大委员会"管理天主教社区的教堂。商人每天在市政厅见两次面讨论一下事务，市政厅是一栋以热那亚的圣乔治宫为原型的哥特式建筑，它对于商人来说相当于伦敦证券交易所。[①] 当帝国与威尼斯处于和平状态时，威尼斯的外交代表主持法庭，处理涉及威尼斯臣民（以及其他欧洲人）的民事案件，法庭决议由奥斯曼当局执行。他也组织邮政服务，邮件一个月出城两次，经过陆

---

① 它现在是银行大街和加拉塔石塔夹角处的一个手工作坊，被称为"祝福商舍"，建筑外观已经没有热那亚徽章和哥特式窗户。或许它是城市里最古老的市民建筑。参考 *Studia Turcologica memoriae Alexii Bombacii Dicata*, Naples, 1982, 166-79。

路穿过巴尔干,来到达尔马提亚海岸的卡塔罗,之后渡海到威尼斯。两座城市之间的信件一般需要一个月才能到达。

加拉塔既是商业中心,也是娱乐中心。每年大斋节都有狂欢活动,马尔坎托尼奥·皮尼亚菲塔写道:"在这里生活会觉得仿佛置身于一个意大利城镇。"阿尔维斯·格里蒂是在博斯普鲁斯岸边发财的众多西欧人之一。他出生在君士坦丁堡,其父是威尼斯外交代表,因为他是私生子,所以他无法在威尼斯继承事业,他就住在加拉塔(他的土耳其语名字是贝伊奥卢,"贝伊的儿子",据说他叫这个名字是因为他父亲当上了威尼斯的总督)。他是大维齐尔的外事代理人,也是珠宝商人,据说他在土耳其人中间像土耳其人一样生活,而在基督徒中间又像基督徒一样生活。1524年,在父亲成为威尼斯总督后不久,格里蒂在君士坦丁堡举办了一场盛宴,共有300名客人参加,包括土耳其人。他们吃鹿肉、鹧鸪和孔雀肉。之后加拉塔的妇女跳舞取悦他们,舞蹈"动作极其淫荡,甚至能让大理石融化",再往后是喜剧《普赛克和丘比特》(Psyche and Cupid)、骑士比武和表现葡萄牙人占领锡兰的表演。一位17世纪的土耳其作家这么描述加拉塔:"提起加拉塔就是提起酒馆——真主饶恕我们吧!"夏天,在这些酒馆里,啤酒是用从布尔萨山上取来的雪冰镇的。女性身穿华丽的衣裳,全身佩戴着名贵珠宝,到20世纪她们还以"把圣徒变为魔鬼"的能力而闻名。[①] 18

这样,君士坦丁堡从1453年开始就不仅是奥斯曼帝国和东正教会的首都,也是被称为黎凡特的东地中海海港区当地商业亚文化的首都。直到19世纪初,意大利语——商业和海洋的语言——都是君士坦丁堡的第二语言,所有的法兰克人、绝大部分希腊人和亚美尼亚人,以及一些土耳其人都会说意大利语。许多意大利的航海名词,比如形容船型的"caravel"(卡拉维尔大帆船)和"bombarda"(平底双桅船),还有来自意大利语"scala"的"iskele"(码头),都进入了土耳其语(另一件反映意大利主导地位的事情是,英国商人在1830年以前用"黎凡特的码头"指代东地中海的港口)。一种被称为"通用语",包含了法语、希腊语、西班牙语、阿

---

① 后来的谚语说:"谁想毁灭,就娶黎凡特女子。"

拉伯语和土耳其语词的洋泾浜意大利语也很流行。直到20世纪初,在城里还可以听到像避免撞船的"看着点!看着点!"(Guarda! Guarda!),表示到达的"到了!到了!"(Monsu, arrivar)这样的喊声。[19] 在穆罕默德二世统治下,加拉塔是一个顺服的郊区。它将来会在君士坦丁堡的贸易、文化和外交方面发挥强大且最终是压倒性的影响。

像其他世界级城市——17世纪的阿姆斯特丹、19世纪的维也纳、20世纪的纽约——一样,君士坦丁堡也吸引了犹太人。君士坦丁堡的犹太人也像城里的其他居民那样在征服中遭受苦难。哀叹犹太人沦为奴隶和被驱逐的遭遇,以及奥斯曼人残忍行径的希伯来语诗歌流传至今。为了填补先前君士坦丁堡的犹太人减少后造成的空缺,奥斯曼帝国境内其他地区的大部分犹太人经由强制迁移制度被带到君士坦丁堡。他们没有官方批准就不能出城,因而认为自己"陷入囚禁之网"。直到19世纪,"被强征者"仍与自愿前来的"自来者"拥有不同的习俗和税收标准。[20]

1453年后,犹太人被鼓励迁出欧洲。一位拉比给在欧洲被迫害的同胞写信,满怀着对移民恢复锡安故土的热情,拉比催促同胞在"应许之地"定居:

> 在这片土耳其人的土地上,我们没有什么可抱怨的。我们很有钱,许多黄金和白银都在我们手上。我们不受重税的压迫,我们的商贸自由无阻。这里物产丰饶。任何东西都很便宜,我们中的每一个人都生活在和平和自由之中。这里的犹太人并不像德意志的犹太人那样被迫戴上黄星,作为耻辱的印记。在德意志,即使是财富和好运,对于犹太人来说也是诅咒,因为这样他会在基督徒中引起嫉妒,基督徒会用各种手段诋毁中伤他,来夺取他的黄金。站起来吧,同胞们,束上腰带,集聚你们所有的力量,来我们这里吧。

与西欧不同,"寰宇的庇护所"里没有对自由贸易的约束,也罕有对建立犹太会堂的限制。犹太人很快以香料商人、铁匠、木匠的身份富裕起来，也有的成了包税商、银行家和医生。他们很快凭借新挣来的财富，在君士坦丁堡海关关税租约上打败了基督徒和穆斯林财团。最初几十年过后，他们的日子算得上犹太历史上罕见的一段幸福的时光。在君士坦丁堡，"反犹运动""隔都""宗教裁判所"这些名词毫无意义。

从15世纪末到如今人们仍有鲜活记忆的近代，君士坦丁堡犹太人生活的中心都是金角湾两岸的巴拉特和哈斯科伊，两地在被奥斯曼人征服之前就有犹太人定居。据说，"巴拉特的小伙子都是真正强壮的年轻人，哈斯科伊的那些只是干瘪的'葡萄干'"。犹太会堂主导犹太人的生活。它们维持信徒来源地的传统习俗，运营本地学校和慈善组织，并安排向政府纳税。拉比是犹太法庭的法官，他们享有高度的独立性，能够为犹太人立法。[21]

君士坦丁堡最成功的犹太人是医生贾科莫·迪加埃塔，他离开了文艺复兴时期并不宽容的意大利，前往奥斯曼帝国的乐土。皈依伊斯兰教后他被称为雅库普帕夏，成为苏丹的医生，赢得了他自己和后代的免税特权，无论后代是犹太人还是穆斯林。君士坦丁堡是一座有双重身份的城市。雅库普帕夏像金纳迪乌斯、阿尔维斯·格里蒂和苏丹本人一样轻松游走在不同的世界。他不仅常去苏丹的宫殿，也去加拉塔的威尼斯外交代表的宅邸。或许是遵照苏丹的指示，他在那里传播假消息以迷惑威尼斯的决策者，比如他在1465年宣称苏丹皈依了基督教。[22]

希腊人、亚美尼亚人、意大利人和犹太人主要出于经济考量而被带到这座城市里。王朝国家自身则带来了第五个民族成分。奥斯曼政府被称为"门"（Gate），这个名字来自统治者宫殿中最明显与权力联系起来的部分：苏丹大家族的成员和管理者在苏丹的宫门前管理政事和司法，这就是人们所见的奥斯曼政府。苏丹官员和军人中的主体被称为"门奴"（kapi kulu，负责宫殿守卫）。他们的构成反映了奥斯曼对多元民族的信赖。他们原本是根据需要，从巴尔干的基督徒，以及不那么频繁地从安纳托利亚的基督徒之中，根据被称为"奴官制度"（devshirme）或者说"征召制度"的一套程序应征的8岁至16岁的少年。他们不可能是土耳其人。在1463年征服波斯尼亚之后，尽管《古兰经》禁止将穆斯林掳为奴隶，但是斯拉夫穆斯林可以被"征集",有土耳其血统的穆斯林则不能。

这些少年的出生日期和家庭详情被记录下来。他们被带到君士坦丁堡,进行割礼并皈依伊斯兰教。出身最好、长相最优者在宫廷学校或者帕夏的家户中接受教育,最终进入政府部门服务。其他人被"交给土耳其人",送到安纳托利亚的农场里学习土耳其语。他们之后成为皇室花园里的花匠、帝国海军的水手,或是在城市的工地里工作。最终他们加入禁卫军。禁卫军是一支大约有15万到20万人的武装力量,它是奥斯曼军队的先锋,也是君士坦丁堡自身首要的军警武装。他们巡查城墙、守卫七塔堡、执行法律、维持秩序、保护大牧首和苏丹本人。

一些基督徒家庭看着他们的孩子"被征集",感到肝肠寸断。有一首歌是这样唱的:

> 该死啊,皇帝,你真该死,
> 为你做过的坏事啊,你做的坏事。
> 你俘虏老人,关押首席祭司,
> 为把孩子抓走变成禁卫军士。
> 他们父母哭泣,姐妹兄弟也是,
> 我哭啊直到我疼痛不止;
> 我会一直哭泣,只要我还在世,
> 因为今年是我兄弟,去年是我儿子。

许多更世故的家庭则高兴地看到他们的孩子在奥斯曼职业阶梯中稳获一席之地。奴隶身份在伊斯兰世界中并不像在基督教世界那样耻辱。在苏丹或者维齐尔的住所里接受教育的奴官青年有机会占据帝国最高的职位,然后经营他们的关系。"门奴"免于其他奴隶在婚姻和财产方面受到的许多法律限制。波斯尼亚斯拉夫人自己要求保有参加"征集"的资格,虽然他们已从基督教改宗伊斯兰教。威尼斯外交代表写道,禁卫军"很高兴能说'我是大君(Grand Signior)的奴隶',因为他们知道这是一个由他们掌控的奴隶强权政府或是奴隶共和国"。假如100年前,爱尔兰年轻的天主教徒被加以选拔,获选者如果皈依了新教,就会被送到伊顿公学,然后被传授如何作为女王陛下的仆人管理大英帝国,或许他们也能为此感到相同的骄傲。[23]

奴官制度是奥斯曼特有的习惯做法,尤其受到穆罕默德二世的喜爱。一个意大利人写道:"他在这点上显得特别一意孤行,好像他可以通过自身的努力创造出一个新的民族。"这套程序移除了潜在的敌人,把他们转变为忠诚的奥斯曼人。此外,奥斯曼官僚阅读的传统的伊斯兰"王子之镜"传授了民族多样性的好处。根据《政府书》(*Book of Government*)或《君王守则》(*Rules for Kings*),如果苏丹雇用不同的民族,"所有民族都会努力互相赶超……当军队是同一民族时就会产生危险,他们缺乏热忱,容易无法无天"。

然而,"征集"的主要原因是不信任土耳其人。一个宫人写道:"宫里没有多少母语是土耳其语的人,因为苏丹发现那些无家无室、无亲无故且皈依伊斯兰教的前基督徒侍奉他更忠诚。他们特别爱服侍苏丹,如果可以的话,他们自愿牺牲一千人来保卫苏丹一人,以扩张他的帝国。"另一方面,许多土耳其穆斯林精英早于奥斯曼人来到这片土地,他们嫉妒奥斯曼人:当奥斯曼人初来乍到时,安纳托利亚已经有了罗姆、达尼什曼德等古老的突厥国家。穆罕默德二世体验过强大的穆斯林精英的危险:他在首次统治两年后,于1446年被废。他的大维齐尔钱达尔勒·哈利勒来自一个出过三个大维齐尔的家族,或许是因为哈利勒的教唆,"征服者"的父亲穆拉德二世复位两年。出于对西方报复的恐惧,大维齐尔一直反对穆罕默德二世攻击君士坦丁堡的决定,他说这是"一个喝多了的年轻人的愚蠢行为"。围城后不久,穆罕默德二世下令处死他。从此以后,大部分大维齐尔和帕夏都是"门奴":1453年后的前48个大维齐尔中只有5个是土生土长的土耳其人。一些土耳其人厌恶地称呼苏丹的国务会议(divan)为"奴隶市场"。[24]

禁卫军的存在意味着君士坦丁堡的许多军人——以及大清真寺的建设者和维齐尔——都是斯拉夫人。根据法国旅行者在1542年的记载,在宫廷中"斯拉夫语(塞尔维亚-克罗地亚语)是'最经常使用,并且所有人都懂'的语言……'因为是禁卫军的常用语,所以更为流行'"。与一些历史学家曾经的观点相反,"门奴"也可以跨越两个世界,在首都与他们在行省的家庭保持联系。比如大维齐尔马哈茂德帕夏主持1457年与塞尔维亚的谈判,如果谈判达成了令人满意的和平,以及给奥斯曼帝国带来更多进贡,那么毫无疑问是因为塞尔维亚宫廷的最高官员大公米哈伊尔·安格洛维奇是他的兄弟。[25]

一些"门奴"组成了首都的塞尔维亚人集团,他们时常与希腊人主导的大牧首区发生冲突。巴伊察·索科洛维奇是君士坦丁堡最有权势的塞尔维亚人,也是奥斯曼帝国历史上最有权势的人之一。1505年,即征服君士坦丁堡50年之后,他出生于塞尔维亚-波斯尼亚边界小镇维谢格莱德。他仪表堂堂,有着黑胡子和鹰钩鼻,他在奴官制度的等级中迅速爬升,先后担任养鹰者、海军元帅、维齐尔、欧洲总督。最终,索库鲁·穆罕默德帕夏(这是他后来的身份)于1564—1579年担任大维齐尔。他谦恭、世故、贪婪,是一位有着世界视野的政治家。他在君士坦丁堡的府邸里计划修建连通顿河和伏尔加河以及红海和地中海的运河,以分别帮助东欧和印度洋沿岸的伊斯兰国家对付俄国和葡萄牙。他向苏门答腊岛运送军火,帮助波兰选出一位新国王,从威尼斯购买图画和钟表。尽管奥斯曼海军于1573年在勒班陀失利,但是他仍成功与西班牙、威尼斯和教宗国讲和。

然而,他与他的塞尔维亚家族保持着联系。他在奥斯曼中央政府里安插亲戚,并且在他的坚持下,佩奇的塞尔维亚大主教职位得到恢复,这与君士坦丁堡大牧首的意愿相违背:担任首位大主教的正是巴伊察的兄弟。当被"征集"给苏丹时,他自己原本是要担任神职的,据说有时候当他的侄儿们访问君士坦丁堡时,他会陪他们去教堂。

建筑延续了索库鲁·穆罕默德帕夏在两个世界间的联系。他的妻子、苏丹塞利姆二世之女伊斯米汗苏丹为他建造了奥斯曼黄金时期的建筑杰作,即旧罗马大竞技场边上的索库鲁·穆罕默德帕夏清真寺。在他的波斯尼亚出生地旁,大维齐尔亲自派人在德里纳河上修建了一座十一孔桥,"可能是你看过的最华贵的一座"。这座桥在两次世界大战中都曾被毁,历经两次重建,最终在1994年被克罗地亚军队炸毁。[26]

1477年，即征服君士坦丁堡24年之后，君士坦丁堡的城市法官进行了一次人口普查，以便给苏丹提供居民的个人信息。在君士坦丁堡和加拉塔，穆斯林有9486户，希腊人有3743户，犹太人有1647户，亚美尼亚人有434户，384户卡拉曼人住在有亚美尼亚式外观的房屋里，法兰克人有332户（全部在加拉塔），来自克里米亚的基督徒有267户，吉卜赛人有31户。总计有大约8万居民（不包括"门奴"）。君士坦丁堡是一座抵触民族主义的城市，在君士坦丁堡的大街上，希腊语、亚美尼亚语、通用语、阿尔巴尼亚语、保加利亚语①、塞尔维亚语，以及土耳其语、波斯语和阿拉伯语都有人讲。

君士坦丁堡是欧洲唯一的多民族首都，它接受了比其他任何一座城市更多的外语命名。塞尔维亚人、保加利亚人和俄罗斯人欣赏"沙皇格勒"之名——皇帝的城市。亚美尼亚人住在"君士坦丁波利斯"——君士坦丁的城市。希腊人在口语里——现在有些人也是如此——直接叫它"波利斯"：独一无二的城市。它的官方希腊语名字为"君士坦丁波利斯新罗马"，奥斯曼人也这么称呼它，它在钱币和绝大多数官方文件里叫"康斯坦丁尼耶"（这也是它在阿拉伯语里的名字）。在奥斯曼书面语里，它叫"德里-萨阿代特"（Der-i Sa'adet），"幸福之所"，因为它有幸成为苏丹的居所，或者也可用波斯语"阿希特哈内"（Asithane）称呼，即"王朝所在地"。然而，即使是在征服前，它在土耳其语日常口语里的名字都是希腊语"进城去"（eis teen polin）一词的误读：伊斯坦布尔（Istanbul）。

和名字一样，行头展现出城市的多民族特性。君士坦丁堡的居民无论信仰何种宗教，一般都身穿简单的长袍或是短上衣，就像今天海湾国家阿拉伯人的穿着，但是颜色更深。他们在上衣外穿绸缎或者亚麻的土耳其式长袍，冬天垫上棉衬，还系上腰带。他们嘲笑那些用镶边、褶裥和切口把衣服弄得乱七八糟的西欧人。

到19世纪，为了体现穆斯林的优越和助长民族冲突，奥斯曼政府强

---

① 在帝国马厩工作的佛努克、保加利亚马夫和养鹰人是另一群住在君士坦丁堡的斯拉夫人，他们待到20世纪初，通过在街头伴随风笛声跳舞来维持生计。参考 Nicolas de Nicolay, *Dans l'Empire de Soliman le Magnifique*, 1989, 183。

迫不同的社群穿不同的衣服。只有穆斯林可以包白色或绿色的头巾，穿黄色的拖鞋。希腊人、亚美尼亚人和犹太人通过天蓝色、深蓝色（后来是红色）和黄色的帽子，以及黑色、蓝紫色和蓝色的拖鞋各自得以区分。少数民族服装的穿着规矩定期被重申。比如在1580年，"考虑到伊斯兰教法的观点和逻辑，对他们的态度应当是羞辱和鄙夷"，犹太人和基督徒被正式禁止"穿得像穆斯林"，即穿着丝绸、毛皮，或者红鞋子，取而代之的是他们被命令穿着深色或是蓝色的衣服和鞋子。他们也再三被禁止住在清真寺边上，以及建立高楼或购买奴隶。[27]

这种反复重申表明此类规矩经常遭到嘲讽：穆斯林的地位极其诱人，以至于少数民族压抑不住模仿他们的意愿。个人也可以购买服装管控的豁免权。然而，在大多数时候，对大多数人来说，他们穿的衣服加强了他们对某个特殊社群的归属感。外貌特征的不同可以强化穿着的不同。

君士坦丁堡的大部分居民仍然宣称，他们可以一眼看出邻居是土耳其人、希腊人、犹太人还是亚美尼亚人。19世纪有关着装的法规终结后，旅行作家埃迪蒙托·德·亚米契斯写道，即使相邻而坐的土耳其人和希腊人穿着一样风格的衣服，他们也能一下子被区分出来，因为前者静默不动，后者在"像精力充沛的马匹那样"甩头的时候，有"一千种不同的神态和眼神"。在帝国征服君士坦丁堡后的第一个世纪里，面庞和姿势清楚地展现出君士坦丁堡的多民族性。[28]

这个多民族的小宇宙的创造者穆罕默德二世在1477年，即人口普查的年份，45岁。根据他的宫廷男仆吉安·玛利亚·安焦莱洛的记载，他看起来"个头中等，身材肥胖；他有宽阔的额头，长着一双大眼睛，睫毛很浓密，鹰钩鼻，留着一大把泛着微红色的络腮胡，小嘴，脖子粗短，面色蜡黄，肩膀很高，声音洪亮"。[29] 在征伐了一段时期后，他有时间在首都休息了。

就像这座城市本身一样，他也是矛盾的集合体：残忍而温和，无情而宽容，既是个虔信者也是个鸡奸犯。他建设学校和市场与他下令用刑和屠杀一样热心。他认为自己既是至高无上的为信仰而战的战士（gazi），又是能与亚历山大大帝媲美的人物，他阅读或者听人读《古兰经》《福音书》的注解，波斯诗歌，皇帝、教宗和法兰西国王的编年史，阿里安的《亚历山大远征记》，荷马、希罗多德、李维和色诺芬的著述。[30] 他把语言视为交流而非统治的工具。据说，奥斯曼帝国最大的敌人查理五世对上帝说西班牙语，对绅士说法语，对女士说意大利语，对他的马说德语。虽然穆罕默德二世不能与之相比，但他能说土耳其语、波斯语、阿拉伯语，并且他十有八九懂一些希腊语和塞尔维亚-克罗地亚语。在他的诗里，他不自称"法提赫"，而叫"阿夫尼"（Avni，帮手之意）。他写了一首典型的奥斯曼对韵诗：

仆人，给我倒酒，因为郁金香的花园终将被毁；
秋天很快到来，而春天不会再有。

虽然他用土耳其语写作和统治，但他推崇波斯文化，波斯文化在伊斯兰世界里享有法国文化在18世纪的欧洲拥有的声誉。这座城市的复调风格里又加上了一种语言。被穆罕默德二世吸引到君士坦丁堡的波斯学者之一是中世纪伊斯兰最后一位伟大的天文学家——撒马尔罕的阿里·库什楚，库什楚在圣索菲亚清真寺的附属学校授课。当穆罕默德二世发现另一位诗人虽然受的是波斯语教育，但是事实上有土耳其血统时，苏丹收回了本来作为宠幸的象征而赐给他的一座被毁的希腊教堂。[31]

波斯文化非常具有影响力，以至于宫廷和统治精英的语言奥斯曼语虽然在结构上属于突厥语，但是在词汇组成上一部分是波斯语，一部分是阿拉伯语：20世纪20年代，字典里只有37%的词语来源于土耳其语。词语和句子结构的复杂让奥斯曼语成了推广识字和扩大与外部世界交流的首要障碍。为了强调与民间简单的土耳其语的区别，人们会精心利用"镀金的"表达法。比如，如果一个有名的书法家去世了，那就说"他手迹中的点①变成了天国美女脸上的美人痣"。对于波斯文化的流行，奥斯曼人中

---

① 奥斯曼土耳其语使用阿拉伯字母书写，许多阿拉伯字母上有点，比如ث（th）、ق（q）等。——译者注

罕有叛逆者。16世纪的诗人叶哈雅贝伊则拒绝当"波斯人的译员",或者"吃死去的波斯人的食物",他用充满活力的土耳其语写诗。然而,他不是土耳其人,而是一名禁卫军士,他因他的阿尔巴尼亚出身感到骄傲。[32]

穆罕默德二世赞助穆斯林学者和神学家,经常出其不意地访问他建在清真寺旁的学院,听讲座以及考评学生和老师。不过他也是希腊哲学的一名学生、意大利文艺复兴纪念章最大的个体赞助人,以及第一个欣赏意大利艺术家的穆斯林统治者。他邀请来君士坦丁堡并雇用的艺术家有里米尼的马泰奥·德-帕斯蒂、杜布罗夫尼克的保利大师和纪念章雕刻家费拉拉的科斯坦佐。[33]

在他统治末期,君士坦丁堡在外交、商业和文化等方面都融入了欧洲。1479年,穆罕默德二世在16年的战争后与威尼斯议和。这年9月,为回应他对一位"好画家"的要求,威尼斯总督的官方画家真蒂莱·贝利尼来到君士坦丁堡,威尼斯外交代表把他引荐给苏丹。贝利尼已经在威尼斯总督府的大议会厅里画了5年,他在接下来的15个月里给穆罕默德二世画了宫廷画像,还给苏丹在君士坦丁堡最东边正在修建的宫殿的"内廷"画了情色壁画。

到了1481年,虽然苏丹只有49岁,但他操劳过度,显得消瘦憔悴。即使是他的维齐尔也不知道他正计划征服哪个国家,当他因肠道堵塞在这年去世时,他正率军从君士坦丁堡东入亚洲。他去世时的某些情况表明他似乎是被毒死的,或许他的波斯医生拉里出手帮助了苏丹之子巴耶济德二世。[34]

他的去世让首都处在十字路口。这座城市像是在进行化学实验,其中包含完全不同的元素,这些元素既可能结合,也可能爆炸。理论上说它是一个多民族王朝的首都,实际上它引来了民族主义和帝国、野心和现实主义、对这座城市的爱和要么改造它要么离开它的欲望之间的冲突。

君士坦丁堡拥有希腊人和拜占庭帝国的过去,作为奥斯曼帝国的首都,它是一个有争议的选择。当克里托夫洛斯为"征服者"唱赞歌时,一些土耳其人,特别是那些与旧首都埃迪尔内有联系的人,因"征服者"复兴君士坦丁堡人口的政策而愤怒。尽管苏丹一开始承诺让移民拥有财产的永久保有权,但有时土耳其人还是得给苏丹上缴房租,有的甚至要交给希腊业主。他们大发雷霆:"您强迫我们离开自己的旧房子。您把我们带到这里来是让我们为这些异教徒的房子交租的吗?"一些人离开了他们的家庭,逃出城市。民众的批评直指苏丹和他拥有希腊血统的大维齐尔穆罕默德帕夏:

> 如果苏丹朝令夕改,
> 那他的土地永遭伤害,
> 如果他的维齐尔是异教徒,
> 那他总是试图对正道搞破坏。

最后,抗议十分激烈,苏丹不得不下达签有花押的诏书,让土耳其人免于交租。

君士坦丁堡宫廷的世界主义是另一个恐怖的源头。有一首诗写道:

> 如果你想身居高位,
> 你必须是犹太人、波斯人或是法兰克人。

对于一位用简单的民间土耳其语写作的无名历史学家来说,君士坦丁堡是"折磨和不幸的岛屿,灾祸的重聚之地,失败和毁灭的来源"。这座被诅咒的城市应该被弃为废墟,直到天启那一天。首都之位应当回归埃迪尔内。[35]

不仅仅土耳其人中的不满者,奥斯曼帝国本身也可能毁掉首都的未来。这个政权没有代表议会,没有强有力的世袭权贵,权力掌握在"门奴"手中。然而,就像尤维纳利斯对另一群帝国卫士,即罗马帝国的禁卫军的评价:"谁来防范那些卫士呢?"苏丹或许会当着他们的面称他的禁卫军为"我甜蜜的小羊"。但他比其他任何人都更清楚他们是贪婪的狼。1451年,他们沉醉于自己的权力,吼道:"这是我们苏丹的第一次远征,他应该按照惯例给我们津贴。"[36] 他们经常议论他的政策。有什么能阻止这个无敌的军事机器按自己的喜好来左右皇座，甚至从王朝统治者手中夺来权力，就像其他伊斯兰国家的奴隶卫士在巴格达和开罗做过的那样呢？

土耳其人不是唯一不满奥斯曼君士坦丁堡的民族。苏丹的亲希腊政策建立在一场赌博之上：用奥斯曼语来说，帝国的实力以及稳中有扩的贸易区域带来的利益，能够让基督徒甘愿做任由奥斯曼牧羊人剪羊毛的"羊群"。

历史学家被自1830年以来流行的民族主义瘟疫污染，夸大了民族主义的范围和力量。就像奥斯曼王朝结合了伊斯兰、突厥和欧洲的面貌一样，它的许多臣民也结合了几种身份。一个人认为自己有可能既是希腊人（或者阿拉伯人、犹太人、塞尔维亚人）也是奥斯曼人。比起反奥斯曼，一些希腊人更加反欧洲，他们相信"苏丹的头巾比红衣主教的高帽要好"。比如拜占庭帝国末代皇帝的侄子曼努埃尔·帕莱奥洛古斯就在1477年从意大利返回君士坦丁堡，被赐予地产。他的一个儿子皈依伊斯兰教，另一个儿子保留希腊人身份。一个世纪后，一位德意志旅行家说希腊人"只想让土耳其人统治他们，甚至不想要基督徒来统治"。[37]然而，也有一些希腊人认为奥斯曼人是外来的压迫者。大牧首金纳迪乌斯感激穆罕默德二世，他承认一些奥斯曼人比他自己的教士更赞同他的政策。但他在私底下称土耳其人为"夏甲的嗜血恶狗"和"外来人"。他与苏丹的关系以现实需要而不是以忠诚为基础。

如果连苏丹钦定的人选都如此怨恨，那就不难想象不那么得宠的希腊人的感受了。土耳其人总是在君士坦丁堡教堂的礼拜中被诅咒为"异教徒"和"该死的人"。形容穆罕默德二世的稍好话语来自编年史家杜卡斯，他从科孚岛的安全出发称之为"野兽……反基督的先驱"。君士坦丁堡沦陷造成的创伤是如此巨大，以至于希腊人直至近年仍把周二——沦陷的那天——视为不吉利的日子。就像信仰耶稣基督那样，希腊人对重建拜占庭帝国有狂热的信念。[38]

从奥斯曼人征服君士坦丁堡那天开始，希腊人中间就有了驱逐他们的预言。圣索菲亚大教堂的一名司铎做弥撒时被"土耳其狗"的到来打断。他消失在柱子里，在那里等待希腊人的归来。到那时他将会从自己的藏身处出现,容光焕发,手握圣餐杯,登上圣坛的阶梯,继续弥撒。拜占庭帝国的末代皇帝没有死,他变成了大理石,沉睡在金门地下的洞穴中。自狄奥多西大帝于约390年建立金门以来,金门就是得胜的皇帝进城的传统地点,米哈伊尔·帕莱奥洛古斯在1261年使用过它。有一天,沉睡的皇帝将听到来自天堂的召唤:"天使会给他一把剑,使他重生,让他同北方来的金发民族结盟,把土耳其人赶到波斯边境的'红苹果'那里去。"对于土耳其人来说,"红苹果"是土耳其力量的象征,对于希腊人来说则是土耳其人战败的征兆。

君士坦丁堡是一座有着悠久历史记忆的城市。这类为每个希腊人都熟悉的传说直到20世纪仍激励着希腊人的帝国梦想。就在圣索菲亚清真寺里,希腊导游当着土耳其人的面讲述被打断的弥撒的故事,让外国游客啧啧称赞。奥斯曼人有许多他们自己版本的迷信故事,出于对可能会有基督徒入侵或起义的预言故事的担忧,他们封住了金门。[39]

奥斯曼的君士坦丁堡腹背受敌。来自"这座城市"的希腊流亡者在佛罗伦萨、威尼斯和罗马(1463年教宗在罗马任命亲西方希腊人的领袖红衣主教贝萨里翁为君士坦丁堡宗主教)催促西方强权对奥斯曼发动十字军运动,并且保证希腊人将会支持他们。比方说亚努斯·拉斯卡里斯,他生于1445年左右的君士坦丁堡,他把在佛罗伦萨和威尼斯做希腊语教师生涯的大半时光都用在催促基督徒统治者,即教宗、神圣罗马帝国皇帝以及法国国王发动对奥斯曼帝国的十字军运动上。[40]许多威尼斯人和热那亚人希望能再征服这座城市,就像他们在1204年第四次十字军运动中做的那样。19世纪政治家所指的"东方问题"——欧洲列强对于如何征服奥斯曼领土的计划——开始于1453年。

苏丹恐惧他的帝国周围那些强大而坚定的敌人——匈牙利、奥地利、威尼斯。服侍苏丹的一位塞尔维亚士兵记得,有一次出现教宗领导十字军的传言时,"皇帝(穆罕默德二世)害怕所有他征服的基督徒国家都会反对他"。教宗的努力无果而终。然而,匈牙利国王的威胁让苏丹非常担惊受怕,当苏丹于1473年在东方远征时,他征发一万劳工加固了首都的城墙。[41]

西欧在君士坦丁堡的欧洲人聚居区和加拉塔的欧洲外交官中有潜在的第五纵队。他们不仅仅是信息和收益的源头，也是针对伟大帝国的阴谋源泉。苏丹进城前夕，热那亚的前执政官从加拉塔给家乡写信，说他希望"君士坦丁堡将成为苏丹毁灭的开始"。威尼斯曾14次试图毒杀苏丹。[42]

因此，君士坦丁堡从成为奥斯曼帝国首都的那一刻起，就是一座竞争激烈的城市。帝国的小宇宙并不独享土耳其、希腊、亚美尼亚、犹太和意大利居民的忠诚。"征服者"的首都要么是他们的会场，要么就是他们的战场。

2

神的城市

> 真正的艺术就是创造出光辉之城，并使巨大的幸福感充盈人民的心灵。
> ——穆罕默德二世，法提赫清真寺奠基前的讲话

伊斯兰教本身是对奥斯曼首都的潜在挑战之一。伊斯兰教是有革命内涵的宗教。统治者只有执行伊斯兰教法，即以《古兰经》教导为基础的伊斯兰神圣法律，他们才被认为是合法的。伊斯兰教法被认为高于国家，而不是国家的产物。法国有句格言，"凡是国王所欲，即为法律所欲"，这在奥斯曼帝国是不可想象的。王朝权力和伊斯兰教之间的冲突贯穿这座城市的历史。

围城的苏丹军队里包含有信仰基督教的塞尔维亚人和匈牙利人。然而许多苏丹的战士自视为圣战者，渴望获得胜利或是"殉道的甜蜜"。回顾往昔，君士坦丁堡的陷落被视为穆斯林的奇迹。穆斯林版本的以利亚——崇高的圣人赫齐尔（Hizir）——带领身穿白袍的诸圣人在苏丹的军队中作战。希腊东正教司铎为伊斯兰教的真理所折服，蜂拥出城加入穆斯林的行列。[1]

之后一些伊斯兰托钵修士挑战穆罕默德二世，他们说征服君士坦丁堡不是他的胜利，而是他们的。就像在现代阿尔及利亚或埃及一样，君士坦丁堡城中社会和政治的不满情绪需要通过伊斯兰教表达出来。16世纪的奥斯曼哲学家和政治作家穆斯塔法·阿里指责阿訇，"将一群没有头脑的乌合之众聚拢在身边……胆大妄为地用各种无稽之谈批评真主的哈里发

当下的行为和言论，批评世界的秩序，以及当前帝国政治家的行为举止"。

而且，奥斯曼帝国的合法性来自军事上的成功，这与谢里夫王朝等其他伊斯兰王朝不同。谢里夫家族是先知穆罕默德外孙哈桑之后，从10世纪开始统治麦加和麦地那。与他们不同，奥斯曼苏丹不能宣称自己拥有由来已久的权利或者先知的部落古莱氏的血统。即使是在16世纪大维齐尔卢特菲帕夏这样的人物的头脑中，这种"合法性缺失"也会产生冲突。[2] 奥斯曼帝国的苏丹会是他常常宣称的"真主的影子"吗？

对此，奥斯曼帝国的解决方案是扩大伊斯兰教和王朝之间的联系。奥斯曼帝国的苏丹是虔诚的穆斯林，尝试推行真主的法律。他们也是像哈布斯堡王朝的帝王、俄国沙皇那样的君主，把宗教作为控制臣民的工具。穆罕默德二世在征服君士坦丁堡之前，对他的军队发表的狂热的宗教动员讲话，也是厚颜无耻的王朝演说："圣战是我们的基本义务，就像它是我们祖辈的基本义务一样。坐落在我们疆域中间的君士坦丁堡，保护着我们国家的敌人（包括一位穆斯林，即他的叔叔奥尔汗），并煽动他们反对我们。因此，征服这座城市是奥斯曼帝国未来和安全的保障。"

建筑反映了这个王朝对伊斯兰教的尊崇。穆罕默德二世下令修建的最有名的建筑之一是1459年左右在金角湾最北端开工建造的一座清真寺。正是在那里，苏丹尊敬的精神导师阿克谢姆塞丁宣称，他发现了先知穆罕默德的战斗伙伴阿布·阿尤布·安萨里的墓，安萨里在阿拉伯军队于669年围攻君士坦丁堡时战死。这个恰到好处的发现证明了新首都和先知本人之间神赐般的联系。

朝圣者前来朝拜庭院中的这座陵墓，陵墓由银制格栅、镀金烛台和打开的《古兰经》所环绕。摩洛哥大使在1591年访问君士坦丁堡后写道：

> 大批来访者不停涌向坟墓。帝国政要争抢这座陵墓旁边的坟地。他们用最高的价格买小块土地。所有的体面人，即使是条件最差的，也尽其所能在他的墓附近获取地盘。我们拜访了这位圣人，并沐浴在他的光辉中，获得滋养。通过他的协调——愿真主悦纳！——我们向真主祈祷。[3]

阿布·阿尤布成了奥斯曼君士坦丁堡的主保圣人。非穆斯林不被允许在如此神圣的区域开店。今天，这片陵墓附近的区域被称为埃于普，是土耳其最受尊敬的穆斯林圣地。特别是在神圣的斋月，这片区域与君士坦丁堡的其他区域截然不同。被墓地和布满大理石陵墓的街道包围的埃于普清真寺，向信众的人海一直开放到深夜。

君士坦丁堡经由埃于普的神化，成了伊斯兰教的圣城。钱币上刻上了该城的伊斯兰名称——伊斯兰堡，意为伊斯兰教盛行的地方，这或许是穆罕默德二世亲自下令这样做的。[4] 1463—1470年，"征服者"在君士坦丁堡市中心用圣使徒教堂的场地和材料修建了另一座清真寺——法提赫清真寺，意为"征服者"清真寺。苏丹以自己的称号命名这座清真寺，展现了他对这座都城的看法，它的重要性不亚于七塔堡。奥斯曼人在布尔萨和埃迪尔内建立的清真寺相对来说有些寒碜，而且在装饰上表现出受到了塞尔柱和波斯的强烈影响。新首都要求建筑风格更为大胆、恢宏：法提赫清真寺是奥斯曼人经办过的最雄心勃勃的建筑项目，被称为"老锡南"的建筑师（后来被他的主人下令处死）可能拥有基督徒血统。法提赫清真寺势必与圣索菲亚清真寺争雄，它和后者一样都有一系列涂铅的圆顶，这些涂铅圆顶依次上升，最高处是一个巨大的圆形穹顶——奥斯曼人建造过的最大的一个。法提赫清真寺在1766年地震后按照原计划重建，它创造了一个空间，为穹顶下方的信徒施加了一种肉体与宗教上的卑微感。与"征服者"同时代的史官图尔松贝伊认为，法提赫清真寺只逊色于"燃烧的荆棘神迹"。17世纪伟大的作家艾弗里雅对于君士坦丁堡和奥斯曼帝国的描述已成为经典，他认为清真寺像"天堂的拱顶"。

庭院广场和清真寺本体一样大，开有八道门，四周排布着柱廊，中间是喷泉。清真寺主入口里面的白色大理石板上刻着一段被认为是先知穆罕默德本人说过的金字圣训。"征服者"在对这座城市发动总攻前引用了这段圣训，它反映了君士坦丁堡的魅力将先知本人都迷住了："的确，君士坦丁堡将会被征服！那个征服的统帅和他的军队是多么有福啊！"

清真寺的另外一侧是覆有八边形穹顶的陵墓，陵墓中是"征服者"穆罕默德二世本人的朴素石棺，石棺上覆盖着绿布，一端摆着白色缠头巾。

这里由伊斯兰教长老夜以继日地守卫,很快就成为一处朝圣之地。君士坦丁堡的民众相信,当他们紧贴着墓室的窗户跪拜时,"征服者"的说情将会增加他们礼拜的力量。新继位的苏丹则希望通过拜访他的坟墓,获取他的勇气和活力。[5]

清真寺是这座城市生活的中心。法提赫清真寺的主要功能与城内其他清真寺类似,都是作为圣洁而简朴的礼拜场所存在的。到了指定的公共礼拜时间,已经在清真寺外的喷泉处洗好脸、手和脚的人们排成队,挤满了清真寺,他们脱掉拖鞋,伏倒又起身,祈祷并高喊"安拉!",或者听讲道。清真寺在其他时候则满是祈祷或背诵《古兰经》的人。[6] 在西方,教堂结合了剧院、俱乐部和市场的角色,有可能是污秽下流的。比如伦敦的圣保罗大教堂就聚集着妓女、商人和找工作的工人。一个惊讶的基督徒写道,在君士坦丁堡,"没有人在教堂(清真寺)里闲逛,也没有人和别人闲聊,只能听到热忱的礼拜声"。[7]

在礼拜之外,清真寺也被用于教育。法提赫清真寺两端各有两组宗教学校,每组有八所,宗教学校由多个圆形穹顶覆盖,有一层或两层高;它们分别以黑海和白海(即地中海)命名,向大约1000名学生提供食宿和教学服务。法提赫清真寺附属的宗教学校是帝国的高等伊斯兰学术机构,是未来的法官和乌莱玛(即运转清真寺和司法系统的学者团体)的摇篮,今天它被认为是伊斯坦布尔大学的前身,之前的一些宗教学校建筑后来被用作学生宿舍。法提赫宗教学校获赠一座拥有1770本书的图书馆,其中839本直接来源于"征服者"本人的捐献,它提供传统的伊斯兰教育,以10门学科为基础:语法学、句法学、逻辑学、宗教哲学、人文学科、词义学、阐释学、夸饰文体、几何学和天文学。优秀的学生可以成为清真寺的伊玛目。如果还进修教法学、修辞学、宗教传统、教义学和经注学,他们就可以成为君士坦丁堡或帝国其他城市的宗教法官。

苏丹也在法提赫清真寺周围建立了其他带穹顶的建筑群,它们就像行进的军队那样整齐。其中有为托钵修士服务的招待所;为旅人服务的商舍;一天里给病人提供两顿饭(菜单里经常有鹧鸪肉和野鸡肉),并且用音乐抚慰病人和精神失常者的医院;给穷人分发食物的施粥所,以及一座公共浴室。1000多人每天在法提赫清真寺得到两餐。法提赫清真寺建筑群在君士坦丁堡内外得到效仿，因为奥斯曼帝国既是一个王朝国家，也拥有一套社会福利体系。在城里的希腊人西奥多·坎塔库泽努斯——穆罕默德二世和其子巴耶济德二世的同时代人——看来："一般来说，各等级的土耳其领主们都想着建立宗教场所和医院，捐助它们，还有修建招待旅人的客栈，开拓道路，建设桥梁、下水道和他们运转的其他慈善机构，因此我认为土耳其领主比我们的基督教领主要慷慨得多。"

君士坦丁堡的清真寺也是城市经济结构的一部分。它们由"瓦克夫"资产的收益资助，瓦克夫在城市里拥有房子、供水系统或巴扎。穆罕默德二世为法提赫清真寺建立的瓦克夫受赐了许多产业，诸如拥有110家店的皮革或者马鞍市场。瓦克夫的收益——150万阿克切银币或3万威尼斯杜卡特金币——之中，有约87万阿克切银币用于人事，约46万阿克切银币用于招待所的食品，7.2万阿克切银币用于其自身拥有的医院，约1.85万阿克切银币用于维护。整个建筑群里的工作人员共有383人。[8]

每一个清真寺都有一大批乌莱玛，或者说学者。与苏丹的仆人和禁卫军不同，他们生来就是穆斯林。在君士坦丁堡，这个伊斯兰教教职吸引了土耳其人的大部分能量和野心。谢赫进行讲道，伊玛目领导礼拜，宣礼员吟唱宣礼词，或者背诵《古兰经》中的章节，正如一个意大利人写的："用最高声部的音调，感染力十足，纯净而美妙。如果一个人只闻其声，不见其人，他会觉得他们是小孩子。"清真寺也雇用门卫、念经的人、监督大小净的人。由于奥斯曼人在建立瓦克夫制度时惯于开列名单和遵从规则，上述这些人都被登记在册，领取工资。瓦克夫的收益中用于发工资的比例，有助于解释为什么这么多土耳其人希望建立清真寺或者在清真寺里工作。直到20世纪，瓦克夫创立者的后代都可以继承管理瓦克夫资产以及从中领取薪水的权利。就像"二战"后英国那些加入能避税的家族信托基金的财产一样，瓦克夫制度提供了确定不会被国家夺走的房子和收入。

像苏莱曼大帝最宠幸的诗人巴基（"诗人之王"，1520—1599）这样的名作家的生活始于法提赫清真寺，也终于法提赫清真寺。巴基是清真寺宣礼员的儿子，他在短暂的制鞍学徒生涯后转学法律，晋升为城里另一座清真寺的教师。他在早期的诗歌里赞美一件让奥斯曼人特别痴迷的事情：把教堂的塔楼和"叮当作响的钟"换成宣礼塔和宣礼员呼唤信徒祈祷的声音。在首都的正确举动可能会在一个遥远省城赢得高位和财富。巴基先是成为麦加的教法官，然后是君士坦丁堡的教法官，之后他升职为奥斯曼帝国欧洲省份的大法官（Kadiasker）。君士坦丁堡的穆夫提（Mufti）在法提赫清真寺举办的一场大型集会中亲自主持了巴基的葬礼。[9]

穆罕默德二世死后，君士坦丁堡变得更像一座伊斯兰城市了。他的儿子巴耶济德二世是一位虔诚而温和的统治者，因而被称为"维里"（Veli，意为圣人）。他认为，他的父亲"在作恶者和伪君子的撺掇下"，已经"触犯了先知的法律"。出于此种厌恶情绪，"征服者"的大部分意大利画作和雕刻都被出售了。宫殿里的情色壁画被涂掉。穆罕默德二世常常遵循的"社会民俗习惯"（urf），即苏丹的行政权，以及作为政府规章基础的世俗事务法律依据（kanun），都被指责与伊斯兰的神圣法规相悖。①

乌莱玛的领袖是君士坦丁堡的穆夫提，这是穆罕默德二世创设的职位。到15世纪末，穆夫提，也叫大教长（Seyhulislam），已是苏丹和大维齐尔之后国家的第三号人物。有时候巴耶济德二世站着迎接他，让他坐在高于自己的位置上。穆夫提负责发布教谕（fetvas或fatwas），确保苏丹的行为符合伊斯兰教法。虽说苏丹拥有军事力量，但是这个给予合法性的角色被认为极其重要，一个穆夫提回忆道："苏丹穆罕默德一直坚持，直到我最终发布教谕为止。"到17世纪末，可以这么评价大穆夫提："他在宗教事务上拥有绝对的权威。国家事务来源于宗教，宗教是根，国家是枝。宗教的唯一主管是大教长，国家的唯一主管是大维齐尔，但他们俩的主管是苏丹。"

此时，乌莱玛已经成为成熟的、半世袭的穿袍贵族，与以"高门"（Bab-i Aali，在西方被称为"the Sublime Porte"，即1923年之前的奥斯曼

---

① 然而，国家法规依旧重要。1508年，巴耶济德的儿子科尔库德根据一条社会民俗习惯，请求不成为苏丹，因为在一个像罗姆苏丹国（后来分裂为诸多小侯国，其中一个建立了奥斯曼帝国，这里即指奥斯曼帝国）这样的地方，一个人不可能既是一个好统治者，又是一个好穆斯林。

帝国政府）为核心的权贵精英截然不同，他们对城市本身的风俗和传统有相当大的影响力。18世纪，君士坦丁堡有24位穆夫提是之前这座城市穆夫提的儿子，他们被称为"摇篮里的乌莱玛"（cradle ulema）。比如杜里扎德家族，在1734—1920年产出了6位穆夫提（10任）。时常在周五聚礼和接受外交信函时见到苏丹的乌莱玛，经常被称为"老贵族"。[10]

巴耶济德二世是一位相对平和的统治者，部分是因为受到他的兄弟、法提赫最宠幸的儿子杰姆的威胁，杰姆是一位深受爱戴的皇子，或许会继续其父亲开明的政策。杰姆逃往欧洲，他在那里成为奥斯曼帝国和其敌人之间大博弈的棋子。他是唯一一位实现了帝国到达罗马的梦想的奥斯曼皇子，尽管不是作为一名征服统帅。教宗和巴耶济德二世经由一位住在加拉塔的热那亚商人进行谈判，教宗让杰姆作为"贵客"，也就是人质，留在梵蒂冈，以换取巴耶济德二世的补助。1495年，杰姆死于那不勒斯，或许是被毒死的。1512年，巴耶济德二世被他的儿子塞利姆取代，后者被称为"冷酷者塞利姆"。

塞利姆一世和他的祖父"征服者"穆罕默德二世一样，自视为新亚历山大大帝，受真主之命，征服从东方到西方的整个世界。他在1517年打败了自己的头号穆斯林敌人，即埃及的马穆鲁克苏丹，后者被绞死在开罗的一个城门上。在之后的四个世纪里，埃及、叙利亚和包括两座圣城麦加和麦地那在内的阿拉伯半岛的一部分，都是奥斯曼帝国的行省。奥斯曼苏丹统治着大半个中东和几乎整个巴尔干半岛。他是最有权势的伊斯兰统治者、至高的伊玛目、通往麦加和麦地那的朝觐路线上的保护者。因此，他最骄傲的头衔之一是"两处圣地的仆人"。除了遥远的摩洛哥和印度，奥斯曼苏丹的权力、虔诚和威望因其"真主在大地上的哈里发"头衔而无可匹敌。巴格达阿拔斯王朝哈里发的后人、哈里发的最后一抹影子，此时是开罗马穆鲁克苏丹手下一位领取俸禄的官员，他于1543年在开罗默默无闻地死去。[11] 1517年以后，君士坦丁堡以它未曾经历过的方式，成为伊斯兰教的首都。在奥斯曼帝国官方的城市名单里，它位列之前的王朝首都埃迪尔内和布尔萨前面，它们的后面紧跟着圣城麦加、麦地那和耶路撒冷。

之前的伊斯兰首都，比如"吐露天堂香气"的大马士革、"救世之所"巴格达和"无与伦比"的开罗分别位列第七、第八、第九。

与先知血缘最近的后裔——麦加的埃米尔和谢里夫——将克尔白（在麦加大清真寺中间的一块神圣的黑石）的钥匙送给塞利姆一世。更多的是奥斯曼的权势，而非穆斯林的坚定信仰①，促使谢里夫不开一枪就向苏丹投降了。麦加的谢里夫需要埃及的小麦来供养希贾兹，也需要奥斯曼的保护，以阻止葡萄牙从其印度的基地控制红海和征服麦加的计划。反过来，谢里夫家族的声望让奥斯曼人印象非常深刻，谢里夫们收到了比从埃及苏丹那里得到的更多的特权和津贴。[12]

随着财富的回归和帝国的扩张，君士坦丁堡的人口快速增长，从法提赫统治末年的约8万上升到1530年的约40万。清真寺也随人口的增长而建设。无论建于何时，君士坦丁堡的清真寺都采用庄严的奥斯曼皇家风格，使用从马尔马拉海南岸运来的灰色石头修建。正如戈弗雷·古德温所说，传统是"奥斯曼所有时段最重要的建筑师"。官员、公主，当然最重要的仍是苏丹自己出资修建清真寺。圣索菲亚清真寺是君士坦丁堡最高级别的皇家清真寺，拥有最大的瓦克夫，由该城的海关、大巴扎、城墙外房产的收益支持。穆罕默德二世的儿子巴耶济德二世在大巴扎的入口处修建了一座清真寺（1500—1506年）。为了让伊斯兰教的标志尽可能为人所见，穆罕默德二世的孙子塞利姆一世和曾孙苏莱曼都在俯瞰金角湾的山上修建清真寺：塞利姆清真寺（1518—1522年）、王子清真寺（1542—1548年）和苏莱曼清真寺（1548—1557年）。

苏莱曼清真寺由比法提赫清真寺周围更大的宗教学校、图书馆、商店和医院组成的方阵包围，图书馆和医院——拥有能"在三天之内"医好病人的声誉——至今仍在运转。王子清真寺和苏莱曼清真寺是锡南的作品，锡南从1538年到50年后以90岁左右的高龄去世为止，一直都是奥斯曼帝国建筑师团体的负责人。他或许是出生在安纳托利亚中部的亚美尼亚人，在被"征集"进入奴官体系之后，他先在禁卫军服务，之后成为一

---

① 麦加是伊斯兰教的圣地，穆斯林不能在城内作战。——译者注

名工程师。他修建及修复了477座建筑（包含159座清真寺），其中318座在君士坦丁堡；他常在开工之前制作建筑模型，以供苏丹检查。锡南发出源源不断的命令，对于在旧清真寺新开一扇窗户、修建下水道或是熟练木工短缺等问题做出要求，这体现了他对细节的把握。他留存至今的建筑作品，证明了他是奥斯曼历史上最伟大、最多产的建筑师。[13]

皇家清真寺不仅是礼拜场所，而且确凿地表现出了王朝的正统、公正、慈善和慷慨。就像现代的百万富翁赞助的美术馆和海湾国家的谢赫修建的清真寺一样，苏丹的清真寺既彰显了他们的财富，也为这些财富赎罪。根据一项18世纪的统计，它们每天在首都供养3万人，由此保证城市中的饥荒永远达不到1789年巴黎的那种危险程度。西方访客承认，除了在希腊人聚居区，君士坦丁堡的乞丐比其他任何欧洲城市都要少。[14]

奥斯曼的清真寺也是权力的宣言，宣称苏丹拥有作为"真主在大地上的影子"统治的权力，也展现了帝国的兴盛和荣耀。其穹顶是帝国统一的象征。苏丹的清真寺有比其他清真寺更大的穹顶，有两座或四座宣礼塔，其他清真寺最多只能有一座。为了超越所罗门王、亚历山大大帝和查士丁尼取得的功绩，苏莱曼大帝开展了极为复杂和昂贵的工程，从巴勒贝克①、亚历山大港和君士坦丁堡城内运来花岗岩圆形石柱，把它们纳入苏莱曼清真寺宏大的内部空间。清真寺本身的工程开始于查理五世在1547年同意向他缴纳贡赋之后，或许是为了纪念他主宰欧洲的事迹。[15]

到了1609年，奥斯曼帝国已经因与奥地利和波斯的漫长且徒劳无功的战争而精疲力竭。经济也到了崩溃的边缘。大维齐尔和穆夫提都乞求苏丹艾哈迈德一世不要再修建新的清真寺。然而，他一意孤行，甚至亲自帮忙挖掘地基。新清真寺是城内最大的一座，所有从南边驶来的船都可以看到它，诗人贾费尔揭示了修建新清真寺的目的：

　　就像世界通过美景呈现自身，

---

① 来自巴勒贝克的太阳神庙，这座神庙在1000年前也为圣索菲亚大教堂的修建提供了圆形石柱。

> 世界统治者的清真寺展现了他的面貌……
>
> 没有人（只有苏丹艾哈迈德）能够建立这样的清真寺，
>
> 因为没有另一个高贵的统治者能与他相提并论。
>
> 胜利的沙阿，统治者艾哈迈德汗啊，
>
> 他在那座最精巧的克尔白天房内创作了什么！[16]

苏丹艾哈迈德清真寺是麦地那之外唯一一个有六座宣礼塔的清真寺。到17世纪后半叶，君士坦丁堡城内有485座清真寺和4492座礼拜寺（mesjids，不用于周五正午的礼拜）。①君士坦丁堡不是世界上最具伊斯兰色彩的城市，但是没有一座城市拥有比它更多的清真寺。有个问题经常被问到：奥斯曼帝国的财富去了哪里？其中一个回答是：用在修建清真寺上了。[17]

皇家清真寺的穹顶和宣礼塔构成了现代伊斯坦布尔无与伦比的天际线。在过去，它们平整的矩形空间、笔直又利落的线条、高耸的灰色或白色石头建筑在一群红顶房屋中间十分醒目。因为城墙内有的是空间，城内绝大多数人都可以住在拥有两个或四个房间的小型私人住宅内，而不是像威尼斯、开罗的居民那样住在大型的公共街区。梅尔基奥尔·洛里克于1560年左右所作的画表现了房屋沿着金角湾，从皇宫一路排到城墙的情景。西方旅行者往往对此十分不屑，称这些房屋建得很差，"不到一般水平"。

房屋的木墙、向外凸出的上层、装有格栅的窗户——防止街上的男人直接看到屋内的女人——给君士坦丁堡的大街带来了"一种独特的神秘感与阴暗感"。此外，奥斯曼帝国建筑师团体还必须尊重伊斯兰教要求的隐私权。私人房屋修建的随意程度堪比墓园里散布的穆斯林墓碑。在一些街区，街道极其弯曲狭窄，建筑杂乱无章，以至于街道两侧的房子几乎碰到一起。为了强调隐私，很多街道是死胡同。最大的一条街，即穿过市中心通往城墙的国务会议大街（"通往皇宫的道路"），是以拜占庭时期的

---

① 作为对比，16世纪的伦敦大约有100座教堂，18世纪的巴黎有162座大小教堂。

主干道"梅塞大道"（mese，意为中央大街）为基础的。君士坦丁堡没有官方规划的街道，而纳入规划的街道此前就已经在罗马、佛罗伦萨和威尼斯出现，并将于1600年后在巴黎确立。这和明朝新都北京在1421年后规划建设的一系列中轴线建筑不可同日而语。

这种布局的混乱程度因金角湾南侧散布的五座山丘和另一侧加拉塔的大山而加剧。街道从各个方向往小丘和山谷间延伸，把城市变成羊肠小道、木屋、城墙、花园、墓园的杂烩。奥斯曼城市的混乱气氛仍然留存在一些居民区里，比如苏丹艾哈迈德清真寺和大海之间由弯曲的街道和木房子组成的区域。意大利旅行作家埃迪蒙托·德·亚米契斯在1874年游览君士坦丁堡，当看到大部分街区的样貌与之前几个世纪相比没有什么区别时，他心有所感：

> 街道弯曲成不规则的形状，在小丘中间转来转去，沿着台地升起，绕过溪谷，经过引水渠，分散成街巷，向下延伸，穿过灌木丛、岩石、废墟、沙滩和丘陵。这座伟大的城市显得零零散散，仿佛成了乡村中的休憩之地，然后它又开始变得更加稠密和鲜活，也更加多彩……[18]

在这座混乱的木造城市里，清真寺建筑群是唯一体现出秩序的因素。

正统伊斯兰教较为朴素，很少举办庆典，也没有音乐。然而，君士坦丁堡也吸引了伊斯兰教中更加戏剧化的组织形式：托钵修士道堂（tekke）。托钵修士践行苏菲主义，追求神秘的内心体验，以及通过与真主合一而抛弃自我。这种对真主的个人追求经常采取济克尔（zikir）的形式，即一种冥想和重复真主美名的仪式。

托钵修士组织成教团，由一位专门的谢赫领导，专心致志地纪念"真主之友"，对于一些穆斯林来说，"真主之友"相当于基督教的圣徒。托钵修士的道堂通常建于"真主之友"的墓地旁边，开有一扇能够看到大街的窗户，路人可以经由这扇窗户向他们致敬。这些"真主之友"，像阿布·阿尤布和法提赫本人，都被认为活在他们墓地附近的"无尽世界"里。他们在那里拥有权能保护"有尽世界"中自己的追随者，并赐福这些人。

穆斯林经常前往他们的墓地，请求治疗病痛，祈祷生育、割礼或婚姻成功，或者仅仅为了吸取圣人的"灵光"。就像在基督教国家那样，要演奏音乐，焚香，提供供品：肉、钱、披巾。墙上壁龛里点着橄榄油灯。窗格或墓地上系着彩色碎布，提醒圣人别忘了人们期待的佑护。在梅尔迪温科伊（君士坦丁堡亚洲部分的对面），一个"真主之友"的墓地旁就有一块石头被认为能够实现任何站在上面之人的愿望。根据19世纪的英国居民露西·加内特的说法："我熟识的一名土耳其妇女，即后来的贝斯玛苏丹（Besma Sultan），把获得阿卜杜勒迈吉德苏丹的合法妻子这一高贵而卓越的地位归功于她先前站在这块石头上默默地许了愿，当然她后来给这块石头旁边的圣人墓献上了虔诚的供品。"

大一些的道堂包括独立的家庭生活区、单身居住区和谢赫生活区，一个仪式厅（semahane，可以在此举办济克尔仪式），一座图书馆，一个食堂和一座大型厨房。在托钵修士眼里，食物是神圣的。在饭前准备仪式的最后，谢赫将会吟唱道：

我们是主道上的苏菲，我们是在主的饭桌上进餐的人；
主啊，让这碗和这餐饭成为永恒！[19]

君士坦丁堡最受欢迎的托钵修士教团是梅夫列维教团。它的主道堂位于现在贝伊奥卢区的独立大街末端。在某种程度上来说，托钵修士道堂相当于基督教的修道院，加拉塔的梅夫列维道堂就是由穆罕默德二世在拜占庭修道院的原址上建立的，此举或许是为了彰显伊斯兰教位居基督教之上。梅夫列维教团成员在那里头戴特殊的头巾，身穿羊毛长裙，进行一种舒缓的舞蹈仪式（现在有时还会表演）。他们双臂伸开、两眼紧闭、头向左肩倾斜，一起旋转，长袍向周围展开，"随着长笛和铃鼓的节奏，伴着有关认主独一和现世存在无所轻重的单调吟唱声"。他们心醉神迷，可以一次旋转15分钟而不感到眩晕或疲累。[20]

另一个教团——鲁法伊教团或者说"咆哮僧团"——则从痛苦中发现了乐趣。在位于亚洲的于斯屈达尔的主道堂里，他们举行济克尔仪式，用阴郁的吼叫声叫喊、痛诉"真主啊！神啊"，并像风中的麦田那样站起再倒下。他们一进入神志错乱的状态，就从墙上取下一件尾部呈球状并带有尖刺的金属器具，在火盆中加热，然后在炽热状态下紧贴托钵修士的皮肤、插到他的嘴里或压在他的眼珠上："其他人抓住休息区墙上的匕首，或者抓住火盆里的热煤球，以此来切割或灼烫自己的身体。一些人因为过于兴奋而倒在教友的怀抱中，最后瘫倒下去，疲惫不堪地昏死过去（并且浑身血迹斑斑）。"他们相信，谢赫的呼吸和说出的神圣话语能够治疗所有的伤痛。

到了19世纪，布满了"残暴工具"的鲁法伊教团道堂，让泰奥菲尔·戈蒂耶想到了宗教裁判所里的酷刑室。但他是通过巴黎人嘲讽的目光来看待这些的。对于托钵修士来说，他们的痛苦象征着对个人意志和物质世界的弃绝。他们的伤疤是"玫瑰"，引导他们与"玫瑰花丛"——安拉本人——进行更紧密的交流。[21]

托钵修士举办的仪式和展现的热忱，以及"可怕的吼叫"，可能会引起清真寺里乌莱玛的不满。他们可能会被怀疑离经叛道或在作恶。他们的许多信条被和可恶的什叶派异端联系在一起，什叶派是与逊尼派相对立的伊斯兰教派别，在帝国的头号敌人波斯于1506年将什叶派定为国教后，什叶派更加受到奥斯曼人的仇恨。被称为"少年谢赫"的托钵修士伊斯梅尔·马舒基，在圣索菲亚清真寺吸引了成千上万的人。穆夫提为他超脱的神秘主义感到震惊，于1529年下令处死他，马舒基当时21岁。他身首所葬之地成为朝圣中心。

从托钵修士的角度来说，他们为自己与真主的秘密交流而感到骄傲，并经常嘲弄他们眼中乌莱玛的无知和伪善。一名托钵修士写道："哦，正统派的教师啊，对于我来说，清真寺和酒馆是一回事。虔诚者的声音和醉汉的吼叫是一回事。"苏菲主义，而非清真寺，满足了许多穆斯林与真主合为一体的渴望。巴耶济德二世本人就属于苏菲派，他把哈尔瓦提教团带到君士坦丁堡，把他们安置在一座修道院里（之前属于东正教所有）。哈尔瓦提教团的特点是隐居在孤独、安静的无窗小房间里，尽可能少吃少睡，他们只会通过一条保护自己不与外人接触的走廊前往清真寺。

19世纪，君士坦丁堡有300座道堂、37个活跃的教团，大部分穆斯林都属于其中一个教团。一座道堂可以结合现代歌剧院、公社和有氧健身课的令人激动之处。一个托钵修士写诗称赞他"导师"的技艺，展现出苏菲派的力量：

> 我的老师、我的师傅是扎基利。
> 他在各方面都无人能敌。
> 他的名字是哈桑，他的天性像侯赛因。
> 真主用灵性的洞见让他美丽，
> 他举行的济克尔声名直达天际。
> 他的声音是爱人的精神食粮。
> 他是五次礼拜的伊玛目。
> 他是懂韵律者的欢欣所在。
> 他在礼拜中度过日月流年。
> 他是那些人的真理，他们懂与真主合一。[22]

穆斯林首要的宗教义务有前往麦加朝觐、缴纳天课、在斋月把斋、宣称对安拉的信仰，以及最重要的一天五次礼拜——日出前、正午、正午三小时以后、傍晚日落前、日落一小时以后。宣礼员一边绕着宣礼塔的柱廊踱步，呼唤信徒前来礼拜，宣礼塔是为了让各个方向都能听到宣礼声而专门建造的：

> 真主至大。
> 我作证，万物非主，唯有真主。
> 我作证，穆罕默德是真主的使者。
> 快来礼拜啊！
> 快来获得救赎啊！

真主至大。

我作证，万物非主，唯有真主。

在清真寺周边寂静的街道上，直至今日宣礼声仍震耳欲聋。19世纪前，街上几乎没有马车和马。根据英国旅行家梅龙博士在1810年的记载，街道"非常安静，以至于房间里都能听到外面人们的声音"，宣礼员的宣礼声是城里最大的声音之一。

时间本身也依照穆斯林的传统来划分。对于穆斯林和犹太人来说，一天不是从午夜，而是从日落开始计算的。因此，对于他们来说，"子夜12点"是一个可变的晚间时刻，而不是一个确定的时间。宣礼员是人体时钟：他们的宣礼声是核校时间的标准手段。虽然加拉塔有外国钟表匠人的聚居区（18世纪初，还有让-雅克·卢梭的父亲），进口钟表也经常出现，但只有最富有的穆斯林才有机械钟，只是这些钟常常出现故障。

直到奥斯曼帝国瓦解为止，伊斯兰教不仅标示时间，还占有时间。虽然《古兰经》用阿拉伯语书写，绝大部分说土耳其语的人只会说几个阿拉伯语词，但是许多穆斯林将其牢记于心。比如，艾弗里雅可以在七个小时之内快速背诵全篇，绝不拖到第八个小时，作为奖赏，他成了宫中的一名近侍。背诵《古兰经》是伊斯兰城市中的首要娱乐。君士坦丁堡的《古兰经》背诵新手和米兰的歌剧表演新手一样，都激起了许多欢呼和批评。穆斯林一听到宣礼声就停下手上的任何事情。出生于君士坦丁堡的亚美尼亚人穆拉德热亚·多桑是该城最伟大的历史学家之一，他写道：

> 除非你在这片土地上看过这个国家，否则你不会对男人和女人、权贵与平民、富人与穷人、宗教人士与一般信徒为满足五次礼拜的渴望而给予的始终如一、一丝不苟的关注有准确、充分的印象。可以说，这么一大群人就是一个宗教教团。

在斋月的晚上，当清真寺挤满了信徒，蜡烛勾勒出圆形穹顶和宣礼塔的轮廓时，这座城市因伊斯兰教而熠熠生光。（现今斋月的城市照明不能与这种效果相提并论,因为现代照明要与广告和街道灯光竞争。)斋月第27天的夜晚是"高贵之夜",它胜过一千个月。满是信众的圣索菲亚清真寺在夜间被点亮,闪闪发光,宛若一颗流星。这座信仰之城没有怀疑论者的容身之处。法提赫图书馆的第一批馆员之一、"征服者"穆罕默德二世的门客、杰出的数学家卢特菲·托卡迪嘲弄这种迷信行为。1494年,巴耶济德二世下令在大竞技场的大批民众面前,以"冷漠"为由处死了他。[23]

伊斯兰教也给奥斯曼王朝加上了神圣的光环。在清真寺里,"呼图白"(hutbe),即礼拜后的布道,以苏丹的名义宣读。从17世纪初到帝国终结,苏丹登基仪式的其中一个环节是佩带王朝建立者奥斯曼的龙柄宝剑。一位领头的谢赫,通常是梅夫列维教团的大宗师主持这一仪式,该仪式一般在城里最神圣的清真寺——埃于普清真寺——主庭院的平台上举行。

君士坦丁堡每年最大的庆典是前往麦加的朝圣团于伊斯兰教历七月十二日①出发的盛事,它与奥斯曼王朝联系在一起。朝圣团由一位专门的官员(Surre Emini)带领。直到"一战"为止,每年苏丹都要送一块饰有金色刺绣的黑布幔帐来覆盖麦加的克尔白天房,并送给麦加的埃米尔黄金、一封包裹在四层丝绸袋里的信,以及一件镶了貂皮的金边斗篷。黑人大宦官在宫中把苏丹的礼物送到朝圣秘书的手上。一头盛装打扮的骆驼把幔帐驮出宫,据说这头骆驼是先知所用的骆驼的后代,而另一头骆驼驮着先知马鞍的复制品,还有七头圣骡驮着更多礼物。官员、卫兵、阿拉伯舞者、托钵修士、洒香水者、铃鼓演奏者,以及全城半数的穆斯林,都护送着行进队伍从皇宫一路沿街道游行到贝西克塔斯,靠近现在第一座横跨博斯普鲁斯海峡的高速公路桥。沿途不断有朝圣者加入。当圣驼回到皇宫,等待下一年到来时,朝圣者跨海来到亚洲的于斯屈达尔,在那里有许多流露真情的场景,他们与亲属告别,踏上了通向麦加的漫长而艰难的旅程。[24]

1517年后,奥斯曼王朝的自信和受到广泛尊重的主要缘由之一,是

---

① 由于穆斯林的历法是阴历,这一日期是可变的。

它通过由客栈、武装护卫和接受大量贿赂的贝都因部落组成的昂贵体系护卫了通往希贾兹的朝圣路线。君士坦丁堡的一个特殊金库收集包括瓦克夫在内的多个财源的收益,它每年把这些收益捐献给希贾兹的清真寺和穷人。到18世纪,朝圣花费超过了皇宫的维护费,占据了政府收入的10%到17%。[25]

1517年后,苏丹和他的宫殿还因为从开罗和麦加运来的先知遗物而更加神圣化。这些遗物包括先知的斗篷、印章、宝剑、一颗牙齿和一撮胡须。用黑羊毛制成的先知旗帜于1593年从大马士革来到君士坦丁堡。这些遗物不会被放置在清真寺公开展示以供民众致敬,而是像都灵的神圣裹尸布那样一直在统治者的宫殿中作为王朝的私有财产与世隔绝,虽说我们会看到先知的旗帜在特别紧急的情况下在君士坦丁堡的大街上展示游行。在皇宫的第三重庭院,靠近苏丹的卧室,一座特别的神圣斗篷之亭为收藏先知的遗物而建立起来,亭子的外墙上装饰着从开罗运来的大理石镶板。交替接班的诵读者夜以继日地在这里背诵《古兰经》。在每年的斋月第15日,男侍们都在一个私密房间里用玫瑰水清洗神圣斗篷。之后,皇室成员(男女皆有)和高官按照地位尊卑一个个进入房间致敬圣物。每个人都会得到一瓶清洗过神圣斗篷的水,以及一张盖上了先知印章的纸。接着他们用前者浸软后者,然后吞下去。[26]

苏丹出席周五的聚礼既展现了他的虔诚,又展现了他对于君士坦丁堡的掌控力量,从出宫队列到进入寺内礼拜有一套专门的仪式(selamlik)。除了在神圣的节日里,在宫殿的祈祷室里礼拜上帝的西方君主只为宫殿里的人和数量有限的民众所见。然而在君士坦丁堡,大部分苏丹都在每周五庄严地前往公共清真寺,一般是去法提赫清真寺或者苏莱曼清真寺。为苏莱曼大帝当过男仆的路易吉·巴萨诺描述了这位苏丹前往清真寺时的队列:

> 队列顺序如下,先来的是30个执杖兵,喊道"我们的苏丹陛下驾到",并猛烈地挥舞权杖。他们后面是大约2000名步行的禁卫军,禁卫军的腰间系着剑和斧头,背后背着枪管有5个手掌长的火枪;然后是同样数目的骑兵和左手卫士(Solaks,苏丹的贴身近卫),他们

的鞍桥上配有剑、弓、箭和狼牙棒。整个行军队列十分肃然，只能听到他们的脚步声和马蹄声。之后来的是15或20匹起到引领作用的马，马头装饰华丽，佩戴有红宝石、钻石、蓝宝石、绿松石和大颗珍珠，人们看不到马鞍，因为马鞍被深红色的天鹅绒包裹起来了。土耳其皇帝旁边无人骑马，而是有4个侍从在他的两侧走着，离他大概有一长枪远，来隔开民众，除非他要叫帕夏或其他官员与他谈话。在他前面总是有3个男仆，一个携带他的弓和箭，另一个携带他的佩刀，第三个人携带金水壶，里面装着带有香味的水，用来清洗大清真寺的门，进入清真寺以后，他来到一个离地面大约有4腕尺高的地方，这个地方有百叶窗遮挡，由他独享。他在这里独自礼拜，除非他的其中一个儿子也和他在一起。大约4000名陪伴他的人待在下方的清真寺主厅。他每个周五都会做这件事，这是为了让人民满意，或者依据某些人所说，我也认为这是他的责任所在。他在清真寺里待两个小时，然后原路（通常是国务会议大街）返回，甚至会面带和善的神情看着百姓，向每个人的致敬回礼，无论对方是基督徒、土耳其人还是犹太人，无论是男人还是女人，他微微转头，一下向左，一下向右，向一路上聚集的人群表示褒奖。那些人没有摘下自己的帽子（在西方要这么做），只会低下头，因为他们认为摘帽子是很不合适的。所以，任何一个周五都可以看到土耳其大君，尽管骗子说他从不出现。

这种仪式以不同的形式一直持续到1924年2月27日。1573年，法国外交官菲利普·迪弗伦·卡纳耶对塞利姆二世周围的安静气氛印象尤为深刻。苏丹仿佛有让人变成石头的力量。他的马需要在前一天晚上不吃不睡，以确保用"适于这样一位伟大国王的缓慢而深重的步伐"行走。对于200年后的托马斯·沃特金斯来说，此仪式的游行队伍是：

> 我见过的最宏大和最有趣的（队列）。华丽又多样的服装、漂亮的阿拉伯马和马具、禁卫军和园丁卫队（bostangis，他们统一形式的大红色布帽特别显眼），用一句话来概括，我觉得该场面的壮观、

新奇、寂静和庄严程度可以给任何一名外国观察者留下最强有力的印象。[27]

纵然如此,也有一位苏丹因这种仪式而死。1754年12月13日,尽管时日无多,但马哈茂德一世仍然坚持参加周五的礼拜。在从清真寺返回的路上,他死在了宫殿的第一重庭院里,真正地"死在了马鞍上"。[28]

君士坦丁堡的伊斯兰化产生了两个主要结果。在穆罕默德二世死后,很少有人提及"不虔诚的"苏丹或"被诅咒的城市"。不可能再有穆斯林对这座拥有清真寺和圣徒的城市进行抵制和谴责。最初与阿拔斯帝国的哈里发或拜占庭帝国的皇帝相比,奥斯曼帝国的苏丹更加世俗化一些,但此时也得到了神圣的光环。他的臣民饭后在清真寺里、在市场上,为他的生命和财富祈祷。苏丹的陵墓遍布这座城市,从埃于普到圣索菲亚清真寺,信徒们在斋月和7个神圣的夜晚拜访这些陵墓,仿佛它们是圣地。奥斯曼王朝被认为是神圣的王朝,真主赐其永生。16世纪末,作家穆斯塔法·阿里——绝不缺乏批判精神——写道:"他们的宗教信念完美无缺,他们的品性就像一面闪闪发光的镜子,那个尊贵的家族中从来没有一个成员偏离过正统的道路。"[29]

这座城市的伊斯兰化也促成了奥斯曼人思想的封闭。他们的头脑浸润了过度的宗教信仰,就好像现代人的脑子受到了过度的电视影响一样。穆斯林的君士坦丁堡缺乏巴格达和科尔多瓦的思想原创性和探究精神。这座城市几乎没有诞生过文学杰作。穆罕默德二世因偏好波斯文化,从伊朗带回了著名哲学家纳西尔丁·图西,以辩论伊斯兰教中的一个老问题:宗教和哲学是否可以调和,人类的逻辑是否是理解真主所必需的。奥斯曼帝国的乌莱玛反对波斯人的观点,认为把理性用于宗教只能导致谬误,并专注于一条越走越窄的经院哲学道路。

1454年以后,印刷术改变了欧洲的面貌。到1500年,从牛津到那不勒斯的每一座主要城市都拥有印刷机,出版业是欧洲西部最大的产业之一。印刷的书籍提高了识字率,传播了知识,并且通过取代手抄,宣扬了一种准确的精神。然而,1515年塞利姆一世签发法令,威胁判处任何参与印刷术研究的人以死刑。或许，政府是想把书籍的使用局限在精英阶层之内。乌莱玛或许会因其威胁公共秩序和自身对伊斯兰教的解释而反对印刷术。比如，如果没有1517—1520年印出的30万份路德的作品，新教就不可能在天主教欧洲如闪电般快速传播开来。[30]

反对印刷术的更深层原因是伊斯兰教和书法——一种典雅的书写艺术——之间的神秘联系。因为《古兰经》是真主的语言，是永恒而神圣的，身体力行的抄写活动特别值得称赞，用机器复制会显得冒犯、不恭敬。据信先知本人曾说过："良好的书写可以让真理显现出来。"没有一个伊斯兰王朝像奥斯曼这样看重书法：许多苏丹本人就是书法家。最伟大的奥斯曼书法家哈姆杜拉·阿马西（1429—1520）抄写了47本《古兰经》，他于欧洲欣然接受印刷术的时代在君士坦丁堡工作。他在宫中有个工作室，他的学生巴耶济德二世因为能给老师端墨盒而倍感光荣。他开创的书法体，即"谢赫哈姆杜拉体"，在接下来的三个世纪里十分盛行。

有句话叫："《古兰经》在麦加降示，在埃及吟诵，在伊斯坦布尔抄写。"笔和墨（通常带有香气，彩色或镀金）在君士坦丁堡受到尊敬，就像其他文化中的宝剑和回力镖一样。一支碑文书法的"胜利大军"占据了城里清真寺和宫殿的外观。书法家行会是城里主要的行会之一，可以又快又便宜地提供抄本。他们按不同的书法体划分，其中的差别可以大到如丢勒和克卢埃之间那般。其他匠人给书法装裱边框，把大理石花纹纸装贴在书法字周围，贴上金箔或者用花装饰。然后人们把书法作品挂在清真寺或房屋的墙上，和西方的绘画作品一样。因为诸多原因，即王朝、意识形态、商业、美学等因素，君士坦丁堡没有发生印刷革命。16世纪，神圣罗马帝国驻君士坦丁堡大使比斯贝克男爵是一位敏锐的观察家，他写道：

> 没有哪个民族比他们更愿意吸纳他者的有益发明，比如他们已经将大大小小的火炮和我们的许多其他发明为他们所用。但是，他们自己从不去印刷书籍或者设立公共钟表。他们觉得经文，就是他们的神圣经书，如果被印刷的话就再也不神圣了；并且，如果他们设立公共钟表，那么宣礼员的权威和古老习俗就会逐渐衰落。[31]

非穆斯林并不像穆斯林那样抵触印刷术。1493年，戴维·纳米亚斯和塞缪尔·纳米亚斯印刷了一本希伯来语的犹太教法典（The Tur，字面意思是"四列"），他们写道："本书在伟大的君士坦丁堡，在伟大的苏丹巴耶济德的统治下得以印刷，愿苏丹万寿无疆，愿上帝襄助他，提升他的统治！"这是奥斯曼帝国印刷的第一本书，之后还印刷了其他关于犹太律法和宗教注解的著述。

1567年，一个曾在威尼斯受教育的亚美尼亚人在耶尼卡帕附近的圣尼古拉教堂开办了第一家亚美尼亚印刷厂。它只维持了三年，并在1677—1679年重开后又一次夭折，但是在这之后，君士坦丁堡从1698年开始就一直有一家运转良好的亚美尼亚印刷厂，尽管直到19世纪，它作为亚美尼亚的印刷中心，才能与另外两座世界城市，即威尼斯和阿姆斯特丹相媲美。1627年，希腊印刷厂才在英国大使的帮助下建立起来，厂址就在加拉塔的英国大使馆旁边。其早期大部分的印刷品都是反天主教和反犹的小册子。根据法国驻奥斯曼帝国大使，即奥斯曼帝国境内天主教会保护人的陈述，该印刷厂存在了不到一年就被禁卫军捣毁了。然而，并不存在限制进口书籍的禁令。通过在境外——通常是在威尼斯——印刷的书籍，君士坦丁堡的少数族群就能比奥斯曼的统治者更快得到印在纸上的信息以及最新的发现。奥斯曼精英至高无上的地位正在被逐步侵蚀。

对印刷术的厌恶，不是乌莱玛抵制知识传播的唯一例子。1580年，穆夫提教唆暴徒摧毁了三年前在加拉塔为苏丹穆拉德三世所建的当时最先进的大型天文台；穆夫提认为，这是凶兆和帝国灾难的来源。下一座奥斯曼天文台要到1868年才开放。1605年伊丽莎白一世送给穆罕默德三世的机械也被摧毁，因为人们认为它出现在托普卡帕宫的神圣区域里是不合适的。1716年，穆夫提阻止一座为之前的大维齐尔所有的图书馆向公共图书馆捐助历史、天文学和哲学书籍。奥斯曼王朝创造了一座伊斯兰城市，但或许它并没有完全意识到自己已经成了这座城市的囚徒。[32]

君士坦丁堡曾是，现在也是矛盾的城市。它已经成为穆斯林的圣城，同时它仍是东正教基督徒的圣城。拜占庭帝国的末代皇帝不是在阵前演讲里称君士坦丁堡"为君士坦丁大帝（东正教历法中的圣徒）三次祝福而建，并将之敬献给最神圣、最纯洁的圣母，我们的圣母玛利亚，永恒的处女"吗？这座城市也得到了大量圣遗物的庇佑，其中包括圣母的长袍，以及"紫色斗篷、圣枪、海绵与芦苇（在十字架上受难期间供奉给耶稣所用），这让我们在致敬圣遗物时，就如我们曾看到耶稣基督从十字架上被举起那样"。稍次的遗物包括最后的晚餐的桌子、挪亚方舟的碎片、使徒安德烈的遗体。大部分遗物在1204年和1453年的劫掠中失踪了，但神圣的光环依然留存了下来。[33]

1453年后，大部分欧洲人相信一个国家只有强制统一宗教才能兴盛繁荣。16世纪的"异端分子"在伦敦和柏林被活活烧死，在巴黎被屠杀，在维也纳则被驱逐。1685年，路易十四将所有的胡格诺派教徒驱逐出法国；西班牙的国王和王后带领狂热的民众观赏"异端分子"在马德里的马约尔广场被活活烧死，这种现象一直持续到1700年。但是，奥斯曼帝国允许基督徒和犹太人信仰自由。15世纪，匈牙利的乔治写道："土耳其人不强迫任何人放弃自己的信仰，不努力去说服任何人，对叛徒的评价也不高。"17世纪的旅行家和作家德·拉莫特拉耶写道："世界上没有一个国家的宗教实践能比土耳其更自由、更少受到困扰。"他心中对自己写下的话自然有数，因为他就是1685年被迫离开法国的胡格诺派教徒之一。[34]

关键事件发生在16世纪。在1521年以及1537年，当"冷酷者塞利姆"之子苏莱曼大帝与基督教强国作战时，他考虑把所有的教堂改建为清真寺，他甚至在1521年考虑过杀死所有不接受伊斯兰教的基督徒。日后在土耳其语中被誉为"立法者"的苏莱曼大帝在那时并不明白，既然君士坦丁堡拒绝投降，为什么还要把教堂保留下来，这与神圣的伊斯兰教法不符。在这两次事件中，该城的当权派都进行了干预，以维持现状。1521年，穆夫提和大维齐尔事先提醒了大牧首。一位律师为他找来了三个年迈的禁卫军士兵，这三个人发誓他们曾看到希腊贵族把街区的钥匙放在金碗里，呈给了"征服者"穆罕默德二世。

在1537年那次事件时，从皇宫到圣索菲亚清真寺之间的地带挤满了等待裁决的穆斯林、基督徒和犹太人。大牧首像十字架上的基督那样汗如雨下。不过，大维齐尔支持他。穆斯林最高的司法权威穆夫提宣布："就目前所知，君士坦丁堡是以武力夺取的，但是教堂没有受到波及这一事实必然意味着这座城市有条件投降了。"苏丹接受了这个裁决。[35]

在奥斯曼帝国历史的大部分时间里，君士坦丁堡的人口保持着这样的比例：58%的穆斯林和42%的基督徒及犹太人。这或许是政府精心操纵政策的结果（奥斯曼帝国的其他城市也是保持同样的比例）。政府并没有试着去强迫非穆斯林皈依伊斯兰教；基督徒缴纳比穆斯林更多的税款，比起拯救灵魂，奥斯曼政府对增加收入更有兴趣。1547年，君士坦丁堡有67座教堂，其中有10座（大部分是天主教堂）位于加拉塔。到1640年，反宗教改革的支柱派别——方济各会、多明我会、耶稣会和嘉布遣会——在加拉塔各有一座教堂。圣诞节和耶稣圣体节时街上有天主教徒的游行队伍，其中包括公开自笞的仪式。

东正教会在君士坦丁堡的生活中扮演了更突出的角色。在每年的主显节（1月6日），都会有一位主教在阿那乌特科伊、塔拉比亚或另一个以东正教徒为主的村子的村民面前祝福博斯普鲁斯的水。然后，一位司铎用全力把一个希腊十字架丢到海里。一大群希腊人在船上欢呼着、叫喊着，看着半裸的男人们随后跳进水中。找到十字架并且保护它不被对手抢走的游泳者，将会带着十字架走街串巷，拜访各家各户，从而赚到一大笔奖金，他被认为在这一年接下来的时间里都会得到好运。在每年复活节那三天，希腊人被允许在君士坦丁堡以希腊人为主的街区法纳尔和佩拉的街道上跳舞，他们就像放学的儿童一样欢乐。根据编年史家达蓬特斯的记载，大维齐尔有时候亲自前来观看舞蹈，"这三天是君士坦丁堡只属于希腊人的欢愉节日"。

由各教区的都主教和贵族组成的委员会定期选举新的大牧首，这或许也是花费甚多的一件事情（奥斯曼当局总是要求缴纳更高的费用）。有很多渴望统治的候选人，以至于在1595—1695年共有61次大牧首更迭，尽管一共只有31人担任大牧首。[36]

多元身份是君士坦丁堡的本质，这清晰地体现在新的大牧首接受苏丹的委任状（berat），从皇宫归来的时候。他在黑色的东正教法衣上套着浅色的卡夫坦长袍（kaftan），由骑马的东正教司铎和禁卫军护送。在大牧首所在的教堂前，大维齐尔的一名秘书宣读任命，带领他前往教堂正厅，登上大牧首的宝座（镶嵌有珍珠母和象牙的木质座位，和卡夫坦长袍一样充满奥斯曼色彩）。举行弥撒后，他接受前任大牧首和各教区都主教的祝贺。满教堂的信众亲吻大牧首的手，接受他的祝福，点亮蜡烛以向此场面致敬。

大牧首继承了拜占庭皇帝的部分神秘性，他手下有一个附属的法院和行政系统。大财务长（Grand Economus）监督教会的财政和下辖地产，大执行官（Grand Logothete）掌管印章，大通信官（Grand Referendius）负责大牧首和奥斯曼当局之间的希腊语通信。这些高级官员通常是富有的俗人，而大牧首的家户则由僧侣提供服务。简朴是其主旨。大约15名司铎、僧侣与"圣座"（His All-Holiness）同桌。他通常穿着修士的长袍和毡帽，他的手下毫不羞怯地与之交谈。[37] 大牧首的家庭依靠婚礼、洗礼、圣职委任的费用，对基督徒房产所收的小笔税款，以及出卖主教权限的收益来维持。

普世牧首的统治范围比苏丹要广得多，它延伸到了独立的东正教国家格鲁吉亚和莫斯科大公国。如果一条朝觐路线引导穆斯林离开君士坦丁堡，前往麦加和麦地那，那么另一条路线会指引来自"神圣俄罗斯"的基督徒前往君士坦丁堡。他们来到这里，不仅因为君士坦丁堡处在前往耶路撒冷的道路上，也是来致敬残存的东正教圣地和遗物的。这座城市也是东正教会例行大会之地，亚历山大港、安条克和耶路撒冷的牧首经常前来参加会议，也来此居住。比如，在1704年的复活节，四位牧首共同为城内的民众主持弥撒。

和俄国之间的王朝联系重申了君士坦丁堡的东正教命运。拜占庭末代皇帝的侄女、由教宗教育的佐伊·帕莱奥洛吉娜于1472年嫁给了莫斯科大公伊凡三世。作为最后一个东正教强国，俄国对自己是"第三个罗马帝国"和拜占庭帝国继承者的宣称得以强化。1498年大公首次加冕为"沙皇"，用的是拜占庭式加冕礼。拜占庭帝国的双头鹰停在了沙皇的盾徽上。1516年，普世牧首狄奥莱普特斯一世暗示沙皇，或许可以建立一个俄罗斯-拜占庭帝国。[38]

　　普世牧首"伟大的"耶热弥亚二世，被允许出巡以寻找资助。他于1588年在莫斯科对沙皇说："由于第一个罗马帝国落入信仰亚波里拿留派的异端之手，第二个罗马帝国，也就是拜占庭，为异教徒土耳其人所有，那么比之前的王国更虔诚的伟大的沙皇俄国，就是第三个罗马帝国……现在普天之下只有您称得上全世界所有基督徒的基督教皇帝。"很明显，普世牧首不反对"所有基督徒的基督教皇帝"驱逐"异教徒土耳其人"。由于奥斯曼帝国在16、17世纪非常强大，沙皇无法向奥斯曼扩张领土，并且沙皇更关注收复在西面被波兰-立陶宛王国夺去的领土。不过，19世纪和20世纪初欧洲历史上一场大戏的舞台已经搭好：俄国人南进，向黑海、巴尔干以及终极目标——"俄国的洗礼池"，即沙皇格勒，一座皇帝之城——进军。君士坦丁堡大牧首是这出大戏的作者之一。

　　耶热弥亚二世也复兴了希腊教育，他在1593年决定"为神圣、深奥的经文，为让那些想教和想学的人受益"而建立学校。对希腊人开放的最好的学校是正教学院（Patriarchal Academy），许多希腊人的宗教和知识领袖都来到这里，它是1453年前的君士坦丁堡大学的直接延续。[39]

　　在奥斯曼帝国统治时期有四位普世牧首惨死，其中一例是由君士坦丁堡和俄国之间的联系导致的。彼得大帝的父亲沙皇阿列克谢是伊凡雷帝以来最有权力的沙皇之一，因而东正教再度兴起了收复君士坦丁堡的希望。17世纪50年代的大牧首教堂为他和他的妻子祈祷，他承诺为希腊人奉献到"最后一滴血"。1657年3月21日，根据大维齐尔的命令，大牧首帕尔特纽斯三世被绞死在城门上，因为他给瓦拉几亚大公写信，称伊斯兰教的时代正走向终结，很快"十字架和钟铃的领主将会成为帝国的主人"。在这之后，作为羞辱的表现，大牧首从大维齐尔而不是苏丹那里接受授职。[40]

　　冲突和宽容都是君士坦丁堡宗教生活的特点。穆斯林一直表现出对基督徒的轻蔑和不信任。穆拉德三世和穆罕默德三世的老师霍贾萨德丁夸口说："城内教堂里的邪恶偶像已经被移除，肮脏的偶像崇拜杂质被彻底肃清。通过毁坏他们的画像，竖立伊斯兰教的壁龛和讲坛，许多修道院和祈祷室变得让天堂的花园都感到嫉妒。"教堂多次被改建为清真寺（总计42座），这展现了伊斯兰教的至高地位。这些政策导致基督教的马赛克镶嵌画和壁画被涂上灰泥，圣像被驱逐，在原本朝向南面耶路撒冷的高坛右边增建了一座面向东南方麦加的椭圆形祈祷壁龛。15世纪90年代，在拜占庭帝国后期重建的柯拉教堂，即内有无与伦比的基督生平镶嵌画的圣救世主教堂，被改建成了卡里耶清真寺。1545年，加拉塔的圣米迦勒大教堂被摧毁，取而代之的是鲁斯特姆帕夏商舍。1586年，大牧首自己的座堂，即光辉灿烂的万祝圣母砖造教堂都被夺走，理由是穆罕默德二世在拜访大牧首金纳迪乌斯时曾在这里礼拜过。[41] 它被重新命名为费特希耶清真寺，即"胜利清真寺"，因为此时奥斯曼帝国刚刚征服了阿塞拜疆。①

在多次迁移之后，大牧首府邸于1601年定在法纳尔的圣乔治教堂旁，现在它仍在那里。根据一份记载，苏丹把修建苏丹艾哈迈德清真寺的建筑师派去修复和重建这座教堂。大牧首府邸是三层的木质建筑，外边庭院的围墙起到了很好的遮掩作用。东正教的母堂外形低矮，没有明显的圆形穹顶，比大部分英国的教区教堂都要小。它主要的装饰就是里面雕刻了花纹的木制圣障，上面没有拜占庭的双头鹰标识。它与君士坦丁堡苏丹的清真寺以及它的天主教对应物，即罗马的圣彼得大教堂的辉煌形成了鲜明的对比。

理论上，根据伊斯兰教法，伊斯兰城市不能修建新教堂，也不能重建教堂，除非当地的穆斯林长者作证那里确实存在过一座教堂，并且官方建筑师要检查新教堂的规模不能比原来的更大。事实上，希腊人的金钱和决心经常战胜奥斯曼的规定。随着旧教堂的消失，新教堂建立起来。在修建新教堂时必须小心谨慎，没有塔，也没有明显的圆形穹顶；即使是现今，19世纪初之前修建的教堂仍然掩藏在墙后，无法在街上看见。教堂被禁止敲钟：信徒通过敲打木条或者铁条，或者通过在大街上喊叫来集结。到18世纪，君士坦丁堡有40座东正教教堂，其中只有3座建于征服之前。②

---

① 1627年、1640年和1695年，又有教堂被改建为清真寺。1453年后，始终留存了教堂状态的是法纳尔区山上的一座小教堂——蒙古圣玛利亚教堂，现在其墙上还有保护它的敕令。

② 这座城市在拜占庭时期先后总计有450座教堂。

从1453年到今天，有55座新的亚美尼亚教堂在君士坦丁堡建立，有些能追溯到16世纪。[42]

穆斯林和基督徒之间的冲突，可能导致一些人殉教。一般不是出于他们最初的信仰，而是邻居指控他们变成了穆斯林，之后又回归基督教。根据《古兰经》，叛教可以处死。奥斯曼当局时常对此犹豫不决，并且鼓励基督徒伪装成穆斯林，但是很少有基督徒情愿这样做。哈布斯堡外交官弗拉茨瓦夫男爵于1599年记载的下述事件，是在穆斯林的压力下基督徒坚持信仰的一个案例。

有一个希腊男孩与一个希腊女孩相爱了。他离开君士坦丁堡，去为婚礼买最好的克里特甜葡萄酒。一天，当女孩不戴面纱前往浴室时——大街上的穆斯林妇女是"完全遮蔽起来"的——一个年长的土耳其人看到了她。他惊呼道："哦，多么美丽、可爱的少女啊！"他爱上了她。因为他是富有的苏丹宫廷信使军士，他有权力监禁她的家庭，从而娶到她。因此她成了穆斯林，但内心还是基督徒。

在她的爱人回来后，他们开始在女孩丈夫花园的帐篷里偷偷见面。她给了男孩一些钱。丈夫最后发现了这件事，"既然这里的任何事情都可以用钱来摆平"（奥斯曼君士坦丁堡的大部分外国观察者都这么评论）。勃然大怒的丈夫要求以通奸罪判处他们死刑。在赴死之路上，因为这个年轻男子的相貌实在太过英俊，皇家信使军士长提出，如果他成为穆斯林，就不处死他。"但是这个年轻男子不允许自己偏离信仰，他回答道，他是基督徒父母所生，受过洗礼，以基督徒身份长大，也想以基督徒身份死去。"因为他的拒绝也决定了女孩的命运，他的爱人"用最真挚的恳求"催促他皈依伊斯兰教。坚定的信仰促使他辱骂她："狗贼！叛徒！异教徒！犹太人！去死吧，因为你该死！"最终她毫无办法，只好诅咒她遇见他的那一天。同情这对年轻情侣的穆斯林群众，也催他皈依伊斯兰教。但他拒绝了。他被"挂在钩子上"，受了三天的折磨，直到某个同情他的人射死了他。女孩则被带到海里，推出船，被按在水下直到淹死——她绝不是葬在博斯普鲁斯海峡这个水墓的唯一一个君士坦丁堡女人。[43]

还有许多这样的悲剧。17世纪末，一个希腊男孩被人听到模仿宣礼员宣礼的声音。他漫不经心地念了清真言,一个土耳其过路人问他是否要像穆斯林一样生活。他拒绝了,于是被投进了监狱,最后被处决,希腊人也将他赞为殉教者。

清真寺的景象和宣礼员的声音,让伊斯兰教在整个君士坦丁堡都可见、可听。然而,在伊斯兰教胜利的表象下隐藏着基督教的水世界。圣水、圣泉的概念来自水和生命、净化之间的原始联系。这不局限于东正教:爱尔兰和法国有天主教的圣泉。前往埃于普的穆斯林朝圣者相信,喝阿布·阿尤布陵墓旁水池的水可以治疗疾病。不过,没有哪座城市拥有的圣泉数量能比君士坦丁堡更多。圣泉通常是俗人设立的,它们见证了基督教徒的热忱,也见证了奥斯曼的建筑规矩没有延伸到地下这一事实。

和穆斯林的"真主之友"陵墓的光环一样,圣水被认为能够带来好运,包治百病。圣泉(ayazma)以某个圣徒的名字命名,在这位圣徒的节日那天,朝圣者将会到来并祈祷。然后他们会喝圣水,用它来洗脸和洗头,把圣水泼到自己的衣服上。之后他们会吃饭、跳舞或摔跤。直到20世纪,君士坦丁堡还到处都是新发现的圣泉,它们位于私人住宅的下方、清真寺附近,甚至在苏丹的宫殿旁边。雅典的君士坦丁堡学会主席尼古拉·阿德杰姆奥卢是一位来自君士坦丁堡的希腊裔历史学家,他统计出514处圣泉。[44]

君士坦丁堡城墙外最有名的圣泉,位于巴鲁克利受人尊敬的圣母玛利亚修道院的庭院里,该教堂建于5世纪。1453年,一位僧侣正在那里煎鱼时,被告知君士坦丁堡已落入奥斯曼人之手。他不相信,除非煎到一半的鱼死而复生,从煎鱼锅跳到井里。结果鱼真的跳进了井里,而直到20世纪,奇迹般保存下来的被煎得半黑的鱼,在一段长长的楼梯末端的一口井中被展示给游客。许多人相信,当这些鱼完全煎熟时,君士坦丁堡将会再次变为基督徒的城市。①

许多家庭来到这座修道院求子。如果有了孩子,在接下来的7年里他

---

① 我在1992年4月的某个星期日拜访这个孤寂的圣地时,没有在井里看到鱼。它们最终还是死了吗?

们要每年给修道院一份小礼品。为了寻求治愈之道，生病的朝圣者每周都光着脚来一次。庭院里出售银制眼睛、牙齿和手臂，这是为了装在适合的信徒身上。如果有朝圣者在井里看到鱼，他们就大声欢呼。司铎把水罐里的圣水泼在他们身上，他们给司铎一点钱作为回报。圣母玛利亚的圣像定期在城市里巡游，给病人的床侧带来慰藉，给新盖的房子送去祝福。

君士坦丁堡不只是一座矛盾的城市。特别是在穆罕默德二世的世界主义统治时期，奥斯曼皇宫是东西方融合的一个源头，民间信仰则是另一个。几个世纪以来，君士坦丁堡是为数不多的穆斯林与基督徒以几乎相等的比例共同生活的城市之一。两个宗教互相影响，这并不让人惊讶。比如，巴鲁克利就受到穆斯林和基督徒共同的尊崇。据说，1638年苏丹穆拉德四世要求基督教修士祈祷他战胜波斯人。苏丹在他们祈祷的那天夺取了巴格达。

在复活节后的第一个星期五，人们会在巴鲁克利的圣母玛利亚修道院举办一些庆祝仪式。根据19世纪一份隐隐带有优越感的史料记载，在绕着修道院巡游以后，"每个人都坐在开阔、通风的地方，沉醉在人们喜爱的纯粹的享乐之中"，即享受食物、饮酒和跳舞。人群里，富人、穷人，穆斯林、基督徒，保加利亚人、亚美尼亚人、天主教徒都有，有时来的人实在太多，好像整座城市的人都在场一般。[45]

其他圣地也吸引了持有不同信仰的人，特别是女人。皇宫内珍珠阁的底下有一口井，井水与宫殿高墙和海之间的救世主基督圣泉相通。在每年8月6日的主显圣容节，基督徒乘船而来，把自己浸泡在泉水里，然后跟着号角和鼓声跳舞，在海里游泳。苏丹在装着栅格的窗户背后享受着狂欢的气氛，向他的基督徒臣民撒硬币。其他圣泉，比如圣索菲亚清真寺的施洗者约翰泉，都由穆斯林官员控制，这些官员靠向基督徒出售圣水的收益为生。

尽管没有文字材料证明，但看起来某些伊斯兰仪式反映了基督教的影响。1588年圣纪节，即先知诞生仪式的正式化或许反映出穆斯林意图与基督徒庆祝圣诞节的行为竞争，圣纪节的仪式几乎都在苏丹艾哈迈德清真寺举行。为许多正统派穆斯林指责的托钵修士对圣人的崇拜，展现出明显的基督教和前基督教时代信仰实践的痕迹。大部分禁卫军从属的拜克塔什教团,把真主、穆罕默德及其女婿阿里联结成神圣的"三位一体"。他们喝酒,称自己是"圣火中的飞蛾"。他们的仪式与清真寺里的完全不同,女性也能参加,有时还给夫妻举行专门的仪式。[46]

虽然西方旅行者一般都可以拜访清真寺,但君士坦丁堡的基督徒很少进去,这或许是他们的选择。不过,尽管公共浴室和施粥所因穆斯林的慈善目的而建在清真寺旁,但是基督徒和犹太人被允许使用它们。

基督徒、犹太人和穆斯林女性都会去拜访泽扎德清真寺(即王子清真寺,在法提赫清真寺附近)里的圣人海尔瓦哲墓。她们带来残疾的孩子寻找治疗方法,带来年轻的女孩或寡妇前来物色丈夫,带来朋友寻求住处。根据各自不同的心愿,她们把孩子的童帽、白色的手巾或房子的钥匙交给宣礼员。宣礼员手握交付给他的物件,然后在宣礼塔顶上宣礼。即使在今天,基督徒妇女仍把公鸡上供给科贾·穆斯塔法帕夏清真寺的"真主之友"逊布尔·锡南。穆斯林也会前往亚美尼亚人的教堂,比如巴拉特的圣乔治教堂,甚至会在那里过夜,为患有癫痫的病童祈求治愈奇迹或问询治疗方法。[47]

不同宗教的信徒彼此既求助于对方的圣人,也借助对方的法庭解决争端。基督教徒经常借助穆斯林的法庭,而非自己的,去解决婚姻和继承案件。到19世纪初,他们有时也会利用犹太人的法庭,而一些穆斯林也会求助于东正教牧首法庭。犹太人经常利用穆斯林的法庭,以逃脱严苛的拉比法庭,尽管拉比们抗议说这样的行为否定了犹太教律法的有效性。[48]普通人的日常生活和需求,软化了君士坦丁堡各宗教间的壁垒。这座城市的集体记忆和精神气质,自然而然地要求人们对其他宗教持容忍或接受的态度。"征服者"穆罕默德二世设想自己可以运转一个多宗教并存的首都,这个想法是正确的。仇恨或许会以言语来表达,但很少通过行动爆发出来。

3

皇 宫

> 大君……坐在巨大的房子之中，但他的样貌与他背后的队列相比简直不值一提，所见之物几乎让我觉得自己处于另一个世界。
>
> ——托马斯·达拉姆，1599年

提到君士坦丁堡，人们就想到皇家气派。气派的来源是皇宫，它坐落在半岛的最东端，在博斯普鲁斯海峡、金角湾和马尔马拉海的相会之处。皇宫位于欧洲的边缘，同时又能俯瞰亚洲。这是与"世界的征服者"相称的地方。

皇宫由陆上和海上带有城垛的高墙护卫着。大部分海上城墙已经被毁。不过，陆墙仍然从马尔马拉海升起，穿过君士坦丁堡所在的一座小丘，再下降到金角湾边。在城墙中间，用灰色大理石搭建成的高耸门户——帝王之门（Imperial Gate）——引导游客避开城市的喧嚣，进入静谧的庭院，庭院里种着一排排树。这是围绕着皇宫建造的三重庭院中的第一重。

像君士坦丁堡的其他许多地方一样，托普卡帕宫——这是它现在的名字（top kapi，以它的其中一个大门来命名，意为"大炮之门"）——的存在归功于"征服者"穆罕默德二世。这座宫殿于1459年开始修建，1478年建成。因为穆罕默德二世早先已经在城市中心建了一座宫殿，所以托普卡帕宫的正式名称是"新宫"。

直到奥斯曼苏丹及其家室于19世纪离开为止，第一重庭院包括了皇室的外部办公室：一座军械库，设置在原来的拜占庭圣伊莲娜教堂内，致力于维护安全；能容纳4000匹马的马厩；一间铸币厂；一所医院；一座亭台，书吏在此接受请愿书和发送苏丹的命令或诏书。和西方国家首都的宫殿建筑群类似，第一重庭院向所有人开放，即使是外国人也可以进入。从金角湾对岸看来，这座宫殿像是一座布满亭台的半岛，四周是树木和花园，且随着地势渐渐下降，延伸向海边，宫殿的窗户被比作帝国观望外面世界的眼睛。不过，站在第一重庭院里，这座宫殿看起来像是一堆混杂拼凑出来的建筑，大部分游客都觉得它配不上苏丹。只有庭院的大小和众多穿着华丽的士兵，以及包括猎豹、大象在内的异域动物，才能体现出一丝气派。[1]

只有苏丹本人被允许骑马穿过下一道门，即崇敬门（Gate of Salutation），进入第二重庭院。第二重庭院里满是喷泉和柏树，既是庭院，也是花园，其特别之处在于空间十分宽敞，一侧的人听不到另一侧人的声音。游客被一系列有拱廊和宽檐的低矮建筑所包围。每一栋建筑都是为服务于某种特殊的用途而单独设计的，建筑群看起来像一顶顶帐篷，反映出奥斯曼帝国对规则和边界的痴迷。它们包括各组皇室仆人的生活区，比如"鬈发戟兵"，他们留着长长的卷发，这是为了防止他们在给后宫送木柴时偷窥女性。卢浮宫、威尼斯总督府或皇家清真寺等建筑本就是为了给人留下深刻印象的，与它们不同，托普卡帕宫的建筑是以人为本、拥有家居功能的，而非以皇宫的尺度修建的。

就像直到18世纪的大部分君主的宫殿一样，这个复杂的建筑群既包括政府部门，也安置统治者的家室。第二重庭院的左边是欧洲的权力中心之一——帝国国务会议厅，大维齐尔和其他维齐尔每周四天于晨礼之后在这个议事厅里辩论国家政策，判决案件。理论上每一位奥斯曼臣民，无论性别、民族、地位和宗教如何，都能到议事厅里陈情。比如，大牧首就曾于1521年和1537年来到这里请求拯救城内的教堂。奥斯曼政府的大多数部门都简单高效，原告就是自己的律师，案件现场判决。奥斯曼的官僚可能会有所拖沓，但是其司法体系不会。庭院的另一边是宫廷御膳房高耸的烟囱，厨房非常高效，一次可以供1.2万人吃饭。

第二重庭院的末端是叫"高门"的大门，西欧人经常称其为"尊贵之门"。① 它是一个带有柱廊的结构，有土耳其建筑特有的凸出屋檐，在穆斯林的重大节日，斋月结束时的开斋节庆祝宴会上，苏丹的宝座就被放置在其下方。远处则是苏丹的宝座室。

在这座宫殿的中心，有必要定义出驱使包括从苏丹到他最低贱的仆人在内的所有居民为奥斯曼王朝的权力和气派献身的精神理念。1453年前，奥斯曼在布尔萨和埃迪尔内的宫廷相对较为随意。基督徒俘虏米伦巴赫的乔治修士写道："这里没有浮华或奢侈的迹象……大领主们和王子们在一切事物上都表现得十分简朴，以至于他们在人群中可能不会被认出来。"苏丹在两个男仆的陪伴下前往清真寺，他在地上铺的毯子上礼拜，旁边就是其他穆斯林。然而，君士坦丁堡实行了不同的标准。或许穆罕默德二世受到了希腊书吏、帕夏，以及他们对半神的皇帝、"第十三位使徒"身边围绕的敬畏礼节的记忆的影响（穆罕默德二世有两位帕夏是拜占庭帝国末代皇帝的亲戚，他们皈依了伊斯兰教）。逃难的王子们也肯定会把波斯宫廷的盛况告诉苏丹。总之，最重要的是穆罕默德二世希望通过宫殿表示，他自视为帕迪沙、恺撒和汗。[2]

穆罕默德二世的《法典》（kanunname，或许写于1477—1481年）废止了一些传统，比如苏丹每天拂晓在军队面前象征性地进食15分钟："我下令，除了我的家人，其他任何人不得与尊贵的我共同用膳。据说，我的伟大先祖与维齐尔共同用膳，我已废止这一做法。"

最初，苏丹和维齐尔坐在国务会议厅中理政。然而，据说在穆罕默德二世统治时期，有一次，一位陈情者突然闯进来，问道："你们之中哪一位是亨通的统治者？"苏丹觉得自己受到了羞辱，于是他从此以后总是"垂帘听政"——坐在俯瞰国务会议厅的一处凹室里。凹室悬垂着绿色的丝绸帘子，所以维齐尔不能确定苏丹什么时候在后面听着。[3]

除了超然地位，苏丹还有生杀予夺之权，这也强化了奥斯曼王朝的权

---

① 之后，它改名为"幸福门"（Gate of Felicity），而"高门"变成了宫外大维齐尔府邸的名称。结果就是"尊贵之门"（Sublime Porte）成了奥斯曼政府的同义词。

力。因为苏丹经常对奴仆及其家人行使生杀大权，奥斯曼有一句古话叫："苏丹仆人的脖子还没有一根头发来得宽。"在第二重庭院的议事厅上方有一座正义之塔，苏丹打开塔里一扇带有窗格的窗户，或者苏丹在宝座室上朝时跺脚，这都是执行死刑的信号，有绞死、用斧头斩杀和用匕首刺死几种死法。[4] 有时，苏丹会亲自处死大维齐尔。奥斯曼流传着一句诅咒："愿你成为塞利姆的维齐尔。"这句话意味着塞利姆一世处死的维齐尔数目之多。1606年，大维齐尔德尔维什帕夏被皇家园丁卫士绞死。17世纪的伟大编年史家纳伊马写道，之后不久，"有人察觉到他的脚动了，苏丹拔出了匕首，割了他的喉咙"。1644—1656年，17位大维齐尔中只有两人是自然死亡。① 但是大部分奥斯曼人把处死官员看成苏丹保持警觉和公正的证明，以及一种让人民服从的手段。苏丹一般都寻求穆夫提的批准，但不全是这样。1669年，侯赛因·赫扎尔芬写道："让他们不要一口气废除苏丹可自由裁量的肉体刑罚，因为掌控刑罚是王权的前提条件。"[5]

此外，获刑者对苏丹的服从意识极为强烈，他们中很少有人抗议自己的命运。如果说奥斯曼人上战场就像去参加婚礼的话，那么他们去看死刑就和参加周五聚礼一样。帕迪沙的规则必须被遵守：他的权力来自真主。一位大维齐尔有次问托钵修士谢赫谁是最大的蠢货，谢赫说："是您，尊贵的大维齐尔。您用尽手段才得到这个职位，尽管您骑马经过您前任流血的脑袋，而您的前任倒下的位置与他的前任一样。"[6]

在伦敦，反叛者的脑袋一般被挂在桥上或城门上，而维齐尔和帕夏的脑袋则悬在皇宫第一重庭院的白色大理石柱上展示，附有对他们的诉状，有时诉状还是他们自己签署的。较低级别的官员脑袋经常被摆在帝王之门右边的壁龛里或左边的外立面上：如果太过拥挤，小型器官（鼻子、耳朵、舌头）就被割下来，堆在门前的空地上。填充脑袋的物品可以反映出死者的职位：维齐尔是棉花，低级官员是稻草。君士坦丁堡的民众喜欢看首级展示，因为这证明了他们的想法：被处死的人是掏空国家的吸血鬼。女性罪犯被更谨慎地对待。她们被装在塞了很多石头的麻袋里，然后被扔

---

① 1839年前，共178位大维齐尔中有32位（18%）死于暴力。

到博斯普鲁斯海峡里:君士坦丁堡的另一个地理优势是穿过博斯普鲁斯海峡的急流,很快就能带走尸体。禁卫军指控,16世纪的宫廷宠儿、犹太女商人埃斯佩兰萨·马尔基偷偷降低付给他们的硬币的成色。当禁卫军在城内街道上把她大卸八块时,苏丹穆罕默德三世的母亲斥责他们:"如果已经确定要判处这个犹太女人死刑,那么一定要用这种可憎的手段吗?为什么不能把她丢到海里?"[7]

和帝国的权力一样,这座宫殿的华贵气派在"征服者"的曾孙苏莱曼大帝的统治时期达到顶峰,他也是奥斯曼所有苏丹中最引人注目的一位。他的统治让君士坦丁堡最终转变成了宏伟辉煌的同义词,正如同他的父亲塞利姆一世的统治完成了君士坦丁堡向伊斯兰教圣城的转变一样。1520年,苏莱曼即位不到一个月,一个威尼斯人写道:

> 他25岁,身材瘦高,外形纤弱;他的脖子显得有点过长了,小脸,鹰钩鼻。他留了一点胡子,髭毛浓密;虽然脸色苍白,但是仪表风度仍然令人感到愉悦。据说,他是一位聪慧的君主,热爱学习,所有人都对他的统治抱有良好的期待。[8]

到1523年,苏莱曼已经征服了两处曾抵御"征服者"穆罕默德二世本人的基督教堡垒——贝尔格莱德城和罗得岛。他在1526年的摩哈赤战役中摧毁了匈牙利的贵族:最后一位独立的匈牙利国王在逃离战场时被杀。1540年,布达已经成为奥斯曼的城市,奥斯曼的边界距离维也纳只有不到100英里。奥斯曼舰队统治了从阿尔及利亚到印度的海域。在陆地上,苏莱曼夸口道:"我们的马匹一直装着马鞍,我们则一直佩着马刀,不分昼夜。"他也可以在东方给"被诅咒的红头"(奥斯曼人给波斯人起的名字,来自后者戴的红头巾)以同样的重击。在他的统治下,"寰宇的庇护所"这个绰号变成了现实:王子贵族们从克里米亚和匈牙利、摩洛哥和波斯来到他的宫廷里避难。法国国王恳求他的帮助,哈布斯堡王朝向他纳贡。

奥斯曼帝国的扩张反映在苏丹的头衔上。宫殿外墙的帝王之门上方有一串镀金的阿拉伯铭文，穆罕默德二世在此处自称为：

> 两大洲的苏丹，两大海洋的皇帝，真主在今世和来世的影子，真主在两条地平线（东方和西方）上最喜爱之人，地球的统治者，君士坦丁城堡的征服者，征服之父苏丹穆罕默德汗，苏丹穆罕默德汗之孙，苏丹穆拉德汗之子，愿真主庇佑他的帝国不朽，愿真主将他的宫殿升到苍穹中最明亮的星星之上！

苏莱曼一世从"至高苏丹的宫殿所在地，戒备森严的君士坦丁堡"寄出的信件，以一套宇宙般的宏大惯用语句开头：

> 我是众苏丹之苏丹，众君主之君主，我是向地球上的君主分配王冠之人，真主在大地上的影子，白海、黑海、鲁米利亚、安纳托利亚、卡拉曼尼亚、罗马、杜勒卡迪尔、迪亚巴克尔、库尔德斯坦、阿塞拜疆、波斯、大马士革、阿勒颇、开罗、麦加、麦地那、耶路撒冷、阿拉伯地区、也门和我高贵的先祖——愿真主照亮他们的墓——征服的其他国家，以及我以火焰之剑同样征服的国家的苏丹和帕迪沙，苏丹巴耶济德之子苏丹塞利姆之子，苏丹苏莱曼汗。

在奥斯曼的世界观里，其他统治者的王冠并不来源于他们的刀剑或先祖，而是来源于他们的共主奥斯曼苏丹。只有他才是皇帝。苏丹想要在仪式排场和军事能力上比他的敌人，即西方神圣罗马帝国哈布斯堡王朝的皇帝查理五世更胜一等，后者是"西班牙的土地及其附属领地的国王"。神圣罗马帝国皇帝的继承者被叫作"维也纳王"。1531年，威尼斯大使报告说："苏丹苏莱曼……因神圣罗马帝国的皇帝采用'恺撒'这个称号而不快，他，这个土耳其人，认为自己才能被称为恺撒。"奥斯曼诗人开始称苏丹为"世界的皇帝，末世的救世主"。苏丹可能对此颇为相信。[9]

他的成就感在宫廷中得到了很好的表达。议事厅的墙用黄金和珠宝重新装饰。1527年,威尼斯大使在时隔6年后重回奥斯曼帝国时写道:"我发现宫廷井然有序,和我作为大使来的其他时候不同……这次和其他时候截然不同。"苏莱曼是第一个以欧洲方式威严地坐在宝座上,而不是在地毯上盘腿而坐的苏丹,他于1533年修建了新的宝座室。查理五世的大使发现:

> 苏丹坐在一个略高于地面的宝座上,宝座由金布覆盖,镶满了各种珍贵的宝石,四面都铺有昂贵的垫子,房间的墙上有马赛克镶嵌画,上面的青金石和黄金闪闪发光。这间房间的壁炉外侧由坚硬的白银制成,覆有黄金,房间的一侧还有喷泉从墙里涌出。

无论是在和平还是战争时期,不管是取得胜利还是失败,宝座室一直都像一个珠宝盒一样闪闪发光。17世纪的宫殿清单显示,宝座本身装饰有5个靠垫、6个"垂边"、15个枕垫,上面缝着祖母绿、红宝石和珍珠,并且和地板上的垫子一样,绣满了金线。[10] 1799年,当英国大使额尔金勋爵的夫人打扮成丈夫的随员溜进宝座室时,她写道:

> 这是一个小而阴暗的房间,但我想它在全世界宏伟壮丽的地方中是首屈一指的。他的宝座像是一张上好的英国床,魔鬼(她对苏丹塞利姆三世的称呼)坐的床单镶满了巨大的珍珠。他身旁是由一大块钻石制成的墨水瓶,另一边是他的马刀,上面满是极好的多边形钻石。
> 他在头巾上戴着著名的羽毛帽饰,他的长袍由黄缎和黑色貂皮制成,在橱窗里还有两件镶满钻石的长袍。你在《一千零一夜》里都找不出能与这个房间媲美之物。

除了生杀大权、至高而显得孤远的地位,以及宝座室的辉煌气派,三条法则——礼仪、静谧和服饰——也都给予苏丹其他皇宫所没有的庄严光环。君士坦丁堡以东和以西的其他宫廷在这一层面上显得有些不正式(在某种程度上,维也纳和马德里有所例外)。波斯的沙阿和莫卧儿的皇帝都未曾要求得到奥斯曼苏丹那样的尊荣。英国大使托马斯·罗伊爵士在17世纪20年代先拜访了莫卧儿皇帝，之后拜访了奥斯曼苏丹。他更喜欢德里的随性，不喜欢君士坦丁堡的死板，在前者那里，他"得到了友好而有礼貌的王子的热情接待"，而在后者那里，他的两肘各被一位侍从长架住，他像是"在对着一个木讷的画像讲话"。

奥斯曼礼仪的优雅和庄重产生了一条尊崇的链条，将宝座室的苏丹和庭院里最低阶的禁卫军士联结起来。在都铎王朝和瓦卢瓦王朝的宫廷里，朝臣们不过就是向统治者鞠躬，亲吻他的手。而有幸进入宝座室觐见苏丹的维齐尔和大使要在地上俯拜三次，虽然外交官在文书中常常对这一屈尊行为避而不提。苏丹之后根据来者的官职或受宠程度，允许他们亲吻自己的任意一只手，僵硬地抱住他的膝盖、卡夫坦长袍的褶边或者垂下的袖角。最后，所有人倒退着离开。一位摩洛哥大使这样描述维齐尔：

> 他们中的任何人从来都不能表现出和他们的上级是平等关系，他们不能和上级一起走，不能穿同样材质的长袍或其他衣服，也不能坐在相似的椅子上。我从来没有见过还有能比他们更严谨地遵守等级尊卑的人。苏丹在场时，没有人可以在他面前或是在他目力所及之处坐下来。所有人都毕恭毕敬地站好，双手紧握，就像他们礼拜时那样。[11]

在礼仪像骑术和希腊语一样被教授，礼仪和等级、财富、服装一样都是地位判断标准的时代里，奥斯曼精英的礼仪既是让地位低下者和外国人留下印象的方法，也是控制他们的手段。1749年，查利蒙特勋爵写道：

> 维齐尔的礼仪至高至雅，最能让人愉悦。他们似乎拥有自身都无法察觉的高贵天性，他们看起来根本不刻意表现它，似乎他们不主动要求就能得到尊敬。这与法国人的任性有多么大的区别啊！在法国，每个花花公子都故作高雅，这等装腔作势却使他们的教养变得粗野，具有侮辱性！但是，最让我感到惊讶、似乎超越任何同类事物的是他

们说话的动作，他们移动头部和双手的礼仪。每一个动作都融合了安适、优雅和尊贵……他们说话的场景让我觉得非常愉悦，如果我能这么说的话。

尊崇的氛围在沉默中最为强烈地展现出来。第二重和第三重庭院里极其安静，以至于流露出一种戏剧即将开场的感觉。在苏莱曼大帝之后的奥斯曼苏丹亲自在沉默中接见大使，除了"准允"（Peki）一词，苏丹几乎不屈尊说话。如果他试图开口的话，维齐尔（"比国王更保皇"）会提醒他这是不合适的。在第三重庭院里，当苏丹在场时，除非有公务在身，否则维齐尔不能开口说话；苏丹的贴身侍者维持"苏丹在场时所有时刻的绝对安静"，他们踮着脚尖走路。侍者们还用手语交流，苏莱曼大帝引进手语，以强调周围人对苏丹的敬意。到17世纪，"通过手势了解任何含义"的哑奴教授人们手语，手语取代了塞尔维亚-克罗地亚语，成为奥斯曼宫中的第二语言。[12]

奥斯曼苏丹在他的宫殿和周五去做礼拜的途中展现出静谧的一面。为了给外国大使留下深刻印象，他们觐见苏丹的时间刚好被安排在禁卫军发薪水的日子。2000到6000名禁卫军士兵和其他军队在第二重庭院里列队。他们像雕像一样站立几个小时，几乎不敢吐痰和咳嗽。正如瓦提斯洛男爵在1591年汇报的那样：

> 虽然那里有成千上万人，但是没人叫喊，没人交谈，也没人四处走动，所有人都安静地站着，我们都不禁感到惊讶，而且即使是禁卫军，在这里也向他们的指挥官展现出了胜于男孩对老师的服从，尽管他们在战争时期是一群狂怒而放肆的人，禁卫军静默地站着，好像他们是由大理石凿出来的一般。

1657年，受大维齐尔邀请在议事厅进餐的瑞典大使写道："用餐过程非常安静，连一句话都没有，我连一点噪音都没察觉到。"他们知道，苏丹在他的凹室里注视着这边。[13]

不过，在一天中的某些时候，皇家乐队的音乐打破了寂静，乐器有横笛、喇叭、鼓和铙钹。乐队用极响亮的音乐声在每天日出前一个小时以及日落后一个半小时向苏丹致敬。在游行时，音乐声也伴随着苏丹。此外，让他们不悦的是，在外国大使觐见苏丹后，皇家乐队要在使馆里给外国大使演奏小夜曲。[14]

服饰是另一个展现奥斯曼帝国气派的标志。有一句圣训："不要用金杯或银杯喝酒，不要穿用丝绸或锦缎制成的衣服，因为它们在今世属于不信真主者，在后世属于你们。"不过，在宫殿里，卡夫坦长袍的诱惑比先知的话语更加有力。卡夫坦长袍是一件单袍，长度从脖子一直延伸到脚踝，往往从腰部开始变宽。它们由天鹅绒、绸缎或锦缎制成。服装是君士坦丁堡的主要产业之一。到1577年，城内有268台织布机，其中有88台"附属于宫殿"，只有这几台织布机被允许生产"金线丝毛织品"。有时候由于太多金银被用于制作金丝和银丝，铸币厂都几乎没有金银可用。苏丹徒劳无功地签署禁止将金银用于衣裳的法令：他的这条法令很少被遵守。[15]

托普卡帕宫现存1000件卡夫坦长袍，这归功于奥斯曼的传统：将过世苏丹的物件包裹起来，用苏丹的名章封印，再把它们放置在苏丹的陵墓中或者宫中的宝库里。大部分卡夫坦长袍都是单色的，没有花纹（比如苏莱曼大帝经常穿的黑色卡夫坦丝绸长袍）。不过，也有一些长袍装饰有一些图案：颜色鲜艳的花草树木、飘落入绯红色波流中的郁金香，以及在不可见的风里旋转的金色树叶。其他卡夫坦长袍则更有创意。有一件长袍是为17世纪的一个苏丹所制，大红色绸缎上点缀着金色圆点和金色条纹，另一件长袍可能来自18世纪，其深红绸缎上装饰着白色三角形纹路，它们似乎都超越了时代。像科普特丝织品或毕德麦雅风格的银具那样，它们看起来仿佛是为20世纪20年代的巴黎设计的。

服装和清真寺被允许修建的宣礼塔数目这一做法一样，都由王朝优先的原则主导。虽说先人穿过驼毛呢和马海毛，但苏莱曼身穿金线丝毛衣服。尽管理论上金线丝毛织品是留给苏丹一个人的，但作为特别的恩惠，他曾经允许自己宠幸的大维齐尔易卜拉欣帕夏穿"金色锦缎，并在出征时穿金线丝毛衣服"。苏丹和他的维齐尔有时穿三件卡夫坦长袍,这样袖管下露出的对比鲜明的面料和颜色就会让人觉得赏心悦目。在西方宫廷出现制式礼服之前的三个世纪,奥斯曼帝国就已经有法律规范庆典场合中官员头巾和长袍的颜色:乌莱玛为紫色,维齐尔是绿色,侍从则为大红色。奥斯曼作家骄傲地写道,苏丹的仆人们身穿这些服装,远远观之就像是一座郁金香花圃。[16]

卡夫坦长袍主要用于庆典场合,它在奥斯曼荣誉体系里的地位好比英国的骑士制度。大使们通过进宫觐见时受赐的长袍数量和质量,判断自己在君士坦丁堡的地位。17世纪的法国大使通常会得到24件,英国大使是16件,而威尼斯和荷兰大使是12件。然而,到了1775年,奥斯曼帝国已经虚弱不堪,以至于俄国大使得到了100件长袍。大使们拒绝从大维齐尔的议事厅前往苏丹的宝座室,直到他们派仆人到邻近的前厅里,检查是否得到了合适数量的卡夫坦长袍,之后他们才会前往。然后,他们把卡夫坦长袍套在欧洲衣服外,以表示对苏丹的敬意。[17]

毛皮是展示奥斯曼宫廷华丽气派的第二门语言。北风会让君士坦丁堡的冬季变得酷寒。毛皮既奢华又实用,用奥斯曼帝国的国库资金到俄国购买毛皮成为一项国家事务。只有苏丹才能穿黑狐皮。苏丹和他的大臣们按照特定的时间顺序穿其他毛皮:秋天穿貂皮,之后穿一段时间的松鼠皮作为过渡,冬天则穿黑貂皮。大维齐尔和帕夏们在苏丹更换皮衣那天也仿效他进行更换。[18]

托普卡帕宫将色彩、敬意、寂静和庄严融为一体。奥斯曼历史学家记载,外国使者和王子看到苏丹和他的队列时"大惊失色、不知所措、呆若木鸡、喜不自胜"。神圣罗马帝国的皇家大使比斯贝克男爵写道:"到处都是黄金、白银、紫袍、丝缎闪烁的光芒……苍白的词语已不足以描绘此情此景所带来的新奇感。我从未见过更美丽的景象。"200年后,佛罗伦萨学者多梅尼科·塞斯蒂尼看到第二重庭院中的大臣和禁卫军都戴着自己的庆典用头巾,由一批仆人陪伴左右,他写道:"人们正是在这一场景下看到了奥斯曼人所有的庄严、宏伟和骄傲。"西欧人在16—19世纪称奥斯曼苏丹为"大君",仿佛世界上仅有他一位君主。[19]

艺术则是奥斯曼皇宫表达其皇家宏伟气度的另一手段。在奥斯曼帝国征服君士坦丁堡之后的500年间，苏丹把许多艺术品送给了他的姐妹、女儿，赏给了君士坦丁堡、麦加、麦地那的清真寺，以及赠予外国统治者。在危急时刻，苏丹还会熔毁一些艺术品来铸钱支付军队的薪水。不过，托普卡帕宫博物馆的600件艺术品中有一些从来没有离开过这座宫殿。托普卡帕宫是它们的制作之地，苏丹的御用匠人经常使用贮藏在苏丹宝库里的珍贵物料（金、玉、琥珀、象牙、鲨鱼齿）制作艺术品。穆罕默德二世在第三重庭院里建造了4个拥有圆形穹顶、连有拱廊的房间，它们在350年的时间里安置着苏丹的私人财宝（其位置与第二重庭院议事厅对面的国库相对）；今天，这些房间成了托普卡帕宫博物馆珍宝的贮藏之地。这个延续性的因素让托普卡帕宫成为世界上最珍贵的皇家宝库之一，能够与克里姆林宫和霍夫堡宫媲美。由于其他伊斯兰首都没有如此持久地庇护过一个王朝及其收藏，托普卡帕宫的藏品也是伊斯兰世界中唯一自15世纪以来持续增加的收藏。到20世纪对公众开放前，宫殿宝库都是君士坦丁堡城内无人得见，但又引人遐想的地点之一，它常被想象、被夸大，但从未被游览。

宝库内收藏了许多"皇家物品"，在其他任何地方都难得一见：用黄金和玉石装帧的《古兰经》；镶嵌有红宝石、祖母绿、珍珠和钻石的头巾黄金饰品，顶部饰有孔雀羽毛；饰有宝石的黄金长颈瓶，它曾经装着供苏莱曼大帝饮用的水；镶嵌着钻石、红宝石和祖母绿的马匹装饰物；装有赤金面板、用于开斋节接待的宝座，这些珍宝由皇室司库和诸如头巾饰品及节日礼服看守等次级官员掌管，被他们储存在相应的箱子里。第三个房间的一个箱子中只有珠宝：钻石存储在一个抽屉里，红宝石在另一个抽屉里，祖母绿在第三个抽屉里。这座建筑附近是苏丹的秘密金库，里面有一袋袋金币，这些袋子用红蜡封印，蜡上刻有苏丹黄金戒指上的私人印章纹。[20]

宫殿宝库里的许多物件都是苏丹征服得来的战利品，特别是来自大不里士、开罗、布达等之前作为一国之都的地方。它们被小心翼翼地储存起来，以至于1526年夺取的匈牙利国王马蒂亚斯·科维努斯图书馆藏书可以在1877年奥斯曼帝国期望匈牙利支持对俄战争时完璧归赵。其他一些物件原本归属于帕夏，苏丹在帕夏去世时夺走了这些宝物。不过，大部分宝物都是由"奥斯曼帝国宫廷工匠团体（ehl-i hiref）里的匠人"所制造。他们中有画家、图书装帧师、毛皮加工者、金匠，以及制造苏丹宝座上方挂着的装饰球的工匠。比如，犹太人亚伯拉罕就是受雇来专门在宝石背面贴上金箔和银箔，以便让宝石更加闪亮的人。[21] 苏丹经常拜访这些匠人，自己往往也习得一门手艺。苏莱曼就是一个金匠，而后继的苏丹也会刺绣、木工或者在细布手帕上绘画。

1500年左右，在巴耶济德二世统治时期，匠人总数为360人，1526年为598人，到1566年增加到636人，但之后人数逐渐减少。这个匠人团体变得组织松散，效率低下。大部分匠人在宫殿旁的建筑里工作，既为苏丹，也为私人客户服务，根据瓦提斯洛男爵的记载，一些作坊在宫殿的第一重庭院里，"就和布拉格宫殿前的景象一样"。珠宝匠人在巴扎中间开设商店，那里至今仍然有很多珠宝店铺。皇家纺织厂在巴耶济德清真寺附近。[22]

匠人从远至大不里士、开罗以及波斯尼亚等地来到君士坦丁堡。他们加工来自威尼斯的织物，复制中国的设计。不过，在君士坦丁堡，他们的风格很快变得像苏丹的清真寺一样具有浓郁的奥斯曼色彩。匠人们在不同的物料上反复表现类似的风格，运用阿拉伯式花饰和书法，尤其是花朵图案。这种重复可能是对传统的象征符号的本能使用：在中东的传统里，玫瑰象征神圣的爱，柏树象征灵魂升上天堂。另一方面，在穆罕默德二世统治之后，当君士坦丁堡向许多不同的风格开放时，奥斯曼人或许会努力刻意营造出奥斯曼皇家风格，这种风格运用多种对比鲜明的颜色，给人直观的视觉冲击。

无论出于何种理由，君士坦丁堡都拥有和巴黎、维也纳一样广阔的艺术帝国。商人在普罗夫迪夫或大马士革建设住房，帕夏在萨洛尼卡或开罗修建清真寺，教士在耶路撒冷或阿索斯山筑起教堂，这些建筑都毫无疑问是对奥斯曼首都的纪念性景观。远至瑞典、波兰和威尼斯，苏丹赠予包括帐篷和卡夫坦长袍在内的外交礼物的地方都会刮起追捧奥斯曼织物、制服、珠宝和房屋内饰的热潮。1550年后匈牙利和波兰的国王、贵族的民族服饰，以及轻骑兵和波兰枪骑兵的军队制服都受到奥斯曼风格的启发。奥斯曼式的华贵和强势引人瞩目：贵族越是富有，就越想穿得像苏丹。[23]

奥斯曼的陶瓷制品在硬度和色彩多样方面无与伦比，是其艺术史上的技术巅峰之一。瓷砖、碗和水壶都在邻近君士坦丁堡的小城镇伊兹尼克制造，不过主要用于君士坦丁堡的清真寺和宫殿。和许多展现奥斯曼华丽的形式一样，陶瓷制品在苏莱曼时期达到顶峰，特别是在1550年左右引入了一种被称为"亚美尼亚红"的棕红颜料之后。到17世纪，整个宫廷都使用伊兹尼克的瓷砖。它们构成了一条从苏丹的生活区延伸到后宫的"黄金之路"，叫这个名字是因为过节时苏丹一边走过这条路，一边向后宫的宫女扔金币。第四重庭院里巴格达亭的墙壁就是由它们铺就的。苏莱曼清真寺及苏丹艾哈迈德清真寺等大清真寺的墙壁都贴满了用瓷砖组成的花朵和草木，构成了一幅幅陶瓷花园，让人想起《古兰经》里承诺的赐予信道而且行善者的天堂花园。树叶和花朵，乔木和灌木，构成了蓝色、白色和红色相间的陶瓷画，"一个由精细柔和的材质以及熟练的技术构成的奇迹，没有任何复制品能与之相比"。[24]它们浓烈而强劲的色彩与清真寺的灰墙形成了鲜明的对比，这更凸显了其艺术效果。

伊兹尼克的碟子在今天被当成艺术杰作。不过，对于苏丹来说，它们还不够格。它们被称为"陶器"（pottery），在皇宫的厨房里使用，厨房中的碗碟总是因为火灾和地震而有所损坏。皇室和高级官员使用中国陶瓷，其中许多是在叙利亚和伊朗的战争中缴获的战利品。这些陶瓷被称为"瓷器"（porcelain），存放在守卫森严的宫殿地窖里。托普卡帕宫博物馆现在仍然收藏着1.06万件陶瓷器具，这让它成为北京和德累斯顿的同类博物馆后世界第三大陶瓷藏馆。苏丹自己会用黄金、白银或青瓷器具来饮食，奥斯曼人认为这些器具可以检出毒物并对之加以中和。

最重要的宫廷作坊之一是围墙外的"细密画坊"（nakkashane，主要与书籍制作相关）。一群收入不菲的画家、镀金匠人、书籍装帧师和抄写员组成的行会，受到官方的规范，构成了这个画坊，他们中的一些人跟随苏丹远征，记录他的胜利。在巴耶济德二世和塞利姆一世统治时期，他们为皇家图书馆创作了萨迪、哈菲兹等波斯诗人，以及塞利姆一世自己（他本人也是卓有成就的波斯语诗人）诗作的经典细密画手抄本。又是在苏莱曼一世的统治下，这些艺术家脱离了波斯主题，创造出了一种特殊的奥斯曼风格。

现实主义、细节的精确程度，以及对历史事件和人物的兴趣，将君士坦丁堡的细密画家和其他穆斯林画家区分开来。尽管大众普遍对在绘画中呈现人物形象的行为心存偏见，但《古兰经》里对此没有正式的禁令。虽然奥斯曼的绘画作品对人脸和身体的表现有些呆板，但它比其他伊斯兰绘画显得不那么程式化，除了莫卧儿王朝的艺术作品。细密画极其关注王朝取得的成就，其内容往往是苏丹前往清真寺、接见大使、赢得胜利的场景。画家大量使用金色、银色、鲜红色、淡紫色和某种特殊的黄绿色颜料，创造出一种比伊兹尼克瓷砖更有气魄的色调。

宫廷细密画师也画出了地理图景，比如1537年马特拉克吉·纳苏赫描绘的君士坦丁堡。纳苏赫运用素朴艺术的力量，从平视和俯视两个角度描绘了加拉塔石塔、七塔堡、圣索菲亚清真寺和穆罕默德二世清真寺等地标。细密画坊雇用的艺术家人数从1596年的124人下降到17世纪中叶的约60人，后来又降到10人。与数量的下降相伴随的是质量的下降，同一时期的奥斯曼织物尤其如此。那时，奥斯曼帝国首都在意的是生存，而不是荣耀。[25]

在第二重庭院里，有专门一群书吏用多种书法字体抄写公文，比如用来书写财政记录的锡亚卡特体（Siyakat，这是一种特殊的字体，字母之间几乎没有区别，从而使得账目作假变得更加困难），还有迪瓦尼体（divani），这是苏丹的信件和颁布的法令中使用的标准正式字体，苏丹的法令被称为诏书（firman，来自波斯语里的"命令"一词）。诏书涉及处理从军需物资到市场管理在内的一切事务。据统计，仅在苏莱曼统治时期就有约15万份这样的文书。

诏书以一种君士坦丁堡特有的艺术形式——苏丹的花押（tughra）——开头。花押也出现在硬币和一些建筑物上，相当于西方君主制国家无处不在的王室画像和雕像，它是奥斯曼帝国的王朝标志。它由字母环组成，用金色、蓝色和黑色的颜料书写,有时旁边还围绕着云彩、螺旋状排列的花朵和阿拉伯式图案。为了保证以其为开头的文书的合法性,花押的制式在6个世纪的时间里几乎没有变化。比如,在苏莱曼大帝的统治时期,他的花押读作"苏莱曼皇帝,塞利姆皇帝之子,常胜之汗"。花押可以长达一两米,甚至有时候比人还高。它是皇家气派在文字上的终极体现,这部分解释了为什么奥斯曼苏丹不急着使用印刷术。[26]

皇宫不仅是用来展示气派的,也是苏丹及其家眷的住所。1481年前宫中有726人,在苏莱曼统治时期追求宏伟的风潮影响之下,宫中的人数上升到近5000人。奥斯曼宫廷里有为苏丹个人的舒适生活服务的仆人——包头巾的人、做咖啡的人、传话的人、看门的人,外廷还配备有一座座密集的学校(培训工作人员)、作坊、医院、清真寺(宫墙内至少有13座清真寺)和面包房。

在这些部门里,最重要的就是宫廷学校,穆罕默德二世重建了这一机构,使其容纳三四百名青年,他们是奥斯曼奴官制度的精英,被安置在第三重庭院右侧的建筑里。这些建筑现在已经毁于大火,它们曾经包括宿舍、教室、教师办公室、音乐教室和学校专用的清真寺,以及公共浴室。根据1505—1514年在"寰宇庇护所之宫廷"任男仆的乔万托尼奥·梅纳维诺的记载,每个未成年人都接受导师和宦官的教导,时间为14年,以成为"勇士政治家、虔诚的穆斯林,同时也是口齿伶俐、彬彬有礼、诚实修德的男子"。他们的课程表明显比清真寺学校的更加世俗,其中包括宫廷礼仪,体育,土耳其语、波斯语、阿拉伯语这三大奥斯曼帝国古典语言,宫廷用语,文学和宗教。男仆们用木制重物锻炼身体,用《古兰经》或《一千零一夜》训导心智。[27]

阿里贝伊是君士坦丁堡和西方世界之间的众多中间人之一,对君士坦丁堡的现代化和西方认识奥斯曼帝国做出了重大贡献。他是一名波兰青年,原名叫奥尔贝特·波波夫斯基,被克里米亚的鞑靼人掳掠为奴,卖到君士坦丁堡,在17世纪初的奥斯曼宫廷接受教育。他成了苏丹的一名翻译,也是第一个记录土耳其音乐和歌曲中的音符和歌词的人。波波夫斯基还记录了奥斯曼军乐、宫廷音乐（柔和、忧愁、复杂，以小提琴、三弦琴、排箫和波斯号角为基础）和流行歌曲这三者之间的区别。流行歌曲的"音调特别能冲击每个人的耳朵。它们被称为'土耳其民乐'（Turku），大部分与战争、胜利、爱情、悲惨遭遇、别离等有关。但受过教育、有文化的人并不欣赏它们"。

波波夫斯基于1657年左右因醉酒而被解职，之后他写了一本关于宫廷的论著，或许是为佩拉的外国大使馆所作。即使当时禁卫军中已经有许多土生土长的土耳其人渗透其中，他还是记载道"尽管一个人在宫中能遇到所有民族的人，但男仆中最多的还是奥斯曼帝国的基督教臣民"。和另外两所王朝创办的机构，即英国的伊顿公学和俄国的沙皇村贵族学校一样，托普卡帕宫廷学校也被认为是帝国最好的学校、高阶大臣的摇篮。60名大维齐尔中的48人曾在那里接受教育，包括索库鲁·穆罕默德帕夏和柯普律吕·穆罕默德，后者在17世纪形成了奥斯曼帝国大维齐尔"王朝"。此外，还有19世纪的一些改革者也出自这所宫廷学校。[28]

皇宫自成一个世界，男仆被准许入宫的标志是极端的清洁仪式。新的男仆在三天的时间里孤身一人，没有人同他说话，直到引导的宦官告诉他从此将加入苏丹奴隶的行列为止。他们的头发在耳边分成几绺，"这是提醒他们永远是苏丹的奴隶，同样，曾是埃及法老男仆的优素福也留着类似的发绺"。之后，他们像是系着皮带的狗一样被人使唤。如果他们触犯了规定，就会遭到毒打，甚至有时候苏丹本人听到哭喊声都会于心不忍，命奴仆大声求饶。当他们礼拜时，宦官会检查他们的箱子是否藏有杂物和情书。

出于"好的头脑不能栖息在虚弱或让人不悦的身体里"这一信条，最能干、相貌最英俊的40名男仆被挑选出来在苏丹的私人套间里服务。每名男仆都各有任务。一个人照看苏丹的宝剑，另一个照看苏丹的鹦鹉，第三个人为苏丹刮胡子，第四个人负责为苏丹剪手指甲和脚指甲。在16世纪70年代苏丹退入后宫之前，他们也布置苏丹的餐桌并在旁服侍，照看苏丹的衣柜，清洗和看守苏丹的寝宫，苏丹寝宫的墙壁因"装饰着大量金银"而闪闪发光。到了晚上，男仆的床铺被放置在寝宫的四个角落。苏丹的双人床放在中间，上面盖着波斯的丝绸毯子、布尔萨的被子和豹皮，周围摆着银制的枝形烛台。[29]当苏丹前往第三重庭院以外的世界漫步时，有两名男仆陪在他身边。在奥斯曼的细密画中，他们走在苏丹和一脸严肃的维齐尔们后面，穿着红色和金色的长袍，显得异常年轻和天真。

从奴隶阶层中招募维齐尔和男仆，表明了奥斯曼宫廷和君士坦丁堡本身的一种特质——不拘泥于阶级。没有充满鄙夷的等级制度，没有对家族的沉迷，而这两者在西方（以及一些阿拉伯部落）蒙蔽了太多人的头脑，决定了太多人的职业生涯。迟至19世纪，在西方被认为"低贱卑鄙的人"仍可以成为奥斯曼宫廷里的主要官员。1830年，马哈茂德二世在埃及的集市上注意到了一副面孔："你叫什么？""礼萨。""好的，那么跟我走，礼萨贝伊。"一眨眼的工夫，一个店铺帮工就成了一位贝伊，也就是"大人"。后来，他先后成为男仆、御马官、近侍、宫廷大总管、军务大臣、皇太后（Valide Sultan）——苏丹的母亲——最宠幸的人。1843年，他被称为"奥斯曼帝国最有权势和影响力的人"。当他于1877年去世时，据说他是君士坦丁堡最富有的帕夏。[30]

奥斯曼和西方宫廷间的另一差别是前者没有宫廷社会。苏丹及其家眷，以及大官僚的社交伙伴通常是从他们的家族中挑选出来的。一些在行省较为显赫的富有家族的历史比奥斯曼家族的还要悠久，他们很少在君士坦丁堡居住。奥斯曼帝国没有凡尔赛宫、维也纳皇宫那样的宫廷娱乐方式来吸引和驯服这些家族。宫廷不是实施控制和分配恩泽的工具。地方与中央政府间的关系由地方官员，而非统治者来进行引导。

有两大家族例外，他们被苏丹安置在首都，既充当人质，也是贵客，苏丹这么做是为了确保他们的忠诚。1532年后，克里米亚的统治家族格来家族中的一两位成员会住在君士坦丁堡或者他们在邻近的恰塔尔贾拥有的领地里，在恰塔尔贾狩猎是一大乐事。他们享有成吉思汗后裔的威望，是开斋节时第一批向苏丹致敬的人，假如奥斯曼皇室绝后，他们被认为有权继承大统。格来家族在1783年败给俄国，丢掉了克里米亚，但家族成员继续居住在君士坦丁堡，一些人至今仍住在那里。

麦加的哈希姆王朝在1517年承认了奥斯曼苏丹的宗主地位，其成员于1539年首次访问君士坦丁堡，向苏莱曼大帝效忠。他们在1589年和1677年再次前往君士坦丁堡，一些家族成员受恩在该城定居，虽然他们当时更愿意居住在说阿拉伯语的城市开罗。哈希姆和奥斯曼两个王朝之间的关系含混不清地掺杂着恐惧和尊重、忠诚和贿赂、敌对和互相需要等情感。奥斯曼帝国在希贾兹的长官与哈希姆家族之间因争夺朝觐收入和海关控制权而保持长期敌对的关系。哈希姆家族的一些成员不满屈从于"奴隶之子"——苏丹——之下。因此，苏丹希望能把这个危险王朝的成员安置在君士坦丁堡，留在他的眼皮底下。君士坦丁堡和麦加从此开始轮流控制哈希姆家族的生活方式，直到奥斯曼帝国终结。[31]

君士坦丁堡对于苏丹及其家室的恢宏气派留下了深刻印象。在大部分周五，苏丹都会隆重地前往清真寺。漫行到博斯普鲁斯海峡，访问17世纪初在贝西克塔斯和贝勒贝伊建造的宫殿，或者渡海到亚洲狩猎，这些都能进一步展现皇家气度。君士坦丁堡的首要交通工具是人和船，而不是马和四轮马车。优雅而狭窄，有着尖尖船头的卡耶克小艇是君士坦丁堡的标志，正如贡多拉是威尼斯的标志一样。苏丹的卡耶克小艇由园丁卫队的成员负责划桨。园丁卫队并不仅仅是皇家园丁，也是特殊的海军和军事武装单位，有七八千人，独立于禁卫军编制，他们保卫苏丹，把控着博斯普鲁斯海峡、金角湾及其海岸。到了晚上，他们乘小艇巡视君士坦丁堡的港口，逮捕制造麻烦的人，在白天他们巡查城市的郊区，防止商人逃避海关关税。

皇家卡耶克有三四十米长，26名园丁亲兵划桨，他们戴着配有蓝色流苏的红色小圆帽，身穿宽大的白色平纹细布马裤和衬衫，袒露着胸部和手臂。苏丹靠在卡耶克的一端，免受风吹日晒，他靠坐在凉亭的垫子上，亭子由镀金的木材制成，镶嵌着象牙、玳瑁和珠宝。园丁卫队划起桨来非常卖力，他们让苏丹的卡耶克像离弦之箭一样穿过水面：19世纪的卡耶克可以比蒸汽船还快。一般有6艘次级卡耶克载着随从，为苏丹的卡耶克开道。

和在陆地上一样，在水面上，一道特殊的声音屏障围绕着苏丹。在苏丹上下船和卡耶克航行通过时，岸上的礼炮和停泊在博斯普鲁斯海峡的战舰火炮都会齐鸣致敬。随着硝烟散去，园丁卫队开始"像狗一样吠叫"，这是为了避免无意中听到苏丹和他们的指挥官，即首席园丁帕夏之间的对话，首席园丁帕夏享有掌舵的荣耀。[32]

在庆祝苏丹儿子的割礼或苏丹女儿出嫁时，君士坦丁堡的大街小巷到处可见奥斯曼皇室的恢宏气度。和周五聚礼一样，这些庆典比西方国家的类似活动更加公众化。1530年6月27日，处于权势和荣耀巅峰的苏莱曼大帝发起了一场庆典活动，庆祝其子穆斯塔法、穆罕默德和塞利姆的割礼。人们在君士坦丁堡最大的开阔地，即罗马竞技场里支起了帐篷。苏丹的帐篷是用丝绸和帆布搭建成的宫殿，绿色帐幕保护苏丹不受雨淋，帐篷内部用金银线缝缀郁金香、玫瑰和康乃馨的图案，镀金的帐篷杆支撑着苏丹的帐篷。他的宝座被安放在金布制成的遮阳篷下。帝国的权贵人物围绕在32岁的苏丹身边，为首的是大维齐尔易卜拉欣帕夏，被俘的王子们也陪伴在一旁。

就在尚未成为拜占庭皇后的狄奥多拉曾为欢悦的观众展露肉体的地方，变戏法者和滑稽演员为奥斯曼苏丹治下更为得体端庄的臣民提供娱乐。在蓝队和绿队曾驾战车竞技的地方，战士和水手在模拟作战中拼杀。走钢丝的演员走过架设在图特摩斯三世（公元前1549—前1503）的方尖碑——390年被狄奥多西一世从埃及运来，并竖立在君士坦丁堡——和同样由狄奥多西一世下令建造的一块石柱之间的钢索。维齐尔、库尔德的贝伊和外国大使把礼物献给苏丹，其中有水晶、中国瓷器、叙利亚锦缎、印度平纹细布，以及来自埃塞俄比亚和匈牙利的奴隶，这些礼物随后被展示给公众观看。诗人则朗诵为庆典所作的诗句。

奥斯曼人也没忘记宣扬伊斯兰教。在乌莱玛举行的《古兰经》学术竞赛中，一位学者因为想不到合适的词句而活活气死。在庆典的第18天，苏丹的儿子们被从旧皇宫带到市中心：大维齐尔易卜拉欣修建了一座俯视大竞技场的宫殿（现在的土耳其和伊斯兰艺术博物馆），他们的割礼就在那里举行。在庆典中，苏丹将卡夫坦长袍赐给维齐尔和乌莱玛。公众能吃到烤公牛肉，为了给民众留下深刻印象，活着的狐狸、豺和狼会从烤公牛的肚腹里冲出来。[33]

1582年，穆拉德三世之子穆罕默德皇子的割礼庆典提前一年开始筹备，称得上一项举国盛事。高级官员都接受了特别的庆典职责。比如，安纳托利亚军队总司令被任命为果子露总监。此次宴会大约特制了1500个铜盘和托盘。大竞技场周边的几座宫殿被修复，以便为来自撒马尔罕、波斯、格鲁吉亚、摩洛哥、威尼斯、波兰和神圣罗马帝国的大使，以及镀金看台背后的宫中女士提供更好的座位和视角。

6月1日，苏丹前来开启庆典。有两处创新展现了某种新生的城市气质。君士坦丁堡所有的行会以每天两到三个的频率，在苏丹的金宝座前游行。他们在马拉彩车上表演各自在特定的行业中拥有的技能。一辆彩车上展现的是铺着瓷砖的公共浴场，一位身穿黑色裙装的男子表演洗浴和按摩。厨师经过苏丹时展示绵羊和公牛的头和蹄子，他们喊着："亲爱的，来买吧，都是油滋滋、热乎的，都用醋腌过，加了大蒜！"制作焦油的工匠向人群投掷沥青和焦油，玩弄"一千种这样的有趣恶作剧"。疯人院的看守带领捆着金银锁链、又笑又哭的疯子。150个男孩组成一队，身上贴着许多小玻璃片，把夏季的阳光反射到观众身上，这是展示制镜师傅的手艺。在一位名叫爱德华·韦布的被俘英国工程师的帮助下，奥斯曼人为庆典准备了代表城市、教堂和独角兽的烟花。苏丹还主办了一系列宴会，先为帕夏举行晚宴，然后为乌莱玛再举办一次，第三次是为他的军队举办的。奥斯曼帝国政府每晚都要为君士坦丁堡的民众准备1000碟米饭和20头烤公牛。

犹太人和基督徒以一种谦卑的方式参与庆典。希腊、亚美尼亚的大牧首和穆夫提、托钵修士一样，都向苏丹效忠，用这段话祝福苏丹："愿上帝保佑苏丹穆拉德幸福长久！"在大竞技场里，穆斯林与基督徒模拟战斗。很自然，前者会取得胜利，占领基督徒的城堡，然后城堡里出现四头猪，这是蔑指基督徒食用猪肉。犹太人用喜剧和舞蹈取悦民众。100名来自加拉塔的希腊人头戴弗里吉亚无边便帽，身穿红色夹克衫，腿上系着铃铛，表演来自亚历山大港的色情舞蹈。一些基督徒（但没有犹太人）被这种场景征服了——或者根据基督徒的记载，收了钱——他们竖起大拇指，这是准备皈依伊斯兰教的标志。于是,他们被立刻带到宫殿里进行割礼。

皇子,即未来的苏丹穆罕默德三世,身穿大红色缎子和白色锦缎衣装,头巾上插着鹭羽,右耳上缀着红宝石,他于7月7日接受割礼。包皮被放在金盘里,交给皇子的母亲,皇子的祖母则会得到进行割礼的小刀。实施割礼者受赏3000枚金币、1只金碗、1个金壶、30匹布,以及若干件荣誉长袍,并且之后将会迎娶苏丹的其中一个女儿。最终,苏丹在7月22日回到皇宫。庆典长达55天,导致远征季的开展有所延迟。[34] 君士坦丁堡可能成了另一个卡普亚,该城曾经让汉尼拔的军队沉迷享乐,无心进攻罗马城。

在城市节日中展示的一种不寻常的装饰物是传统的土耳其纳喜树(nahil),这是用线绳和蜡制成的人造棕榈树。纳喜树装饰有宝石、水果、花朵和镜子,被认为是男子气概和繁殖能力的象征,它可以高达22米。1582年,在割礼前一周,5棵大型纳喜树、360棵中小型纳喜树绕着君士坦丁堡游行。在特别狭窄的街道,房子必须被拆除,以便让纳喜树通过:皇家气派优先于城市布局。[35]

在苏丹女儿的婚礼上展现恢宏的气度,这一点可能要比婚礼本身更为重要。1709年,5岁的法蒂玛公主出嫁时,新郎的聘礼——一箱箱珠宝、《古兰经》、饰有珍珠的鞋子、2棵银制纳喜树、15个黄金钱包、120个托盘的甜食——被仆人郑重地抬着穿城而过。到了宫殿里,这些嫁妆被展示给维齐尔们,维齐尔们则回以更多的礼物。55头骡子驮着所有的嫁妆,穿过欢庆的人群,在大部分穿着礼服的皇室家眷的护送下去往公主在埃于普的新宫殿。新娘本人由31辆马车组成的游行队伍带到那里。

在接下来的几天里,烟花、变戏法者、摔跤竞赛和以一艘在全城街道上拖行的战舰为主要表演场景的模拟战役,给整座城市带来了娱乐。如果苏丹的荣耀不能在欧洲的战场上得以展现(他的军队在1683年围攻维也纳,被奥地利军队击败后,又遭受了一系列失败),那么它可以体现在君士坦丁堡的街道上。然而,这对新人从未圆房,因为在新娘步入青春期之前,新郎就在奥斯曼的另一场败仗中阵亡了。[36]

1720年,苏丹有4个儿子接受割礼,又有2个外甥女出嫁。苏丹为每位皇子都制造了4棵9米高的大纳喜树和40棵小纳喜树。庆典在城墙外靠近加拉塔的箭矢广场举行，持续15个昼夜：同时有5000个男孩接受割礼。各类行会在苏丹面前游行，苏丹坐在宫墙上的瞭望阁里，这是为了让他能够观察外面发生了什么而特别建造的。四轮马车靠停泊在博斯普鲁斯海峡的船只桅杆之间所系的钢索牵引。[37]

苏丹的孩子降生时也会举行气派的庆典。礼炮在托普卡帕宫的海墙处鸣响，生男孩鸣7响，生女孩鸣3响，24小时里鸣礼炮5次。苏丹发诏书向帝国的其他地区宣布这一消息。游行队伍护送装饰着珠宝的摇篮及其罩子穿过城市的街道，进入皇宫。在皇宫里，婴孩生母的卧室里满是帝国高阶官员的妻子，当摇篮到达时，她们起身致敬。

城市的夜空也反映出苏丹的气派。为了纪念王朝的婚礼和割礼，以及圣纪节等宗教节日，船只、清真寺和宫殿都被小灯照亮。宣礼塔间悬挂的小灯构成一句发光的话："帕迪沙，愿您福祚千年！"挂着红色、蓝色或绿色纸灯笼的小船看起来如同萤火虫，把博斯普鲁斯和金角湾变成火的海洋。汉斯·克里斯汀·安徒生见证了1841年圣纪节的灯火，他恍如进入了自己写的童话世界："一切都仿佛是用灯火勾勒出来的……任何事物都笼罩着一层神奇的光晕。"[38]

大使馆让苏丹和外国统治者都可以向君士坦丁堡民众展示他们的权力和财富。君士坦丁堡是世界外交之都的其中一个，驻君士坦丁堡的大使必须带一位王室成员随行。正如威尼斯驻君士坦丁堡外交官巴洛（Bailo，这个词起源于拉丁语中的"baiulus"，最初意为运送者，后来指在君士坦丁堡监督管理威尼斯事务的威尼斯外交官）在1583年的记载："如果在其他王公的宫殿里，气派是必要的话，那么毫无疑问，在君士坦丁堡，气派是最为必需的。"民众和苏丹留意并满足于这种气派。1573年，菲利普·迪弗伦·卡纳耶作为法国大使的随员前往托普卡帕宫，他写道："岸边人山人海，城墙和邻近房屋的屋顶上都有许多围观者，我这一生从来没有一次见到这么多人。"赫尔·冯·屈夫施泰因作为神圣罗马帝国的大使于1628年从维也纳来到君士坦丁堡，他写道："我被极周到地护送进城里，所有的窗户边和大街上都挤满了围观者。"陪同的官员数量和衣着的任何变化,都会被眼尖的群众注意到。[39]

苏丹往返埃迪尔内、御驾亲征以及班师回朝,都提供了更多的展示机会。艾弗里雅在1638年见证了迎接穆拉德四世攻克巴格达归来的欣喜若狂的人群。他们高喊:"真主祝福您!哦,征服者!欢迎,穆拉德!愿您的胜利带来好运!"许多船只鸣放礼炮致敬,由于太过密集,海面仿佛着火了一样。穆拉德四世穿着波斯长袍,象征他战胜了波斯军队,身后是系着锁链的波斯被俘军官,"仿佛抓住猎物的狮子一般",苏丹得意扬扬地回到宫殿。然后他接受宫廷的祝贺,坐在黄金宝座上,宝座上刻有如下诗句:

> 你是全世界朝向的地极。
> 世界在你面前颤抖,就像罗盘里的针。
> 它并非因害怕毁灭而发颤,
> 而是因为渴望将自己作为祭品,献在你的权座前。

当苏丹前往埃于普礼拜时,为期七天的庆典结束。

法国大使努万泰尔侯爵于1671年描述了苏丹穆罕默德四世离开君士坦丁堡前往埃迪尔内时的场景,卫兵和维齐尔护送苏丹,他们穿戴的珠宝、天鹅绒和锦缎闪闪发光。写到一半时,他想起自己是路易十四的大使,而太阳王并不关心他的对手。于是,他以法国侍臣的身份致歉:"如果这个庆典有些气派的话,那么一个人应该保持警惕,不能被气派压倒……让自己不带偏见的真正办法是想想王室的气派……要是陛下想要大干一场的话,可以毫不费力地让这些地区和黎凡特其他地方最华丽的景象都黯然失色。"大使是否对此反应过度了呢?

皇家婚礼、割礼、灯火、大使馆、周五聚礼的例行程序,给君士坦丁堡带来了比其他首都更盛大、更频繁的展示机会。这样的游行把隐藏在苏丹宫廷中的庄严和城市环境与天际线可见的美感结合起来,让皇家气派成为君士坦丁堡在外部世界的形象的一部分。

游行也有利于市民形成对盛大排场的喜爱,这是君士坦丁堡在20世纪之前的标志之一。像1918年前的维也纳人、1960年前的伦敦人一样，君士坦丁堡人生来就是帝国主义者。帝国意识影响了他们的思想，正如帝国的现实同等影响了他们的物质生活一样。游遍全世界城市的旅行家难道没有说过他们找不到能与其比拟的城市吗？作家不是称其为"全世界国王的妒忌对象"吗？难道它不是注定繁荣，"直到世界末日"吗？18世纪初的奥斯曼诗人奈迪姆写诗赞颂道：

> 哦，伊斯坦布尔城，无价之宝，无与伦比！
> 我愿意牺牲整个波斯，换取你的一块石头！

即使是在19世纪奥斯曼帝国节节败退之后，由于中国没有"前来君士坦丁堡"，也就是说，没有派驻大使馆，奥斯曼人仍不相信中国是个真正的帝国。[40] 维也纳人可能会认为他们的城市是唯一真正的"帝都"（Kaiserstadt），应当成为欧洲的首都。伊斯法罕——波斯帝国的首都——的民众可能会说他们的城市有"半个天下"的美誉。而君士坦丁堡的居民知道他们的城市是宇宙的中心。

4
后宫和公共浴室

真主为证,真主为证,与你分离的火焰日夜灼烧着我。

——许蕾姆对她的丈夫苏莱曼大帝,约1535年

真的吗,帕夏!问题不是白胡子还是黑胡子。良政并不源于年龄,而是来自智慧。

——图尔汗,穆罕默德四世之母,
对一位吹嘘自己年龄和智慧的帕夏,约1655年

几个世纪以来,高加索的母亲都会对摇篮里的女儿唱催眠曲,曲子的开头是"作为苏丹的妻子,穿戴钻石,过着华丽的生活"。一些女孩急着要遵循母亲的建议,把自己献给奴隶贩子,不求回报。[1] 她们的目标是君士坦丁堡的皇家后宫。后宫(Harem)一词意为"庇护所",并衍生出女性住宿区的意思。皇家后宫是女性和宦官的庇护所,它既影响到苏丹的个人生活,也影响君士坦丁堡的公共事务。

后宫的存在是为了疏导苏丹的性欲和生殖能力,以维护王朝的利益。西班牙和奥地利的王位继承战争反映了王朝缺乏男性继承人的灾难性后果。一个王朝如何保证男性后裔的生存?早期的苏丹有时候追随标准的王朝做法,迎娶相邻伊斯兰和基督教王朝的公主。不过这些婚姻是出于政治目的,为了加强联盟关系,而非为生育子嗣。苏丹可能从来不与这些女子行房,以防止和她们生下孩子。此外,1500年之后,苏丹的权势十分强

盛，与其他较为弱小的统治者不同，他不再需要缔结王朝间的联盟（虽说克里米亚的格来家族和麦加的谢里夫家族的合适候选人也是可行的）。巴耶济德二世（1481—1512年在位）是最后一位进行王朝联姻的苏丹，他迎娶了安纳托利亚杜勒卡迪尔突厥王朝的公主。

奥斯曼王朝比其他任何王朝都更多地选择用连续纳女奴为妃妾的方式繁衍后代。这么做的首要原因是控制欲，同样地，这种控制欲让奥斯曼王朝采用奴隶禁卫军作为卫士。这两群人在首都都没有野心勃勃或贪婪的亲戚。理论上，他们完全依赖苏丹。在宫中，比起拥有伊斯兰教法规定的合法权利的自由穆斯林女性，女奴更容易被操纵，来为王朝的利益服务。宫中已怀孕的女奴被限制只能拥有一个儿子，在产子后她们往往不再与苏丹同房。这样一来，每个儿子都得到了一个全心全意支持他的母亲。

欲望是解释后宫规模的另一个原因。绝大多数苏丹都渴望有许多性伴侣。法国，以及直到今天英国的王室情人都是王室统治精英群体内部产生桃色事件而导致尴尬的因素。因健康、美丽而非出身被挑选出来的女奴，可以在不造成破坏性后果的情况下满足苏丹的性欲。

后宫制度的第三个原因与生物学有关。与已婚的情人不同，后宫女奴产下的子嗣扩大了王朝的继承人储备。有孕在身的宫女数量保证了总是有男性继承人存在。苏丹就像优质种马一样，总是被鼓励对更多的配偶采取行动，去与她们"交配"，以产生更多的后代。奥斯曼帝国没有发生过皇位继承战争，但如果王朝为巩固政治阶层而非生育目的来操办婚姻的话，那就可能会有了。由于以上原因，苏丹一半出于有意，一半被王朝的上层结构驱使，将自己的性行为对象局限在了后宫高墙内的奴隶之中。[2]

然而，最伟大的苏丹蔑视宫廷的规则。苏莱曼大帝刚开始统治时"非常好色"，常常前往"女人的宫殿"，即穆罕默德二世在君士坦丁堡城中心修建的第一座宫殿，他在那里"做该做的事"。不过，到了1524年，他一反常态，开始专情于一位叫许蕾姆的女人。苏丹经常远离君士坦丁堡，率军亲征，所以他俩往往依靠互相传递书信和诗句交流。这些书信和诗句揭示了，这样一个皇权的模范、邻国的克星，对他的妻子而言却是虔诚、温和和忠实的。

后宫是一座禁城。入住者入宫之前的生涯已经无据可考。和英国乡间大庄园的男仆一样，女性一入宫就被给予新的名字，这些名字标志着她们与旧身份一刀两断。这些新名字往往来自波斯语，比如米赫里玛、玛赫佩凯尔、谢夫基亚尔。为了让宫女记住，这些名字被铭刻在胸针上，佩戴在新来者的胸部。许蕾姆的本名可能是亚历山德拉·里索夫斯卡，她是一名东正教司铎的女儿，拥有乌克兰血统，居住在波兰的利沃夫附近。她在邻近的克里米亚鞑靼汗国劫掠奴隶时被俘。"许蕾姆"（Hurrem）一词的意思是"欢笑的人"。她很快就除掉了自己的主要对手。

苏莱曼开始注意许蕾姆之后不久，苏丹长子穆斯塔法的切尔克斯母亲玛希德夫兰挑起了一场争端，她抓伤了许蕾姆的脸，还骂她"叛徒"和"脏肉"。苏莱曼又一次召见许蕾姆时，她拒绝前往，一直说自己是"脏肉"，配不上苏丹的宠幸。最终，苏丹问玛希德夫兰她们之间的争吵是否属实。根据威尼斯人的报告，"她回答说这是事实，还说（许蕾姆）本应遭受更重的打骂。她相信所有的女人都应该臣服于她，承认她为夫人，因为是她最先服侍苏丹的"。玛希德夫兰被驱逐，于1581年在布尔萨悄无声息地死去。[3]

另一方面，许蕾姆成了宫中的强势人物。多年以后，威尼斯外交官写道："奥斯曼家族历史上从来没有一个女人拥有比她更大的权力。据说她是个令人愉快、温和谦恭的人，她非常了解苏丹的心意。"1534年左右，或许是通过威胁不再接受苏丹的宠幸，许蕾姆说服苏丹将她明媒正娶，这是一个不可想象的荣耀。

和亨利八世或路易十四的宫廷一样，拥有恰如其分的住处是维持和宣扬统治者宠幸的基本手段。在旧皇宫的一场火灾过后，许蕾姆搬进了新皇宫，就在苏丹的住处附近。前宫中男仆描述了她的住处：

> 苏丹娜和土耳其大公的宫殿在相同的（建筑群）里，一个人可以从一座宫殿穿过密室来到另一座宫殿。除了土耳其大公、宦官以及她的总管（Kethuda），没有一个人能进入苏丹娜的宫殿，而苏丹娜的总管总是在任何时候都出入自由……苏丹娜的所有房间都同样精致，

其中有祈祷室、浴室、花园和其他舒适之处。[4]

这是日后城中最有权力的机构之一，即帝国后宫的核心。

苏莱曼和许蕾姆的爱情是君士坦丁堡为数不多的用双方自己的言语记录下来的夫妻关系之一。奥斯曼帝国有诗歌传统，即使巴耶济德和杰姆在争夺皇位时，他们也曾用诗歌通信。苏莱曼用笔名穆希比（Muhibbi，意为友善之人）写作。研究奥斯曼诗歌的著名英国历史学家伊莱亚斯·吉布写道："他诗歌的首要特点，不是像许多同时代人那样空有华丽辞藻，而是具有明显的真挚感受，读到这些潜藏平静谦卑之情的诗句时，我们大多会为之震撼。"他写了世俗权力的虚妄、贫穷或者喝酒（或许是隐喻对真主的爱）的乐趣。苏莱曼总是身体欠佳，因此他"面色非常难看"（以至于有些时候，他在接见外国大使时需要擦点胭脂来掩盖），这让苏丹的形象打了折扣。他最有名的诗句是：

人们把获得金钱和权力看成最好的命运，
但在今世，健康才是上佳的境遇。
人们所说的权势带来了世俗的冲突和无休止的战争；
对真主的崇拜才是登上至高的宝座，拥有最幸福的状态。

他的许多诗歌是献给许蕾姆的。他不想要财富或宝座，因为他只消在她的宫殿里做一个奴隶，就已经享受到无限的幸福了。"有时你善待我，有时你折磨我。我的爱人，无论你心情如何，我都会永远应和你。"他是"情圣"苏丹，这是个颇受欢迎的绰号。泪水从他的脸颊流淌下来，凝聚成他的军队。为了表达他的爱意，苏丹搜肠刮肚，在大自然和他的帝国寻遍了隐喻。许蕾姆是：

我花园里的绿荫，我的甜糖，我的财宝，我心无所属的爱人。
我的埃及女主人，我的优素福，我的一切，我心中的女王。
我的伊斯坦布尔，我的卡拉曼，我的罗马恺撒之地，我的巴达赫尚，我的钦察，我的巴格达和呼罗珊。

哦，我那生着乌黑秀发、弯弯蛾眉、不可捉摸的慵懒眼眸的爱人啊。

如果我死了，你便是凶手，哦，无情的异教徒女人。[5]

许蕾姆的信同样充满激情，虽然有一部分可能是后宫宦官在她的授意下写作的。她称苏莱曼为"偷走心灵的那束光辉""我两世的希望"，"给她的眼前带来无限光明"："愿您的一日等于千日！"他的一撮胡子价值超过5000弗洛林金币，甚至达到100万弗洛林。她请求："怜悯我的孤独和与世界之主分离的愁苦……如果海洋变成了墨水，树木变成了笔，那么它们何时才能描述这种分离？"她因争吵而后悔："我恳求真主毁灭那将您与我分隔的话语。"有一封信的开头是"我卑微的面孔伏在您神圣的双脚之下的高贵尘埃里"，结尾则是"除此之外，愿两世的幸福成为定数。您贫穷卑贱的侍女，许蕾姆"。

她告诉他城里的情况："疫病持续了一段时间，但没有之前那么严重。希望我的苏丹能来。真主会显示恩泽，疫病会消去。我们的大人物说当秋天落叶萧萧时，疫病就会退去。"这位司铎的女儿已经成为满怀激情的奥斯曼人：

您得胜的消息传到了。当我听说的时候，真主至知，我的帕迪沙，我的苏丹，我已经死了，但是这个消息给了我新生。万赞全能的真主。整个世界都从黑暗中显现了出来，每个人都被至慈的光芒普照。我希望您能乘胜再战，铲除敌人，您将夺取王国，并征服七大气候区。

她通过他们的孩子给苏丹带来了一些家庭生活的意味，这在奥斯曼王朝历史上是罕见的。她总是告诉他，他们有多思念他：

当诵读您尊贵的信函时，您的仆人和儿子米尔·穆罕默德，还有您的奴隶和女儿米赫里玛因思念您而哭泣哀号。他们的哭泣让我更是悲痛万分，就好像我们在守丧一样。我的苏丹，您的儿子米尔·穆罕默德，您的女儿米赫里玛，还有塞利姆·汗和阿卜杜拉，送给您千千万万的祝福，并将自己的脸埋在您脚下的尘土里。[6]

爱情并不是许蕾姆和苏丹之间唯一的纽带。欧洲最有权势的统治者的妻子避免不了政治。许蕾姆和她的同时代人安妮·博林不同，她不享有公开的加冕礼，让整个城市庆祝她的加冕。她在宫廷中也没有公开的职衔，没有几百男女仆役听她指挥。但是，在后宫的宫墙内，她有比英格兰王后更大的影响力。虽然苏莱曼和亨利八世用类似的语言描述他们对"夫人"的爱情和服从，但是苏丹更为真诚。毕竟，许蕾姆有安妮·博林没有的法宝——儿子。

苏丹向她问询政事，至少也和亨利八世问询安妮·博林一样多。许蕾姆并没有完全与之前的身份断绝关系。为了增进和平，她与波兰国王通信，将她亲手绣好的手帕赠给国王。苏丹在城西为她建造了名叫"哈塞基"（Hasseki，意为"皇家"）的宏大清真寺建筑群，以此来宣传她的形象，也可能是为了展现他对女性臣民的关心。附属于这座清真寺的有一个施粥所、一所医院和一所学校。这是他一生中唯一为自己的妻子或宫女兴建的建筑群。许蕾姆下令在埃迪尔内、耶路撒冷、麦地那和麦加建造其他建筑，其数目比英格兰王后要求兴建的多得多。

苏莱曼大帝因为对许蕾姆言听计从而惹恼了宫廷和都城。和安妮·博林一样，许蕾姆也曾被指控对她的丈夫"施行巫术"："但是因为苏丹爱她，没有人敢抗议。"[7]许蕾姆还是一个独立的政治操纵者。她的首要目的是拯救自己儿子的性命。1607年前，奥斯曼帝国没有固定的继承规则。宝座属于第一个到达君士坦丁堡和帝国金库的皇子。这位皇子的成功意味着他拥有真主的保佑，是合法的苏丹。其他皇子可能会发动内战——15世纪初的奥斯曼王朝曾经历分裂局面，或者成为宫廷派系或禁卫军的工具；因此，新继任的苏丹经常杀死他们。皇子和维齐尔一样，都是可以被牺牲的。和皇室的华丽言辞一样，冷酷、清醒的现实主义也是典型的奥斯曼官方风格，穆罕默德二世就曾带着这种现实主义写道："无论我的哪个儿子继承苏丹之位，他都理应为了世界秩序（奥斯曼帝国）的利益杀死他的兄弟。大部分法官都已批准这一程序。据此行动即可。"这种政策和被征召的青少年与家人分离的奴官制度一样，都无视为《古兰经》所赞赏的家庭联系。但宫廷的统治是基于王朝的需要，而不是伊斯兰教法。穆罕默德二世杀死了2个兄弟，塞利姆一世杀死2个兄弟、3个儿子和4个侄儿，他可能还毒死了自己的父亲。在奥斯曼王朝的整个统治期间，大约有80位皇子被杀，通常是被弓弦勒死，这是为了避免溅洒奥斯曼家族的神圣鲜血。[8]

作为王朝控制的一种手段，处决并不是奥斯曼帝国的发明。拜占庭帝国88位皇帝中的30人就在君士坦丁堡城里死于绞杀、毒害或酷刑。爱德华五世和他的兄弟在伦敦塔里被杀，几乎可以肯定这是他们的叔叔理查三世的命令；1617年，昂克尔元帅在卢浮宫被路易十三下令枪杀。德里莫卧儿王朝皇帝的编年史沾满了鲜血。但是，其他王朝的杀戮理论上是个别事件。只有奥斯曼王朝使得兄弟相残（以及处死大臣）成为一条规则。

在奥斯曼宫殿这片金光闪闪的丛林里，进攻是最好的防守。许蕾姆率先摧毁了丈夫最亲近的朋友、大维齐尔易卜拉欣帕夏。易卜拉欣是来自伊奥尼亚海沿岸帕尔加的希腊人，大约生于1493年。他早年被海盗俘虏，被卖给住在马尼萨行省首府的一名寡妇，但他后来进入了宫廷学校。易卜拉欣帕夏身材矮小、皮肤黝黑，聪慧伶俐、饱读诗书，他懂波斯语、希腊语、塞尔维亚–克罗地亚语和意大利语，会弹鲁特琴。当他进入苏莱曼的宫廷时，年轻的皇子被他迷住了。

和其他宫廷的情况一样，为统治者提供私人服务可以让人更快出任国家的最高官位。在苏莱曼继位之后，易卜拉欣很快被擢升为亲近的宫廷养鹰人，然后升任苏丹的私人总管，最终在1523年冒着年长的维齐尔的声讨，他成了大维齐尔。苏莱曼和易卜拉欣违反皇室礼节，共同用餐。他们的床铺也紧挨着。在奥斯曼历史上，只有易卜拉欣拥有在苏丹的营帐旁竖起的战旗上挂6条马尾——比苏丹的少1条——的荣誉，这是突厥人等级的古老象征。[9] 治理奥斯曼帝国成为一项合伙事业。

易卜拉欣帕夏是一位可靠的将军和维齐尔，一位同时代的奥斯曼人将他比为"在寰宇之中放射光芒的太阳"。1535年，他攻下大不里士城之后的处理比查理五世同年对突尼斯城的处置仁慈得多。外国大使的急件中记录了他的讲话，展现出了奥斯曼帝国首都特有的俾斯麦式傲慢：

> 那些说国王是因他们的王冠而成为国王的人是多么愚蠢啊。服从是靠铁——宝剑——而不是靠黄金或者珠宝得到保障的。
>
> 虽然我是苏丹的奴隶，但无论我做什么都能称心如意。我可以让一个马夫瞬间成为帕夏。我可以把王国和行省交给任何我选择的人，我的主人不会对此提出异议。即使他要亲自下令，如果我不愿意，那也没有用。如果我要下令做一件事，而他下的命令正好与之相反，是我而不是他希望的得到执行。[10]

易卜拉欣帕夏是一个有双重身份的人，这符合穆罕默德二世奉行的世界主义传统。他把布鲁塞尔和威尼斯的艺术家召集到君士坦丁堡，据说他"厚待基督徒"。令一些穆斯林厌恶的是，他把从布达皇宫里掠夺来的赫拉克勒斯、阿波罗和狄安娜的雕像安置在苏丹为他建造的、俯视大竞技场的石造宫殿之前。由于穆斯林对展现人体抱有偏见，这些是1453—1924年君士坦丁堡仅有的立在公开场合的雕像。一位诗人讥讽道，族长亚伯拉罕摧毁偶像，而大维齐尔易卜拉欣立起偶像：这位诗人被迫骑驴游街穿过城市，然后被绞死。

在他的私人生活中，虽然他有一位男宠，即颇有势力的商人外交官阿尔维塞·格里蒂，但他也爱妻子，即苏丹的姐姐哈蒂杰，他对她写道："我每日每夜都忙着为你祈祷。真主知道我仍全心全意地爱着你。"在自己的光辉岁月里，他亦没有忘记原先的家庭。他把母亲和两个兄弟安置在他的宫殿里，然而他的老父亲"是一无所有、一无是处的男人，他是酒馆老板、酒鬼，像畜生一样睡在大街上"。[11]

易卜拉欣在其生涯的大部分时间里都得到了苏丹的母亲、他的岳母哈夫萨的支持，哈夫萨是一位几乎寸步不离儿子身侧的强势女性。哈夫萨于1534年去世后，许蕾姆亮出了屠刀——大维齐尔自己的傲慢行径和奢侈作风助了她一臂之力。财政大臣伊斯坎德尔切莱比一党造谣中伤，比如说易卜拉欣帕夏有与苏丹共同统治帝国的野心。苏莱曼在一封信中问起许蕾姆对"那位帕夏"的不满。许蕾姆当时与苏丹分隔两地，她非常精明，没有指控他，而是用宫廷的圆滑语言回复道："您既然想知道我为什么不与易卜拉欣帕夏站在一边，真主若意欲，当我被允许和你见面时，你会听到原因。姑且向帕夏传达我们的问候吧。我希望他（帕夏）会接受。"[12]

1536年3月15日，易卜拉欣同往常一样和苏丹一起用餐，在相邻的房间里过夜。第二天早上，他被勒死的尸体在宫殿外被发现。尸体上的伤痕显示，他曾殊死反抗。据称，易卜拉欣的血迹在接下来的100年里作为一种警告而暴露着。几年后，许蕾姆及其女儿米赫里玛建议后者的丈夫，即大维齐尔鲁斯特姆进入第三重庭院和苏丹一起进餐。鲁斯特姆回复道，这种错误犯一次就够了。[13] 在易卜拉欣死后，宫廷里的奢侈之风和世界主义氛围衰落了。

除掉易卜拉欣，并不是许蕾姆获得的唯一胜利。她在16世纪40年代和女儿米赫里玛、女婿鲁斯特姆帕夏结成了三头同盟，共同反对曾经的敌人玛希德夫兰之子、深受爱戴的穆斯塔法皇子。米赫里玛写信给父亲，称穆斯塔法为"那只嚎叫的狗"。苏丹被她们说服，相信穆斯塔法正在阴谋推翻他。这位强势的公主也在与波兰国王通信，在她与父亲后来的通信里，她用命令的语气对父亲说话："我的苏丹，你也带着些和善写信吧，把强硬的话留在信末。"1553年，穆斯塔法在父亲的帐篷里被三个哑奴勒死。[14] 两个月后，穆斯塔法驼背的同父异母兄弟吉汉吉尔因悲伤过度而死。

禁卫军听到穆斯塔法的死讯后，愤怒地推翻了做饭的大锅，要求鞭打鲁斯特姆帕夏。神圣罗马帝国的大使比斯贝克写道："首先，他们痛骂苏丹是个老疯子，然后他们斥责这个年轻人的继母的变节和残忍，以及鲁斯特姆帕夏的恶毒，这两人一起消灭了奥斯曼家族最灿烂的那颗明星。"阿尔巴尼亚人叶哈雅贝伊的一首哀歌也表达出了弥漫于首都的恐怖气氛。当诗人被鲁斯特姆帕夏责骂时，他回复道："我们确实和帕迪沙一起谴责他，但我们和民众也一起为失去他而哀叹。"

为了平复民意，苏莱曼革了鲁斯特姆帕夏的职。许蕾姆写信向苏丹抗议："鲁斯特姆帕夏是您的奴隶。我的时运亨通者，不要把您尊贵的目光从他身上移开。不要听信任何人的话。就这一次，为了您的奴隶米赫里玛，我的时运亨通者，我的皇帝，为了您自己，为了我，听我的去做吧，我幸福的苏丹。"[15]"就这一次"说出来之后，却是无休无止的。许蕾姆死于1558年，她因其丈夫的政策受到许多指责，但是在她去世后，苏莱曼继续像萨杜恩一样吞噬起他自己的孩子。1561年，曾与塞利姆皇子争夺继承权的另一位皇子巴耶济德被苏丹下令勒死，巴耶济德的4个尚处幼年的孩子也没能躲过一劫。苏莱曼死于1566年，他不顾病体，对匈牙利发动了另一次远征，这加速了他的死亡。他去世后，塞利姆继承了皇位。

新苏丹喜爱一个叫努尔巴努（Nurbanu，意为"光明公主"）的女人，他可能正式迎娶了她。努尔巴努身材高挑，生着黑色的头发和眼睛，面容精致，她为苏丹生下了未来的穆拉德三世。保护后宫的秘密屏障非常有效，直到近些年来，她都被认为是威尼斯人切奇莉亚·维尼耶·巴福，她于1537年威尼斯和奥斯曼帝国的战争中在爱琴海上的帕罗斯岛被俘。不过，她似乎更有可能是富有的希腊贵妇卡莱·卡斯塔诺斯，于上述所说的那场战争中在科孚岛被俘。她可能利用了她是威尼斯人的谣言来从威尼斯政府那里得到更丰厚的礼物。

塞利姆二世在1574年视察后宫浴室的新建筑时摔死，或许是因为醉酒。努尔巴努把塞利姆二世的遗体用冰块保存在宫中，直到她的儿子从担任行省总督的安纳托利亚的马尼萨来到君士坦丁堡为止。在他被宣布为苏丹后，根据残酷的手足相残法律，他的5个同父异母兄弟都被处死，和父亲葬在一起。[16]

穆拉德三世身材矮胖，性情傲慢，生着"灰色的大眼睛、鹰钩鼻、健康的肤色和茂密的金色胡须"。他在1574年继位时把自己的卧室和私人房间从第三重庭院的男人世界移到了第三、第四重庭院左侧的后宫女儿国，这是具有标志性意义的一步。他迫切需要一间新卧室，以至于在苏丹的新房完成之前，伊兹尼克不能生产用于他事的瓷砖。他的房间是一座拥有圆形穹顶的豪华大厅，铺着红色、蓝色和绿色的伊兹尼克瓷砖。一组写有《古兰经》书法字的蓝色和白色瓷砖环绕四壁，百叶窗上镶嵌着珍珠母。他例常在后宫里睡觉。很晚才吃早膳，之后他回到第二重和第三重庭院的男人世界里。在那里，他会给大维齐尔、禁卫军的阿迦（Aga，指挥官）、帕夏和贝勒贝伊（beylerbey，高级将军或行省长官）下指示，并接见外国大使。他经常在后宫用晚膳，根据威尼斯外交官的记载，这是因为在后宫谈话"特别"让他开心。[17]

穆拉德三世代表着一类新的安居宫廷的苏丹。他贪得无厌地渴求着性行为，而不是胜利，几乎从不离开君士坦丁堡。君士坦丁堡和城内的皇宫本身开始遮蔽帝国的其余部分。虽然苏丹爱着他的妃子萨菲耶，但他还是挡不住他的姐姐、大维齐尔索库鲁·穆罕默德帕夏之妻伊斯米汗，以及母亲努尔巴努为他安排的诱惑。苏丹的母亲，即皇太后，以及公主们通过为苏丹提供美人来履行增加皇子数目的王朝责任。17世纪的宫廷官员波波夫斯基如此描述后来的一位皇太后："她总是寻找美丽的女孩介绍给他。"当苏丹来看望母亲时，迷人的新来者为苏丹倒咖啡。如果他注意到了其中一位，那么这名女孩就被称为"目中人"（gozde）。如果穆拉德希望这名女孩上他的床，他就和黑人大太监说（他通过在女孩面前丢手帕来选择伴侣的故事只是传说）。其他女人会恭喜新的受宠者。她们陪伴她来到浴室，为她洗澡、喷香水、穿上衣服。最后，她们在音乐和歌声中领着她前往苏丹的卧室。在苏丹与她行房之后，她被称为"得宠者"（ikbal）。穆拉德三世到其统治末期已经失去限度，据说他每晚要对两三个女人"行正事"，一共生了102个孩子。在每一次性交之后，为了履行穆斯林性交后要进行清洗的诫命，他会去洗一次澡。他的癫痫开始发作。[18]

16世纪70年代，穆拉德三世统治下的后宫在物理空间、政治影响力和数量上都有所增长。后宫是一座由房间、通道和庭院——有女性的庭院、太监的庭院、皇太后的庭院、宠妃的庭院，还有医院的庭院——组成的迷宫。皇太后享有一套富丽堂皇的套房，其中有浴室、礼拜室、餐厅、宝座室和卧室。皇太后的房间位于后宫的中心，很容易前往后宫的其他所有区域，包括正下方的后宫监狱。

其他300多个房间狭小到令人惊讶，这可能是为了让它们易于供暖。它们装饰有大理石门、阿拉伯式花纹的镀金天花板和伊兹尼克瓷砖。一些窗槽装有水龙头，这样一来私人谈话就得到了流水声的掩护。瓷砖上的书法字传达出这座城市令人迷醉的皇家气派。在议事大厅旁边的后宫的主入口上方，穆拉德三世时期留下来的书法字称这是天堂的后宫入口，其魅力令天堂也为之震惊。里面的瓷砖上写有这样的句子："真主拯救奥斯曼苏丹……愿此为皇帝通往胜利的永恒之门！""安坐于纯净之中，愿您永远是全世界的皇帝！""尊贵的苏丹艾哈迈德，亚历山大第二，建造了这座宫殿，他亲自进行设计。它让脑中充满香气。一呼一吸都是最纯净的爱情的麝香，爱情的琥珀。"[19]

从1574年到她于1583年去世为止，苏丹穆拉德三世的母亲努尔巴努是一系列强势皇太后中的第一位。努尔巴努虽然住在城墙外一处单独的宫殿中，但控制了后宫和苏丹，据说"所有好的和坏的事情都来自太后的授命"。她通过犹太中间人（kira）埃丝特与外界联系，频频写信给佩拉的威尼斯外交官，向他索要丝绸、锦缎和垫子作为礼物。由于皇太后帮助威尼斯和奥斯曼保持和平，并组织交换战俘的相关事宜，外交官急忙答应了她的要求。努尔巴努同时也以"大君的太后苏丹"为名义与"王太后"凯瑟琳·德·美第奇通信，商讨法国和奥斯曼帝国之间的条约关系。1583年，她写的下一封书信展现出后宫的傲慢腔调，以及后宫居住者对物质客体，或者说对动物的重视："那么告诉威尼斯的外交官，你们送来了两只宠物狗。我们现在不想要这样的宠物狗，它们太大，毛太长了。因此，我通知你们，送些白色的小狗来！"

1582年，作为一名东正教基督徒长大的努尔巴努委派皇室首席建筑师锡南建设一座充分体现信仰愉悦的清真寺，这就是于斯屈达尔一座小丘上的老皇太后清真寺。这座清真寺附有一所医院、一座公共浴室、几座客栈和一个为"穷人和悲惨的人"所建的施粥所。我们可以从这座清真寺的瓦克夫基金契据的用词，判断出努尔巴努的主要意图是怜悯还是虚荣：

为了在真主眼中受赐功德，皇太后从她未受支配的财物与财产中分出一部分，这些财物和财产的具体内容将在本信托契据中提到。皇太后怀着坦率而真诚的决心，没有伪善和欺骗，只有最纯洁的意愿，她下令建造许多高大、宏伟的慈善建筑。

这座清真寺旁还建立了三所学习、背诵《古兰经》和研究《圣训》的学校，"因为她非常重视教育，这是为了在民众中间提升学术的地位，使之变得高尚"。[20]

君士坦丁堡的民众和奥斯曼政府接受了皇太后的权威。有时候，皇太后的威望不比凯瑟琳·德·美第奇、玛丽·德·美第奇和奥地利的安妮这几位王太后在巴黎的权威来得小。她们在各自不同的处境下指挥男人，帮助保护儿子的权威。作为母亲，皇太后是稳定和等级制度的象征。1574年后，由于王朝生物学提供的机会，新任苏丹往往比他们的前任登基时更为年轻且能力不足。皇太后开始和苏丹一样，展现出了王朝的声名威望和宽宏大量，有时也展现出王朝最后残存的常识痕迹。奥斯曼皇太后可以被称为"遮着面纱的端庄宝冠"或"所有信徒之母"。

到17世纪，某些皇室土地的收益被专门划拨给苏丹的母亲。皇太后享有帝国最高的俸给，比大维齐尔的还高：达到每天3000阿克切银币，外国大使、帕夏和她的儿子苏丹经常赠送给她礼物，这为她提供了额外的收入。皇太后的权力总是在城里得到宣传。1668年，当皇太后出巡埃迪尔内归来时，她让5000名士兵、仆从、宫廷园丁、典礼司仪、太监、乌莱玛成员和苏丹的宠儿们穿着红色锦缎衣服，簇拥着她进入君士坦丁堡。一个人需要3个小时才能从游行队伍的头走到尾。当新苏丹继位时，他的母亲会被带到公众游行的队伍里，从城中心的旧皇宫游行到皇宫角（Seraglio Point）的新皇宫。作为女权时期的明显象征，皇太后坐在6匹马拉的四轮马车里向前行进，车边围着侍臣、仆从、戟兵和禁卫军士，后面跟着一辆小马车，小马车里的人将硬币撒向庆祝的人群。沿途每一所禁卫军的警卫站都会得到礼物。皇太后在宫殿的外层庭院里见到她的儿子，儿子向她行祝福礼（temenna），并通过窗户亲吻母亲的手。[21]

墙上的一个洞象征着后宫的权力：在16世纪末的某一天，后宫的"黄金之路"上出现了一个圆形的洞，俯瞰着议事厅。于是，在字面意义上来讲，后宫能够通过这个窗口，在除了最高级政府官员以外的所有人之前收到帝国最新的政治消息。[22]

我们很难得知后宫施加影响力的确切操作模式与目的。但是，穆拉德三世的统治时期被当时的奥斯曼人和外国观察者一致认为是奥斯曼帝国及其后宫命运的转折点。历史学家、萨洛尼卡人穆斯塔法在16世纪末写道："国家极度铺张奢侈，皇家的浮华与日俱增；浪费和过度开销已经达到了这样一个顶点，以至于公共财政再也无法维系……再也没有人关心为真主发动远征。人们不再渴望由牺牲带来的福乐。"根据另一位奥斯曼知识分子穆斯塔法·阿里的记载，宫殿里食物和饮品的浪费"无可言喻……厨师、面包师和餐食管理员们的腐败行径得到了尊贵后宫的阿迦们的庇护……流动的大洋或明或暗地侵入了宫廷的大陆。昂贵饮品如洪流般从御膳房一壶接一壶地涌进宫廷卫兵的住宅里"。每天宫殿都要消费大约168千克杏仁和224千克麝香玫瑰水。如果有哪位维齐尔试图清查浪费，侍臣就会到苏丹那里哭诉："他们砍掉了分配给我们的食物！"然后，清查的命令就会被撤销。[23]

威尼斯大使说得更加具体："女人和太监总是围在他（穆拉德三世）身旁，并且经常可以影响他的最终决断……对他来说没有值得交谈的人……他不信任任何人，这么做是明智的，因为他知道所有服侍自己的人都可以轻易被贿赂。"16世纪初，帕夏们已经有了渴望金钱胜过"魔鬼渴望灵魂"的名声。贿赂行径在穆拉德三世的统治下开始吞噬帝国的广厦。沙姆希帕夏是受到三位苏丹宠幸的诗人，也是大维齐尔索库鲁·穆罕默德帕夏的政敌，他是奥斯曼人兴起前在黑海附近统治的最后一个王朝的后人。沙姆希帕夏帮助穆拉德三世回复他在前往周五礼拜的路上收到的陈情书。有一天，有人看到沙姆希帕夏笑着离开宫殿。当被问到原因时，他的回复证实了奥斯曼帝国最坏的敌人中有一些正是其统治下的穆斯林臣民："我最终为'红头'艾哈迈德家族的王朝向奥斯曼人复仇了！因为如果他们导致了我们的毁灭，那么我已经预备了他们的灭亡！"被问到如何做时，他答道："通过促使苏丹做出决定出卖他自己的宠幸之人……从今往后，苏丹本人就会成为腐败的范例，而腐败将会使帝国崩溃。"[24] 然而，帕夏低估了帝国的韧性。

新旧皇宫里的女性数量都快速上升，从1552年的167人增加到1574年的230人、1600年的373人、1622年的642人，以及1652年的967人。人数上升6倍的同时，开销也上涨了14倍。18世纪，后宫女性的数量在400到800人之间波动，但在1870年再次上升到了809人。

后宫的太监几乎和女性一样重要。1603年，后宫有111名太监。[25] 黑人男孩在苏丹被卖掉或被俘，然后会被带到尼罗河边的艾斯尤特。为了提升市值，他们会在那里被科普特人阉割，因为《古兰经》禁止阉割，穆斯林耻于做这样的事情。之后他们被装上船运到君士坦丁堡，在城中心巴扎边上的奴隶市场被卖到后宫里。他们被给予爱称，这些爱称可能是有意与他们的外貌相对立：郁金香、藏红花、金翅雀或者祖母绿。在描绘皇太后葬礼或者皇子割礼的细密画里，这些太监的黑色脸孔和佩戴的白头巾，以及周围奥斯曼人的白色面庞形成了鲜明的对比。330年以来，即从1574—1908年，帝国最有权势的男人之一、黑人大太监都来自非洲，他控制着后宫的财政，其影响力几乎与大维齐尔和穆夫提相等。到了17世纪，他也掌控了君士坦丁堡各皇家清真寺的财政。

他也看管着后宫的入口和纪律，以及觐见苏丹的通道。波波夫斯基写道："这个官员……在任何时候都更容易、有更多机会接触到国君，即使国君和他的情妇们在休息"；他"有一千种方法让苏丹做合他心意的事情"。和许多宫廷官员一样，他的权力远远延伸到了城外。黑人大太监控制着麦加和麦地那这两个圣地的财政，并在1645—1760年控制着雅典城。一位黑人大太监变得极其富有，以至于他在多瑙河河口建造了一座新港口。[26]

根据一位愤愤不平的侍臣的记载，太监可以和女人做爱，因为被切除的通常是他们的睾丸而非阴茎。18世纪的历史学家阿里·赛义迪贝伊写道：

这些黑人异教徒非常叛逆,他们可能会迷恋上一两个宫女,然后花光所有他们能挣到的钱,我是这一真相的见证者。他们利用一切机会幽会,然后做爱……你可能会问,和这些黑人太监发生关系的宫女们在他们身上得到乐趣了吗?在伊斯坦布尔,众所周知,宫女们得到了这一乐趣。我们队里有两个戟兵娶了皇宫里的宫女,宫女告诉她们的丈夫"我们没有像享受和黑人太监的关系那样享受和你们的关系",不到一周,他们就离婚了。[27]

太监的主要职责之一是监督皇子们。穆罕默德二世的手足相残制度在整个16世纪得以延续。穆罕默德三世于1595年即位时,新苏丹的19位弟弟被带出后宫。他们亲吻苏丹的手,接受割礼,然后被丝绸手帕勒死。一位年幼的皇子说:"让我先吃栗子,再勒死我。"根据17世纪伟大的编年史家艾弗里雅切莱比的记载,另一位皇子被从他母亲的怀里夺走处死,母乳从鼻子中流出,同时灵魂从嘴中散去。小得让人心酸的19具棺材伴随着死去的前任苏丹的棺椁离开了宫殿。前任苏丹的妻子和女儿被带到城中心的老皇宫,老皇宫理所当然地被称作"泪宫"。城里的人目睹了这两支队伍的行进。艾弗里雅写道:"天堂里的天使们听到了伊斯坦布尔民众的叹息和哀歌。"① 根据后来城里的居民所说,这是因为百姓与统治者不同,他们对家庭联系有强烈的感受,并全心全意地维持自己的家庭。[28]

1607年之后,对王朝绝嗣的恐惧导致政策发生了改变(虽然和奥斯曼政府的许多决议一样,其原因并没有被记录下来)。奥斯曼家族不再实施手足相残的政策,而是把皇子囚禁在后宫的套间里,套间事实上是奢华的监狱。他们在太监的监督和指导下接受正式的奥斯曼教育,并学习技艺,比如制作象牙指环或者刺绣。由不能生育的女性组成的后宫,为他们

---

① 而《亨利四世》(下)第五幕第二景中,亨利五世对兄弟们发表的即位演讲是:"弟弟们,你们在忧伤之中怀有恐惧:这是英国宫廷,不是土耳其宫廷。"(根据梁实秋译本译出)然而,莎士比亚历史剧中描述的王位继承战争正是手足相残的法律设计所要防止发生的。此外,正如戏剧展现的那样,兰开斯特、约克和都铎家族成员死于非命的比例,后来几乎能与奥斯曼家族相当。

提供慰藉，他们不仅被逐离宝座，也被禁止接触后宫以外的世界。从此以后，苏丹的宝座不再由第一个占领君士坦丁堡的儿子继承，而是由王朝最年长的男性继承。

除了太监，后宫中还住着哑巴和侏儒，在苏丹眼里，身体上的残疾让他们成为优秀的仆人或弄臣。17世纪，在苏丹宫廷中曾出现过这样一个独特的人物：一位哑巴侏儒太监。皇家后宫成了他的天堂：他同时得到了苏丹和皇太后的宠幸，能够去任何他想去的地方，"穿着珍贵的马甲""不缺任何东西"。[29]

后宫是一架用以延续王朝的机器，甚至无须考虑苏丹的意愿。后宫也是一所学校，和其模板奴官学校一样，它孕育了才华卓越且忠诚的精英。学生们学习仪态举止、缝纫、音乐、读写——根据现存的信件，并非总是学得很好——以及取悦人的艺术。如果不能抓住苏丹的眼球，她们就协理后宫。后宫的高级官员叫作"师傅"（usta）或"掌事"（kalfa），行会中的手工匠人也是用这些词称呼。掌事穿着毛皮衬里、带有拖裾的长袍，戴着镶有珠宝的大头饰，穿着高跷木屐，手中握有礼仪性的权杖，看起来像是有权势的官员，实际上也确实如此。掌事下面是一群女奴，她们运转着住房、洗衣房、膳房、锅炉房和医务室，组织苏丹孩子的接生和养育。[30]

多亏了英国机械师托马斯·达拉姆，我们可以透过锁眼，一窥后宫里的妇女。达拉姆受伊丽莎白一世的派遣，带着作为国礼送给苏丹的一台风琴，于1599年抵达君士坦丁堡。他被告知，风琴应安装在宫殿的第四重庭院里。护送他的禁卫军卫兵在那里向他展示了墙上的一处窗格，透过窗格他得以见到后宫的妇女。她们正在玩球：

> 我第一眼看到她们时，还以为她们是年轻男子，但是当我看到她们的头发垂在背上编成辫子，末端挂着由小珍珠和其他小物件组成的流苏时，我才确知她们是女人，而且是非常漂亮的女人。她们头上只戴着金布制成的小帽子，帽子只是盖住她们的头顶，除了漂亮的珍珠项链和挂在胸前的珠宝，以及耳朵上戴着的珠宝饰品，脖子上没有佩

戴其他首饰。她们的外套像是军人穿的短上衣，有的是用红缎，有的是用蓝缎制成，有的是其他颜色，上衣的边缘装饰着色彩对比鲜明的花边；她们穿着斯加玛蒂（scamatie，一种由原棉中提取的柔软棉纤维制成的上等细布）制成的马裤，像雪一样白，质地像细麻布一样轻薄，因为我可以透过它看到她们大腿的肤色。

最后禁卫军把他拽走了，"我很不情愿，因为那种景象令我感到非常愉悦"。

服务9年后，如果她们正式提出申请，苏丹没有"注意"的女性可以离开宫殿并结婚。她们所受的教育和关系，使得她们成为颇受欢迎的新娘。一位帝国末期的教师写道："当我看到她们优美的动作和礼仪举止时，我理解了为什么帕夏总是更愿意娶在宫里服务过的女人。"[31]

后宫最有权力的女性既不是许蕾姆也不是努尔巴努，而是迷人而雄心勃勃的柯塞姆皇太后（Valide Kosem，她的名字意为"秃头"或"领头的人"，因为有一天早上在等待苏丹的队伍里，她是领头的那个女孩）。她出生于1589年左右，可能是蒂诺斯岛上一名希腊司铎的女儿，她是修建苏丹艾哈迈德清真寺的艾哈迈德一世的妃嫔。虽然有其他姬妾的诱惑和来自母亲的压力，但仍有几位苏丹确实成功地享受到了真正的恋情。据说在艾哈迈德活着的时候，"她（柯塞姆）可以和苏丹做她想做的事情，完全拥有他的心，他对她不隐瞒任何事情"。在他于1617年去世时，她被放逐到老皇宫，当她年轻的儿子穆拉德四世于1623年继位时，她以皇太后的身份回到新皇宫。

柯塞姆在其后宫的权力中心掌控着少年苏丹，她把宫殿里的许多金银熔化，用以支付军队的薪水，以此稳住政局。苏丹的利益有时会对他的王朝造成威胁。当穆拉德四世成年时，他重回手足相残的传统，为了除掉他的两个敌人，他杀死了两个兄弟。他的母亲阻止他杀死唯一幸存的兄弟易卜拉欣，声辩说易卜拉欣完全是个疯子，不足为虑。但是，皇太后常常发现苏丹和帝国都是难以控制的。她写信给大维齐尔："必须对也门做点什么——它是通往麦加的门户。你必须尽你所能……我的儿子早出晚归，我几乎见不到他。他不会远离寒冷，他又会生病的。我告诉你，对孩子的忧惧正在摧毁我。你有机会的话，去和他谈谈。"当他坚持前往大竞技场去从事最受欢迎的奥斯曼体育运动"骑马掷标枪"（jirid，骑在马背上投出标枪）时，"我能做什么？"她抱怨道，"现在我的言语对他来说是刻薄的。就让他这样活着吧，他对我们所有人都至关重要。我有许多困难，多得写不完。"在残暴却成功的统治后，穆拉德四世于1640年去世。[32]

起初，继承者易卜拉欣害怕到不敢离开自己在后宫的住所。直到柯塞姆下令把他哥哥的尸体展示在他面前，易卜拉欣才相信他面对的是即位，而不是绞刑。在他的统治期间，后宫在香水、织物和珠宝的奢侈程度上达到了新的水平。由于易卜拉欣对女人和毛皮格外钟爱，他享有一个铺满了猞猁和紫貂皮的房间，在里面"施行正事"。柯塞姆帮忙提供处女和他格外偏爱的丰满女人。当精力衰减时，他限制自己只在每周五和新的女人上床。易卜拉欣违反王朝的传统，在一个正式的仪式上迎娶了一名女奴：在婚礼上，黑人大太监是新娘的代理人，大维齐尔则是苏丹的代理人。他行为古怪离奇，曾威胁要将大维齐尔剥皮实草，除非大维齐尔能找回前代苏丹献给麦地那圣地的礼物，他还喝有琥珀风味的咖啡来安抚神经。[33] 政府陷入混乱。禁卫军因薪资被拖欠而大为愤怒，因政府的软弱而胆大妄为，他们把一位前大维齐尔砍成碎块，然后在街头分售。

对此，皇太后不得不出面干预。柯塞姆穿着一身黑色丝绸罩袍，与首要的维齐尔们在后宫门前开会，黑人太监在她身边摇着一把大扇子。禁卫军的阿迦禀告她："仁慈的女主人啊，帕迪沙的愚蠢和疯狂已经让世界陷于危险境地，异教徒已经夺取波斯尼亚边境上的40座城堡，正在用80艘船封锁达达尼尔海峡，而帕迪沙此刻仍只想着享乐、纵情宴饮和卖官。宫殿的管声、鼓声和长笛声已经淹没了圣索菲亚清真寺宣礼塔的宣礼声。"这是奥斯曼君士坦丁堡周期性发作的恐慌。[34]

最后，柯塞姆同意废黜她的儿子。她没有什么理由来反悔这个决定，因为他曾经试图把她放逐到罗得岛（和塞浦路斯、埃及一样，都是被放逐出奥斯曼首都的人的惯常流放地），还强迫她的女儿，即公主们用肥皂和水服侍他最喜欢的宫女洗澡。根据一份记载，柯塞姆把苏丹7岁的儿子穆罕默德带到政务会议上，说道："他来了！看看你们能拿他怎么办吧！"在君士坦丁堡穆夫提的教谕支持下，易卜拉欣被废黜，之后被绞死。当刽子手逼近时，易卜拉欣最后的话是："在吃过我的面饼的人里，就没有一个人来怜悯我，来保护我吗？这些残忍的人来杀我了。救命！救命！"

柯塞姆的品性力量十分强大，以至于她继续留在皇宫，依然是后宫最有权势的女人，新苏丹穆罕默德四世之母图尔汗只能在旁边等待时机。被称为太皇太后（Buyuk Valide）的柯塞姆，于1651年的光辉时刻在大巴扎附近修建了拥有多个圆形穹顶的太皇太后商舍。修建的不是清真寺，而是全城最宏伟的商舍，这符合她的实用主义本性。太皇太后商舍围绕有3个庭院，有3层高，它十分庞大，以至于可以同时招待3000名旅客。

柯塞姆因为做了许多慈善而赢得了民众的爱戴。她在奴隶服侍两到三年后就将之解放，赠予她们嫁妆和装修过的房间，以便她们出嫁。在伊斯兰教历七月，她会乔装出宫，亲自安排释放被关押的债务人，帮他们偿还债款。[35]如果政务会议要求苏丹出席，柯塞姆就坐在他身边，隐藏在帘子后面。她的坦率胜过谨慎。她用撒切尔风格的粗暴语调当面责骂维齐尔："我让你当维齐尔是让你把时间花在花园和葡萄园里吗？把你自己奉献给帝国的事务，别再让我听到你的勾当！"[36]

最后，和1990年的威斯敏斯特一样，男人反击了折磨他们的人。他们与后宫中的苏丹之母图尔汗——柯塞姆亲自拣选女人，并将之献给易卜拉欣——结盟。柯塞姆可能计划通过废黜图尔汗之子穆罕默德，拥立其弟苏莱曼来巩固自己的权力，她认为苏莱曼之母比图尔汗更易操控。柯塞姆的一名奴隶将这个计划透露给了图尔汗。流言开始传播，说柯塞姆想要绞死帕迪沙，这可能是黑人大太监所为。1651年9月2日，愤怒的太监和男仆在后宫里搜捕她。一名忠诚的奴隶希望解救她的女主人，她说道："我是太皇太后！"他们没有上当。据说，柯塞姆藏在太皇太后住所楼梯间墙上的壁橱里。门下露出的一片裙子把她出卖给了一个戟兵，戟兵用一块帘布绞死了她。她的抵抗十分激烈，鲜血从她的耳朵和鼻子里喷出，弄脏了凶手的衣服。她后来被称为"被屠杀的太皇太后"，她的遗产是2700件长方形披巾、20箱黄金，以及民众中间长久流传的怜悯和慷慨的声名。

当她的死讯为人所知时，君士坦丁堡民众自发地悼念了三天。[37]

从此以后，奥斯曼再也没有像柯塞姆或努尔巴努一样有权力的皇太后了。不过，在这个被后世称为"苏丹女权的时期"，即皇太后几乎和苏丹一样重要的时期，一个持久的标志就是金角湾边巨大优美的皇太后清真寺。它不像之前的皇室女性成员下令修建的清真寺那样位于城市边缘，而是位于商业中心，在港口和巴扎之间。它由1595—1603年的皇太后萨菲耶苏丹下令修建，据说她曾随意出售大维齐尔的职位。卖官行为始于1597年，在萨菲耶于1603年去世时暂缓，直到1660年才被图尔汗终结。在加拉塔和伊斯坦布尔之间来往的人，都不会错过这座清真寺。

很少有居住在皇室后宫之外的伊斯坦布尔女性的书信、诗歌和回忆录出版。我们难以重现她们的生活。只有在19世纪，许多个人的声音才开始被倾听。对于女性来说，婚姻是凌驾一切的目标。婚礼开始于——有时候结束于——公共浴室。根据《古兰经》，洁净并不次于虔诚，而是虔诚的本质。城市的每个区域都有公共浴室，它们包括一系列带有穹顶的大理石房间，房间里有供应冷水和热水的浴缸和喷泉，浴室在一周之中会预留几天给女性；特别是，许蕾姆在圣索菲亚清真寺和苏丹艾哈迈德清真寺之间修建了一座壮观的公共浴室，它有两个独立但大小几乎一样的区域，因而可以同时接纳男性和女性。城里大概共有150座公共浴室。

这些庙宇一般的大理石建筑，造就了一种以洗澡、按摩和聊天为主的社会生活，可以与加利福尼亚的沙滩文化相比。和西方的SPA（源于拉丁文Solus Par Agula，意指水疗美容与养生）一样，对于逛浴室这件事来说，交际是和健康同样重要的原因。即使某位富有的女性在自己的私宅里有浴室，她一周也至少会去一次公共浴室。她在仆人的伴随下来到公共浴室，仆人会携带毛巾、刷子、指甲花、眼影粉、克里特肥皂和镶嵌着珍珠母的木屐。前往公共浴室，成为一种聚会方式，人们可以带上食物和宠物，邀请朋友和乐师。在洗澡和按摩后，女性只穿着亚麻的替换衣服，修整眉毛，给头发涂上指甲花染料，有时也涂在手和脚上。信仰逊尼派的土耳其人遵循伊斯兰教哈乃斐学派，该教法学派要求信徒移除身上各处——耳朵、鼻孔、脚、腋下——的毛发。女人们使用糖浆或者石灰和砒霜制成的特殊脱毛膏。[38]

公共浴室里的世界与外面的城市十分不同,玛丽·沃特利·蒙塔古夫人对这个世界做了生动的描述,她是1717—1718年英国大使的妻子,这时候奥斯曼帝国正在从战争转向享受欢愉。

> 最前面的沙发上铺着垫子和奢侈的毯子,上面坐着女士们,她们身后的第二排沙发上坐着她们的奴隶,但是从着装上一点也看不出等级的不同,所有人都处在自然状态,用英语简单说来就是一丝不挂,不掩盖一丝美丽或丑陋。但她们中没人展露出一点放肆的笑容或者下流的姿势……许多美丽的女性赤身裸体、姿态各异,有些人在聊天,有些人在工作(缝纫),还有些人在喝咖啡或者果子露,而她们的奴隶(一般是十七八岁的漂亮女孩)在把她们的头发梳理成几种漂亮的式样。简单说来这是妇女咖啡馆,她们讲述全世界的新闻,也编造全世界的丑闻,诸如此类。她们一般一周进行一次这样的消遣,至少逗留四五个小时。[39]

一名在公共浴室里休息的母亲,可以在朋友中询问是否有适合她儿子的新娘,或者为她自己选择配偶(尽管一些母亲依赖在家家户户间走访的职业媒人)。之后便是例行的拜访女孩家庭,这是为了检验她是否美貌,以及是否掌握刺绣、制作果酱和其他的生活必需手艺。如果母亲颇为满意,她就会告诉儿子。如果婚姻得到了首肯,年轻男子就会送一份礼物给新娘:一条披巾、一件刺绣、一颗钻石。接纳聘礼等于订婚。

在婚礼前两三天,新娘的家庭会租下婚礼当天的公共浴室。亲朋好友共聚一堂,享受舞女、音乐和低俗故事带来的愉悦。在婚礼前一天——一般是周三——为了纪念新娘从未婚走向已婚,新娘会在家里举办指甲花聚会,客人们身穿他们最好的丝绸和天鹅绒服装前来参加。宾客们把硬币撒在新娘的头上,以此作为丰裕的标志。新娘的朋友们把蜡烛立在指甲花颜料碟上,用手持着,在房屋和花园间来往穿梭,吟唱关于即将到来的婚礼之夜的歌曲：

> 新屋的窗格，我的夜晚
> 点燃金光银彩的蜡烛，我的夜晚
> 我未曾指望从你那里得到此物，我的夜晚……
> 希望今晚的许愿成真，我的夜晚

然后婆母在新娘手上涂抹指甲花，吉卜赛人表演舞蹈，19世纪70年代奥斯曼首都的一名英国商人之妻布伦特夫人将之描述为"最放肆、最下流的那类舞蹈"。

在星期四早上，新娘穿着华丽服饰，满身珠光宝气，从父亲那里接受腰带，这象征着她已婚妇女的新身份。一个叫"冠人"（bashlikci）的女性提前一天为新娘准备好配有珠宝和花朵的头饰。曾经有一位"冠人"因她的房子有"半个君士坦丁堡"那么大而出名，后来她因珠宝而被谋害。

到了婚礼那天，新郎的亲朋好友聚集在他家里。他们对天鸣枪，然后牵着一头驴游行到新娘家。新娘的脸被面纱完全遮掩，人们把她扶上驴，护送回新郎家里，护送队伍由逗笑小丑和其他扛着嫁妆、婚礼棕榈树的人组成。新娘的家庭成员可能从她出生那天起就在张罗嫁妆：嫁妆可能包括一块礼拜用的地毯、一面银镜、一双洗澡用的木屐和若干胡桃木箱。然后嫁妆被摆放在新房子里展示。

富裕的家庭希望能与皇室嫁妆一比华丽。一位帕夏决心给自己的女儿置办一份无可挑剔的嫁妆。嫁妆中的至尊之物是一个赤金火盆。他躲在一边，偷听恭维之词，但他听到一个老妇说："都是装模作样！都是装模作样！"当他冲出来问她是什么意思时，她回答道："你忘了火钳！"

在新郎家里，有更多的音乐、舞女和茶点，让女子居住区（haremlik）和男子居住区（selamlik）里的客人都能享受到欢愉。大约晚上9点，伊玛目在女子居住区和男子居住区中间的过道上宣布新郎和新娘结为夫妻。"很快新娘被带到洞房里，她先在那里独处。最后新郎到来，请求允许他揭下她的面纱，让他一饱眼福。她再三拒绝，但最终让步。他开始亲吻新娘。"新娘从此进入了新的世界。[40]

幸福在等待着她吗？似乎大部分女性都开心地认同了由家务事构成的封闭世界，被拘束在清洁、做饭和生养孩子的需求里，这或许是因为女性如果结婚的话会拥有更高的地位。当有机会外出工作时，比如从事家政服务，她们并不参与。私人的后宫比皇家后宫小得多，因为个人既缺乏苏丹的财富，也没有王朝优生优育和保证传宗接代的需求。毫无疑问的是，君士坦丁堡的私人住宅里有许多和许蕾姆一样受宠的女人，也有许多像努尔巴努和柯塞姆那样的飞扬骄横者。

不过，对于一个渴求多样性且富裕的异性恋男性来说，君士坦丁堡可能是天堂。有些人频频更换妻子，或者像苏丹一样购买大量女奴。有一次，苏丹问17世纪的诗人费纳尼，有没有什么快感是苏丹无法享受的。"有的，"诗人的回答是，"一下子休掉四个合法妻子的快感，这是世界上最大的快感。这才真的是国王的快感啊。"一个穆斯林在保证有办法平等对待的情况下可以最多娶四个妻子，他也可以在想离婚的时候休掉她们。即使他不离婚，他也可以想买多少女人就买多少女人，让她们在他的家里服务。只有非常富有或者受宠的妻子，才敢以回娘家威胁丈夫。[41]

有些妻子在同一个丈夫家里能够和谐相处，一致同意把优先权交给第一个妻子，让她作为后宫的头领。其他男人则安排各位妻子住在不同城区的独立房子里。19世纪40年代的一个老人在君士坦丁堡有一个妻子，在托普哈内有另一个，在于斯屈达尔有第三个妻子，在博斯普鲁斯海峡边上有第四个妻子，这样一来，无论他在城里的什么地方，他总能和一个妻子在家里睡觉，让她为他烹煮抓饭。某个富裕的女性或许会偶然发现，她的丈夫已经在另一个房子里养着另一个女人很多年了。笔者在伊斯坦布尔曾经遇到一位女士，她的叔祖母是苏丹亲卫队指挥官塔希尔帕夏的妻子，有一次叔祖母最喜欢去的公共浴室来了一个美貌的新客人，叔祖母询问那是谁，回答是"她是塔希尔帕夏的妻子"。[42]

尽管奥斯曼的皇子们一直被隔离在托普卡帕宫内，但是博斯普鲁斯海峡边最大的宅邸属于苏丹的姐妹和女儿，她们与其他女性的区别在于名字后附有后缀"苏丹"（艾塞苏丹、法蒂玛苏丹，等等）。她们的丈夫，即当时处在首要地位的帕夏们以皇家标准供养他们的妻子，耗光了财富，这就是苏丹谋求的。威尼斯大运河是格里蒂、孔塔里尼、莫琴尼戈等显贵家族拥有的财富和权势的可见证明，这些家族的大宅邸就排列在大运河边上；然而，博斯普鲁斯海峡反映了奥斯曼家族在君士坦丁堡压倒性的存在。

公主的丈夫被视为妻子的奴隶。当丈夫在新婚之夜进入妻子的卧室时（如果他们被允许这么做的话），他们只敢从床脚接近妻子。有时候，丈夫被派出首都，前去管理行省。公主们从来不会答应跟着他们去外地，除了一个例外。①她们宫殿的大小反映的是她们的地位，而非子女的数量。为了消除苏丹潜在的敌人，1607年后公主的孩子往往在出生时就被杀死。到了1842年，苏丹希望废除这一传统。但他的妃妾比主子还要"奥斯曼"，她们压服了他，让苏丹处死了他妹妹阿提耶公主刚刚出生的儿子。据说，她们这样为自己开脱："一个婴儿的生命和50场内战的恐怖相比算什么呢？"两个月后，公主郁郁而终。[43]

有一些公主也享有幸福的婚姻。17世纪，穆拉德四世曾经把埃及一整年的贡赋送给女儿卡娅苏丹，她是一位虔诚的穆斯林和精明的持家女性。历史学家艾弗里雅切莱比经常通过一扇装有格栅的窗户同她交谈（这说明对于年长的女性而言，性别隔离并没有那么严格）。他写道："她从来不通过女人的陪伴得到快乐，她更喜欢回到寂静的角落里独处，忙于宗教功修。事实上，她和丈夫马利克·艾哈迈德帕夏常常一起进行每天五次的礼拜……她始终爱着帕夏，她赶走了身边所有德行堕落的女伴，把所有时间都用来与帕夏聊天。"他们一年在床上享受48次"精彩的摔跤赛"，而且她帮助丈夫获取高位。在她死后，她的丈夫与另一位公主，即年长的法蒂玛苏丹再婚。他告诉艾弗里雅："连马耳他的俘虏（指穆斯林俘虏的马耳他圣约翰骑士团成员，他们遭受的对待是野蛮的代名词）都没遭遇过我在新婚那晚从我妻子处所受的折磨。真主原谅我吧，这是个多么无耻、下流、过分的女人啊！"[44]

---

① 19世纪一位来自苏丹后宫的女性在英国大使馆避难，她发誓说早知道就嫁给一个搬运工人，也不要离开君士坦丁堡。

不过，在奥斯曼，即使是这些享有最多权势和特权的女性，也可能会为嫉妒所折磨。19世纪，伟大的改革家马哈茂德二世之女阿迪莱苏丹嫁给了军官穆罕默德·阿里帕夏。他们坠入了爱河。有一天，在金角湾边上一个叫作"欧洲甘泉"的新潮约会场所，阿迪莱苏丹吸引了穆罕默德的注意。因为她的脸被面纱遮得严严实实，所以穆罕默德不知道她是谁。他把一条带有香气的手帕丢在她的脚边。那天晚上，帕夏在熟睡的妻子枕边发现了那条手帕。

还有一次，阿迪莱苏丹去一座遥远的清真寺做礼拜。由于旅途劳累，她在一栋宅邸歇脚，她在那里受到了热情的招待。主人提供了咖啡和果子露，她询问主人的名字，主人回答说自己是穆罕默德·阿里帕夏之妻。过了一会儿，阿迪莱苏丹向她道谢并告辞了。之后她避世独居，在诗歌中表达与日俱增的伤感之情。她在1898年去世，被葬在丈夫旁边。她在诗中从未提及丈夫的不忠行为。[45]

没那么有教养的家庭主妇则惯于掀起嫉妒的风暴。男人可以把奴隶当作满足性欲的工具来对待。他们有时会向伊玛目求助，请求允许他们不遵守《古兰经》对性交后必须沐浴的要求，因为这类沐浴会激起妻子对奴隶的愤怒。布伦特夫人写道："我认识的每位夫人都会定期前往洗衣间，在丈夫洗澡后亲手漂洗他们的衣服，生怕如果任何一个奴隶履行了这一义务的话，这个奴隶就会施魔咒取代她在丈夫心中的地位。"[46]

在1908年之前君士坦丁堡最后的黄金时代里，现代土耳其最伟大的作家之一、君士坦丁堡第一波女权主义运动的领袖哈莉黛·埃迪布，这么描写她父亲的家眷："（一夫多妻制）是诅咒，是毒药，我们不幸的家庭无法逃脱这一体系……我们家中持续的紧张关系让每一个简单的礼节变得如同身体上的疼痛一般，其影响徘徊不去。妻子们的房间是彼此相对的，我的父亲轮流拜访她们……"[47]

后宫里的一种消遣是款待女性朋友，无论她们是希腊人、犹太人、亚美尼亚人，还是穆斯林。后宫中的女性总是互相探访：探询、考察、致敬、祝贺，以及吊唁。访客经常在后宫过夜。一个善于交际的女性可以把一整年的时间都用在拜访上。访客就像邮递员和绯闻专栏作家，传递着城中的消息。职业女推销员也走街串户,买卖服装和刺绣。

但是,一些苏丹试图推行严格的性别隔离政策。奥斯曼三世(1754—1757年在位)禁止女性一周出门超过四天;穆斯塔法四世(1807—1808年在位)下令女性永远不得外出。一些女性非常害怕男人,以至于如果被困在火中,她们宁愿被烧死,也不愿意被邻居或禁卫军抱出火场。有时,女性甚至会因为"在男人中间"前往市场或墓地这类传统活动而遭受批评。女性通常在家中礼拜。在清真寺中,她们不在清真寺主区,而是在特殊走廊或屏风背后礼拜。据说,就算是像许蕾姆这样有权力的女人,也只能在夜晚出宫进入城里,尽管她也前往行省去看望儿子。柯塞姆的女性同胞只有在获得监察官的许可后,才能在监察官的陪同下前往太皇太后商舍。

即使是在相对自由的19世纪,帝国后宫里的大部分女子都过着受到严格隔离的生活。她们爱上了未曾谋面的男人:月夜里在博斯普鲁斯歌唱的无名氏;在远方弹奏的小提琴家。在这两种情况下,女孩们多年来一直保持爱意,却对爱人一无所知。当拜伦在《唐璜》中写道,对于土耳其人来说,"婚姻"和"锁扣"是一个意思,他几乎没有夸大其词。[48]

不过,也存在着独立的林荫大道。在西方,丈夫控制着妻子的财产。即使是凶暴的马尔伯勒公爵夫人萨拉,也只能通过丈夫建立的受托基金会来管理她的庞大财产,受托人保证满足她的愿望。伊斯兰教保证女性能够一直控制自己的个人财产,这在一定程度上是为了防止丈夫把其中一个妻子的嫁妆花在另一个妻子身上。君士坦丁堡的女性直接或通过管家管理财产。一些女性在巴扎拥有店铺。另一些人和她们的丈夫一样,把一大笔钱借给政府官员或外国大使。法律记录显示,有一位叫内菲塞·宾特·凯末尔的女性在1548年拥有一间水力磨坊,霍什亚尔夫人在1804年是一个面包房的拥有者。在下文我们将会看到,女性也能成为办事非常实在的奴隶贩子。[49]

建筑是君士坦丁堡富裕女性的主要嗜好之一。1962年,城中953座清真寺中有68座,或者说7%,是由女性或为了女性建造的。奥斯曼喷泉的素灰大理石外观是伊斯坦布尔的特征之一,就像白色的巴洛克漩涡喷泉是罗马的标志一样,在491座保存到20世纪30年代的奥斯曼喷泉中,有28%是女性委派建造的。[50] 在图尔汗苏丹(名为哈蒂杰)在贝西克塔斯建造的一座喷泉上,游客们可以读到:

> 哈蒂杰苏丹,受重重保卫之贞节之冠,
> 众苏丹之苏丹穆罕默德汗之母,
> 是社群和王权的秩序,
> 纯洁的品质让这雄伟的喷泉得以自由流动,
> 这样全宇宙的饥渴或将消解。

1741年落成的一座喷泉上有这样一段碑文:"在苏丹马哈茂德统治时期,当维齐尔阿里帕夏之母用她的慈善之水解了人民之渴时,纳克什班迪教团的托钵修士贝西克塔斯的礼萨说了这句隽语,'来吧,饮用这个泉眼中流出的永生之水吧'。"[51] 确实有皇太后掌握实权进行统治:但发号施令的母亲是由她的儿子决定的。

君士坦丁堡的一些女性对规则提出质疑。塞利姆二世时期的诗人胡比夫人在丈夫去世后依然留在宫中,有流言说她是苏丹的心腹、几位苏丹侍臣的情妇。17世纪初,城中一位叫莱拉的女人,写了这样的情诗:

> 当我在你怀中时,不要让我再受苦;
> 天堂就在那里,它不能变成地狱。

18世纪,菲特纳特夫人在家人的鼓励下写诗,她是几任大教长的姐妹、侄女和孙女。她给文质彬彬的大维齐尔拉吉布帕夏写了一首十四行诗,甚至还参加他的文学沙龙。女性可以成为音乐家或书法家。一位与丈夫分居的女书法家能用九种字体写先知穆罕默德之名,她认为艺术品是孩子的替代品。[52]

家境差一些的女人活得更像西方的家庭妇女,虽说家里的男性和女性生活区是分开的,不过只是在房间中央悬挂个帘子。人们可以看到她们经常不戴面纱，和丈夫一起逛街、一起在傍晚坐在门槛上，或是把丈夫拽出酒馆。一些女性把自己在家中制作的物品——香肠、亚麻织物、刺绣手帕——带到城内不同地区专为女性开放的每周集市去售卖。[53]

君士坦丁堡妇女在家务活之外的主要任务是刺绣，就像安纳托利亚农村的地毯制作一样。其他任何一个帝国都没有把如此之多的精力用在针线活上。17世纪中期，法国游客让·泰弗诺声称："她们在家中唯一的活计就是编织和刺绣。所有的家务活都是由女奴完成的。"100年后，奥斯曼最伟大的历史学家之一穆拉德热亚·多桑写道："所有妇女都存储了大量的刺绣，刺绣不仅装饰着她们自己的衣服，也装点着日常家务杂活用到的亚麻织物，比如手帕、手巾（刺绣手巾是弓箭比赛的奖品）、桌布和布料。实际上，下至裤子和腰带，所有东西都有刺绣。"20世纪初，在巴尔干居住多年的人种学家露西·加内特写道："人们特别看重针线活，在结婚前多年，女孩就找到了自己在闲暇时光中要做的事情——被单、手巾、被子、餐巾和其他物品的刺绣，这些刺绣物件之后会出现在她的嫁妆里，装饰她的洞房。"

刺绣运用了伊兹尼克瓷砖和天鹅绒制成的卡夫坦长袍上可见的花朵样式，被运用于从摇篮到棺椁的所有物品：床罩、垫套、头巾套、钱包、马具、礼拜毯，以及最珍贵的刺绣——每年进献给麦加的克尔白幔帐。由于19世纪前还没有人用纸质信封，人们用来包裹信件或物品的布料上也装饰着刺绣。刺绣越珍贵，收信人受到的恭敬就越多。在富有的家庭中，喝咖啡的场合也可以变成一场刺绣展。第一位侍者的一边肩膀上挂着一块圆布。圆布用丝绸或天鹅绒制成，绣了许多金线，有时还镶嵌有珠宝；流苏上缀着珍珠。它唯一的目的是展现美丽和财富。

奥斯曼服饰上的刺绣也有很多，这点可以在比尤克德雷（Buyukdere，意为大溪）边的萨德贝尔克夫人博物馆展出的让人印象深刻的衣服上看出来，绣了金线的衣服和传令官的无袖外套一样硬挺。奥斯曼服饰在16—19世纪几无变化。玛丽·沃特利·蒙塔古夫人羡慕奥斯曼小姐的锦缎衬裙、卡夫坦长袍和装饰着珠宝的腰带，但最"使她们的双眼充满哀愁"的是带有刺绣的桌布和餐巾。富裕的女性在冬天可以穿内衬白貂皮或者黑貂皮的长袍，她们的头饰通常是用天鹅绒制成的，嵌有珍珠或者钻石。头发一侧是一束珠宝，攒成花朵的样式：珍珠代表花骨朵，红宝石代表玫瑰，钻石代表茉莉。当女性出门时，她们穿戴用轻薄的白色平纹细布制成的头巾——在眼睛处留有口子，还穿着从脖子覆盖到脚趾的费拉杰长袍（feraces）。[54]

对珠宝的推崇和民间宗教、帝国游行一起把城内的不同社群团结起来。1673年，威尼斯贵族、译员、佩拉的天主教徒泰尔西亚向朋友展示女儿的嫁妆。嫁妆主要包括服装、手帕、卡夫坦长袍、床罩，都"以这个国家的风格""不惜工本"，把大量的金银线、珍珠或水晶绣了上去。犹太人的经卷柜帘子和祈祷披肩也用相同的风格进行刺绣，配有和伊斯兰织物一样的花朵图案。犹太会堂的毯子看起来和穆斯林的礼拜毯——有"以实玛利人（大部分穆斯林自视为以实玛利的后裔）做礼拜时诵读的《古兰经》开篇章经文图案"——类似。[55]

土耳其刺绣的声名远播到另一座奢侈的堡垒——法国宫廷。16世纪70年代，凯瑟琳·德·美第奇和50年后的玛丽·德·美第奇都召集来自君士坦丁堡的女孩在她们居所从事刺绣。即使君士坦丁堡已经几乎在每一个方面都追捧西方风格时，刺绣仍然是最适合送给访问首都的贵客的礼物。在拿破仑三世之妻欧仁妮皇后于1869年访问君士坦丁堡时，皇太后赠送给她的第一批礼物就是传统的刺绣手帕。[56]

5

黄金城

犹太人、土耳其人和基督徒有若干信条，
然而，上帝只承认一条，那就是黄金。

——引自《君士坦丁堡的一名绅士写给
伦敦朋友的历史性和批判性书信集》，1730年

没有一座城市比君士坦丁堡更公平、更适于贸易了。

——奥吉耶·吉兰·德·比斯贝克，1555年

苏丹常常在炎热的夏天走下宫殿，前往俯瞰大海的阁楼。在凉爽的微风中，他可以观赏非常壮观的美景，许多人第一眼看到时都怀疑这个景象的真实性：金角湾和博斯普鲁斯海峡交汇处的一大片水域上满是不停来往的船只，犹如一场流动的盛会。根据梅尔基奥尔·洛里克在1560年的见闻，海上船只极多，以至于有时候桅杆和船帆几乎遮蔽了海面。在大舰船中间，小船（港口中共有约1.5万艘）像苍蝇一样掠过水面。[1] 这些小船维系着一张由人们日常出行路线编织成的网络，将城郊和市中心联系起来，它们像从人们头顶俯冲而过的海鸥或者跃出水面的海豚一般快速前进。桨手的叫喊和口哨声让君士坦丁堡的港口比那不勒斯还要吵闹。和伦敦或里斯本相比，君士坦丁堡更能将首都和港口的角色结合起来。海洋不仅仅能进入首都的心脏，它本身就是首都的心脏。

从皇宫角向右眺望海对面，可以看到于斯屈达尔，此地错落分布着村

落、清真寺和宫殿,白色穹顶和宣礼塔高耸于亚洲一侧最靠近海岸的山丘之上,不时从花园和柏树林的青翠中浮现。左边隔金角湾正对宫殿的是加拉塔城——一个由错落有致的红顶房屋组成的"圆形剧场",被绿色植被环绕,顶部是灰色的塔楼。

自加拉塔左侧一路延伸2.4千米的是苏丹海上力量的中心、世界上最大的海军建筑群之一:帝国兵工厂和帝国造船厂。兵工厂是一座城中之城,由高墙包围,大棚里的空间能够供人最多同时建造200艘单层甲板大帆船。在1650年的一幅风景画中,它看起来像是一排红顶公交车库。兵工厂背后是火药厂和军需品厂,并且在奥斯曼海军总部于1516年迁出加里波利后,这里又多了卡普丹帕夏(Kaptan Pasha,相当于海军元帅)的宅邸(也叫海军上将宫)。卡普丹帕夏很快成为君士坦丁堡的主要官员之一,拥有出席帝国国务会议的权利,掌控着爱琴群岛和加拉塔。海军人员由土耳其人、希腊人和达尔马提亚人组成。他们被称为"黎凡特人"(源于意大利语"levantino"),船只往往基于威尼斯的模板建造,它们的名字带有意大利色彩,例如"守护神"号(Patrona)、"皇家"号(Riyala)、"舰长"号(Kaptan)。[2]

在兵工厂的后面是一座被称为"监狱"(bagno)的阴森大楼,它由高墙所包围。主要居住者是两三千名奴隶,他们因为圣约翰骑士团和阿尔及利亚海盗在东地中海地区的战争或肆虐的海盗行径而被俘。这些战俘负责建造苏丹的海军舰船并在船上划桨,他们恐怖的生活因天主教和东正教祈祷室的存在而有所缓和,它们提供"永恒世界"的拯救,而且基督教国家的大使和宗教修会也在努力寻求释放他们。战船奴隶将另一种通用语带到了君士坦丁堡复调风格的音乐中。大多数人来自西班牙、意大利或法国,他们说一种混杂语言(Franco,西班牙语、意大利语和法语混合在一起)。[3]

每年的5月6日都是纪念伊斯兰教圣人黑德尔的盛会,君士坦丁堡在这一天的庆典仪式上赞颂自己作为海洋之都的作用。卡普丹帕夏和舰队的其他主要官员从兵工厂乘船经过金角湾,缓缓抵达宫殿滨海区的木制水阁,全城其他居民都在卡耶克小艇和帆船上观看此景。他们在阁楼里受到苏丹的正式接见，苏丹身边围绕着皇室家眷。他赐予他们卡夫坦长袍，祝愿他们航行顺利，马到成功。岸边的要塞用震耳欲聋的炮声向他们致敬，此外每一艘战舰的甲板上都有乐队奏起军乐，然后他们指挥舰队在爱琴群岛间巡行，以便征税或监察。1583年，英国首任驻奥斯曼大使威廉·哈本目睹卡普丹帕夏出航，"带着36艘战舰下海，这些战舰都贴着金箔，画着图案，装饰得十分精致。船上挂满了旗帜和彩带"。[4] 这一庆典和威尼斯在每年5月8日举行的"与海结亲"仪式一样壮观，威尼斯总督在5月8日那天乘着周身贴金的"礼船"（Bucentauro），在成百上千艘小船的陪同下，把婚戒扔到亚得里亚海中。日期、意图和华丽景象的相似性，体现出威尼斯的影响几乎渗透到了君士坦丁堡海洋生活的方方面面。

  商船停泊在海军总部的右侧，沿着加拉塔和埃米诺努的码头停靠，这些码头正对着宫殿的下方。港口很深，具有很好的防护，即使是最大的船，也可以用厚木板搭在岸上直接卸货：当年，第一批希腊人在此定居的原因之一就是这里的港口优良。船一靠岸，船长就把货物清单交给奥斯曼的海关官员，然后海关官员亲自检查货物。一名禁卫军士兵会留在船上，直至该船支付完3%到5%的关税。在禁卫军士兵得到付款收据后，船长就可以卸下货物。加拉塔和埃米诺努的酒馆和市场是港口生活的中心：商人、搬运工和水手每天都来寻找酒和工作。在冬天，当120艘左右的奥斯曼海军战舰停留在兵工厂的干船坞里时，加拉塔酒馆里黎凡特人的行为举止成了放荡的代名词。

  君士坦丁堡是地中海最大的城市，也是最大的港口之一。奥斯曼帝国的所有道路和大部分商路都通向首都：从波兰经过瓦拉几亚，从欧洲中部经过贝尔格莱德和埃迪尔内，从威尼斯经亚得里亚海到杜布罗夫尼克，再穿过巴尔干强盗横行的山区。每个月至少有一支包括多达2000头骡子和骆驼的商队来到于斯屈达尔。这些商队来自波斯；来自波斯湾顶端的大港口巴士拉；来自叙利亚。君士坦丁堡是起自马赛、威尼斯、亚历山大港和克里米亚的多条海上贸易路线的终点站。黑海对于奥斯曼帝国的地位，相当于南美洲对西班牙帝国的地位。1592—1774年，黑海的商贸为奥斯曼臣民独占。[5]

帝国的意识形态和自身的利益需求都驱使它推崇贸易。15世纪，一位帕夏向苏丹建议：

> 用欣赏的眼光看待这块土地上的商人吧；始终关照他们吧；别让任何人袭扰他们；别让任何人对他们指手画脚，因为经由他们的贸易，这片土地才变得富足，经由他们的货物，物美价廉的商品才遍布世界；经由他们，苏丹的美名才传播到周边的土地，经由他们，这片土地上的财富才得以增长。

16世纪，帝国政府为争夺对丝绸贸易的控制权而与波斯开战，为争夺从东印度群岛到欧洲的香料贸易路线而与葡萄牙开战；并且帝国政府运营着一支国有商业船队。[6]

为了增强帝国的实力，奥斯曼人希望君士坦丁堡能拥有所有的商品和种族。1502年，加拉塔的一名佛罗伦萨丝绸布匹商人这样评价苏丹巴耶济德二世："苏丹赐给我们各种好处，希望我们可以在他的国家从事贸易。"事实上，宫廷是舶来奢侈品的最佳买主。外国商人的存在能够帮助君士坦丁堡维持其世界城市的形象。被称为"协议"的自由贸易特许权条款，准许外国人在其本国大使的司法管辖和庇护下居住在君士坦丁堡和其他城市。该条款被苏丹于1454年授予威尼斯，1569年授予法国，1581年授予英格兰，1612年授予荷兰。佛罗伦萨和杜布罗夫尼克共和国在君士坦丁堡被攻陷之前就享有此条款。神圣罗马帝国、俄国和瑞典在17世纪获得特许权，丹麦则在18世纪获得该项特权。

贸易是君士坦丁堡拥有如此之多的外国大使馆的主要原因之一；对于威尼斯人来说，"驻君士坦丁堡大使的主要职责是保护本国的贸易"。虽然英格兰和奥斯曼政府都痛恨西班牙，但最重要的是对于贸易的共同热衷，导致它们之间建立了外交关系。穆拉德三世于1579年3月7日致信伊丽莎白一世：

> 正如同法国、威尼斯和波兰的民众诚挚地为我们（奥斯曼帝国的

政府）服务，前来经营贸易一般，来自英格兰的商人也应经由商路，在我们受真主庇佑的国土上来去自由，任何人都不能妨碍（他们）。

首任英国大使威廉·哈本也是一位商人，他在君士坦丁堡购入铅、锡和布匹，贩出马姆齐葡萄酒和葡萄干。直到19世纪为止，支付大使薪水的是他帮助建立的黎凡特公司，而不是英国政府。到1640年，君士坦丁堡有25家英国企业，大部分经营布匹贸易。[7]

但是，奥斯曼帝国主要的西方贸易伙伴并不是英格兰，而是帝国自1535年以来的政治盟友法国。法国的"黎凡特贸易"（即与奥斯曼帝国的贸易）由马赛的贸易商会控制，人们认为黎凡特贸易到17世纪初已经占据了法国海上贸易的半壁江山。到18世纪，黎凡特贸易是提升法国在奥斯曼首都影响力的因素之一。1789年，奥斯曼帝国是西班牙、美洲之后法国最重要的贸易市场，法国控制了欧洲与奥斯曼帝国之间约一半的贸易量。君士坦丁堡从法国进口布匹、纸、皮革和玻璃，出口生羊毛、毛皮、丝绸和奢侈品——鱼子酱、上等蜂蜡，并把山羊毛加工成欧洲人头上所戴的假发。君士坦丁堡的两种特产是鲨革（染色后的鲨鱼皮，其硬度在剑柄和书籍装帧方面深受好评）和带有大理石花纹的纸，它被称为"土耳其纸"，糊在书皮纸板的内侧。[8]

16世纪，即帝国的黄金时代，贸易事业顺利地进行着，君士坦丁堡人口的激增体现出了这一点，人口从1477年的8万上升到1530年的40万。威尼斯大使在1523年写道："我不知道还有哪个国家比这个国家更幸福，它拥有上帝赠予的所有礼物。它牢牢把控着战争与和平，它的富裕体现在黄金、人民、舰船和服从上，没有一个国家能与之相比。"到17世纪，由于许多原因，帝国变得衰弱，贸易条款也渐渐变得不利。作为"协议"更新（理论上来说，应由每一任苏丹更新）的补偿或者只是为了增加收入，奥斯曼政府开始向君士坦丁堡的外国商人征收一种叫"阿瓦尼"（avanies，字面意思是"羞辱"）的罚款。奥斯曼人对外国商人和大使的系统性腐败行为深为不满，这是施加惩罚的另一点原因。

奥斯曼政府很少铸造金币。其阿克切银币和皮阿斯特铜币上都装饰有在位苏丹的花押图案和突厥卡耶部落的印章，1584年后，银币和铜币经常减重和贬值。尽管政府一再干预，结果奥斯曼人还是更愿意在商业交易中使用外国而非本国的硬币。君士坦丁堡对贸易的态度非常开放，以至于威尼斯、荷兰、奥地利、西班牙，甚至波兰硬币都能在那里流通。1650年后，地下铸币厂在阿维尼翁、奥朗日、蒙特卡洛和利沃诺如雨后春笋般建立起来，它们专门铸造仿制的欧洲硬币，其贵金属含量比真币少30%到40%，这些伪币专为在奥斯曼帝国使用。外国商人用这种方法可以赚得6倍的利润。法国人和荷兰人是顽固的造假者。法国商人舍瓦利耶·夏尔丹这么描写土耳其人："他们天生单纯、愚笨，欺骗他们非常容易。所以，基督徒在他们身上玩弄了无数肮脏的花招和骗局。一个人可以欺骗他们一时，但是他们会睁开眼睛，然后狠狠地报复回来，一口气算清总账。"17世纪末，困境中的奥斯曼帝国自身也仿制外国的硬币。[9]

奥斯曼政府在君士坦丁堡城内维持的秩序促进了贸易。大部分外国商人在加拉塔平静地生活，或者住在一座名叫"佩拉"（希腊语"远于"的意思，即在金角湾那一边）的山丘上，这里葡萄藤漫山遍野，以清新的空气闻名。为了扭转当地人的敌意，西方商人经常穿着奥斯曼服饰，留着大胡子；据说，荷兰人和英国人能惟妙惟肖地模仿土耳其人，但是法国人经常露出马脚。不过到了17世纪，西式服装成了习以为常的事物。法国旅行者让·泰弗诺于1650年在佩拉租了一间房子，令法国大使惊异的是，他能在城中畅行无阻。在君士坦丁堡城里，一些孩子对他们一行人扔苹果核，然而"一些商人从他们的店铺里出来，追着孩子跑，把他们赶走了"。商业将因宗教分裂的群体重新联合起来。

与伦敦、巴黎这样沸反盈天，对偷盗习以为常的城市相比，君士坦丁堡相对来说更守规矩。良好的秩序被认为与苏丹激发的恐惧直接相关。一个世纪后的爱尔兰旅行者查利蒙特勋爵对此表示赞同：

> 我相信，欧洲没有一座城市能像君士坦丁堡这样管理有序。不幸的是，破门而入、街头抢劫这样的犯罪行为在我们的大城市里随处可

见,因此在这些城市里居住既不舒服也不安全①,而这些行径在土耳其的大都会(城外的森林例外)中从来不会发生。一个人可以在口袋里装满钱,在夜晚的任何时候走在大街上,甚至可以露宿街头,一点也不用害怕被骚扰。这里没有谋杀、袭击和暴乱,也没有我们鲁莽而缺乏教养的年轻人为使自己显眼而做下的那些臭名远扬的野蛮行径。

在他看来,这一幸福的境况是"经常判处死刑的有利峻法"导致的效果。[10] 一位英国游客写道,大街上的人们"比我们英国人对待他们要礼貌得多"。他们常被当地人盯着看,有时候被人投掷石块(这是外国人和穿着讲究的英国男女在伦敦经常受到的待遇),但是他们可以去普通的餐馆,在雅间里吃"用小块肉串起来的土耳其烤肉,烤肉和核桃一样大,串在长铁叉子上"。17世纪的街道肮脏污秽,并且铺设得很糟糕。1730年,"铺设的街道路面虽然没有海牙的那么干净,但是也没有伦敦的那么脏"。[11]

1662年,诺斯勋爵19岁的幼子达德利·诺斯阁下意识到自己不大可能继承财产了。率性而为又长相英俊的他决定加入君士坦丁堡的"代办商会","地球表面没有比君士坦丁堡更大的商业中心了,在这个广袤帝国的中心地带,有活力和判断力的商人不可能发不了财"。他从一个穆斯林富商手中租到了佩拉的房子,学会了奥斯曼的语言和法律,以银行家、珠宝商和"中看不中用的商品"经销商的身份发了财。他以20%或30%的利率借钱给帕夏们,并向宫廷提供珠宝。他对奥斯曼腐败的看法基于第一手体验,以及他与一位年迈卡迪(kadi,伊斯兰教法官)的友谊。他认为小礼物相当于小费,如果没有送礼的话,宗教法官就感觉自己被骗了:"宗教法官为了收礼而做出不公正判罚的现象并不多见,如果两边都没有怠慢宗教法官的话,无论礼物差距有多大,宗教法官们都会根据正义进行判决。"

许多土耳其人和本地基督徒分开居住,自然也和普遍受当地人鄙视的外国商人相互隔离。17世纪,一位托钵修士的日记记载了安宁而井然有

---

① 1920—1980年这一时期除外。

序的生活：每天都有施舍、社交、咖啡聚会、拜访墓地和理发店等活动；他爱自己的妻子；日记里没有提到一个非穆斯林。与他的同时代人佩皮斯相比，他志得意满，不爱挑剔。[12]

另一方面，在虔诚的封闭世界之外，酒和金钱把土耳其人吸引到外国人的宅邸和酒馆。达德利·诺斯始终对他的土耳其朋友敞开自己的屋门，他的朋友包括海关的首席官员，首席官员也回请诺斯到他那里做客。他的朋友们多次试图让他皈依伊斯兰教，诺斯回复道，他"生来就是要喝酒和吃猪肉的"。1680年，他已经比来君士坦丁堡时富裕得多，于是决定离开。他的朋友们对此不可置信："为什么，卡菲勒（Gavur，对非穆斯林的一个贬称）？你疯了吗？你蠢到要离开君士坦丁堡？"他在伦敦成了自由贸易和强权君主的鼓吹者，担任过财政部专员和下议院议员。他于1691年去世。[13]

尽管外国商人可以赚取巨额利润，但是奥斯曼的经济并非由外贸主导。奥斯曼帝国直到19世纪仍是一个经济小宇宙，穆斯林是其中最活跃的贸易商人。18世纪，离开君士坦丁堡的船只中只有8.5%前往欧洲，其他都驶向奥斯曼帝国的港口；君士坦丁堡的船主中有71.5%是穆斯林（其中约88%是土耳其人，其他是阿拉伯人），24.5%是基督徒，3.5%是犹太人。[14] 土耳其人主导了城市中最重要的贸易——食品贸易。

让君士坦丁堡饥者有粮、渴者有水是苏丹和大维齐尔的当务之急，其重要性甚至超过了保护前往麦加的朝觐路线。苏莱曼命令建筑师锡南于1563—1564年重建了旧有的拜占庭引水渠和水塔，使得城市的供水系统达到了其效率的顶峰。在城市北边的森林和山谷里，历代苏丹修建的水坝、蓄水池和引水渠等综合建筑群在规模、效用和精致程度上都超过了先前拜占庭皇帝修建的供水系统。同罗马皇帝类似，奥斯曼苏丹也向他们的首都提供便宜的食物：文件中经常有类似于"粮食供应是帝国政府之主要考虑之一"的话。1676年的一份价格规章中的话说明了为什么奥斯曼政府如此努力：

治国者将会亲力亲为,确立价格上限,他们将始终了解居民的生活状况,因为实行价格上限制度是人民安定的条件之一,这与露天市场和集市的民众事务应当受到管制的原则相符。

政府无法确保"人民安定";每周三,大维齐尔都会亲自视察城中的市场。19世纪,有一位年轻的英国外交官看到奥斯曼的政府官员在两列手握白色棍棒的禁卫军士护卫下比较商户的砝码重量。其中一个商户被发现短斤少两,他被一名禁卫军士带走接受惩罚。其他犯人则游街穿城,他们的脖子上紧紧地系着一串声音刺耳的铃铛。[15]

金角湾两侧都建有仓库,用以储存由水路运到首都的肉、谷物和其他食物。鱼肉在加拉塔的码头出售,那里的市场被法国旅行者让·泰弗诺称为"世界上最好的鱼市"。鱼贩几乎都是土耳其人,他们将摊子沿着广场四周排布,把鱼肉堆在地面的垫子上或长桌上,顾客在摊子四周讨价还价,狗也在旁边吠叫不休。鲻鱼是在博斯普鲁斯海峡捕捞的,有时候鱼贩也从海边的木制高桩上搭建的棚屋进货。牡蛎来自马尔马拉海,鲭鱼来自黑海。剑鱼、沙丁鱼和腌制的金枪鱼也有人钟爱。①

金角湾南侧的新皇太后清真寺旁边是香料巴扎,香料巴扎要向新皇太后清真寺交租金,它是一座长而低矮的T字形建筑,散发着大蒜、胡椒、藏红花和乳香交融的独特香味。它也被称为埃及巴扎,因为大部分香料和香水都来自埃及,由十艘或十几艘船只组成的"开罗商队"每年来一次,会运来大米、咖啡、小扁豆、熏香和指甲花染料。组织商队是埃及地方长官最主要的职责之一,商队的抵达对于君士坦丁堡来说,和"大西洋舰队"一年一度从美洲到达塞维利亚拥有同样重要的意义。[16]

埃及提供香料,而城市的肉类则来自安纳托利亚和巴尔干。一套复杂的系统保证着供应:中央向登记在册的农民支派定额,派出官员监管牲口贩卖,这些官员用官方规定的低价买肉,并检查进城的肉类数量。

---

① 博斯普鲁斯的渔夫技术娴熟,以至于1723年,作为渔业复兴计划的举措之一,法国海军大臣委派画家让-巴蒂斯特·范莫尔绘制12幅画来展示他们的捕鱼技术。

1544—1829年，瓦拉几亚和摩尔达维亚总督（也是当地王公）每年都必须向君士坦丁堡上交10万只绵羊（并且经常会更多）。后来，这一系统从政府手中旁落到了"君士坦丁堡的商人和有钱人"手里。17世纪的历史学家纳伊马写道，他们"习惯于提高每个新总督要从农民手中收集的上述物品的总数"。[17]

　　宫廷每年消费的羊肉数量（或许，这包括了居住在首都的8到10万名政府人员的消耗）是巨大的：1489—1490年，消费了约1.6万只羊；到1573—1574年，该数目上升到约3.8万只；1669—1670年达到了约9.9万只；到1761—1762年，包括禁卫军在内，羊肉的消耗量达到约21.1万只；1803—1804年达到了33.6万只。君士坦丁堡市民的胃享有特权，以至于1577年，巴尔干地区曾经完全禁止屠宰绵羊和羊羔。这两种羊肉要留给首都。首都之外的人只能吃山羊肉或牛肉。

　　黑德尔盛宴日，即卡普丹帕夏扬帆出海之时，也是屠夫的节日，他们在那天得到开始屠宰羊羔的许可（大部分屠宰场都邻近那座人肉屠宰场——七塔堡）。由于国家坚持向君士坦丁堡提供便宜的肉，屠夫的利润率很低，时常濒临破产。到16世纪末，来自安纳托利亚和巴尔干的富裕贵族经常被逼迫到君士坦丁堡当屠夫，他们往往会进入政府谋官以避免这样的命运。受害者会被武装护卫带到首都，被迫出卖自己的财物，以保证有足够的钱投资屠宰这门生意。这些人之所以不情愿，部分是因为入新行的风险。17世纪50年代，穆罕默德四世在市场上微服私访，刽子手隔着一定距离跟着他。泰弗诺写道："有时他去面包房买面包，有时他去屠宰场买一点肉。有一天，屠夫用比他的定价更高的价格卖肉给他，于是他向刽子手示意，刽子手当场砍下了这个屠夫的头。"[18]

　　肉类并不是向瓦拉几亚和摩尔达维亚强制索求的唯一的贡物。它们还向君士坦丁堡提供蜂蜜、奶酪、牛皮、做蜡烛用的牛脂、皇家马厩用的小麦和大麦。黄油和盐来自克里米亚；糖来自塞浦路斯；肥皂来自叙利亚。"奥斯曼帝国的果园"，即沿着黑海海岸向东延伸的地区，出产新鲜水果和家禽。葡萄干、杏仁、无花果和蜂蜡来自大港口伊兹密尔附近的西安纳托利亚地区。到1650年，由于地理位置和相对不受政府干预的自由，"黎凡特的珍珠"伊兹密尔开始作为商业之都与君士坦丁堡较劲，两城的竞争一直持续到1922年。[19]

1700年，君士坦丁堡每年消费大约400万只绵羊、300万只羊羔和20万头奶牛，并且每天消费500吨小麦。在冬季，全城133个烤炉都有3个月的小麦储备，以保证提供便宜的面包。咖啡和大米不得带出城，"这样一来君士坦丁堡就会物资丰盈"。政府的政策和通过清真寺赈济穷人的体系，使得君士坦丁堡成为欧洲食物最充足的城市之一。巴尔的摩勋爵在1763年写道："物资供应总是非常充足，非常便宜，非常优质。"[20] 法国、爱尔兰、波希米亚常见的物资匮乏和饥荒，1789年在巴黎、1917年在彼得格勒改变历史进程的粮食暴动，都几乎不曾在奥斯曼帝国的首都出现过。

食品行业和其他行业类似，都由行会运作，或许行会来源于拜占庭的同业公会。根据艾弗里雅切莱比的记载，到17世纪中叶，君士坦丁堡有1100个行会，组成了57个群体。不仅是屠夫、面点师和制作卡夫坦长袍的裁缝师傅，连小偷和妓女都有自己的行会。除为国家服务之外，这些行会是城内共同体认同的主要形式。行会对行业准入进行监管。它们有自己的基金会，为病患提供某种社会保障，也向希望扩大生意的行会成员提供贷款。行会还安排埃于普的礼拜会，向穷人分发粮食，以及组织城墙外的节日庆典，这些庆典也行使商品交易会的职能。[21] 王朝通过把皇室官员安插在城内的每一行贸易中来控制城市的经济生活：珠宝匠人由"首席御用珠宝商"（kuyumcubasi）管理，医生受"首席御医"（hekimbasi）领导，裁缝则服从于"首席御用裁缝"（terzibasi）。

在穆斯林之后，希腊人是君士坦丁堡主要的商人。奥斯曼帝国不断扩张的自由贸易区，以及与希腊人的商业老对手威尼斯人之间的频繁战争，给了希腊人比拜占庭帝国最后几个世纪更强大的贸易地位。1476年，奥斯曼将加里波利和加拉塔码头的租约赏给了一个希腊财团，该财团包括帕莱奥洛古斯家族的两名成员，他们是拜占庭末代皇帝的亲戚。该财团通过送上至多45万杜卡特金币，击败了穆斯林竞争对手。1477年，两名希腊人用100万阿克切银币买到了管理入城小麦关税的职位。[22] 商贸上的成功是统治帝国的一项替代品。

米海尔·坎塔库泽努斯的职业生涯，就体现了等待着君士坦丁堡希腊商人的报酬与风险。他大约生于1515年，是拜占庭和奥斯曼首都之间活生生的直接联系。他是约翰六世皇帝的后人，这位皇帝在14世纪邀请奥斯曼人进入欧洲，并把他的女儿狄奥多拉嫁给奥斯曼第二位苏丹奥尔汗。坎塔库泽努斯家族的一名成员以总司令的身份死在1453年的围城战中。米海尔·坎塔库泽努斯被描述为"以其言行成为希腊人的荣耀"，1522年6月25日他死于瘟疫，几乎可以肯定他的儿子也因此而丧生，他被埋在哈斯科伊的圣帕拉斯克娃教堂里。他们是君士坦丁堡城中最显赫的希腊人家族。他的亲戚西奥多·坎塔库泽努斯·斯潘杜吉诺于1515年出版了一本描述早期奥斯曼帝国的书，本书引用了该书的大量材料。

米海尔·坎塔库泽努斯之子也叫米海尔，他曾同时是苏丹的皮货商人、包税人，牧首宝座背后的实权人物，以及大维齐尔索库鲁的亲信。他住在君士坦丁堡和黑海边上的一座宅邸里；与王子规格相当的一大群仆人、奴隶和男仆服侍他。根据君士坦丁堡的德意志囚犯格拉赫的记载，"他是一位开朗友善的老人，他骑着披挂黑色天鹅绒的马游城，六个男人在前面开路，一个着装略微朴素的人跟在后面"。他与下一章将会提到的法纳尔希腊人一样，都把拜占庭帝国的荣耀和为奥斯曼帝国的利益服务结合起来。他在信件上盖上拜占庭的双头鹰章，但1571年在奥斯曼海军于勒班陀被威尼斯、西班牙和教皇国的神圣同盟打败后，他自己出资为帝国建造了20艘单层甲板大帆船。

贪婪为他在土耳其人那里赢得了"撒旦之子"的名号；希腊人则把他当作吸血鬼和小偷。1578年3月3日，苏丹下令将他绞死在他的乡间宅邸大门口，他连见司铎和立遗嘱的时间都没有，当时所有人都为此欢欣鼓舞。他被困在两张阴谋之网里：一是奥斯曼帝国与其附庸公国摩尔达维亚、瓦拉几亚和克里米亚之间的冲突，因为他的兄弟娶了瓦拉几亚总督的女儿，所以他本人也卷入其中；二是在君士坦丁堡城内，苏丹穆拉德三世与大维齐尔索库鲁暗地里的权力斗争。索库鲁尽管因他的死而倍感震惊，但还是及时保护了他的儿子和遗孀。

在宫墙外的坎塔库泽努斯财产拍卖会上，买家在"几乎无穷尽的丝

1. 希腊肖像画家索蒂里斯·瓦尔沃戈里斯创作的"征服者"穆罕默德二世授予大牧首金纳迪乌斯权力的马赛克画作（Commons. wikimedia）

2. 真蒂莱·贝利尼为"征服者"穆罕默德绘制的肖像，1480年。尽管这幅画显得过于修饰了，但它还是准确地画出了能够征服君士坦丁堡这座城市的征服者形象。画中的三个王冠象征着穆罕默德二世对于特拉布宗、安纳托利亚和鲁米利亚的征服（National Gallery, London）

3. 上：让-巴蒂斯特·范莫尔绘制的托钵修士跳舞的场景，约1720年（Rijksmuseum, Amsterdam）

4. 下：苏莱曼在先知穆罕默德的战斗伙伴阿布·阿尤布·安萨里的墓前祈祷，这座陵墓位于埃于普。这幅画是穆拉德三世命人所绘，约1580年（The Trustees of the Chester Beatty Library, Dublin）

5.塞利姆三世坐在"幸福门"下方的王座上,身边环绕着大维齐尔、黑人大太监、捧剑者和其他显贵人士。画中左侧的是佩戴镀金头盔的宫廷卫士,右侧的是佩戴羽毛头盔的弓箭卫队。这幅画由画家康斯坦丁·卡皮达吉所绘,约1800年(Topkapi Palace Museum, Istanbul)

6.让-巴蒂斯特·范莫尔绘制的1727年荷兰大使科尔内留斯·卡尔科恩受到奥斯曼苏丹正式接见的场景。这个场景体现了奥斯曼帝国与欧洲国家之间的文化碰撞。欧洲一方的人员穿着奥斯曼帝国的卡夫坦长袍,而奥斯曼苏丹则凝视前方,沉默且静止不动(Rijksmuseum, Amsterdam)

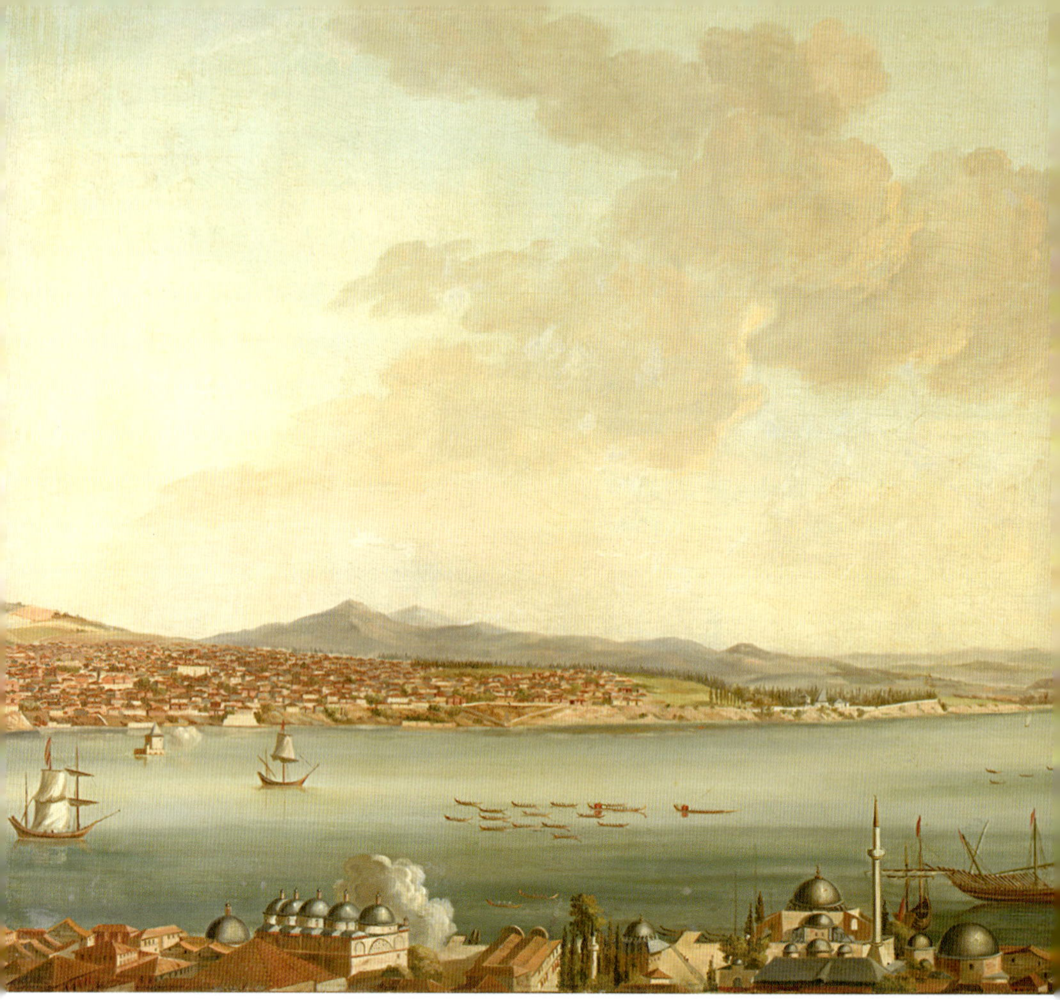

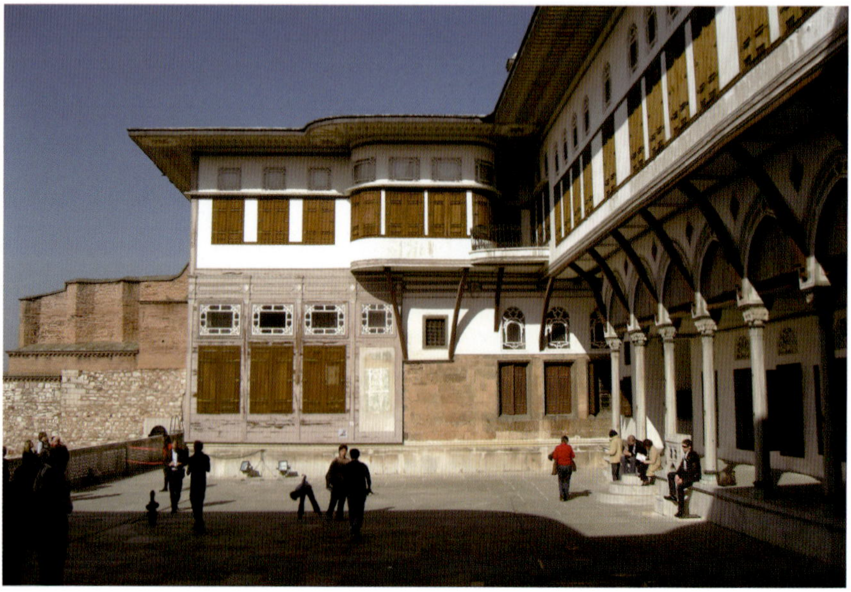

7. 上：安托万·范·斯滕绘制的《从佩拉眺望君士坦丁堡》，约1770年。这幅画从左至右是于斯屈达尔、博斯普鲁斯海峡和金角湾的汇合处、宫殿、圣索菲亚清真寺、苏丹艾哈迈德清真寺，远处是安纳托利亚白雪皑皑的山峰（Rijksmuseum, Amsterdam）

8. 下：奥斯曼帝国后宫里的庭院。奥斯曼帝国后宫是少数几个保存了17世纪奥斯曼民用建筑特色，即木结构和柳条编织工艺，以及凸出的窗户的地方之一（Photo Philip Mansel）

9. 这幅画描绘的是19世纪初奥斯曼帝国前往麦加朝圣的官方商队（Ottoman Imperial Archives）

10. 安托万·德·法夫雷绘制的《逛巴扎的希腊女人》，约1765年。和穆斯林不一样，基督教女信徒不用戴面纱，就可以四处游逛。围在这些希腊女人脚边的是狗。和其他都城形成鲜明对比的是，女性在君士坦丁堡街头走动，几乎不用担心会受到骚扰（Private collection）

11. 苏丹穆拉德三世画像（Commons.wikimedia）

12. 上：意大利艺术家费迪南多·托尼奥利为阿卜杜勒哈米德一世绘制的肖像画，约1780年。苏丹阿卜杜勒哈米德一世头戴珠宝，穿着一件衬里为黑狐皮的长袍（Musée de Versailles）

13. 下：让-巴蒂斯特·范莫尔绘制的《土耳其婚礼》。在博斯普鲁斯海峡的这一边，新娘坐在轿子里，由亲朋护送，走在队伍前头的是乌莱玛、乐师、纳喜树和孩子们，而在博斯普鲁斯海峡的另一边，就是坚固的如梅利堡（Rijksmuseum, Amsterdam）

14. 上：安托万·德·法夫雷为法国驻奥斯曼大使韦尔热纳伯爵绘制的肖像画，1768年。当时，外国大使或游客委托画家绘制他们身穿奥斯曼服饰的肖像画，是一种非常流行的做法，这样的肖像标志着他们在大使一职上取得了辉煌的成就，或者意味着旅途顺利而愉悦（Private collection）

15. 下：安托万·德·法夫雷为韦尔热纳伯爵夫人绘制的肖像画，1768年（Private collection）

绸、天鹅绒和锦缎衣服中"挑拣,"有时还有嵌套着红宝石和绿松石的金扣子、华丽的紫貂皮,在上好的骏马中苏丹为自己预留了20匹"。"我在坎塔库泽努斯拍卖会上买的",这句话很快成了君士坦丁堡一时流行的口头禅。图宾根大学和阿索斯山上富有的东正教修道院争夺他的希腊语手稿。坎塔库泽努斯家族于17世纪初离开君士坦丁堡,前往瓦拉几亚——这是奥斯曼的希腊人和多瑙河流域的公国第一次发生联系,这一联系将在18世纪达到顶峰。[23]

在这些财阀贵族之下是成千上万的希腊商人、店主、酒馆老板和船主。希腊人非常热衷经商,即使在瘟疫把其他商人赶到乡下时,他们仍然坚持留在君士坦丁堡工作。直到19世纪中叶为止,希腊人主导的行会都参与12名主教,以及城中贵族组成的宗教会议,一起选举大牧首。宫廷礼仪中必不可缺,且对"撒旦之子"的崛起至关重要的毛皮贸易由一个强大的行会进行管理,该行会出资维护城内的学校、医院和耶路撒冷的圣墓教堂。君士坦丁堡就这样资助着耶路撒冷和麦加。[24]

冲突与宽容交织在一起,这是城中穆斯林、基督徒和犹太人之间经济关系的特征,也是他们之间宗教关系的特征。在12世纪前立陶宛的维尔纽斯,由于不同的民族垄断了不同的职业,人们用意第绪语和马车夫交谈,用波兰语和学校教师交谈,用德语和牙医交谈,用立陶宛语和女仆交谈。不过,这种专业化区分在君士坦丁堡是不需要的。没有一个行业是由一个社群垄断的,即使是清真寺的修建也并非如此。在16世纪50年代修建苏莱曼清真寺的3523名工匠中,有51%是基督徒。在1681年君士坦丁堡的331名屠夫中,有215个穆斯林、70个基督徒、46个犹太人。在1700年获准营业的28名外科医生中,有12个希腊人、8个犹太人、4个穆斯林、2个英国人、1个法国人和1个亚美尼亚人。虽然大部分行会都拥有穆斯林的主保圣人,比如铠甲匠人行会的达伍德、渔夫行会的优努斯,但是许多行会既有穆斯林,也有非穆斯林。[25]

在君士坦丁堡,基督徒和犹太人之间的关系不如基督徒和穆斯林的关系和谐。如果有犹太人于圣周出现在某些希腊人区的街道上,那么当地的男孩就会在他的胡子上涂焦油,然后点火。耶稣受难节的游行队伍里有穿着当地拉比服装的犹大塑像。男孩们向它扔泥块,喊着——一个希腊人回忆道——"一连串最刺耳的粗鄙之语"。游行队伍停在每一个希腊人家门前,以便得到钱或复活节彩蛋。人们买来"犹大"的木雕烧掉它,吃彩蛋纪念耶稣之死。

城中的穆斯林则对犹太人持容忍态度,或者说对犹太人漠不关心。1492年格拉纳达陷落后,犹太人被逐出卡斯提尔,之后阿拉贡和葡萄牙如法炮制,也驱逐了当地的犹太人。奥斯曼帝国为犹太人开放了国境。巴耶济德二世在一则著名但可能为伪造的评论中如是说:如果斐迪南国王驱逐了这么多勤奋的臣民,白白便宜了敌对的君主的话,那么他肯定没有传闻中那么聪明。[26]

1502年后,奥斯曼帝国也欢迎来自格拉纳达的阿拉伯人。天主教国王提出的条件是要么皈依,要么移民,许多人背井离乡后,没有去邻近的阿拉伯城市,而是前往君士坦丁堡:他们取得了加拉塔的圣保罗天主教堂,将其改造为阿拉伯清真寺,它现在仍然叫这个名字。随着伊比利亚的迫害在16世纪末到17世纪初更加严重,加拉塔接受了更多的"格拉纳达人",成为阿拉伯水手的中心,他们身着阿拉伯服饰,引进了阿拉伯甜品和饮料。[27]对于犹太人和阿拉伯人,以及19世纪前离开欧洲西部、前往奥斯曼帝国的一批批基督徒来说,君士坦丁堡是庇护之城。作为经常与驱逐他们的国家作战的帝国首都,君士坦丁堡拥有三点有利条件:宽容、富裕和复仇。

犹太人很快成为大港口萨洛尼卡的多数居民,它被称为"新耶路撒冷",是奥斯曼帝国犹太教的堡垒。不过,到1535年,君士坦丁堡的犹太人数量达到了8070户,是1477年的5倍。城中犹太教会堂的名字——里斯本、科尔多瓦、墨西拿、奥赫里德——和家族名(塞维利亚、托莱达诺、莱昂、塔兰托),反映了他们来源的多样性。君士坦丁堡是一座拥有双重身份的城市。而塞法迪犹太人拥有三种身份:犹太人、奥斯曼人和"塞法迪人",或者说西班牙人。一种新的语言在君士坦丁堡的大街上为人耳闻:精心传承下来的卡斯提尔西班牙语,叫作拉地诺语(书面版)或者犹德兹莫语（口语版）。

拉地诺语几乎不用于商业和政治。其存活的主要原因是宗教。它是塞法迪犹太人在家中和会堂里朗读和吟唱经文的语言。犹太人和西班牙语在君士坦丁堡（虽说存在着说希腊语的"希腊犹太人"群体）是同义词：许多土耳其人称后者为"犹太语"（yahudice）。最晚到1869年欧仁妮皇后访问时，奥斯曼帝国的大拉比还能用她的母语西班牙语来与之交谈。1873年，当第一条铁路线在君士坦丁堡附近开通时，犹太人不能参与其中，因为他们不懂得自己已经在其中生活了300多年的国家的语言。[28]

在金角湾两侧的犹太人区巴拉特和哈斯科伊的富人家庭，犹太人在廊房里听"小土耳其人"（turkito，即宣礼员）宣礼。他们在宴会上吃用核桃和鱼一起做成的菜，唱哀叹他们被逐出西班牙的歌谣。较为贫穷的家庭住在被称为"科蒂霍"（cortijo）的传统民居里，即一幢包含住宅和店铺的低矮建筑，两三家人可能分享一间房。[29]

犹太人和穆斯林在商业和医药领域发展出了某种共生关系——比穆斯林和希腊人或亚美尼亚人之间的关系都更紧密。苏莱曼大帝最宠幸的医生和牙医、显赫的西班牙犹太人摩西·哈莫在1553年年底或1554年年初帮助苏丹起草了一份诏书，这份诏书规定，所有关于犹太人仪式性杀死基督徒孩子的指控都应当上奏帝国国务会议。奥斯曼帝国的基督徒仿若精神错乱一般频繁做出此类指控，直到20世纪，这引发了希腊人于1874年在君士坦丁堡发动的反犹暴乱。

穆斯林-犹太人关系平和的实物例证是服饰大商舍一楼彼此相邻的小犹太会堂和清真寺。这座商舍主要供织袜工使用，建于苏莱曼大帝统治时期，位于巴扎和金角湾之间的埃米诺努商业区。由于君士坦丁堡的犹太人熟悉西方语言和财务核算方法，他们的地位在16世纪更上一层楼，达到了有损意大利商人的程度。在苏莱曼大帝统治时期，居住在君士坦丁堡的法国外交官尼古拉·德·尼科雷艳羡地写道：

> 现在，他们手里掌握着数量最多、运量最大的商品，还有从全黎凡特经手来的现金。犹太人的商店和货摊塞满了在君士坦丁堡能

找到的所有商品。他们中也有非常杰出的工艺和制造行业的专门人才，特别是不久前从西班牙和葡萄牙被驱逐而来的马拉诺人。他们把一些发明、技艺和战争器械引进给土耳其人，比方说制造大炮、火绳枪、火药、炮弹和其他武器的技术，这给基督徒造成了巨大的损失。[30]

因为医术精湛，犹太人作为医生在宫廷中服务到19世纪。

纳西家族是君士坦丁堡最有名的犹太家族。他们的"奥德赛"在时间和空间上都体现出不宽容的氛围在文艺复兴时期的欧洲版图上的扩散，直到奥斯曼帝国的边境。纳西家族于1492年离开卡斯提尔前往葡萄牙，并在那里被迫皈依天主教。1536年，他们移居到欧洲的金融之都安特卫普，1544年，他们移居到威尼斯，又于1550年到达费拉拉。他们在每座城市都遇到了迫害和限制（1515年，威尼斯建立了犹太人隔离区）。或许是苏莱曼大帝（在摩西·哈莫的促使下）亲自给威尼斯总督写信的结果，该家族领袖多娜·格拉西亚·纳西得以前往君士坦丁堡。几个月后，这位被称为"夫人"的人物举行了一场盛大入城式，40名骑士和4辆满载仆役的四轮马车跟在她身后。她利用个人财富和从穆斯林那里吸引来的存款，成了独立的女商人和包税人。她和侄子约瑟夫通过预付现金购买到了为君士坦丁堡供应木材和酒的特许权。她也从事进出口生意，用胡椒、小麦和原棉交换欧洲的布料。[31]

约瑟夫·纳西是侍臣、银行家和国际企业家。他于1526年生于里斯本，葡萄牙人叫他若昂·米克斯，西班牙人叫他胡安·米格斯，法国人叫他让·米科斯，他的敌人则称呼他"大犹太人"。在全家搬到安特卫普后，他在鲁汶大学接受教育，未来的神圣罗马帝国皇帝马克西米利安二世是他的同学。一位德意志居民记录道，纳西于1554年进入君士坦丁堡时，"身边有20多个身着华服的西班牙仆人。他们服侍着他，仿佛他是一名王子。他自己则穿着内衬紫貂皮的丝绸衣服。在他前面有两位禁卫军士拿着棍棒，这两人是骑马侍卫，此为土耳其的传统，为了防止他遭遇不测……他身材高大，留着修剪整齐的黑色络腮胡"。据一位西班牙医生所说，纳西很快在君士坦丁堡成为"恶魔的帮凶"——他皈依了犹太教。

3000名宾客前来参加他与其富裕的表亲雷娜的婚礼。他们以西班牙的贵族方式生活，住在一个叫"美景宫"（Belvedere）的宅邸里，"美景宫"在奥塔科伊上方俯瞰着博斯普鲁斯海峡。他在铺满地毯的图书室里和法国大使谈论政治，和阿尔莫斯尼诺拉比聊解梦学，和普世牧首讨论占星术。他经营着附属于美景宫的印刷厂、学院、犹太会堂和格斗场。[32]

纳西很快成为皇位继承人塞利姆皇子的朋友、专营珠宝商和银行家，他用酒和现金支持塞利姆。一位威尼斯外交官报告道："殿下喝了很多酒，据说约瑟夫先生时不时送来许多瓶酒，还献上各种美味佳肴。"塞利姆继承皇位后，任命纳西为纳克索斯公爵，并且赐给他桑贾克贝伊的头衔，爱琴海上的纳克索斯公爵领之前由威尼斯人统治。就这样，这个犹太人在奥斯曼首都的成功，让他得以对天主教贵族（他们仍在爱琴海地区握有大量财富）发号施令。纳西以如下行文传达命令：

> 约瑟夫，上帝保佑，爱琴群岛公爵、安德罗斯岛领主，等等。……发令于君士坦丁堡佩拉附近的美景公爵宫，于1577年7月11日……
>
> 受公爵委托，
> 约瑟夫·科恩，秘书及文书助手[33]

对于一个被逐出天主教欧洲的人来说，这样发号施令是多么甜蜜的事情啊！

纳西的生意持续扩张。他开始把克里特葡萄酒出口到波兰，并垄断了蜡贸易。就他借给法国大使的钱，奥斯曼政府作为他的收债人与法国政府发生了长期争执：苏莱曼大帝代表"穆萨民族的名士模范，朕之子塞利姆的朋友之一"，至少向法国国王写了三封信。纳西与塞利姆之间的融洽关系众所周知。马克西米利安二世送给他3个金酒瓶，向他借钱的波兰国王称他为"杰出的爵士，受人尊敬的朋友"！

纳西与欧洲西部的联系，使得他可以维持一个国际情报网络，这帮助他实现了对西班牙和法国的复仇。他可能利用博斯普鲁斯的银行鼓励尼德兰人起兵反抗西班牙的腓力二世。起义军领袖奥兰治亲王的代表在1569年前来见他。历史学家法米亚努斯·斯特拉达写道:"至于弗拉芒人,米凯斯(即纳西)的信件和劝说对他们来说影响并不小。"但目前没有发现任何相关信件。[34]

纳西也是宫廷派系冲突中的参与者,而且因为威尼斯对待犹太人的方式,他仇视威尼斯。索库鲁·穆罕默德帕夏有自己的犹太外交代理人(他的医生,阿什肯纳兹犹太人所罗门拉比),并赞成与威尼斯媾和,他希望扳倒纳西。但威尼斯大使写道,纳西"总能成功自保,大君在好几个场合亲自为他开脱辩护"。纳西鼓动帝国于1570年向教皇国、西班牙和威尼斯宣战——或许他希望成为塞浦路斯国王,或者支援尼德兰起义者。在1573年议和,以及1574年塞利姆二世去世后,纳西的影响力就衰弱了。但是,他笑到了最后。坎塔库泽努斯被绞死了。索库鲁在皇宫的议事厅里被一位托钵修士刺死,凶手或许是出于苏丹的教唆。纳西在自己的宅邸里安然辞世。[35]

纳西和他的亲属特别热衷于推动犹太人的事业。他们于1556年试图解救24名被教宗判处火刑的安科纳犹太人。苏丹为此亲笔写信给教皇,但徒劳无功。纳西家族和城内其他犹太人非常有影响力,以至于威尼斯外交官相信和谈的结果取决于威尼斯如何对待其犹太社群。纳西家族在加利利的太巴列创建了一所著名的拉比学院,他们重建了城墙,鼓励犹太人在那里定居。[36] 但是他们同君士坦丁堡的大部分犹太人一样,都满足于做"仁慈的苏丹"的臣民,"仁慈的苏丹"是他们对统治者的称呼。他们并没有计划建立一个犹太国。

在16世纪的黄金时代后,犹太人仍然非常具有影响力。允许犹太人建立会堂的证书在1604年、1693年、1744年和1755年四次得到更新。非常多的犹太人在城市海关工作,以至于贸易会在犹太节日时停滞。17世纪末的法国旅行家米歇尔·费弗尔写道:"在重要的土耳其和外国商人家族中(值得注意的是,他没有提及当地的基督徒),没有一个家族不雇用犹太人为他们服务,犹太人要么估算商品的价格和质量,要么是翻译,要么就当下发生的任何事情提出建议。"[37]

然而，1700年以来，犹太人的地位下降了，与此同时，他们服务得如此之好的帝国也衰落了。城里的一些犹太会堂负债累累。君士坦丁堡出版的犹太书籍的数量日渐减少。富裕而地位稳固的欧洲商人开始接管城中的贸易。[38]

敌对商业社群亚美尼亚人的崛起加速了犹太人的衰落。亚美尼亚人从17世纪初开始为逃避东安纳托利亚的叛乱和战争而大规模迁入君士坦丁堡。他们一开始做着卑贱的工作，比如搬运、制造扫帚，以及出售面包和一种腌制肉干（pastirma）。在来自宫廷的庇护下，他们很快进入其他行业：穆拉德四世和"疯狂的"易卜拉欣都有亚美尼亚宠妃。18世纪，亚美尼亚人的自信和能量逐渐增长。1727年，萨尔基斯·巴良成为一名御用建筑师，他是一个建筑师家族的祖先，这个家族将会改变城市的面貌。1757年，亚美尼亚杜齐安家族的一位成员取代犹太人亚戈·邦菲尔成为皇家铸币厂负责人，除了中间13年的间隔期，该家族掌控这一职位直到1880年。不久以后，厂里的大部分劳工都是亚美尼亚人，铸币厂的记录使用亚美尼亚字母拼写的奥斯曼语书写，除了亚美尼亚人，很少有人能读懂。杜齐安家族还是苏丹珠宝的保管人。

奥斯曼人认为亚美尼亚人特别忠诚，值得信任，他们取代犹太人成为城里的首席银行家。大维齐尔的最后一位犹太银行家是1746—1747年的约书亚·松奇诺，最后一位希腊银行家是1770—1771年的斯卡纳维·卡普萨罗尼。之后，亚美尼亚人接管了这一职位。1770—1840年，他们在为地方行政长官提供资金和组织征税的活动中起到了中心作用。他们收取的利率在18%~24%之间变动。[39]

亚美尼亚银行家被称为"民族领袖""光明王公"，或者是"尊荣王公"。他们显然属于奥斯曼精英，有权穿戴棉衬缠头巾和毛皮大衣，可以在城中骑马，他们声称自己是古代亚美尼亚国王的后代。毫无疑问，他们要与主张自己是拜占庭皇帝后人的希腊人开展竞争。[40]塞尔波斯家族于1700年左右从锡瓦斯来到君士坦丁堡，到1750年，他们已经拥有了从威尼斯延伸到印度的金融帝国，并享有英国或瑞典的外交保护。一位塞尔波斯家族成员是1732—1746年两位大维齐尔的首席银行家。另一人在1789年安排将奥斯曼帝国的资助经由汉堡转移到瑞典，当时两国都在与俄国作战。[41]

阿米拉（amiras，即奥斯曼首都的亚美尼亚精英群体）控制了亚美尼亚牧首辖区，并协助选举亚美尼亚牧首。到1700年，亚美尼亚牧首已经对其教民的教育、教会和印刷事务拥有专断权。"圣父想要见你"，这句声明令他的教民深感恐惧。在斋戒日里——没有一个社群比亚美尼亚人更严格把斋——牧首的侍从穿过大街，像狗一样嗅闻肉味。违反戒律者将被罚款，有时候会被监禁或送进疯人院。一次礼拜时，"疯子"被拴在教堂的地下室里哀号，锁链咯咯作响，其境况凄惨无比，于是一位富裕的亚美尼亚人提出为他们在城外建立一所医院。[42] 阿米拉的财富是否会转化为他们和他们的社群在君士坦丁堡城中的权力，这是19世纪初首都面临的问题之一。

无论是穆斯林、希腊人、犹太人，还是亚美尼亚人，君士坦丁堡的所有商人都在巴扎集合，巴扎位于金角湾和马尔马拉海之间的山顶上。君士坦丁堡的街道非同寻常地安静。然而，巴扎则用涌动的热气、色彩、香味和喧闹声来欢迎客人："买我的上好布料吧！1000库鲁斯！买我的上好布料吧！2000库鲁斯。"

巴扎是宏伟的石造建筑，甚至据说君士坦丁堡的当地人也没有看过巴扎的全貌。巴扎被灰色的高墙包围，上方覆盖着小圆顶，圆顶上打了洞以便让光线进入，巴扎里有拱廊小巷构成的迷宫，拱廊上是石膏拱顶，拱顶上印着精致的蓝色和红色奥斯曼式阿拉伯花纹图案。每个小巷两边都有货摊，货摊大约有7~8英尺宽、3~4英尺深，上面装饰着花朵和《古兰经》经文。巴扎里大约有4000个货摊，相当于城中货摊总数的十分之一。每个货摊前都有一条长凳，店主在长凳上展示货物。大部分店主都是穆斯林，他们修建了一个小凹室供大小净时使用，他们会在那里稍事休息，然后在长凳上礼拜。巴扎是一座袖珍城市，有自己的清真寺、庭院和喷泉：其中一座喷泉是某位公主为了"纪念按时把成品送到她家的鞋匠"而修建的。

巴扎每天上午大约8点半开张,人们为苏丹、苏丹的战士,以及所有路过巴扎的人的灵魂祈祷,还要声明禁令:"不坑蒙拐骗!不囤积居奇!不卖危险之物!"然后,商人进入巴扎。货摊大约在晚上6点关闭。[43]

巴扎的核心区是穆罕默德二世于1456—1461年修建的布商集市(Bedestan),铺有顶棚,现在叫老巴扎。到1473年,布商集市内部已有124家商店,外部有72家商店。超过三分之二为穆斯林所有。布商集市周边有四道门,分别属于无边便帽商、布商、珠宝商和二手书商。二手书商的刻薄名声远扬,以至于巴扎内流传着"比二手书商更坏"这样的俗语。在布商集市之外,每一种商品都有一条专卖街。16世纪的法国旅行家菲利普·迪弗伦·卡纳耶在武器商人街上流连忘返,"镀银马具上面的雕刻十分精美,那里还卖许多金花瓶,以及罕见的镶嵌着红宝石和绿松石的羽毛饰品,上面的珠宝数量之多,以至于让我无法直视……简单说来,一个人在那里能看到许许多多好东西,若不掏点钱出来,都舍不得离开"。布商集市的租金流向维持圣索菲亚清真寺的瓦克夫。[44]

巴扎里也有国家指定的保险箱,它们位于货摊后方,人们可以把珠宝和钱寄存在那里。巴扎可能比西方的市场更少遭遇犯罪。商人可以放着货摊不管,糕点商相信民众吃了他们放在小圆盘上的糕点后自然会付钱。1591年的大巴扎保险箱劫案是君士坦丁堡史无前例的犯罪行为。罪犯是一个为亚美尼亚珠宝商工作的青年,他把赃物藏在了商店地面的草席下。后来他被绞死,苏丹出席了他的死刑现场。直到19世纪和现代旅游业出现之后,巴扎才获得"罪犯巢穴"的名声。[45]

巴扎结合了购物中心、股票交易所和银行的功能。它也是商人见面、计划交易和远行的俱乐部。在君士坦丁堡的所有之地里,达德利·诺斯最怀念巴扎,因为他在那里发现了"几乎任何人都渴望或可用的任何一种东西"。总之,它首先是一个集会场所。在伦敦,尽管有咖啡馆和伦敦证券交易所,但是"我们想找个人总是很难找到,而想找的那个人要找到我们也不怎么容易"。

巴扎为21个商舍所包围,其中有太皇太后商舍,修建它们的目的是促进贸易。商舍围绕着一个种满树的花园，有两到三层，每层都有拱廊，一层放置货物和动物，二三层安置匠人和商人。与城中大部分建筑不同的是，商舍是石造建筑。到1700年，太皇太后商舍已经成为城中波斯人的商业和宗教中心（他们中大部分人来自阿塞拜疆）。有几千名波斯人住在太皇太后商舍，堪比一个独立小国家。商业特许权远远不限于欧洲人社群，波斯人也享有这一特权。一位19世纪的波斯朝圣者在前往麦加的途中经过君士坦丁堡，他记录道："对伊朗人的法律追索完全经由大使馆进行，他们从来不在君士坦丁堡司法部门的管辖之下。"

自16世纪起，奥斯曼帝国对伊斯兰教什叶派的态度有所缓和。君士坦丁堡主要的什叶派清真寺在皇宫第一重庭院中部。在伊斯兰教历每年第一个月的第十日，对两位什叶派殉道者、先知的外孙哈桑和侯赛因的纪念活动都证实了城中波斯人的虔诚及其身份认同。波斯人首先是在清真寺中做礼拜，然后身披白衣的男性组成长长的游行队伍，在火炬的光照下，在鼓声和"哈桑！侯赛因"的叫喊声中，在至多两万观众的目光中，一起用木棍和新磨利的刀剑鞭打自己。鲜血从他们身体的两侧流下：他们的脑袋和胸部皮开肉绽。然后他们游行到其他商舍，进行同样的仪式。第二天他们渡海来到于斯屈达尔，蜂拥到当地一座公墓的一条小溪边，那里的医生备好绷带等着他们到来。[46]

太皇太后商舍的目的是促进一个地区的商业发展，其他商舍则分别由某一行主导：比如木工、金匠，等等。巴扎南边的苏莱曼帕夏商舍专营奥斯曼首都最有利可图的商品之一——人。君士坦丁堡是奴隶贸易的中心，拥有多条供给路线，分别始于波兰、高加索和苏丹。政府向每个进城的奴隶收税（16世纪时是每人4个杜卡特金币），并且和现代伦敦的拍卖行一样，向买卖双方收税。男性也在老巴扎被出售，他们可能会被剥光身上的衣物，展示给买家。1547年，法国旅行家让·谢诺曾目睹有奴隶贩子牵着3岁的孩子穿过巴扎，公然高喊着孩子的价格。切尔克斯人特别受好评，其次是波兰人、阿巴扎人（Abaza，来自另一高加索地区）和俄罗斯人。来自欧洲西部的男人被认为太软弱，女人则被认为太粗莽。黑人也被出售：普希金的曾祖父就是埃塞俄比亚人，俄国大使在君士坦丁堡买下了他。

有希望被买走的奴隶像牛一样接受检验。买主向他们的脸孔吐口水,以察看妆容会不会花掉,然后他们触摸其"牙齿、大小腿和最私密的部位。可怜的东西,男男女女都任由买主带着毫无感情的低垂眼光羞辱他们"。若缺少牙齿、不够美貌、失去贞操,都会令他们贬值。1600年,一位年轻处女卖出了100杜卡特金币,一位60岁的妇女则卖出36杜卡特金币。买主在买进女奴之前可以把她带回家过夜,看她是否会打呼噜。[47] 直到20世纪,女性在奴隶贸易中都处于价值比较突出的位置。在通常的身体检查和讨价还价后,买主从挨家挨户推销的独立女性奴隶贩子那里买入年轻女孩。女孩们被教授举止风度、缝纫和唱歌,然后被出售获利。[48]

穆斯林的家奴(理论上,基督徒和犹太人不被允许拥有自己的奴隶)会得到相对较好的待遇——比美洲的奴隶和欧洲西部的大部分自由仆人来得好。奴隶制度可以表现为某种形式的亲属关系,因此奴隶制度也是一种社会上升手段,禁卫军士非常明白这一点。如果奴隶不喜欢主人,他们理论上可以陈情,要求被转售。一些奴隶通过在于斯屈达尔和欧洲之间摆渡赚到钱,赎买了他们的自由。不过,另一些奴隶买来就是为了满足主人的生理快感。17世纪,一个叫拉蒂菲的奥斯曼人这样写道:

> 他们中间有着特别美丽的男孩和女孩,人们见了他们便全然失去了自控力。他们为之挥霍掉所有财产,宣称金钱与灵魂和爱情相比不值一提……就像诗歌里说的那样,世界上最有价值之物是与美合为一体,否则心怀爱意的人要在这个巴扎里寻觅什么呢?

尽管要忍受只能观赏待售美人却买不起的痛苦,但在奴隶上花光所有钱的人还是无法抗拒再次前往奴隶市场的诱惑。包括苏丹的宫廷奴官在内,奴隶占据了君士坦丁堡人口的一大部分:根据哈利勒·伊纳尔奇克的研究,最多占20%,与之相比,1600年威尼斯的奴隶约占其总人口的3%。[49]

如果人是首都主要的进口物之一,他们同样是主要的出口物之一。每年都有成千上万的战士、官员和乌莱玛学者离开城市，前去保卫或治理帝国。很少有人能获得比伟大的柯普律吕家族和马夫罗科扎托斯家族的成员更显赫的地位。

6

维齐尔和译员

> 如果说考尼茨是神圣罗马帝国的侯爵,那么我就是这非常神圣的奥斯曼帝国的侯爵……我是主人,我是生于一个统治了200年家族的大公,我是当政的统治者,我想说什么就说什么;我既不怕皇帝,也不怕考尼茨侯爵。
>
> ——摩尔达维亚大公亚历山德罗斯·马夫罗科扎托斯致奥地利领事斯特凡诺·拉伊切维奇
> 1784年11月30日

1622年,17岁的苏丹奥斯曼二世公然向王朝的传统和首都的利益提出挑战。他没有将自己局限于后宫女奴出身的妃妾之中,而是迎娶了三个身份自由的妻子,其中包括君士坦丁堡穆夫提的女儿。有一次,他身穿用威尼斯布料制成的淡粉色卡夫坦长袍参加周五聚礼,使用了"非常轻便"的马匹装饰。英国大使托马斯·罗伊爵士写道,他"在夜间微服私访,常常乔装打扮,穿着长袍出现在酒馆和偏僻之处,并在那里履行治安官的职责",这让他显得"卑贱而庸俗"。每当苏丹在酒馆里发现了禁卫军士,便会将他们丢进博斯普鲁斯海峡溺死。由于在近来与波兰的战争中表现糟糕,整个禁卫军团获得了"易于哗变和崩溃"的恶名,因此被削减俸禄。

苏丹不顾大维齐尔的谏言,计划发起一次离经叛道的大行动:离开君士坦丁堡前往麦加朝觐,然后在阿拉伯行省组织一支军队以制衡禁卫军。穆夫提发布了一道教谕,声称"朝觐对苏丹来说并非必要。他们更应留在宫中，执行正义。此为合法之举，否则混乱便会接踵而至"。但这道教谕没有起到作用。

5月7日，苏丹将皇家帐篷和财宝带出宫殿，穿过博斯普鲁斯海峡来到亚洲。禁卫军的荣誉与利益受到威胁，在为首的帕夏们操纵下，他们于第二天聚集在竞技场，高喊："以沙里亚法的名义，我们想要苏丹穆斯塔法汗！"穆斯塔法是苏丹的叔叔和前任苏丹，苏丹将穆斯塔法和两名裸体黑人女性一起囚禁在密室里，这是因为穆斯塔法一世不能容忍异性。最终，禁卫军于5月9日突袭宫殿，抓住了奥斯曼二世，然后把他押进了七塔堡，当时奥斯曼二世身上只穿着一件宽松的白色长内衣。沿途，人们对他的辱骂使他潸然泪下："昨天我是帕迪沙，今天我一丝不挂。"新任大维齐尔曾经帮助策划叛乱，他下令以绞刑和捏碎睾丸相结合的酷刑处死奥斯曼二世。当他的命令遭受质疑时，他回答道："只要世界秩序不受扰乱，谁是苏丹并不重要。"[1] 表面上看，苏丹是君士坦丁堡和帝国绝对的主宰，维齐尔是他的奴隶。实际上，苏丹受到的限制与同时代法院、贵族和议会对欧洲君主的限制同样残酷。如果苏丹处死大维齐尔，维齐尔也可以对苏丹还以颜色。

精英阶层的权力和地位可以在城中的大街上为人所见。在17世纪的观察者保罗·利考特看来："根据旅途中陪伴大人物的随从规模、浮华排场和仆人数量，人们或许可以猜测这个帝国的实力。"帝国精英之所以蓄养这些家眷随从，不仅是为了给公众留下印象，也有控制中央政府之意。1656年，苏丹穆罕默德四世承认他继位是因为真主的意愿、他自己的能力，以及文官和宗教学者的认可。[2]

官僚等级制度的顶端是苏丹的"全权代表"，即大维齐尔阁下，他的麾下有2000名成员组成的家眷随从，这是仿照苏丹的标准确定的，另外还有一支由500个阿尔巴尼亚人组成的卫队保护他。在欧洲西部，除了神圣的王室，只有黎塞留和马萨林有能与之相比的地位，二人都既有宰相的权力又有红衣主教（地位同亲王相同）的地位。

大维齐尔也是君士坦丁堡事实上的长官，因为首都没有自己独立的机构，没有市政厅。一切都依赖于国家。在每周三巡察市场之前，大维齐尔都会在议事厅里召开讨论首都事务的会议。来自斯坦布尔（Stanbul，是Istanbul的变种，从中世纪早期就有了这种省略首字母"i"的写法，用来指君士坦丁堡中心区，现今一般指法提赫区）、加拉塔、于斯屈达尔和埃于普的四位宗教法官协助他进行管理。他们由苏丹任命，能直接见到苏丹，并在伊斯兰教法的管理体系中享受实际上的自治权。他们监督市场，试图保证城里的穆斯林过着真正穆斯林的生活。在宗教法官之下，一支由次级官员组成的队伍监察货物、价格和商人，并向商店、市场和进城的货物收税。[3]

由于一连串的软弱苏丹即位和奥斯曼行政管理体系的复杂，"高门"（the Porte，即奥斯曼帝国政府）从1650年开始取代皇宫，成为权力中心。1654年，这一转变在建筑上得到了证实，当时"高门"被永久安置在一位帕夏的宅邸中，它位于皇宫所在的山下，现在是伊斯坦布尔市市长的办公地点，也是奥斯曼国家档案馆的一部分。"全世界人都能自由进入'高门'，他（大维齐尔）甚至接待最贫贱的人。"查利蒙特勋爵在1749年被带领参观了整座建筑，大维齐尔的私人住所"宽大、高耸，而且比例恰当"，装饰有英国的钟、法国的镜子和波斯的地毯，这座建筑的宏伟给他留下了深刻的印象。

"高门"容纳由书吏和文职人员组成的高效官僚机构（18世纪末有869人），他们服务于大维齐尔、其副手书记长（Reis Efendi，之后类似于外交大臣，是奥斯曼宫廷中与外国大使联系最多的官职），以及其他帕夏。它对帝国存续的贡献与皇室和军队相当。查利蒙特勋爵写道：

> 所有在"高门"中有职位的大臣都在其住宅边上修有毗连的房间，那里是秘书的办公室，文职人员在此写作。我去过五六个那样的房间，惊讶于文职人员数量之多、写作姿势之统一（在膝盖上写字，没有桌子），以及开展工作之迅速有序……世界上就属这里的先例被最为准确地记录保存，记录精确有序，100年来的任何记录或事实在半小时内就能被找到。

（19世纪末，"高门"的一位官员夸口道，"高门"在400年来从没有遗失过任何一份档案。）在这个过度中央集权的帝国中，每一位行省长官都始终把书面报告的抄本上交君士坦丁堡。事实上，文献资料过于丰富了，这也成为研究奥斯曼档案的历史学家面临的一个难题。[4]

一些大维齐尔非常有权势，以至于他们可以把地位和财富传给后人。据说，索库鲁·穆罕默德帕夏亲自出资修建了300座清真寺，他去世时在君士坦丁堡拥有4座宅邸，在埃迪尔内拥有一座有360个房间的宅邸，还有1800万皮阿斯特金币。他与塞利姆二世之女伊斯米汗苏丹所生之子易卜拉欣（苏丹扎德，即奥斯曼公主的儿子）继承了父亲的部分财产。他在一份文件中描述了其父在于斯屈达尔的宅邸的一部分：

> 外庭被高墙包围，包含一个大会客厅及其旁边的一个陈情室，两侧各有两个房间、两间私房、一个大厅、两条走廊、一块运动场和一间浴室，浴室正对着花园和喷泉。此外，还有一间大彩陶房，其窗户上装饰着上好的金属网格和珍珠母……这是我从我父亲、已故的穆罕默德帕夏那里继承到的房子所处的地域和全貌。

易卜拉欣在宫廷和政府中有数个职位：比如门卫长和御膳房管事。他的后人居住在君士坦丁堡卡迪尔贾区一处由锡南设计的宅邸里，靠在埃迪尔内、贝尔格莱德、维谢格莱德和阿勒颇的田产收入为生。在埃于普，他们的墓地位于庄严程度比得上一半皇家气度的索库鲁陵墓旁，他们的墓碑上经常刻有"贝伊埃芬迪"（beyefendi，类似于领主或贵族）的头衔。他们与西方的宫廷侍臣类似，可以成为统治者的社交伙伴。苏丹到他们那里去，允许他们直接来见他，让他们世代做他的首席猎手。他们和苏丹一样，通过纳妾而非婚姻来生养后代。英国大使形容他们"受到人们的无限尊敬"。他们非常富有，1696年，该家族成员易卜拉欣·阿里贝伊据说向帝国军队贡献了500名士兵，就像16世纪法国或英格兰的大领主那样。

索库鲁帕夏后人的另一支系索库鲁扎德（Sokolluzade）来源于索库鲁·穆罕默德帕夏与另一位妾侍的结合。这一支系的许多成员当上了司库、书记长或行省总督；到18世纪末，索库鲁扎德的一名成员负责修建供给君士坦丁堡用水的大坝。[5] 20世纪90年代，土耳其最成功的报纸之一《晨报》（Sabah）的拥有者丁奇·比尔金的母亲就是索库鲁家族的成员。

欧洲历史上最有才干的宰相专政时期之一到来了，这证实了"高门"和非官方的精英统治阶层的权力。柯普律吕家族应运而生。这个家族是唯一一个产生了五位大维齐尔的家族（还有两位大维齐尔是其近亲）。

奥斯曼帝国从16世纪末开始经历了一场信用危机。1622年，英国大使托马斯·罗伊爵士称这个帝国是"男人和荡妇的巢窟"，他相信奥斯曼帝国已经濒临崩溃。来自精英阶层的作家指责教育体制，怀念苏莱曼大帝统治下神话般的黄金时代。公众指责猖獗的官员腐败现象。1624年，拥有乌克兰血统的哥萨克人顺黑海驶入博斯普鲁斯海峡，焚烧和劫掠了耶尼科伊的村镇。

虽然帝国在17世纪30年代穆拉德四世的统治下有所复兴，但到了1656年，帝国面临的危机似乎近在眼前。威尼斯海军十年来第三次——帝国试图从他们手中夺取克里特岛——封锁了达达尼尔海峡。4000名基督徒船奴逃跑，加入了威尼斯军队。市民离开君士坦丁堡，到安纳托利亚寻找更好的营生。食品价格高涨。哗变的禁卫军对苏丹吼道："我们在商舍的角落逗留，饥饿又贫穷，我们的薪水甚至还不够还欠商舍主人的债。"图尔汗皇太后自五年前杀死她的对手柯塞姆以来就一直掌控大维齐尔的任命，她在绝望中向柯普律吕·穆罕默德（一位不受欢迎的80岁老人）求助。[6]

柯普律吕·穆罕默德生于今阿尔巴尼亚的卢兹尼克村，可能具有阿尔巴尼亚血统。他或许是经由奴官制度被招募入宫，曾在御膳房工作，因傲慢和坏脾气而被解雇。他从妻子那里得到了柯普律吕的名字，这个名字来源于安纳托利亚的一座小城柯普律（Kopru，在现代土耳其语中意为"桥"，柯普律吕可理解为柯普律的人）。在历任许多职位——行会监管人、兵工厂监察官、行省总督——之后，他回到宫廷服务。

他通过与首席建筑师和宫廷教师（也是阿尔巴尼亚人）的联系，于

1656年9月13日密会图尔汗皇太后。由于帝国政府一片混乱，柯普律吕·穆罕默德趁机强加了四个令人震惊的条件——这是"高门"对宫廷和后宫数十年统治的审判。第一，苏丹要准许他所有的请求；第二，不能向他施加压力，让他给予某一方优待——"这种不理智的请求是所有混乱的根源"；第三，不能有独立的军事维齐尔；第四，大维齐尔应免受弹劾——"因为每个人都想参与国家事务"。图尔汗接受了这些条件。苏丹身边的仪式排场是表面文章。即使是苏丹的母亲，也不相信苏丹在实际上和表面上执掌权力。1656年9月15日，柯普律吕·穆罕默德帕夏成为大维齐尔。[7]

行省的民众说："看看奥斯曼帝国到了多么不幸的境地吧！我们让像柯普律吕这样下贱、可悲的人成为大维齐尔，他甚至不能给两头公牛喂草！"另一些人更具有预见性："这个柯普律吕和其他大维齐尔不一样。他见多了世态炎凉，他也遭受了许多变故，诸如一贫如洗、苦难悲痛和世事变迁，他在斗争中得到了许多经验，他知晓世界之道。"[8]

确实，柯普律吕很快将中央政府的效率恢复到自索库鲁·穆罕默德帕夏的时代之后就不曾再有的高度。他任命自己的手下为穆夫提和司库，削减国家津贴，建立了布满君士坦丁堡的情报网络。威尼斯被打败，利姆诺斯岛被收复，在安纳托利亚的起义——安纳托利亚一直比巴尔干更叛逆——被镇压。他通过恐怖手段进行统治。一位当局的刽子手记录道，他一个人就曾经把4000具尸体扔到水中。柯普律吕写给一位行省总督的信，反映了他本人的政治风格：

> 确实，我们在帝国后宫里一起长大，也都受苏丹穆拉德四世提携。但是，听好了，从此刻开始，如果该死的哥萨克人劫掠和烧毁厄祖行省海岸线上的任何村庄和城镇，我向全能的真主发誓，我不会宽大处理你，不管你的人品有多么正直，我都将把你切成碎片，作为给世界的警告。

他怀疑两位普世牧首和一位亚美尼亚牧首与境外势力勾结叛国，于是处死了他们。[9]

大维齐尔之所以能无往不利，是因为年轻的苏丹穆罕默德四世愿意成为一种象征而不是统治者，穆罕默德四世称他为"父亲"。穆罕默德四世被描述为"一个皮肤黝黑的人……他容光焕发，漂亮的黑色大眼睛闪闪发光……他的神情无比高贵庄严，当他想要表现威严时，他的表情也可以令人畏惧"。他是一位充满激情的猎人，可以从早到晚一整天骑在马鞍上。他最宠爱的猎鹰会受赐饰有珠宝的颈圈，而他的赶猎助手有时却会被活活冻死。一名首席园丁帕夏把他们的尸体拖出来示众，进行无声的抗议。而苏丹只是咒骂他招募了这些低劣的人。据说，大维齐尔刻意把苏丹对屠杀的嗜好转移到猎杀动物上，这是为了保护臣民，也是为了让他自己得以不受干扰地执政。大维齐尔比西方任何一位政府首长都更有权势，他甚至指示苏丹在开斋节接待会上应该对向他致敬效忠的官员说什么话。君士坦丁堡的民众回忆起了"疯狂的"易卜拉欣，他们中间流传着一首关于他儿子穆罕默德四世的打油诗：

父为阴道狂，
儿为打猎忙。[10]

尽管奥斯曼王朝与其他欧洲王朝有许多鲜明的差异，但是它也遭遇了一些与之相同的问题，例如宗教极端主义的存在和皇室成员的生理缺陷，二者经常同时发生。由于碰巧有软弱或年幼的统治者，皇太后们在1560—1660年行使权力，她们与法国王太后凯瑟琳·德·美第奇、玛丽·德·美第奇和奥地利的安妮身处同一世纪。和其他王国一样，奥斯曼帝国皇室成员对狩猎的喜爱，导致宫廷长时间远离首都。埃迪尔内向奥斯曼人提供的乐趣和君士坦丁堡一样多，并且没有君士坦丁堡的诸多问题。埃迪尔内被森林猎场包围，成为与首都互相竞争的城市。它的清真寺与君士坦丁堡的清真寺分庭抗礼，其中为塞利姆二世修建的赛里米耶清真寺比首都的清真寺还要更胜一筹。埃迪尔内宫位于城市边缘的马里查河河畔，是另一座由楼阁和庭院组成的"托普卡帕宫"。在苏丹远征欧洲前，埃迪尔内是更好的军队集合点，因为它能够避免将成千上万的战士屯驻首都。根据神圣罗马帝国大使比斯贝克的记载，励精图治的苏莱曼大帝在埃迪尔内过冬，"因为他在那里有宫殿，宫殿俯瞰着猎场，他几乎每天都去打猎"。只有在夜晚宫殿边上河里青蛙的叫声让他难以入眠时，他才回到君士坦丁堡。[11]

穆拉德四世离开君士坦丁堡与路易十四离开巴黎恰逢同时期，原因也相同：他们都热爱打猎，害怕有人煽动叛乱。穆拉德四世的若干前任在君士坦丁堡成为多次叛乱的牺牲品，他说与其回到君士坦丁堡，他更愿意亲手烧毁这座城市，观看城市和宫殿被火焰吞噬来取乐。

对柯普律吕·穆罕默德的挑战来自清真寺而非宫廷。自从1580年苏丹的天文台被洗劫之后，君士坦丁堡的伊斯兰保守主义者变得更加咄咄逼人。圣索菲亚清真寺最后的基督教壁画在1609年被覆盖。随着穆斯林学生转向宗教研究，科学和医学学校衰落了。到17世纪中期，穆斯林和基督徒之间的关系恶化，以至于他们在同一个行会里建起了不同的会馆。基督徒抱怨他们被迫支付穆斯林节日的费用。

一群被称为"卡迪扎德派"（kadizadeliler）的清真寺宣道者从17世纪30年代开始宣扬所谓的"极端主义观念"。他们不仅否定咖啡、烟草、丝绸和舞蹈，也否定朝拜圣人陵墓等托钵修士的行为。从先知时代开始的一切创新——甚至宣礼塔——都应该被根除。君士坦丁堡应该成为新麦地那。他们和同时代的英格兰清教徒类似，要求穆斯林"找出"罪人，并强迫他们回到"正道"。禁卫军受到这股思潮的影响，开始攻击苏菲派道堂。极端主义者的总部是法提赫清真寺，他们造成的威胁极大，以至于在1651年的大部分时间里，普世牧首都躲在法国大使馆里避难，这是将外国大使馆作为避难所的一个早期例子，这样的行为将在19世纪末达到顶峰。最终，柯普律吕于1656年把卡迪扎德派放逐到不受欢迎者之岛塞浦路斯——奥斯曼帝国的"澳大利亚"。[12]

1661年10月31日，当柯普律吕·穆罕默德在埃迪尔内奄奄一息时，苏丹亲自前去看望他。大维齐尔对他的主人的最后建议是：不要听信女人；即使压迫人民，也要充实金库；总是让军队保持战斗状态；频繁变更高层职位；惩治最轻微的错误也应不惜动用死刑；并且有意识地将伊斯兰教作为政治武器加以利用，这是为了给奥斯曼政府塑造"虔诚和正义的表象"。他还说，要想保全帝国不陷入混乱，任命他的儿子为大维齐尔是最好的方法，但这与传统南辕北辙。苏丹同意了他的建议。于是，柯普律吕家族"智慧的"艾哈迈德在出任行省总督这个前途似锦的职位之后，在27岁时成为大维齐尔。他成了奥斯曼大维齐尔中最年轻的一位，也是最有能力、服务最久的大维齐尔之一。

根据前宫廷官员波波夫斯基的记载，与他残忍的父亲不同，"现在的维齐尔……以最温和的方式执政，并且轻易就能赦免别人"。他削减开销，而非割断喉咙。父亲几乎不会读写；儿子却是诗人和诗人赞助者。在他担任维齐尔期间，奥斯曼当权派走出了重新与现代科学知识建立联系的第一步。1675—1685年，柯普律吕家族"智慧的"艾哈迈德的受赞助者、来自大马士革的阿布·贝克尔把荷兰地理学家约翰·布劳的地理学新作《大地图集》（*Atlas Major*）翻译成土耳其语。英国牧师约翰·科维尔博士写道：

> 他只是一个小个子，走路有点跛脚（因为我经常从他身后看他），所以有时候会驼背，他们说驼背是由坐骨神经痛引起的许多问题之一。他长着小而圆的脸，留着浅而短的黑色络腮胡，生着小眼睛、小嘴，嘴唇上没有任何唇纹；他有光滑的圆额头，前额很高，头发浓密但是很短。他的脸上长满了麻点。总的来说，他看起来敏锐而又庄严；并且，如果我可以下判断的话，我会觉得他是一个精明狡猾的人。

他对贿赂不为所动。他是一位战争领袖，享有做事有始有终的名声，他征服了波兰南部的波多利亚和克里特岛。在他的时代，帝国疆域比以往任何时候都更大。[13]

柯普律吕家族"智慧的"艾哈迈德也享有公正仁慈的名声，这点在"神秘弥赛亚"的奇案中得以体现。1648年，乌克兰的犹太人遭到屠杀，这是20世纪之前最严重的屠犹事件，一些为此深受震撼的奥斯曼犹太人相信，英俊迷人的39岁伊兹密尔犹太商人萨瓦塔伊·塞维正是弥赛亚。1665年12月30日，塞维乘船来到君士坦丁堡，宣布他要废黜苏丹。犹太社群异常兴奋，一位天主教神父写道"喜悦之情四面传播，若非亲眼所见，一个人永远无法理解这种景象"。商人给塞维献上帝王的衣服，女性陷入恍惚的状态，开始预言未来。一些犹太人相信，"新月和基督教世界的所有王冠"将要没落，他们准备离开君士坦丁堡，前往应许之地。有望摆脱拉比们的严苛管制，是令他们兴高采烈的另一个原因。在伊斯兰教变得更加严格的同时，犹太人的生活也受到更多限制。拉比们要求犹太女性不要在海边或公共场所露面；游戏和娱乐遭到禁止。与之相对，萨瓦塔伊·塞维宣扬的教义鼓励人们自由相爱，即使在家庭内部也可以。随着首都的贸易日渐衰落，萨瓦塔伊·塞维于1666年2月因商业而非宗教上的原因被捕。"智慧的"艾哈迈德于9月16日在埃迪尔内接见了他。

大维齐尔为萨瓦塔伊·塞维的出色智力、高贵的尊严和流利的阿拉伯语所震惊，便让他自己选择死亡或者皈依伊斯兰教。萨瓦塔伊·塞维选择成为穆斯林，改名为阿齐兹·穆罕默德埃芬迪。他领取年金，在宫中担任门卫，他的妻子萨拉则改称法蒂玛夫人。不过，他们很快便故态复萌。他们住在金角湾边的卡厄特哈内，有时去清真寺，有时去犹太会堂。由于他成了犹太朝圣者拜谒的焦点，柯普律吕将他斥为"顽固的异教徒"，于1672年将他放逐到阿尔巴尼亚，四年后，萨瓦塔伊·塞维在那里去世。不过他的追随者组成了伊斯坦布尔诸多社群中的一个名为"东马派"（Donme）的独特社群，并且现在依旧如此。他们中大部分人和正统穆斯林一样生活。一些人私下里保持某些犹太传统，比如用希伯来语背祷词。这个小群体等待着萨瓦塔伊·塞维作为弥赛亚归来。[14]

"智慧的"艾哈迈德的审慎、坚定、智慧和周到，给威尼斯大使留下了深刻的印象。大使说，如果他有儿子的话，政治课堂非奥斯曼宫廷莫属。柯普律吕家族结束了17世纪上半叶降临奥斯曼宫廷的信用危机。"智慧的"艾哈迈德的副手在1667年写道："我们的帝国自从诞生起就一贯如初；直到现在，帝国的力量和权势都在持续增长；如果真主意欲，这将始终如此，我们的帝国只会在末日审判时终结。"奥斯曼帝国足够强大，足以充当弱小民族的保护者，即使他们是基督徒。柯普律吕家族"智慧的"艾哈迈德给波兰的总理大臣写信，声称被压迫的乌克兰人向寰宇的庇护所请求援助，所有帕迪沙中最光荣、最有权力者将保护他们。不过，他于1676年因饮酒过量而死，享年41岁。[15]

柯普律吕家族和乌莱玛精英类似，都有种姓意识。柯普律吕家族"智慧的"艾哈迈德帕夏的五位姐妹都嫁给了高官，比如海军大臣或者财政大臣。柯普律吕家族的两名成员娶了皇室公主。柯普律吕家族带着和18世纪统治英格兰的皮特、格伦维尔等伟大政治家族一样的自信统治帝国。由于不存在限制他们的官方贵族机构，他们的权势某种程度上超过了君主。他们是一个真正的奥斯曼家族，担任行省长官，拥有地产，在从匈牙利到埃及的整个帝国领土上大兴土木。欧洲贵族修建房屋和宫殿，是为了享乐和提高家族的地位；柯普律吕家族的大维齐尔为公众修建建筑——清真寺、学校、市场、喷泉、公共浴室、客栈和桥梁。柯普律吕·穆罕默德在君士坦丁堡巴扎旁修建了三层带有拱廊的维齐尔商舍。维齐尔商舍的规模和作用与现代购物商场类似，如今的它满是工作坊和办公室。和同时代的英国财政大臣克拉伦登勋爵类似，柯普律吕·穆罕默德之子下令修建一座图书馆。这座拥有穹顶的柯普律吕图书馆远小于牛津的克拉伦登图书馆，位于苏丹艾哈迈德清真寺和苏丹巴耶济德清真寺之间、国务会议大街上的柯普律吕家族的陵墓后方，今天仍然可以游览。"智慧的"艾哈迈德也在蓬勃发展的商港伊兹密尔城中修建了商业建筑群，还在他征服的两个地区，即克里特和波兰南部修建了清真寺。他的堂弟"侄子"侯赛因（Amcazade，意为侄子或外甥，侯赛因是柯普律吕·穆罕默德弟弟的儿子，所以他是柯普律吕·穆罕默德的侄子，这一说法来源于此关系）单在君士坦丁堡就修建了五座喷泉、一座屠宰场和两座水上高桥。这类建筑有四重目的：向同时代人展示修建者的成就；把他的名声留存到未来；确保其后人有一份收入；以及方便帝国的统治。

帕夏的家庭是出产政治家的温床，类似于宫廷学校或1600年前法国和英格兰大贵族的家庭。17世纪末，超过50%的奥斯曼高官都曾在维齐尔或帕夏的家中服务，与之相比，有29%曾在宫中或军队服务，这是统治精英牢牢把握国家机器的一个迹象。柯普律吕家族培养出的人才之一是卡拉·穆斯塔法帕夏，他于1676年接替自己的表亲兼内兄"智慧的"艾哈迈德出任大维齐尔。他的暴力和贪婪使得军队和君士坦丁堡市民都痛恨他。1683年，奥斯曼军队包围了"红苹果"——维也纳。维也纳靠由神圣罗马帝国、教皇国、威尼斯和波兰组成的欧洲联军来援才获救。在奥斯曼军队败于维也纳之后，大维齐尔在贝尔格莱德被处死。奥地利军队继续进军，布达于1686年陷落，贝尔格莱德于1688年陷落。对基督徒军队即将出现在城墙外的恐惧，导致君士坦丁堡房价暴跌。和1656年的情况一样，许多人带着财产逃到亚洲。人们开始批评苏丹奢侈铺张和不理国事。[16]

"智慧的"艾哈迈德的弟弟"智慧的"穆斯塔法于1680年出任维齐尔，时年43岁。迪米特里耶·坎泰米尔（之前曾在君士坦丁堡居住）在出版于1727年的奥斯曼帝国史书中写道，"智慧的"穆斯塔法是"土耳其人中最有名的一位，因为他生活圣洁、表里如一、诚实、勇敢"。他也极度富有，因为他继承了兄长和父亲的财产，特别是这些财产还躲过了苏丹的没收。柯普律吕·穆罕默德的前奴隶和女婿西亚武什帕夏领导了反对穆罕默德四世的叛乱，这给了柯普律吕家族恢复权势的机会。

经常有人声称伊斯兰历史的特征是缺乏代表大会，而这套体制从11世纪或更早开始就一直在西方运转。然而，君士坦丁堡本身拥有自己的一套法律。从苏莱曼大帝时期开始，苏丹和大维齐尔就经常召集维齐尔、贵族和乌莱玛开会，这被称为"高级协商会议"，为决策提供法律支持，并转移决策失误的责任。[①]不过，奥斯曼贵族缺乏代代相传的对自由和特权的爱好，这是在尼德兰起义、英国革命和法国大革命爆发背后至关重要的力量。当政府要求建议时，沉默或要求进一步的命令经常是精英的回应。这种沉默孕育于对苏丹生杀予夺大权的恐惧，是奥斯曼首都与众不同的标志之一。西方国家的议会可能会以激进主义和保守主义、排他主义和爱国主义加以区分，但它们很少沉默。[17]

---

① 因此，当第一部奥斯曼成文宪法于1876年颁布时，《时代报》（*Vakit*）称之为回归过去的明智行为。

"智慧的"穆斯塔法帕夏于1687年11月8日在圣索菲亚清真寺召开乌莱玛大会,他向与会者宣读陈情书,请求废黜苏丹。现场一片沉默。于是,"智慧的"穆斯塔法说:"如陈情书所言,既然帕迪沙只知道游猎享乐,既然当帝国四面受敌之时,我们只看到他免去有能力补救这些灾难的人的职位,诸君还会怀疑法律是否允许废黜一位如此治国的帕迪沙吗?那么,你们为什么仍然沉默不语?"现场仍旧保持沉默。然后,帕夏把大会成员带到宫殿。苏丹被废黜,其弟苏莱曼上台。恐惧依然笼罩宫殿。新苏丹此前在后宫的一座房子里住了40年,他最初拒绝离开那个房间,因为他相信刽子手在门外等着他。

为了应对公众的压力,用英国大使的话说,"是因为公众认为他拥有表里如一的美德,而非因为后宫的青睐",柯普律吕·穆斯塔法在一年后成为大维齐尔。他与柯普律吕家族的其他大维齐尔类似,对奥斯曼王朝抱有功利主义态度。为了防止穆罕默德四世(或他的儿子)复位,柯普律吕·穆斯塔法于1691年选择穆罕默德的三弟为苏丹,即艾哈迈德二世,"据说,他是一个白痴,最爱敲鼓取乐",艾哈迈德二世也是一位易受控制的懦弱之人,他终生居住在宫殿中。当法国大使请求奥斯曼帝国不要承认法国的敌人,即废黜詹姆斯二世的威廉三世为英国国王时,后来继任的大维齐尔回复说,奥斯曼人经常废黜他们的统治者,对于他们来说,质疑其他民族这么做的权利是荒谬的。[18]

柯普律吕·穆斯塔法赢得了从不犯罪、不说废话的名声。他废止了帕夏在开斋节送礼给苏丹的行为,并在行省省会城市建立显贵的议事会议。为了防止基督徒臣民支持入侵的威尼斯和奥地利军队,柯普律吕·穆斯塔法降低了他们的税赋,并改善了他们的地位。据说,在担任大维齐尔期间(1689—1691年),他建立的教堂比查士丁尼皇帝55年的统治时期建立的还要多。1691年,柯普律吕·穆斯塔法带着穆罕默德的圣旗,以大元帅(seraskier)身份率领军队与奥地利作战。为了做出表率,他和军队一起徒步行军。但是他死于匈牙利平原上的斯兰卡曼战役,也可能是为自己的战士所杀。[19]

奥斯曼军队遭受了更多的战败。最终在1697年,柯普律吕家族的另一名成员柯普律吕·侯赛因被任命为大维齐尔,他是"智慧的"艾哈迈德的堂弟,曾任行省总督和卡普丹帕夏,就任大维齐尔时53岁。他告诉苏丹:"我的伯父和堂哥曾在令尊苏丹穆罕默德汗的手下担任了20年的大维齐尔,他们和苏丹都很满意。如果您无视其他人的意见,并让我在政府中独立行事的话,如果真主意欲,我会比他们做得更好。"

"如果你忠诚于我,"苏丹回复道,"我将准允你独立行事。"

新任大维齐尔是柯普律吕家族的另一个奇才。奥斯曼最重要的历史学家纳伊马将他写的帝国史献给"这位教养极佳的维齐尔,他平静的胸膛是智慧和知识的宝库,他崇高的内心是真理和定则的仓房"。柯普律吕·侯赛因理解和平和改革的需要,在荷兰和英国大使的调停下,他于1699年与奥地利在贝尔格莱德附近的卡尔洛维茨议和。[20]

《卡尔洛维茨和约》是奥斯曼历史的分水岭。这份和约被认为代表奥斯曼欧洲边境的封闭,以及帝国从攻势向守势的转变。(虽然一些奥斯曼人认为这只不过是休战条约而已,奥斯曼帝国的主要谈判代表拉米·穆罕默德埃芬迪声称:"暂时的和平与圣战的意义是一样的。")大维齐尔在博斯普鲁斯海峡亚洲一侧的水滨别墅中宴请英国、荷兰和神圣罗马帝国的大使,这预示着和平与欢愉的新时代将要来临。

水滨别墅建于1698年,外部涂成铁锈红色,到现在仍归属于柯普律吕家族的瓦克夫,到1995年共有117位柯普律吕·侯赛因的后人从中受益。多年来,它一直遭人忽视,于19世纪末被来自巴尔干的穆斯林难民占据。大部分内室和外屋在20世纪因拓宽道路而被拆毁。花园里是由大维齐尔的后人们违章修建的独栋平房;附近的小丘上满是这样的住宅。

一间接待室保存至今,这是一座圆形大厅,厅里有大理石喷泉,上方是位于中央的圆形穹顶。90年来,它一直摇摇欲坠。博斯普鲁斯的海水透过地板上的孔洞闪闪发光。荆棘和旋花藤蔓从花园里侵入大厅。墙上的木镶板褪色崩落。不过,1700年,在这些镶板上绘制着插在当时风靡君士坦丁堡的屈塔希亚蓝白花瓶里的绚丽花束。大理石喷泉上方的天花板是阿拉伯风格图案的杰作。那时,这间房屋和凡尔赛宫的闺房一样精致,但更宁静。大维齐尔在这座绘有花朵、充满欢愉的宅邸里会客。

神圣罗马帝国的大使冯·奥廷根·瓦勒施泰因亲王带着胜利者的傲慢和一大群随从、私人乐队，一起坐着三艘单层甲板大帆船趾高气扬地进入博斯普鲁斯海峡。下方舱室里划桨的船奴身上锁链咯咯作响，掩盖了音乐声。奥斯曼帝国用射箭、摔跤、杂耍、舞蹈表演，以及一位波斯歌手招待大使。晚餐最后才上：鸽子、野鸡、烤鸡、葡萄叶卷、多种烩饭和糕点。晚餐时间并不长：因为仆人们很快便将餐桌清理干净，以便自己享用剩菜；要么是宴会失控了，要么是东道主希望尽快结束这场倒胃口的宴会。[21]

大维齐尔被称为"侄子"，也被称为"梅夫列维"，因为他是这个苏菲教团的成员，或者被称为"酒鬼"：表里如一并不是他延续的唯一一个柯普律吕家族传统。他有权不在晚上处理公务，因为他要治疗跛脚：其实他是在喝烈酒，这种酒烈到一滴就能烧伤喉咙。他于1702年辞职，隐退到埃迪尔内附近的一所农庄里。一年后，他因戒酒导致的生理上的冲击而死。其墓地在他的小镇府邸附近，位于他在法提赫清真寺旁修建的精致的清真寺建筑群内，至今仍可供游览。

柯普律吕家族的最后一位大维齐尔是努曼帕夏，他是"智慧的"穆斯塔法帕夏之子，于1670年出生在君士坦丁堡。他是家族基金会的首领，一年收入超过10万埃斯库多。他从1700年开始担任维齐尔，于1710年6月出任大维齐尔。英国大使这样描述他：

> 一位因公正和表里如一而享有盛名的人，一位在人民之中备受尊敬和爱戴的人，以至于他升职为大维齐尔一事引发了普天同庆的景象。他在法律学识方面非常博学，也是一名伟大的守法者。他对外国的状况和利益很有兴趣，喜欢打听这些事情，他以精通外国事务而著称，并且他也熟悉帝国本身的利益，为此他非常热诚。

成千上万人从安纳托利亚和鲁米利亚来到君士坦丁堡寻求公正。腐败而残忍的苏丹艾哈迈德三世正在重新确保宫廷对"高门"的控制，对他来说，努曼帕夏太过诚实。苏丹厌恶大维齐尔的评论，比如"应该用帝国的收益，而不是用人民的鲜血供养军队"。大维齐尔与俄国讲和的政策遭到一派人的反对，这些人支持逃亡中的瑞典国王查理十二世。此外，他还是一个古怪之人，相信在他鼻子尖上有一只苍蝇。不管什么时候把苍蝇扫走，苍蝇都会飞回来。被解职两个月后，"驸马"法泽尔·努曼帕夏在1719年死于克里特地方长官的任上。[22]

之后，柯普律吕家族住在君士坦丁堡柯普律吕图书馆附近的大型家族宅邸内及其周边地区，他们还住在苏莱曼清真寺旁的一座家族宅邸，以及博斯普鲁斯海峡边上的两座海滨别墅里。他们享有分散在帝国各处的柯普律吕家族地产和基金会的收益。柯普律吕家族不再产出拥有赢得高位的技巧和运气之人，长子继承制度的缺位严重削弱了这个家族，它的财富和地位都陷入衰退。努曼帕夏之子柯普律吕·艾哈迈德是一位天才书法家，他的作品如今在柯普律吕图书馆展出，他先后出任萨洛尼卡、克里特、贝尔格莱德、伊兹密尔、波斯尼亚、埃维厄岛、阿勒颇和埃及等行省的总督。行省总督实行轮换制，这是为了防止他们在地方建立权力基础。确实，据说有一位伊兹密尔的柯普律吕家族的官员"认为他自己几乎等同于苏丹"。后来，这一家族的成员在中央官僚体系中只当上了小官。不过，柯普律吕家族的另一名成员福阿德将在20世纪初重归显赫地位，扮演截然不同的角色。[23]

柯普律吕家族这样的帝国建设者的协助，解释了奥斯曼帝国为何能存活下去。此外，奥斯曼军队仍是令人生畏的力量，依旧可以打败西方军队。1711年，彼得大帝本人被奥斯曼军队打败，不得不缔结不利于他的和约。帝国通过武力，于1718年从威尼斯手中收复伯罗奔尼撒，于1739年从奥地利手中收复贝尔格莱德。但是，柯普律吕中兴是危险的。奥斯曼帝国并没有引入在17世纪改变英法政府的激进手段，而是选择恢复旧机器的效率。1689年，英国大使报告称，"智慧的"穆斯塔法帕夏"已经声明，他的意图是根据他们的古老传统来安排这个政府"。他不会设置物价上限，因为《古兰经》中没有这样的规定。[24]精英们相信，答案在传统之中。

柯普律吕家族对基督徒的容忍和对外交事务的掌握，不仅是出于他们的判断，也是因为他们的阵营中有一个人——亚历山德罗斯·马夫罗科扎托斯——结合"高门"首席译员、帝国国务委员和欧洲大使的知己这三重身份于一身。马夫罗科扎托斯家族是一个代表性范例，证明了希腊人能够像奥斯曼人一样，将君士坦丁堡作为晋升阶梯加以利用，并因而被转化为奥斯曼帝国的仆人。他们家族的历史就是一部东南欧历史。

语言是马夫罗科扎托斯家族显赫的原因。16世纪20年代，易卜拉欣帕夏用塞尔维亚-克罗地亚语与一些奥地利大使打交道。在1580年后，随着奥斯曼的思想变得封闭，很少有穆斯林会奥斯曼语、波斯语和阿拉伯语之外的语言。奥斯曼语因其精巧的句子结构和庞杂的词汇，在帝国和外部世界之间竖起了一道墙。大维齐尔因此需要译员来与外国大使打交道。受过教育的希腊人属于为数不多的既懂奥斯曼语又懂西方语言的人。选择少数族群成员为帝国服务并不是罕见之事。J.H.埃利奥特在提及法国君主任用新教徒和意大利人时写道："一位17世纪的政治家必须能在任何可能的地方发现人、金钱和专家。"[25]

多年后，当他们被任命为大公时，马夫罗科扎托斯家族声称他们的家系能追溯到查士丁尼统治时期。事实上，他们在17世纪才第一次出现于君士坦丁堡。一名叫斯卡尔拉多斯或者伊斯科尔勒特奥卢的希腊商人在君士坦丁堡的关税包税和食物供应中发家致富，当他于1631年被一名禁卫军士所杀时，他留下了100万皮阿斯特。他富有的女儿、瓦拉几亚大公的遗孀罗克珊娜爱上了来自爱琴海上最富庶的岛屿之一，即希俄斯岛的英俊丝绸商人约安·马夫罗科扎托斯，并嫁给了他。他们的儿子亚历山德罗斯出生于1641年。三年后，亚历山德罗斯的父亲去世。

罗克珊娜·马夫罗科扎托斯确保亚历山德罗斯成为第一批被送到西方接受教育的君士坦丁堡市民之一。他先在罗马的希腊学院接受教育，这是君士坦丁堡流亡者在16世纪初创建的学校，然后在帕多瓦和博洛尼亚的大学求学，他在那里写了一篇关于血液循环的论文。他作为一名奥斯曼人在西方文化氛围中颇感安逸自在。他在58岁时与法国植物学家皮顿·德·图内福尔讨论医学、植物学和希腊语发音法，图内福尔发现他"对外交事务非常了解，并且对欧洲王公贵族的利益关系十分清楚"。不过，他坦承亚历山德罗斯太老了，无法效仿"欧洲医生的大胆"，而且"他的脑中只想着政治，他怀疑我大老远过来是否真的只是为了寻找新植物"。在君士坦丁堡，旅行的动机是权力和金钱，而非科学考察。缺乏对知识的好奇心是对这座城市的诅咒。加拉塔的一些居民从未费力去跨过金角湾。[26]

亚历山德罗斯·马夫罗科扎托斯在1665—1672年领导希腊正教学院。他高大、健谈，创作句法学、修辞学和历史学作品，鼓励君士坦丁堡希腊人的知识复兴，高级希腊文化在16世纪末几乎从城中消失，自那之后，文化复兴在亚历山德罗斯的鼓励下不断加快步伐。马夫罗科扎托斯的家族纹章是从灰烬中升起的凤凰，或许它指代的不是拜占庭帝国，而是希腊知识的复兴。亚历山德罗斯·马夫罗科扎托斯从1668年到1709年去世为止一直在牧首办公室握有职位：他先后担任宣道总长、档案保管总长、圣器保管总长和政务长。

他于1670年迎娶性格温柔、家财万贯的赫里索科莱奥斯。她是摩尔达维亚大公斯特凡大帝的后代，由此她与瓦拉几亚和摩尔达维亚的许多贵族家庭联系起来。医学帮助亚历山德罗斯·马夫罗科扎托斯在奥斯曼的等级体系中向上爬升。他于1671年成为大维齐尔"智慧的"艾哈迈德帕夏的大译员兼医生帕纳约蒂斯·尼库希奥斯的秘书，那时他已经是许多帕夏的医生了。帕纳约蒂斯·尼库希奥斯于1673年去世，亚历山德罗斯·马夫罗科扎托斯继任为大译员。他的奥斯曼主子们叫他伊斯凯尔勒特扎德·伊斯坎德尔（Iskerletzade Iskander），伊斯凯尔勒特扎德·伊斯坎德尔因继任大译员而有权穿戴貂皮帽、骑马并得到武装护卫的陪同，其他希腊人没有这项特权。从外表上看，他几乎是一个奥斯曼人。他那时仅32岁。[27]

此后，他的时运与帝国的命运联系在一起。在奥斯曼于1683年败于维也纳之后，他被投入了监狱，系上锁链，被罚300袋钱币，这比瓦拉几亚每年的贡赋还要多20袋；他的妻子和母亲也被投入监狱并遭到毒打，他的母亲在获释6个月后去世。不过，对欧洲及其语言的学识使他成为不可缺少的人物。法国大使推荐的威尼斯叛徒塞费拉加被证明是不合格的译员。马夫罗科扎托斯于1687年官复原职。

同年他再次入狱，并于1688年出于安全考虑逃入法国大使馆避难数周。然而，马夫罗科扎托斯在柯普律吕·侯赛因的命令下帮助安排了奥斯曼帝国和哈布斯堡帝国之间的卡尔洛维茨和谈，他分别让两个骄傲的帝国相信和平倡议来自另一方。即使在那个讲究礼仪的年代，他给英国大使、调停人佩吉特勋爵的意大利文信件仍然显得过于拘礼：

> 最卓越、最杰出的先生及庇护人：
> 　　收到阁下于1699年2月10—20日从贝尔格莱德寄来的最令人愉快、最礼貌文雅的信件时，我无法表达自己有多么高兴。阁下的信件传达了我所渴望的消息，您身体非常健康，也就是说我们都健康无恙，这是因为经由我们感受到的义务，有紧密的联系将我们结合在一起……我们最有福的至高大维齐尔因阁下的诚挚问候和真诚祝愿而心情愉悦……
>
> 　　　　　　　　　　您最忠诚、最乐意之至的仆人，
> 　　　　　自亚得里亚堡（即埃迪尔内），1699年2月23日，
> 　　　　　　　　　　亚历山德罗斯·马夫罗科扎托斯

他在后来的一封信中宣称："阁下的魅力如此之大，以至于在没有您的甜蜜陪伴和温柔面容的情况下独处如此之久成了几乎不可忍受之事。""高门"非常满意佩吉特勋爵的协助，希望他能继续留在君士坦丁堡。他到1703年才告辞离开，比此前计划的晚了4年。[28]

作为和谈成功的奖赏，亚历山德罗斯·马夫罗科扎托斯于1700年成为政务顾问。苏丹赐给他貂皮长袍，神圣罗马帝国的皇帝赐给他拜占庭时期的手稿。当君士坦丁堡在1703年陷入叛乱时，他再次去往法国大使馆避难，并又花了200袋钱币才官复原职。亚历山德罗斯·马夫罗科扎托斯于1710年1月去世，留下了500袋钱币的现金，以及既是危险的敌人又是极其有用的朋友的名声。有一篇墓志铭称他为：

> 希腊人和拉丁人之父，
> 奥斯曼之伟大贤哲，

> 众维齐尔之北辰,
> 众学者之典范。[29]

人们自然会问,这个被法国大使称为"欧洲最好的演员之一"的人最终效忠于哪一方:是囚禁他、毒打他的奥斯曼帝国,还是想要建立新拜占庭帝国的希腊人和俄国人呢?亚历山德罗斯·马夫罗科扎托斯于1672年为《一千零一夜》的第一位译者、法国学者安托万·加朗读了一篇研究帝国长处和弱点的文章。帝国的长处在于臣民的盲目服从,以及其职业结构的灵活性。其弱点在于苏丹和帕夏家族的奢侈铺张;瘟疫一年一度的蹂躏;有缺陷的货币和法律制度;缺乏有能力的官员;以及掠夺的习俗。显然,他希望帝国崩溃。25年后,当亚历山德罗斯·马夫罗科扎托斯在卡尔洛维茨参加谈判时,他接受了奥地利的巨额贿赂。他更喜欢外国强权,并指责"土耳其人的反复无常、背信弃义,以及其他野蛮而残忍的恶习"。他还偷偷地把"高门"对自己的指令副本送到维也纳。另一方面,法国大使认为他赞同俄国对"重建往昔的希腊人帝国"的野心,并准备好为希腊人服务,"即使这会侵害'高门'的利益"。法国大使在私人谈话中称亚历山德罗斯·马夫罗科扎托斯为"阿里",利用他充当军事情报的消息源,作为回报,"阿里"每年会得到2400里弗尔的年金,后来有所增加。因此,马夫罗科扎托斯可以被视为四重间谍,为奥斯曼帝国、俄国、奥地利和法国服务。另一方面,他可能在大维齐尔知情的情况下接受外国的报酬或者说贿赂,并出卖情报。他的外交手段在1699年为帝国保留了比期望的更多的领土。在马扎然和马尔伯勒的时代,在像君士坦丁堡这样的城市中,他的腐败和轻率绝非例外。[30]

此外,奥斯曼帝国给马夫罗科扎托斯家族带来了巨大权势,以至于无论他们从境外强权那里收受了多少好处,他们最终还是效忠奥斯曼帝国。就像1922年前服务英帝国的爱尔兰"城堡天主教徒"[①]一样,马夫罗科扎托斯家族相信当奥斯曼帝国存在时,他们及其希腊同胞或许能够从中

---

① 包括英国驻奥斯曼帝国大使尼古拉斯·奥康纳爵士,他于1908年在君士坦丁堡去世,死于大使任上。

受益。通过他在"高门"的影响力,亚历山德罗斯·马夫罗科扎托斯帮助东正教大牧首及其僧侣从天主教敌人手中收回了对基督教两大圣地,即耶路撒冷的圣墓教堂和伯利恒的圣诞教堂的支配权。从1675年开始,作为每年向君士坦丁堡的苏丹艾哈迈德清真寺上交1000皮阿斯特的回报,耶路撒冷的东正教大牧首控制了三件决定性的圣物——钥匙、枝形大烛台和毛毯,这将成为克里米亚战争前极其紧张的局势的原因。亚历山德罗斯·马夫罗科扎托斯掌控肥缺,并以20%的利率放贷。他变得极其富有,以至于他可以写信给普世牧首提供资助:"如果您需要钱,我很乐意提供任何数目的必要资金。"马夫罗科扎托斯也有能力恢复希俄斯岛享有的特权,该岛是他的家族基地,在这之后享受了一段和平富庶的时期,直到希腊独立战争爆发。[31]

1709年,他的儿子尼古拉·马夫罗科扎托斯升任为瓦拉几亚大公,此事更加可喜。尼古拉·马夫罗科扎托斯生于1680年,他也是懂希腊语、拉丁语、奥斯曼语、阿拉伯语、波斯语、意大利语和法语的博学之士。他的所有语言都是在君士坦丁堡学的,与他的父亲不同,他没有上过西方大学。他是1700—1709年的大译员。由于他总是能够从记忆之中找到引文的出处,父亲称之为他的"图书馆"。教他法语的胡格诺派避难者拉莫特拉耶写道:"我从来没有见过像他这样拥有超强记忆力且为之经受过良好训练的人。"

任命君士坦丁堡的本地人为瓦拉几亚或摩尔达维亚大公一事已有先例。自从16世纪中期以来,君士坦丁堡的希腊人和多瑙河沿岸诸公国之间的联系愈加紧密。大公们开始在登基仪式上模仿拜占庭仪式,并替普世牧首偿还债务。像坎塔库泽努斯家族这样的希腊人已经出于对财富和长久留存的渴望,从君士坦丁堡移居到摩尔达维亚或瓦拉几亚。马夫罗科扎托斯家族和哈布斯堡家族(同时是神圣罗马帝国皇帝、匈牙利国王、波希米亚国王,还有许多其他头衔)、汉诺威家族(汉诺威选帝侯,1714年后是大不列颠及爱尔兰国王)等跨国王朝类似,能够同时在不同的家园扮演不同的角色。雷蒙·阿隆写道:"一个人不能拥有两个祖国。"但这些家族会觉得这种20世纪的观念是无稽之谈。马夫罗科扎托斯家族、坎塔库泽努斯家族和其他家族的成员远不是单一身份的囚徒,他们会在某一时间点强调在当时来说似乎最有用的任何一种身份——奥斯曼人、希腊人、瓦拉几亚人。他们与其他受过教育的欧洲人类似,将民族身份视为一种职业,而非一项事业。

亚历山德罗斯·马夫罗科扎托斯击打儿子的脑袋,撕扯他的头发,显然对他的晋升感到绝望,并声称他是在毁灭家族。亚历山德罗斯·马夫罗科扎托斯正在实践塔列朗的格言:人之所以拥有语言,就是为了掩盖他的思想。亚历山德罗斯·马夫罗科扎托斯是斯特凡大帝后代的夫君,他让包括尼古拉本人在内的所有孩子同瓦拉几亚或摩尔达维亚大公的孩子联姻,很明显,他与神圣罗马帝国野心勃勃的诸侯类似,都有一种"王族战略"。因为虽然瓦拉几亚和摩尔达维亚大公由苏丹任命,并在有限的时期内得以统治,但他们这么做是出于"上帝的恩典",因其王族属性而拥有卫队、宫廷和任命主教的权力。欧洲宫廷承认他们享有"最尊贵的殿下"的衔级。他们在奥斯曼的等级制度中几乎与大维齐尔同级。瓦拉几亚和摩尔达维亚的大公们身处波雅尔(boyars,地方贵族)、"高门"、宫廷、俄国、奥地利、法国和克里米亚之间的阴谋中心,他们注定要满足"高门"对金钱的欲望,在死亡和宝座之间生活。这种风险是可被接受的。一位大公说:"死亡来临时就让它来吧。我已经活了够久了,因为我当过大公。"在另一位大公被处死后,他的母亲反问道:"我的儿子要是这样死去,难道不是比他在床上安静地等死要来得好吗?"[32]

尼古拉·马夫罗科扎托斯和在他之前的大公类似,都在君士坦丁堡被膏立为摩尔达维亚大公——瓦拉几亚和摩尔达维亚大公是仅有的在他们没有主权的国家里被膏立的统治者。庆典是对法纳尔贵族三重身份的清楚宣示,"法纳尔贵族"的称呼来自法纳尔区,他们住在那里的古老砖石住宅里,由承材支撑的上层向街道凸出。首先,新大公,或者说总督(他的官方头衔,来自斯拉夫语中"领主"一词)乘卡耶克小艇抵达"高门"。新大公在那里接受奥斯曼的荣誉标志物:金丝制成的卡夫坦长袍,以及由鸵鸟羽毛制成的镶有珠宝的头饰,他的随从则收到奢华程度逊色一些的卡夫坦长袍。大公之后在禁卫军的护送下骑马前行,抵达法纳尔区的教堂。他受到大牧首、司铎和城内希腊贵族的接见。大维齐尔的侍从在教堂外宣布:"愿至高的真主让我们的帕迪沙和大公埃芬迪长寿,愿大公长命富贵。"

当大公埃芬迪进入教堂时,他离开奥斯曼帝国,进入了拜占庭帝国。唱诗班开始演奏圣母玛利亚的赞歌;他登上宝座;司铎诵读祈祷词:"我们最虔诚、最尊贵、最杰出的尼古拉·马夫罗科扎托斯大人,愿他获得力量、胜利、稳定、健康和安全,愿我们的主耶和华更多地襄助他,在所有事情上引导他,并将他的所有敌人置于他的脚下!"然后他把头靠在祭坛上,来让大牧首涂圣油,大牧首"念诵东正教皇帝继位时使用的祈祷词"。

几天后,在他自己的家中,奥斯曼帝国的仪式重申了大公的权威。当苏丹的乐队演奏奥斯曼音乐时,一面旗帜被呈送给大公。他亲吻旗帜并说:"愿神圣、伟大的上帝令最有能力、最尊贵、最公正的皇帝长寿,将他的日子翻倍。"日子在与牧首们,甚至穆夫提的仪式性互访中过去。另一个授职礼节是与首都的银行家和商人会面,他们将多瑙河公国视为他们的秘鲁。最后,大公在波雅尔贵族和禁卫军的护送下骑马来到苏丹的宫殿。他受赐一件衬有毛皮的长袍和又一件珠宝羽毛头饰,并且受到大维齐尔的仪式性宴请。他由四位波雅尔贵族陪同,在宝座室里三次拜倒在苏丹面前。大维齐尔以苏丹的名义宣布:"由于他的忠诚和诚恳已经传到了陛下的耳中,我仁慈地授予他瓦拉几亚公国作为奖赏。他不应在忠诚和服务帝国上有所闪失,这也是他的职责。让他保护和防卫他统治下的行省,让他害怕做出任何反对或僭越我所委任之事。"

大公回复道:"我以我的生命和人头起誓,我将竭尽全力为我最公正、最尊贵的皇帝服务,只要他不从我这里收回他的仁慈和王权。"然后他骑马离开宫殿,在街道上向民众致礼和撒钱。他宝座的一个角落仪式性地插着挂有三条马尾的旗杆,而他把卡夫坦长袍分发给奥斯曼官员。这一仪式强调了他在奥斯曼帝国等级制度中的权力,以及帝国与东正教臣民之间的联系。

在接下来的几周里,由希腊人、土耳其人和波雅尔贵族组成了一支一眼望不到尽头的游行队伍,伴着乐队、奥斯曼旗帜和旗杆上的马尾从君士坦丁堡穿过巴尔干山脉，前往布加勒斯特或雅西。当城里的钟声欢快地鸣响时，新大公在大教堂里被第二次加冕和膏立，接着他在号角声和鼓声的陪伴下被护送到自己的宫殿里。苏丹的诏令在他的宝座室中被用奥斯曼语宣读，之后被翻译成罗马尼亚语。一位奥斯曼官员给大公套上卡夫坦长袍，再将他扶上宝座。礼炮齐鸣；苏丹的使者欢呼；贵族亲吻大公的手，庆典在奢华的宴会和舞会中结束。[33]

显然，奥斯曼政府正在提高法纳尔人的地位，以一劳永逸地解除多瑙河流域的入侵和希腊人不满的威胁。当地的摩尔达维亚人和瓦拉几亚人是不可信任的。1600年，特兰西瓦尼亚、瓦拉几亚和摩尔达维亚大公米哈伊尔曾梦想在圣索菲亚大教堂做弥撒。1679—1688年的瓦拉几亚大公谢尔班·坎塔库泽努斯"因为是皇室家族后裔"，而从沙皇那里得到了成为希腊人的皇帝的许诺，与此同时大牧首还鼓励俄国入侵。坎塔库泽努斯的女婿迪米特里耶·坎泰米尔因其岳父瓦拉几亚大公的"良好行为"而于1688—1710年在君士坦丁堡做人质。他是一位奥斯曼学者和作曲家，他为自己建造了一座俯瞰金角湾的精致宫殿。他认为苏丹的宫廷是"世界上最伟大的宫廷"，将《信解乐理书》（*Book of the Science of Music as Explained in Letters*）献给艾哈迈德三世，他在书中用自己的标记体系记录了351首土耳其、波斯和阿拉伯曲子。他于1710年被任命为摩尔达维亚大公。然而，尽管他的奥斯曼身份带来了奖赏，他仍在一年后逃亡俄国，俄国承诺将俄国宗主权保护下的摩尔达维亚王位赐予他本人和他的后代，逃亡是对其承诺的回报。

一些维齐尔知道，在君士坦丁堡的奥斯曼外表下掩藏着一个由阴谋以及被"保护者皇帝"，即俄国沙皇解放的梦想组成的隐秘世界，就像基督徒的地下圣泉一样。大维齐尔于1710年告知英国大使，彼得大帝"许诺，他自己终有一天将成为君士坦丁堡之主，他说过他希望下葬于圣索菲亚大教堂"。

大公头衔经常轮替，以满足希腊望族，以及奥斯曼的国库需求，每个新大公都要向国库支付巨款。在君士坦丁堡册封的大公几乎和维也纳的一样多。1710—1821年，有马夫罗科扎托斯家族的六个成员、吉卡家族的五个成员、卡利马基家族的四个成员、绍佐斯家族的四个成员、拉科维策家族的三个成员、穆鲁齐斯家族的两个成员、伊普希兰蒂斯家族的两个成员和马夫罗耶尼家族的一个成员在布加勒斯特或雅西作为大公进行统治。（此外，有马夫罗科扎托斯家族的四个成员、吉卡家族的四个成员、绍佐斯家族的四个成员、卡利马基家族的四个成员、伊普希兰蒂斯家族的两个成员、穆鲁齐斯家族的五个成员担任大译员，另一个职位，即海军大译员也给法纳尔人带来了权力和财富。）到1650年，这些家族已经从许多不同的地区来到君士坦丁堡：阿尔巴尼亚（吉卡家族）、伊庇鲁斯（绍佐斯家族）、特拉布宗（伊普希兰蒂斯家族和穆鲁齐斯家族）、罗马尼亚（卡利马基家族和拉科维策家族）、爱琴海（马夫罗耶尼家族）。他们最初是商人和船主，后来屈服于君士坦丁堡显赫权力的诱惑，开始宣称自己是拜占庭的后裔（如同亚美尼亚银行家宣称自己是大卫王的后人）。多瑙河流域的临时王权将他们和帝国绑定在一起，满足了他们对金钱和权力的追求，也满足了他们为希腊人的事业出力的爱国主义愿望。这给了他们修建教堂、学校和资助牧首的门路。在法纳尔人权势的顶峰时期，说希腊语的司铎赢得了安条克和耶路撒冷牧首辖区，以及西奈山修道院的控制权，这有利于普世牧首，同时损害了说阿拉伯语的东正教徒的利益。佩奇的塞尔维亚大主教之位和奥赫里德的保加利亚大主教之位分别于1766年和1767年被废。阿拉伯人和斯拉夫人由此开始接受希腊语的宗教教导。[34] 一些法纳尔人把他们在奥斯曼帝国的角色比作罗马人统治下希腊人的教化角色。

在布加勒斯特或雅西，在巴尔干半岛上由世袭财富和奢侈享受构成的城堡中，大公进入了三种文化（天主教、东正教和伊斯兰）和三个帝国（哈布斯堡、俄国和奥斯曼）交融的新世界。有享受着奢华办公室的官员服务大公，这些官员职位在不同时期几乎都由马夫罗科扎托斯家族掌控：宰辅、警务长、大法官。宫殿的装饰呈现出半东方、半欧洲的风格，波雅尔贵族过着懒散的生活，生活中点缀着舞会、拜访和韵事。到18世纪，奥斯曼的影响已经变得非常强烈，以至于他们吃奥斯曼式食物，穿戴奥斯曼式服饰。

到18世纪末，摩尔达维亚大公，即后来的另一位亚历山德罗斯·马夫罗科扎托斯在雅西的宫廷令一位可称之为文明欧洲缩影的作家和侍臣欢欣鼓舞：他是查理-约瑟夫，即利涅亲王。在他看来，这里"足够东方，有亚洲的热辣刺激，也足够文明，平添了几分欧洲的优雅"。大公为他的男性朋友们提供"应有尽有的欢乐"，允许他们"拜访"他妻子家中的女眷——条件是他们先接受医学检查。"马夫罗科扎托斯眼前全是开心的面庞。人们追求彼此，又离开对方，在这里既没有嫉妒之情，也没有扫兴之举。"利涅亲王对女人们光洁雪白的玉手和透明的衣着颇为欣赏，她们倚在矮沙发上，说着"我的父亲在这里被'高门'下令处死，我的姐妹在那里被大公下令处死"这样的悄悄话。[35]

尼古拉·马夫罗科扎托斯的一生，体现出了瓦拉几亚和摩尔达维亚权位的回报与风险。他于1710年11月27日再次被立为摩尔达维亚大公，他和之前他的父亲一样，都在回君士坦丁堡时到法国大使馆中避难，直到一大笔给奥斯曼国库的献金将他从腐败指控中拯救出来。他于1716年被任命为瓦拉几亚大公，在1716—1719年的战争中被俘，在奥地利人手中忍受了两年监禁，证明了他对奥斯曼帝国的忠诚。他提醒他的臣民，信奉天主教的哈布斯堡王朝正在特兰西瓦尼亚迫害信仰东正教的罗马尼亚人，以此来助长他们的忠诚。[36] 他得到的奖赏是再次被封为大公统治瓦拉几亚，任期从1719年开始，直到他在1730年去世。

他的父亲是一位传统主义者，相信摩西是最伟大的历史学家。然而，尼古拉·马夫罗科扎托斯是时人所称"文人共和国"——西欧知识分子共同体——中的一员。他在布加勒斯特建立学校和图书馆，资助希腊文和阿拉伯文印刷机。比起君士坦丁堡或阿索斯山，18世纪的布加勒斯特和雅西更像是希腊文化的中心。大公亲自积累起了一座极好的图书馆，他把父亲的一些藏书从君士坦丁堡带过来，并从阿姆斯特丹买来新书籍，从阿索斯山买来手稿。许多书籍现在在罗马尼亚的图书馆里被标注为"君士坦丁堡人亚历克斯·马夫罗科达提曾藏"（不是奥斯曼人，不是希腊人，而是**君士坦丁堡人**）。在丰盛的晚餐后，波雅尔贵族将至少睡上两三个小时。尼古拉·马夫罗科扎托斯很少在用餐上花费半小时以上的时间，餐后他将会回到图书馆，研究植物学，学习希伯来语，阅读最新的法语书或者与坎特伯雷大主教通信。[37]

尼古拉在公国的自由氛围中印制了父亲的作品。他父亲的著作与他自己的作品一起,为深入认识法纳尔人的心灵打开了一扇窗。亚历山德罗斯·马夫罗科扎托斯用古典希腊语写作,而不用他称之为"市场土话"的语言——普通民众说的希腊语。他的《义务书》(*Book of Duties*)深受时人赞赏,该书避免了理想主义的诱惑。他赞赏以效仿美德为手段来避免丑闻,并认为贫穷是至恶,但他不曾谈到自由:

勿为欲求之事,勿为可为之事,但为有利之事。

吾尝竭心智,以悦某维齐尔,今其遭毁弃,他者代其位,他者复他者。吾每复始之。

若访官府,出入当如瞽聩者。

尼古拉·马夫罗科扎托斯于1727年给儿子的建议,也展现了相同的世故:

不要许诺;但如果你许下诺言,就要兑现它。

愤怒是一种致命的激情,温和拥有力量。

不要慷慨,要节俭。不要贪婪,要掌管好你已有之事物。你的被子覆盖多少地方,就把脚伸到多远。

不加思考的慈善导致巨大的弊病和公共浪费。你通过向怀有恶意之人做善事而伤害整个社会。[38]

尼古拉·马夫罗科扎托斯在1717—1720年写出了近现代第一本希腊语小说《菲洛修斯的闲暇时光》(*The Leisure of Philotheus*),故事发生在君士坦丁堡。小说中,几个朋友在大竞技场散步,遇到了三个穿着和波斯人一样的人。他们游览加拉塔,在奥斯曼花园的阁楼里、喷泉边和"撩人的香水"氛围中交谈。他们讨论每一件事情:无神论、穆斯林女性对于基督徒男子的爱、嫉妒的本质、古典时代的英雄、拉罗什富科的箴言、瑞典查理十二世的生涯。马夫罗科扎托斯谴责奥斯曼伊斯兰教的迷信行径，以及其缺乏"以理性为基础的更加坚实的哲学"。法纳尔人的两难窘境显而易见。小说中的叙述者说："我们尽可能地做希腊人。"他同时又赞扬君士坦丁堡的宗教宽容、对于知识的回归，以及艾哈迈德三世的勇敢、宽宏大量及智慧，这或许听起来有点讽刺："他的谨慎包含了君主制的整个精神，他的出众天才控制它的运作，并赋予其生气。"尼古拉·马夫罗科扎托斯并没有提到1714年瓦拉几亚大公康斯坦丁·布兰科维亚努的四个儿子以及一个女婿的恐怖结局。他们因为叛国罪而被处死，暴尸于皇宫的帝王之门前，之后被抛到海中。尼古拉·马夫罗科扎托斯也没有提到两年后坎塔库泽努斯家族至少有10位成员（各年龄段都有）被处死一事。他的沉默可能是因为他自己曾经告发过这些结党和与奥斯曼政府敌对的行为。[39]

尼古拉·马夫罗科扎托斯于1716—1722年在布加勒斯特城外林中修建的瓦卡雷什蒂修道院是表明马夫罗科扎托斯家族王朝野心的石造地标。它占地18万平方米，是东南欧最大的修道院，比柯普律吕家族的任何一座建筑都更为宏大，它包括一座教堂、一座修道院、一座宫殿和一座图书馆。虽然在君士坦丁堡不允许听见教堂的钟声，但瓦卡雷什蒂修道院仍拥有令人印象深刻的钟楼。教堂中的两组壁画展现了大公和其第二任妻子斯玛拉达被孩子和波雅尔贵族围绕的场景：他们手握教堂模型，这一姿势是拜占庭式的；他们内衬皮毛的长袍是奥斯曼式的；他们头上的王冠是瓦拉几亚式的。

大公的墓志铭刻在教堂的一个白色大理石石棺上，上面带有瓦拉几亚和摩尔达维亚的徽章，它的内容如下：

> 哦，坟墓啊，见到你让我很是感到惊奇，因为在你之下是尼古拉，他先是摩尔达维亚大公，后是瓦拉几亚的大公。他以神圣的名义修建了这座三个太阳的教堂。他是非常明智的人、博学之士，他的研究是学者之镜，他是杰出的斯卡拉蒂家族的一面镜子。他的父亲是奥斯曼帝国的枢密大臣亚历山德罗斯。他是被缪斯女神戴上光荣桂冠

之人，现在的冠冕是大理石棺，因为他被残忍的瘟疫天灾击倒，这令他的儿女、妻子和大群亲属处于难以忍受的悲伤境地。让我们因他的功绩而赞颂他，让我们乞求全能的上帝把他的灵魂安置在青翠的花园里。[40]

1986年，在罗马尼亚总统齐奥塞斯库的命令下，这座长期被作为监狱使用（或许总统曾是这里的犯人）的修道院遭到拆毁。现在，马夫罗科扎托斯家族修道院的旧址已改建为一座公园。

这种野蛮行为或许是出于罗马尼亚人对被"高门"和法纳尔人剥削的记忆。君士坦丁堡在整个18世纪都从这些公国得到了越来越多的黄金和粮食：多达三分之二的政府财政收入用在了行省之外的地区。尼古拉·马夫罗科扎托斯的图书馆的资金来自对瓦拉几亚的强征税款。地方编年史家抱怨道，在布加勒斯特和雅西聚集了太多来自君士坦丁堡的希腊人，以至于法纳尔几乎已遭废弃。马夫罗科扎托斯用"高门"的风格统治瓦拉几亚，展现浮华，散布恐惧，"不像真正的大公，而像一头野蛮的雄狮……这位大公激起了极大恐惧，以至于人们仅仅看他一眼就会战栗"。[41]

另一方面，法纳尔人和大牧首重新体会到了对奥斯曼帝国的忠诚。人们可以从大牧首写给苏丹的信判断出希腊人和奥斯曼人之间的合作精神，大牧首在信中请求苏丹准许他关押或者驱逐被指控为异端或犯有其他罪名的司铎。他直接致信"尊贵的、伟大的苏丹，愿陛下永葆健康"，并在信件上签名"您的仆人，君士坦丁堡希腊牧首"。如果希腊人反对新的大牧首，他们完全可以在"高门"前抗议作乱。在"高门"任职的希腊译员之女伊丽莎白·桑蒂·洛马卡嫁给了名叫路易·舍尼埃的法国布商：诗人安德烈·舍尼埃是他们的儿子。她像大多数希腊人那样对奥斯曼的统治抱有模棱两可的态度。她赞扬苏丹马哈茂德一世（1730—1754年在位）仁慈、有教养，配得上"大帝"的称号。他的任何一名臣民，无论男女，穆斯林还是基督徒，都可以在前往周五聚礼的路上向他陈情。他最有名的话是："帮助弱者时的强者最为伟大。"不过，她也将希腊人描述为"被野蛮民族奴役和统治的人"。[42]

当柯普律吕家族沉入默默无闻的境地时，摩尔达维亚和瓦拉几亚的权座让马夫罗科扎托斯家族保持富贵，拥有权势。生于1711年的尼古拉之子康斯坦丁在1731年被波雅尔贵族选为瓦拉几亚大公，年方20岁。他总共统治了26年：在1731—1763年6次统治瓦拉几亚，并在1740—1769年4次统治摩尔达维亚。他是唯一一位可以说"当我开始第七次统治"或"到我第九次统治结束时"的人。他不像他父亲那么残忍，他在1746年和1749年签署法令，试图减轻佃农对于农奴制、税收和徭役无法忍受的负担。有些佃农住在地洞里，像奴隶一样被地主带到首都的市场上出售。康斯坦丁·马夫罗科扎托斯并不是希腊文化的狂热分子。他说罗马尼亚语，下令编纂了第一本罗马尼亚语语法书，并让罗马尼亚语，而不是斯拉夫语或希腊语，成为教会的语言。到18世纪末，每一座城镇里都有一所罗马尼亚语学校和一所希腊语学校。[43]

康斯坦丁和他的父亲及祖父类似，生活在权座、监狱和法国大使馆提供的安全庇护下。由于他未能满足"高门"的最新要求，以及被指控叛国，他在1749年被囚禁在利姆诺斯岛的一口井里，并在1758年和1763年被关进七塔堡。虽说他在摩尔达维亚或瓦拉几亚度过了许多时光，但他仍在加拉塔保有一座房屋，他在那里的图书馆成了君士坦丁堡希腊人的骄傲之源。当外国大使提出购买这座房屋时，"整个希腊民族团结起来，要求他继续保有这座房屋"。不过，他在1757年不得不出售这座房屋和相当一部分图书馆，以支付"高门"要求的300袋金钱。康斯坦丁·马夫罗科扎托斯于1769年最后一次入狱，一支在俄土战争开始之际入侵的俄国军队将他监禁在雅西。由于忠诚或恐惧——他的两个儿子在君士坦丁堡做人质，他告诉俄国人："明天土耳其人就会回来，他们会像赶狗一样，将你们从这里赶出去。"他在那一年去世，葬于雅西的大教堂。[44]

康斯坦丁之子，即1782—1785年的摩尔达维亚大公亚历山德罗斯，被称为"疯子"贝伊，他忠于家族的奥斯曼主义传统。奥地利领事拒绝称呼他为"最尊贵的殿下"，本章的引语即为他的怒斥。有位俄国官员提出授予他独立的公国，他回复道他和他的家族始终忠于一位统治者。"比起耻辱的克罗伊斯的富有，我宁愿要光荣的贫穷。陛下（叶卡捷琳娜二世若是将我视为一位友好的土耳其人,那是更好的,这不会减损我作为基督徒的品质,而我的基督教信仰甚至反过来要求我忠于我的皇帝。"由于奥地利和俄国的压力,他被苏丹废黜,1812年在君士坦丁堡去世。其他希腊人满意于他们日益繁荣的现状,以及希腊学校和船只数目的增长。一位希腊人写道:"主导所有君士坦丁堡居民的神明是金钱私利,当涉及它时,任何事情都要退居其后。其奴役之深已经到了奴隶制削弱罗马人的国家的程度。"

上帝和财富之神(Mammon)为奥斯曼帝国辩护。1798年,当法兰西共和国的军队入侵埃及,威胁到帝国自身时,耶路撒冷牧首——或是以他名义发声的普世牧首格列高利五世——在君士坦丁堡出版了一本为奥斯曼帝国而作的希腊文辩护书,题为《大牧首的劝诫》(The Paternal Exhortation)。

> 上帝已经让奥斯曼人的帝国上升到其他任何王国之上……这是为了给西方人民套上缰绳,给我们东方人民带来救赎之法。因此,他在这些奥斯曼人的苏丹的内心放入了保证我们东正教信仰自由的倾向,苏丹们还抽出多余的精力来保护基督徒,甚至到了他们有时候会严惩背离信仰的基督徒的程度。

不得建造新教堂的禁令只是重现了早期教会的神圣贫穷。自由是"注定使人民陷入灾难和混乱的毁灭性毒药"。自由甚至在一年前(1797年)毁灭了君士坦丁堡的宿敌威尼斯共和国(被法兰西共和国征服)。牧首以发自内心的哭喊结尾:"我们并非在这里拥有一座永恒不变之城。我们在追求天国降临之城。"[45]

然而,对于一些希腊人,甚至是对于享有特权的马夫罗科扎托斯家族的大公来说,对奥斯曼帝国的忠诚开始显得与叛国无异。叶卡捷琳娜二世统治下的俄国权势提高了人们的期望。"疯子"贝伊的弟弟,即18世纪80年代摩尔达维亚的大法官季米特里奥斯·马夫罗科扎托斯并未回到君士坦丁堡,而是留在他的新家园,他在那里建立了马夫罗科扎托斯家族的罗马尼亚分支。1787年1月25日，另一位亚历山德罗斯·马夫罗科扎托斯——曾经是大译员，后来成为摩尔达维亚大公——离开雅西，逃亡到俄国，因此得到了"流亡者"的称号。他留在君士坦丁堡的妻子扎姆菲拉为了生存，不得不出售自己的衣服，虽然她后来加入了他的流亡。他们在莫斯科住下，"流亡者"开始写诗，鼓励希腊人通过自己的努力，而不是外国势力来得到自由。19年后，即1806年，马夫罗科扎托斯家族的表亲伊普希兰蒂斯家族——与俄国间谍秘密接触几十年之久——也逃到了俄国。约翰·卡姆·霍布豪斯在1813年与拜伦勋爵一同游览该地区，他觉察到希腊人对土耳其人的深仇大恨："他们（希腊人）所有的希望都指向让任何一位基督徒重建拜占庭帝国，但准确地说是他们自己教会的基督徒。"[46] 法纳尔人正离开他们熟悉的王朝野心的宇宙，前往民族主义的新世界。这座城市不再让人满意。伊普希兰蒂斯家族的一名成员称，它不是君士坦丁之城，而是蛮族之城。[47]

7

惬意的毯子

我们去幸福宫吧，我那摇曳的柏树，我们走吧！

——奈迪姆，约1725年

风景是君士坦丁堡最大的愉悦之处。水和建筑的结合是如此引人注目，以至于诗人们称颂博斯普鲁斯海峡为镶嵌在两块翡翠之间的一颗钻石、宇宙帝国戒指上的一枚宝石。对风景的热爱影响了城市房屋的设计。英国建筑师C.R.科克雷尔写道："房屋都被设计成至少两侧开有窗户，有时要在三侧开有窗户，窗户还特别大，使得效果像是玻璃房那般。土耳其人似乎是唯一懂得恰到好处地欣赏阳光普照和美景乐趣的民族。"弓形凸窗像船首一样向外伸出，让住户能看到更好的景色。人们认为这些窗户非常有必要，因此它们是19世纪当地欧洲风格建筑的首要特色。[1]

在这座风景之城中，观景是和演讲、手书一样多见的交流形式。苏丹经常在托普卡帕宫的阳台上用望远镜观看加拉塔。加拉塔的居民有时也大着胆子调整望远镜观望宫殿。曾经有一次，法国大使望远镜上闪烁的阳光差点导致两国的外交关系暂停。19世纪，皇家的公主们"熟练地将眼镜（双筒望远镜）藏在窗帘花边和绸缎的褶皱处，以观望邻居和访客。后宫里的女人很少有不知晓这些事或没观望过他人的"。（双筒望远镜在今天仍然是博斯普鲁斯海峡边基本的家庭装备。）

花园的流行让君士坦丁堡与里斯本、威尼斯等其他水城有所不同。大片绿色在铺着红瓦片的屋顶和灰色的石造清真寺中间显得格外鲜明。斯拉夫谚语"土耳其人踏过的土地寸草不生",是诋毁之语。如果对于基督徒来说,天堂的物象是闪耀的山巅之城的话,那么对于穆斯林来说就是有着永不枯竭的泉水和河流的乐园。在每年5月初的伊斯兰教圣人黑德尔和易勒雅斯的纪念日是鲜花和草木的庆典。大维齐尔照例将由花朵和水果组成的礼品送给苏丹、后宫和外国大使。迪弗伦·卡纳耶观察到,奥斯曼人将花朵视为圣遗物。他们经常手持一朵花,或将其别在缠头巾上。种子、球茎和花朵在香料巴扎旁的庭院里被出售,今日仍是如此。花朵和花园是城中瓷砖、刺绣和诗歌的首要主题。一位16世纪的诗人写道:"我为何要凝视花园?心灵就是我的花园。"对大诗人巴基来说,"在世界的花园里,幸福只不过是玫瑰,撑不过无穷无尽的一年"。[2]

奥斯曼人在君士坦丁堡创造了许多不同风格的花园:带有花床的室内天堂花园;室外的欢愉花园;葡萄藤架影子下的阶梯花园;被称为"菜园"的蔬果园;为了夏日的凉爽而在地下开挖的下沉花园。1690年,法国游客、历史学家让·迪蒙对大维齐尔副官(kaimakam)的花园印象深刻:"小径上铺着沙子,两侧有的地方种着橘树,有的地方种着其他果树。花园广场的陈设并不像我们的花圃,它们仅仅由木板隔开,摆满了土耳其人非常喜爱的花卉。"君士坦丁堡的街道和城墙上也生长着树木。葡萄藤和紫藤从房屋垂挂下来,至今依然如此,它们在绳索上攀缘蔓生,越过街道,甚至让最贫穷的区域都不像其他城市的贫民窟那样肮脏。[3]

苏丹在马尔马拉海和博斯普鲁斯海峡边拥有61座花园。这些花园避免了西方和伊朗花园的僵化风格,园中散布着花朵、"撩拨人眼的"南欧紫荆、白杨树和柏树。当苏丹巡幸后宫时,花园周遭被木格栅栏包围,以掩护女子们不为外人所见。皇家园丁队是庭院中的主要单位之一:一本1580年的账簿记录了他们更新"宫殿花园中幸福房的台阶旁茉莉花绿廊"的开销。[4]

君士坦丁堡有一种奇特的花园形式:位于城外,在山丘和山谷间蔓延的鲜花墓园。柏树、花朵和爬山虎生长在奥斯曼陵墓之间,或者从墓碑中央雕刻的洞中生长出来。墓碑并非有序排列,而是杂乱无章地散布其中,据说它们的数量多到足够重建整座城市。墓园的花圃清丽怡人,因此成了最受欢迎的周五家庭野餐地点。咖啡馆被建立在墓园中，或是俯瞰墓园的位置。法兰克人每晚都聚集在佩拉的一座墓园里聊天和散步，从那里向金角湾对面望去能看到宏大的景象，他们将之称为"小墓园"。[5]

墓碑曾经被涂上鲜艳的蓝色、金色和红色①，多年的风雨将它们变为白色或灰色。女性坟墓的墓碑上会刻上花朵或披肩的图案；石雕缠头巾标志着男性死者的官方职阶。一些墓志铭证实了花园在奥斯曼人想象中的地位：

> 永恒的真主啊！
> 我的萨迪卡已逝去，
> 呜呼，呜呼！
> 我亲爱的孩子已离我而去，
> 呜呼，呜呼！
> 萨迪卡，我眼中的光芒，
> 我希望的玫瑰园，
> 已前往天堂。
> 用《古兰经》首章②为奥斯曼贝伊的女儿萨迪卡祈祷。
> 伊斯兰教历1256年

> 永恒的真主啊！
> 我刚刚成为母亲，看见了我新生的孩子，
> 当命运之箭将我的灵魂送入永生之时，
> 我离开此世的花园，前往天堂的花园。
> 用《古兰经》首章为奥尔曼埃芬迪的妻子艾塞祈祷。[6]

茉莉、鸢尾、玫瑰、百合、康乃馨和风信子在首都的花园中最受欢

---

① 1904年，法国小说家皮埃尔·绿蒂重建了他的爱人，也是同名小说的女主人公阿齐亚德在陆上城墙外的陵墓，并再次给墓碑镀金。
② 《古兰经》的开篇经文，标准的穆斯林礼拜经文。

迎。然而，没有一种花比郁金香更加"奥斯曼"：郁金香格外受到爱惜，因为它的土耳其语名字"lale"的字母与真主安拉的字母相同。①为君士坦丁堡花园准备的郁金香风靡整个奥斯曼帝国。1574年，塞利姆二世写信给身处阿勒颇附近的一位官员："我需要大约5万朵郁金香来装点我的皇家花园。我将派送我的一位主管仆人到你那里去取来这些球茎。我命令你绝对不能有所延误。"1577年，穆拉德三世要求从克里米亚送来30万个郁金香球茎。它们被取了诸如"侏儒紫""兴盛之光""爱人之脸""玫瑰箭"等名字，它们的颜色、茎和雄蕊是人们谈论和仿效的主题。尖花瓣是土耳其郁金香的特质。一朵完美的郁金香被描述为"杏仁形状，像针一样，装饰有令人愉悦的头状花序，内轮花瓣像喷泉，花瓣正应该这样；外轮花瓣微张，并且纤小，它们正应该这样"。郁金香在夏天可能会被置于阴凉地，以防止它们被太阳晒枯。16世纪，郁金香从君士坦丁堡传播到了欧洲中部和西部。[7]

到18世纪，博斯普鲁斯海峡两边已布满了葡萄园、花园和果园。许多村庄会有自己专门种植的水果：如梅利卡瓦克专产樱桃；奥塔科伊专产樱桃；贝伊科兹专产胡桃；梅吉迪耶科伊专产桑葚。17世纪的马利克·艾哈迈德帕夏和宾客在他沿着博斯普鲁斯海峡和金角湾的12座水滨别墅（或海边木屋）里狼吞虎咽地吞食着"多汁的红宝石色樱桃"。[8]

水滨别墅很快成为君士坦丁堡的生活中必不可少的一部分。在巴黎，为了避免火灾，木制房屋的建造在17世纪中叶以后被逐步禁止。然而，在奥斯曼帝国的首都，16世纪后兴建的大部分房屋都是木制的。其原因不仅仅是材料的便于获取（安纳托利亚被森林覆盖）、造价便宜和建造速度快等实用优势——建造一座大房子只需要两三个月——也是因为君士坦丁堡的特殊地理和审美。君士坦丁堡建在断层线上，经常遭到地震的毁坏：最严重的几次地震分别发生在1509年（"小末日"）、1648年、1719年、1766年、1894年。因为木材能弯折，它能比石头更好地抵御地震（东

---

① "lale"的奥斯曼语为"لاله"，而"Allah"的奥斯曼语写作"الله"。两者所含字母基本相同，但顺序以及长音的表示方式不同。——译者注

京的传统建筑师也发现了这一点)。君士坦丁堡是一座水城,木材比石头能更好地吸潮。选择木材也反映了奥斯曼人对风景的热爱:比起石墙,木墙能够建造更多和更大的窗户。

从外面看来,水滨别墅和大宅邸(konaks,不建在水边的大房子的名称)没有周边的花园看起来那么吸引人。它们经常被涂上锈红色,没有什么特色。现存的旧房子,比如博斯普鲁斯海峡亚洲一侧岑格尔科伊的柯普律吕水滨别墅或萨杜拉帕夏水滨别墅,抑或是为基督徒船主所建造的宏伟的四层木造豪宅,即贝贝克的卡瓦夫扬之家,其外表与威尼斯大运河两边的巨大石造宫殿相比显得朴实无华。可以预见的是,王朝权势是主因。房主害怕苏丹在坐船经过博斯普鲁斯海峡或金角湾时对他们的大宅有所非难或嫉妒。特别是,如果房主是基督徒,有时房主会把同一幢房屋的各个部分涂上不同的颜色,以便让房子看起来像是多栋独立的房产。理论上,基督徒和犹太人在海边修建的房子应当比穆斯林的低矮两英尺,尽管他们经常购买这条规则的豁免权。

水滨别墅内部的主间被称为沙发间(sofa):上层的大会客厅,或者在这样一个会客厅内高于地板一英尺的隔间,隔间地面铺着特别奢华的地毯,并排摆放着一列矮沙发。天花板、窗户、窗框和墙壁都雕刻并装饰着亮色的镀金花朵图案、玫瑰形花饰和阿拉伯风格图案;墙上的壁龛里摆放着花盆或香炉,鲜花要么成束地插在蓝白色的花瓶里供人欣赏,要么单枝插在威尼斯长颈玻璃瓶中。基督徒、犹太人和穆斯林采用相同的室内风格。根据英裔荷兰设计师、优秀的法纳尔小说《阿纳斯塔修斯》(*Anastasius*)的作者托马斯·霍普的记载,法纳尔的希腊人房屋包括"尽显东方恢宏气派的房间。地上铺着波斯地毯,热那亚天鹅绒包裹着墙壁,镀金的镶板罩在高高的天花板上。醇厚的香水蒸腾成雾,从银香炉的四面升起"。许多富裕的希腊人像他们的穆斯林邻居那样,在宅邸里有分隔开来的男性和女性区域。[9]

或许是作为对往昔的奥斯曼人游牧生活的重现,除了火盆、高脚凳(上面放置着盛放食物的大圆托盘)、墙壁边的刺绣矮沙发,并没有多少家具。床垫放在壁橱里,到晚上就在地板上铺开,当作床铺使用。珠宝和纺织品——地毯、壁挂、垫套——是奢侈的主要标志。一位俄国外交官在拜访了大维齐尔和卡普丹帕夏的住宅之后写道:"虽然他们的房屋外表简朴,但是内部仍以奢华和富丽的风格为主。那里的黄金、上等织物、珍珠和贵重宝石极多,其景象难以言表。"

玛丽·沃特利·蒙塔古夫人与他所见略同。她于1718年访问了艾哈迈德三世14岁的女儿、阿里帕夏的遗孀法蒂玛的宫殿,法蒂玛在1709年的第一次婚姻仪式办得十分华丽,此时她嫁给了大维齐尔易卜拉欣帕夏。她的宫殿建在现在的彻拉安宫所在地:

> 它位于水道(博斯普鲁斯海峡)两岸最宜人的地点之一,背后的山坡一侧有一片茂密的树林。它占地异常广大:卫兵向我保证宫殿中有800个房间。我对这一数字不做评价,因为我没有一间间数,不过房间数量肯定非常庞大,并且所有房间都装饰着大量大理石、金箔和最精致的水果和花卉画作。

招待苏丹的房间是这样的:

> 装上了珍珠母护墙板,板上镶嵌着像指甲一样的祖母绿;还有其他的珍珠母护墙板镶嵌着橄榄木,以及一些日本陶器。走廊众多且宽阔,布置着一罐罐鲜花和盛放各种水果的陶瓷餐盘,墙上的灰泥也涂抹得很好,走廊用非常活泼的色彩装饰,以至于有一种令人心醉的效果。花园与房屋相配,藤架凉亭、喷泉和步道交杂成一体,令人迷乱而又惬意。

水滨别墅花园中的亭阁尤其令人愉悦。根据科克雷尔所述:"最迷人的事物是凉亭……它们完全由木头制成,甚至规模最大的亭阁都是在大约两个月之内完成的。"亭阁装饰有圆顶和镀金木刻,"和你阅读《一千零一夜》时想象的情况一样"。亭阁外部的网格藤架上布满葡萄藤、茉莉和忍冬,组成了一张绿色挂毯。[10]

近水是君士坦丁堡水滨别墅的特色。由于没有潮汐，房子可以建在与博斯普鲁斯海峡同一海平面的地方。通过窗户看到的水景、听到的水声，以及天花板上映出的水的倒影，让一些水滨别墅仿若浮在水面上。开凿在地板上的水道横穿数个房间。在圆形穹顶的沙发屋的地面上，大理石喷泉吐出水柱。墙上的喷泉既凉爽宜人，也在水流从一个大理石杯跌入另一个时产生富有活力的声音。花园里分布着大理石小瀑布、水池和蜿蜒的水道。君士坦丁堡的水滨别墅在卡斯托里亚、萨夫兰博卢、大马士革等省府被仿效，在帝国各地的壁画，以及犹太人的婚约等文献中再现，它们成了"奥斯曼风格"的突出标志。

饮食自然属于居民的首要乐趣。英国首任驻君士坦丁堡大使威廉·哈本记录了奥斯曼人于1582年在宫殿中招待他的饭菜："煮羊肉和烤羊肉，用不同方式烹调的米饭，无比美味的油炸馅饼，精致地装饰着漂亮纸板的餐食，还有无数我不知道如何称呼的其他菜品……我们的饮品是由玫瑰水、糖和香料发酵制成的。"主菜是肉汁烩饭，它也是每个新厨师面临的第一道测试。作为福利待遇，宫廷学校的男仆们每周四晚上都吃肉汁烩饭。穷人以面包、水、水果、蔬菜、酸奶、米饭维生，如果运气好，他们还能在工作完成后、接近傍晚5点时吃到鸡肉、羊肉或肉汁烩饭。富人吃黑鱼子酱，穷人吃红鱼子酱。[11]

奥斯曼美食吸收了地中海、中东和中亚的传统，最终成为世界上最复杂精致的美食之一。许多曾在伊斯坦布尔居住的人最怀念它的就是食物了。富豪加卢斯特·古尔本基安在离开君士坦丁堡许久之后，仍然通过他的餐盘感受着这座城市中的生活，因为他雇用了一位"东方"（土耳其、希腊或亚美尼亚）厨师来做他在青年时期喜欢的菜。他喜欢的菜肴有切尔克斯鸡，作料有胡桃和红辣椒；整条鲭鱼，里面除了鲭鱼肉，还填满米饭、无核葡萄干、松仁和洋葱，并且鱼皮没有弄破；鸡肉布丁，将鸡胸肉打成润滑的肉浆，加上牛奶、糖和肉桂调味；各种独具特色的哈尔瓦甜品（一种用芝麻籽制成的甜品），它们被用来让争吵的朋友讲和，以及让归来的战争英雄恢复元气。在富裕的家庭中，厨师只用动物的左腿（右腿被认为肉质太硬,因为动物更多用右腿站立)。

蔬菜是奥斯曼美食的荣光,奥斯曼人用其他国家罕见的精妙方式来烹制蔬菜。一些菜肴,特别是以"蔬菜之王"茄子为基础的菜肴,需要几天时间烹饪。用餐时会上两种菜:用橄榄油烹制的冷菜和用黄油烹制的热菜。野玫瑰、紫罗兰、桑葚和罗望子的果实被用于制作果汁,用从布尔萨的高山上运来的冰块冰镇,然后被贮藏在水箱中。坚果、香料和薄荷用来增加果汁的风味。腌制水果和果酱是另一特色。其中一种果酱因其颜色和醇厚的风味被称为"红宝石蜜饯",不过我们没有必要相信18世纪末的詹姆斯·达拉维博士,他说红宝石蜜饯也含有红宝石碎屑。君士坦丁堡的家庭每年都会制作葡萄糖蜜,用作菜肴的调味品。[12]

希腊人、亚美尼亚人和土耳其人共享同样的食物和同一座城市。除了塞法迪犹太美食的部分例外,君士坦丁堡没有像20世纪末伦敦的中国菜、印度菜或20世纪初纽约的犹太菜、意大利菜那样彼此截然不同的美食。材料和烹饪方法的不同更多是因为阶级和地域,而不是因为种族或信仰(虽说基督徒有鱼干等特殊的大斋节食物)。[13] 因此,尽管他们各自秉持固执的民族主义,但20世纪末"希腊菜谱""土耳其菜谱"和"亚美尼亚菜谱"仍存在着相似性。

用完餐之后是享受烟草和咖啡带来的欢愉。1601年,英国商人将烟草从美洲带到君士坦丁堡。最初,清真寺指责烟草是令人憎恶的发明。当时的历史学家、佩奇人易卜拉欣谴责抽烟者污染空气:"他们彼此向着对方的脸吐出烟气,让街道和市场发出恶臭。"1633年,穆拉德四世下令严禁吸烟,违者处死。根据另一位历史学家卡提卜切莱比的记载,当禁令变得更加严格时,"正如老话所说,'人们渴望被禁止的事物',民众更想吸烟了,于是成千上万人被送往虚无之所"。走投无路的烟民只好去吸碎烟叶的气味。最终,君士坦丁堡穆夫提于1647年允许吸烟。到18世纪末,烟草不仅是奥斯曼帝国的首要出口商品之一,也是继服饰之后帝国用以确立或否定地位和认可的主要手段之一。烟斗和烟嘴的长度、美观和精巧程度标志着吸烟者的地位和财富。烟嘴可能由琥珀、象牙或河马牙制成:其中,浅柠檬色的琥珀特别流行。侍烟官的职能十分重要,以至于他们后来成了皇室机要官员。烟管成为"东方礼节的首要代表",即使在访客并不抽烟的情况下,依然如此。1841年,在法国-奥斯曼关系发展为非同寻常的紧张局势之时,因为此前没能获得在苏丹的宫殿中抽烟的特权,法国大使威胁离开君士坦丁堡,直到他获得正式道歉才肯罢休。[14]

咖啡在16世纪中期从也门传入。两个叙利亚人于1554年建立了首家公共咖啡馆——比伦敦或巴黎出现咖啡馆要早100年。3年后,他们发了笔小财,回到叙利亚。咖啡馆迅速成为首都男性公共空间的主要中心。男人们在那里打牌,玩多米诺骨牌或是抽烟,度过数个小时,甚至数天,直到现在还有些人仍旧如此。① 咖啡馆向他们提供烟管,但他们自带烟嘴和烟草。漂亮咖啡馆在图片中展现了带有雕花和镀金的内部装饰,咖啡馆里还配有喷泉、铺着毯子的长靠椅,以及大窗户,人们可以透过窗户观赏风景。男子们抽烟、写信或者下跳棋。在更为贫穷的街区里,以及在巴扎附近,男性将咖啡馆视为职业介绍所,即某个等着提供工作的地方。穆斯林和非穆斯林经常光顾同一家咖啡馆,但也有单独的希腊、阿尔巴尼亚、波斯和禁卫军咖啡馆。[15]

和19世纪的维也纳一样,一些咖啡馆经常有智者和作家光顾。佩奇人易卜拉欣写道:

> 有些人阅读书籍和精美的文章,有些人忙着下双陆棋和象棋,有些人则带来了新诗,谈论文学……即使是大人物,也禁不住来到那里。伊玛目、宣礼员和虔诚的伪君子说:"民众已经成为咖啡馆成瘾者,没人来清真寺了!"乌莱玛说:"这是罪行之屋,去酒馆都比去那里好。"

禁令下达,但很快就被取消了。维齐尔们没有以高利率借钱给政府,而是投资咖啡馆。[16] 据估计,到19世纪初,君士坦丁堡城内和周边共有大

---

① 本书的很多内容是在博斯普鲁斯海峡亚洲一侧的小社区库兹贡久克写作的,那里的主街上排着10座咖啡馆,它们时有顾客来光临。

约2500座咖啡馆。[17]

咖啡馆成为和郁金香一样的君士坦丁堡特质。法国旅行家泰弗诺于1655年在城中居住，他写道，土耳其人认为咖啡有药用价值："无论贫富，所有人一天都至少喝两三杯。"直到20世纪60年代，职业音乐人和说书匠还是经常光顾最大的那几家咖啡馆。音乐人这样吟唱情歌：

> 用你眼中的鹰，抓住我心中的小鸟……
> 你唇上腻人的香脂让我渴望小口吮吸。
> 哦，我的甜心！

说书匠的故事经常这么开场："曾经，当真主有许多仆人之时，很久以前，当骆驼是挑货郎，当老鼠是理发师，当驴子是国王的掌玺官，当骡子是军械制造师傅之时。"这些故事详细讲述了婚姻官司，以及外国人和少数族群的古怪特性。那些关于土耳其大智若愚的传奇人物纳斯尔丁霍贾（Hoca，意为导师）的故事，在土耳其语中等同于"冗长的冷笑话"。

每年5月6日的黑德尔日，即卡普丹帕夏率领舰队前往爱琴海，以及屠夫开始宰杀羊羔的日子，君士坦丁堡的民众习惯于走进乡村，享受春花和由羊羔、葡萄叶卷和烩饭组成的野餐。他们常去的目的地是两片宽广的绿色河谷，即金角湾尽头的"欧洲淡水区"或博斯普鲁斯海峡亚洲一侧中间位置的"亚洲淡水区"。曾经有一年，有人送了霍贾一只羊羔。他的朋友们欺负他愚钝，便要求他给他们烤羊羔，因为第二天就是末日审判。于是他们都前去亚洲淡水区，当羊羔肉在火上烤时，他们躺下小憩。当火快要熄灭时，霍贾拿走了朋友的长袍和衣服并丢进火里。朋友们醒来后抱怨起来。霍贾回复道："既然后天就是复活日，你们就不再需要这些旧衣服了。"[18]

在烟草和咖啡之外，果酱和香水也被用来招待拜访大户人家的尊贵客人。人们用镀金勺子享用果酱，用窄颈银瓶把麝香味的玫瑰水洒到手上。银瓮里点着熏香，使整个房间充满香气，如果它被置于外衣或缠头巾下方的话，访客全身也满是芳香。这是权力的香水，因为和在凡尔赛宫一样，等级在君士坦丁堡是通过气味、服饰和举止体现出来的。当查利蒙特勋爵学习如何握住银瓮，让它处于他的卡夫坦长袍下方时，"书记长哈哈大笑，他十分幽默地告诉我说，他很高兴看到我开始适应他们的习俗，他希望我很快就不会对这些习俗感到陌生"。与宫殿的气派、清真寺的辉煌类似，君士坦丁堡的礼仪和习俗是这个城市向外部世界传达的信息的一部分。[19]

不过，还有些乐趣并不为外国人所见。佩奇人易卜拉欣所说的"带给人愉悦的沙发上的四个垫子"是烟草、咖啡、鸦片和酒。虽然鸦片被伊斯兰教禁止，但是在苏莱曼清真寺旁的一条街道依然有售。每天的黄昏时分，瘾君子们都聚集在那里购买鸦片丸，他们看起来如同从坟墓中爬出的食尸鬼一般、颤颤巍巍、结结巴巴。有的瘾君子一次服用多达四枚鸦片丸，用水吞服，享受珍珠楼阁或天堂里年轻又美丽的女子的幻象。在显贵的家中，人们用鸦片和烟草为单调、忧郁的土耳其音乐晚会助兴，直到沉默的听众"为满腔诚挚的哀思所陶醉"。苏丹的鸦片经常混有香水或磨成粉末的珍珠。[20]

禁酒是君士坦丁堡城中最少有人遵守的伊斯兰传统。犹太人从德国和西班牙进口葡萄酒，但最受欢迎的葡萄酒来自爱琴海诸岛，如萨摩斯岛或克里特岛的甜酒，甜酒从古典时期开始就享有盛名；奥斯曼帝国和威尼斯在17世纪花30年时间争夺克里特岛，正是甜酒构成了它们发生冲突的合理的经济理由。"智慧的"艾哈迈德正是在征服克里特后，在希俄斯岛上休息时尝到了美酒的滋味，这种滋味导致了他的早逝。葡萄沿着博斯普鲁斯海峡种植，那里也产出美酒，即使是在属于穆斯林瓦克夫的土地上，人们也种植葡萄，酿造葡萄酒。

早在巴耶济德二世统治时期（1481—1512年在位），诗人们就常常拜访金角湾沿岸声名狼藉的酒馆。根据历史学家艾弗里雅切莱比的记载，到17世纪，君士坦丁堡大约有1400家酒馆。与高耸的石造清真寺相比，酒馆显得矮小而肮脏，但在一位诗人口中：

从外面来看，酒馆似乎是阴暗污秽之地
但在里面，它宽敞、明亮又通风，迷人得很。[21]

在保守主义盛行或局势不稳的时候，又或者统治者为了在开始统治时定下正规的基调，酒会被禁止，酒馆会被关闭，甚至犹太人和基督徒也被强令不许饮酒。① 追求享乐者会将喝酒的水晶杯换成陶瓷咖啡杯。不过，当地有句俗话说，苏丹的命令中午下达，仅能生效到下午1点。禁卫军的阿迦和首席园丁帕夏管理从酒馆中征收的税，并从中获益。酒馆很快会再次开张。[22]

苏丹和穆夫提私底下也会常常享用他们公开禁止之物。或许除了斯图亚特王朝，没有一个基督教王朝的国王像奥斯曼的苏丹那样烂醉（然而，他们的酒量不如其穆斯林教胞莫卧儿皇帝）。苏莱曼大帝自己直到统治的最后数十年还在饮酒。他的一位诗人用酒来比喻爱情，因为酒是诗歌以及首都现实生活的一部分：

　　让酒馆赞颂你的红宝石唇，全心全意，
　　让人别放下酒杯，昼夜不息，
　　让他们爱慕，让他们宴饮……

他的儿子、被称为"酒鬼"的塞利姆二世在浴室失足跌倒而死——或许当时他正在饮酒。穆拉德四世在艾弗里雅面前喝酒："艾弗里雅，你现在已经得知了我的秘密，小心，别泄露。"

诗人歌颂酒，而不是果子露。他们喊道"哦，上酒人，起死回生之碗在哪里呢"，并且希望郁金香色调的酒能代替血管中流动的鲜血。一位17世纪的穆夫提写道：

　　让伪信士在清真寺中沉湎于他们的伪信吧，
　　来酒馆吧，在那里你不用掩饰，也看不到掩饰者……
　　让他们从今以后称这个见面场所为酒肆吧，如果他们要这样

---

① 酒馆在巴耶济德二世、苏莱曼大帝统治时期，以及在1613年、1622年、1670年、1747年、1754年曾多次被关闭。

把酒杯、侍者带来这里，让他们称我为醉汉吧。

让他们说"他从未清醒过"。[23]

一位宗教法官和一位穆夫提各自经营着自己的酒馆，他们在杰出的奥地利历史学家哈默-普格斯塔尔的笔下被称为"同时对酒和伤风败俗的淫乱之事上瘾的自由思想者"。早上宗教法官在穆夫提的酒馆买醉，晚上穆夫提在宗教法官的酒馆被灌醉。18世纪的奥斯曼驻波斯大使抱怨道："在土耳其，我们饮海量的酒，在波斯，我们喝几杯茶。"更贫贱的市民喝一种叫"波扎"（boza）的酒精饮料，艾弗里雅描述道："喝波扎酒是被允许的，因为它甚至能给信仰的战士以力量。"哈斯科伊的犹太人酿造了一种叫"土豆烈酒"的杜松子酒，它在那里的酒馆中搭配葡萄酒和烤牡蛎供客人享用。到19世纪，"拉克酒之夜"是寻常之事。呈上的菜品是至今伊斯坦布尔的餐馆仍然供应的那几种：坚果、奶酪和甜瓜；鱼子和五香肉；茄子、沙拉等冷蔬菜；烤鱼或煎鱼；贻贝；以阿尔巴尼亚风味烹饪的肝脏；奶酪馅或肉馅的油酥糕点（波雷克馅饼）。男性宾客喝茴香籽味的利口酒并朗诵诗句，直到呈上果盘，这标志着到了离开的时候。[24]

酒还促进了性欲。由于通奸是死罪，关于情爱轶事的文字记录十分贫乏。不过，虽说有宗教、习俗和恐惧的巨大压力，但是一些女性确实曾和没有与她们结婚的男性做爱。假如她们不被允许出门，情人们就通过推销员和其他女人与她们联系，这些中间人通常是希腊人、犹太人或亚美尼亚人，他们四处走家串户。正如19世纪的诗人和回忆录作者莱拉夫人所写："他们是可怕的私通者，有时会做出最毁名誉的交易。"丢给大街上情人的花朵表达出隐秘的爱语。手握水仙花的意思是："你能爱我吗？"把玫瑰花骨朵撕成两半是发问："你会为我而死吗？"折下紫罗兰的花朵表达的意思是："我即使被弓弦勒死也毫无怨言。"爱情也有押韵的密码："开心果仁在土耳其语里叫'fistik'，或许送来开心果暗指的韵文是'ikimize bir yastik'，即让我们两人同床共枕……丝线在土耳其语里叫'ipek'，其指代的押韵表达是'seni seviyorum pek'，即我狂热地爱着你。"[25]

在七塔堡中任职多年，去世于1585年的阿齐兹所写的诗歌提到，情人们在七塔堡中享有相当的特许权，"长发的泽曼，地球上民众的折磨之源"，拥有的情人和脖子上的头发一样多。"玉手杰米拉"和"秀踝艾塞"懂得到哪里去寻找欢愉。许多女性有机会拜访其他人的闺房、公共浴室或巴扎。她们在大街上被长袍和面纱所遮盖，自成一个世界，有机会进行后来的后宫囚鸟所说的"私通和秘密性交"。她们既可以用舌头，也可以用眼睛交谈——明亮而闪耀的眼睛。

诗人巴基则写道：

如果女士们在国外也始终戴着面纱，这会奇怪吗？
因为驰道上的劫匪在前行搜寻猎物时也这样做。

一些女性大胆地戴着紫色面纱，吵吵闹闹地走过巴扎里的一家又一家商店，用类似"你有任何适合我的东西吗？如果你有好货，我会很有兴趣，不过你得先衡量下我"的话试探店主。那些店主越看着她们涂着指甲花的手指就越发兴奋。

有些故事与在佩拉的酒馆或者妓院租私密房间的土耳其女性有关——她们可以在那里"满足自己的肉欲，然后对情人论功行赏"。年轻男子可以穿着女装，托人偷偷潜入后宫。托特男爵是一位说土耳其语的匈牙利裔军官，他于1755—1776年居住在君士坦丁堡，根据他的记载，女性经常为情人所杀。她们的尸体往往被扒个精光、残缺不全，"漂浮在海港中，就在凶手的窗口正下方"。[26]

然而，一些女性转而彼此寻找爱情和友谊。女同性恋者有博学和忠诚的名声。她们是"优雅之人"，经常通过穿着颜色相配的衣服或抹相配的香水来显示她们的爱情。下面这封信是一位叫菲雷克苏的侍女于1875年写给苏丹阿卜杜勒迈吉德之女贝希杰苏丹的。当时菲雷克苏正受着疟疾发作之苦，这封信显示了女性之间的情感力量，无论是肉体的还是非肉体的：

我的小母狮，我非常爱你，你也说你有些爱我。你是我此世的心之喜悦。我也能从你的健康中寻获自己的健康。老实说，这不是因为你是贝希杰公主。公主有许多，愿真主保佑她们的生命。你知道我爱你，你对我展现了许多善意，我爱你，我爱你，简单来说就是我爱你，我诚心诚意爱你。我真的爱你。好啦，我说过我爱你，我爱你，这就是我要说的……

贝希杰苏丹一年后去世，当时仅新婚两周。[27]

与强加在穆斯林女性身上的隐秘大为不同，基督徒女性公开保持加拉塔的淫乱传统。希腊女性可以通过一种叫"临时婚姻"的协议按月出租，这个词来源于土耳其语中指代一种临时婚姻形式的词"kabin"。据其继任者所说，一位18世纪的英国大使把他在君士坦丁堡的12年都用在"和女人一起在沙发上相处"了。根据查利蒙特勋爵所说，"女人十分潇洒美貌且穿着考究，她们的举手投足特别令人愉悦，恰如其分地表现出她们不是爱情的敌人"。因为"旅行者的责任是不让任何事物逃过法眼"，他拜访了禁卫军阿迦和首席园丁帕夏认证许可的妓院。妓女要么是基督徒，要么是犹太人，"她们中许多人极为美丽，熟练于所有必要的技艺和唤起欲望的诱惑"。有一次拜访"一房之主"，即一个希腊女人①时，她让八或十名裸体"女神"围绕着他，"女神"们让他想起赫拉、雅典娜和阿芙洛狄忒。18世纪末，最好的妓院在英国大使馆边上。个体经营者在墓园里娱乐顾客——在那里，无人陪同的女性会被认为在拜祭死去亲属的坟墓。[28]

君士坦丁堡提供了一种在欧洲西部难以寻获的自由：性取向不一致的自由。同性恋者在欧洲西部可能会遭遇监禁或死刑。然而，法提赫苏丹就曾经向他的士兵保证，既能拥有"非常美丽的女人，年轻又好看"，"也能得到男孩，数量众多，容貌出众，出身贵族家庭"。"穿刺者"弗拉德——瓦拉几亚大公，吸血鬼德古拉的原型——的弟弟拉杜是苏丹本人

---

① 今天的"玛蒂尔德夫人"，即加拉塔石塔附近伊斯坦布尔红灯区的女王——土耳其纳税最多的人之一，是一位亚美尼亚天主教徒。

最有名的男宠。拉杜在7岁时作为人质来到奥斯曼宫廷，那时他"只有一束花那么高"。最初他拒绝了苏丹的追求，用剑刺伤苏丹，并逃到树上过了一夜。在他成为苏丹的情人之后，作为赏赐，苏丹将他哥哥的大公权座赐给了他。[29]

一个世纪后，一位法国访客写道，土耳其人"也犯了严重的所多玛之罪，显贵比平民罪孽更甚，很少有首领身边没有一个或几个侧室"。据英国旅行家所说，咖啡馆和酒馆让"美丽的男孩提供性服务，去拉皮条"。200年后，查尔斯·怀特谴责"加拉塔的希腊舞蹈男童令人作呕的表演……甚至连心灵最鄙陋的人也为之作呕"。一队队舞女在后宫和公共浴室伴随着鲁特琴、吉他和响板的音乐取悦女性，她们往往女扮男装。在禁卫军和水手的妓院里，以及在显贵家中的冬季哈尔瓦甜点派对中，身着华服、留长发、有着"金球""卷发""新世界"等名字的跳舞男孩翩翩起舞，他们裸露的身姿令看客失去了遐想的余地。[30]

诸如此类的消遣或许可以解释，为什么在君士坦丁堡的外国居民经常描写土耳其的"自由和欢乐"或者"东方生活的闲适和自由"。他们所指的不仅是奥斯曼社会缺乏某种僵化的阶级结构，也指君士坦丁堡提供的娱乐的多种多样。16岁以下的威尼斯男孩被禁止前往土耳其，因为人们担心他们会"变成土耳其人"。许多威尼斯的外交官和学生为"土耳其奢华生活的诱惑"所迷，决定成为穆斯林，留在君士坦丁堡。但在威尼斯，没有奥斯曼穆斯林定居。[31]

城中的诗人写诗给"伊斯坦布尔的小鹿"——通常是指浴室服务员或者跳舞男孩。苏丹艾哈迈德清真寺旁边的古罗马竞技场是"美少年最喜欢去的地方"。他们的身体被比作柏树，他们的脸被比作月亮，他们的嘴唇被比作红宝石。他们是蜡烛，他们的爱人是扑火的飞蛾。诗人渴望自己的脸变成公共浴室地板上的垫子，供情人踩踏：

> 每天晚上，你都让外人心满意足地拥抱你，
> 啊，暴君，我也有心！你怎能如此残忍？
> 你来了，酒商的小伙子啊，一手玫瑰，一手琼浆，

我该选哪个？是玫瑰，还是酒，抑或是你，才能让我心满意足？[32]

赞颂少年的原因之一是这种行为在社会上是可被接受的，而在写作或对话中明确提到女性，则被认为是令人震惊的行为。一些诗人假称这种同性爱情是纯洁的。然而，在大部分情况下，这种爱情既不纯洁，也不是异性爱情的替代品。根据侍臣艾弗里雅的记述，穆拉德四世偶尔会在宫廷里吟诵：

对拥有整洁裙摆之人，我毫无反对之言
而对不整洁的娈童，我一天诅咒千遍

他坦然地看着年幼的捧剑者穆斯塔法的脸："你怎么看这首诗，穆斯塔法？"捧剑者脸颊通红。苏丹于是赐给他荣誉貂皮长袍。100年后，诗人奈迪姆写道，所有的乌莱玛都倾心于男孩，已无人享受女性之爱。[33]

君士坦丁堡的双性恋在法泽尔贝伊（1759—1810）的作品中得到了最为清晰的表达。法泽尔出生于巴勒斯坦的采法特，是阿拉伯反叛者的子孙，他被带到君士坦丁堡，在宫廷学校中接受教育。除了于1799—1804年被流放到罗得岛一段时间，他一直住在君士坦丁堡，直到他于1810年在贫困潦倒中死在贝西克塔斯。在他于18世纪90年代所写的《女书》（Zenanname）中，他声称美是真主对其自身的启示，真主是爱人激情的终极目标。在这一表象之下，他的书是享乐的赞歌：君士坦丁堡的女性肌肤粉嫩，她们以一种无比优雅的方式走路，令整个世界都想效仿她们。一些女性特别遗世独立，以至于即使在来世，也让人难以见上一面；她们如同鸟笼中的鹦鹉，"太阳从未照到她们的脸，风也从未吹拂她们的头发"。另一些女人则更为胆大。法泽尔贝伊以奥斯曼流行的方式，按民族列举她们：波斯人饱读诗书，拥有醉人的双眼；苏丹女性有黑夜般的面庞；希贾兹人美丽但没有头脑，有着深色的嘴唇和鹰钩鼻；犹太女子肤色难看；亚美尼亚人举止和着装都很糟糕，但不都是丑陋的；希腊人优雅诱人，"我们应当拥有这样的爱人"。切尔克斯人甚至更胜一筹："情人可以在切尔克斯女人身上找到他所有期望之事。"他也描述了也门、西班牙、荷兰女性和一位英国女性：

> 她的红脸颊赋予玫瑰颜色，
> 她的嘴传授夜莺唱歌。

他在特别撰写的《美人书》（Khubanname）中描述了相同民族的年轻男性，尽管细节有所缺失：他当时的情人威胁道，如果法泽尔不写出自己的喜好，他就要改爱女人。他写道，他自己的内心成了变换王旗的比武场。波斯人高大美丽，他们有如弓的弯眉、红红的脸颊，以及圆润的脸盘，他们还是打情骂俏的专家。巴格达男孩"喜欢折磨情人"，从不遵守约定。法国人美丽，但是在床上笨手笨脚。亚美尼亚人耐寒："等冬天再用萨尔基斯，因为他的毛发很重，摸起来就像一块毛毯。"阿尔巴尼亚人有着不讨人喜欢的声音、大肚子和粗脖子。希腊人的莹润胸膛和白皙肌肤令他着迷："他们的身体完美匀称，以至于整个世界都感到惊奇。"即使在50岁时，他仍然会为他们的爱而坠入最深的爱河之中。[34]

穆斯林在斋月的夜晚打破了他们遵守了一整天的斋戒，此时君士坦丁堡由享乐所统治。日落时分，礼炮鸣响，宣布把斋结束。平时在晚上十分安宁的街道，此时在食物、饮品和音乐的疯狂中焕发生机："在若干分钟里，这座土耳其城市只是一个有10万张吃吃喝喝的嘴巴的怪物。"从一座宣礼塔到另一座宣礼塔，《古兰经》中的经文由焰火组成的字母串联起来。在宣礼塔下方的街道上，耍蛇者、摔跤手、算命先生和皮影傀儡戏给人们带来欢乐，在皮影傀儡戏中，大约15英寸高的皮影角色表演（常常是十分下流的）爱情和战争故事。帕夏会在自家庭院中举办《古兰经》朗诵会。其他家庭则会上演希腊或犹太剧团的喜剧，"模仿不同的帝国高官，以一种滑稽可笑的方式履行他们的职责"——即使是苏丹和大维齐尔，也不能幸免。穷人可以走家串户，观看娱乐活动，并且想吃多少就吃多少。[35]

这座城市对享乐的推崇在18世纪初的"郁金香时代"——与苏莱曼大帝统治时期和19世纪中期并称的奥斯曼城市的三个黄金时代之一——达到顶峰。热爱狩猎的穆斯塔法二世（1695—1703年在位）几乎一直住在埃迪尔内。大使和商人也移居到埃迪尔内；公主在那里建造宫殿；君士坦丁堡被惹怒了。1703年，在乌莱玛和柯普律吕家族怂恿下爆发的禁卫军叛乱，导致穆斯塔法二世被废黜。新任苏丹，即穆斯塔法二世的兄弟艾哈迈德三世承诺永不住在埃迪尔内。[36]

艾哈迈德三世不仅仅是一位曾下令处死坎塔库泽努斯家族和布兰科维亚努家族成员的贪婪暴君，也是一位有教养的藏书家。在那个时代，其他欧洲君主开始青睐私人套房而不是政务套间，艾哈迈德三世向他的大维齐尔抱怨托普卡帕宫的繁文缛节："如果我走进一间内室，就会有40个贴身男仆在屋里排成一排。如果我得穿上裤子，我就一点都不自在。捧剑者应该支开他们，只留下三四个人，这样我才能在小卧室感到安逸自在。"为了追求自在不拘束，苏丹开始在首都附近建立小亭阁和宫殿，他优先使用这些建筑——财政大臣角（Defterdarburnu）的永乐殿和于斯屈达尔的永荣殿，而不是托普卡帕宫。威尼斯大使写道："很难找到有苏丹远离皇宫如此之久的先例。"[37] 苏丹在托普卡帕宫一座亭阁上的题字浓缩体现了这一时代的精神：

愿真主保佑这座亭阁，愿此处存有欢乐，
愿这座幸福阁满是幸福！

他最有名的宫殿是幸福宫，也叫永福宫，它建在传统的休闲度假区，这座建筑沿着在卡厄特哈内注入金角湾的溪流分布（欧洲人称之为"欧洲淡水区"）。幸福宫受到了描述凡尔赛宫的印刷品的影响，那些印刷品至今仍收藏在托普卡帕宫的图书馆中。此外，它还受到了穆罕默德·赛义德建议的影响，他于1721年陪同父亲前往驻法大使馆——学习法国的堡垒、贸易、习俗，以及强化两个帝国之间的同盟关系。建筑师从全欧洲被召唤过来。花园以凡尔赛宫的风格规划，种植着笔直排列的树木和方形的花坛。在大维齐尔、苏丹的女婿易卜拉欣的个人监督和开销支撑之下，宫殿的建设工程从1722年6月持续到8月。溪流的一部分被取直成1100米长的运河，两岸铺着大理石，还排列着水池、瀑布和镀金华盖。尽管受到了法国的影响，但幸福宫的宫殿和亭阁也非常具有土耳其风格，它们拥有宽大并凸出的屋檐、金色的圆形穹顶，涂成亮蓝色、红色或绿色的墙壁——色彩的自由是君士坦丁堡享有的自由之一。水从铜制的龙头喷泉流到大理石水池中。为庆祝完工和宫殿的命名，大维齐尔创作了一组对句："愿真主保佑苏丹艾哈迈德，愿他享有永福（即幸福宫）。"200名奥斯曼显贵被要求在这座宫殿附近建造不同颜色的房屋，并且用象征主人职能的标志物装饰家宅：炮兵司令的宅邸标志是大炮；首席养鹰人的标志是鸟。建筑和花园设计不是法国文化中唯一让苏丹满意的方面。他下令从法国运来1000瓶香槟和900瓶勃艮第葡萄酒。[38]

幸福宫得到了奈迪姆——奥斯曼诗人中最有独创性的一位，"艾哈迈德的密友"——的盛赞。他出身乌莱玛家庭，于1680年左右出生在君士坦丁堡，他是一位图书馆员，也是大维齐尔易卜拉欣的朋友。他对生活有一种异教徒般的热忱，歌颂酒、爱情和过往时光给人带来的欢愉。他最有名的诗篇是写给一位朋友的：

> 让我们给心灵一些舒适，它已劳累疲乏，
> 我们去幸福宫吧，我摇曳的柏树，我们走吧！
> 看，飞快的轻舟已停靠在码头，
> 我们去幸福宫吧，我摇曳的柏树，我们走吧！……
>
> 征得你母亲的许可，就说你去周五主麻。
> 至少要从命运和它所有的忧虑那里偷得一日闲暇！
> 走过隔绝的街巷，去到海港的阶梯。
> 我们去幸福宫吧，我摇曳的柏树，我们走吧！
>
> 笑吧，玩吧，从世界获取欢愉吧！

畅饮伊甸之泉带来的水吧!
看着生命之水跃出龙嘴吧!
我们去幸福宫吧,我摇曳的柏树,我们走吧!

奈迪姆也运用已经根深蒂固的城市颂歌传统,写作了对首都的赞歌:

哦,伊斯坦布尔城,无与伦比,无价之宝!
我愿牺牲整个波斯,换取你的一块石头。

你是两海之间雕琢出的珠宝,
你仿佛是温暖整个世界的太阳。

伊斯坦布尔是第七重天,是伊甸园,是幸福的宝矿。知识的锦缎在它的巴扎出售。它的清真寺是光的海洋,它的居民温文尔雅。

幸运而富饶的伊斯坦布尔,
我们因你而骄傲!

我们可以说你的宫殿、你的山丘和你的河岸,
都呼吸着欢喜、愉悦和感官之乐。

我们能描述你吗,伊斯坦布尔啊?不可,
我只想赞美优秀的大维齐尔……

事实上,你的奴隶奈迪姆已经淹死,啊,全世界的主,
淹死在满是恩典、奖赏、宠幸和恩惠的深渊之中![39]

在这段享乐的插曲中,判处死刑作为帝国的一种统治手段,也有所放松。苏丹有一位犹太医生——丹尼尔·德·丰塞卡。他于1668年出生在

波尔图，1702—1730年住在君士坦丁堡，外国大使经常向他咨询奥斯曼帝国的政策。他于1724年写道，大维齐尔不仅是一位优秀的侍臣和聪慧的政治家，也是"一位很了不起的绅士……从大维齐尔上任开始，这片土地就几乎完全消除了过去的野蛮和残暴。今天的一切都很繁荣，所有人都为享乐而活，一切都是那么优雅和令人欢愉"。对此，玛丽·沃特利·蒙塔古夫人表示赞同："我基本认同他们对人生拥有的正确观念；我们用某些政治图谋来折磨自己的脑袋，或是研究某种我们永远无法得出成果的科学，或者说即使我们研究出了成果，我们也不能说服人民像我们一样珍视科学成果，当我们这么做时，他们正在音乐、花园、美酒和精细的饮食中享受人生。"[40]

人们因郁金香而疯狂，就像1637年在荷兰达到顶峰的"郁金香热"那般。在政府发布官方定价列表之前，一个郁金香球茎至多可以卖到1000个金币。在苏丹属下首席花商的主持下，花卉专家组成了一个协商会议，该会议对郁金香的新品种做出评价，如果发现新品种郁金香无可挑剔的话，作为荣誉，协商会议将给郁金香定下官方名称。[41] 海军元帅穆斯塔法帕夏培植出了44个新品种，大维齐尔则培植出了6个。共有839种郁金香被列于宫中的特别登记簿上。苏丹在宫殿的第四重庭院中开辟了郁金香园，每年春天他都会在那里举行游园会，郁金香的颜色与会上宾客衣服的颜色相衬，装饰用的花瓶里盛满了清水。某天晚上，后宫的夫人们会在皇家仿造的巴扎上摆摊：苏丹是唯一的顾客。[42]

博斯普鲁斯海峡已经成为城市生活的焦点。一种新的传统兴起了：人们在纪念伊斯兰教圣人黑德尔的节日（5月6日）前后迁居博斯普鲁斯周边的水滨别墅，并在10月7日回到城里，这一天也是传统的远征季节结束的日子。耶路撒冷牧首、麦地那穆夫提、富裕的亚美尼亚家族库姆尔朱扬和杜兹奥卢、乌莱玛大家族杜里德德家族、马夫罗科扎托斯家族和柯普律吕家族，都在博斯普鲁斯海峡边建有宅邸。穆罕默德·杜里扎德埃芬迪的生活非常奢华，以至于当苏丹马哈茂德一世（1730—1754年在位）在斋月某天夜晚突访他位于于斯屈达尔的住宅时，苏丹的150名随从也受到了欢迎和款待。[43]

君士坦丁堡已经成为一种生活方式——唯一既是休闲胜地又是首都，既是巴斯又是伦敦，既是斯帕（Spa）又是巴黎的一座城市。人们共同享受着美食、美酒、音乐、酒馆、咖啡馆和博斯普鲁斯海峡美景的乐趣，这种欢愉感将穆斯林和非穆斯林联结起来。让-艾蒂安·利奥塔尔于1738—1742年住在君士坦丁堡，在他于这四年间绘制的画作，以及让-巴蒂斯特·范莫尔的画中，城里的希腊人、亚美尼亚人和法兰克人不仅看起来像奥斯曼人，行事也像奥斯曼人：穿着高跟木屐和内衬貂皮长袍的女子不久就要进入浴室，靠着垫子的女子玩一种叫"曼卡"（mankah）的游戏，这是双陆棋的一种，或者她们也演奏乐器。其他人在刺绣或者喝咖啡，服装、靠垫和咖啡壶都完全是奥斯曼风格的。只有他们笔下的男性肖像画才能明确显示出他们是希腊人或法兰克人。君士坦丁堡赋予外界的词语证实了它作为享乐之城的角色：沙发（sofa）、亭阁（kiosk）、咖啡（coffee）、卡夫坦长袍（kaftan）、缠头巾（turban）。

君士坦丁堡自成一个世界，它自信比地方性城市优越。比如说，诗人纳比就写过："没有一件事能比见到君士坦丁堡更能让人明白行省的低贱了。天堂徒然地绕着整个世界旋转。它在哪里都见不到像君士坦丁堡这样的城市。看看，当海洋欢笑着爱抚她的时候，她是如何闪耀独属于她自己的美丽的！"君士坦丁堡的品位帝国和苏丹的政治统治地位一样至高无上。利涅亲王凭着侍臣的锐利眼光写道："君士坦丁堡决定雅西的风尚，正如巴黎决定外省的风尚一般，君士坦丁堡的风尚甚至传播得更快。黄色是女苏丹们最喜欢的颜色，于是它在雅西成了每个女性青睐的颜色。樱桃木制成的长烟管已经在君士坦丁堡取代了茉莉木烟管，于是我们波雅尔贵族现在只用樱桃木烟管。"[44]

对追寻欢愉的游客和追求知识的学者来说，这座城市是旅程的目的地。英国人来了：詹姆斯党人加里斯勋爵于1724年来访；拉德诺伯爵于1730年到访；第四代桑威奇伯爵约翰·蒙塔古和威廉·庞森比于1738年到达；理查德·波科克和格兰比侯爵（利奥塔尔为他画过肖像）于1740年到来。许多来客留下了穿着土耳其服装的画像。据查利蒙特勋爵记录：

对于年轻男性来说,君士坦丁堡生活模式的乐趣与任何一座大城市相当。那片被称为佩拉的城区本身就构成了一座大城市,佩拉完全是法兰克人和希腊人的天下,他们以最合群的举止共同生活在一起,并且他们和公共大臣(大使)们一起组成了最令人愉悦的社区。人们相当了解筵席的乐趣,很少不在晚上举行舞会、音乐会或者聚会,在这些场合,男女之间的性事如人们所希望的那样十分容易发生。

荷兰大使感到失望的是,荷兰商人"远远不满足于这样体面的生活方式……想要同外国大使攀比外表、随从和生活方式;他们的妻女每天都沉溺于节庆、舞会和前往所有宜人的度假胜地的欢快远足"之类的事务。卡萨诺瓦于1745年前来,逗留了三个月。他没有勾引任何人,但当他在阁楼里看到一个叫伊斯梅尔的土耳其人给女士们洗澡时,他本人"惊诧不已"。[45]

君士坦丁堡的放纵是否让欧洲和印度的一些地区得以幸免成为奥斯曼的行省?放纵明显削弱了帝国的作战意愿。禁卫军于1514年和1517年两次逼迫令人生畏的塞利姆一世返回君士坦丁堡。1771年,当奥斯曼帝国正与俄国作战时,君士坦丁堡陷入了另一场动乱:一群禁卫军士和黎凡特人在加拉塔的酒馆里因一名14岁的跳舞男孩而发生争执。商业活动被迫中断,火炮被部署起来。这次事件导致50人被杀。大维齐尔评论道:"在加拉塔如此勇敢,在多瑙河却如此畏缩,这清楚地展现出土耳其人只害怕高帽①。"恢复秩序用了四天,大维齐尔不得不承诺那名男孩不属于任何一方。于是,那个男孩作为替罪羊被绞死。

在17世纪的清教运动结束后,更不堪的个人放纵行为在18世纪回归城市。莱夫尼描绘艾哈迈德三世统治时期情况的肖像画作有着特征鲜明的面部,以及对透视技法和幽默感的应用,这是奥斯曼艺术的新发展。另一个变化是由穆斯林使用、为穆斯林服务的印刷术的诞生。资助者有两位:

---

① 对基督徒的一种称呼。穆斯林戴缠头巾,因为帽子的边檐会妨碍祈祷时的跪拜动作。

幸福宫的设计师穆罕默德·赛义德埃芬迪，以及来自特兰西瓦尼亚，曾经是一位论派基督徒的易卜拉欣·穆特菲利卡。

后者大约于1693年在战争中被俘，他通过皈依伊斯兰教，从奴役中自我拯救出来。之后，他成为宫廷中由勋贵子弟组成的侍卫队中的一员：他们被描述为"来自所有民族和所有宗教"。据说，他懂法语、意大利语、德语、拉丁语、土耳其语、匈牙利语（他之后被"高门"任用为外交公文的翻译官）。他于1726年向大维齐尔和乌莱玛上交了一份关于印刷行业的专题报告。他声称，开展印刷业有助于识字，能够遏制欧洲人印刷伊斯兰书籍的行为，并且有助于让奥斯曼人成为伊斯兰世界独一无二的领导者，他请求"大教长宣布印刷行为是值得表扬的，是对穆斯林有用的，并且是与光荣的伊斯兰教法相符的"。他也强调了印刷的实际好处：便宜、准确，有利于学识的传播。于是，一道教谕被发布，允许印刷所有与伊斯兰主题无关的书籍，尽管据易卜拉欣·穆特菲利卡所述，有些乌莱玛声称"上述发明将危害公共秩序和宗教活动，它将把多于必要数目的书籍置于流通之中"。所谓"必要"数目书籍的概念揭示了一些奥斯曼官员的心理，令人不寒而栗。职业书法家也反对印刷术，他们在皇宫周边进行抗议。[46]

印刷厂开设在易卜拉欣·穆特菲利卡的宅邸内，它是一项多民族事业。乌莱玛是审校者。来自利沃夫附近的犹太人约拿·本·雅各布·阿什克纳济于1711年在君士坦丁堡开设了希伯来语印刷厂，他或许在易卜拉欣·穆特菲利卡开设印刷厂的过程中提供过帮助。印刷工、雕刻工、排版工来自维也纳。第一本书于1729年1月31日印成，是一本阿拉伯语字典，之后印刷出来的是奥斯曼历史学家卡提卜切莱比的作品和佩尔·霍尔德曼神父为法国学生和商人编写的土耳其语语法书。

1731年，易卜拉欣·穆特菲利卡将《国家政治的理性基础》（*Rational Bases for the Politics of Nations*）献给马哈茂德一世，他在这本书中提出了一个长期以来困扰穆斯林的问题："为什么过去比伊斯兰国家弱得多的基督教国家在现代开始统治如此多的地区，甚至打败了曾经战无不胜的奥斯曼军队？"他提到了英国和荷兰的议会制度，提到了基督徒在美洲和远东的扩张，甚至提到了当奥斯曼人被伊斯兰教法统治之时，欧洲人已经有了"基于理性的法律和规则"："我们仍处于毫无防备的状态……现在我们明确且迫切地需要收集有关欧洲事务细节的情报，以击退他们造成的威胁，阻止他们的图谋。"他认为，奥斯曼衰落问题的解决之道是军事改革：

> 让穆斯林不再对国家事务漠不关心、一无所知，让他们从不加防备的沉睡状态中清醒过来……让他们带着远见行事，对欧洲新的手段、组织、策略、计谋和战事了如指掌……全世界的智者都明白土耳其人接受规则和秩序的本性胜过所有其他民族。如果他们学了新的军事科学并且能够运用，我国就会所向披靡。[47]

郁金香时代在民众暴乱中结束了。根据基督徒缴纳的人头税数目以及外国居民的估计，到1690年，君士坦丁堡的人口已达到六七十万。它是欧洲和中东最大的城市——用奥斯曼人自己喜欢用的比喻来说，它是男人和女人的海洋。随着寻找工作的移民如潮水般从安纳托利亚涌入，君士坦丁堡的人口在18世纪20年代持续增长。苏丹不得不在兵工厂边上建立七座新的小麦仓库，这样城市的面包供应才能赶上人口的增长。

与此同时，许多移民拒绝加入城市行会，他们逐渐成为愤愤不平的社会底层群体。苏丹的奢侈导致人们的薪水减少，税负加重。1729年7月，一场大火摧毁了400座房屋和130座清真寺，导致1000人死亡，威尼斯大使描述这场大火"比人们记忆中曾见过的、记录簿上登记过的任何一场火灾都更大"。两性间一些隔阂的减弱进一步激起了民众的愤怒。在幸福宫的一场聚会上，大维齐尔把金币撒在君士坦丁堡宗教法官夫人的衣服上。大竞技场和幸福宫内开设了游乐园，"愚蠢的女人"在那里与男人见面。"她们会声称这是人权，然后跑去游乐园，并强迫丈夫给她们钱，如果丈夫不给，她们就要求离婚，然后自己想办法把钱搞到手，所以任何一个街区里都只剩不超过五个忠实的女人。"这座城市行将崩解。

君士坦丁堡穆夫提和一些乌莱玛因宫廷离经叛道而愤怒，他们也鼓励民众反叛。在圣索菲亚清真寺的讲道中，宣道者谴责了新近与俄国签订的和约,以及与波斯迫在眉睫的战争:"与朝向麦加者作战是不正义的。"1730年9月28日上午,反叛爆发了。领导人被称为"帕特罗讷"哈利勒,因为他曾经在"帕特罗讷"号上服役,据说他是阿尔巴尼亚裔。在担任禁卫军士一小段时间后,哈利勒改行到街上卖衣服。同法国大革命时期巴黎的"无套裤汉"类似,他身穿褴褛到有些夸张的衣服。"海军中将"哈利勒同密友水果摊摊主穆斯卢和咖啡小贩阿里带着大约30名反叛者闯入巴扎,要求人民一起加入革命,"实行穆罕默德的伊斯兰教法"。那天是星期四,是休息日。禁卫军副官正在他的避暑宅邸里种植郁金香。苏丹和他的军队已经浩浩荡荡地转移到博斯普鲁斯海峡亚洲一侧的于斯屈达尔,准备与波斯的战争。反叛者从禁卫军手中夺取武器,这场反叛很快呈燎原之势,蔓延成为君士坦丁堡历史上第一次大规模的社会、宗教和政治革命。[48]

苏丹犹豫不决,又消息闭塞。另一方面,"帕特罗讷"哈利勒是一位优秀的公众演说家。周五,反叛者在清真寺招募了许多追随者,希腊人、亚美尼亚人和吉卜赛人也参与其中。18世纪,土耳其人和希腊人的共生关系不仅对于法纳尔的大公们,也对处于社会下层的人有效。一个叫雅纳基的希腊屠夫——"帕特罗讷"哈利勒的酒友——在革命开始时借钱给哈利勒。很快,码头劳工、政府官员和卡普丹帕夏本人都与胜利的一方结盟。"帕特罗讷"哈利勒向苏丹索要大维齐尔的项上人头。9月30日,大维齐尔的尸体被挂在宫外,然后被丢弃在街头喂狗。当发现大维齐尔的财产中有54箱金币时,苏丹的负罪感有所减轻。

10月1日,艾哈迈德三世接见叛军来使,使者告诉他:"您的统治终结了,您的臣民再也不想让您当主人。"艾哈迈德三世接受了自己的命运,亲吻了新苏丹,即他的侄儿马哈茂德的手。他最后的建议是:"永远不要太喜爱、太信任大维齐尔……而要根据自己的开明想法统治,寻求建议,但永远不要完全依靠任何人。"诗人奈迪姆在屋顶间跳跃时坠地摔死了,当时哈利勒的一群追随者正在追赶他,或者(根据另一种说法)是他男宠的火冒三丈的父母在追赶他。政府的统治崩溃了:反叛者和乌莱玛在统治这座城市。当新苏丹前往埃于普登基时,"帕特罗讷"哈利勒和咖啡小贩阿里站在苏丹身旁，向人群丢金块，这体现了他们的胜利。雅纳基短暂地成为摩尔达维亚大公。即使马哈茂德一世反对，反叛者还是摧毁了幸福宫里一些令他们憎恶的新宅邸和花园。苏丹与禁卫军高官和当时正在访问君士坦丁堡的克里米亚汗勾连，密谋复仇。11月24日，由于苏丹承诺赐予新的荣誉，"帕特罗讷"哈利勒及其28位追随者被引诱入宫。他们被议事厅里的卫士所杀，其尸体被挂在帝王之门的外面，就像两个月前大维齐尔的尸体那样。[49]

不过，在很长的一段时间内，秩序一直都无法恢复。1731年3月25日爆发了另一场反叛，领导者是另一个阿尔巴尼亚人。此次反叛结束后，几千名反叛者被处决。阿尔巴尼亚人和拉兹人——来自黑海东岸的格鲁吉亚穆斯林——被驱逐出城，一些人被流放到远至阿尔巴尼亚的地方。咖啡馆被关闭，人们进城受到严格的限制，即使有急事也不例外。作为报复，更多的冲突爆发了，民众要求撤换大维齐尔和大太监。英国大使金诺尔勋爵写道："人民毁灭一切的精神……非常强大，以至于他们一直在大街上丢纸张，威胁永不停止胡闹，直到他们烧掉整个君士坦丁堡。"9月，在另一次反叛之后，成千上万名反叛者被丢到麻袋里，扔进博斯普鲁斯海峡。[50] "两块翡翠之间的钻石"也是一片坟场。

8

大使和艺术家

> 我们的高窗厅堂对朋友和敌人都是始终开放且不加掩饰的。
> ——穆拉德三世致伊丽莎白一世，1579年3月17日

> 没有一个朝廷能比"高门"更明显地体现出使馆的等级。
> ——法国大使费里奥尔侯爵，1700年2月26日

没有其他首都会欢迎如此之多的大使馆。大使们从伦敦和巴黎、斯德哥尔摩和撒马尔罕、果阿和非斯来到君士坦丁堡。1628年绝不是特殊的一年，但在这一年里，来自维也纳、华沙、莫斯科、伊斯法罕和德里的大使都前来觐见了苏丹。[1] 权力即吸引力。奥斯曼曾经是横跨欧洲、中东、非洲、黑海、地中海和印度洋的强权帝国。它从摩洛哥延伸到美索不达米亚，从波兰延伸到也门。它拥有比其他任何国家都更多的邻居，这也意味着更多的争议和谈判事务。

在西方国家的首都出现常驻使馆之后不久，驻君士坦丁堡的常驻使馆于16世纪中叶出现，这体现出奥斯曼帝国在外交方面是欧洲的一部分。那里的大使并不被当成外人对待，这类似于彼得大帝前和1918年后驻莫斯科的大使。同其他任何地方相比，大使在君士坦丁堡的内部生活以及帝国的对外关系中都发挥了更多的作用。

在实践中，无论基督教和伊斯兰教双方可能自称拥有怎样的宗教热忱，二者之间都没有发生圣战。尽管存在圣战论，对"异教徒"的仇恨经

常在君士坦丁堡和巴黎被表现出来,不过,这种仇恨以一种甚至更强大的力量被宣泄在基督教或伊斯兰教内部的异端上——无论是新教徒,还是波斯的伊斯兰教什叶派信徒。虽然奥斯曼帝国热爱波斯文化,但对宗教教条、地理边界和什叶派前往麦加和麦地那朝圣事务(在今日仍然损害伊朗的对外关系)的争议使伊朗成为奥斯曼帝国最长久的敌人。波斯人被称为"红头",这源于他们特殊的红头饰。在萨法维王朝的沙阿于1506年立伊斯兰教什叶派为国教后,波斯统治者开始让红头传教士如洪水般涌入安纳托利亚东部地区,传教士在那里引起了热烈的反响。波斯大使是唯一在君士坦丁堡被处死(1524年)的外国大使——1729年重蹈覆辙。1549年,君士坦丁堡穆夫提向波斯宣战:"确实,这是最伟大的圣战,是光荣的殉道。"[2] 两国之间的战争以一种恶性的规律那样时常爆发,直到19世纪才终结。

1556—1748年,奥斯曼帝国经常与另一个强大的伊斯兰君主国,即德里的莫卧儿帝国交换使节。但是,两国之间曾经有过一次装腔作势的冲突。两个君王都自称"哈里发""真主在大地上的影子""寰宇君王的避难所"。奥斯曼当局无礼地对待驻君士坦丁堡的莫卧儿使节。而对莫卧儿人来说,他们从不忘记自己是于1402年俘虏了奥斯曼苏丹的伟大的帖木儿之后。16、17世纪的莫卧儿皇帝声称他们的首都阿格拉是"哈里发的居所",君士坦丁堡只是"奥斯曼苏丹所在地"。因此,虽说他们有葡萄牙和波斯这样的共同敌人,他们在保障朝觐的安全和保护中亚不被俄国侵占上有共同利益,但是奥斯曼和莫卧儿帝国的关系很少是融洽的,并且从来不是亲密的。地理和野心引导奥斯曼帝国进入欧洲国家体系,远离其他伊斯兰君主政权。往返这两个帝国之间的旅行需要花费6到8个月,而来回君士坦丁堡和维也纳则只需花费3到6周。莫卧儿帝国和波斯都没有在奥斯曼帝国的首都常驻使节。[3]

伯纳德·刘易斯在《*穆斯林发现欧洲*》(*The Muslim Discovery of Europe*,1982年)一书的记述中不仅哀叹奥斯曼人对欧洲肤浅而不准确的知识,还认为"与基督教国家结盟的想法,就算是为对抗其他基督教强国,也是陌生而可耻的"①。事实上,与欧洲结盟是奥斯曼政权最古老的传统之一。奥斯曼战士首先是以拜占庭皇帝和热那亚城盟军的身份跨过海峡的。君士坦丁堡接待大使的礼仪不仅让苏丹得意扬扬,也让大使感到光荣。大使骑着苏丹的马前往宫殿,他获准在许多随从的跟从下进入宫中第二重庭院,单独与大维齐尔用餐,受赐许多卡夫坦长袍,最终得到获准进入苏丹宝座室的特权。理论上来说,外国大使是苏丹的客人。他们从奥斯曼帝国政府获取每日生活津贴,并受邀出席皇子割礼等庆典。一些大使还会陪同苏丹远征。

奥斯曼帝国从不缺乏欧洲盟友。法提赫曾是佛罗伦萨的朋友;苏莱曼支持法国。他们享有最强大的纽带:对奥地利王室的共同仇恨。到1526年,奥地利王室的宗主查理五世是神圣罗马帝国皇帝、卡斯提尔和阿拉贡国王、低地国家的君主;他的弟弟斐迪南是匈牙利和波希米亚国王、奥地利大公。与其后代,即西班牙和奥地利的哈布斯堡家族类似,他们与奥斯曼帝国争夺对地中海、巴尔干半岛和匈牙利的控制权。因此,当法国的弗朗索瓦一世于1525年在帕维亚战役中被查理五世打败并俘虏时,他向苏莱曼大帝写信求援。

第一位常驻的法国大使于1535年抵达君士坦丁堡。此后,法国大使的优先权高于其他大使,在奥斯曼公文中,法国大使的主人通常被称为帕迪沙,与苏丹相仿。虽说双方都颇傲慢,彼此之间存在一些误解,但是友谊一直持续到了1798年。1639年,威尼斯大使曾经有一次用基督教世界的愤怒来威胁奥斯曼政府。大维齐尔的代表回复道:"当您试图用基督教的军队来威胁我时,您逗乐我了。这是一种妄想,除了其名字,没什么可怕的。"然而,法国国王意识到了自己的称号"最虔信基督的国王""教会的长子",害怕遭受天主教欧洲的批评,于是避免与"高门"签订后者反复要求的书面盟约。

"百合花和新月的同盟"成了欧洲政治的锚点之一。伊斯兰教和基督

---

① 译文来自伯纳德·刘易斯著,李中文译:《穆斯林发现欧洲》,北京:生活·读书·新知三联书店,2013年版,第41页。——译者注

教的狂热分子都觉得受到了冒犯。部分是为了平息批评，最早在16世纪，君士坦丁堡城里开始流传一个说法，这两个王朝是通过穆罕默德二世之母（法国国王的女儿）而联系起来的。就法国而言，大臣和外交官向他们本国和欧洲舆论假称他们与奥斯曼帝国友谊的首要动机是在对方境内保护和传播基督教，次要动机是促进法国商贸发展。然而，正如一位大使于1724年被教导的那样，实际上主要的动机是保证"土耳其人的势力一直是奥地利王室恐惧的对象"。[4] 在法国与哈布斯堡王朝之间的敌意达到顶峰时，法国驻君士坦丁堡大使于1538年安排法国船只在君士坦丁堡港口内整修，并让奥斯曼舰队于1543—1544年在土伦港过冬。在1548—1550年对波斯的战争中，他亲自指挥奥斯曼炮兵，并组织了1551—1555年在地中海打击西班牙的法国-奥斯曼联合舰队行动。[5]

法国并不是奥斯曼帝国唯一的基督教国家盟友。波兰从1453年之前就开始与奥斯曼帝国建立了比与英法更紧密的外交联系。两国在1533年更是签订了《永久友谊及同盟条约》。当西吉斯蒙德一世于1548年去世时，苏莱曼说道："我和老国王像是兄弟，如果至仁的真主愿意的话，我和新国王可以说情同父子。"[6]

因此，当大使前来，在"高门"或私人亭阁中面见大维齐尔时，这是两个穿不同衣服、说不同语言和信仰不同宗教的男人之间的会面。但他们共享对君主制度、权力和贸易的兴趣。有时候，在困于"高门"或宫殿内谈判的过程中，某种友谊可能会在大维齐尔和欧洲大使之间生发，而礼物和娱乐更确定了这种友谊。神圣罗马帝国大使比斯贝克男爵称被征入禁卫军的达尔马提亚前基督徒、维齐尔阿里为"一位和善而睿智的土耳其人，如果真的有这样的土耳其人的话。他每次都请我视他为朋友，并且当我需要任何事物时，不要疑虑，尽管告诉他。他的言与行完全一致"。阿里告诉比斯贝克，皇子的灵魂就像镜子，反映出手下智囊的建议。"好的大臣应当协调好所有利益，正如好的厨师会去准备让所有人都满意，而不是让这个或那个顾客满意的菜肴。"土耳其人开始抱怨说，当大维齐尔与基督徒大使密谈时，他们不得不在前厅等候。然而，20年后，另一位神圣罗马帝国大使称苏丹为"暴虐的恶狼"。一切都依赖于在某个特定的时间点政府之间恐惧和需求的平衡。[7]

如果说驻君士坦丁堡大使是最重要的外交职位之一的话,那么它也是最恐怖的。大使的存在被视为君主归顺"高门"的标志——正如苏莱曼向弗朗索瓦一世描述的那样,"君主的庇护所……寰宇的避难所"。大使是人质,派遣他们的君主行为是否良好,要由他们向"高门"负责。在君士坦丁堡没有外交豁免权。

如果苏丹因外国政府宣战,或是发现有证据表明外国政府偷偷帮助奥斯曼的敌人而不满,其大使或许会被关入七塔堡。这是神圣罗马帝国大使在1541年、1596年和1716年,法国大使在1616年、1658年、1659年、1660年和1798年,威尼斯大使在1649年和1714年,俄国大使在1768年和1787年的命运。[8] 大使无法确认自己能否活着出来——虽然这些人都活下来了。有时,大使们也会被羞辱。奥斯曼帝国的傲慢在17世纪达到顶点。苏莱曼和塞利姆二世还曾对大使讲过话。1600年后,苏丹很少接见大使。即使是与波兰的关系,也恶化了:1634年,穆拉德四世将宝剑半拔出剑鞘,从皇座上站起,作势要在波兰大使说到一半时袭击他。保护大使的禁卫军有时被蔑称为"猪群"。在公开场合,禁卫军会自觉向他们护送的大使敬礼;如果不这样做,他们或许会被惩罚。而在使馆管辖区内见到大使时,他们很少屈尊起立。

奥斯曼人视自己的首都为宇宙中心,他们想要外国人——匠人、商人、大使——来到城市,但反过来就不是这样。他们并不遵循《古兰经》中"求知,哪怕远在中国"的诫命。苏丹确实向外派出大使:1582年派大使到巴黎邀请亨利三世参加其子穆罕默德的割礼庆典;1657年到斯德哥尔摩,当时瑞典入侵波兰。在1384—1600年,145名临时公使被派往威尼斯,他们通常是苏丹的信使军士。[9]

然而,"高门"认为在外国首都维持常驻使馆是昂贵而尴尬之事。在大多数时间里,"高门"依赖城中的基督徒和犹太商人获得欧洲西部的消息:因此在1492年,到意大利办事的加拉塔商人安德烈亚斯·米拉斯告知了巴耶济德二世他的弟弟杰姆和格拉纳达穆斯林的命运。瓦拉几亚和摩尔达维亚大公在德意志、波兰和俄国维持的代理人是另一个消息源。1774

年,大维齐尔比法国大使提前五天得知路易十五的死讯。住在君士坦丁堡的外国大使会被问到关于欧洲政治的问题。常驻君士坦丁堡的大使也接受关于欧洲政局的问询。有这么多大使,而他们的政策又彼此敌对,以至于"高门"总可以依赖一位大使提供有关他同行的消息。荷兰大使被认为是最客观的人,"高门"常常向他咨询意见。[10]

奥斯曼帝国政府对外国大使的傲慢和不时的残忍与大使们自身呈现出来的傲慢相当,有时甚至犹有不及。君士坦丁堡(和其他大部分首都类似)是地位战争的战场,这场战争需要经历几个世纪才能平息下来。大使们声称,作为他们君主的个人代表,他们的身份与大维齐尔平等,他们可以先在会客室保持站立的姿势,这样就不用在大维齐尔到来时起立,然后他们可以与大维齐尔一起坐下。首任俄国大使在1497年拒绝遵守有关穿戴卡夫坦长袍、饮食,以及同大维齐尔而不是直接与苏丹交流的奥斯曼仪式,这是未来发生冲突的预兆。[11]

外交官最初住在君士坦丁堡城中一个特殊的商舍里。到1600年,大部分大使馆都建在了加拉塔山丘上的佩拉,大使的视线可以在那里直接穿过金角湾,看到苏丹的宫殿。直到18世纪中期,大使馆都是"土耳其风格"的木制建筑,上层有一个通向其他房间的巨大的接待室。法国大使馆的一位工作人员于1786年绘制了第一份君士坦丁堡的现代地图,作为国家身份的展现,大使馆在地图上被简单标记为"英国、法国、俄国"。在那时候,佩拉已经开始像一座西欧小城,它围绕着一条叫"佩拉大道"的主街而建。

大使馆在普通信件和急件上被称为"宫殿"——威尼斯宫、法兰西宫、不列颠宫。这是因为如果大使在其他国家活得像王子,那么他们在君士坦丁堡就活得像国王。每个大使馆都是一个小宫廷:男仆、掌马官和绅士随从服务大使,侍女服侍他们的妻子。根据奥斯曼官方记录,1750年荷兰大使馆有38名工作人员,英国大使馆有55人,法国大使馆有78人,威尼斯大使馆有118人(包括50名教士),大使馆的祈祷室是君士坦丁堡唯一可以鸣钟的教堂。法国大使馆内有一个宝座室,里面挂有一排法国国王和大使的肖像画,法国驻君士坦丁堡大使馆的常驻工作人员比驻其他国家的法国使馆都要多。[12]

大使签署的命令以"我们的一等秘书、主事盖印于君士坦丁堡佩拉的法兰西宫"的封条密封,大使经常被描述为"带着整个宫廷的侍从"前往教堂。当大使在1673年复活节前去做弥撒时,侍从、禁卫军、译员和"青年团"(jeunes de langue,1669年后被派到君士坦丁堡学习东方语言的青年人)在前引导他。由于街道狭窄,并且佩拉坐落的山丘特别陡峭,他并不乘坐四轮马车。他骑着马,四个"穿着希腊式服饰"的侍从护送着他,后面是他的家眷以及城中"许许多多"的法国商人。除了天文台、印刷厂、法国人的圣路易教堂,大使馆辖区还包括一个法庭和一座监狱。因为根据奥斯曼授予的特许权"协议",外国人在自己的法律管辖下生活,这授予大使对法国臣民的生杀大权。[13]法国大使也有权装备带20门火炮的船只,船只的责任是保护爱琴海上的法国船舶,并且最重要的是从"行劫",即私掠行为中牟利。英国船只常常是受害者。[14]

大使在晚上以半皇家的排场互相拜访对方,卫兵、拿着大烛台奔跑的侍从,以及"许多随从和仆人护送着他们……他们非常谨慎地观察着礼仪制式,这些制式的建立就是为了区分他们不同的职阶和优先权,不同的响铃次数分别宣布大使、公使和临时代办的到来"。[15]

大使在仆人和卫兵的护送下进入君士坦丁堡,有乐队演奏曲目,旗帜猎猎飞扬,简直炫耀到了极点。1677年,在维也纳被围城前六年,当奥斯曼与波兰之间的局势一触即发时,由300名波兰贵族、教士、侍从、轻骑兵和"匪兵"(heiduks)组成的使团穿着火红色制服,戴着插有鹭羽的帽子进入城中。他们的马钉着银制马蹄铁,马蹄铁钉得很松,以便在畏惧的人群面前脱落。大维齐尔卡拉·穆斯塔法帕夏评论道,这支使团的规模太小了,不足以围攻君士坦丁堡,但对于亲吻"高门"的门槛来说,其规模又显得太大了。他顾虑"高门"将会因接触太多基督徒的嘴唇而被污染。他又说道,既然苏丹已经拥有3000名波兰船奴,喂饱300个波兰人完全不是问题。[16]

大维齐尔和法国大使之间的冲突体现出各自的君主国赢得身份战争的决心。这两个名义上的盟友之间的关系从17世纪20年代开始恶化,部分是因为法国大使倾向于把他们的大使职位当作私人的商业冒险。一位大使因尝试在君士坦丁堡管理阿勒颇的包税区而负债。其他人则投机小麦贸易，通常是血本无归。

法国大使也因"热烈的排场"而得意忘形。马谢维尔伯爵持剑袭击了一群未持武器的禁卫军士，因为这些禁卫军让道不够迅速。奥斯曼当局宣布他是疯子，并且在他的威尼斯、荷兰和英国同行面前宣读了他的死刑判决（尽管最后并没有执行）。另一位法国大使塞西伯爵于1638年鸣响大批礼炮以庆祝路易十三的长子（未来的路易十四）的出生，以至于兵工厂旁正游览花园的后宫宫女们大惊失色，她们以为哥萨克已经登陆或是基督徒揭竿而起。17世纪50年代，法国和奥斯曼之间的关系更加恶化，因为法国政府一边宣称与奥斯曼帝国的友谊，一边又向正与奥斯曼作战的威尼斯和神圣罗马帝国皇帝提供人员和资金。路易十四比他的大部分先人都更愿意摆出天主教会卫士的形象。"智慧的"艾哈迈德说："法国人或许是老朋友，但我们总是能在自己的敌人中发现他们。"他很聪明，不会直接对法国宣战，而是在另一个战场上实现复仇。

在与英国大使的会谈中，苏丹显得"健谈且亲切"。不过，他会用粗鄙之语辱骂法国大使。一位法国大使曾被人用脚凳击打头部。当努万泰尔侯爵于1671年问候苏丹时，信使军士粗暴地按住他的头，将他按倒在宝座前。这类行为入木三分地表现出在这一时期这座城市中人们的心态，但不能阻止奥斯曼授予的特许权"协议"在对法国有利的情况下于1673年得以更新。[17]

或许是担心欧洲君主国逐步增长的力量，"智慧的"艾哈迈德领导下的奥斯曼政府对外交官特别野蛮。由于拒绝俯伏行礼，俄国大使被打出皇宫；波兰大使因腰弯得不够低而被羞辱；一位奥地利译员被施以笞刑。奥斯曼帝国的权势和财富让大多数政府都容忍这样的待遇。然而，"沙发事件"几乎终结了奥斯曼与法国的盟友关系。

17世纪的一位大维齐尔曾经允许大使坐在他的沙发的脚凳上，"沙发"即会客间内升高的荣誉性平台。大维齐尔中最排外的卡拉·穆斯塔法帕夏决心阻止这一行为。亚历山德罗斯·马夫罗科扎托斯辩称，大使们赢得这一特权只是因为之前有一位大维齐尔身体不适,无法在正常距离内听到大使说话。1677年5月2日,努万泰尔侯爵被禁止将他的脚凳置于沙发上。他说大维齐尔可以移走他的座位,但是不可能除掉他这个人。奥斯曼官员吼道:"滚,滚!走开,异教徒!"于是,大使被软禁在家数日。五个月后,努万泰尔在胁迫下答应将脚凳放在沙发下方。之后不久,他就被路易十四召回,这位大使习惯于向君士坦丁堡的法国商人征税以满足自己在使馆里奢侈的"生活排场",路易十四也对此感到失望。[18]

吉耶拉格伯爵于1679年作为法国大使来到君士坦丁堡,他受到指示,要确保路易十四被尊为"最伟大、最强大、最光荣的基督教国王",并且要维护"世界上最伟大、最强大的两个帝国之间存在许久的同盟关系"。然而,法国一直展露出敌对行为,而非援助盟友的姿态。1681年,为报复北非船只的海盗行为,一支法国舰队炮击希俄斯岛,击毁一座清真寺,杀死了250名奥斯曼臣民。吉耶拉格偷偷将关于奥斯曼作战计划的情报送到它在马耳他和波兰的敌人手中。卡拉·穆斯塔法帕夏威胁将他关入七塔堡。他回复说,路易十四将会来君士坦丁堡给他开门。为此,法国商人被征收25万杜卡特金币的差辱性税款。

然而在1683年,围攻维也纳的奥斯曼军队被打败,卡拉·穆斯塔法本人被处决。次年,大使们获得了坐在沙发上的特权,正如小说《豹》(*The Leopard*)中的萨利纳亲王在两西西里王国崩溃时邀请当地市长参加晚宴一般,这一姿态宣告了一个世界的终结。他们在苏丹的宝座前觐见时赢得了另一场胜利:当护卫试图让他们俯伏在苏丹面前时,大部分大使始终直直站立,"尽全部力气保持直立"。[19]

在奥斯曼帝国于1683年在维也纳城前败北后,奥地利的胜利使法国和奥斯曼帝国之间的友谊得以恢复。这两个君主国都是奥地利王室的敌人,并且路易十四已经正式禁止法国大使向君士坦丁堡的法国商人征税。法国-奥斯曼同盟影响了欧洲政治的大多数方面。1688年,路易十四渡过莱茵河发动攻击,让奥兰治的威廉得以不必顾虑法国的威胁,从荷兰入侵英国,取代詹姆斯二世为王,路易十四这么做的原因之一就是想减轻哈布斯堡王朝对奥斯曼帝国的压力。这两个君主国之间的关系非常紧密，以至于法国大使沙托纳夫男爵（他的奥斯曼朋友叫他马胡德）不仅为靠近苏丹和大维齐尔而移居埃迪尔内，还在平时身穿奥斯曼服饰。

1699年，在奥斯曼帝国和哈布斯堡帝国商讨《卡尔洛维茨和约》完毕后，费里奥尔侯爵接替了沙托纳夫男爵的大使职位，前者在17世纪90年代奥斯曼帝国对奥地利的战争中随军服务。"刀剑事件"阻碍了他实现恢复法国荣耀声望的愿望。或许是为了让后任难堪，沙托纳夫男爵曾申明费里奥尔侯爵在觐见苏丹时要在大氅下面佩带短剑。因此，在1700年1月5日觐见苏丹时，费里奥尔侯爵坚持要佩剑，仿佛他是凡尔赛宫的侍臣，虽说奥斯曼帝国的宫廷中没有一个人能在苏丹在场时佩带武器，即使是大维齐尔也不行。

费里奥尔侯爵和大维齐尔共同进餐，之后穿着卡夫坦长袍，向苏丹的宝座室前进。大译员马夫罗科扎托斯用颤抖的声音请求大使卸下短剑。费里奥尔发誓，如果任何人想卸下他的武器，他将战斗到最后一滴血。他认为自己是在捍卫主人，以及所有在"高门"的外国大使的荣誉。大维齐尔侯赛因回复他说："这种僭越行为在治理有方的宫廷里是不被允许的。"他的话流传至今。在一个小时内，数名不同的奥斯曼高级别官员向费里奥尔保证，前任法国大使都没有佩过剑。他死不悔改，并且说道，当大使的尊严和法国国王命令的执行都危在旦夕时，他的生命无关紧要。苏丹为接受觐见而特地从埃迪尔内赶来，他当时正在几米外的宝座室等候。

最终，大维齐尔决定要弄诡计。大维齐尔告诉费里奥尔他可以进入宝座室。在前厅里，门卫长俯冲下来，要夺走违反宫廷规制的短剑。大使一拳打在他的肚子上。原本十分寂静的幸福门此时回响起争吵声。费里奥尔愤愤不平地对马夫罗科扎托斯喊道："难道您就这样违反了国际法则？我们是朋友还是敌人？"马夫罗科扎托斯因畏惧和沮丧而颤抖，他小声说道："是朋友，但您不能持剑进入……您应当入乡随俗。"最后，白人大太监叫大使退下。大使和他的随从脱下卡夫坦长袍，取回他们带来作为礼品的钟表和镜子，穿过拥挤的街道回到法国大使馆。直到11年后离开君士坦丁堡，费里奥尔再也没有到过皇宫。[20]

费里奥尔下令建造与苏丹御用的卡耶克类似的小艇，小艇的一端建着镀金亭子，亭子装饰着紫色丝绸，这便是他的"庄严排场"。当这艘船首次出现在港口时，首席园丁帕夏下令毁掉船只并殴打船员。因此，之后每次从大使馆前往皇宫时，他都绕远路，走围绕金角湾的陆路，而不是乘坐缺少皇家气派的船只渡海。不过，费里奥尔真的热爱奥斯曼世界：他在法国大使馆也身穿奥斯曼服饰，头戴缠头巾，甚至参加弥撒时也是如此。

费里奥尔如此容易激动的原因之一是他缺乏驻君士坦丁堡大使一职所需的额外的职业技巧。这个职位吸引了瑞典的霍普肯，法国的韦尔热纳、图弗内尔，奥地利的图古特这等水准的外交官，这些人后来都在他们的国家当上了外交大臣。费里奥尔在1707年写道："我发现自己处在世界的中心。我必须处理匈牙利、波斯、克里米亚的事务，处理政治、宗教、商贸事务，并且要处理整个帝国各处、波兰、俄国、意大利等地的问题。"他与同行类似，也要处理逃亡奴隶在他的大使馆里避难的问题（他们经常被偷运到港口的船上，然后逃之夭夭，获得自由）。后来，有一位大使哀叹道："在君士坦丁堡，哪怕一点点事务也从来没人能完成。在其他任何地方都很简单的事情在这里就变得十分复杂。"

宗教是法国大使的主要考虑因素之一。17世纪初，君士坦丁堡是奥斯曼帝国与其敌人的战场，也是新教徒和天主教徒的战场。法国大使支持耶稣会控制牧首职位的企图，同倾向于与新教建立联系的荷兰及英国大使作对。英国大使则促使耶稣会被奥斯曼政府暂时驱逐。耶稣会密谋协助了加拉塔街道上的骚乱、1626年希腊印刷厂的被毁，以及促成大牧首西里尔·卢卡里斯的死亡，他于1638年被大维齐尔下令处死。[21]

不过在1660年后，天主教徒尝试了更温和的手段。传教士让亚美尼亚人皈依天主教，成为亚美尼亚礼天主教徒——他们保持亚美尼亚仪式，但承认教宗是最高宗教领袖。亚美尼亚人被天主教传教士吸引，因为他们这样就可以少给司铎钱，并且只需一年斋戒40天而不是240天。法国大使馆很快将亚美尼亚礼天主教会置于其保护之下，到1691年，亚美尼亚天主教徒已经为法国的胜利而高兴，仿佛他们是法国人一样。亚美尼亚教会大为恐慌。1707年，亚美尼亚牧首阿韦季克在大维齐尔府邸指责一个叫科米塔斯的司铎,他皈依了天主教:"这是巨大的危险,很快所有民众都会依附于法兰克人,然后会成为您帝国里的内鬼。"于是,大维齐尔处死了这位司铎。费里奥尔展开了报复,他于1707年在君士坦丁堡绑架了牧首,之后把他带到法国囚禁起来。费里奥尔于1710年返回法国。当后任的某位大维齐尔听说费里奥尔发疯时,他回复道,费里奥尔来君士坦丁堡时就已经疯了。[22] 不过,这股"疯狂"之态或许是一种手段,让这位大使得以保全脸面,全身而退。

在费里奥尔离开后,一系列有能力的大使帮助法国恢复了它作为奥斯曼头号盟友的地位。1724年,法国大使在君士坦丁堡的一系列会议中斡旋,促成了奥斯曼帝国和俄国以及波斯之间的和约。大维齐尔对此颇为称道,以至于他提出建立奥斯曼帝国、法国和俄国的同盟。那一年,在宫殿第二重庭院的议事厅内,大维齐尔告诉新任法国大使当德雷泽子爵:

> 我很高兴法兰西帝国始终与永恒的幸福门保持紧密友谊……他确实对副官说,法国的事务和我们的事务是一致的,如果要说我们之间有什么不同之处,那么只有宗教是不同的。他继续说,我对法国皇帝有特殊的敬意,我们和他有血脉联系,因为我们早期的一位苏丹娶了法国王室的一位公主,并且我会抓住一切机会取悦他的大使和他的其他臣民。

他笑着抚摸大使的两个儿子,二人被允许坐在沙发上,大维齐尔下令仆人将两块刺绣手帕系在他们的脖子上,并"千遍祝福国王,愿国王的统治像路易十四那样长久而有福"。[23]

法国在1736—1739年奥斯曼帝国对俄国和奥地利的战争中出手相助,其结果是奥斯曼帝国收复了贝尔格莱德。从1740年开始,22位法国炮兵把现代火炮战术介绍到杰出却又性情古怪的艾哈迈德帕夏领导下的一支奥斯曼军队里。艾哈迈德帕夏本为博纳瓦尔伯爵,曾先后为法国和哈布斯堡王朝效力,最后他于1729年逃往奥斯曼帝国并皈依伊斯兰教。到1731年,他接到了革新炮兵的任务。博纳瓦尔伯爵也在他位于佩拉的居所里向法国和瑞典大使提供建议,并在奥斯曼政府的会议中为其外交事务向大维齐尔及其副手书记长献策。遏制彼得大帝继任者统治下的俄国的扩张是他们的当务之急。

对俄国的忌惮导致奥斯曼帝国与瑞典的查理十二亲善。①他的继任者腓特烈一世曾在18世纪初同博纳瓦尔在奥地利军队中共过事。1733—1745年从君士坦丁堡寄往斯德哥尔摩的信件中,博纳瓦尔(他于1747年去世)鼓吹奥斯曼-瑞典同盟,并呼吁帝国与莫卧儿帝国皇帝和乌兹别克的可汗们合作,同俄国和波斯开战。他明显弄混了自己的身份,他给瑞典国王或外交大臣写长信时会以自己的名字或"博纳瓦尔伯爵,最卑微、最恭顺的仆人博纳瓦尔伯爵,卡拉曼的贝勒贝伊",有时也会以"最卑微、最恭顺的仆人,艾哈迈德帕夏,卡拉曼的贝勒贝伊,即博纳瓦尔伯爵"结尾。[24]

同时,法国政府也尝试利用这一状况。法国在1740—1748年与哈布斯堡王朝为敌,因而法国政府与大使协力说服奥斯曼帝国,使后者相信攻击哈布斯堡王朝符合其利益。然而,博纳瓦尔伯爵和奥斯曼政府意识到,法国希望奥斯曼帝国加入战争只是为了让它自己能够以更好的条件议和。此外,法国拒绝了奥斯曼于1745年提出的奥地利王位继承战争调停方案,这让奥斯曼政府觉得蒙受了羞辱。[25]

博纳瓦尔伯爵与其他许多国家的外交官不同,他并不低估哈布斯堡帝国,而是赞赏其充盈的财库,并于1735年提到"这个帝国和苏丹的帝国一样坚实"。1740年,奥斯曼帝国和瑞典签署了条约。在1744年瑞典大使觐见时,苏丹讲到"瑞典国王和王国",这个短语表明他意识到比起议会,国王的权力是受限的,在他的内心,瑞典国王与其他基督教国家的王公不同,与他的关系"更加亲密"。[26]

韦尔热纳伯爵是最引人注目的法国驻奥斯曼大使之一。1755年,他第一次觐见苏丹时,苏丹称路易十五为"奥斯曼帝国最古老、最忠实的盟

---

① 查理十二于1708—1715年在奥斯曼领土上避难,其间他在摩尔达维亚的宾得里治理瑞典。

友"。不过，这再也不是地位同等者之间的盟约了。奥斯曼帝国在军事技术和经济实力上正逐步落后于欧洲各国。1766年，韦尔热纳伯爵警告外交大臣舒瓦瑟尔公爵，除非奥斯曼帝国自我改革，否则它将堕入"不幸、傲慢和分裂的无底洞"。然而，巴黎和君士坦丁堡拥有相同的恐惧。舒瓦瑟尔公爵与博纳瓦尔持有相似的观点，也认为俄国的崛起威胁到了欧洲的势力平衡，以及法国的盟友波兰和瑞典的安全。韦尔热纳受命说服奥斯曼帝国攻击它的北方邻国。

事实上，在1768年年初，苏丹本人和君士坦丁堡的公共舆论——一支越来越强的力量——都因俄国军队在奥斯曼帝国领土上屠杀穆斯林，以及几千俄国军队常驻波兰华沙和其他地区而感到愤慨。不需要法国的鼓动，一个"高级咨询会议"就宣布支持开战。10月6日，在等待半个小时后，俄国大使得到了大维齐尔的接见，在接下来的两个世纪里，俄国的每一个邻居都将会同样言之凿凿地说出大维齐尔所说的话："叛徒！做伪证的家伙！……在真主面前，在被你的同胞在不属于你们的土地上施暴的人民面前，你不脸红吗？"俄国大使被囚禁在七塔堡，尽管之后在法国大使的调停下得以获释。

奥斯曼帝国对外呈现出的虚弱状态破坏了君士坦丁堡城内社群之间的关系。在1769年3月远征开始前，旁观伊斯兰教先知穆罕默德的圣旗游行穿过君士坦丁堡街道的奥地利外交官险些被疯狂的暴徒私刑处死。当奥地利人在禁卫军卫兵的陪同下逃回佩拉时，暴徒——历史上首次——将枪口转向本地基督徒。许多人被杀，船只被劫掠。

对于奥斯曼帝国来说，这场战争是灾难，对波兰也是如此，历史上它第一次被奥地利、普鲁士和俄国瓜分。1769年8月，作为对无能和腐败的惩罚，大维齐尔、摩尔达维亚大公和大译员的首级被陈列在宫殿前。1770年，俄国军队夺取了摩尔达维亚和瓦拉几亚。一支俄国舰队逼近爱琴海，鼓动伯罗奔尼撒半岛的希腊人发动叛乱，还在希俄斯岛附近摧毁了奥斯曼舰队，封锁了达达尼尔海峡。自1656年以来，君士坦丁堡城本身首次面临威胁。酒馆里聚满了对此局势感到不满的人。[27]

韦尔热纳伯爵的匈牙利门客托特男爵受到苏丹的信任，苏丹还为他提供住宿。托特男爵帮助组织君士坦丁堡的城防,他监督保卫博斯普鲁斯海峡和达达尼尔海峡入口要塞的现代化改造,以及炮台楼的建造。为了阻止奥斯曼政府与俄国缔结灾难性的和约,法国大使圣普列斯特伯爵帮助组织君士坦丁堡的小麦供应,绕过了俄国对达达尼尔海峡的封锁。阿奇博尔德·坎贝尔是一位皈依伊斯兰教的苏格兰人,土耳其人不恰当地称他为"英国人穆斯塔法"(Ingiliz Mustafa)①,在他的帮助下,托特男爵建立了制造大炮的铸造厂,以及为海军服务的数学学校。

箭矢广场位于兵工厂以北的一座山谷,那里排布着优雅的大理石柱,这些石柱是为纪念苏丹在弓箭比赛中达到的射程而设立的。从1773年开始,那里回荡着现代火炮的轰鸣声,而不是弓箭的嗖嗖声。成群的市民、法国大使和苏丹穆斯塔法三世本人曾在那里观摩过演武环节。俄国舰队已在君士坦丁堡城外被遏制住了,但奥斯曼人还能阻止他们多久?托特男爵告诉书记长,下一场战争可能会导致奥斯曼人被逐出君士坦丁堡。据托特所说,"他马上朝窗外望去,扫了一眼亚洲海岸后,他转过头来笑着回答我'那里有一些漂亮的山谷,我们应该在那边修建几座美丽的亭阁'"。

精力充沛并且平易近人的穆斯塔法三世常常前往政府部门视察,他意识到军队需要激进的改革。托特男爵形容他:"全心致力于公务,永远埋首于纸堆……当他的宠臣禀报说这样持续性的专注对他的身体有害时,他回答道'我必须勤勉,因为你们谁都不知道如何处理政务'。"[28] 在与其顾问对诗时,苏丹发出警告:

> 世道衰颓,勿想我等能全身而退。
> 多舛世途,卑鄙之人当道。
> 当下身边,肉食者皆为懦夫怯鬼。
> 一无所有,唯有永世悲悯。

---

① 一位使馆官员称他为"一个值得尊敬的聪明人","没有人知道他为了什么"来到君士坦丁堡。

穆夫提否认了自己的责任：

　　世界确已落入卑鄙者之手，
　　诚思不足拨乱反正，
　　连那落叶雨水，也为懦夫斩获。
　　愿这教法之水，匡正国之花园！

大维齐尔则流露绝望之情：

　　无休之世，你所求为何物？
　　车轮滚滚，永远循环往复。
　　我心勿慌，懦夫将会找到片刻欢愉。
　　创世真主，将险恶之世赐予卑鄙之人。

　　奥斯曼帝国的衰落由外国驻君士坦丁堡大使权势的增长体现出来。法国大使和奥地利大使都曾在白天于"高门"觐见时，或者在晚间于博斯普鲁斯海峡边上的亭阁密会时接受大维齐尔的问询。通过把提供豁免保护的荣誉领事职位卖给少数族群中的富有者，西方大使逐步削弱了苏丹对其臣民的权威。1774年，经奥地利协调完成和议后，俄国使团如征服者的军队一般耀武扬威地进入了君士坦丁堡。俄国大使列普宁公爵身旁跟随着600名侍臣、仆人和卫兵，"旗帜飘扬，音乐齐奏，军鼓喧天，步兵军官将来复枪背在肩膀上，骑兵军官将卡宾枪放在膝盖上，步兵上好刺刀，骑兵装备的是来复枪而非刀剑，不过没有上刺刀"。70条6桨卡耶克小艇，以及一艘为大使准备的14桨小艇将使团从加拉塔运载到金角湾另一侧的奥斯曼宫廷。[29]

　　俄国和奥地利毫不掩饰其对奥斯曼帝国的意图。1779年，叶卡捷琳娜二世给她的第二位孙子起了一个本身就是政治计划的名字——康斯坦丁。这是为了追求古老的俄国梦想，不过首先还是出于她个人对荣耀的渴望。叶卡捷琳娜二世专门为他安排了希腊保姆，并且她从1780年开始与神圣罗马帝国皇帝约瑟夫二世讨论她的"希腊计划":他们打算瓜分奥斯曼帝国的欧洲部分,在君士坦丁堡复兴拜占庭帝国,立康斯坦丁为帝。1783年,俄国吞并了克里米亚,坐实了其威胁——奥斯曼人将克里米亚视为通往君士坦丁堡的门户[30]:黑海不再是奥斯曼帝国的内湖。从此以后,俄国在奥斯曼帝国首都的利益因其经博斯普鲁斯海峡和达达尼尔海峡的贸易的增长而有所增加。

路易十六和此时已是法国外交大臣的韦尔热纳伯爵在1784年开始反制,他们将博学的年轻侍臣舒瓦瑟尔-古菲耶伯爵派往君士坦丁堡当大使。他启发了厌世的讽刺诗人尚福,后者写道:"他是那些通过美德和与美德的联系来帮助我与人类妥协的人之一。"对于塔列朗来说,他则是"我最爱的人"——塔列朗唯一没有背叛过的朋友。然而,他是法国驻君士坦丁堡大使的意外人选,因为他曾被大维齐尔怀疑政治立场偏向奥地利。此外,他还是一个热爱古代希腊的古典学家。在他于1782年出版的希腊游记序言中,他称这个"希腊计划"为"高贵而宏伟的设计",并问道:"一个人看到穆罕默德的愚蠢信徒在斯巴达和雅典的废墟上休息,静静地征收奴役的贡赋时,他怎能不义愤填膺?"他的英国同行罗伯特·安斯利爵士自然觉得有义务让大维齐尔注意到这句话。通过一次昂贵的补救行动,舒瓦瑟尔-古菲耶用大使馆的印刷机印制了另一份序言。他对奥斯曼政府宣称,其他所有版本均为伪造。

此外,法国大使忠心耿耿地奉行路易十六和韦尔热纳的政策。他们决心支持奥斯曼帝国,正如韦尔热纳所书,"通过他(国王)权限之内的所有手段"。路易十六和韦尔热纳拥有超前时代50年的视野。在法国的官方指示中,政府要求舒瓦瑟尔-古菲耶"促进革命,让土耳其政府习惯于寻找其所需的指导,并从国外获取受过教育的人,直到整个国家被教化"。[31]

舒瓦瑟尔-古菲耶带来了由30名军官组成的陆海军代表团,以帮助奥斯曼帝国着手进行军队现代化改革(他还带来了两位艺术家,让-巴蒂斯特·伊莱尔和路易-弗朗索瓦·卡萨斯,他为这两人自掏腰包)。1783年,配有法国教官的现代军事工程学校开学了,有时卡普丹帕夏本人也来听有关防御工事的课程,法国工程师加强了博斯普鲁斯海峡入口要塞的防御。

法国大使馆在印刷机上用奥斯曼语印刷有关海军作战、战争技艺和奥斯曼语语法的著述。1786年，考费尔和舍瓦利耶这两位工程师完成了第一幅精确的君士坦丁堡城地图。法国工程师开始在金角湾的兵工厂中工作，并帮助建造第一艘现代化船只，该船于1787年5月30日下水试航，苏丹亲临现场观看。[32]

舒瓦瑟尔-古菲耶证明了一位有能力的外交官可以变得相当受欢迎，以至于当他可能被召回时，大维齐尔写信给路易十六，赞赏他对"巩固威严的奥斯曼帝国与法国宫廷的友谊"的热忱，并请求让他留下来。舒瓦瑟尔-古菲耶能够在最艰难的情况下保持冷静。在一次会谈中，卡普丹帕夏的宠物狮子将头靠在舒瓦瑟尔的大腿上。大使咕哝道"它很漂亮，真的很漂亮"，然后继续说话。[33]

1787年8月17日，在君士坦丁堡城里公共舆论的推动下，以及在舒瓦瑟尔-古菲耶所称"安斯利爵士阴险的建议"的鼓动下，奥斯曼政府对俄国宣战。奥斯曼政府用8万荷兰杜卡特贿赂"协商会议"中的乌莱玛，以换取他们的准许。战争爆发的原因之一是俄国拒绝遣返摩尔达维亚大公亚历山德罗斯·马夫罗科扎托斯，同年早些时候俄国领事安排他从雅西出逃。法国政府对此感到很沮丧，因为它在近期刚与俄国恢复邦交（因此，安斯利热心于让奥斯曼攻击沙俄帝国）。

舒瓦瑟尔-古菲耶与年轻的奥斯曼帝国皇位继承人塞利姆埃芬迪有秘密联系，路易十六在1787年5月20日写给塞利姆的一封信中表露出了他的现实主义和对和平的偏好："我们已经竭力将匠人和军官派往君士坦丁堡，以给穆斯林示范和教授战争技艺的所有方面……战争已经成为一门困难的学问。如果不具备与敌人同样的作战水平就贸然开战，会让自己遭受许多损失。"舒瓦瑟尔-古菲耶担心，对于法国在黎凡特的贸易，以及成千上万在欧洲南部以贸易为生的人来说，这场战争将会是一场灾难，他反复警告书记长这场战争可能会引发的后果。可惜，书记长只是对他的建议表示感谢。

然而，对俄国"暴行""贪得无厌"和"令人反感的恶意欺骗"的谴责压倒了对势力均衡的现实主义评估。至少作为一种修辞手法，奥斯曼政府已经预测到了帝国的崩溃。据舒瓦瑟尔-古菲耶所说，书记长告诉他，如果真主决定"毁灭这个帝国，至少穆斯林已准备好精神抖擞地去死了，比起他们将要陷入的堕落境况，比起俄国人的背信弃义将为他们带来的漫长而痛苦的折磨，他们更愿意接受光荣的死亡"。[34]

1788年年中，在奥地利也对奥斯曼帝国宣战6个月后，法国军官从君士坦丁堡被召回。这场战争和1789年法国大革命的爆发终结了路易十六在奥斯曼帝国进行和平革命的计划。这场战争于1792年结束，结果是奥斯曼帝国战败，丢失了黑海重镇奥恰科夫。俄军战线正逐步靠近君士坦丁堡。

1792年9月24日，在路易十六被推翻后，舒瓦瑟尔-古菲耶辞去了法国大使一职，他表达了自己的遗憾、感激，以及"对奥斯曼政府的忠心"。他把自己关在法兰西宫里，在阿尔巴尼亚卫兵的围绕下静待结果。在城中法国商人投票接受法兰西共和国后，他于1793年离开，带着古董和大使馆的银餐具前往圣彼得堡，他在那里成了俄国国家图书馆馆长和帝国艺术学院院长。[35]

1795年，在法国废除君主制三年后，奥斯曼帝国失去了另一个盟友。波兰联邦的最后残余领土被奥地利、普鲁士和俄国瓜分。此后多年，波兰的最后官方遗存是驻君士坦丁堡的前波兰大使馆译员。波兰大使馆的一名前禁卫军卫兵引领他进出奥斯曼政府。奥斯曼人说："这是信使军士的鬼魂在履行他对消亡的使馆的译员鬼魂的职责。"[36] 欧洲旧秩序的边界曾经帮助奥斯曼帝国统治大洲的四分之一土地达400年之久，现在旧秩序正在消亡。奥斯曼帝国本身曾经奉行扩张主义，现在却被成长为扩张主义者的邻居包围。

如果没有一大群居住在周边小街上的间谍、翻译、医生、传教士和商人，佩拉的大使馆将百无一成。大使馆是这些人的世界中心，它们提供公正的待遇、庇护、工作、娱乐和新闻。君士坦丁堡没有一座西式宫廷用于举办一系列的接待宴会，以便向外部世界发出谁是体面的或者谁是不体面的信号。大使馆填补了这一空缺。直到1914年，对于君士坦丁堡城里的基督徒来说，没有被大使馆邀请就是社会性死亡。一名19世纪的访客写道：

> 我刚刚写的（佩拉的底层生活）有多可怕，佩拉的上层社会就有多美好。除了巴黎，这个世界上没有一个地方有这么多的博学之士、艺术家、旅行者，以及拥有各种品味的人一起居住……大型招待会提供了最多样的民族品质的迷人混合体，它与精致的品味及友善相交融。俄国宫的晚会最为华丽，法国和英国大使的晚会则格调更高、富丽稍逊，但是奥地利大使馆的正式晚宴让其他一切都黯然失色。[37]

奥斯曼人也常去佩拉的外国大使馆。法国旅行家、非正式外交官尼古拉·德·尼科雷注意到，16世纪50年代的奥斯曼官员喜欢与法国大使达拉蒙男爵共同用餐："既是为了美味佳肴，也是为了几种上好的葡萄酒、马姆齐酒和莫斯卡托酒（muscat，来自希腊群岛）。他们用大量美酒灌醉自己，以至于在回家的路上，即使是最宽大的大街，对于他们来说也是非常狭窄的，他们相当了解如何用这些甜红酒和醉人的烈酒给自己增添香气。"17、18世纪的法国驻君士坦丁堡大使都会拜访穆夫提：一位穆夫提希望1729—1740年的法国大使维尔纳夫侯爵之子能以与"君士坦丁堡"有关的名字为名。当大维齐尔于1775年请俄国大使共进午餐时，他请求大使不必拘束，就像在自己家一样。大使观赏了"亚洲的传统舞蹈和希腊群岛的各种舞蹈"，还有男孩唱阿拉伯歌曲。当时大部分奥斯曼人仍用手指吃饭，而俄国大使则使用嵌有钻石的金器。之后，俄国大使还参加了五场宴会，它们分别由五位官员在各自的宅邸里举办。[38]

奥斯曼人甚至还参加得胜敌人的招待宴会。在1793年庆祝圣凯瑟琳节——女皇的宴请日——的舞会上，一位俄国外交官注意到：

> 寓所的房间勉强能容纳这场盛大的聚会。所有女性都佩戴了许多钻石和珠宝……我们的老朋友奥斯曼宫廷门卫长（Kapici Pasha）和另外几位杰出的土耳其人都在场……看到提供给他们的美酒，他

们开始为先知的健康而干杯,最后他们参加了宴会的所有娱乐活动,直到散会。

和其他富有的居民类似,大使馆职员在夏天离开使馆,前去享受博斯普鲁斯海峡边上比尤克德雷、塔拉布亚和贝尔格莱德等村庄的凉爽气候。在那些地方,生活更加闲适:一名旅行家发现塔拉布亚是"一个非常欢乐的地方"。根据一个英国官员所述,有时候那里有非常多的希腊人在晚上为情人唱小夜曲,以至于别人无法入睡,似乎"爱神已让此地成为最受喜爱的住所"。一些土耳其人加入了希腊人、亚美尼亚人和犹太人的周日聚会,那时候"所有属于社团的人"都在比尤克德雷村外边平原的酸橙树下会面。[39]

间谍活动不可避免地成为大使馆的主要工作之一。对于威尼斯外交官和其线人来说,16世纪加拉塔的圣方济各教堂是最受欢迎的接头地点,因为禁卫军卫兵不屑于进入教堂:在礼拜的掩护下,他们可以交谈而不为人注意。然而,一旦暴露,就是致命的。1571年4月26日,在与由威尼斯、西班牙和教皇国组成的反奥斯曼帝国"神圣同盟"作战期间,威尼斯间谍保罗·比斯科托教士的尸体被钉在威尼斯大使馆窗外的一根杆子上,任其腐烂,以儆效尤。[40]

一个世纪后,从1683—1725年去世为止一直担任荷兰驻奥斯曼代表的雅各布·科利尔伯爵是奥斯曼语和希腊语的"完美掌握者"。坎泰米尔写道:"当他在家中慷慨地招待嗜酒如命的侍臣时,大维齐尔府就不剩什么秘密了,他靠这招从他们身上挖掘出了这些秘闻。"18世纪中叶的神圣罗马帝国大使海因里希·克里斯托夫·彭克勒也说得一口好奥斯曼语,并且在奥斯曼社会的各个阶层和大使馆中都雇用告密者。他的继任者图古特男爵本人就在1771年被法国大使圣普列斯特伯爵招募为法国工作——尽管因为他提供的情报没有多少价值,他的叛国可能只是虚张声势。图古特抱怨道,在佩拉,秘密不能维持超过15分钟:"每个人似乎都知道其他人的一切。"[41] 他们现在仍是如此。

佩拉的居民不被称为佩拉人,而是海盗。当时有一首流行歌曲唱道:

"佩拉，佩拉，恶棍之家。"据说，佩拉女性在方桌火盆边说的闲话比最糟糕的法国省府的流言还要恶劣。[42] 不过，佩拉仍然具有世界主义的诱惑力。直到20世纪，它的大部分居民仍会说五六种语言。1718年，玛丽·沃特利·蒙塔古夫人将佩拉比作巴别塔：

> 他们在佩拉说土耳其语、希腊语、希伯来语、亚美尼亚语、阿拉伯语、波斯语、俄语、斯拉夫语（塞尔维亚-克罗地亚语）、瓦拉几亚语、德语、荷兰语、法语、英语、意大利语、匈牙利语，并且更糟糕的是，我家里会说其中的10种语言。我的马夫是阿拉伯人，我的男仆是法国人、英国人和德意志人，我的保姆是亚美尼亚人，我的女仆是俄国人，还有另外6个用人是希腊人，我的管家是意大利人，我的禁卫军士是土耳其人。

佩拉吸引了犹太人、东正教徒和新教徒，也吸引了天主教徒。它是一座能在其中看到并且听到欧洲的城市，甚至维也纳、罗马或马耳他骑士团之城瓦莱塔也不及它。[43]

欧洲不仅在它的街道上，也在其天主教徒的职业生涯中实际出现。六个世纪以来，泰斯塔家族的大名几乎不曾缺席君士坦丁堡城的外交年鉴。他们最初是商人和公证人，于13世纪从热那亚来到君士坦丁堡。据说，泰斯塔家族有一名成员在拜占庭帝国于1261年从拉丁人手中收复君士坦丁堡的条约上签过字。1436年，托马索·德·泰斯塔和他的妻子卢基内塔·迪斯皮诺拉被安葬在圣保罗大教堂（现为卡拉科伊的阿拉伯清真寺，他们的墓碑现藏于伊斯坦布尔考古博物馆）。1513年，安德烈亚·德·泰斯塔出资协助圣方济各教堂在1509年大地震后的重建；1561年，其子安杰洛见证了圣彼得大教堂和圣保罗大教堂被捐赠给多明我会。同之后300年里的3名家族成员①类似，他是佩拉大委员会的会长，这个委员会是一

---

① 巴托洛梅奥·泰斯塔于1568年担任会长，加斯帕雷·泰斯塔在1651年担任会长，巴托洛梅奥·德·泰斯塔在1778—1792年担任会长。弗朗西斯科·泰斯塔于1683年任副会长。

个由12位委员组成的团体,管理由约500人组成的天主教社群的事务及教堂。和其他显赫的家族,比如德拉佩里斯家族、萨尔瓦戈家族类似,泰斯塔家族居住在法兰克商舍附近,在加拉塔过着相当奢华的生活。[44]

因为熟练掌握奥斯曼语、意大利语、希腊语和其他语言,泰斯塔家族从17世纪后半叶开始担任西方大使馆的翻译。他们在18世纪完成了决定性的身份转变,从在当地招募的译员变为欧洲政府的臣民及大使。加斯帕尔德·泰斯塔(1684—1758年)是荷兰大使馆的译员,其子雅克·泰斯塔成了荷兰驻君士坦丁堡代办。他的后代成了荷兰人,在君士坦丁堡、东京、马德里和其他地方继续在家族传承的外交职位上为荷兰服务,这个家族的其中一支现今仍生活在荷兰。因此,这个家族最珍贵的财物,即弗朗西斯科·泰斯塔于1660年从摧毁圣方济各教堂的大火中拯救出来的荆棘之冠上的荆棘,不再出现于伊斯坦布尔的宗教游行中,而是封存在阿姆斯特丹圣艾格尼丝教堂的圣龛里。

韦尔热纳伯爵来到君士坦丁堡时还是一个贫穷的单身汉,他与弗朗西斯科·泰斯塔的遗孀、雅克·德·泰斯塔的商人表亲安妮·迪维维耶相爱。她为韦尔热纳生下了两名私生子。1760年,在来到君士坦丁堡五年后,他冒着毁掉职业生涯的危险,在信中承诺迎娶她。七年后,为了法国政府和佩拉社群的荣誉,他在法国人的圣路易教堂履行了自己的诺言。他致信托特男爵:"我对自己的新状况感到很高兴;对我来说,有幸为您所知的内人比过去更可敬,此外,我也珍爱我的孩子。"路易十五对此感到很震惊,因而从君士坦丁堡召回了他。路易十六则显然更加宽容。因此,一位拥有"过往经历"的老佩拉人负责以外交大臣韦尔热纳伯爵夫人的身份在凡尔赛宫接见外国公主。

与马夫罗科扎托斯家族类似,泰斯塔家族拒绝受限于单一国家的国民身份。他们是一个曾经流行的现象的极端例子:视为一个国家服务为职业而非事业的欧洲人。作为世袭的外交官,他们在君士坦丁堡工作是因为君士坦丁堡是外交中心,正如18世纪的外国人在巴黎工作是因为巴黎是时尚(知识、艺术和服装的)中心。泰斯塔家族首先忠于这座城中之城,然后是君士坦丁堡、天主教,以及他们当时正在效力的任何一个强权。除了荷兰，泰斯塔家族还在不同时期为法国、瑞典、奥地利、普鲁士、波兰、威尼斯和奥斯曼帝国服务（为佩拉的世界主义感到惊讶的访客说他们会五个国家的语言，却不具备任何一个国家的灵魂）。君士坦丁堡对国家身份、阶级和性别相对宽松的态度，显示出它曾经既非常传统又相当现代。

卡洛·德·泰斯塔（1753—1827）从法国译员开始职业生涯，他曾在法国接受教育。他吹牛说他"和任何一个法国人一样爱国"，但和苏丹及奥斯曼政府相似，他也因路易十六于1793年被处死而感到惊恐，不久他就辞职了。之后他以首席译员的身份先为瑞典服务，然后为奥地利效力。托斯卡纳驻君士坦丁堡代办伊尼亚斯·德·泰斯塔男爵（1812—1873年）编辑了《1536年至今奥斯曼政府与外国列强条约集》（*Recueil des traités de la Porte Ottomane avec les puissances etrangères depuis 1536 jusqu'à nos jours*）。这项工作始于1864年，第11卷和最后一卷于1911年出版，11年后该作品的主题奥斯曼政府不复存在。不幸的是，在该家族档案中没有发现私人信件、日记或回忆录——或者说没有对外公布这些内容。泰斯塔家族对奥斯曼外交的看法会与欧洲国家的外交部门和奥斯曼宫廷的档案中秉承的观点大为不同。佩拉的译员们相信他们是外交技艺的化身，大使则是由译员的意愿操纵的傀儡。[45]

皮萨尼家族是佩拉另一个著名的外交世家。他们宣称自身是威尼斯同名贵族家族的年轻分支，在奥斯曼人于1669年征服克里特后从那里来到君士坦丁堡。他们很快成为英国大使馆的译员，皮萨尼家族的一名成员于1749年获得"御用东方语言翻译官"的称号，这可谓实至名归。1754年，路易十五秘密致信苏丹，请求他加入情报机构"国王机密"，即法国、瑞典和波兰的反俄同盟，在距信件抵达还有不到15天时，英国大使通过皮萨尼家族获取了该信件的副本。[46]

首席译员巴托洛梅奥·皮萨尼以礼仪举止优雅和熟练掌握英语而闻名，他在1794年几乎每天都给罗伯特·利斯顿爵士写信，这些信件的口吻好比是当地主抵达一处新近取得的田产，而他不会说那里的语言时，经验老到的房产经纪人写给他的。皮萨尼建议利斯顿何时写信给奥斯曼政府，讲述其他大使的新闻、船只动向以及欧洲政治局势，讨论拜访大维齐尔和卡普丹帕夏的事宜。诸如"如果阁下愿意"的措辞反复出现，后面跟着建议，或者"我应永远想着，我有义务向您通报我收到的任何可能影响到服务阁下或与阁下的私人信息有关的情报"。大使馆的日常事务和金融业务，而不是高层的政策掌握在皮萨尼手中。

下面这封于1794年10月24日从佩拉寄往当时还在贝尔格莱德村庄的罗伯特·利斯顿大使的信件展示了皮萨尼自信和善于经营的风格，以及友好的大使馆与奥斯曼政府之间的紧密关系：

敬爱的爵士：

我有幸为阁下获取到情报，卡普丹帕夏已经从苏丹处得到了舰队回到兵工厂的例行许可，他本人的"飞燕"号和其他小艇已经离开运河（博斯普鲁斯海峡），并于今早在迪万哈内抛锚。我得知其他大船将在这周日和下周日期间追随而至，那时帕夏将会住在他的官邸里，不会有舰队远征归来时通常举行的公开入港仪式。

因此，如果愿意的话，阁下可以在周一或周二就预计的帕夏回君士坦丁堡过冬一事向他致以惯常的贺词。

我将留在城中以等待阁下就此事发出的命令，您或许希望成为第一批对帕夏阁下表示此种例常的关注之人。

我了解在侯赛因和新首相之间传递有上佳的精准情报。

我有幸致以最真挚的敬意和热爱。

敬爱的爵士，
阁下最忠诚以及感激不尽的谦卑仆人，
B.皮萨尼[47]

他忠诚于自己的职业。当英国和奥斯曼帝国于1807—1809年交战时，他在监狱里待了两年。皮特的外甥女赫斯特·斯坦诺普夫人在去黎巴嫩的途中来到君士坦丁堡度过了1810—1811年的冬天，她报告道，皮萨尼"天赋过人，表里如一，比阁下更为人畏惧和爱戴"。利斯顿夫人欣赏皮萨尼在给她的丈夫和卡普丹帕夏做翻译时展现出来的技巧："我很惊讶地观察到,有几个场合,经由经常介入他们的幽默对话的翻译,他们的对话氛围十分活泼、热烈。"[48] 当英国大使斯特拉特福德·坎宁爵士于1826年9月8日看望病榻上的皮萨尼时,兴奋之情为后者带来了致命的后果。译员刚脱掉睡帽就去世了。后来的英国大使、亚述考古学家奥斯汀·莱亚德爵士如此描述1877年退休的弗雷德里克·皮萨尼,后者是斯特拉特福德·坎宁爵士的译员:"事实上,他似乎活在大使馆里,活在急件和文书堆里,他是最值得信任和妒忌心最强的文件卫士,似乎他的整个存在,他所有的乐趣和希望都集中于此……从没有过比他更头脑单纯、更值得信任和更忠诚的人了。"[49]

在君士坦丁堡的大使馆内谋划的战争、条约和贸易协定被遗忘许久之后,那些大使馆的文化资助仍然是欧洲外交界的荣耀之一。它们的保护使得提出疑问的外国学者或描绘风景的艺术家成为城中街道上为人熟知的人物。比斯贝克男爵从苏丹的御医摩西·哈莫手中购买希腊文手稿,并献给维也纳的皇家图书馆。他自己的书信(虽然与玛丽·沃特利·蒙塔古夫人的书信类似,都在之后重新修订过)仍是对苏莱曼大帝统治末期的奥斯曼帝国的经典描述。这些书信与玛丽·沃特利·蒙塔古夫人的书信类似的另一点是都没有爱德华·萨义德所说的"东方主义的本质"——"西方的优越与东方的低劣之间的差距"。他们夸大奥斯曼社会的美德,以批判他们自己的社会,并且他们的记述远没有许多西方人对其他西方国家的描述那般表现出的高高在上的姿态。比斯贝克赞美奥斯曼军队的纪律,以及对有才能之人开放的开明政策。玛丽·沃特利·蒙塔古夫人赞美奥斯曼生活的闲适和优雅、伊斯兰教的实用优势,以及穆斯林妇女的自由与她们刺绣的精美。

前威尼斯大使乔瓦尼·巴蒂斯塔·多纳多写出了第一本以西方语言撰写的奥斯曼文学研究著作《论土耳其文学》(*Della letteratura de' Turchi*)。书籍《奥斯曼帝国的军事状况》(*L'Etat militaire de l'Empire Ottoman*,两卷本,海牙—阿姆斯特丹,1732年)最全面地描述了奥斯曼陆军和海军的组织、武器、纪律与军服,其作者马尔西利伯爵曾于1679—1680年住在多纳多的大使馆里,当时那里事实上是一个奥斯曼研究学院。他的著作以奥斯曼帝国的记载为基础,这些记载是他从侯赛因·赫扎尔芬埃芬迪等知识分子那里得到的。托德里尼神父得以写出另一本篇幅更长的奥斯曼文学史,因为他于1781—1786年"住在威尼斯驻奥斯曼大使阿戈斯蒂诺·加尔佐尼阁下的富丽宫廷里"。

法国大使馆则为奥斯曼帝国的学术和艺术探索构建了框架,它在这点上胜过其他使馆。在这种情况下,爱德华·萨义德认为东方主义本质上是西方"统治东方"的意志的折射理论就尤其具有误导性。出于现实政治的原因,法国是最希望奥斯曼帝国加强实力的强权国家。尼古拉·德·尼科雷随法国使团于1551年抵达君士坦丁堡。虽然他的著作《在土耳其航行和旅行的真实历史与论说》(*Discours et histoire véritable des navigations, pérégrinations et voyages faits en Turquie*,里昂,1567年)高度依赖之前旅行者的记述,但其木刻版画配图可能是西方首次对于土耳其人视觉形象的精确描绘。1604年,亨利四世和艾哈迈德一世签订的条约是第二本用奥斯曼语印刷的书籍,它于1615年在巴黎付梓,这多亏了文雅且会说奥斯曼语的法国大使萨瓦里·德·布雷夫,他从罗马带回了奥斯曼语、阿拉伯语、波斯语和叙利亚语的印刷活字(第一本用奥斯曼语印刷的书籍于1587年在罗马付梓,它是一本关于欧几里得式商业原则的著作)。然而,萨瓦里·德·布雷夫的确也不时鼓吹摧毁奥斯曼帝国。[50]

瑞典大使馆激发出了关于君士坦丁堡外交生活的不朽文学作品。其作者穆拉德热亚是一名亚美尼亚天主教徒,生于1740年。他从1763年开始在瑞典大使馆担任译员直到1782年,期间一直住在瑞典宫的花园亭阁里。他于1780年被古斯塔夫三世封为贵族,赐名穆拉德热亚·多桑,此名来自他的土耳其语绰号"胖子"。他既是一名外交官,也是一名历史学家。瑞典大使古斯塔夫·塞尔辛说服他写作一本描述奥斯曼帝国的书,而不是他之前打算写的塞利姆二世统治史。其成果《奥斯曼帝国概述》(*Tableau général de l'Empire Ottoman*,三卷本,巴黎,1787—1820年,之后还被译为英语、德语和俄语)对奥斯曼帝国研究的作用,相当于德农的《埃及记述》(*Description de l'Egypte*)——拿破仑率军远征埃及的伟大遗产——对埃及学的作用。全书配有233张插图，称得上是对奥斯曼帝国全方位的考察报告：伊斯兰教、宫殿、服装、政府、军队、法律体系、道德、后宫。

穆拉德热亚·多桑研究了22年，他能接触奥斯曼政府的登记簿，还可以与奥斯曼大臣和前后宫女眷的丈夫谈话：他后来写道，相比其他所有部分，了解奥斯曼帝国的后宫花费了更多的金钱和精力。他希望通过该书能既减轻西方民众对东方的偏见，也把西方的知识带到东方。他呼唤能够诞生一位新的苏莱曼大帝，以便"维持更多与欧洲的亲密联系，采用欧洲人的策略，事实上彻底改变帝国的面貌"。这本书被敬献给古斯塔夫三世，他是奥斯曼帝国在1788—1790年对俄国作战时的盟友，此书在巴黎的王弟（即后来的法王路易十八，他是路易十六的弟弟）印刷厂付梓（穆拉德热亚于1784—1791年住在巴黎以监督印刷），与波旁家族的大多数成员类似，路易十八也是奥斯曼帝国的盟友。[51]

君士坦丁堡城里另一位博学的译员约瑟夫·冯·哈默-普格斯塔尔曾以随行翻译学徒的身份在驻奥斯曼帝国大使馆工作，之后在1793—1799年和1802—1806年担任翻译。他常穿奥斯曼服饰，在君士坦丁堡学会了阿拉伯语、希腊语、波斯语和奥斯曼语。他游历了城中的纪念碑，并且从不错过任何一个机会来为他写作的奥斯曼帝国史书购买书籍和手稿——迄今为止，这本书仍然是外国历史学家撰写的最优秀的奥斯曼史著作。回想起他在其中做过研究的图书馆，他后来写道："之后在其他任何一座图书馆里工作时，我再也体验不到在阿卜杜勒哈米德图书馆里那般的热忱和振奋。"[52]

大使馆既为君士坦丁堡的学术研究，也为艺术纪念活动构建了框架。1600年以前，大使馆委派西方或土耳其艺术家绘制有关该城的政治等级制度、日常生活、习俗和仪式的素描或速写画册：行进队列中的苏丹、摔跤场面、射箭、旋转的托钵修士。[53] 后来，他们更喜欢绘画。莫斯科和马德里具有异域风情；维也纳、威尼斯和罗马雄伟壮丽；巴黎则是欧洲的文化之都。然而，只有君士坦丁堡激发出了如此多的"使馆绘画"①。它们不

---

① 不过，在1703—1741年，卡莱瓦里斯、吉奥里、里希特和卡纳莱托画出了大使在递交国书的途中乘坐镀金驳船抵达威尼斯总督府时的壮观场景。

仅表现了这座城市的权力和魅力，还体现了大使们想给时人和后人留下其事业成功的视觉证明的渴望。它们也有意无意地填补了一个缺口。

君士坦丁堡没有伟大的绘画收藏。宗教传统阻止苏丹或维齐尔委托画家创作绘画或购买绘画，正如它也反对书法或装饰用细密画。像马夫罗科扎托斯家族和泰斯塔家族这样的基督徒家族既没有意愿，也没有勇气在君士坦丁堡收集绘画（虽然前者在瓦拉几亚和摩尔达维亚这么做）。因此，那些描绘17、18世纪君士坦丁堡的最优秀的绘画作品并不在君士坦丁堡城内，而是被挂在大使的后代们拥有的瑞典庄园住宅、奥地利城堡和法国城堡里的"土耳其房间"里。

最受欢迎的绘画主题是苏丹和大维齐尔在皇宫中接待大使的场面——虽说有一些绘画描述了特殊事件，比如被囚禁在七塔堡中或是奥斯曼授予的特许权"协议"的更新。17世纪的两位神圣罗马帝国大使西吉斯蒙德·冯·赫伯施泰因和屈夫施泰因男爵，以及100年后的韦尔热纳及其夫人都身穿奥斯曼服饰入画。这三位大使都委托画家绘制了日常生活中的壮观景象，比如摔跤比赛或是拜访巴扎，也有城市景观。

让-巴蒂斯特·范莫尔是非常重要的使馆艺术家。他出生在瓦朗谢讷，1699年随费里奥尔侯爵来到君士坦丁堡，当时他28岁，之后一直留在君士坦丁堡直到1737年去世。显然他非常热爱这座城市，他写道，他想"全面了解土耳其人与风俗习惯有关的所有特质"，并且他获准陪同大使参加他们的官方接待会。签名并标注时间为1711年的他对苏丹或大维齐尔及其随从的仪式场景的描绘，以及1724年法国大使接待会和1727年荷兰大使接待会的画作都因生动和纯朴而大受赞誉。人物面容和服装的对比很有趣。温和的荷兰人走过冲向烩饭的禁卫军士；法国大使年幼的儿子戴着垂过肩的假发，正同戴头巾的大维齐尔讲话。范莫尔的绘画如此吸引人，以至于激发了技艺没有那么精湛的画家对其他大使（英国、波兰、瑞典、威尼斯）的接待会进行类似的展现。他的许多君士坦丁堡风景画都是受荷兰大使科尔内留斯·卡尔科恩的委托绘制，并且根据该大使的遗嘱，这些画作为一整个系列被一同保存，现收藏于荷兰国立博物馆。

费里奥尔或许是一名荒唐的大使，但热爱君士坦丁堡的人将永远感激他于1707年委派范莫尔绘制100张不同官职和民族的人穿自身服装的画作：大太监、宫廷信使军士、送货到土耳其后宫的犹太妇女、割伤自己以显示对情妇爱意的土耳其男子、普世牧首、亚美尼亚殉道者科米塔斯、阿尔巴尼亚人、保加利亚人、希腊人、瓦拉几亚人、波斯人、阿拉伯人。费里奥尔在法国协助安排将这些画印刷出版：题为《黎凡特各民族百幅绘画集》(*Recueil de cent estampes représentant différentes nations du Levant*，1714年)。人们想要了解奥斯曼帝国的欲望十分强烈，以至于这本书的法语版迅速得以重印，并被翻译为德语、意大利语、英语和西班牙语，也成为华托、瓜尔迪、梵鲁等人土耳其风潮的主要来源。尽管范莫尔提出了抗议，但徒劳无功，他还是于1725年得到了独一无二的"御用黎凡特画家"一职，这是官方对他的天才的肯定。当他于1737年1月22日去世时，法国大使全家和"整个法兰西民族"都来参加在加拉塔的圣伯努瓦教堂举行的他的葬礼。[54]

最令人印象深刻的一套使馆绘画位于瑞典心脏地带的毕比，属于塞尔辛家族的财产。他们把锈色的瑞典庄园大宅转变为敬奉18世纪君士坦丁堡的圣龛。单身汉兄弟古斯塔夫·塞尔辛和乌尔里克·塞尔辛是1709—1711年查理十二世驻奥斯曼代理之子，他们分别于1745—1773年和1756—1780年在瑞典大使馆担任秘书、常驻公使和大使。他们都通晓奥斯曼语，并且多亏了奥斯曼和瑞典对俄国的共同恐惧，他们能够维持像艾哈迈德帕夏时期那样稳定的奥斯曼-瑞典关系。乌尔里克·塞尔辛通过陆路和海路把一套重要的东方手稿集和102幅君士坦丁堡画作送回瑞典，他把手稿集留给乌普萨拉大学图书馆，条件是手稿集必须保存在一个刻有"塞尔辛东方藏书"的橱柜里。

其中最引人注目的不是大使们受到苏丹接待的场景，不是城中不同的匠人和官员的肖像画，也不是以肖像转移到树上的形式呈现的奥斯曼苏丹家谱，而是25张令人沉醉其中的全景图，上面描绘了金角湾、城市、宫殿、博斯普鲁斯海峡的船只，以及最为重要的幸福宫的蓝绿亭阁和镀金楼台，幸福宫获得了最好的视觉记录。这些画没有署名，可能是由A.斯滕所绘，他把一部分君士坦丁堡画作献给"古斯塔夫·塞尔辛男爵，瑞典国王陛下之皇家商业委员会主席,驻奥斯曼全权公使及寰宇秩序之骑士",这些画也在塞尔辛的收藏之列。[55]

君士坦丁堡的欧洲大使馆赞助画家和作家,也赞助考古学家。人们或许期望这座城市作为罗马帝国首都的过往会增添其魅力。18世纪,对于外国游客和艺术家来说,诸如古广场、古斗兽场这样的古典时期遗迹是君士坦丁堡的姐妹城市罗马最主要的魅力所在。然而,欣赏和发掘在罗马是不可能的,在君士坦丁堡亦是如此。最早在16世纪40年代,法国学者皮埃尔·吉勒就已观察到该城位于罗马古城墙内的地区已经几乎都为现代房屋覆盖:"在我住在君士坦丁堡的那段时间里(1544—1547年),我看到了许多被毁的教堂、宫殿及其地基,因为那里已满是伊斯兰建筑,所以我几乎无法发现之前的布局,如果不是这样的话,我很难轻易地猜到土耳其人在夺取城市后进行了怎样的破坏。"他亲眼看到巨大的查士丁尼青铜骑马像被搬到"熔化房"——被熔铸成奥斯曼的大炮。古典时期的石柱被用于建造奥斯曼的清真寺。皇帝的墓碑被作为胜利纪念柱放置在苏丹宫殿的花园里。前往君士坦丁堡的游客是为了奥斯曼的当下而非罗马的过去而来。[56]

不过,掠夺奥斯曼帝国其他地区(先后为亚述人、希腊人和罗马人统治并扩建)的考古财富,成为驻君士坦丁堡外交官的一项重要任务。他们对古物的激情无比强烈,以至于法国大使馆里上演过一出戏剧《法国古文物学家》(*L'Antiquaire français*)。舒瓦瑟尔-古菲耶雇用法国商人路易-弗朗索瓦-塞巴斯蒂安·福韦尔来探索并劫掠希腊古物。英国大使没兴趣委任艺术家创作绘画,这一点虽然让人感到意外,但他们对古文物怀有浓厚得多的兴趣。17世纪20年代,为阿伦德尔伯爵服务的托马斯·罗伊爵士窃取了金门的一部分,它现在位于牛津的阿什莫林博物馆。法国于1798年入侵埃及,但是奥斯曼帝国、俄国和英国于1799年1月签订的反法盟约让英国大使额尔金勋爵在古物的掠夺上超过了舒瓦瑟尔-古菲耶。由于巴托洛梅奥·皮萨尼高超的外交技巧,以及"奥斯曼政府、永续的奥斯曼宫廷和英国宫廷之间自古以来就维系着的,并在双方宫廷中都在显著加强的友谊、忠诚、盟约和善意",额尔金勋爵从奥斯曼政府手中得到了挖掘帕特农并移走其碎块的许可。他大大僭越了原有的条款,从帕特农神庙的任一部分和雅典的任一古建筑中带走了他想要的所有雕像。"额尔金大理石雕"于1806年抵达伦敦。争议由此产生,并持续至今,事端的源头就是英国驻君士坦丁堡大使馆。[57]

9

禁卫军蹙眉

> 苏丹因禁卫军蹙眉而颤抖。
>
> ——玛丽·沃特利·蒙塔古夫人，1717年4月

君士坦丁堡不仅是各大使馆、民族和宗教之间的战场，还是苏丹和他的卫士之间的战场。苏丹和卫士之间的局面始终保持着恐惧与需求、权力和软肋、鲜血和黄金的动态平衡，直到奥斯曼帝国统治末期，末代苏丹在外国卫士的保护下逃走为止。卫士权势膨胀的原因是缺乏独立的民政机制。在绝对的君主专制政体中，统治者对武装力量干政的阻碍遭到削弱。正如尤维纳利斯对罗马禁卫军的记述："谁来防范那些卫士呢？"1725—1825年，俄国近卫军八次决定谁应当作为君主，或者说作为代理人进行统治。拿破仑也感知到了这一危险。他说："宫廷卫队是可怖的，并且随着君主变得愈发专断独行，他们就会变得愈发危险。"他也建议其他君主撤销他们。[1]

君士坦丁堡的首要军事力量是禁卫军。禁卫军包括196个中队（orta），理论上每个中队包括100人。16世纪，他们是欧洲最有效的武装力量之一，并且肯定是给养最好的一支军团，他们享有定期配给的汤、羊肉和米饭。食物在他们的生活中占据核心地位，以至于每个中队的指挥官都有着"汤厨"（corbaci）的头衔，并且他在腰带上佩带长柄汤勺，作为其军衔的标志。每个中队都有其队旗，旗上展现着如狮子、清真寺、讲经坛或船只等标志。禁卫军身穿蓝布制服，佩戴华丽的白色褶皱头饰，它就像一个

巨大的袖子，有时候上面装饰着羽毛和珠宝。当全体禁卫军同时低头时，他们被比作一片在微风中荡漾的熟玉米地。

苏丹的亲卫队由禁卫军中的第60中队、第61中队、第62中队和第63中队组成，他们被称为"左手卫士"（solaks）。他们夸张的羽毛头饰让苏丹在策马前往清真寺时显得像是飘浮在云上。禁卫军的其他中队也自有其特定的宫廷职责，比如第64中队负责照管苏丹的猎狗，第69中队负责照管苏丹的灰狗和猎鹰。禁卫军也和园丁队一起充当首都的警察、火情监督员和海关官员。他们负责检查迁入首都的移民的身份，或者当苏丹认为城市过于拥挤时驱逐新近迁入者。在苏莱曼清真寺和金角湾之间的禁卫军兵营建筑群是君士坦丁堡的权力中心之一，同奥斯曼宫殿、政府、清真寺、牧首座堂和大使馆并列。禁卫军的最高指挥官阿迦住在那里的一座相当华丽的宅邸里，以至于苏莱曼大帝有一次感叹道："如果我能当禁卫军的阿迦，只要当40天就可以了！"

同1700年以前西方君主的聒噪而不服管教的军队相比，禁卫军最初是严肃克己的典范。每三个月分发一次薪酬（周二），在宫中第二重庭院里举行，场面十分庄严，大维齐尔和偶尔前来的外国大使见证发薪仪式。薪酬被放在小皮革包里，陆续发放给每个中队；最后，高级军官进入国务会议厅，并亲吻大维齐尔外衣的一角。[2]

由显然很琐碎的礼仪组成的网络将遥远而威严的苏丹形象带到禁卫军的世界，事实上表现出了统治者和卫士之间的紧密关系。苏丹加入第61中队，领到薪水，再把专为他大幅上涨的薪水还给指挥官。登基后，他参观禁卫军的兵营，说道："我们会在红苹果——罗马或维也纳——再度相见。"当苏丹穿过兵营时，他停下来喝上一杯果子露，然后在空杯里装满黄金，再还给感恩戴德的同袍。他经常观看禁卫军在苏丹巴耶济德清真寺附近的大广场上射击、操练和摔跤，然后为他们颁发奖项。他后宫中的夫人们每逢斋月都为他们准备许多盘巴克拉瓦甜点。皇家告示总是奉承禁卫军团。比如在1750年，他们被称为"由勇敢的信仰捍卫者组成的伟大军队，在他们身上寄托着真主在大地上的影子的祝福，以及先知的关怀……我们庄严而不可计数的善行将每天增强他们的尊严和关切"。[3]

然而，在和谐的表象下，更换苏丹可以巩固禁卫军的既得利益，因为新的苏丹意味着增加了一份新的"津贴"。在缺乏像议会、参议院这样的代表机构的情况下，禁卫军有时充当它们的等价物。他们不仅时而表达公众对社会、经济和政治的不满，也可能为维齐尔或乌莱玛所用，成为他们实现其政治目标的工具。多年后，当一名大臣被问到他对禁卫军解散的看法时，他回答道："但是，接下来我们应该如何阻止狮子（苏丹）呢？"禁卫军团与同情什叶派的拜克塔什苦修僧团之间的紧密联系增强了前者的反叛倾向。[4]

禁卫军掀翻烩饭大锅的轰然巨响是兵变的信号。大锅当时被架在竞技场，一处靠近他们兵营的开阔地，也被用作集合点。18世纪，英国政治家抛弃国王宫廷而选择威尔士亲王府，而高喊"兄弟万岁！""我们要兄弟"的禁卫军则是其奥斯曼版对照物。二者都以不愉快的方式提醒君主，在这个王朝，他的统治不是不可替代的。

1566年塞利姆二世登基时，禁卫军没有得到惯常的津贴。大维齐尔索库鲁·穆罕默德帕夏因新苏丹朝臣的影响力而深感错愕和沮丧，或许是在他的鼓动下，禁卫军在贝尔格莱德亵渎了苏莱曼大帝的遗体，并威胁塞利姆二世。12月9日，苏丹的队伍进入君士坦丁堡。由于前列纵队在市中心停了下来，并拒绝继续前进，军队止步于埃迪尔内门。维齐尔们询问出了什么差错。"一辆干草车挡了路，阻止了行军。"这是禁卫军的回答——他们不满的隐秘表达。卡普丹帕夏说道："战士们！这是不光彩的！"他们大吼"穷水手，这与你有什么关系"，并且痛打卡普丹帕夏。最后，大维齐尔和他的官员向禁卫军丢硬币。军队重新开始往前行进。当队列到达宫中第一重庭院时，塞利姆二世承诺："根据祖先传下来的惯例，赏金和薪酬都被准许上涨。"就这样，在奥斯曼帝国权力的顶峰时期，苏莱曼大帝的儿子需要为通往自己的宫殿支付买路钱。[5]

从巴尔干和安纳托利亚的基督徒家庭招募禁卫军的奴官制度的衰朽减少了禁卫军对苏丹的依赖，并增加了他们的不可靠性。巴尔干的优秀青年从16世纪中期开始被禁卫军，甚至是本地商人的儿子所替代。据说，穆拉德三世于1582年让数千名演艺人员、杂耍艺人和摔跤手进入军队，作为对其子割礼庆典成功的奖赏。到1650年，帕夏们把他们的仆人列入禁卫军名单，以便把他们的家眷开销转移给国家。禁卫军成为君士坦丁堡经济结构的一部分，他们渗透到船夫、屠夫或是奴隶贩子的行会里。第14中队成为面包师，第82中队成为屠夫。最晚到1673年，君士坦丁堡的园丁队还互相用塞尔维亚-克罗地亚语交谈。然而，从1700年开始，禁卫军本质上成为首都男性人口中的权力集团。他们的薪资单可以被用于投机，仿佛是股票一般。已知最晚的为奴官制度而征发孩童的敕令是1703年下达的。[6]

1528年，禁卫军有2.7万人，1591年是约4.8万人。在接下来的一个世纪里，禁卫军人数在穆拉德四世和柯普律吕家族的大维齐尔统治时期减少了，但是之后人数稳步上升，最大幅度的增长在18世纪末到来，那时人数从约4.3万人（1776年）和约5.5万人（1800年）增长到共计约11万人（1809年）。[7]

薪酬和权力是导致禁卫军团不安定的因素。由于通货膨胀和铸币贬值，他们经常领到劣质硬币：同在其他军队中的情况一样，军官经常将士兵的薪水据为己有。禁卫军是17世纪奥斯曼危机，即"奥斯曼家族沉睡60年"的症状和原因。一名奥斯曼人在16世纪末抱怨道："纪律荡然无存；无人留心禁令。那些残忍的人……劫掠穆斯林和基督徒的荣誉和财产。犯下此种罪行的大多数人就是那些被称为苏丹之奴（kuls）的人。"

有时，禁卫军则代表君士坦丁堡的特殊利益，他们将苏丹拖拽回君士坦丁堡。他们于1514年通过威胁发动兵变，甚至对苏丹的帐篷开火而强迫塞利姆一世放弃攻打波斯。1529年，他们迫使苏莱曼大帝解除了维也纳之围——这两次都是因为他们想要回城。与其大部分臣民不同，奥斯曼王朝已准备好尝试新的文化和新的国家。两位苏丹还试图加强与其阿拉伯臣民的联系。塞利姆一世在1517年征服开罗后希望留在那里：禁卫军强迫他回到君士坦丁堡。1622年，奥斯曼二世前往麦加的计划导致了他被废黜和遇弑。[8]

在1622—1632年的大部分时间里，禁卫军统治着君士坦丁堡，杀死了穆拉德四世的宠臣穆萨和其他大臣，并用以下叫嚷威胁苏丹本人："我们想要皇子！"穆拉德四世对此铭记于心。在撤换维齐尔之后，他用恐怖回击恐怖。禁卫军的人数遭到削减。1633年，咖啡馆和酒馆被关闭的真正原因并不是它们的离经叛道，而是想要"让民众恐慌"。根据17世纪历史学家纳伊马的记载，咖啡馆和酒馆是会面场所，在那些地方君士坦丁堡的民众"花费时间批评、贬损皇帝和当局，浪费口舌讨论与国事、解职、任命、争执和妥协相关的帝国利益，由是他们便传播流言和谎话"。[9] 晚上，穆拉德四世巡察城市，处决任何被发现携带烟管或咖啡杯的人：根据波波夫斯基所述，他特别享受斩首脖颈肥胖的人。这些尸体被弃置在大街上，等到第二天早上来人收尸。奥斯曼历史上唯一一次处死君士坦丁堡穆夫提的事件发生在1634年1月1日，由穆拉德四世下令执行。穆拉德四世施加了如此严峻的恐怖政策，以至于"没有人能谈论帕迪沙一个字，连在家里都不行"。一些人开始心怀厌恶地辱骂他为"奴隶之子"。奥斯曼王朝这个最残忍的苏丹甚至于1635年计划处死已经开始大规模移居君士坦丁堡的亚美尼亚人，大维齐尔劝阻了他。[10]

　　火和暴动是民众和禁卫军在制造均等的恐怖局面的进程中用于对付苏丹的武器。① 君士坦丁堡的木房子把死亡和自然的欢愉带入日常生活。每隔几年，当另一个区域被火灾毁灭时，君士坦丁堡的圆形穹顶和宣礼塔的轮廓就在火红的天空中显露出来。急速冲向现场的禁卫军士兵喊着"着火了"——为人熟悉的叫喊声。对"奥斯曼帝国的财富去哪里了"的另一个回答是"被烧掉了"。用奥斯曼帝国的一句谚语来说，就是："要不是伊斯坦布尔的火，城里那些房屋的门槛将用黄金铺就！"城里频繁发生的大火灾解释了为什么保存下来的老房子的数量如此之少。

　　1555年，在神圣罗马帝国大使比斯贝克抵达的那一天，君士坦丁堡发生了一场火灾。在他看来，这场火灾是由战士或水手纵火点燃的，因为他们可能想在火灾带来的恐慌中抢劫。火灾也开始被用于表达对苏丹政策的不满，胁迫他撤换大臣，或者只是用于谋害富人。1725年，从阿姆斯

---

① 禁卫军叛乱也于1651年、1655年、1687年、1703年、1730年、1733年、1734年、1740年、1742年、1743年和1783年发生。

特丹引进的现代化消防装备收效甚微。例如，1755年，一场火灾在皇宫附近发生，苏丹和大维齐尔双双来到火场，尽管二人采取了迅速的行动，但是强烈的北风仍扩散了火势。圣索菲亚清真寺圆形穹顶的铅都被熔化了。君士坦丁堡变成了一片火海，熔化的金属聚流成河，汇入其中。一整个禁卫军中队被活活烧死。这场火灾持续了36个小时，吞没了城市七分之一的区域，包括宫廷、国库和大臣的办公地点。[11]

公共舆论——以火灾和禁卫军作为武器——的力量在18世纪尤为强大。民众握有批评的权利——他们经常在苏丹来到火场时辱骂他。外国人写道"人民成为统治者"。韦尔热纳告诉法国外交大臣，"他们比欧洲其他开化的民族拥有更大的自由，几乎可以说是胆大妄为"。[12]

1700年后，由于反复暴发的瘟疫，从医学角度来看，君士坦丁堡也是欧洲最危险的城市。起初，瘟疫不是特殊事件。比如，伦敦在1563—1603年经历了五轮瘟疫，几乎20%的人口在最后一轮瘟疫中丧生。然而，在瘟疫于欧洲被隔离检疫，消灭许久之后（1720年，最后一次大规模的瘟疫暴发杀死了马赛的半数人口），"死亡天使"（瘟疫被如此称呼）仍几乎年年光顾君士坦丁堡，在兵工厂、监狱和商舍等"据点"暴发。可能有33%的人死于1778年的瘟疫；商业也停滞了。在担任过英国驻奥斯曼大使的人之中，温奇尔西勋爵失去了一个女儿——赫西死于1762年的一场瘟疫。格伦维尔被迫在半夜紧急逃出大使馆，因为他家里的一名仆人发展出了致命的症状，而在1813年，利斯顿及其家人因瘟疫在自己的家中被囚禁超过三个月，甚至没有一个仆人能出门。在那一年，整条街都空无一人，据估计，死亡人数在10万到25万之间。这场大灾难被认为是神对人们罪恶的惩罚。尤其是单身汉，被认为比土匪还要坏；有一条街曾设立专门的单身汉居住区，这条街被称为"天使不踩踏之处"，人们摧毁了这条街，并在原街区建立了清真寺，以抹去民众对该街区的记忆。直至19世纪30年代，瘟疫暴发仍是奥斯曼帝国政治和军事状况恶化的原因之一。法国、奥地利和俄国的人口在18世纪增长了三分之一多，奥斯曼帝国的人口则没有增长。[13]

作为对瘟疫的预防措施，基督徒、犹太人和穆斯林中的精英成员在自己身上和周边环境喷上香水或者醋。他们也闭紧房屋大门，或者逃到没有那么不利于健康的比尤克德雷、塔拉布亚周边地区。然而，大部分穆斯林是宿命论者。1555年，比斯贝克被告知苏莱曼对瘟疫的态度："难道我不知道瘟疫是真主之箭，从来没有不打中指定的目标吗？我能躲到哪里，才能逃出其射程呢？如果他希望我遭受侵袭，任何逃亡或藏身之处都救不了我。躲避不可避免的命运是无用的。"一些人称之为宿命论，而另一些人则称之为勇气。300年后，君士坦丁堡城中的穆斯林阿里·纳米克贝伊提笔为伊斯兰教辩护："任何民族都不如我们对死亡来得更加不屑一顾。"[14]

君士坦丁堡再也不配"被守护之城"——真主守护它免于混乱，苏丹守护它免于不义——的称号了。苏丹在夜巡城市归来时发现没有人在宫殿中门处守卫。苏丹私人房间的男仆以礼物太微小为由拒绝了赠礼。连后宫都失去了控制。到18世纪，由于不为人所知且没有载明的原因，一份后宫日程表出现了，苏丹被迫遵守它：一名女孩因为出售自己的"夜班"而被处死。如果苏丹试图打破这份日程表，他就将遭受"险恶的嫉妒和不断袭扰的喧闹"。在阿卜杜勒哈米德一世（1774—1789年在位）写给一名叫鲁莎赫的后宫女孩的信中流露出了恳求的语调："女士，对于你来说，我是系上锁链的奴隶。如果你想，就打我吧。如果你想，就杀了我吧。我已将我自己献给了你。今晚过来吧，求你了。"苏丹竟然要乞求别人！为了见到他们想见的女人，一些苏丹被迫在城里秘密租房。[15]

火灾、瘟疫、一场灾难性的战争、不服从的卫士、经济衰退、不安定的百姓、野心勃勃的少数族群、好斗的邻居和宗教极端保守主义交织在一起，导致苏丹塞利姆三世于1789年上台，他在27岁时接替了他的叔叔阿卜杜勒哈米德一世，他和同样身为国家君主的路易十六一样身处险境。阿卜杜勒哈米德一世曾经抱怨不眠之夜："愿真主襄助奥斯曼宫廷！"塞利姆三世说："我已准备好用干面包来满足自己，因为国家正在崩裂。"同他的许多前任一样，他以驱逐移民，重新对服饰、咖啡馆和酒馆施加限制来开始他的统治。他微服潜行在街道上，对违法者施加致命的惩罚。法国大使舒瓦瑟尔-古菲耶报告道："在15天里他激起的热情变成了普遍的恐慌。首都的所有人都在颤抖。"[16]

他意识到医治帝国病症的必要性，于是要求22位高级官员，包括乌莱玛成员提出具体的议案。其中一位前来献策的人便是穆拉德热亚·多桑，多桑已于1792年从巴黎归来，携带有《奥斯曼帝国概述》前两卷，这两卷法语书都配有译文，多桑将这本著作呈献给塞利姆三世，后者大为欣喜。多桑在君士坦丁堡身穿欧式服饰，胸中充满对法国大革命的热情，他向苏丹献上一份备忘录，提议对军队展开激进的改革。他说道，一旦决定改革，就不应该退缩。罗马——对奥斯曼苏丹来说是一个有趣的模板——之所以成功是因为它善于从邻居那里学习。宇宙中的任何事情都是真主的意志：但是真主给了人类思考的力量，也给了统治者保护的力量。伊斯兰教法并不禁止穆斯林从其他文化借取法律和技术。如果利用科学来应对宗教反对派，塞利姆三世就可以和法提赫、苏莱曼和穆拉德四世一样成功。一所教授军事科学的学院在哈斯科伊落成，这所学院配有现代图书馆和课程表，也配有法国和土耳其教师。然而，没有基督徒学生被录取，这与穆拉德热亚的建议相悖。[17]

鲁米利亚大法官提交了一份长篇备忘录，内容是刺激经济及降低穷人和少数族群税负的必要性。与100年前的马夫罗科扎托斯类似，他也将帕夏家眷的规模和他们奢侈的生活方式视为帝国虚弱的原因之一。但禁卫军是问题的核心。一位官员在奉苏丹之书写时将禁卫军称为平民——"糕点师傅、水手、渔夫、咖啡馆和妓院的老板"——中的渣滓。而对另一位官员来说，他们是鼠辈，其主要特征是不顺从。他们胁迫食品商人和船长支付保护费。他们在咖啡豆里掺鹰嘴豆，并且在从火海中救出女性时强奸她们。而且，他们还嘲笑国家的等级制度。当一位维齐尔和他的仆人队列从禁卫军卫所前走过时，禁卫军没有起立致意，而是以嘲弄的方式弹吉他。在复活节庆祝期间，禁卫军骚扰基督徒，强迫他们坐下喝酒并交出钱来。禁卫军最恶劣的罪行是他们没能在战场上击败俄国人。许多禁卫军士兵在1788—1792年的战争中从未扛过枪。他们威吓每个人，除了敌人。

在1792年议和后，苏丹开始创建一支被称为"新秩序军"（Nizam-i Cedid）的新式步兵，目的是"让至高的奥斯曼政府得以永续，甚至直到世界末日"。到1807年,已有大约2.7万名士兵按照现代的欧洲操练方式和战术进行训练。为了平息贵族的怒火,他们和皇家园丁一样被称为"园丁队",并且驻扎在城外,被安置在于斯屈达尔和比尤克德雷附近。苏丹经常参观他们的兵营,事实上他们的兵营是一座独立的军事小城镇,拥有自己的商店和房屋;一座有拉丁文和阿拉伯文字模的印刷厂在于斯屈达尔的兵营里建立起来。"新秩序军"在战场上的表现很快超过了禁卫军。[18]

塞利姆三世也建立了由大约300名贵族和乌莱玛组成的协商会议,以便为政策提供建议,讨论战争与和平的问题。恐惧的平衡局面迅速变得非常不利于苏丹和大维齐尔,以至于协商会议的真正目的变成了给他们提供庇护,即如果政府的决定导致灾难,他们不受非议。大维齐尔保留会议的书面记录作为一种保险手段,这些记录不在奥斯曼宫廷里,而是被归置到他的个人文档。一名法纳尔告密者告诉俄国大使:"在这里,由于每一个大臣都负有个人责任,连续不断的协商会议已经成了某种贵族政治,大臣们因它的创立而感到宽慰,他们既不会疯狂到通过和协商会议唱反调来自己承担事情的责任,也没有足够的影响力来执行决议。"

大约600名顾问从英国、瑞典、奥地利到达奥斯曼,来自法国的顾问(既有移民,又有共和党人)最多,他们的到来部分是为了指导"新秩序军"。德·托特创立的兵工厂,以及海军和军事工程学校获得了现代化改造。罗伯特·利斯顿爵士写道:"现今的时尚是各阶层强烈支持模仿欧洲。"但是,民众普遍比较抵触给外国人支付高薪。[19]

虽说渴望改革,但是塞利姆三世缺乏彼得大帝式统治者的无情能量。他耽溺于君士坦丁堡的欢愉。根据罗伯特·利斯顿爵士所述,他在从一座宫殿移居另一座宫殿、摧毁、重建、享受远足等方面花费了许多时间,这些行为"遭到民众谴责,被认为与经济和对商业的关注不符,商业已经成为统治者"。他欣赏欧洲文化中要求没有那么高的一些方面:舞蹈、音乐、法国红酒、意大利喜剧演员、英国版画。不过,他没有抛弃奥斯曼的传统文化。君士坦丁堡仍然是一座可以享受到不同领域最好和最差方面的城市。塞利姆三世在平纹细布手帕上画画,还是一位技巧娴熟的书法家和奥斯曼传统音乐作曲家。他以"受启发者"的笔名写作诗歌,但无视这些诗中的理想：

> 受启发者啊，你勿懒惰，勿信今世之事。
> 世界不为任何人停顿，其车轮永动不止。[20]

君士坦丁堡的宫殿开始展现出其受到西方影响的效果。虽然具有厚重的奥斯曼传统文化，但是奥斯曼精英正逐渐回归1530年前显而易见的开阔胸怀。1748—1755年建成的位于巴扎入口处的努鲁奥斯曼清真寺的细节处，比如柱头、拱门和线条，都展现了巴洛克风格的影响。从1770年开始，在博斯普鲁斯海峡边的一些水滨别墅、帝国后宫和幸福门的墙壁上，描绘树林和河流、船只和桥梁、窗帘和圆柱的意大利式奇幻风景画已经取代了过去的阿拉伯式镀金图饰和伊兹尼克瓷砖。塞利姆三世雇用了一名细密画画家来描绘他后宫中的女性，这些画被用作法泽尔贝伊关于美女和美男子的作品《女书》和《美人书》中的插图，它们体现出了强烈的西方影响。

来自巴登的年轻艺术家安托万-伊尼亚斯·梅林比自真蒂莱·贝利尼之后的任何一名西方艺术家都更熟悉奥斯曼宫廷。梅林于1785年左右抵达君士坦丁堡，受到佩拉大使馆的庇护。他是俄国大使的家户成员，为英国和荷兰大使绘画；许布施·冯·格罗斯塔尔男爵作为萨克森公使、俄国大使馆的银行家、许多奥斯曼大臣的私人朋友认识他。[21] 塞利姆三世把自己想要让臣民熟悉"欧洲的艺术和文明"的计划告诉了妹妹兼亲信哈蒂杰苏丹，哈蒂杰苏丹拜访了许布施男爵在比尤克德雷的豪宅的欧式花园。她也想要一个这样的花园。许布施男爵推荐梅林作为花园设计师。

用他自己的话来说，结果是梅林"以艺术家和建筑师的身份依附于哈蒂杰苏丹数年"——"依附"得十分紧密，以至于哈蒂杰苏丹在宫殿中她丈夫的生活区里拨给了梅林一间房。佩拉和宫廷长期以来在保持距离的情况下彼此熟悉，现在两处变得亲密无间。梅林已为公主创造了一座由玫瑰、丁香花和合欢树组成的迷宫，而后开始重新装潢她宫殿的内部。他在欧洲人的优越感之上还平添了几分设计师的傲慢，他提笔写道："精致的简约已经替代了让人目不暇接的奢侈镀金和色彩。"室内装潢让公主非常满意,于是她要求梅林为她设计一座宫殿。她的仆人和太监认为欧洲风格与《古兰经》的教诲相悖,尽管有他们的刁难,一座为公主而建的新古典主义宫殿很快在财政大臣角拔地而起。梅林也为公主设计衣裳、餐具和家具,并为塞利姆三世和他的母亲设计了一座位于贝西克塔斯的亭阁。

公主用以拉丁字母写成的奥斯曼文致信梅林。其语调与200年前的努尔巴努一致:

> 梅林掌事:
> ……我的餐刀漂亮吗?餐具的垫子呢,我也想今天就得到它。让我看看你做得怎么样。你必须百分百保证在今天准备好餐具垫子。我今天还想要深蓝色的装饰品。我什么时候能拿到蚊帐?我明天必须得到它。家具师傅开工了吗?我希望快点拿到。
>
> 周三凌晨3点

梅林描绘君士坦丁堡城、博斯普鲁斯海峡、比尤克德雷、贝贝克、码头、兵工厂和宫殿的画是观察准确的艺术杰作,这些画原本是为苏丹和他的妹妹所作。其中包括或许是唯一准确描绘帝国后宫(是位于皇宫角的夏宫后宫)的画作。梅林清楚后宫生活的"冷与暖"。有一天晚上,他在王子群岛中的一个岛用完晚餐后划船回去。由于当晚月光明亮,他可以看到宫殿的海墙边上,园丁队正在把石头放进装有两个女人的袋子里。然后,他们在一位太监的陪同下(目的是向首席太监回报任务已完成)把袋子放在船上,划船出海。梅林的船只继续航行,驶出许久,梅林仍能听到身后传来的那两个女人的哭喊声。在袋子被推落入水后,海面复归静谧。

法国于1798年入侵埃及,这迫使梅林离开,不再服务于公主,或许一场私下的吵架起到了推波助澜的作用。直到1802年,他才最终离开君士坦丁堡——带着黎凡特妻子(弗朗索瓦-路易丝·科隆博)、一个孩子,以及他的画作,这些画作在法国政府的支持下最终于1819年以《君士坦丁堡及博斯普鲁斯海岸的如画旅程》(*Voyage pittoresque de Constantinople* et des rives du Bosphore）之名出版。[22]

当苏丹在博斯普鲁斯享受生活时，他的帝国正在解体。苏丹的软弱、奥斯曼军队的瓦解和居民对良政的渴望使地方长官和当地地主得以在行省划分出半独立的领地：埃及的穆罕默德·阿里、希腊北部的阿里帕夏、安纳托利亚西南部的卡拉奥斯曼奥卢家族、在现今是保加利亚的地区的帕斯万奥卢家族——1802年威胁包围君士坦丁堡城，苏丹不得不用加赐总督职位的手段来脱险。1804年，塞尔维亚爆发反对禁卫军军团恐怖统治的起义，两年内，一个承认苏丹宗主地位的半独立塞尔维亚国就已占领贝尔格莱德，并为自身制定了宪法。最残酷的打击是阿拉伯半岛的极端主义宗派瓦哈比派的崛起。他们于1803年从谢里夫们手中夺取了麦加，并阻止从君士坦丁堡前来的朝圣团进入。苏丹哈里发无法保护圣地！随着行省的相继沦陷，抵达首都的收入减少了；拖欠禁卫军的薪饷数额不断累加，因而他们的暴行也变多了。

外国政府也不断向君士坦丁堡施压。法国大使让-巴蒂斯特-阿尼巴尔·奥贝尔·杜巴耶于1796年成为第一个拒绝在幸福门换下军装的大使。在1799—1805年同英俄结盟的时期结束后，塞利姆三世转而支持法国。当弗朗索瓦-奥拉斯-巴斯蒂安·塞巴斯蒂亚尼于1806年作为拿破仑的大使抵达时，他成了奥斯曼宫廷的宠儿，而俄国大使则被迫离开（第一个免于被关入七塔堡的敌国大使）。

英国政府因法国-奥斯曼同盟的前景而感到惊慌，于是从马耳他派出一支舰队驶向君士坦丁堡：1799—1800年马耳他的角色已从圣约翰骑士团的总部变成了英国的海军基地，这打破了地中海整体的势力平衡，并将在未来影响君士坦丁堡自身的命运。1807年2月21日，在已经封锁达达尼尔海峡的情况下（1770年的俄国海军还无力做到这一步），7艘英国军舰——自1624年哥萨克突袭以来第一支接近君士坦丁堡的外国军队——在能炮击到皇宫的射程内停泊。苏丹在恐慌和疑惑中建议塞巴斯蒂亚尼离开君士坦丁堡。之后，苏丹本人在塞巴斯蒂亚尼的陪同下，在成千上万名劳工身边亲自帮忙挖土建设沿海要塞，他向劳工们致以诚挚的感激之情。

城墙很快得到修复,并安置了300门大炮用以防卫。于是,英国船只只好撤回附近的岛屿,并于3月3日撤回爱琴海,当时它们遭到达达尼尔海峡边炮台的重创。[23]

经历了一回被入侵的震动之后,混乱卷土重来。在首都的街道上,水手支持亲法的改革集团;"新秩序军"和炮兵支持亲英派,而禁卫军和乌莱玛赞同以皇太后为首的政治派别。敌对集团之间的暴乱导致了民众对改革的反感。1807年5月25日,在博斯普鲁斯海峡边的小要塞如梅利卡瓦克爆发了一场骚乱。苏丹的主要顾问之一是马哈茂德·拉伊夫埃芬迪,他作为宫中的奴隶陪臣和苏丹一同长大,并曾在1793年担任奥斯曼帝国首任驻英国大使的秘书,于1800—1805年出任大维齐尔的书记长。他是一位热烈的西化主义者,相信奥斯曼帝国在变为西方的"政治体制"之后将会始终出类拔萃。他在教导军队穿着西式军装时被一名高喊着"我杀的不是穆斯林,而是异教徒英国人马哈茂德"的士兵杀死。这些军队横扫博斯普鲁斯的其他要塞,并向比尤克德雷和奥塔科伊进军。"新秩序军"被困在他们的兵营里。

苏丹躲在托普卡帕宫内举棋不定。他软弱和亲西方的名声,以及禁卫军的薪资又低又要迟发的事实,使他招致了禁卫军的仇恨。5月28日,在奥斯曼帝国权势的最高象征苏莱曼清真寺举行的会议上,或许是受保守的帕夏鼓动,禁卫军宣称苏丹已经与异教徒狼狈为奸,鄙视他的军队,辱骂乌莱玛。禁卫军加入了叛军。商店在一片恐慌中被关闭。穆夫提也联合起来支持叛军。苏丹解散了"新秩序军",但为时已晚。[24]

塞利姆三世在宫中下令处死他的几位朋友——为了避免他们在叛军手上面临更糟糕的命运。5月29日,穆夫提在奥斯曼宫廷宣读教谕,批准废黜苏丹。苏丹的秘书艾哈迈德贝伊被大卸八块,他的头被送到山上的宫殿里。苏丹理解了这一信息,让位给他的弟弟穆斯塔法四世。当叛军在第二重庭院中向宝座上的新苏丹效忠时,前任苏丹被监禁在后宫的一间房间里。[25]

穆斯塔法四世软弱又保守。随着瓦拉几亚和摩尔达维亚于1806—1812年被俄国占领,君士坦丁堡的食物供给情况恶化了。当苏丹前往清真寺时，妇女抗议生活成本上涨。行省长官"旗手"穆斯塔法帕夏率领1.5万名士兵控制了这座城市，其最终目标是让塞利姆三世复位。穆斯塔法帕夏于1808年7月28日包围了奥斯曼政府和皇宫。一大群人向皇宫进发，并带上穆夫提以便给他们的行为提供合法性。在幸福门，怒火中烧的穆斯塔法四世将劝他退位的信使打发了回去。穆夫提不知道该服从谁，他在第三重庭院中踱步，"就像一条在两个村子之间徘徊犹豫的狗"。

出于对皇家圣地的尊重，"旗手"犹豫是否要进一步发起政变。当穆斯塔法四世问他的侍臣"那么，现在要做什么"时，他们心中自有答案。20名侍臣和园丁队成员冲进塞利姆的房间，并在长时间打斗之后杀死了他。苏丹的弟弟马哈茂德埃芬迪原本是另一个刺杀目标，因他仆人的忠诚而幸免于难。一名女奴从浴室取来一桶热灰倒在来犯者的头上。马哈茂德在混乱中被人救上烟囱，逃到了宫殿的屋顶上，然后用腰带绑成的绳索下到花园里。

在致命的犹豫之后，"旗手"冲进了第三重庭院。这里一片寂静，没有一个侍从，最终他看到了塞利姆庞大的尸身残缺不全地躺在宝座室附近的一条石凳上。他哭喊着，咒骂杀死苏丹的凶手，悲痛地舔舐主人的伤口。他的下属将马哈茂德从花园里带到他身边，说："这是我们的主人，苏丹马哈茂德，现在就靠帕夏您来保护哈里发了。"[26] 事实上，一切都寄托在新的苏丹身上了。他是否将像很多人预测的那样成为奥斯曼皇室血脉的最后一人？那一年，沙皇亚历山大一世正在圣彼得堡与法国大使一起计划瓜分奥斯曼帝国，他宣称君士坦丁堡属于俄国："这座城就像我房门的钥匙。"

马哈茂德生于1785年，是阿卜杜勒哈米德一世的儿子，他受到了比大多数皇子更好的教育：他于1807年5月到1808年7月在后宫接受被废黜苏丹塞利姆三世的教导。他统治的第一年是君士坦丁堡历史上最恐怖的年份之一。1808年11月15日，禁卫军攻打奥斯曼宫廷，为了避免投降后被处死，已经成为大维齐尔的"旗手"穆斯塔法自焚而死。在数个星期内，君士坦丁堡经受着禁卫军引发的暴乱和火灾。他们违背了向苏丹许下的诺言,追捕并杀死被解散的"新秩序军"成员。[27]

在同禁卫军的斗争中,马哈茂德二世具有一点优势,这点对于统治者来说和良好的电视形象对现代政客的意义一样重要,即他有一位苏丹应该具有的形象。约翰·卡姆·霍布豪斯于1810年在托普卡帕宫觐见苏丹时注意到,"禁卫军看起来像是君士坦丁堡城的渣滓",而彼时苏丹身穿黄缎衣服,像牛奶一样白皙的手"同钻戒一起闪闪发光",他拥有"一种无法形容的威严气场"。一位美国传教士拥有同样的印象,"面对这样一双眼睛,我心中总会充满畏惧"。一位英国将军觉得他看起来绝对称得上英俊潇洒,他有一双睿智的黑眼睛,"他的气色更多地体现出仿若经历军事野营后的坚韧,而不是后宫的奢华娇气,他还有着宽阔的肩膀和健壮的胸膛",尽管他的腿有些短。"他的胡子是我见过最漂亮且最黑的。"[28]

苏丹最宝贵的财产是他自身的意志力。他反对宿命论,他说任何事情最终处于真主的掌控之中,而真主已让任何事情都依赖于人的努力才能成功。奥斯曼皇室的最后一些成员远远没有堕落成"无为王",而是因精力过剩,无力发泄而受苦。马哈茂德二世从掌权伊始就与传统决裂。虽然大部分书籍宣称苏丹于1839年或1853年才离开传统的圣所托普卡帕宫,但事实上马哈茂德二世从1808年就开始这样做了。在冬季,他住在贝西克塔斯,即今天的多尔玛巴赫切宫所在地,夏天他住在贝勒贝伊宫、彻拉安宫和幸福宫——在现已消失的木制宫殿里居住,这些宫殿的圆柱和人字墙外观让人想起卡尔顿宫,而不是托普卡帕宫。皇家宫廷建筑师克里科尔·阿米拉·巴良为苏丹重建了这些宫殿,他是亚美尼亚人,其父亲之前就是皇家建筑师。贝西克塔斯是奥斯曼政府所在地,在西方的外观背后,它包括了由池塘、喷泉、浴室、宴会阁、厨房、军械库,以及和托普卡帕宫相似的圣斗篷室组成的传统奥斯曼建筑群。一些政府部门和宫廷学校继续在托普卡帕宫运作;奥斯曼政府仍位于宫殿下方。然而,苏丹的住宅移到了上博斯普鲁斯——远离穆斯林主导的区域。[29]

罗伯特·利斯顿爵士注意到苏丹

> 牢牢控制着政府,肆意移除任何可能阻挡他的障碍……就我对

这位苏丹**品格和行为**的认知而言，我应该会说，即使他让自己的宝座和生命陷入危险，也不愿退出（与禁卫军）的斗争。那些了解他的人提到他拥有相当的才能、精力充沛而活跃的头脑，并伴有上进的思想，或许也有他的地位神圣不可侵犯的想法，且他个人的优越感是如此强烈，以至于他将所有的反对都视为犯罪，将所有的抵抗都视为徒劳，认为他最终是不可能失望的。

马哈茂德二世曾经强制卡普丹帕夏在爱琴海过冬，不允许他及其舰队一起回到君士坦丁堡，因为他没能把安纳托利亚的一个反叛总督押回来。他利用埃及的统治者穆罕默德·阿里摧毁了阿拉伯半岛的瓦哈比势力；麦加于1813年重新回到谢里夫家族和苏丹的统治之下。1818年，反叛的瓦哈比谢赫被押到君士坦丁堡游街，然后被处死，他们的首级被陈列在宫殿的第一重庭院中示众。

马哈茂德二世对"今日就采取行动"有一种丘吉尔式的执着。有一次，一艘从兵工厂下水的船陷在了泥里。根据罗伯特·利斯顿爵士的记录：

> 苏丹闷闷不乐地退下了，说他会在早上回来（船只下水是下午的事情），当他回来的时候，他要看到船在海峡之中。一大群工人立刻到岗，港务秘书（Terzan Emini，其职责是海军大臣和船务专员的结合）被人看到整晚都在水中借着火炬的光照劳动。第二天，当苏丹到来之时，船只如他指示的那样漂入了河流中央。

苏丹曾经在早上8点前往奥斯曼政府并传唤秘书长。这位官员并不在场。除了事事提前的大维齐尔，其他大臣都不在。"当其他一些官员陆续到来时，苏丹已经站了大约半个小时之久，他警告了他们，至少其属下不会忘记这个警告。"[30]

马哈茂德二世比他的大部分前任都更多地把恐怖用作一种治理的手段。在穆斯塔法四世的后宫，可能有至多200名女性被淹死在博斯普鲁斯海峡，这是为了防止她们生下儿子（她们的儿子是王朝敌人，禁卫军可以利用他们反对苏丹)。君士坦丁堡做出的改变欧洲势力均衡的外交决定之一是1812年俄国和奥斯曼帝国签订的条约。这两大帝国都需要和平,并且拿破仑已经因为同亚历山大一世在蒂尔西特和爱尔福特讨论瓜分奥斯曼帝国而与其有所疏远。俄国得到了比萨拉比亚,以及在当年夏天将大部分军队用于抵抗拿破仑入侵的自如状态。奥斯曼帝国收复了瓦拉几亚和摩尔达维亚。大译员穆鲁齐斯大公却因和平条款而背负罪责。他从博斯普鲁斯海峡的水滨别墅被传唤到奥斯曼政府,之后被判处死刑。他紧紧抓住刽子手的宝剑,在很长一段时间里成功自卫,但最后还是被杀了。[31]

尽管禁卫军在政府中的朋友数量使这类计划不会被记录下来,但是对外国外交官和译员来说,显然禁卫军注定遭到类似的待遇。禁卫军的回应相当傲慢。1814年,为了引起苏丹的注意,一张纸被贴到宫门上,纸上画着苏丹被一名禁卫军士牵着,像一条狗:"你们看我们是如何利用我们的狗的,只要它们对我们有用,忍受被牵着的痛苦,我们就会好好利用它们,但是当它们不再为我们做事,我们就把它们丢到街道上。"一年后,作为对苏丹的警告,禁卫军扬言要烧毁君士坦丁堡城。首都的秩序极其混乱,正如大维齐尔所说,君士坦丁堡已经成了欧洲的笑柄。[32]

1821年的希腊起义引发了行省内部的冲突,在很长的一段时间里这些冲突都未完全终结,这推迟了苏丹对禁卫军的最后摊牌。不过,禁卫军面对希腊叛军的糟糕表现确认了改革的必要性。苏丹被比作在沉默和黑暗中工作的鼹鼠或者说蝎子,直到正确的时机到来才露出其毒刺。禁卫军的阿迦侯赛因帕夏曾是君士坦丁堡城市街道上的帮派领袖,他执行苏丹的计划,开始清除最危险的禁卫军士,并在他们的酒馆和咖啡馆中培植间谍。[33]

苏丹于1826年开始进行军队现代化改革。自15世纪以来,奥斯曼军队早已频频采纳西方技术,特别是在炮兵领域。海军已经在塞利姆三世时期完成现代化。马哈茂德二世最初并没有威胁要解散禁卫军团。然而,禁卫军非常难以管教,并且强烈反对变革,以至于马哈茂德二世先是于1826年5月从穆夫提那里得到教谕,宣称新的操练方式和制服不是欧洲的,而是"现代穆斯林的",然后他得到了208名高级官员的签名支持。

1826年6月11日，在禁卫军兵营边上的大广场，发生了奥斯曼君士坦丁堡历史上最具有决定性意义的事件之一。四名教官（一名埃及人，三名塞利姆三世时期的老兵）开始以欧洲方式训练200名身穿现代制服的奥斯曼士兵。[34]

6月13日，两万名禁卫军士兵于同一地点集合，高喊着："我们不想要异教徒的军事训练！"炮兵、海军和工兵忠于苏丹。相互对抗的军队横扫过街道，他们喊叫着"穆罕默德和哈吉·拜克塔什（禁卫军团的托钵修士守护者）"或者"穆罕默德和马哈茂德"！禁卫军自信不可战胜，进攻了他们阿迦的宫殿和后宫，并威胁托普卡帕宫。大维齐尔试图安抚造反者，他说："我们采用的新军事体系既是合乎情理的，也是与我们的圣书及宗教戒律相符合的。它已取得乌莱玛的同意。我们希望为了奥斯曼家族的光荣和力量而实施它。我们不会允许有一块石头从这个神圣的建筑中被移除。"

马哈茂德二世兴奋地从贝西克塔斯乘船来到宫殿。为了这一时刻，他已经等待了18年。他认为："要么禁卫军全体被屠杀，要么君士坦丁堡的废墟上将只剩猫在行走。"他在宫中的割礼室里将先知的圣旗交给大维齐尔和穆夫提，流着眼泪说道："我希望加入你们，在真正穆斯林的队伍中作战，以惩罚那些冒犯我的忘恩负义的小人！"

然而，大维齐尔和穆夫提请求他留在宫殿里，这样做比较安全。他在帝王之门上方的房间里指挥行动。城内各区的领祷者都收到了邀请穆斯林赶往苏丹艾哈迈德清真寺保护苏丹哈里发的信息。这座城市渴望与它的卫士作战：由于禁卫军数不胜数的杀戮和偷盗行径，许多穆斯林都渴望复仇。宫殿里的兵工厂向他们分发刀剑、来复枪和弹药。圣旗在苏丹艾哈迈德清真寺的讲坛上升起。大维齐尔和高级官员们暂住在清真寺里，他们睡在庭院的帐篷里。

忠于苏丹的军队很快就收复了禁卫军经常集合的那个广场。正如1792年巴黎的杜伊勒里宫陷落和1825年圣彼得堡的十二月党人起义被镇压一样，炮兵的角色至关重要。最初，枪手们犹豫不决，之后一名被称为"黑恶魔"的苏丹亲信冲上前来，点燃了大炮的引信。数千人死于接下来的屠杀。许多禁卫军士被自己经常使用的武器毁灭。他们的兵营被付之一炬，第二天上午，人们在废墟里发现了他们烧焦的尸体。[35]

马哈茂德二世是一位王朝革命者，他在君士坦丁堡造成的杀戮比救国委员会在巴黎造成的还要多。6月16日，英国大使馆译员巴托洛梅奥·皮萨尼致信大使斯特拉特福德·坎宁爵士："城中的每一个角落都被搜查了，每一个被抓住的禁卫军士和军官都被带到大维齐尔那里，由他判处死刑，并因此被处决。尸体被扔到大竞技场示众三日。所有的民政官员都闭上了嘴，市场也被关闭，不举办任何种类的商业活动。"

6月17日，禁卫军由一道训令正式废止，该训令宣称这是为了服务"应与这个世界一样长久的奥斯曼帝国"，科学是比数字或勇气更具确定性的成功要素。[36] 坎宁估计到6月22日，已有6000名禁卫军士被处死，5000名禁卫军士被流放："通往宫殿的入口、苏丹窗下的海滨，以及海洋本身都堆满了尸体——其中有许多被撕成碎块，部分尸块被狗吃掉了。"[37] 苏丹本人接受和修正的官方记录描述了一位反叛者在苏丹艾哈迈德清真寺一间地下室里的结局："刽子手把蛇皮套索紧紧套在他的脖子上。'拉吧，亲爱的'，他对他们说，然后他带着极大的勇气死去了。"

君士坦丁堡是一座有着漫长历史记忆的城市，诸如末代君主君士坦丁十一世、"征服者"法提赫、神圣的埃于普这类人物在这里是日常意识的一部分。大约300年后，即1826年6月是奥斯曼王朝和禁卫军最终了断的时间。官方历史记载列举了自塞利姆一世和苏莱曼以来禁卫军的不服从行为，以及包括攻击基督徒在内的近期暴行。在大维齐尔的命令下，许多禁卫军士被绞死在大竞技场里的同一棵树上，178年前禁卫军在那里绞死了一位大维齐尔。[38]

"清除帝国花园里野蛮、无用的杂草"，又称"吉祥事变"，它被有意识地视为一个时代的终结。苏丹表示他再也不用花大量金钱供养禁卫军，并且放弃了自己没收或继承私人财产的权利："我再也不希望在自己的宫殿、正义的庇护所里听到鸣冤的鼓声和掠夺的叫喊。"[39]

6月20日，托普卡帕宫的外重庭院里回响着西方的鼓声和横笛声。2000名土耳其人登场：

身穿各式各样的衣服，但装备着火枪和刺刀，以欧洲阵形列队，进行新式的训练。苏丹最初立在能看到操练的窗户处，一段时间之后走了下来，他走过军士，视察训练。陛下穿着埃及风格的衣服（也就是现代制服），装备了手枪和军刀，代替他头上皇家头巾的是一种埃及软帽。

此次统治者在外貌上的移风易俗，同100年后穆斯塔法·凯末尔接受帽子一样具有决定性意义。[40] 奥斯曼服饰曾经享有盛名，以至于远至布达和华沙都有人仿制它。但现在西方的服装标准在君士坦丁堡更胜一筹，苏丹的新制服传达出他的帝国向西方文化开放的信息。

在7月和8月持续的死刑判决导致君士坦丁堡人心惶惶。拜克塔什托钵修士教团被指控放荡堕落、不虔诚和与禁卫军共谋犯罪，该教团被取缔，其成员被追捕，道堂被摧毁。欧洲商人受到威胁；一名奥地利使馆译员被活活打死。8月底的火灾摧毁了部分城区，或许这是前禁卫军士所为。一位英国居民记述道："气氛令人窒息，人们普遍不满。大家都希望有报复行动，即使是平日里老实安静的土耳其人，也希望对此有所反应。"最终，唯一能阻止苏丹的力量——城中妇女——游行到宫殿进行抗议。屠杀的暴行有所缓和。然而，仇杀并未停止。多年后，一位英国将军还亲眼看到苏丹在佩拉的一个坟场里监督工人把禁卫军的头饰雕塑从墓碑上砸下来。[41]

10

马哈茂德二世

你们要知道，天园是在宝剑的阴影下面。

——萨希赫·布哈里

马哈茂德二世把对禁卫军的残酷手段也用在了希腊人头上。1814年，致力于推翻奥斯曼帝国和光复"神圣而悲惨的祖国"的秘密自由组织友谊社（Philiki Etairia）在欣欣向荣的俄国黑海港口敖德萨成立。首批成员是处于破产边缘的商人，他们诱骗其他希腊人相信他们得到了沙皇和其外交大臣卡波季斯第亚斯——来自科孚岛的希腊人——的支持。"流亡者"亚历山德罗斯·马夫罗科扎托斯于1816年在莫斯科加入了他们。1818年，他们的总部迁移到君士坦丁堡，位于商人埃曼努埃尔·克桑索斯的宅邸里。不过，这座城市太商业化，也太奥斯曼化，以至于不能成为有效的革命中心。根据一位成员所述，"君士坦丁堡的议事会议……被期望发挥主要作用。如果成员的精神并没有被他们的贸易和各自的个人利益消耗殆尽的话，它本可以做到这一点"。友谊社946名成员中只有9%来自君士坦丁堡。大部分法纳尔人仍保持忠诚或服从，他们的野心是针对多瑙河沿岸的公国的。

然而，在一些街区人心已变。1807年，当英国舰队徘徊在皇宫角时，大牧首格列高利五世，即竭力主张对奥斯曼保持忠诚的1798年《大牧首的劝诫》一书的作者，曾手执权杖，在1000名希腊人的陪同下帮助塞利姆三世修复要塞。几年后，当他知道友谊社的存在时，他表示了同情。虽然他拒绝会员身份（"如果在友谊社的会员名册上发现他的名字，整个民族都会处于危险之中"），但他的一位秘书加入了该组织，或许这是为了让大牧首知晓情况。[1] 同时，独立运动在伯罗奔尼撒和流散的希腊人之中正逐步增强力量。

已成为沙皇亚历山大一世副官的法纳尔王公亚历山德罗斯·伊普希兰蒂斯于1820年在圣彼得堡同意领导友谊社，他精神不太稳定、生性浪漫，生活贫穷。伊普希兰蒂斯于1821年4月率领主要由希腊人组成的神圣军团渡过普鲁特河进入摩尔达维亚。他认为奥斯曼帝国是一座即将爆发的火山。事实上，比起反奥斯曼帝国，大多数罗马尼亚人更反对法纳尔人。瓦拉几亚大公亚历山德罗斯·绍佐斯认为起义对希腊人来说将会是一场大灾难。然而，摩尔达维亚大公米哈伊·绍佐斯通过俄国外交信使送信给君士坦丁堡的友谊社，这封信展现了阴谋者的妄想："让火吞噬首都吧。鼓动水手夺取兵工厂。当苏丹前往火场时，尝试任何手段抓住他。让故土的声音为人所闻吧……成功唾手可得。"希腊人在伯罗奔尼撒和伊庇鲁斯起义反抗奥斯曼帝国。[2]

诸如反叛和伊普希兰蒂斯满含威胁的宣言——新月将被抛下，十字架将再度升起——的消息让首都的奥斯曼人胆战心惊。和平的假面滑落，基督徒和穆斯林相邻而居几个世纪之久的共生关系解体了。穆斯林将希腊人视为作恶多端的毒蝎，并且被告知要携带武器。最好的记述来自英国大使馆的罗伯特·沃尔什牧师："在我回佩拉的路上，我发现人们的外表和行为在数小时之内发生了彻头彻尾的变化。"亚美尼亚人在极大的恐慌中回到自己的房子里。"土耳其人缓慢地四处走动，一只手握着土耳其亚特坎战刀的手柄，另一只手搓捻着胡子；希腊人和犹太人无论何时看到他们，都会闪开，躲到恰巧开门的商店或咖啡馆里。"希腊人在街上公然被穆斯林所杀，而西欧人则是遭受袭击。大牧首与苏丹商议了5个小时之后，写作了一篇对反叛的詈骂，神圣会议批准通过，每座教堂都宣读了这篇詈骂。[3]

然而，苏丹怀疑大牧首知道的比他承认的要多，他的怀疑不无道理。4月22日，即复活节前的周六，这篇詈骂在法纳尔区的牧首座堂礼拜时被再次宣读。

人群正要散去，他们为刚才听到的内容感到震惊。这时候一些信使军士进入大牧首座堂，他们艰难地强行穿过人群，人们觉得他们只不过是例常被派来在人群中维持秩序的人。大牧首刚刚祝福完教徒，信使军士就粗鲁地抓捕了大牧首和他的主礼主教，并且抓住他们的衣领，把他们拖到庭院里。这些军士把绳索套在大牧首和主教的脖子上。

大牧首被带到教堂庭院的门前，他被吊在门顶上慢慢勒死。因为他是体重较轻的老人，所以他挣扎了数个小时。两位司祭和三位大主教在城中不同地区被绞死——向反叛者传达复仇和轻蔑的信号。三天后，大牧首的遗体被带走，并且为了激起社群之间的仇恨，这件事被交托给了犹太人，他们拖着遗体经过一个肮脏的市场，直到金角湾。大牧首的遗体在那里被投入水中，它因腐臭而膨胀，迅速浮出了水面。几天后，遗体被人秘密带走，运往敖德萨举行葬礼。

鸢和秃鹫盘旋在街上被杀死的基督徒遗体上方，但狗捷足先登。"确实不可能想象出比此时的土耳其首都展现出来的更为惨淡的恐怖荒凉景象了。"希腊建筑师科姆内诺斯在视察完自己为奥斯曼海军在加拉塔设计的办公楼后被斩首。托普卡帕宫的帝王之门外垒起成堆的首级。当英国大使于1821年5月22日前去向马哈茂德二世递交国书时，他的随从看到了成堆的耳朵和鼻子，"像是小干草堆"，还看到了奥斯曼的将军们从伯罗奔尼撒送来的战利品，以及男孩们在大街上踢人头。宫殿内，新译员斯塔夫拉基·阿里斯塔尔奇斯在一动不动的苏丹面前颤抖得非常厉害，流下许多冷汗，滴在大使的国书上，以至于他难以辨识出国书里的文字。[4]

在君士坦丁堡城内和周边的76座希腊教堂——它们自16世纪以来的增长是希腊人财富增加的标志——中，1座被摧毁，13座遭到禁卫军的劫掠。苏丹曾经在托普卡帕宫边上的圣救世主喷泉处观看希腊人唱歌跳舞，该处泉水已被永久封堵。[5] 直到7月5日，即10周后，苏丹才发布禁止在

"不受挑衅的情况下"杀死基督徒的公告。市场重开,某种程度的安全重归君士坦丁堡城。[6] 然而,穆斯林仍然被允许保持武装,即使是稚幼的男孩,也是如此。虽然亚美尼亚人对他们的基督教教胞不具多少同情,但是其渴望分而治之的政府命令他们终止与希腊人的任何联系,不留下任何希腊仆人,也不穿法兰克服饰。[7]

对法纳尔人的大屠杀是法纳尔人的时代终结的信号。塔拉布亚的穆鲁齐斯和卡利马基家族的宅邸被劫掠和摧毁。康斯坦丁·穆鲁齐斯穿着译员官服,在瞭望阁外面被杀死。海军大译员[①]尼古拉·穆鲁齐斯曾一面鼓励伯罗奔尼撒人起义,一面安抚土耳其人,他在兵工厂被处决。其他的受害者有两位前大译员约安·卡利马基和查理·卡利马基,还有斯塔夫拉基·阿里斯塔尔奇斯——他有理由颤抖。城里有许多希腊人被绞死、被流放到安纳托利亚,或是逃往俄国。法纳尔社区的大街被从希腊图书馆中劫掠的图书覆盖,直到它们在苏丹的命令下被收集起来卖给佩拉的外交官和天主教徒。大部分法纳尔人与他们的奥斯曼背景决裂,前往希腊。伊普希兰蒂斯家族、卡拉察斯家族和绍佐斯家族都在希腊独立战争中奋战。尼古拉·绍佐斯大公在他的回忆录里承认,小时候他生活在塔拉布亚,曾经非常享受奥斯曼语、波斯语和阿拉伯语的学习过程。"不过,很快我就离开了君士坦丁堡,希腊革命改变了我的观念,我再也没有机会精进学习,因为没有时间巩固学识,最后的结果是忘记了全部知识。"[8]

法纳尔家族中最著名的马夫罗科扎托斯家族也与奥斯曼帝国决裂。前瓦拉几亚大法官、前摩尔达维亚财政大臣乔治斯·马夫罗科扎托斯于1821年4月17日在君士坦丁堡被绞死:马夫罗科扎托斯家族中首位遭受死刑之人。其堂亲亚历山德罗斯·马夫罗科扎托斯的生涯则代表了法纳尔人对希腊民族主义的皈依。亚历山德罗斯·马夫罗科扎托斯于1791年生于君士坦丁堡,1812年陪同瓦拉几亚大公、他的舅舅约安·卡拉察斯前往布加勒斯特。他加入了友谊社。1818年,他以外交大臣的身份前往俄

[①] 他是米洛斯的维纳斯的最初买家,但法国大使馆的二等秘书马塞洛子爵在米洛斯岛上夺取了这座雕像,并将其带到法国。

国南部诸省时问候了亚历山大一世,他告诉卡波季斯第亚斯:"作为希腊人,他们希望听到俄国军队已经渡过普鲁特河的消息。"⁹

亚历山德罗斯·马夫罗科扎托斯于同一年步舅舅的后尘,因腐败和治理不善的指控而遭驱逐。他在访问热那亚和巴黎之后去往比萨上大学——17世纪50年代以来马夫罗科扎托斯家族第一个在西方接受教育的成员。这位掌握多种语言的世界主义者在四种文化中游刃有余(奥斯曼、希腊、罗马尼亚、西方),他浸淫在民族主义之中,以至于成为第一个预测到奥斯曼帝国将转变为土耳其民族国家的人。在整个巴尔干和安纳托利亚,其民族和宗教混杂的局面同首都的一样复杂。这是最不适合产生民族国家的地区。对伯罗奔尼撒的穆斯林和犹太平民的屠杀是1821年希腊起义的首批行动之一。不过,亚历山德罗斯·马夫罗科扎托斯不顾历史、人口和地理等情况写道,"这个强权(奥斯曼帝国)正在快速走向灭亡……它要么被类似希腊民族政府的(土耳其)民族政府替代,要么被俄国入侵",或者被"一个年轻而有活力的强权国家"——新的希腊帝国——入侵。希腊帝国将会崛起。¹⁰

马夫罗科扎托斯在比萨用巨大的"美髯"和浪漫主义的表达方式吸引了他的邻居雪莱一家。雪莱将激烈表达奥斯曼恐惧症的诗剧《希腊》(*Hellas*,卷首题词为"先知,我是一名贵族斗士")献给"瓦拉几亚总督的前任外交大臣亚历山大·马夫罗科扎托斯大公……以表达对他的钦敬、同情和友爱"①。马夫罗科扎托斯教授玛丽·雪莱希腊语。玛丽教他英语,后者用法纳尔人特有的效率学习语言。

1821年,马夫罗科扎托斯的母亲和姐妹躲在一艘希腊船只的面粉袋里逃出了君士坦丁堡,这艘船只将她们安全地带到埃伊纳岛。此时亚历山德罗斯·马夫罗科扎托斯离开比萨,前往马赛——当时是一个富足的希腊人移民中心。7月18日,已经招募新兵、收集到资金和武器的马夫罗科扎托斯乘船前往希腊。1821年8月11日,他抵达了迈索隆吉,并于1822

---

① 译文来自《雪莱抒情诗全集》,江枫译,长沙:湖南文艺出版社,1996年,第858页。——译者注

年1月1日成为临时政府执行主席。从那以后,他一直以部长、首相,以及偶尔的驻君士坦丁堡大使的身份,居于希腊民族运动的中心。[11]

马哈茂德二世在"吉祥事变"后废除了禁卫军,在与希腊人于伯罗奔尼撒作战的同时,他已经着手创建一支新的奥斯曼军队。如同彼得大帝改革俄国军队一样,苏丹的卫士军团作为培训学校和权力基础扮演至关重要的角色。园丁队和另外两支仪式性的卫兵军团,即"左手卫士"和"随从卫士"(peiks)于1826年8月31日正式改组。他们被称为"受训的帝国园丁队",直接服务于苏丹,而不是听命于总司令,并且他们有自己的军官学校和指挥结构。一支宫廷军队也被建立起来,以便将苏丹的奴隶和大公的儿子训练成新军队的军官。到1826年年底,新军队大约有2.5万人,到1828年大约有3万人。[12] 他们的薪资由被没收的禁卫军瓦克夫支付。

从1829年开始,君士坦丁堡与柏林、圣彼得堡等其他伟大的军事首都愈发相像了。禁卫军曾经住在苏莱曼清真寺附近的木造兵营或城里他们自己的房子里。马哈茂德二世的建筑师克里科尔·阿米拉·巴良在城里不同的区域用简洁而庄严的奥斯曼新古典主义风格建造了石造兵营,其特点是宽大的窗户、大理石立柱和赤黄色的墙壁。它们比其他首都的兵营更大,通常也更加干净:它们都有一种为苏丹驾临而建的特殊楼宇(hunkiar kasri),象征着苏丹的权力和无处不在。

于斯屈达尔的塞利姆兵营俯瞰博斯普鲁斯海峡,它本是于1794—1799年为塞利姆三世所建的木质建筑,1826年,它开始被重建为石造建筑,并于1829年2月1日举行开营仪式。这是一座巨大而高耸的四方形建筑,是埃斯科里亚尔建筑群和桑德赫斯特皇家军事学院的结合体,它的规模大得惊人,以至于据说两名军人在那里居住一年,彼此也可能未曾谋过面。它现在是伊斯坦布尔第一军区所在地。巴良也在马尔马拉海的黑贝里岛上建造了海军学校和兵营,于现在的塔克西姆广场建造了另外的兵营,以及在城外建造了达武德帕夏兵营。[13]

从此以后,无论天气如何,苏丹总会日复一日地出现在城市周边的演武场,他穿着朴素的深蓝色斗篷、"哥萨克裤子"和靴子,以"坚定、自信和混合着某种残忍的骄傲表情"操练军队。他经常乔装潜入兵营以检查部队的情况。一位恪尽职守的军人用来复枪的枪托狠揍了这位"入侵者"的腹部,为了表彰他严守军令的行为,他的枪被镀上了一层银,人们今天可以在伊斯坦布尔的军事博物馆看到这把枪。到马哈茂德二世苏丹的统治终结之时,大约有4.6万名步兵、水手、水兵和炮兵在君士坦丁堡城里及附近驻扎。[14]

诸如侯赛因帕夏、艾哈迈德·法特希帕夏这样的忠诚军官、卫士校官(代替首席园丁帕夏的军官)和两名外国人辅佐苏丹。朱塞佩·多尼采蒂曾经在厄尔巴岛和滑铁卢为拿破仑服务,他是那位伟大作曲家的兄长,他觉得在复辟时期的欧洲,想要得到晋升困难重重,因而于1828年来到了君士坦丁堡,他将西方的进行曲传授给奥斯曼军乐团,其中包括《马哈茂德进行曲》(*Mahmudiye*),这是奥斯曼第一首官方进行曲,为赞颂苏丹所作。君士坦丁堡的演武场上回响着罗西尼和多尼采蒂所作的音乐。奥斯曼王朝开始了与西方音乐的漫长情话。多尼采蒂成了多尼采蒂帕夏,他在宫廷(教苏丹和后宫女性意大利音乐)和帝国音乐学院工作,直到他于1856年去世。[15]

最受苏丹信任的外国人是一个叫卡洛索的皮埃蒙特人。他曾在拿破仑军队中担任军官,后来卷入了19世纪20年代皮埃蒙特的自由派阴谋,在君士坦丁堡经营的酿酒生意又遭逢失败。1827年,他几近赤贫,正当此时,他成功驾驭了一匹曾甩下所有土耳其骑手的烈马,其时展现的技艺让苏丹注意到了他。正是卡洛索教苏丹把传统的奥斯曼马术改进为现代西方马术。在奥斯曼马术传统中,骑手使用"像摇篮一样的巨大马鞍和几乎无法移动的短马镫,所以只能收起膝盖,让腹股沟紧贴马鞍";在现代西方马术中,骑手则采用小巧的马鞍和长马镫。虽说苏丹轻松地适应了现代西方马术,但是他的卫士们诅咒它是魔鬼的发明。卡洛索于1828年告诉一位英国游客,"苏丹可以像任何老到的欧洲少校或者上尉一样出色地指挥(骑兵中队)"。

卡洛索相貌英俊,有着"良好的军姿,温和优雅的举止",他很快就得到了"无与伦比的宠幸"。他操练新军队,每日都觐见苏丹,还得到了佩拉最好的宅邸之一。曾经对他视而不见的译员和大使再见到他时"惶恐战栗",纷纷发来雪片一般的请束。卡洛索学了一口流利的土耳其语,他赞赏自己的主人拥有"不可动摇的意志",还声称"就算地位悬殊,这位君主也不对随从心怀偏见"。有一年,朝圣团出发之际,在托普卡帕宫第二重庭院里,苏丹专门让卡洛索(一名基督徒)站在自己身边。[16]

马哈茂德二世渴望对自己的帝国进行现代化改造,其标志之一是他强加在军队和管理部门之上的头饰——深红色的费兹毡帽。礼拜时的跪姿使得头饰对穆斯林来说尤为重要。塞利姆三世的一部分新军士兵已经戴上了类似于一些希腊岛民和北非人所戴的红色无边便帽。1826年,苏丹戴上了新帽,1827年,在片刻犹豫后,苏丹为军队向突尼斯订购了5万顶新帽子。1829年,新帽子推广到所有的政府雇员。于是,成千上万个红色圆锥为城中的街道增添了颜色。费兹帽代替了奥斯曼墓碑上雕刻的头巾。它没有缠头巾那么华丽,但是更加整齐划一。后者曾被限制在穆斯林的范围之内,费兹帽则被所有政府雇员所戴,最终所有想戴费兹帽的人,即使是大街上的搬运工也都能戴,无论其信仰如何——虽说在19世纪40年代之前,帽上的小徽章使基督徒和穆斯林的费兹帽有所区别。

帝国的费兹帽工厂于1832年在埃于普建立,工厂首先雇用突尼斯人,之后雇用了3000名土耳其和亚美尼亚工人来制作费兹帽,它的工序较为复杂,包括染色和使羊毛毡硬化。费兹帽的顶端挂着蓝色丝绸或是羊毛的帽穗,这种帽穗又长又精细,以至于梳理费兹帽穗成为城里街道上的一项新职业。1845年,这种"被诅咒的帽穗"被替换成一种短而黑的穗。[17]

费兹帽的流行展现出君士坦丁堡和奥斯曼帝国的声望。到1860年,它已经被从波斯尼亚到爪哇岛的穆斯林或穆斯林统治下的精英阶层采纳。20世纪,奥地利军队中的波斯尼亚部队①、英国军队中的肯尼亚部队,以及直到1953年为止的埃及军队都戴费兹帽。费兹帽象征着奥斯曼的现代化道路:它与伊斯兰教相适应,因为它是在苏丹的倡导下被采用的,并且它在祈祷中很实用,但它并不仅仅是穆斯林专有的。费兹帽成为日常生活

---

① 在弗朗茨·斐迪南大公遇刺前的最后一系列照片中,萨拉热窝的波斯尼亚官员头戴费兹帽。

的一部分,并且在民族主义作家法利赫·勒夫克·阿塔伊的笔下成了"土耳其人灵魂的一部分"。一个人戴费兹帽的方法可以体现出他的财富水平或道德水准。当地的基督徒或是在那里工作的外国人,包括戈登、基钦纳、兰波和绿蒂,在他们想要对穆斯林人民表示尊重或化解敌意时戴费兹帽。[18]

苏丹的改革并没有帮到正镇压希腊起义的奥斯曼帝国。在奥斯曼舰队于1827年10月20日在纳瓦里诺被法国、英国和俄国军队打败后,希腊起义的成功已确凿无疑。英国大使斯特拉特福德·坎宁爵士在君士坦丁堡鼓动联军司令攻打奥斯曼政府。欧洲大使们努力说服奥斯曼政府承认希腊独立,他们在此过程中认为自己在君士坦丁堡受到了人身威胁,于是在1827年12月—1829年6月离开君士坦丁堡,来到波罗斯岛。书记长告诉他们:"奥斯曼政府不需要外国医药。刀剑将会回应刀剑,不存在调停的空间。"海峡对外国船只关闭。1829年,俄国向奥斯曼宣战。苏丹的新军队证明了他们在赢得胜利方面并没有比禁卫军更出色。1829年8月20日,俄国人进入奥斯曼帝国的第二大城市埃迪尔内。俄国的黑海舰队徘徊于博斯普鲁斯海峡的出入口。

君士坦丁堡的民众对苏丹的改革毫无热情,他们似乎即将发动反叛;俄国对瓦拉几亚和摩尔达维亚的控制,以及政府控制的食品垄断机制的崩溃增加了首都的饥荒威胁。卡洛索声称,一些乌莱玛祈祷外国人推翻不信教的苏丹。即使是像威灵顿公爵这样清醒的政治家,也认为奥斯曼帝国即将解体,并计划在君士坦丁堡重建一个在奥兰治或普鲁士亲王领导下的希腊帝国。[19]

然而,奥斯曼帝国,特别是君士坦丁堡战略位置的一个优势便是没有一个强权可以指望在不引起其他强权反对的情况下进行征服行动。此外,当时治理强国的政治家们过于担忧这样做的政治后果,以至于他们并不期望奥斯曼帝国的崩溃。"东方问题"的历史远非东西方的冲突,相反它展现了西方列强,甚至还有俄国,在尽量久的时间里避免奥斯曼帝国解体的意愿。英国外交大臣卡斯尔雷勋爵曾说过:"虽说土耳其人是野蛮人,但土耳其构成了欧洲体系中一个必要的部分。"俄国政府的一个秘密委员会于1828年得出结论:"保存奥斯曼帝国的利大于弊(因为它可能被英国或法国影响下的政权所取代)。"当威灵顿公爵从1829年8月对奥斯曼帝国将会崩溃的最初恐惧中恢复过来后,他透露了这个宏大的真相:"奥斯曼帝国并不是为土耳其人,而是为基督教欧洲的利益存在。"梅特涅宣称在欧洲保存奥斯曼帝国"对奥地利来说是政治必需品"。在之后的100年里,这些观点连同奥斯曼军队的坚韧,以及穆斯林臣民的忠诚品质一起,确保了君士坦丁堡的奥斯曼归属。

苏丹和他的大臣们明白如何将欧洲人的利益转化为自己的优势。1829年9月9日,在咨询奥斯曼政府后,英国大使罗伯特·戈登和法国大使吉耶米诺伯爵都致信俄国大使:"奥斯曼政府已经正式通告我们,在那样(俄国继续前进)的情况下帝国将不复存在,而我们毫不犹豫地证实了这一通告的真实性。"这两位大使得到了在需要维持君士坦丁堡的法律和秩序的情况下,集合英国和法国海军分舰队的权力,这些舰队之前已经抵达达尼尔海峡。有时候,外国使馆比城墙更能够保护这座城市。事实上,俄国政府已经决定放弃攻打君士坦丁堡。和约于9月14日在埃迪尔内签署。俄国在高加索获得了更大的收益,而奥斯曼帝国对公国的控制被削弱了。[20]奥斯曼政府、俄国军队和英国皇家海军共同决定了君士坦丁堡的命运,而这不会是最后一次。

在那之后,列强试图通过行动和言语来维持奥斯曼帝国。从1834年开始,俄国、普鲁士和英国都派陆军和海军军官到君士坦丁堡,以主持奥斯曼的陆海军改革。英国驻奥斯曼大使先后四次——1834—1835年、1836年、1853年和1878年——应苏丹的请求,获授召集舰队到博斯普鲁斯海峡保护君士坦丁堡的权力。

屠杀、入侵和火灾并发——1831年的那场火灾摧毁了佩拉,或许是前禁卫军士所为——本可以让1826年之后的君士坦丁堡变得像西班牙内战后数十年灰暗岁月里的马德里那样阴郁而压抑。斯特拉特福德·坎宁爵士在1832年回国时写道:"奥斯曼的总体形势明显倾向于衰颓和人口减少。"佩拉徒留"完美的残骸",奥斯曼帝国"明显正在加速灭亡"。[21]

后来的事件驳斥了大使的这种看法。马哈茂德二世从不会怀疑和绝望,王朝的荣耀让他的意志变得更为坚定,他精神抖擞地改造了首都、政府和自身。似乎只是禁卫军推迟了帝国重回法提赫统治时期和16世纪初的开明。1830年之后,马哈茂德二世的宫殿不仅从外观上看像是欧洲建筑,而且也装饰了色佛尔的陶瓷、法国的桌椅及钟表,虽然帕夏们出于对躺在垫子上的习惯的怀念而依然把他们的腿放在椅子的横档上,而不是垂到地板上。咖啡"以法国的礼仪"呈现于宫廷,"配有茶碟、勺子、糖,甚至还有糖夹"。苏丹一天只用两次膳,一顿在上午11点,另一顿在日落时分,他不以传统的方式在地板上的托盘里用膳,而是在桌子上享用膳食,配有桌布、餐刀和叉子,旁边还有一大瓶香槟。不友好的观察者把他红润的气色归因于他在宫殿里喝酒,而不是在户外长时间的训练。他的医生们写道:"他喜欢看到桌子上全是最好的菜肴、最好的法国酒……他的膳食属于美食家级别,有时候甚至显得有点过于放纵自己。"他的宫殿在晚上回荡着音乐声。跳舞的男孩,以及更加让侍臣惊讶的是,来自宫外的希腊女孩竟然也闪亮登场。[22]

借助无处不在的耳目,苏丹成为帝国之中消息最为灵通的人,他是最后一位"微服私访"(虽然其实总是被认出来)咖啡馆以测试公共舆论的苏丹。他带着皇家的自信,在兵营和清真寺里与心怀不满的人交谈,同叛乱者谈判,与自己的孩子们玩耍,以及和译员开玩笑。他在塔拉布亚同奥地利大使的妻子奥腾费尔斯男爵夫人共舞(在这个认为舞者比妓女好不了多少的帝国里,这毫无疑问是极为大胆的行为),并与混杂着奥斯曼人和欧洲人的几队人马一起打猎。数个世纪以来形成的传统在十年内就消亡了,连苏丹即刻处决犯人的权力也不例外。苏丹即刻处决犯人的最后案例是1837年两位大臣佩尔特夫和瓦萨夫的死。当英国访客格伦维尔·坦普尔爵士问一位宫中侍从,首级是否仍然装饰着托普卡帕宫的帝王之门时,他得到了遗憾的回答:"过去经常是这样,现在很少了。"[23] 正是苏丹的理性,以及拯救君主制度的决心驱动他进行现代化改革。据说,他的母亲纳克希迪尔(1808—1817年的皇太后,1817年去世)是约瑟芬皇后的表妹,这一点也影响到她的儿子进行现代化,但这种说法没有坚实的证据。作为皇太后，她或许可以与外部世界建立联系。诸如有关阿塔图尔克的母亲并非土耳其人此类谣言，反映了西方不情愿将现代化改革的成功归因于一个土耳其人。[24]

1826年，斯特拉特福德·坎宁爵士在托普卡帕宫经历了传统的大使就职仪式。1832年他在贝西克塔斯身穿没有卡夫坦长袍的外交制服——和在西方宫廷里一样。他"得到了苏丹的亲切接见，礼遇非同一般。所有和我在一起的绅士都被允许面见他，分别向他进行自我介绍，他给了我一个钻石鼻烟盒、一匹马，等等"。[25]

马哈茂德二世接受欧洲习俗的做法被他的大臣所效仿。他们说，既然白兰地和香槟在先知的时代并不存在，那么先知就不能禁止它们。1834年，朝圣团出发当天上午，正在于斯屈达尔吃早饭的格伦维尔·坦普尔爵士收到了来自朝圣团团长的传统礼物：烟斗、咖啡、水果、鱼、酸奶，还有白兰地。1835年1月25日，几位帕夏参加了"英国宫"里的盛大舞会。完全由土耳其人组成的皇家卫队乐团演奏四对方舞曲、华尔兹舞曲和沙龙舞曲。奥斯曼军队总司令通过和法国大使夫人"走"波兰舞曲，拉开了舞会的序幕。英国客人忍不住对香槟和波尔多葡萄酒以"不可思议的速度"消失感到惊叹不已。君士坦丁堡获得了一个新的身份——现代化的大都市。同一年，塞尔维亚大公米洛什·奥布雷诺维奇在访问他的宗主，即君士坦丁堡的苏丹时，脱掉了他的传统奥斯曼服装，穿戴上新的费兹帽和奥斯曼长礼服或者"伊斯坦布尔式礼服"。他在同大维齐尔共进晚餐时第一次尝到法国菜和香槟。[26]

奥斯曼的中央政府和宫廷同时被改造。新的内政部、司法部和财政部于1836年创设。书记长成了外交大臣。为了填补因法纳尔人的不忠诚留下的空缺，翻译署于1821年建立，它培养出了一些将来最伟大的改革者。于是，大维齐尔越来越不像是苏丹的"绝对代表"，而更像是首相。完工于1844年的奥斯曼政府新大楼像是英国在加尔各答的殖民政府建筑，配有意大利式的拱门和三角形楣饰。[27]

1831年11月，第一份奥斯曼报纸，即名为《记事报》(*Takvim-i Vekayi*)，又称《奥斯曼导报》(*Moniteur Ottoman*)的官方日报以奥斯曼

16. 上：让-艾蒂安·利奥塔尔为英国商人莱韦特及其女儿埃莱娜绘制的画像，约1740年。图中左边的是埃莱娜，她穿着克里米亚汗国鞑靼人的服饰，右边的是她父亲莱韦特，他出身于佩拉的一个显贵家族。他是利奥塔尔的朋友，在图中他身穿皮毛镶边的奥斯曼服饰，以显示自己的富有，以及自己努力迎合奥斯曼习俗的心思（Photo Herve Poulain-Remy Le Fur Commissaires-Priseurs）

17. 下：J. G. 沃尔夫冈为尼古拉·马夫罗科扎托斯绘制的肖像画，1721年。图中，这位瓦拉几亚大公身穿皮毛镶边的长袍，还佩戴了镶嵌有珠宝的家族徽章，以显示自己在奥斯曼等级制度中的地位（Private collection）

18. 根据奴官制度，从巴尔干的基督徒家庭招募禁卫军（Istanbul, Topkapi Palace Museum）

19. 扛着汤锅和团勺的奥斯曼禁卫军士（Commons. wikimedia）

20. 上：托马斯·阿罗姆绘制的君士坦丁堡咖啡馆内景的画作，约1838年（Private collection）

21. 下：君士坦丁堡卡厄特哈内的皇家亭台，约1890年（Private collection）

22. 安托万-伊尼亚斯·梅林为哈蒂杰苏丹在财政大臣角所建的宫殿绘制的画作，约1800年（Private collection）

23. 在塔拉布亚，希腊人在圣约翰节前夜点燃篝火庆祝，路易吉·迈尔为这一场景绘制的画作，约1790年。1780年之后，塔拉布亚逐渐成为君士坦丁堡的一个主要度假胜地，许多外国大使选择在此地度过炎炎夏日（Photo Sotheby's, London）

24. 上：戴维·威尔基为阿卜杜勒迈吉德一世绘制的肖像画，1840年（The Royal Collection, © H. M. The Queen）

25. 下：苏丹马哈茂德二世的肖像画（Musée de Versailles）

26.艾哈迈德·维菲克帕夏。他曾两次担任大维齐尔，是连接君士坦丁堡与西方的重要文化使者（Private collection）

27.1864—1877年，俄国派驻君士坦丁堡的大使伊格纳季耶夫（Coll. Elia, Athens）

28. 上：多尔玛巴赫切宫，1856年建成，展示了奥斯曼王朝对于壮观和现代化的品味（Philip Mansel's collection）

29. 下：托马斯·阿罗姆和罗伯特·沃尔什绘制的从君士坦丁堡的七塔堡城墙步道上看到的马尔马拉海全景，约1836年（Commons. wikimedia）

30. 上：托马斯·阿罗姆绘制的君士坦丁堡卡厄特哈内公园里的夏季美景（Private Collection）

31. 下：托马斯·阿罗姆绘制的帝国国务会议厅的入口，约1840年。图中这道大门即"高门"，过了这道门即可通往大维齐尔和外交部的办公室（Private collection）

语和法语两种版本问世。作为奥斯曼人中受教育程度最高者，乌莱玛经常是改革的先锋；印刷处于乌莱玛谢赫扎德·阿萨德·穆罕默德埃芬迪和来自士麦那的法国人布拉克先生的监督之下。为了保证新闻得到广泛的理解，奥斯曼帝国的报纸后来又有了希腊语、亚美尼亚语、波斯语和阿拉伯语版。据说，苏丹亲自检查和撰写文章。英国大使馆的罗伯特·沃尔什牧师写道："报纸传到了咖啡馆里，我之前注意到的土耳其人原本因咖啡和烟草而昏昏沉沉，现在因手中的报纸而清醒，他们兴致高涨地念出新闻。"[28] 苏丹给予君士坦丁堡城以新的生命。

他也改变了少数族群的待遇背后的原则，尽管他并没有直接改变事实。他在1830年的一次讲话中承诺："我会这样区分自己的臣民，穆斯林在清真寺里，基督徒在教堂里，犹太人在犹太会堂里，但他们之间不存在任何其他区别。我对他们所有人的情感和正义感都是强烈的，他们确实都是我的子民。"1821年的恐怖统治并没有终结奥斯曼政府对希腊人，以及希腊人对进入君士坦丁堡和奥斯曼帝国的通道古已有之的相互需求。奥斯曼政府并不追求一个纯粹的伊斯兰首都。1821年5月，继任格列高利五世的大牧首提交了一份严肃的备忘录，向苏丹保证他的同胞"神圣不可侵犯的拥护和忠诚"。1821年8月，奥斯曼政府的一份公告邀请希腊人回到君士坦丁堡，并保证没有人会受到惩罚。

如果君士坦丁堡是一个有漫长记忆的地方，那么这些记忆也是可以被灵活选取的。沃尔什写道：

> 1825年，当我离开君士坦丁堡时，悲惨的希腊人处于惊恐和沮丧的境地，很少出门，而当他们出门时，他们似乎努力试图躲避人们的注意，带着怀疑和惊恐的表情走在大街上。这种惊恐非常真实地显示出他们正煎熬于不安全和怀疑的氛围。而1831年，当我回来时，我发现他们像过去一样吵闹、活跃和放荡。

希腊人的复兴在大街上明显可见。他们"抢占土耳其人的城墙"，意思是让土耳其人走在人行道外边。他们在宗教节日里穿着最好的衣服沿着大街跳舞，跟随着音乐声前往酒馆，在那里高声玩乐大笑。1830年后，有25座新的希腊教堂建立，同时许多之前被洗劫的教堂，比如巴鲁克利的圣地，被重建并加以扩大。1831年，一所希腊商业学校在哈尔基岛上建立，其课程用英语、法语、德语和土耳其语教授。从1834年开始，大牧首再次直接由苏丹授职，在其前任于1657年叛国前本就是这样。1838年，一座叫"国家慈善会"的医院在巴鲁克利建立，奥斯曼政府向其提供免费食物。[29]

"第二个法纳尔"兴起了，其领导是阿里斯塔尔奇斯家族、马夫罗耶尼家族和卡拉狄奥多里家族。亚历山德罗斯·马夫罗科扎托斯的堂亲卢切·马夫罗科扎托斯将这两个法纳尔联系起来。她于1812年生于君士坦丁堡，1884年在那里去世。据说，她的丈夫，即马哈茂德二世的御医斯特凡·卡拉狄奥多里能阅读18种语言的《圣经》，他在苏丹的仆人中建立了一个希腊王朝。英国作家朱莉娅·帕多在1836年狂欢节期间的一场舞会上观赏了"第二个法纳尔"，这场舞会是由一位希腊富商在他位于法纳尔的房子里的长走廊中主办的。客人们保留了奥斯曼帝国的色彩感："这类我之前从来没有见过的浅蓝色、深粉色和鲜艳的绯红色聚集在一起，并且这种耀眼的品味甚至延伸到了他们的珠宝，他们把珠宝以最非凡的方式组合起来。"她与尼古拉·阿里斯塔尔奇斯贝伊共舞，后者彬彬有礼、双眼闪闪发光，有着"我见过最白的牙齿"。他是1821年苏丹下令处死的译员之子；他的母亲和姐妹遭受流放和贫困之苦。然而，他既作为外交政策的顾问服侍苏丹，也作为大执行官服务大牧首。这场舞会将不同的国家和时代连于一体。乐队是瓦拉几亚的。至少三分之二的年轻人说法语。阿里斯塔尔奇斯因亲俄而声名狼藉，他在舞会上穿着西式服装，但是仆人跟着他进入舞池，让他始终能享有干净的手帕、奢侈的烟管和随时想坐下的椅子，这与他的奥斯曼身份相符。[30]

亚美尼亚社群也因君士坦丁堡短暂的记性获益。铸币厂厂长阿尔廷·杜齐安的账簿在1819年出现了亏空。他毫无还款的可能，四位家庭成员被迫妥协，用贪污的手段弥补亏空，然后他们被绞死在自己位于博斯普鲁斯海峡边的豪华宅邸的窗户上（之后豪宅被交给侯赛因帕夏，他是

"吉祥事变"中苏丹的副手）。然而，杜齐安家族于1834年恢复了铸币厂厂长一职，并将之保留到1890年。亚美尼亚天主教会与正教会的斗争导致了库姆卡帕的叛乱，亚美尼亚天主教徒也被流放到安纳托利亚，在经历了一段漫长而痛苦的岁月后，1830年亚美尼亚天主教会被承认为一个独立的米勒特（millet，来自土耳其语，意指土耳其的宗教-政治团体）或者说宗教社群。之后，亚美尼亚社群进入了黄金时代。在19世纪30年代修建的亚美尼亚教堂现在还可以在君士坦丁堡城内和周边被看到。马哈茂德二世的亚美尼亚国务委员哈卢蒂安·阿米拉·贝兹迪安经常前往宫殿，而苏丹也经常亲自拜访他在耶尼卡帕的宅邸。在1829年战争期间，他建议苏丹放松对食品供应的管制，依赖市场的力量——为了保护君士坦丁堡城免受饥荒。他也帮助建立了亚美尼亚学校、教堂和圣救世主国立医院，这所医院至今仍然存在。当贝兹迪安于1833年去世时，他的骨灰被放置在一艘船上的棺材里，这艘船会经过贝西克塔斯区的宫殿，这样苏丹就可以向他告别。[31]

在苏丹们的统治下，对工业的控制权转移到了虔诚而努力的亚美尼亚人手中，比起穆斯林，他们更多地接触了西方的文化和语言，而穆斯林则继续运转政府和军队。军队是引进工厂的原因，正如它是君士坦丁堡城中许多其他事情的原因一样。到18世纪80年代，当地的火药早已质量低劣、数量匮乏，以至于要从西班牙和英国秘密进口外国火药。为了达到"欧洲标准"或是"英国标准"——官方文件中常常出现的短语，从1795年开始，新的火药工厂在耶希尔科伊（现在那里是机场所在地）、巴克尔科伊和阿扎德勒建成。它们由优秀的亚美尼亚显贵达江家族管理，达江家族是之后100年里君士坦丁堡生活中的一股势力。1767年，阿拉克尔·阿米拉·达德从安纳托利亚来到君士坦丁堡，和他富裕的叔叔住在一起，时年14岁，他很快得到了"首席火药制造师"（Barutcubasi）的头衔。自1805年起，他们为了遏制从英国进口产品而开始使用织布机。马哈茂德二世于1810年写道："阿拉克尔师傅（Usta）忠实而勤奋。真主保佑他们所有人！"

阿拉克尔之子霍夫哈内斯·阿米拉·达江出生于1798年，经营火药厂；1804年在贝伊科兹建立了一家造纸厂；1827年在埃于普建立了一家纺织厂。1827年6月29日，当大维齐尔亲自出现在工厂时，霍夫哈内斯展示了制造来复枪的新手段。他成了一名国际企业家，懂奥斯曼语、亚美尼亚语、希腊语和法语①，并运用这些语言工作。他分别于1835—1836年和1842—1843年公费出访法国和英国，以学习最新的工业技术和购买蒸汽机。在19世纪30年代和40年代，更多的国有工厂在君士坦丁堡城和周边地区建立起来，一些工厂使用蒸汽动力。手枪和来复枪在多尔玛巴赫切皇宫旁边的一座工厂中生产；靴子、火枪、皮革、铜和羊毛在七塔堡西边一个近乎是工业园区的地方加工。1837年，马哈茂德二世非常满意多尔玛巴赫切的枪炮工厂，于是他对霍夫哈内斯·达江说："问吧，你想从我这里得到什么？"而且，他还同意了霍夫哈内斯的请求：不再从安纳托利亚招募基督徒的孩子在君士坦丁堡的工厂里工作。然而，仍有关于无能和腐败的流言传出。一位亚美尼亚传教士称达江是"一个大胆、灵巧、勇敢、充满活力的人，他的一大特色是懂得如何操纵人。这些人的原则之一是每一个人都有价码，很少有人会不屈从于他们的目标"。达江的一些工厂因为无法与西方进口产品竞争而关门。在这座纺织之城里，运转顺利的只有那些生产费兹帽、纺织品和地毯的工厂。在19世纪晚些时候修建的宫殿里，为数不多的由奥斯曼帝国生产的产品将会是墙壁和椅子的丝绸垫子，它们在马尔马拉海边上海雷凯的一家国有工厂里织成。[32]

君士坦丁堡在物质和精神上都被迫进入了工业时代。1828年5月20日，惊恐的人群沿着博斯普鲁斯海岸排成一排以观看蒸汽船"斯威夫特"号的到来，这是苏丹毫不迟疑地从英国购入的第一艘蒸汽船。1831年，另一个进步和繁荣的象征——剧院，在佩拉大道上开业，正对着加拉塔萨雷，经营者是叙利亚天主教徒米哈伊尔·纳乌姆埃芬迪；多尼采蒂帕夏很快在那里组织了一年一度的戏剧节。一座横跨金角湾的大桥于1836年完工，终于实现了莱奥纳尔多·达·芬奇和米开朗琪罗在16世纪初讨论

---

① 他的后人依然保留着他的三枚图章戒指，上面分别用奥斯曼字母、亚美尼亚字母和拉丁字母刻了他的名字。

的计划。苏丹是第一个过桥的人,他坐在另一个欧洲新鲜事物,即一辆四轮马车里来回过了好几遍桥。[33]

一座医学和培养海军外科医生的学校在同年建立,校址是加拉塔萨雷的旧男仆学校;教授来自维也纳,教学语言是法语。让从小接受伊斯兰医学优越性教育长大的穆斯林震惊的是,马哈茂德二世说学习法语的原因是要尽快吸收欧洲的科学进步成果。欧洲人"已经大大发展了这些学科的教学方法,并且加上了他们的新发现。那么,相比较而言,阿拉伯语作品似乎对我来说就有些逊色了……我让你们学法语的目的本身不是为了教你们法语,而是这样你们就可以学医学了,这是为了一步步把科学吸收到我们的语言里"。这所学校对所有的奥斯曼人开放,不论其宗教信仰如何,到1847年已经有300名穆斯林学生、40名希腊学生、29名亚美尼亚学生和15名犹太学生。工艺专科院校、军事院校、行政管理院校和工程院校也建立起来,这是1850年后作为现代教育首都的君士坦丁堡的基础。[34]

法语开始取代波斯语,成为奥斯曼精英的第二语言。它很快成为军事院校,以及被派驻海外的奥斯曼外交官向首都的外交部发出的急件的语言。尼古拉·阿里斯塔尔奇斯教皇位继承人阿卜杜勒迈吉德埃芬迪法语。法语非常流行,以至于到了20世纪,土耳其语中有多达5600个法语外来词:化妆(makillaj)、公证人(noter)、口红[ruj,指代胭脂(rouge),进一步可引申为共产主义者]。法语给了奥斯曼人在城市里和世界上进行交流的工具,这比他们自己的语言有效用得多。很少有非穆斯林会写奥斯曼语。而法语是希腊人、亚美尼亚人、佩拉的大使馆和受教育的欧洲人的第二语言。比如,从1835年开始,哈默所写的那本伟大的奥斯曼帝国史书的法语译本在包括君士坦丁堡在内的全欧洲的法语书店里都有出售。在19世纪30年代,君士坦丁堡的国际书店(J.B.迪布瓦)比现在的要好。

自此以后,君士坦丁堡不仅继续直接与麦加和开罗联系,也直接与巴黎和维也纳联系。在法国大革命和拿破仑称帝之后,巴黎恢复了其作为科学与医学、文学与娱乐之都的地位。它被一位德意志访客称为"新欧洲的摇篮,世界历史形成的伟大实验室"。[35]一位奥斯曼诗人与他所见略同:

> 去巴黎吧，年轻的先生，如果你有任何希冀；
> 如果你尚未去过巴黎，你就相当于没有来过这个世界。

伟大的改革家穆斯塔法·雷希德帕夏、阿里帕夏和艾哈迈德·维菲克帕夏都在那里服务过或接受过教育。是19世纪的巴黎，而不是"1789年的崇高原则"改变了君士坦丁堡。

马哈茂德二世的另一项改革是从1836年开始引进检疫制度和传染病院，以对抗瘟疫的传播。一个由两个土耳其人、五个在城中居住的外国医生和五个外国使馆代表组成的卫生委员会管理隔离规定，直到1914年。这个委员会的官方语言是法语。到1850年，瘟疫不再大肆袭扰这座城市。然而，现代化和西化绝不是同义词：前者尽管往往是在西方的影响下发生，但并非西方影响的结果。虽然外国使馆帮助管理检疫制度，但是英国大使庞森比勋爵担心隔离制度会影响商业，即使有奥斯曼授予的特许权"协议"的存在，检疫制度也仍会导致官方搜查外国人的房子。他把特权和利益放在生命本身之前，1839年1月，他写道："我反对这些措施。"[36]

君士坦丁堡城的彻底转变反映在女性地位的变化上。之前提到过1826年，她们在宫殿前游行抗议。很快，她们便自由放肆起来，以至于官方下达法令谴责身穿"各种奇装异服"的"罪恶女人"，并且禁止她们雇用穿着华丽的年轻马车夫和马夫。薄纱制成的费拉杰外套非常透明，以至于让人感到穿上它是"过分卖弄风情"。在朝圣团的队伍里，"她们精心遮掩了自己的眉毛和脸，所有人都露出了眼睛，还漫不经心地让费拉杰外套滑落下来，这表明她们即使比伦敦和巴黎最放肆的女人露出更多的肉体，也丝毫没有感到良心不安"。

论自由，没有女性能和苏丹最喜爱的姐姐埃斯马苏丹相比，她以其奴隶的美貌和自己的放荡而闻名。她生于1778年，在25岁那年守寡，与大部分其他公主不同的是她没有再婚。她在博斯普鲁斯海峡边上有一座宫殿，晚上吸引了大大小小各种卡耶克小艇在宫殿外停泊，以便欣赏她那享有盛名的女子管弦乐队的奏乐。比起圣索菲亚清真寺，路易·菲利普国王之子茹安维尔王子更惊讶于眼前的景象：生着鹰钩鼻的公主和三个极其俊美的仆人坐在一条卡耶克小艇中飞快地掠过博斯普鲁斯海峡，船夫的薄纱衬衣和马裤勉强绷住他们运动员般的身材。

公主对欧洲淡水区或亚洲淡水区的访问好似掳掠。在光影交错、水波粼粼的峡谷里，在玩耍的儿童，以及一群群坐在古老的酸橙树树荫下衣着鲜艳的女性之间，她的靠近就像是一只猛禽盘旋在一群群脆弱无力的家禽头顶。每一个男性都在颤抖，唯恐会吸引她的注意，因为那样的话她就会派出一个仆人来召他进宫。没人能拒绝这种邀请。满足了欲望之后，据说她会下令把筋疲力尽的男性丢到博斯普鲁斯海峡里淹死。[37]

她在奥塔科伊的宫殿（她在马奇卡、埃于普和苏丹艾哈迈德等地也有宫殿）建于16世纪末，分布着"因镀金和飞檐而显得厚重、阴郁"的房间。大会客厅里铺着波斯地毯，两旁排列着40根斑岩立柱。朱莉娅·帕多——1826年后前来观察和记录马哈茂德二世在君士坦丁堡进行的革命的许多欧洲游客之一——记录道："卧室里挂着绯红色和蓝色的缎子，弥漫着香水的气味，陈列着品味高雅的物件，笼罩着一种舒适宜居，且几乎是英国式的氛围。"苏丹的房间则结合了奥斯曼的奢华和欧洲的舒适：包括嵌有宝石的金香炉；苏丹本人抄写的《古兰经》，经书"用金箔装订，四个角落都印有光彩夺目的帝王花押"；以及一张挂有花卉图饰的平纹细布床幔的欧式床。[38]

埃斯马苏丹是君士坦丁堡最富有的女性之一，对"我的天使大人"（这是她对自己弟弟的称呼）有很大的影响，以至于埃及的穆罕默德·阿里写信给她，希望能影响苏丹的决定。希俄斯岛上的乳香种植园是她最赚钱的产业之一。1822年，奥斯曼军队在岛上对希腊人的大屠杀导致君士坦丁堡的街道和市场上希腊奴隶过剩。惊恐的年轻女孩像"英国集市上的牛"一般被买卖，她们向罗伯特·沃尔什展现出了"我所见过最可悲的惨状"。埃斯马因人员损失和自己的财产损失而怒不可遏，于是说服苏丹解除对那次屠杀负有责任的官员的职务。她也释放了一些奴隶，自己出钱让他们回到希俄斯岛。[39]

姐姐的俊美奴隶和她提出的高价值建议驱使苏丹前来拜访。他自己就拥有男宠。长相俊美的胖男孩穆斯塔法埃芬迪在其父亲于贝贝克经营的咖啡馆服务时被苏丹"注意到"。他从男仆开始,晋升为苏丹后宫的管理者,以及苏丹的私人秘书,并且因贪婪、轻浮和大肆挥霍而闻名。[40] 不过苏丹也喜爱女子,特别是他姐姐的女奴纳泽普,她生着雀斑,举止优雅,笑声"令人欢愉,回荡不休"。她在埃斯马的宫殿里过得非常开心,拥有相当于埃斯马养女的地位,以至于三次拒绝苏丹本人的求爱。埃斯马展示给她弟弟的另一个美丽女奴叫作"贝兹米·阿利姆"(Bezm-i Alem,意为"寰宇的装饰",她作为下一位统治者的皇太后,是城里女性和穷人的显贵恩主),她为马哈茂德二世诞下两子——阿卜杜勒迈吉德和阿卜杜勒阿齐兹。自1808年开始,奥斯曼王朝首次出现一位以上的男性继承人,皇位不再依赖一人。王朝世系稳定下来。[41]

马哈茂德二世的现代化计划来自上层的革命,这给他的臣民带来一种不安全感和脆弱感。除此之外,由于在1829年签署条约之后瓦拉几亚和摩尔达维亚不再被迫给君士坦丁堡提供便宜的食物,粮价不断上涨。1838年,奥斯曼与英国签订的商业条约放弃了政府专营,对英国产品的洪流打开了大门,这摧毁了奥斯曼的许多手工艺。乞丐在城市的街道上更为常见了。新军队的许多士兵从农村地区被征发而来,心怀不满。服务奥斯曼军队的普鲁士军官——后来普法战争的胜利者赫尔穆特·冯·毛奇,发现苏丹和高级官员都是彬彬有礼之人。然而,大街上的妇女和孩子则常常侮辱外国人;当地军人服从外国军官,但拒绝向他们敬礼。曾在拿破仑一世和查理十世手下任元帅的马尔蒙认为苏丹的军队糟糕透顶:"他们不是军队,整体看起来是一群本性通常可悲可耻的男人聚到了一块。他们清楚地知道自己的弱点。"对于朱莉娅·帕多来说,与帝国禁卫军营和兵工厂的宏伟表象截然相反,军中的士兵本身是"非常糟糕的","他们只是一群男孩,肮脏、懒散、笨拙……可想而知,他们完全不像一支皇家卫队"。[42]

民众的不满传到了苏丹本人那里。希腊人宣称他们已经看到了苏丹即将改宗的征兆:君士坦丁的十字架(1500年前,这座城市的创建者君士坦丁大帝在他皈依基督教之前见过它)在圣索菲亚清真寺上空盘旋。穆斯林说道:"法兰克人正在转变苏丹的头脑,很快他就会变得和他们一样。"1837年，当苏丹在金角湾大桥上行进时，托钵修士哈伊里谢赫指责他为"卡菲勒帕迪沙"："你应在真主面前为你的不虔诚而负责。"当苏丹称他为疯子时，他尖叫道："疯子，我是疯子！但是你和你那卑鄙的顾问也失去了理智！"当托钵修士被处死时，他被赞颂为殉道者。不久，有人在他的坟墓上方看到一束闪烁的亮光。[43]

君士坦丁堡城很快丧失了自信。在拜访一家奥斯曼人时，女士们一直向朱莉娅·帕多提及"我发现土耳其的一切比我在欧洲已经适应的那些事物不知低劣了多少"。伟大的改革家雷希德帕夏注意到了每次发生火灾时西方人的粗鲁评论，他于1836年11月致信苏丹，倡议引进石造建筑，并引进欧洲建筑师"根据几何学规则"设计的街道。[44]

马哈茂德二世面临的最危险的反对并不来自奥斯曼首都的臣民，而是来自开罗的一位政治天才——埃及的穆罕默德·阿里帕夏。穆罕默德·阿里是为清算埃及自1517年被塞利姆一世征服以来300年间的臣服和纳贡的复仇者。穆罕默德·阿里是19世纪最有能力的统治者之一，他从1820年开始在埃及进行现代化改革，并把埃及人送到欧洲去接受教育。他的儿子易卜拉欣帕夏梦想着建立一个独立于奥斯曼帝国的阿拉伯哈里发国，因而建立了一支有战斗力的军队，这支军队是1826年后奥斯曼帝国军队学习的模板之一。1818年，在圣赫勒拿岛上追忆起远征埃及的往事时，拿破仑说道："东方只是等待着一个大人物。"而东方等的"那个大人物"是否是帕夏，而非苏丹？1832年，埃及军队占领了叙利亚。1833年，他们入侵安纳托利亚，并于2月2日到达距离君士坦丁堡仅有150英里的屈塔希亚。由于埃及与法国关系紧密，焦急的苏丹向奥斯曼过去的宿敌俄国求助。2月20日，俄国舰船在金角湾抛锚。在这一年的大部分时间里，1.4万名俄国军人沿着博斯普鲁斯海峡扎营。法国的抗议得到了如下回复："掉入海里的人甚至拥抱了一条海蛇。"强烈反俄的英国大使庞森比勋爵告诉苏丹，苏丹正让尼古拉皇帝掌控他的皇位，并提醒他英国海军有阻挡穆罕默德·阿里和俄国的实力。[45]

这年晚些时候，妥协达成，穆罕默德·阿里被任命为叙利亚总督。俄国军队撤退。不久之后，帕夏希望让他的家族世代掌控埃及和叙利亚，并且在中央政府移除他的私敌。穆罕默德·阿里宣称，由于他的活力和勇气，他是"伊斯兰大业和奥斯曼帝国完整"最有效的捍卫者，他在君士坦丁堡，甚至在宫殿里都赢得了许多仰慕者。

1839年，他再次对安纳托利亚诸行省发动进攻。苏丹因担心陆海军而消瘦，不得不束起他的衣服。有传言说他在喝烈酒或者是加了白兰地的红酒，还有说法说他患有震颤性谵妄。6月24日，在安纳托利亚内吉布的战役中，埃及军队再次击败了奥斯曼军队。6月29日，马哈茂德二世苏丹在埃斯马苏丹位于恰姆勒贾的宅邸去世，终年54岁。7月15日，卡普丹帕夏艾哈迈德（皇家卡耶克小艇的前橹手）乘船进入亚历山大港，把大部分奥斯曼海军交给穆罕默德·阿里。[46] 在一个月内，奥斯曼帝国失去了一支舰队、一支军队和一位苏丹。

11

奇迹之城

> 法国的船来了吗？欧洲有什么新闻？
>
> ——第一封从君士坦丁堡发出的电报，
> 发信人为苏丹阿卜杜勒迈吉德，1847年

马哈茂德二世之位由其子阿卜杜勒迈吉德继承（1839—1861年在位）。同1829年的情况一样，欧洲帮助奥斯曼帝国摆脱了危机。由驻君士坦丁堡的外国大使组织的部分奥斯曼、英国和奥地利战舰、陆军在东地中海打败了穆罕默德·阿里的部队。穆罕默德·阿里于1841年同意割让叙利亚、归还奥斯曼的舰队，以及增加贡赋，换取其家族世袭埃及总督一职的特权。博斯普鲁斯海峡继续对所有外国战舰关闭。之后，君士坦丁堡令人欢愉的事物促成了穆罕默德·阿里家族从反叛者变成表面上对苏丹忠诚的封臣。在夏季的热浪中，统治者的家族成员和越来越多富有的埃及人离开埃及，在博斯普鲁斯海峡边上的宫殿里停留好几个月。1846年，穆罕默德·阿里本人访问了君士坦丁堡；1848年，一座为他的儿子易卜拉欣帕夏修建的宫殿在贝伊科兹完工。1858年，苏丹的一个女儿在君士坦丁堡嫁给了穆罕默德·阿里的孙子。保守的奥斯曼人指责埃及人的豪奢和欧洲品味导致首都的物价上涨，以及"新的放荡迹象"。

随着奥斯曼帝国的存续，君士坦丁堡进入了它的第三个黄金时代。它比苏莱曼统治时期和"郁金香时代"更加多元化，这是一个城市被互相矛盾的力量撕裂的时代：王朝主义和民族主义；资本主义和前工业化国家；

伊斯兰教和基督教；俄国军队和英国皇家海军。阿卜杜勒迈吉德坐在托普卡帕宫幸福门前的黄金宝座上，接受帝国显贵的效忠，而他的乐队正演奏《爱情灵药》(*L'elisir d'amore*)中的乐曲。[1] 他的次席太监将拜访英国最高领事法庭的法官埃德蒙·霍恩比（何爵士），和对方一起抽烟，用流利并且可能音调高亢的法语聊几个小时。这位勋爵是一个老疯子，被认为是一位圣人，他可以一边和朋友聊天，一边全身赤裸着走过君士坦丁堡的街道，即使是拜访奥斯曼政府时也是如此；奥斯曼帝国的女士们身穿巴黎的最新款服饰（蓝色开司米早礼服、玫瑰花环、光滑的皱领），一边交谈，一边阅读最新的法国小说，这让外国访客觉得"革命"很快就要来了。[2]

君士坦丁堡是轿子的最后堡垒，轿子是适合有陡坡和廉价劳动力的城市的运输工具。仍有来自欧洲和亚洲的骆驼大篷车商队前往君士坦丁堡。不过，这座城市也经历了一场交通革命。1833年后有了定期通往敖德萨的蒸汽船，1834年后增加了伊兹密尔的航线，1837年后又增加了马赛航线，1851年后还有了城区和郊区之间的定期蒸汽渡轮；渡轮很难准时，因为在渡轮码头相遇的几家人总会一丝不苟地坚持礼让其他人先登船。从马赛到君士坦丁堡的旅程从6周缩短到6天。到达君士坦丁堡港口的船只数量在30年里增加了5倍，从1837年的7342艘增加到1868年的约4万艘。到1868年，有许多烧煤的蒸汽船进出港口，以至于黑烟经常遮住在船下方飞驰的卡耶克小艇。[3]

1855年后，奥斯曼政府有了自己的电报局，于是极大地加强了它对行省的控制和与欧洲的联系。自1872年始，马拉有轨车的轨道网络从城西的七塔堡（此时已不再是一所监狱，而是一个野生动物园）延伸到城北的佩拉——虽然在穆斯林社区，有轨车及其服务是低贱不受欢迎的。有轨车把欧洲的生活与噪音带到了奥斯曼城市的街道上。正如意大利旅行作家埃迪蒙托·德·亚米契斯记录的："你因号角声和马蹄的震颤声而震惊，你转过头来，几乎不能相信自己的眼睛。一辆巨大的公共汽车在你没有注意到的两根铁轨上前行，上面满是土耳其人和法兰克人，还有身穿制服的售票员。"

君士坦丁堡的中枢是1845年在金角湾上修建的长达1000米的大桥，这座大桥的一端是加拉塔码头上推搡并大声叫卖的人群和搬运工，另一端是君士坦丁堡一侧庄严、静谧的皇太后清真寺。借用一句奥斯曼谚语："世界是一座桥，这座桥就是这个世界。"交通的发展把比之前更多的民族带到了19世纪的君士坦丁堡——他们都跨过了加拉塔大桥。对于一位日本游客（生活在这座城市的日本商人山田寅次郎）来说，这是"万族之桥"。

希腊人穿着白色喇叭形褶皱短裙，走在身穿刺绣夹克的库尔德人和身穿布尔努斯袍（连帽长外衣）、戴着包头巾的阿拉伯人身边。阿尔巴尼亚人身穿白马裤，橙色腰带上别着鼓鼓的手枪，他们把柠檬汁和波扎酒①卖给穿黑色紧身衣和尖头鞋的拉兹人——来自黑海海岸的格鲁吉亚裔穆斯林。身穿棕色夹克的搬运工在巨大的重物压迫下步履蹒跚（有时候，一位搬运工甚至可以把一架钢琴或一辆四轮马车背在背上）。当身着最新潮服装的欧洲人或是外国大使的四轮马车跟随身穿制服奔跑的男仆经过时，盲乞丐就摇晃锡罐头，发出咯咯响声，喊着"安拉啊，安拉啊"！1847年，白人侍从步行跟着马背上奥斯曼黑人官员的景象，让来访的美国人大惊失色。[4]

从佩拉和宫廷的观点来看，传统的奥斯曼服装成了奇装异服，人们在化装舞会上才身穿这些服饰，或者像旧禁卫军制服那样把它们陈列在大竞技场的博物馆里（一些旧军服今天仍然可以在伊斯坦布尔的军事博物馆里为人所见）。奥斯曼官员身穿西式制服，或者更常见的情况是身穿1839年后采用的"伊斯坦布尔式礼服"，即一种剪裁得体的双排扣长礼服，类似于维多利亚时期教士的衣服。然而，地方上的或是老派的土耳其人则仍然穿着松垂的长袍，头上包着印有花卉图饰的平纹细布做成的裹头巾。除了头戴高帽的欧洲女性，奥斯曼女性也穿着颜色越来越鲜艳的费拉杰外套——苹果绿、深红、浅蓝。19世纪晚期，随着欧洲的喜好在奥斯曼得以巩固和加强，取而代之的是不那么鲜艳的颜色——金黄、青铜色和绯红。无论颜色如何，西方的经济主导地位十分稳固，以至于1850年后奥斯曼几乎所有的制成品都来自进口。[5]

---

① 一种发酵的小米饮料，现在仍然在加拉塔大桥的君士坦丁堡一侧出售。

君士坦丁堡的桥反映了帝国的兴衰以及时间和季节的变化。马里昂·克劳福德写道："从旧金山到北京，全世界没有一个地方能像它这样鲜活、富有生命力，如此异质、不按规矩，但又异乎寻常地迷人。"中午，它摩肩接踵，晚上则空无一人。在1854—1856年英国、法国、奥斯曼帝国一起与俄国作战的克里米亚战争中，大桥上满是英国和法国士兵（大街上的小商贩称他们为"约翰尼"或者"哎哟喂"）。他们坐在四轮马车里欣赏穆斯林女性的时髦方式，导致许多太监仆人嘀咕"异教徒"并轻轻甩响手里的鞭子。[6]

切尔克斯人戴着和禁卫军的毛皮高帽一样高的羊皮头饰，穿着束腰的黑色短上衣，出现在君士坦丁堡的街道上，这反映出俄国已进军高加索或者切尔克斯人想要在最繁荣的市场上出售女儿和姐妹。蒸汽机的到来增加了经过君士坦丁堡的朝觐团的数量。在朝觐期间，波斯人和布哈拉人身穿颜色鲜亮并饰有图纹的棉外套。穆斯林在中亚抵抗俄国入侵的故事点燃了君士坦丁堡咖啡馆里人们的兴奋之情。在于斯屈达尔的小丘上，一座建于18世纪的乌兹别克木制托钵修士道堂既充当朝觐团的招待所，也是布哈拉驻君士坦丁堡的使馆。前往耶路撒冷的俄国朝觐团在每年的复活节前抵达君士坦丁堡；19世纪晚些时候，尼古拉二世在加拉塔为他们建造了一座招待所，在该招待所五楼有一间带洋葱形圆顶的祈祷室。加拉塔桥上车水马龙，以至于它在1863年被扩建，1878年在大桥两侧底下各修建了一排商店和饭店，1912年又修建了一些。[7]

桥上的人群象征了阿卜杜勒迈吉德统治的开放精神。他喜爱美酒、女人和改革。1847年，城里的奴隶市场被关闭；晚上，奴隶们在马尔马拉海的海岸登陆，之后在托普哈内和苏莱曼清真寺周边的私人住宅中被出售。苏丹对奴隶制度的裁决于1851年传递到英国使馆译员弗雷德里克·皮萨尼手中，此裁决反映了奥斯曼帝国明显的态度变化："有理性的生物购买和出售他们的同类……这是可耻和野蛮的做法。虽然土耳其的奴隶得到了比其他任何地方更好的对待，但是他们有时仍被虐待。难道这些可怜的造物在真主面前与我们不平等吗？"不过，直到奥斯曼帝国终结，奴隶制度仍然是合法的。苏丹也没有停止为他自己的后宫获取女奴的行为，尽管他给了她们额外的自由：女奴的面纱是城里最薄的，她们在四轮马车里或是宫里的窗户后"以最活泼的样子"与年轻男性交谈。[8]苏丹的宠妃萨菲纳兹夫人在耶尔德兹宫的皇家花园里藏匿了一位秘密情人，这座花园位于彻拉安宫上方的山丘上。当苏丹发现时，他的这位情敌没有被处死，而只是被遣送到布尔萨。

达江家族的一位年轻成员曾经指责苏丹在访问海雷凯的地毯厂时不顾墙上张贴的禁令而抽烟。苏丹告诉男孩的父亲"你儿子是对的"，然后丢掉了香烟。[9]奥斯曼政府继续其保护犹太人不受基督徒侵害的传统角色，这种侵害如此根深蒂固，以至于反犹暴动仍时不时在基督徒聚居区爆发，直到19世纪末。1840年11月6日发布的帝国法令再次谴责了基督徒的"血祭诽谤"，并且声称"犹太民族将会得到保护和保卫"。苏丹个人下令在帝国医学院建立了符合犹太教法的餐厅和"安息日假期"，以鼓励犹太人入学。

19世纪，君士坦丁堡的辉煌来自它对民族主义的蔑视。阿卜杜勒迈吉德和一些大臣认为帝国是抵御民族主义的堡垒。1849年，他告诉拉马丁，他想在不同的民族和宗教之中创造出一个民族："简单来说，就是把这些居住在土耳其国土上的民族碎片民族化，通过不偏不倚、温和、平等和宽容的方式让每个民族都能找到其荣誉、良心和安全，通力合作，在苏丹支持下以君主制邦联的形式维持帝国。"他向这个理想致以一个统治者的终极敬意。他创建了一个由指挥官孩子组成的男童卫队，帝国的每个民族——库尔德人、叙利亚人、德鲁兹人、切尔克斯人、阿尔巴尼亚人——都提供2人。这些人的身高都要超过6英尺，并且在宫中进行仪式性执勤，以及在周五礼拜时身穿他们各自的民族服饰。[10]

1839—1876年大部分时间里的贤能统治者是三位有才干但有些专制的帕夏——雷希德、福阿德和阿里。马哈茂德二世注意到雷希德帕夏聪明且具有潜力，他曾是奥斯曼驻伦敦和巴黎大使。1837—1858年（雷希德帕夏在这一年去世），他6次担任大维齐尔，3次担任外交大臣。他不仅因为改革决心，还因为他在博斯普鲁斯海峡边上房子的数量和奢侈作风而闻名。福阿德帕夏是一位著名诗人的儿子，他在医学院接受教育，之后在奥斯曼政府的翻译部服务，在欧洲担任外交官。他享有"在所有事情上都喜欢发明创新"的名声，在1852—1868年（福阿德帕夏在这一年去世）2次担任大维齐尔，5次担任外交大臣。他相信，"几个世纪以来，伊斯兰教在其设定上都是伟大的进步工具。现在它则是一个拖后的时钟，必须让它追赶上来"。[11] 阿里出身于贫穷的巴扎商人家庭，他与福阿德所见略同，直到在1871年去世为止。

在他们的支持下，两份伟大的帝国法令，即1839年法令和1856年法令被签署，它们构成了被称为"坦志麦特"，即奥斯曼政府在1839年之后的改革政策的基础。新法律替代了穆斯林和基督徒的独立法律体系，他们承诺穆斯林和基督徒在新的法律面前平等，在参军义务、担任政府职务等方面享有平等的权利，享有财产不被没收的自由，并且用1856年法令的话说："我们所有阶层的帝国臣民都能获取幸福，他们由一种共同的发自内心的爱国主义纽带绑在一起，在我们公平且富有同情心的观点看来，他们都是平等的。"最后一次对重新皈依基督教的伊斯兰教皈依者的死刑发生在1843年10月4日。虽然有5位欧洲大使因死者的私人关系而提出抗议，但这位亚美尼亚人仍在公众面前被斩首，他的尸体被丢到大街上。此后，这项法律被废止了。判决涉及两种宗教的案例的混合法庭创立于1847年。以法国法律为基础的商法典于1850年颁布。宗教法官规范道德和市场的权力从1826年开始逐渐衰弱，他们的权力被转移到新的警察部，警察部也是依据法国模式建立的。到1876年，奥斯曼的法律体系完成了转变，普世牧首对亚美尼亚人和东正教社群的权力也减小了，这很大程度上是受到了法国的影响。[12]

这些改革既是为了将帝国现代化，也是为了抵御外国势力的入侵。外国大使馆曾于1839—1841年帮助拯救帝国，由于自身在军事和技术上的优越性，它们开始向奥斯曼政府下达命令。它们被称为"六大国"（在1861年统一的意大利诞生之后）和"君士坦丁堡的六个国王"①。大使们乘

---

① 1857年，法国大使不考虑其他人，称英国大使斯特拉特福德·德·雷德克利夫勋爵为"第六个强权人物"。

坐"怒吼者"号或"查理曼"号战舰抵达君士坦丁堡，然后乘坐大使馆专用的10桨卡耶克小艇，在位于佩拉的冬季使馆和位于塔拉布亚的夏季居所之间飞驰：在他们经过的每个岗哨，战士都举枪敬礼。

大使们不仅向奥斯曼帝国施加影响力，还享受权力。1840年，穆罕默德·阿里之子易卜拉欣帕夏的线人被告知英国大使"庞森比勋爵是现今指导奥斯曼帝国内阁政策的人"。有时候，大维齐尔不是在宫殿或政府，而是在英国大使馆与欧洲大使们会面时做出决定。君士坦丁堡的大使召开会议，决定塞尔维亚、埃及或奥斯曼帝国本身的命运。1869年，"各大使馆"和奥斯曼政府共同任命了用以港口重组的国际委员会。[13]

佩拉的大部分使馆在1831年的大火后得以重建，其风格是使馆所代表国家的权力和特征的缩影。1836—1843年修建的俄国大使馆是上博斯普鲁斯一座若隐若现的红色罗曼诺夫王朝宫殿，拥有10间接待室，其中包括一座配有白色柱廊的舞厅，舞厅里装饰着圣彼得堡的风景画。建筑师是加斯帕雷·福萨蒂，他后来为阿卜杜勒迈吉德重建了圣索菲亚清真寺，他在圣索菲亚清真寺内部加上了皇家讲坛——奥斯曼帝国对圣地权威的再确认，许多基督徒，特别是俄国人认为圣地很快就会是他们的。[14]

1839—1847年修建的法国宫刻有路易·菲利普国王姓名首字母"LP"的花押设计，从外边看起来像是一幢大型的地方政府建筑。它的内部则装饰有镀金脚凳、戈布兰挂毯、奥布松地毯、色佛尔花瓶，还挂有苏丹、国王和大使的肖像。英国大使馆是蓓尔美尔街改良俱乐部的复制品，由W.J.史密斯和查尔斯·巴里爵士建于1844—1851年。这是一座有13个大窗户那么宽的正方形大楼，高墙、宽敞的庭院和绿色草坪，使它成为这座城市在混乱动荡之中的一片宁静绿洲。

大使馆的傲慢对奥斯曼帝国来说可能有用，因为它保护帝国免于外敌侵略，并加强了奥斯曼政府中改革派反对保守派的势力。雷希德帕夏希望更多大使馆的"监督"——这是他自己的用词——以及更多的外国战舰停泊在博斯普鲁斯海峡，以强迫苏丹以更快的步伐进行改革。[15]

不过，大使的影响力增加了奥斯曼人对于"奥斯曼对外授予的一系列贸易特权'协议'"的愤怒。领事法庭开始声明有权审判被指控对奥斯曼臣民犯罪的外国人，并且有很多外国人和奥斯曼公民——可能占人口的10%——利用外交保护来避税。奥斯曼政府开始把"贸易特权'协议'"视为对他们国家进步的最大阻碍。1847年，欧洲定居者自己向苏丹陈情，反对他们的大使馆犯下的罪恶，但收效甚微。1848年，斯特拉特福德·德·雷德克利夫勋爵对巴麦尊咆哮道："我们为发生过的违法事件叹惋，但是我们从未坚持英国享有完全贸易特权的权利。"[16]

斯特拉特福德·坎宁每日秉笔工作10或12个小时，他容貌英俊，却暴躁易怒，为下属所恨，他还自我陶醉，自以为永不犯错。据说，当他从骑马事故中生还时，他的下属已经为了"下一个更好的上司"喝酒庆祝一轮了。阿里帕夏三次请求伦敦召回大使，因为坎宁试图把所有改革的功劳据为己有，并且不允许苏丹与他平等地进行统治。大使和他的夫人私下里开玩笑，不把苏丹称为"帕迪沙"，而是称为"帕迪"。奥地利大使冯·普罗克施-奥斯滕相信如果奥地利帝国和奥斯曼帝国不能齐心协力，它们就会一起面临失败，他说坎宁表现得不像大使，而像君主。巴麦尊、伦敦记者和英国公众舆论激起的坎宁反俄的好战情绪是促成克里米亚战争的原因之一。[17]

另一个原因是拿破仑三世的欲望，他刚刚自立为皇帝，挑战1815年的《维也纳条约》，离间奥地利和俄国。他选择的手段是宗教。1852年12月，激进的天主教徒法国大使拉瓦莱特侯爵为天主教神父暂时赢得了保管伯利恒圣诞教堂钥匙的权利。俄国沙皇尼古拉一世并没有他祖母叶卡捷琳娜二世那样的领土野心，但他坚持阻拦法国保护圣地的要求，也想建立俄国对东正教会的保护权，甚至宣称俄国官员有权在君士坦丁堡和其他地方的教堂"下令"。他希望俄国能够长期与其他欧洲强权呼应，在欧洲肢解奥斯曼帝国，将君士坦丁堡变为自由市。俄国军队将驻扎在博斯普鲁斯海峡，奥地利军队将驻扎在达达尼尔海峡。沙皇的措辞透露出一种罕见的咄咄逼人气势。[18] 1853年年初，他对英国驻圣彼得堡大使说了一段非常著名的话："我们手上有一个病人，一个病入膏肓的人（并没有病得如此严重，因为沙皇自己治下的许多穆斯林、天主教徒和旧礼仪派也都选择离开俄罗斯帝国,在奥斯曼帝国生活)。"

1853年2月23日,沙皇特使亚历山大·缅什科夫公爵在君士坦丁堡登陆,他是一位傲慢的职业军人,俄国第5军团的参谋长陪同他前来,一群兴奋的希腊人围观了这一场景。缅什科夫的任务是在正式会谈中确立东正教会的所有传统权利,以及俄国对苏丹统治下的东正教臣民有特别保护权,后者是对结束1768—1774年战争的和约条款的误读。17世纪的奥斯曼政府曾经通过对俄国派来的使节进行肉体羞辱来表达其傲慢。到了19世纪,在同一个典礼战场上,俄国用不那么激烈的手段侮辱了对手。在对大维齐尔的礼节性拜访时,缅什科夫身穿便服而不是外交官制服。他淡定地走过亲法的外交大臣福阿德帕夏的办公室,假装没有看见后者,尽管司仪官试图带领他经过打开的大门去会见正在等待的外交大臣。苏丹屈服于俄国的压力,用里法特帕夏替代福阿德帕夏。[19]

君士坦丁堡的问题是国际声望,而不是东正教会。主教们意识到沙皇对俄国东正教会的轻慢态度,害怕他的"保护"将意味着"奴役"。他们告诉一名俄国外交官:"我们现在富有、强大。大牧首、教会会议和70名主教手上握有900万灵魂。拥有保护权的你们将会剥夺我们的一切。"事实上,俄国政府还准备修改几乎所有的要求。[20]

不过,1853年3月,随着法国的地中海舰队开往希腊水域,局势恶化了。4月,刚刚提升为斯特拉特福德·德·雷德克利夫子爵的斯特拉特福德·坎宁带着在给妻子的一封信中写到的"让奥斯曼政府站在我这边"的意图回到君士坦丁堡。和之前的英国大使安斯利和庞森比类似,他在奥斯曼首都令人陶醉的氛围中准备冒险与俄国开战,这样一来,如果苏丹愿意,他就有召集地中海舰队的权力。当缅什科夫到水滨别墅拜访雷希德时,斯特拉特福德在外边的卡耶克小艇中等候,以便在俄国提出要求后马上展开讨论。[21]

即使对于君士坦丁堡来说,这几个月的外交也是非同寻常的火热。奥斯曼政府利用英法支持的前景,在比1829年、1787年和1768年更有利的条件下策划对俄作战。1853年8月,宗教学校的初级学生发起游行,请求英法舰队前来,舰队之后停泊在靠近达达尼尔海峡的贝希卡湾,以保护外国人的生命和财产。9月26—28日，苏丹召集的由法律人士、陆海军和行会代表组成的"大议事会"表决支持开战。根据英国大使馆里一位观察者的记述，阿卜杜勒迈吉德与先前的苏丹完全不同，而且奥斯曼社会的变化很大，以至于120人的大议事会并没有沉默不语或等待命令，而是像下议院一样进行了一场辩论。苏丹已经确保能得到有利于他的教谕，于是在1853年10月4日向俄国宣战。10月22日，一支英法联合舰队在金角湾抛锚。[22] 1854年3月28日，英法和俄国之间爆发了一场战争。

志愿者涌入君士坦丁堡，其中有一支队伍被称为"黑色法蒂玛"，由不戴面纱、不结婚的库尔德女英雄带领，她们成为咖啡馆的谈资。让城里许多居民失望的是，法国军队在城墙外、圣索菲亚清真寺附近扎营。于斯屈达尔的小丘被英国盟友的雪白色帐篷覆盖。他们很快被另一支军队包围，这支军队由放债人、马贩子、街边小贩和"所有民族的无赖"组成。[23] 法军和英军在君士坦丁堡的街道上游荡；军官被刺伤，商店被洗劫。英国和法国引进了自己的警察来维持秩序。英国领事馆的监狱一度人满为患，英国把囚犯锁在博斯普鲁斯海峡的一艘旧船里。战争和奥斯曼授予的贸易特权"协议"让外国商人得以攻击君士坦丁堡行会的商业垄断，行会此时仍然是君士坦丁堡经济生活中的一股强大力量。到1855年年底，有好几百名斯拉夫和马耳他船夫在港口工作，出售进口葡萄酒的店铺在城里的许多角落开张。1857年10月，美国政治观察家纳索·西尼尔写道："没有比这些商店的店主更坏的恶棍，或者说比商铺本身更恶劣的罪恶和犯罪窝点。"[24]

克里米亚战争将君士坦丁堡变成了伤员之城。除了传统的奥斯曼医院，佩拉有一座高效的法国医院，金角湾有两座流动的英国医院，塔拉布亚有一座英国海军医院。于斯屈达尔的塞利姆兵营中新建的医院照看了2000多名英国伤员。其主管人是弗洛伦斯·南丁格尔，她住在一座塔里，现在那里已成为弗洛伦斯·南丁格尔博物馆。当她接管时，这间医院里的污秽物、疾病和过度拥挤等情况变得更糟了，在她看来，比她见过的最贫穷街区的最贫穷家庭还要糟糕。这所医院附近是综合医院和公墓（现在是克里米亚纪念公墓，是城里英国人社群的首要墓地）。她遇到的问题之一是缺乏英国大使馆的支持。[25] 比起探望病人,斯特拉特福德·德·雷德克利夫勋爵和勋爵夫人更擅长举办派对。

到1856年年初,俄国即将战败,和谈即将在巴黎展开。英国大使馆举行舞会,以庆祝克里米亚同盟的胜利,苏丹出席了这场舞会。1856年2月8日晚上,在被点亮的"维多利亚"和"阿卜杜勒迈吉德"的名字下,炮兵、掷弹近卫步兵团和高地军团在庭院里等候苏丹。礼炮的响声和"天佑女王"的歌声欢迎苏丹的到来,英国枪骑兵一路护送着他。斯特拉特福德·德·雷德克利夫勋爵在四轮马车门口处迎接他,雷德克利夫勋爵夫人则身着18世纪的衣裙,在楼梯的顶端迎候苏丹。在前厅休息片刻后,苏丹进入了能与维多利亚女王在白金汉宫举办的化装舞会相媲美的场地。在明亮耀眼的舞厅里,大使馆工作人员穿着安妮女王或乔治三世时代的服装。与希腊大牧首、大拉比、土耳其人、希腊人、波斯人、阿尔巴尼亚人,以及富裕的希腊人和亚美尼亚人的妻子等当地客人的传统服饰——因上面点缀的钻石而闪耀——相比,他们的服饰相形见绌。首席黑人大太监握着另一个黑人的手四处漫步,他们的刀剑在地板上发出咔咔声。著名厨师亚历克西斯·索耶带着一只会表演的熊前来,这头熊其实是他的一个朋友乔装扮演的。

苏丹穿着一件朴素的深蓝色礼服大衣,在舞厅里前行,"一边走路,一边向两侧鞠躬并微笑",他像野兽一样盯着人看,身后跟着"帕夏组成的华丽队列"。苏丹没有坐在特别为他准备的高椅子上,而是一直站着观看四对舞和华尔兹舞,并接受外交官夫人的致意。他走过房间,吃了一块冰,向在楼梯间里列队的高地军团和英国骑兵致以特别的敬意,然后离开。帕夏们则留下来吃喝到第二天早上。

一位身穿灰色费拉杰外套的土耳其女子的行为令在场的人们惊诧不已。她向英国军官走去,检查他们的肩章,"用最大胆和粗鲁的方式"发号施令,并且以自由受到威胁斥责经过的帕夏们:"强加给我们的牢笼到此为止!我们要去看世界,自己下判断,爱我们所爱的人。这些英国军官是多么美好高大的人啊!"她还说了别的话。最终,福阿德帕夏坚持要求这位女士应当表明她的身份。结果,"她"是英国大使的秘书中土耳其语说得最好的人——珀西·斯迈思阁下。①26

在1856年5月签署的《巴黎和约》中，奥斯曼帝国被正式纳入"国际公法和欧洲体系的有利条件"之中。所有签字国保证其领土完整和独立。达达尼尔海峡和博斯普鲁斯海峡对所有国家的战舰保持封闭；俄国被禁止在黑海保有舰队。阿卜杜勒迈吉德于1856年6月7日搬入新建的多尔玛巴赫切宫后，更多的庆祝活动接踵而来。大臣和大使们十分乐意纵容苏丹对宫殿的激情，事实上他们鼓励这种激情，它让君士坦丁堡像维也纳和圣彼得堡那样成为19世纪帝国权力的展示：多尔玛巴赫切宫（1849—1856年）、贝勒贝伊宫（1861—1865年）、彻拉安宫（1864—1871年），以及许多楼阁、狩猎小屋和私人豪宅在博斯普鲁斯海峡沿岸建造起来。建筑师仍是巴良家族成员：卡拉贝特·阿米拉·巴良及其在巴黎接受训练的儿子尼科戈和阿戈普。托普卡帕宫被遗弃，它变成了被抛弃的后宫女性和白人太监的"泪宫"。苏丹为了加冕才去那里，或者是每年一次参拜先知的圣遗物。19世纪中期是"西方主义"的巅峰。在苏丹的命令下，托普卡帕宫宝座室的装饰物被熔毁，以得到约8.8万千克白银和912千克黄金。1871年，曾遭受大火严重毁坏的传奇般的海滨凉亭和夏宫被夷为平地，以给至高无上的进步标志——一条铁路线——让路。②27

奥斯曼苏丹拥有的现代而奢侈的皇宫举世罕见。阿卜杜勒迈吉德在每日巡幸施工现场时监督多尔玛巴赫切宫的建筑和装饰。这是奥斯曼式宏伟建筑的巅峰之作。其宫门和奥斯曼传统一致，上面雕刻着花瓶、玫瑰花结和花冠，令人眼花缭乱，整座宫门就像一座凯旋门。这道白色大理石梁的雄伟立面有284米长，在上方树木的绿荫和博斯普鲁斯海峡的蓝色之间显得格外醒目。

多尔玛巴赫切宫有304个房间，其中有许多镀金的镜子、气派的窗帘盒、陶瓷壁炉、距离地面6英尺高的水晶灯座，还配有红水晶栏杆的双排

---

① 在佩拉大道下方的克里米亚纪念教堂，即君士坦丁堡第一座新哥特式的建筑中，他"深爱的妻子"在他于1869年去世后为他修建了纪念碑，在碑文里，他因"从未减少自己对土耳其帝国的依恋"而受到赞扬。

② 这条铁路线连接君士坦丁堡、郊区和埃迪尔内，1888年后直通西欧。

楼梯。奥斯曼皇室传统的相对简朴被泰奥菲尔·戈蒂耶口中的"路易十四的东方化"取代：多尔玛巴赫切宫的许多家具由巴黎的塞尚和伦敦的威廉·吉布斯·罗杰斯提供。

周围由马厩、厨房、剧院、兵营和政府各部组成的建筑群把19世纪的贝西克塔斯转变为奥斯曼宫廷住宅区：为帕夏建造的成排连栋别墅，使这个街区看起来仿佛是伦敦的一条街道。宫殿保留了传统的奥斯曼元素，比如分为男性居住区和女性居住区，以及中央大厅，其他房间都向中央大厅开放。但它的建筑和家具在本质上是欧洲的。宫殿的墙上挂着欧式皇室成员肖像画，还挂着一系列绘有后宫女性、朝觐、欧洲淡水区和亚洲淡水区的东方主义画作，最后几位奥斯曼苏丹和欧洲精英一样被亚洲淡水区和欧洲淡水区所吸引。庭院里有由欧洲园丁照料的法国花圃。没有一个传统的奥斯曼花园在伊斯坦布尔得以留存。种植的1500株各种各样的奥斯曼郁金香也没有在那里存活下来。[28]

多尔玛巴赫切宫的中部有着世界上最大的宝座室，它比宫殿其他建筑高两层楼。56根科林斯式圆柱支撑着风格瑰丽、具有错视画效果的天花板，天花板上画有壁画，看起来就像意大利戏剧的背景幕布，上面绘有柱子、白云、窗帘和花环。宝座室有36米高、40米宽和50米长。它替代托普卡帕宫的幸福门，成为帝国的仪式焦点。从托普卡帕宫的金库里特意搬运过来的镀金王座被安放在这里，斋月末，苏丹就坐在这里的宝座上接受宫廷、政府和后宫的祝贺。

1856年7月22日，奥斯曼帝国举办了一场有130名客人参加的宴会，用以庆祝多尔玛巴赫切宫的落成和克里米亚战争的胜利。大维齐尔阿里帕夏和外交大臣福阿德帕夏接待宾客。他们被带到害羞而微笑的苏丹面前，苏丹之后退场：奥斯曼宫廷还没有西化到苏丹哈里发可以与客人一起正式用餐的程度。一顶配有400个煤气灯盏的巨大枝形吊灯点亮了宝座室，在宝座室中的宴会桌处，大维齐尔坐在荣誉席上，右边是斯特拉特福德·德·雷德克利夫勋爵，左边是克里米亚战争中得胜的法国军队指挥官佩利西耶元帅。客人中还有奥斯曼总司令奥马尔帕夏、对斯特拉特福德来说不可或缺的皮萨尼伯爵，以及撒丁岛、普鲁士和奥地利的外交官。皇家乐队演奏《迈吉德进行曲》(Mecidiye March)，之后是法国和英国国歌。当外边天降暴雨时，乐队因电闪雷鸣而惊恐万分，吓得夺路而逃，由于他们没有关门，一半的蜡烛被吹灭了；虽然客人们对宫殿印象深刻，但他们也忍不住把这场宴会比作伯沙撒王的宴会，预言君士坦丁堡将遭受巴比伦的命运。[29]

现存的菜单显示了奥斯曼宫廷后期特有的欧式与奥斯曼式菜肴混合的饮食：在上波雷克馅饼、肉汁饭、卡塔耶夫（也被称为"中东薄饼"，最常见的吃法是在薄饼内塞入奶油和坚果碎，并在表面涂抹蜂蜜或糖浆后油炸）和巴克拉瓦的间隙穿插着上塞维涅浓汤、皇后肉卷、卢库鲁斯鹅肝馅饼。一些菜肴可能是新发明，另一些可能是东西方菜肴在当地的融合：苏丹凤梨馅饼、切尔克斯野鸡胸肉和皇太后鲈鱼。[30]

奥斯曼建造一系列华丽的宫殿，既是为了皇家休闲，也是为了炫耀。奥斯曼王朝正在丧失自信。1869年，为迎接欧仁妮皇后在去参加苏伊士运河通航仪式的途中来访君士坦丁堡，苏丹的管家M.马尔科被派到巴黎招募厨师、男仆和购买餐具，似乎奥斯曼宫廷以往的标准已经不合时宜。[31]

在宫殿之外，君士坦丁堡城的现代化极为迅速。基督徒和犹太人可以穿和穆斯林相同的衣服，他们与穆斯林的平等不仅能被看见，而且能被听到。1856年后，教堂的钟声自1453年以来首次在君士坦丁堡响起。一些穆斯林抱怨说1856年的《哈蒂-胡马雍诏书》(Hatt-i Humayun)颁布的那一天是"穆斯林哭泣与哀痛之日"。比起不受欢迎的与犹太人平等这一新鲜事，许多希腊人宁愿接受之前伊斯兰教的优势地位。1859年，巴耶济德清真寺的谢赫领导了反对"离经叛道"的密谋。不过，大部分乌莱玛已经因铲除禁卫军得到了充分的奖赏，他们害怕如果反对政府就会遭到同样的毁灭，于是保持了沉默。[32]

此外，奥斯曼政府小心翼翼地保持着伊斯兰的表象。阿卜杜勒迈吉德的房间带有一丝轻浮的气息。在演奏罗西尼的乐曲或《马赛曲》的乐队的伴奏下，苏丹有时候看起来因前一晚的欢愉而过度疲劳，以至于围观人群害怕他会从马上摔下来。阿卜杜勒阿齐兹在其兄长于1861年去世后继承皇位，他的宅邸更加庄重。他总是乘坐皇家卡耶克小艇，前往奥塔科伊清真寺，该清真寺建于1853—1854年，位于博斯普鲁斯海峡边上、多尔玛巴赫切宫的北边。奥斯曼海军的英国雇员之一亨利·伍兹爵士记得在博斯普鲁斯海峡上飞驰而过的苏丹，"他是一个神情傲慢的人，在他有些晦暗的面容上眉毛低垂、表情阴沉"，从人面前经过时也目不转睛直视前方。船桨划动时"完美协调，动作整齐划一，入水和出水就像一根桨一样。没有水花乱溅，而是当桨出水时，水滴从桨叶上掉落，在明亮的阳光下像钻石一样闪闪发光"。乐队沿着博斯普鲁斯海峡演奏，军队展示武器，人民表示谦卑的敬意。堡垒和战舰鸣响礼炮，向苏丹致敬，当他经过时，卡耶克小艇聚集在旁边，以得到更好的视野。[33] 苏丹、君士坦丁堡城和海洋联合起来歌颂真主和帝国。

清真寺和宗教学校的学生必须身穿传统服装学习《古兰经》和《圣训》，这是圣城的传统世界所坚持的，而坦志麦特政府并未摧毁这样的传统世界——尽管大臣们知道宗教学校需要改革。西方文化和奥斯曼文化在君士坦丁堡比邻而居。阿卜杜勒迈吉德既喜欢西方戏剧，也喜欢传统书法：圣斗篷清真寺里陈列着他的书法作品，这一清真寺的内部空间类似意大利歌剧院，它由阿卜杜勒迈吉德下令修建在塞利姆一世清真寺旁。面对现代化改革，托钵修士教团非但没有销声匿迹，反而发展得蒸蒸日上。佩拉大道上修建于1855年的梅夫列维道堂是东西方极具特色的风格的结合体。它拥有科林斯式圆柱和绿色木地板，像是一个爱尔兰舞厅。被马哈茂德二世禁止的拜克塔什教团在其子阿卜杜勒迈吉德的统治时期得以复兴，还出现了像纳克什班迪这样的新教团。这一时期的改革强调宗教平等和现代科学及哲学的重要性，人们觉得这和苏菲的教导拥有相同的原则。后来的苏菲派、奥斯曼帝国末期的著名知识分子礼萨·陶菲克写道："苏菲主义的精神和现代科学的精神没有区别。"到1900年，君士坦丁堡有350座苏菲派道堂，每座都配有清真寺、会客厅和图书馆。[34]

穆斯林在新的法语学校里阅读伏尔泰的著作，这些法语学校的出现和从巴黎回来的奥斯曼学生的影响导致了首都的文化革命。1861年，曾经的留法学生伊斯梅尔·希纳希在君士坦丁堡创办了第一份非官方的奥斯曼语报纸，这份报纸致力于改革奥斯曼语。每年出版的奥斯曼语图书的数量从1820—1839年的11本增加到1840—1859年的43本，1862—1876年的116本，1877—1908年的286本，再到1909—1920年的650本。其中有第一部现代奥斯曼戏剧《诗人的婚姻》(The Marriage of a Poet，1860年)和第一部小说《塔拉特和菲特纳特的爱情》(The Love of Talaat and Fitnat)这样的作品，后者攻击包办婚姻、蓄奴等传统奥斯曼社会的核心。奥斯曼作家中最具革命性的是纳米克·凯末尔，他被称为"语法错误的死亡天使"。他开始清除阻碍奥斯曼语发展的波斯元素，并持续将奥斯曼语土耳其化。谈到出版革命和思想观念的转变时，E.J.W.吉布在他的奥斯曼诗歌史中写道："1859年，土耳其人仍然处在事实上的中世纪社会。到1879年，他们的国家已经成为一个现代国家。"[35]

在君士坦丁堡，部分穆斯林精英的快速智识转变的一个例子是作家、政治家艾哈迈德·维菲克。1818年，他出生于君士坦丁堡，1834—1837年在巴黎圣路易中学求学，当时他的父亲是奥斯曼代办。在奥斯曼政府的翻译署（在斯塔夫拉基·阿里斯塔尔奇斯于1821年被处死后，艾哈迈德·维菲克的祖父领导这个部门）工作几年后，他在奥斯曼驻伦敦、德黑兰、布加勒斯特和巴黎的外事部门服务过，也在君士坦丁堡的高等法院和奥斯曼科学学会任过职。

根据他及其父亲的朋友，即考古学家、外交官奥斯汀·莱亚德的说法，他父亲是"一个完美的土耳其绅士，举止礼仪一丝不苟，留着雪白的胡须，头戴裹头巾、身穿长袍，外表高贵"。他住在苏莱曼清真寺旁边的一座旧式木造别墅里，别墅里铺着上好的地毯，低矮的长沙发上铺设着布尔萨丝绸或大马士革丝绸，以及少量其他装饰。然而，艾哈迈德·维菲克是一位新"伊斯坦布尔埃芬迪"，他体形肥胖、肤色暗淡、不留胡子，头戴费兹帽，身穿伊斯坦布尔式礼服，在西方文化和奥斯曼文化中都游刃有余。他那所舒适又微微显得杂乱无章的房子位于穆罕默德二世如梅利堡后方的花园里，与博斯普鲁斯海峡对面的柯普律吕水滨别墅相对，他在宅邸保留了传统的男性和女性区域之分，但是他仅有一位妻子。据说他懂16门语言，其中有波斯语、阿拉伯语、希腊语、法语和英语，而且据说他有君士坦丁堡藏书最具普世精神的图书馆（在他死后出版的藏书书目中，3854本书里只有1366本是以阿拉伯文、波斯文或奥斯曼文书写而成的）。他喜欢阅读《圣经》、莎士比亚和狄更斯的作品。"他是东西方所有主题信息的完美存储库……是最鼓舞人心、最令人愉快、最有趣的同伴"，奥斯汀·莱亚德说他是君士坦丁堡和西方的中间人。他把维克多·雨果和莫里哀的作品翻译成奥斯曼语，并且帮助《每日电讯报》驻君士坦丁堡的记者查尔斯·怀特——这座城市已经进入了新闻业的时代——"对土耳其首都各种各样居民的行为习惯进行最好、最全的描写"：《在君士坦丁堡的三年》（Three Years in Constantinople，三卷本，1845年）。[36]

大部分奥斯曼文件、书籍和报纸仍然用和多尔玛巴赫切宫的宫门上一样华丽的语言书写，这种语言与街道上简单的土耳其语大为不同。奥斯曼帝国后宫里女士们的信件用语精致程度仅比16世纪略微逊色一点。许多在法国接受教育的"伊斯坦布尔埃芬迪"与他们自己的文化疏远，在早期的土耳其小说中遭受嘲讽，这并不令人奇怪。在艾哈迈德·米德哈特的小说《法拉通贝伊和拉克姆埃芬迪》（Felatun bey ile Rakim efendi，1876年）中，主人公法拉通贝伊热爱西方文化，鄙视奥斯曼诗歌："好蠢啊！这一切是多么丑陋啊！"他的希腊仆人上菜时说："先生，请用膳（Monsieur est servi）。"他搬到佩拉附近，喜欢前往附近的现代咖啡馆。他的姐妹不再制作传统的刺绣，而是购买机器制成品。奥斯曼帝国的旧有凝聚力正在消失。

不过，艾哈迈德·维菲克保持着他的奥斯曼文化，以及身为奥斯曼人的骄傲。他阅读哈菲兹和奥马尔·海亚姆的作品，并写了一部奥斯曼人史和一本奥斯曼土耳其语词典，这部词典试图简化和土耳其化奥斯曼语。在英国大使馆用晚餐时，斯特拉特福德·德·雷德克利夫勋爵因为一名英国保护下的罪犯被逮捕而大为光火，并询问如果他本人带着信使军士去释放那人的话，当局会怎么做。维菲克回答道："为什么要这样做，他们可能会把您和您的信使军士一起丢到监狱里和他做伴，而他们只是执行任务！"[37]

奥斯曼帝国和西欧精英的纽带之一是他们共享帝国主义。在一次为苏丹执行公务而出差时,艾哈迈德·维菲克称瓦拉几亚是"新所多玛",并且惊骇于"人们称为叙利亚基督徒的那些可怕的人"。奥斯曼帝国的存在对于欧洲来说是必要的:"贝尔格莱德(此时仍然属于奥斯曼)值10万大军,我所指的10万大军是为保护欧洲的利益。占据铁门峡谷的塞尔维亚人对于任何人来说都将是一股棘手的势力。"然而,他有时也深陷于绝望的心境。1857年,他坐在奥斯曼征服君士坦丁堡的标志如梅利堡边上,哀叹帝国面对欧洲人的虚弱之态:"或许我们只是遭到了惩罚。在我们强盛之时,我们对外国傲慢而缺乏公正。现在,你们在我们不幸之时践踏我们。这是真主的意愿。"

维菲克评论希腊国:"没有希腊,只有希腊人。"[38] 据说,在混乱不堪、民族主义甚嚣尘上的雅典城里,"马夫罗科扎托斯派"或者说"英国党"的领袖亚历山德罗斯·马夫罗科扎托斯是唯一"希望拥有为欧洲所理解的常规政府"的希腊政治家。[39] 比起独立的希腊,许多希腊人宁愿要奥斯曼帝国,他们用脚投票,移民到君士坦丁堡。根据1881年的人口普查,君士坦丁堡20万希腊人中有超过一半出生在外地。

在这段时期,君士坦丁堡城希腊人中最显赫的群体是"加拉塔银行家"。当法纳尔区成为一潭死水,变得和法国的外省城镇教区一样寂静、干净时,他们住在佩拉和塔拉布亚,在加拉塔工作。马夫罗科扎托斯家族的远亲马夫罗戈扎托斯家族于19世纪30年代离开希俄斯岛,成为君士坦丁堡的银行家。他们相当成功,以至于他们之前在佩拉大道上的宅邸看起来像是巴黎圣日耳曼法布街的公馆。希腊人在奥斯曼银行业中的显赫地位,并不仅仅是因为他们偏好自己的民族——20世纪20年代建立的第一批土耳其银行的经理将会认识到这点。很少有穆斯林经受现代银行业务的训练,或者愿意从底层做起;他们根据传统进入政府服务或是参军。仅在1871年和1872年就有10座新的银行在君士坦丁堡开业:这座城市被称为"新加利福尼亚"。银行家们以3%到4%的利率在欧洲借款,再以12%到18%的利率借钱给奥斯曼政府——政府越来越急需现金以支付运作成本和债务利息。[40]

君士坦丁堡作为一座银行之都的兴起通过巴尔塔齐家族成员的生涯体现出来。他们与马夫罗戈扎托斯家族类似，在1830年左右从希俄斯岛来到君士坦丁堡。他们是以加拉塔的巴尔塔齐家族商舍和塔拉布亚的房屋为基地的银行家和包税人，很快赢得了奥斯曼帝国首富的声誉。希腊女性延续了佩拉的诱惑传统，经常嫁给外国丈夫。① 1864年，17岁的海伦妮·巴尔塔齐在君士坦丁堡嫁给了奥地利领事维色拉男爵。她的兄弟拿走了他们在博斯普鲁斯赚到的钱，他们通过对马匹的热爱和资助普罗克施-奥斯滕，变成了维也纳的贵族。[41] 维色拉的女儿玛丽将佩拉的自由之风带到了维也纳宫廷，正是在她的陪伴下，奥地利的鲁道夫皇储于1889年在梅耶林自杀。

最重要的加拉塔银行家是马夫罗戈扎托斯家族和巴尔塔齐家族的敌人——乔尔乔斯·扎里菲。扎里菲在希腊接受教育，在克里米亚战争期间通过向盟军战舰提供煤而发财。1864年，他和巴尔塔齐家族一位叫拉利的希腊银行家，以及犹太人阿尔伯特·德·卡蒙多建立了一家叫"奥斯曼帝国总公司"的银行。1875年，《黎凡特先驱报》(Levant Herald)写道，他"享有黎凡特首屈一指的金融声誉，毫无疑问是一股强大的金融势力"。他对奥斯曼政府的影响力不亚于任何一个18世纪的法纳尔人。据说，"当扎里菲、克里斯塔基斯和阿戈普埃芬迪想要进行交易时，无论怎样，交易一定会完成"。他是奥斯曼帝国各处的希腊学校，以及他帮助重建的法纳尔的希腊正教学院的慷慨资助者，他也是一位真正的奥斯曼人。他是阿卜杜勒迈吉德最聪明的儿子阿卜杜勒哈米德埃芬迪的银行家，他旅行时随身携带奥斯曼护照而非希腊护照。当一位法国海关官员称他为希腊人时，他回答道："我是一个奥斯曼人。"虽然他与希腊国家银行有密切

---

① 19世纪的马耳他艺术家阿米迪欧·普雷齐奥西和瑞典摄影师纪尧姆·贝里格伦都住在君士坦丁堡，娶了希腊妻子。萨摩斯公主欧里狄克·阿里斯塔尔奇斯在19世纪60年代与英国大使亨利·布尔沃爵士恋爱。布尔沃爵士为公主在马尔马拉海中的一座小岛上建了一座城堡，他买下这座小岛本是为了将其发展成一个商品果蔬种植园。根据亨利·德拉蒙德·沃尔夫爵士所述，她是一位"拥有伟大魅力和成就的女性……许多大使追求过她，她和苏丹的后宫关系紧密……她是唯一一个可以冷静评论政治事务的女性"。之后，她因被当作俄国代理人，于1877年被驱逐。

关系，但是他在1867年拒绝认购在君士坦丁堡市场筹集的希腊政府贷款，理由是这笔贷款注定要用来支付军费开销。他在1867年4月5日的一封信件中写道："当然，一些狂热的爱国分子会说有了这笔贷款就可以组建军队，夺取土耳其的省份。我说，这种方法是不可能得到省份的。唯一的办法是建设桥梁、消灭盗匪，以及实现财政平衡。"[42] 他希望希腊，"我的祖国"能兴盛，但是他的利益取向以君士坦丁堡为中心。这次贷款失败了。

希腊社群在加拉塔银行家的庇护下兴旺发达。但是在阿里帕夏和福阿德帕夏的提议下，大牧首之职和神圣会议在《罗马人民族的国家规章》（National Regulations of the Nation of Romans）之下被重组。由希腊人组成的大会于1858—1859年起草了这份规章，奥斯曼帝国敕令于1862年批准通过。面对大举进军帝国的新资本主义，古老的希腊行会被关闭，它们的财富被转移到首都城里和附近的88所希腊学校。其中，最有名的是佐格拉菲翁学院，由成功的希腊银行家克里斯塔基斯·佐格拉夫欧斯埃芬迪所建，这座学院体现出标志性的希腊新古典主义风格，它能俯瞰附近的加拉塔萨雷奥斯曼帝国学院，与外观更加朴素的后者相比显得格外引人注目。1861年，佐格拉夫欧斯和苏丹的医生斯特凡·卡拉狄奥多里在佩拉大道的一座宅邸创立了希腊语言学协会（Filologikos Syllogos）。该社团无法在政治上恢复拜占庭帝国，但至少可以对拜占庭皇帝的大皇宫的第一批科考发掘进行指导，它位于苏丹艾哈迈德清真寺附近。[43]

尽管有"第二个法纳尔"的繁荣，但是在1860年后，雅典是希腊人的知识和政治之都。希腊孩子从君士坦丁堡被送到雅典接受教育，而不是反过来。也正是在雅典，"伟大理想"，即以君士坦丁堡为首都的复兴的拜占庭帝国，成了一股坚不可摧的激情，从摇篮到坟墓都鞭策着人们。1844年，希腊首相科勒迪斯在对制宪会议的讲话中展现了君士坦丁堡在希腊人的心灵和精神所占的地位："希腊精神有两个中心——雅典和君士坦丁堡。雅典只是王国的首都，而君士坦丁堡则是所有希腊人的伟大首都、伟大城市，是吸引力和希望。"[44] 普世牧首的画像被挂在希腊人的墙壁上，位于希腊人的国王和王后旁边，那些画像中当然还有去除宣礼塔的圣索菲亚。

犹太人和禁卫军联系紧密，据说只有他们才知道禁卫军的财政状况，他们因"吉祥事变"而损失惨重。社群领袖、埃斯马苏丹的银行家贝霍尔·伊萨克·卡尔莫纳被绞死。下一个十年是君士坦丁堡城犹太社群最不幸的时期。亚美尼亚居民奥斯詹扬这么描写他们，其他材料也佐证了他的观察：

> 他们住在其他人不会居住的那种地方。他们的房子像蜂巢，字面意义上的"蜂拥"；即使是一间单人房，也变成了几个家庭唯一的家。他们从住所的窗户向外乱丢垃圾，聚居区的街道几乎因为垃圾和各种废弃物的堆积而无法通行。

1850年后，君士坦丁堡城最显赫的犹太人是阿尔伯特·卡蒙多，后来他被意大利国王封为阿尔伯特·德·卡蒙多伯爵，以"东方的罗斯柴尔德"而闻名。1785年，他出生于奥塔科伊，是穆斯塔法·雷希德帕夏的朋友和银行家。1854年，他帮助建立了第一所世俗犹太学校，这所学校教授土耳其语和法语课程，其新颖程度令人震惊。学校的学生中有达维德·莫尔霍，他将成为1880—1908年帝国国务会议厅的首席翻译官。怒火中烧的拉比们反对包括引进土耳其语课在内的改革。卡蒙多被开除教籍并遭受袭击。苏丹阿卜杜勒阿齐兹在乘坐御用卡耶克小艇前往埃于普进行周五礼拜的途中，突然被拉比及其追随者的船只包围，他们唱着圣歌，要求释放带人攻击卡蒙多的拉比。最终，奥斯曼政府于1864年强加了一部相对自由的宪法，批准犹太人召开自己的议事会议，并削减了拉比和宗教法庭的权力。但卡蒙多还是愤愤不平地离开了君士坦丁堡，前往巴黎。君士坦丁堡犹太人自身的保守主义，以及现代国家教育体系的缺乏，使他们没能经历一场可与维也纳的犹太人相比的爆发式文化大发展。[45]

君士坦丁堡对保加利亚人的影响证实了其作为处于现代化进程中的大都会的角色。直到1876年，君士坦丁堡都是巴尔干人的首都。克罗地亚人和黑山人因君士坦丁堡不断增加的财富和越来越便捷的交通而被吸引到那里担任警卫和建筑工人，"他们诚实正直的程度就像他们帅气的程度那样"。在首都工作几年后,他们带着赚来的钱回到山区。每年春天,两三千名保加利亚人——身穿棕色夹克和头戴羊皮帽的"强壮且粗鲁的男人"——驱赶着成群的羊羔和山羊进入君士坦丁堡,他们这样做已有几个世纪之久。他们在夏天则是奶农和花匠,在田地里劳作,并且用他们风笛的尖啸声折磨路过的人。[46]

拥有4万保加利亚居民的君士坦丁堡成了保加利亚人最大的城市。1845年,受到坦志麦特改革鼓舞的保加利亚居民在历史上首次以独立民族群体的身份活动,挑选了两名代表——伊拉里翁·马卡里奥波斯基和内奥菲特·波兹维利,这两人要求在君士坦丁堡建立保加利亚教堂,并且在保加利亚人为主的街区任命保加利亚主教。普世牧首逮捕了这两位保加利亚领袖,并将二人囚禁在阿索斯山上,虽然有"普世"的头衔,但普世牧首完全是希腊人的。不过,1847年,在君士坦丁堡开办了一家保加利亚出版社。从1848—1861年,在加拉塔桥边上一座商舍里印刷的保加利亚报纸《君士坦丁堡先驱报》(*Tsarigradski Vestnik*)在保加利亚人的文化和教育生活中起到了至关重要的作用,供稿人里有当时最重要的保加利亚教师和作家。[47]

保加利亚社群的领导人是君士坦丁堡特有的多面显贵之一,他与卡蒙多、扎里菲、达江家族成员类似。斯特凡纳基·沃戈里迪斯出生于1782年。他在19世纪早期担任奥斯曼帝国的译员,也是英国大使馆对付奥斯曼宫廷时可信赖的代理人:斯特拉特福德·德·雷德克利夫勋爵曾经为了前往沃戈里迪斯的宅邸参加会议而在半夜划船经过金角湾到达法纳尔。庞森比勋爵会与这位他觉得"可能是这个国家消息最灵通者"的官员交谈三四个小时,这位官员享有"对苏丹头脑的巨大影响力",他比任何大臣都更放肆地与勋爵讲话。沃戈里迪斯在1821—1822年希腊反叛开始之时担任摩尔达维亚总督的副官,他在1833年成为首任萨摩斯大公①,这是苏丹信任的标志,萨摩斯是爱琴海上的岛屿,它为希腊精英提供之前由瓦拉几亚和摩尔达维亚提供的地位和财富。他耐心、谨慎、忠心耿耿,反对匈

---

① 萨摩斯岛的财富和舰队为它赢得了在奥斯曼政府任命的大公管理下的自治权。

忙引入穆斯林和基督徒之间的法律平等地位（或许是因为这威胁到了大牧首的权力）。1851年，苏丹阿卜杜勒迈吉德本人出席了沃戈里迪斯的女儿和约安·福迪亚德斯贝伊的婚礼，后者是君士坦丁堡的希腊人，受到充分的信任，担任棘手的奥斯曼驻雅典公使一职。[48]

沃戈里迪斯是大牧首的大执行官，大牧首视他为希腊人。但是沃戈里迪斯的母亲说保加利亚语，穿戴保加利亚服饰。斯特凡纳基·沃戈里迪斯也叫斯特凡·波戈里迪，是一个促进保加利亚文化复兴和教会独立的保加利亚人。他一直都是忠诚的奥斯曼人，最重要的是，他是一个现实主义者。他告诉英国大使，俄国的经历确保了"如果保加利亚人看到了取胜的希望，保加利亚人就将是最热心的护国者，支持土耳其，**反对俄国**"。其他少数族群，甚至土耳其人自身的行为都将显示，最终决定对奥斯曼帝国忠诚的是帝国在战场上的表现。

沃戈里迪斯搬到了上博斯普鲁斯阿那乌特科伊的一座宽敞的房子里，他允许在君士坦丁堡第一次用保加利亚语进行的教会仪式在他位于法纳尔的家中举行。19世纪60年代，他在与牧首的多次激烈争吵中夹杂着为时已晚而无法奏效的妥协。保加利亚人利用苏丹反对大牧首。他们在1860年复活节时唱着专门为歌颂阿卜杜勒迈吉德而作的赞歌，但是在祈祷文中删去了大牧首的名字。1870年，最终在俄国大使尼古拉·伊格纳季耶夫的催促下，苏丹的一纸诏书创建了以君士坦丁堡为所在地的保加利亚教会权威——保加利亚督主教区。一座宏伟惊人的保加利亚教堂在法纳尔边上的金角湾进行祝圣仪式，它在维也纳预先建造，融合了"俄国"和新哥特风格。普世牧首将保加利亚督主教及其主教开除教籍，直到1945年才撤销这一做法。保加利亚人和希腊人之间的矛盾如此激烈，以至于希腊人在君士坦丁堡的街道上游行："教会分裂万岁！我们不想被斯拉夫人吞并！我们不想让我们的孩子被保加利亚化！"[49]这种门户之见满足了给予基督徒臣民更大自由的奥斯曼政府的目的——通过满足他们的要求，让他们保持分裂。

除了保加利亚督主教区，一所新的学校，即罗伯特学院也有助于重申保加利亚人的身份。虽然当地伊玛目的妻子带领穆斯林邻居抗议，但第一块奠基石还是于1869年7月1日在如梅利堡附近艾哈迈德·维菲克给予的土地上安下。当它于1871年7月4日开学时，教学语言是英语。这所学校由美国传教士运作，吸引了许多保加利亚学生，是现在土耳其最好的大学海峡大学的前身。君士坦丁堡正在成为伦敦、巴黎那样的国际教育之都。然而，罗伯特学院远远不是美国大使希望的"普世性的人类兄弟之爱"的证明，而是民族主义的培育场。保加利亚学生经常和希腊学生打架，并且仅仅几年后，即1876年，在罗伯特学院接受教育的保加利亚学生将会领导反对奥斯曼帝国的反叛。[50] 没有哪个帝国的首都能教育出这么多反抗帝国统治的民族主义起义领袖，就连伦敦也自愧不如。

来自西欧的约10万移民的到来加快了君士坦丁堡的现代化。他们的存在将1839—1880年的君士坦丁堡转变为一座以基督徒为主的城市——这是自1453年以来唯一的一次。一些移民被城里道德无拘束的状态所吸引，其他人是波兰和匈牙利难民，他们在1848年革命后逃脱俄国和奥地利的迫害来到君士坦丁堡。奥斯曼帝国忠于其最好的传统，1849年，当它拒绝允许引渡他们时，它引发了一起外交事件，奥地利和俄国短暂地关闭了它们的大使馆。

那么，如果奥斯曼精英拥护欧洲文化，其关系就不会是一边倒了：许多西欧人仍然宁愿把君士坦丁堡看作他们自己的家园，他们一直就是这么做的。在1831年波兰起义失败后，君士坦丁堡成了流亡波兰人的中心之一，这恢复了古老的奥斯曼-波兰友谊：对俄国的共同仇恨比任何宗教上的差异都要强大。波兰革命家康斯坦蒂·波泽茨基皈依伊斯兰教，事实上，他以穆斯塔法·杰拉勒丁帕夏的身份成了政治改革和土耳其民族主义的早期倡导者。他激烈反俄，在军事学院教制图学，并提议建立全国代表大会，其议席按照民族和宗教分配。他娶了奥马尔帕夏的女儿，奥马尔帕夏曾是奥地利军队中的克罗地亚军人，他后来成了克里米亚战争期间奥斯曼军队的总司令。[51]

波兰的民族诗人亚当·米茨凯维奇也在君士坦丁堡感到自在，他赞赏君士坦丁堡商人的诚实。土耳其人在一群狗和母鸡之间生活的习惯让他想起了自己在立陶宛的家乡小镇:"我们波兰人对土耳其人抱有好感,因为他们不曾向我们敌人的武力屈服。"他于1855年克里米亚战争期间在君士坦丁堡因染上霍乱去世,当时他正在组织一支帮助土耳其对抗俄国的波兰军团。(在被称为"苏丹的哥萨克"的另一支军队中,波兰人和旧礼仪派信徒在一面既有十字架,又有奥斯曼星星和新月的旗帜下作战。)另外一位波兰人斯坦尼斯瓦夫·赫莱博夫斯基是苏丹阿卜杜勒阿齐兹的宫廷画师,1864—1876年,他在多尔玛巴赫切宫中的画室里工作,绘制了多幅关于奥斯曼帝国光荣过去和当时场景的画作,例如《法提赫进入君士坦丁堡》(The Entry of Fatih into Constantinople),并描绘了关于苏丹战船的壁画,这些画作今天仍然装饰着宫殿。[52]

然而,大部分"法兰克人"是来追求财富而非自由的。在西欧不堪规章和税赋重负的商人发现在奥斯曼帝国赚钱更加容易,特别是在1838年奥斯曼与英国签订减少国家对经济控制的条约之后。资本主义在旧有的经济秩序的废墟上兴起。1838—1847年,佩拉的地价上涨了75%,大巴扎的租金在1820—1850年下降了90%。在1868年《君士坦丁堡名录》(Indicateur Constantinopolitain)中的1159个商人和银行家之中,只有222人在君士坦丁堡市内,而非佩拉或加拉塔拥有房产,其中只有3.6%是穆斯林。[53]

加拉塔银行大街上的银行是君士坦丁堡历史上这一阶段的一座纪念碑。自15世纪以来,君士坦丁堡的文化地图和西方对奥斯曼财富的热爱都没有改变过。19世纪的西方银行家和4个世纪前的热那亚商人在同一条大街上工作,那时热那亚商人聚集在市政大厅里讨论皇子和帕夏的起起落落。银行和他们在伦敦城内的同类型建筑相似,其建筑风格和银行家的国籍一样丰富多样:新马穆鲁克风格、新威尼斯风格、新古典主义风格。奥斯曼银行靠街的外墙由"银行家的文艺复兴"石柱撑起,象征着得胜的欧洲资本主义。背面的外墙是晚期奥斯曼的混合柱式风格。银行的建筑师是佩拉大道上的一个糕点师傅之子瓦劳里(他也是19世纪君士坦丁堡的其他建筑,比如债务管理局、东方俱乐部和帝国博物馆等的设计者)。与其建筑二元论保持一致的是,这座建于1863年的银行既是私有的英法银行,也是奥斯曼帝国的官方银行,拥有唯一的纸币发行权。

法国、德国和英国的社群在君士坦丁堡出现,各自有商会和邮局:很少有外国人信任由马哈茂德二世开启的奥斯曼邮政服务。英国人主要在大使馆、银行、"女王陛下的最高领事法庭"、加拉塔石塔边上的英国海军医院、奥斯曼帝国铸币厂,以及英国女子高中工作,斯特拉特福德·德·雷德克利夫勋爵在佩拉大道上建立了这所女校。在希腊人拥有他们的社团之前,英国文学和科学研究所于1860年在佩拉开办。奥斯曼语方面的主要权威之一是约翰·雷德豪斯,他于1826—1853年住在君士坦丁堡,作为翻译官,他既为奥斯曼政府,也为英国大使馆服务。雷德豪斯为克里米亚战争的战士写了《土耳其从军者手册》(*The Turkish Campaigner's Vade Mecum*,1855年);编纂了第一本英土词典,其中一个版本直到现在还在伊斯坦布尔印刷;以及于1877年写了《对奥斯曼苏丹的哈里发头衔的辩护》(*Vindication of the Ottoman Sultan's title of Caliph*)。

从19世纪60年代到20世纪50年代,商人王朝——君士坦丁堡的惠托尔家族、巴克尔家族、拉方丹家族——在进出口贸易中兴旺发展。无论他们在那里住了多久,他们的孩子一向被送回英国接受教育。"使馆队""君士坦丁堡队",以及后来的"贝贝克队""莫达队"之间有定期的板球比赛,莫达是君士坦丁堡亚洲部分的一个小村庄,从那里很容易到达良好的"原始"猎场,因而是惠托尔家族众多分支的家。他们住在莫达村"大道"沿线的大房子里,每天乘坐蒸汽船去"君士坦丁堡城"工作。①

到1878年,英国社群的人数约达3000,并且用一位总领事的话说,"被过度教会化了"。大使馆的附属教堂被选为官方教堂;克里米亚纪念教堂倾向于仪式主义;君士坦丁堡还有长老派教会、苏格兰长老教会、苏格兰非国教教会,以及美国的教堂,许多美国教堂都劝人皈依,还有于1876年在莫达建立的诸圣堂。[54]虽然有亚美尼亚牧首和俄国使馆的迫害,但是君士坦丁堡的一些亚美尼亚人仍冒险成为新教教徒。

---

① 1873年,詹姆斯·W.惠托尔爵士(1838—1910)建立了家族企业——J.W.惠托尔有限公司,专注于出口谷物、坚果和鸦片,并于1887年帮助建立了君士坦丁堡的英国商会。

当这座伊斯兰城市的大部分地区维持相对不变时，欧洲人的涌入帮助佩拉和加拉塔转变为现代西方城区。克里米亚战争结束后的20年是决定性的。一份成立城市管理委员会的备忘录表明了对模仿"外国方式"和"最好的欧洲城市"的渴望，这是为了阻止外国对"幸福门槛"的批评，君士坦丁堡在官方文件中仍被这样称呼："在伊斯坦布尔，建筑、照明和清洁程度都是二流的……现已决定将利用奥斯曼和久居于该城并熟悉外国方式的外国家庭的知识来组建市政委员会。"最初的13位成员中有7人是外国人。1865年，君士坦丁堡历史上最糟糕的一次火灾摧毁了马尔马拉海、金角湾和巴耶济德清真寺、圣索菲亚清真寺之间大部分的区域。之后道路被拓宽，部分道路还吞并了陵墓区。同年，街道命名被拓展到整座城市。关于建筑材料质量的规定也逐步被实行。不过，君士坦丁堡避免了其他首都流行的粗鲁城市化和强加的视觉统一等做法。它没有环城大道，没有奥斯曼男爵设计的那些横穿巴黎历史中心的笔直而令人伤怀的林荫大道，也没有赫迪夫伊斯梅尔在开罗直接模仿巴黎而建的大马路。[55]

1857年，奥斯曼政府在加拉塔和佩拉建立了拥有征收地方税权的第六市辖区，该辖区由福阿德帕夏的姻亲领导。会议纪要由法语和奥斯曼语书写，但前者是审议时使用的语言。几年前，根据艾哈迈德·维菲克的朋友查尔斯·怀特所述，加拉塔仍旧是一幅"放荡和肆意挥霍的景象，世界上的其他任何一座城市都无法与之相比"；加拉塔如此肮脏，以至于人们必须得穿橡胶套鞋。1858—1859年，它既在隐喻层面，也在字面意义上被清理干净了。商店和房屋被推倒，街道被拓宽并铺平，下水道被修建，商贩和娼妓被驱逐，有时候诉诸武力。娼妓搬上山，转移到佩拉大道边上的小巷里。根据1874年在君士坦丁堡出版的拉乌夫·德奥尔贝伊的《危险爱情》（Les Amours dangereuses）所述，城里的一些妓院与巴黎类似，都拥有大理石台阶、涂脂抹粉的听差、粉红色的丝缎沙发：醉酒和享乐！1856年，佩拉大道上出现了煤气灯（在道路照明被引进巴黎200年之后）：煤气由苏丹个人的工厂提供。1864—1865年，加拉塔的大部分热那亚老城墙被拆除。大大小小的墓园转变为市政花园；1864—1869年，塔克西姆广场的公共花园布置完毕。[56]

佩拉成了自觉的巴黎式街区。其黄金时代的编年史家，即纳乌姆剧院创建者的侄孙赛义德·纳乌姆·杜哈尼写道，它曾经就像蒙马特和圣日耳曼法布街（因为它包括了娱乐场所和精英的宅邸）。商店和餐馆在佩拉大道上排列着，其名称让人想起巴黎的林荫大道：法国时尚之家、乐蓬马歇、伦敦大酒店、巴黎歌曲咖啡馆。当富裕家庭在夏天搬到博斯普鲁斯海峡暂住时，许多丈夫会故意错过最后一班回家的渡轮，他们之中既有穆斯林，也有基督徒。他们会冲到邮局里，给妻子发道歉电报，然后会"在城镇"过夜。醉酒和享乐！佩拉成为腐化的同义词，就像反朝臣讽喻中的"宫廷"一样。"当一个男人去佩拉时，你知道他要去哪里"，这是一句无须解释的话。一位悲伤的母亲对拒绝离开佩拉去于斯屈达尔拜访她的儿子说："即使是仁慈的真主，在佩拉也是不一样的。"[57] 从佩拉大道出来是很多覆有遮盖的通道，商店排列在通道两边，这是19世纪巴黎和君士坦丁堡的典型景象。1876年，当奢侈的佩拉城（现在的鲜花廊街）开张时，《土耳其报》（*La Turquie*）称它为"一座连巴黎都会为之骄傲的纪念碑"。[58]

到1882年，加拉塔的人口约为23.7万人，是全君士坦丁堡人口数量的25%。全城人口从1844年的约39.1万人增长到1856年的43万人、1878年的65万人和1885年的约87.4万人。加拉塔人口的75%是基督徒，他们主要在外国护照的保护下生活。贫穷的犹太人和穆斯林因为经济和社会压力而被迫迁离。

君士坦丁堡的黑暗、衰败与加拉塔的光明、繁荣的对比，基督徒人口的增长，城里现代欧洲建筑和手工艺品的积累，导致奥斯曼人和外国人都得出了政治结论。1868年11月16日，齐亚帕夏在新的奥斯曼语报纸《自由报》（*Hurriyet*）上写道："当我们的商业、我们的贸易，甚至是我们破败的小屋都已经被交给外国人时，我们只能成为看客……很快，城里就不会再适宜人们谋生，他们（城中居民）将不得不搬到布尔萨或者屈塔希亚和科尼亚，这么一来，伊斯坦布尔就会成为一座空城，欧洲人将在我们的地方居住。"6年后，埃迪蒙托·德·亚米契斯写道：

在这座城市巨大的外立面，伟大的斗争体现在建筑和圆柱上，这是重新征服城市的基督徒和全力保卫神圣土地的穆斯林之间的斗争。斯坦布尔（Stamboul）曾经只是一座土耳其城市，现在基督徒聚居区正从各个方位慢慢进攻，它们缓慢地吞噬了金角湾和马尔马拉海沿线。在另一面，这场征服伴随着狂怒而进行，教堂、宫殿、医院、公共花园、工厂和学校正在毁灭穆斯林聚居区，淹没了墓地，从一座山丘进发到下一座山丘。

没有人能预测哪边将会获胜。[59]

比君士坦丁堡的人类居民更矮小、更多毛和更丑陋的群体也居住在那里。从16世纪开始，几千条狗已经把该城分成数个区域，每个区域由一条狗领导下的狗群控制。它们是有生命的街头清道夫，为找到残羹剩饭和下水杂碎，在街上四处搜寻。居民也喂养它们，特别是穆斯林，他们给狗喂面包、肉（居无定所的阿尔巴尼亚人售卖的肝或者脾脏）和水。人们烤一种类似厚煎饼的大块软面包，这是专门为投掷给它们而做的。然而，在佩拉和加拉塔，它们害怕基督徒的棍棒和毒药。

每群狗都会杀死或驱赶那些从敌对狗群跑来侵犯地盘的狗。这些狗毫无顾忌地睡在街道中间，以至于整个街区的人都要绕路而行。马克·吐温就曾目睹三只狗一动不动地躺在街道中央，任由一群羊从它们身边走过。第一批有轨电车必须要有手执棍棒的人在前开路，他们负责把狗赶离道路。[60]

当太阳落山，暮色将金角湾真正镀成"金色"时，君士坦丁堡便隐没在阴暗中，仿佛只是一个乡村。在佩拉和加拉塔，街道上已经开始点燃煤气灯，每逢这个时候，狗便开始嚎叫。1850年，一名英国游客写道："尖叫、嚎叫、吠叫、咆哮和嗥叫全部融合成一个统一而持续不变的声音，就像从远处听到的蛙鸣声那样。"如果行人要在夜晚步行回家，棍棒和中国纸灯笼是必需品。某天晚上，一个喝醉酒的英国水手倒在加拉塔的街道上，第二天早上，街上就只剩下一堆骨头。

中东有句谚语：晚上没有狗吠叫的城市是一座死城。狗是城市生活的一部分——许多人相信狗是城市的福气。它们可以蔑视苏丹本人。阿卜杜勒迈吉德曾经把它们丢到马尔马拉海中的一座小岛上。[61] 民众抗议声甚大，以至于他得用船把狗运回君士坦丁堡。

12

通往沙皇格勒之路

> 沙皇到来时，民众会在圣索菲亚教堂举行弥撒吗？
>
> ——泰奥菲尔·戈蒂耶，1852年

1875年1月17日，即穆斯林庆祝易卜拉欣献祭伊斯玛仪的古尔邦节的第一天，一条连接加拉塔和山丘之上佩拉大道的短程缆索铁路开始运营。在首次旅程之后，佩拉糖果商瓦劳里在佩拉站两侧月台处精心装饰的桌子上向奥斯曼大臣和欧洲大使献上"带有刀叉的丰盛午餐"，还配有香槟和其他供选择的葡萄酒。铁道公司的经理阿尔伯特先生祝苏丹阿卜杜勒阿齐兹身体康健。他在演讲中声称希望这条线路（至今仍在运行）将会成为"一条友爱线路，加固在君士坦丁堡相会的东西方元素之间的友谊"，此次演讲引发了听众的热烈掌声。乐队演奏为苏丹而作的《阿齐兹进行曲》(*Aziziye March*)。由于铁路公司为英国所有，客人接下来为"苏丹最古老的盟友"英国女王的健康干杯，并欣赏《天佑女王》。

这场演讲表明在主要的政治忧虑——俄国是否会夺取君士坦丁堡——之外，还有更广泛的文化问题。君士坦丁堡会将东西方联系起来吗？或者说，城里的穆斯林、希腊人、亚美尼亚人、犹太人和欧洲人会变得像街道上互相敌对的狗群那样四分五裂，结果让这座城市成为外国强权更容易捕食的猎物吗？[1]

一系列至关重要的城市机构——剧院、交易所、学校、共济会分会——提供了一个答案。它们显示出，在某一层面上，君士坦丁堡已经成为真正的世界主义城市。在奥斯曼宫廷，没有哪种西方文化能与西方古典音乐引发的热情相比。马哈茂德二世和阿卜杜勒迈吉德的个人兴趣促使皇室成员和后宫女性组成了自己的管弦乐队。皇子和公主还为钢琴谱曲。阿卜杜勒迈吉德有时在周五礼拜后前往佩拉的纳乌姆剧院看剧。戏剧表演用意大利语进行，但是周五下午场演出使用奥斯曼语，节目表上通常有用奥斯曼语写的情节概要。格子屏风后面珠宝的闪光暗示观众里有奥斯曼女性。君士坦丁堡的剧院处在欧洲的巡回演出路线上：《游吟诗人》(Il Trovatore) 于1853年在那里上演，就在其于伦敦上演之前。1846年，伟大的传统奥斯曼音乐编曲家、"长者"伊斯梅尔埃芬迪在麦加去世，当时他正在那里朝觐，或许他因故乡逐渐不再欣赏传统音乐而感到不满。

和其他城市的情况类似，剧院能满足双重目的：为社会的特权阶层提供欢愉，并宣传其财富和精致品位。当威尔士亲王及王妃在1869年的正式访问中和阿卜杜勒阿齐兹一起去看《非洲女郎》(L'Africaine) 时，著名记者W.H.拉塞尔为观众之中亚美尼亚和黎凡特妇女的着装和珠宝所震撼："我们得花点工夫来相信自己是在君士坦丁堡，这个场景非常美妙，相当欧洲化。"自他上一次于1855年克里米亚战争期间来访以来，君士坦丁堡这座城市已经转型："在外人眼中，'病夫'已经甩掉了所有难以治愈的疾病迹象，而人们认为他本应生重病。"[2]

另一间剧院，即位于国务会议大街前方盖迪克帕夏区内的奥斯曼剧院由皈依伊斯兰教的亚美尼亚人居尔吕·阿戈普于1868年开业。这家剧院雇用了7名穆斯林、19名亚美尼亚男演员和18名亚美尼亚女演员——亚美尼亚人的奥斯曼语口音并不总是无可指摘的。苏丹的时间守护人之子、东方音乐协会的创始人季克兰·丘哈江创作了第一部奥斯曼语歌剧《阿里夫》(Arif)，在1872年12月9日于奥斯曼剧院的成功首秀之后，丘哈江于1873年、1875年和1890年又创作了三部奥斯曼语歌剧，他还编写了有关君士坦丁堡——他的灵感来源——的歌曲和钢琴曲，比如《回忆君士坦丁堡》(Souvenir de Constantinople)、《从卡厄特哈内归来》(Retour de Kiathane)、《莱昂德尔的旅行》(Tour de Léandre) 等。君士坦丁堡成了一座拥有两种音乐传统的城市。[3] 1861—1899年，在教授奥斯曼人西方音乐的同时，奥斯曼皇家乐团的指挥瓜泰利帕夏为苏丹阿卜杜勒迈吉德和阿卜杜勒阿齐兹所写的进行曲中使用了东方曲调，并且安排在西方推出奥斯曼音乐。

奥斯曼剧院也上演话剧。1873年4月1日，纳米克·凯末尔的爱国话剧《祖国》(Vatan) 上演，此话剧与奥斯曼在克里米亚战争中的一次胜利有关，激励了观众，导致一场支持受欢迎的皇位继承人穆拉德埃芬迪的游行，穆拉德以其进步思想闻名，是阿卜杜勒迈吉德之子、在位的苏丹阿卜杜勒阿齐兹之侄。这场话剧号召不顾一切代价保卫帝国，显示出奥斯曼纽带的力量：

敌人的匕首正刺入我们祖国的胸膛，
这里没有人来拯救我们不幸的母亲吗？
如果我死在祖国繁盛之前，
让他们在我的墓碑上书写，我的国家悲痛欲绝，我也是！[4]

同伦敦、维也纳一样，君士坦丁堡奉行帝国主义。从1865年开始，以"奥斯曼青年党人"闻名的第一批君主立宪制倡导者倡导立宪的部分原因是他们担心政府迫不及待要把帝国的偏远地区割让给基督教国家。确实，最后一批奥斯曼军队于1867年离开贝尔格莱德。[5]

除了不愿尝试新型商业的穆斯林，君士坦丁堡的不同社群共享对股票市场的热爱。1854年，一家现代交易所在加拉塔的哈夫亚尔（意为鱼子酱）商舍开张。根据1867年的《君士坦丁堡交易所规章》(Statuts de la Bourse de Constantinople)，"交易所由每年选举出的13人组成的委员会管理，其中5人是希腊人、4人是亚美尼亚人、2人是天主教徒、2人是犹太人"。①投机活动不受时间或空间的限制。股票在加拉塔的街道、啤酒吧和歌剧幕间休息时买卖。

---

① 事实上，许多穆斯林通过第三方进行投机。1882年成立的商会包括8名亚美尼亚人、6名希腊人、5名穆斯林和2名犹太人成员。

1868年，虽然教宗、主教和拉比反对，但是在法国政府的拨款帮助下，超越教派的加拉塔萨雷帝国中学得以开学。它在佩拉大道上的建筑至今仍由现在的加拉塔萨雷大学使用。第一批学生包括147名穆斯林、48名亚美尼亚人、36名东正教徒、34名犹太人、34名保加利亚人、23名天主教徒和19名亚美尼亚天主教徒。这所学校教学的首要语言是法语。

1869年，这所学校的体系重组并开始世俗化：此时，人们认为是国家而非清真寺要对穆斯林的教育负责。第一所现代穆斯林女校建立。1870年，在加斯帕雷·福萨蒂于1846年在圣索菲亚清真寺边上建立的巨大古典风格建筑中，一所现代大学开学了：450名学生中大部分是来自宗教学校的穆斯林。教育大臣在开学演讲中坦承了奥斯曼君士坦丁堡的不幸：

> 如果奥斯曼历史前200年里对科学和艺术人才的鼓励、尊重和保护再持续200年——如果与欧洲文明国家的关系得以建立并保持，并且与那些国家的进步步伐保持一致——今天的土耳其将会是一个不同的国家。因此，帝国的所有阶层都必须自我适应时代的要求，走上科学与艺术各科各目的进步道路。

然而，如果奥斯曼政府实践了它的口号，那么苏丹和帕夏们本该建设更少的宫殿和更多的学校——最早于19世纪40年代计划建立的大学将不会等到30年后才开学。[6]

首都的精英也加入了相同的俱乐部和共济会分会。从1884年开始，君士坦丁堡城新闻和赌博业的主要中心之一东方俱乐部就在佩拉大道上的一座宏伟建筑里活动。它对所有的民族和宗教开放，维齐尔们则是官守会员。共济会从18世纪开始就在君士坦丁堡存在。拜克塔什教团与共济会有令人惊讶的相似性，教团成员也提到了这点，或许这是因为通过博纳瓦尔帕夏与法国建立的联系。共济会关于普世友谊、废除宗教和民族之间差异的想法似乎尤为适合奥斯曼帝国。1868年成立的进步分会（Le Progrès）举办奥斯曼人和希腊人之间的会面。不同宗教的人都加入其中：纳米克·凯末尔；最后一位当过奴隶的大维齐尔埃德海姆帕夏（他在

1822年希俄斯岛大屠杀后被买走）；银行家斯特凡·马夫罗戈扎托斯；美国外交官和托钵修士教团专家约翰·波特·布朗。1866年，在另一个称为东方联盟（Union d'Orient）的分会中，一位法国无神论者喊叫道："上帝并不存在！他从来没有存在过。"这种情况在君士坦丁堡的历史上或许是第一次出现。

进步分会的另一位成员是商品经纪人克里安瑟斯·斯卡里埃利，这位希腊人是一名激进主义者，他相信奥斯曼帝国，与伟大的改革派维齐尔米德哈特帕夏、英国大使馆，以及奥斯曼帝国皇储本人都有联系。斯卡里埃利甚至被允许进入穆拉德埃芬迪的后宫享用午餐。1872年，经常在城中微服私访的穆拉德埃芬迪加入了进步分会，它位于一个叫"友善者"路易的律师在卡德科伊的房子里。次年，穆拉德写信给欧洲主要的共济会分会，即法国大东方会，承诺追随共济会的理想："最重要的是，通过友爱，我们这些因多种宗教和不同民族而四分五裂的东方人民将能够使自身为真正的进步服务。"[7]

同住一所房子的人可以和学校、共济会分会一样奉行世界主义。像自玛丽·沃特利·蒙塔古夫人的时代以来的大使馆这样的大家户就是多民族帝国的镜子。护士多半是切尔克斯人或非洲人，仆人是希腊人，管家是亚美尼亚人，厨师来自博卢（君士坦丁堡和安卡拉之间一座以食物闻名的小城镇），船夫是土耳其人或希腊人，园丁是阿尔巴尼亚人，女性居住区的太监是非洲人，家庭女教师是法国人，或者后来会是俄国人。无论是奥斯曼人还是外国人，所有的民族都喜欢希腊仆人，因为他们享有干净的名声；因此，莫达的惠托尔家族的希腊语比土耳其语好。

不同的家户可能有不同的专长。在恰姆勒贾距于斯屈达尔一小时车程的一座小丘上，拥有将整座城市尽收眼底的壮美景色，19世纪在君士坦丁堡定居的哈希姆家族的众多成员之一，即谢里夫阿里·海达尔就居住在那里的一座大房子里。他享有一大笔来自麦加的收入和从苏丹那里得到的年金，雇用黑人奴隶和太监。其厨师和管家是土耳其人；一个库尔德人负责饲养家禽；护士和卡耶克小艇桨手是希腊人；马车夫吉姆是皈依伊斯兰教的英国人。他家里的人说阿拉伯语、奥斯曼语、法语和英语。谢里夫和他的第一个土耳其妻子所生的儿子们先是上英国高中,然后上达鲁尔夫农大学。他与第二个爱尔兰妻子伊索贝尔·邓恩(一位奥斯曼帝国军官的女儿)所生的女儿们在佩塔拉小姐那里学英语,在布唐小姐那里学法语,在阿明埃芬迪那里学土耳其语。[8]

语言本身显示出君士坦丁堡是对立和统一的混合体。大部分官方或商业声明,以及信封由奥斯曼语或者法语书写,或者两者都用。然而,日历、剧院节目单、商业发票,以及后来的政治卡通画和商业联盟规定,都由四种或更多的语言印刷:奥斯曼语、法语、希腊语和亚美尼亚语,有时候还会增加拉地诺语。甚至证明持照经营的卖水工玻璃容器上的市政标签也经常用奥斯曼语、希腊语、亚美尼亚语和法语书写。君士坦丁堡人民共享同样的生活方式和品味,但不共享单一语言。

君士坦丁堡在印刷上的世界主义的极端代表是深受欢迎的日历《黎凡特年历》(*Almanach à l'usage du Levant*)。该年历在同一页上根据穆斯林、犹太人、旧式基督教(东正教和亚美尼亚基督教)、新式基督教(天主教和新教)与鲁米历法(一些政府部门使用的一种特别的财政历法)等信仰记录日期。该年历要求信徒根据自己的信条,为圣母无染原罪、先知穆罕默德骑着飞马直上七重天或将耶路撒冷圣殿献给上帝——这三个事件在同一天举行纪念活动——欢呼。该年历使用的语言有奥斯曼语、拉地诺语(使用希伯来字母)、希腊语、亚美尼亚语和法语,中间上方有一句短语是保加利亚语。这份年历还讲述了一天中时间的不同记录方法,穆斯林和犹太人的一天从日落开始,而基督徒的一天始于午夜。为了能同时分辨出奥斯曼人和欧洲人的时间,一些居民佩戴两块手表或者有两个表盘的表。汽船根据奥斯曼时间运行,火车的时刻表则根据欧洲。[9]

出版业也能反映出这座城市的世界主义。1860年后,人们在城里的街边小贩中间可以听到一种新的声音:报童叫卖报纸的声音。君士坦丁堡发行的报纸数量从1850年的14种,增加到1876年的49种和1902年的57种。1876年,报纸的语言版本有土耳其语版(13种)、希腊语版(9种)、亚美尼亚语版(9种)、法语版(7种)、保加利亚语版(3种)、希伯来语版(2种)、英语版(2种),以及阿拉伯语版、拉地诺语版、德语版和波斯语版（各一种）。[10]

许多报纸在奥斯曼政府附近印刷，它们中的大部分都从政府那里得到补助。"巴布·阿里"（Bab-i Aali）既是奥斯曼帝国政府，又是君士坦丁堡报刊的代名词。正如《君士坦丁堡先驱报》帮助保加利亚人现代化一样，其中一份报纸也帮助波斯人现代化。1876—1896年，在君士坦丁堡发行的《星报》（Akhtar）是向波斯语读者展现现代思想和奥斯曼改革的一个决定性媒介。1858—1869年，波斯驻奥斯曼大使米尔扎·侯赛因·汗在那里观察到了服饰和政府行政管理制度的改革，作为1870—1880年的首相，他试图把改革引入波斯。和乔尔乔斯·扎里菲、斯特凡·波戈里迪一样，一些君士坦丁堡记者也抱持世界主义的想法。在法国接受教育的希腊记者特奥多尔·卡萨皮斯（1835—1905）为奥斯曼剧院改写莫里哀的剧作，并担任《第欧根尼》（Diyogen）杂志的编辑。《第欧根尼》是第一本奥斯曼幽默杂志，它在不同时期用奥斯曼语、希腊语、亚美尼亚语和法语出版。卡萨皮斯的另外一本杂志《梦想》（Hayal）以其讽刺画而闻名。在可能于1995年出现的街景中，一位按传统方式包裹身体的女性遇到了另一位身穿现代服饰的女性：

我的女儿，这是哪种服装？你不觉得羞耻吗？
在这个进步的世纪里，反而是你应该感到羞耻。[11]

君士坦丁堡的这种世界主义与主导其他欧洲首都的政治、思想和情感生活的尖锐的民族主义形成了鲜明的对比。几乎没有例外，秉持"自由派"观点的人欣喜若狂地采纳了民族主义。与民族主义不相关的居民——比如离开希腊前往奥斯曼帝国的希腊人——用行动而非言语表达自我。新意大利的创造者之一马志尼的信条"一族一国"表达了那个时代的精神。他相信民族是神授的。以王朝、宗教或地区为基础的国家显得不合时宜。虽然城市在人类生活中至关重要，但是由于再也没有城市国家，也就没有对立的关于城市忠诚度的意识形态能够削弱民族主义的吸引力。君士坦丁堡的老对手威尼斯有充足的理由哀叹其过去的独立，但即使在那里，城市特殊主义也已经失去了其政治维度。威尼斯在1848年和1866年两次公投支持并入意大利。

或许唯一能产生与君士坦丁堡同等强烈的独有民族主义感受的城市是布拉格。1850年后，布拉格的捷克和德意志文化彼此分离了。到1890年，捷克人和德意志人光顾不同的咖啡馆，欣赏彼此是竞争关系的交响乐团，上不同的大学（在不同的日子使用同一间图书馆），选举敌对的代表。捷克和德意志青年在街上打架。这种危险的情势同时也经由与匈牙利民族主义的妥协，以及与德意志民族主义的靠拢而传播到了在其一半领土上生存下来的哈布斯堡王朝的剩余部分。1867年后，匈牙利对非马扎尔人口实行马扎尔化政策。说德语的人口拒绝学习捷克语，这导致了1897年的骚乱，几乎造成维也纳的一场革命。维也纳说德语、法语和意大利语，曾经是一座三语城市，渴望成为欧洲的首都。从1900年开始，每一个申请公民权的移民都要宣誓"保存这座城市的德意志特征"。[12]

与此同时，在一场与君士坦丁堡密切相关的转变中，俄国从泛东正教变为泛斯拉夫主义，从保护希腊人变为支持保加利亚民族主义的巴尔干政策。从1870年开始，君士坦丁堡的报纸上满是民族主义起义的报告：达尔马提亚、波斯尼亚、保加利亚、阿尔巴尼亚、美索不达米亚。[13]

在君士坦丁堡城内，许多奥斯曼人开始屈服于民族主义。在同一座城市生活产生的社会、经济和文化纽带无法胜过民族主义提供的情感满足、正义感、团结感和自我牺牲。拥有这座城市还不够：许多居民渴望有一个属于他们自己的国家。一位在巴黎接受教育、在君士坦丁堡写作的著名亚美尼亚知识分子克里科尔·奥德扬宣称对国家的热爱"同最强烈、最自然的情感相一致。对国家的热爱之情里包含并综合了一个人对父母的爱和尊重、一个人对血亲兄弟的仁爱和同情、一个人对其孩子的无限爱护和柔情"。对他来说，国家意味着亚美尼亚社群而非奥斯曼帝国。赐予亚美尼亚米勒特的《1863年宪法》在亚美尼亚语和奥斯曼语的文本中有着巨大的差异，同一时期的希腊人和犹太人也是如此：议会有两院，一院负责宗教事务，一院负责世俗事务，两院都由普选产生，宪法代表了该城的行会和知识分子对教会和显贵的胜利。在亚美尼亚语中，它被称为"亚美尼亚国民宪法"，而在奥斯曼语中，它被称为"亚美尼亚大牧首教规"。[14] 阿卜杜勒迈吉德希望奥斯曼人将会像移居美国的移民那样在他们的帝国中失去身份，可惜他的希望没有实现。

亚美尼亚人体现出君士坦丁堡城内王朝主义和民族主义之间的斗争。他们是西方文化的重要传播者，在军事学校里教书，作为银行家、秘书和医生服务于各位大臣，还主导了海关管理。巴良一族修建了苏丹的宫殿，达江一族则为苏丹制造火药。亚美尼亚人是苏丹的官方司库、医生、印刷工、摄影师和刺绣工。没有其他少数族群享受这般的皇家恩宠。[15]

阿卜杜勒迈吉德特别喜欢达江家族，以至于他授予他们在费兹帽上加上苏丹的黄金花押图的特权。阿卜杜勒迈吉德于1842年、1843年、1845年和1846年拜访了达江家族位于耶希尔科伊的奢华海滨别墅，停留了2到8天，这与1832年拜访达江家族的他的父亲相似。在任何一个国家，君主和臣民待在一起都是特殊荣誉，在奥斯曼帝国，宗教之间的屏障使这种荣誉加倍引人注目。苏丹用来洗手的银盆和银壶被保存在耶希尔科伊的亚美尼亚圣斯特凡教堂里。[16] 1867年，达江家族的一名成员夸口说奥斯曼人对亚美尼亚人有"几乎无限的信心"。然而，许多穆斯林嫉恨他们的成功。[17]

君士坦丁堡的亚美尼亚人，特别是其中的富裕者较为满意自身的境况。克里科尔·奥德扬既是一名民族主义者，也是一名现实主义者。克里科尔·奥德扬对热忱的民族主义者赫里米扬（他被称为"小教皇"或者"铁牧首"）说："我们亲爱故土的爱子啊，不要让虚假的希望包围你。不会有新的凤凰从灰烬中涅槃。我们在这里已经拥有师匠修建的大宫殿。离开那些灰烬，回来吧，到这里来，那么你的目光或许就能停留在金色法衣上了。"首都的声音历久弥新。[18]

然而，君士坦丁堡的宫殿是赫里米扬所说的"亚美尼亚的悲哀和伤痛"的原因之一。行省总督决心在首都活得自在，他们在自己施行恶政的地区收取巨额贿赂。1857年，美国政治记者纳索·西尼尔写道："博斯普鲁斯海峡边上没有一座宫殿不曾滥杀行省居民。"四处劫掠的库尔德人则会带来更多的人身危险。东部被压迫的省份被土耳其人、库尔德人和亚美尼亚人瓜分，许多亚美尼亚人决定起义和逃亡俄国。亚美尼亚人在君士坦丁堡城内习得了发动骚乱的做法，他们于1820年、1848年和1861年反对自己的领导人，1863年在奥斯曼政府外为了加速亚美尼亚国民宪法的通过而发起骚乱。此外，他们受到革命派的自由民族主义、法国模式、"亲爱的国家""应许之地""思想天堂"的吸引，几乎所有人都会说这些话语。[19] 他们困在了类似法国尊崇的革命式解决道路和发生武装冲突时的极度软弱的现实之间，正在陷入无法获胜的境地。

如果亚美尼亚人不满，那么在希腊社群里，其信念便是时间站在"伟大理想"一边。希腊人认为基督教和进步等同，伊斯兰教和衰败等同。在雅典，亚历山德罗斯·马夫罗科扎托斯的堂亲、未来的外交部部长乔尔乔斯·马夫罗科扎托斯写道："征服者民族正在毁灭的道路上，希腊民族优于其他任何民族。"参加在君士坦丁堡举行的社团会议，听取每一场演讲中对民族自豪感的表述，就能理解希腊人对于他们故土之情的狂热程度。[20]

保加利亚人也越来越敌视奥斯曼人。1869年，革命领导人柳本·卡拉韦洛夫写道："土耳其人就是土耳其人，上帝和魔鬼都不能创造出这样的人。"1875年，一些保加利亚革命者计划在君士坦丁堡放火；其他人准备在保加利亚行省起义。一些穆斯林也开始接受民族主义的号召，自称土耳其人而非奥斯曼人。与说突厥语的俄国中亚扩张政策受害者的团结鼓舞了他们，因为当时许多受害者在君士坦丁堡避难。苏莱曼帕夏是一位年轻有为的军官，1852年，他出生于这座大都会，是军事学校的校长和土耳其语语法书的作者，1876年，他写道："奥斯曼这个词只是我们的国家名称，而我们民族的名称是土耳其。因此，我们的语言是土耳其语，我们的文学是土耳其文学。"他也支持引入宪法。[21]

统治阶层之外的君士坦丁堡民众处于奥斯曼帝国的势力和欧洲均势的保护之下，过着一种受庇护的生活。马哈茂德二世统治的震荡过后是一段相对稳定的时期。然而，1875年后，这座城市受到了历史过多的威胁。古老的雄心在彼得堡、亚美尼亚的中心埃奇米阿津、索非亚、雅典和麦加复兴。

奥斯曼帝国在内部受到民族主义兴起的挑战，在外部则受到其国际局势恶化的威胁。1866年后，奥匈帝国转向巴尔干，把它当作扩张区域，以补偿帝国被排除出意大利和德意志的损失。新国家的出现为君士坦丁堡带来了两座新使馆：佩拉大道之外的意大利大使馆；一座能俯瞰博斯普鲁斯海峡的小山丘上的新古典主义建筑——德国大使馆。德国雄鹰展翅高飞于这座建筑物的每个角落。苏丹阿卜杜勒阿齐兹说，他能感受到德国雄鹰的喙正在啄食自己的头脑。

阿卜杜勒阿齐兹是一个酷爱观看公羊互斗和骆驼摔跤的怪人。在他的统治下，为给大坝和铁路提供资金而借来的钱被用来修建包括多尔玛巴赫切宫在内的更多宫殿。到1871年，苏丹已经有意识地由福阿德帕夏和阿里帕夏牵着鼻子走。在他们去世后，他和新任大维齐尔马哈茂德·奈迪姆处在令人生畏的俄国大使伊格纳季耶夫的影响之下，站在这位外交官身旁，斯特拉特福德·德·雷德克利夫都显得软弱无力。他囚禁或绑架东正教的敌人，比如亚美尼亚新教徒和保加利亚天主教徒，资助保加利亚起义，还帮助在希腊、塞尔维亚和罗马尼亚之间成立反奥斯曼的巴尔干同盟。他也是俄国政府圈子里第一个泛斯拉夫主义者。他在君士坦丁堡有许多绰号，比如"骗子帕夏""副苏丹"和"撒旦"。[22]

他的文字体现出他对奥斯曼帝国的恐惧和仇恨："土耳其政府正在逐步改进，虽然有各种缺陷，但它一直在增强和发展其军事力量，而基督徒则越来越弱，失去了他们的好战精神。"他希望"为我们的基督徒教友的自治权做好准备"，并"激发基督徒民众的破坏性行为"。普世牧首应该变得真正"普世"，而不是永久为希腊人所有。俄国由于克里米亚战争之后前往黑海海峡的通道被阻而受到遏制。君士坦丁堡应该是由大公统治的自由市，并且应是巴尔干联邦的首都，直到其最终为俄国所吞并。他的观点起初被俄国外交部拒绝，但是在1870年法国战败后得到了更有同情心的受众。例如，陀思妥耶夫斯基在1876年写道："不用说，君士坦丁堡迟早是我们的。"尽管如此，苏丹和大维齐尔都开始信任伊格纳季耶夫。[23]

奥斯曼帝国的形势开始持续急剧下行。1871年，大学的激进主义惊扰了当局，大学被关闭。1873—1874年，帝国饱受旱灾和饥荒所苦。

1854—1881年，政府理论上应该收到价值9400万英镑的贷款，但实际上只收到4500万英镑：其他贷款跑到了加拉塔银行家的委员会那里，或者用于向帕夏们行贿，以及借贷给苏丹的母亲。而军费是最大的开销。苏丹使奥斯曼海军成为世界第三大海军：他非常喜欢战舰，以至于让赫莱博夫斯基把战舰画在宫殿的天花板上。到1875年，奥斯曼军队装备有当时最先进的现代野战炮和步枪。然而，在这段时期，奥斯曼一半的花费被用于支付债务。1875年10月3日，奥斯曼政府削减了一半的债务偿付，这是对政府偿付能力的致命一击。[24]

扎里菲和其他希腊银行家秘密与穆拉德埃芬迪建立联系。君士坦丁堡看起来像是悬崖边上的一座疯人院。1876年5月，兵工厂里数月未领到薪资的希腊和穆斯林工人发动了罢工，这或许是君士坦丁堡历史上的首次罢工。苏丹不停地在多尔玛巴赫切宫和新宫殿彻拉安宫之间迁移，新宫殿的外部排列着新哥特式的窗户和粉色大理石石柱，与威尼斯总督宫类似，内部则有特意布置的"东方式"房间，这些房间装饰有象牙、斑岩、大理石和珍珠母。[25] 他以"民脂民膏吞噬者"的名声为人民所恨，据说他只吃煮熟的蛋，因为这是他唯一信任的食物。伊格纳季耶夫雇用额外的克罗地亚人来保卫他的大使馆，并宣扬城中的恐慌气氛。5月9日，宗教学校的低年级学生购买了大量枪支。由于大部分军人在与保加利亚叛军作战，低年级学生成了一支令人生畏的武装力量，并与主张改革的前任大维齐尔米德哈特帕夏建立了联系。他们在苏莱曼清真寺的群众集会上要求撤换大维齐尔和穆夫提。他们互相传阅的《古兰经》经文声明苏丹的专制主义与伊斯兰教法相违背。这并非最后一次"圣城"和政治改革的力量站到一起。保加利亚起义的结果是，保加利亚诸省的数千平民被奥斯曼非正规军屠杀。君士坦丁堡的外交官和记者——其中一些为伊格纳季耶夫操纵——夸大了"保加利亚暴行"中的受害者人数。格拉德斯通接手了他们的事业。[26]

5月12日，宗教学校的低年级学生占据街道示威。商店关门：穆斯林和基督徒在商舍的铁门后避难。为了让学生满意，马哈茂德·奈迪姆被解除大维齐尔一职，一周后，米德哈特入阁。虽然外国基督徒声称自己遭到恐吓，但事实上学生的目标是他们自己的政府。精英们——克里科尔·奥德扬、米德哈特、新任大维齐尔穆罕默德·鲁什迪和大教长——希望废黜阿卜杜勒阿齐兹,颁布宪法。[27]

苏丹的私敌、战争大臣侯赛因·阿夫尼和改革派苏莱曼帕夏赢得了警卫的支持,他们通过一名共济会会员,即穆拉德的医生卡波里奥内与其保持联系。大教长哈伊鲁拉埃芬迪宣布废黜苏丹合法。他被问道:"如果虔诚徒众的长官行为表现愚蠢,不具有良治所必需的政治知识;如果他的个人开支超出了帝国的承受能力;如果他继续坐在宝座上将会导致不幸的结果,那么是否有必要废黜他?"他回答:"神圣的教法说,是的,哈伊鲁拉。愿真主怜悯。"

5月30日下午3点,由两名士兵跟随,苏莱曼帕夏进入多尔玛巴赫切宫。穆拉德及其仆人和母亲已经预先得到警示。苏莱曼帕夏告诉他:"请,我们正在等待您的出现。战士们正在等您。"穆拉德假装毫不知情,这是为了在政变如果失败的情况下逃脱责任。穆拉德被护送出宫。他被一艘卡耶克小艇带到君士坦丁堡,以苏丹的身份接受效忠,不是在托普卡帕宫,而是在战争部的帝国厅里。街道上的战士和民众眼含喜悦的泪水,高喊着"我们的帕迪沙万岁!国家万岁""万岁"(Bin yasha)!如果是希腊语的话,就是"Zito,Zito"!不过,专制主义者和拥护宪政者之间已经有了裂痕。大维齐尔告诉大臣们:"我的诸位好同僚啊,这不是要给人民特权。你一给,他们总会要求更多。"[28]

穆拉德的简朴作风和明显的善意让他的臣民倍感鼓舞。报纸上都是赞美他的诗歌。与此同时,在多尔玛巴赫切宫里的阿卜杜勒阿齐兹被庆祝侄儿继位的礼炮声吵醒。当他向窗外看去,见到朝向他宫殿的船只时,他低声说道:"他们拥立了穆拉德。"他被一艘卡耶克小艇带到托普卡帕宫,被安置在塞利姆三世被弑的那个房间里。之后,他和母亲、女仆、其他家庭成员一起被转移到彻拉安宫的附属建筑费利耶宫里。连番羞辱导致他的神经越发紧张。一名军官阻止这位非常热爱修建宫殿的苏丹干涉修整花园:"不能停在这里。到屋里去!"他把许多时间用在读《古兰经》上。6月3日早上,他向母亲要剪刀修剪胡子。她不敢拒绝他的这个要求。几分钟后,人们在血泊里发现了他,他割腕自杀了。虽然有18名医生认定他自杀,但在俄国大使馆的助力下,谣言很快传播开来:他的死实为谋杀。[29]

6月15日,一名切尔克斯军官闯入内阁会议,报复性地杀死了侯赛因·阿夫尼和外交大臣,并伤到了其他人,这名军官的姐妹是阿卜杜勒阿齐兹的妃嫔。穆拉德五世的精神不再稳定,他沉迷于酒精和吗啡,逃避现实。很快,他就无法接待大使和讨论事务。医生们一致同意他恢复的可能性不大。6月30日,塞尔维亚和黑山向奥斯曼帝国宣战。大臣们转向苏丹年轻而有能力的弟弟阿卜杜勒哈米德,阿卜杜勒哈米德承诺会遵守新宪法并听从他们的建议。8月31日,一个大委员会在托普卡帕宫的圆顶厅里召开,大维齐尔之前已经在那里开完了他的维齐尔议事会,该委员会向阿卜杜勒哈米德效忠。他当时34岁。

他在前往埃于普登基的路上经过了朱利安·维奥的卡耶克小艇,维奥是一名年轻的法国海军军官,不久就会赢得名声——部分是因为他以皮埃尔·绿蒂的笔名所写的以君士坦丁堡为背景的小说。他注意到新苏丹表现出来的年轻和活力:"他较为瘦弱、脸色苍白,似乎心事重重、内心哀愁,他有一双黑色的大眼睛,眼睛周边生着黑色斑点,从外貌看起来他充满智慧,引人注目。"在这一时期,苏丹说道:"我的政策是服从政府部门。当我知道需要什么时,我会改变自己的政策,使政府部门服从我。"包括米德哈特、纳米克·凯末尔、苏莱曼帕夏、奥德扬和卡拉狄奥多里在内的委员会起草了一部自由的两院制宪法,该宪法以法国的《1814年宪法》和比利时的《1831年宪法》为模板。[30] 新宪法不是东西方的综合体,而是代表了西方思想对传统的奥斯曼绝对君主制的胜利,是乌莱玛的影响力和对独裁专制的恐惧互相平衡的结果。

君士坦丁堡召开了一场外交会议,以讨论巴尔干的局势。1876年12月23日,在海军部帝国厅举行的开幕会被代表苏丹同意新宪法的礼炮声打断。新宪法的颁布比俄国颁布现代宪法早29年,仅比奥地利和普鲁士颁布现代宪法晚28年,这是君士坦丁堡作为一座现代化大都会角色的顶峰。这是伊斯兰国家的第一部现代宪法(除了奥斯曼附庸国突尼斯于1864—1866年的短暂宪法插曲)。

苏丹冒着大雨,在高门前宣读宪法,米德哈特帕夏出席,还有大维齐尔、穆夫提、希腊大牧首和亚美尼亚大牧首,以及来自各宗教、各民族的欢庆人群。苏丹承诺设立两院制立法机构,以及不加区别地给予他的所有臣民以"自由、公正和平等的祝福"。数千份宪法文本在全城分发。人们用彩灯装饰房屋和商店,和斋月夜晚的情况相同。学生和放贷者举着火把,在多尔玛巴赫切宫和其他城市权力中心,以及欧洲使馆前游行,用希腊语和土耳其语吼道"苏丹万岁""宪法万岁""米德哈特帕夏万岁"!

米德哈特帕夏出乎意料地拜访了亚美尼亚大牧首和希腊大牧首。后者向他致敬,称他为"使奥斯曼帝国复苏的人"。在第一届议会选举中,君士坦丁堡选出了5名穆斯林代表和6名非穆斯林代表(3名亚美尼亚人、2名希腊人和1名犹太人)。选举顺利进行,尽管希腊报纸指责土耳其和亚美尼亚合谋减少希腊的代表席位。但是,苏丹害怕米德哈特帕夏的宪法观将威胁他的权力:米德哈特帕夏确实把亚美尼亚知识分子和政治家克里科尔·奥德扬(已经成为他最亲近的顾问之一)派到伦敦,以请求列强确保奥斯曼的宪法和改革。1877年2月5日,米德哈特帕夏被解职流放,乘皇家游轮离开君士坦丁堡。[31]

1877年3月19日,在阿卜杜勒迈吉德于1856年举办登基宴会的多尔玛巴赫切宫的宝座室里,国务委员、帕夏、谢里夫、牧首、拉比、代表们、将军、外交官和记者聚集在一起,目睹首届奥斯曼议会开幕。在总共115名代表之中,有67名穆斯林和48名非穆斯林。他们中有说奥斯曼语、波斯语、阿拉伯语、希腊语、亚美尼亚语、保加利亚语、塞尔维亚-克罗地亚语、波斯尼亚语(波斯尼亚所说的塞尔维亚-克罗地亚语)、阿尔巴尼亚语、瓦拉几亚语、库尔德语、叙利亚语、希伯来语和拉地诺语的人。当一名记者告诉他的邻座,他试图弄懂每位代表的民族和宗教时,最后他找到的答案是,他们不是穆斯林,也不是希腊人或者亚美尼亚人,他们都是奥斯曼人。

苏丹进入议会,他的兄弟和大臣紧随其后;苏丹站在镀金宝座前,其朴素的深蓝色礼服大衣与身边帕夏们刺绣甚多的制服形成对比。人们向这位仍然被称为"吉祥的哈里发,仁慈的苏丹大人……光荣的君主……天堂和人间的荣耀"的君主致以深深的敬意,并且沉默不语。在乌莱玛礼拜之后,苏丹的首席秘书朗读他的讲稿,苏丹则站着,"他的左手搭在剑柄上,他的右手则时不时有意无意地摸着下巴,捋着胡子,不耐烦地左右四顾,有些焦虑的表情渐渐出现在他的脸上"。苏丹的表情不再富有生机和活力,而这是绿蒂在八个月前曾注意到的。演讲稿承诺施行宪法和进行行政体制改革。演讲稿以这样的宣言收尾:"我坚信,从这一刻开始,我所有的臣民都将会团结起来,努力让'奥斯曼人'的名称保持迄今为止仍然环绕其周身的力量与权势。"无论是场面的盛大还是外边战船的礼炮致意,都掩盖不了苏丹话语的不可信。[32]

唯一缺席的大使是俄国大使伊格纳季耶夫。4月23日,佩拉大道上的人群能够看到俄国大使馆入口处上方的巨大双头鹰旗被折叠起来,搬到护墙后面:建筑师考虑到了各种不测,已经将它安装在铰链上。使馆档案和工作人员乘船离开。第二天,俄国向奥斯曼帝国宣战。历史上第一场受大众支持的全国性运动席卷俄国,俄国人将这场战争看作代表他们的斯拉夫兄弟反对奥斯曼帝国的十字军运动。

第二年是自1826年以来最恐怖的一年。奥斯曼议会在圣索菲亚清真寺旁边的旧大学建筑里开会,从1877年3月19日开到6月28日,以及12月13日开到1878年2月14日,议会始终拒绝割让任何奥斯曼领土,尽管有艾哈迈德·维菲克的主持,但议会更愿意批评政府的腐败和低效,对大臣们反唇相讥,而不是给出解决问题的可行建议。突尼斯人、埃及人、希腊人、鞑靼人、布哈拉人和马来人涌入君士坦丁堡,加入奥斯曼军队。来自安纳托利亚西南部、被称为"泽伊贝克"(zeibeks)的游击队员穿着白色短马裤和蓝色衬衫,在佩拉的音乐厅里舞刀弄枪。

奥斯曼军队比预料的打得要好,而俄国军队则比预想的差了很多。但是位于现今保加利亚领土内多瑙河南岸的奥斯曼普列文大要塞在英勇顽强地抵抗了6个月后,于12月10日沦陷。屠杀、难民、孤儿等词进入了君士坦丁堡市民的日常对话。随着俄军的推进,满载逃亡难民(既有穆斯林,也有希腊人)的铁路货车和牛车开始在街道上出现。[33] 总计30万人——相当于这座城市人口的一半——逃入君士坦丁堡。政府把尽可能多的难民转移到安纳托利亚或者更远的行省。然而，在托普卡帕宫底下的火车站周边仍形成了一座由无数帐篷组成的难民城。清真寺接收了其他难民。

当面包价格上涨五倍时，切尔克斯人偷窃他们能偷到的任何物件，包括孩子。私人住宅，甚至彻拉安宫都对难民和伤员开放。到1878年1月，人民开始丧失希望。大臣不再敢在街上露面。一位老伊玛目告诉美国居民，对国家来说，帕夏们是比俄国人和英国人更坏的敌人："我们的国家被摧毁了，我们的国家毁灭了。"1月21日，俄国人进入埃迪尔内（他们自1829年入侵开始便破坏了那里的旧奥斯曼宫殿，此时彻底摧毁了它）。冒着暴风雪和零度以下的恶劣天气，俄国人仍在进军。他们的指挥官尼古拉大公写信给他的沙皇兄长："我们必须进入中心，进入沙皇格勒，然后在那里完成你追寻的神圣事业。"[34]

在这个恐怖的时刻，君士坦丁堡又被欧洲的大合唱拯救了，这是它在19世纪经历的第四次危急时刻，之前几次分别是1829年、1839年和1853年。奥匈帝国准备与俄国作战，争夺对黑海海峡的控制权。英国相信俄国在巴尔干、高加索和中亚的扩张威胁到了它前往印度的通道；君士坦丁堡作为一座世界城市的角色意味着俄国对它的占领可能也会威胁到英国对印度的控制。从18世纪开始，印度穆斯林对最后一个伊斯兰强国奥斯曼帝国的依附感不断增加。苏丹被承认为哈里发：礼拜是以他的名义进行的。一些统治者开始向君士坦丁堡派出使团，以确保得到苏丹的授权，比如1786年的蒂普·萨希卜。自1856年莫卧儿帝国终结，英国开始直接统治印度以来，印度人对奥斯曼帝国的尊重和兴趣有所增加。1877年年初，印度总督警告英国政府，如果君士坦丁堡落入俄国人之手，英国的声望受损，以及印度穆斯林对攻击苏丹的出离愤怒将会导致印度搅动"血浴之战"。[35]

英国政府将俄国占领君士坦丁堡视为开战理由，从1877年7月开始让地中海舰队的一部分始终游弋在达达尼尔海峡附近。大使馆的军事随员和工程师就改善君士坦丁堡和海峡的要塞提供建议。英国公众舆论从同情保加利亚人变为支持奥斯曼人。两名服务奥斯曼的英国军官——海军上将奥古斯塔斯·霍巴特帕夏阁下和瓦伦丁·贝克帕夏——分别因指挥黑海舰队和巴尔干的一个陆军师而闻名。君士坦丁堡成了英国人的一项事业。斯塔福德住房委员会、格罗夫纳住房委员会、土耳其慈善基金会、英国国家救助协会都派送了绷带、金钱和赈灾工人到君士坦丁堡城里,还开办了医院。许多人因官方的腐败和组织不力而大失所望,但护士们发现土耳其男人"和我们英国医院男性病患的平均水平相比,在与女性交往时更加礼貌贴心"。

奥斯汀·莱亚德爵士是唯一留在君士坦丁堡城内的欧洲大使(1877年1月,其他大使在奥斯曼拒绝欧洲的改革要求后已经撤离),他领导下的英国大使馆成了医疗供应中心。秘书、随员和护卫学会了卷绷带。俄国大使写道,伦敦神经紧绷,以至于"一个人会真的觉得他自己是在君士坦丁堡"。君士坦丁堡能够激发大多数民族的侵略,它给英语带来一个词"极端爱国主义"(jingoism)。人群在特拉法加广场上挥舞奥斯曼国旗,歌唱道:

> 我们不想打仗,
> 但是,老天啊,如果我们要打,
> 我们已有战船,
> 我们已有战士,
> 我们也已有金钱,
> 我们之前打过熊。
> 如果我们是真正的英国人,
> 俄国人就不会拥有君士坦丁堡![36]

1878年1月31日,俄国和奥斯曼帝国签订停战条约。2月8日,在伦敦犹豫不决许久之后,英国地中海舰队的船只得到命令,以保护君士坦丁堡外国人的名义从贝希卡湾起锚,穿过达达尼尔海峡。2月13日,6艘英国铁甲舰在暴风雪中从王子群岛起锚,71年前,海军上将达克沃思曾在这里停泊,试图威胁君士坦丁堡。与此同时,奥斯曼议会要求审判战争大臣和一些将军。2月14日，已经成为首相（这是新宪法中对大维齐尔的称呼）并支持绝对君主制的艾哈迈德·维菲克宣读奥斯曼议会休会的诏书。议会在之后的30年里都没有再次召集。[37]

沙皇因英国皇家海军到来的消息而大为光火，他于2月10日给弟弟发电报，指示他进入君士坦丁堡："只要占领这座城市，兵力和时间随你安排。"当时，在大公令部的俄国大使伊格纳季耶夫也催促其占领这座城市。奥斯曼政府正在丧失理性。艾哈迈德·维菲克已经成为一名哭哭啼啼的老人，为难民的命运所困扰。他给几乎每天都见面的老朋友莱亚德写便条，催促他拯救帝国，他在1月写道："我们不能自杀。"他在2月写道："你对我没有说一句话，我不知道我在会议上要做什么。"然后又说："我们已经完蛋了，怎样才能再抵抗一年？"

苏丹敏锐地意识到自己的脆弱，他在一年前已搬离多尔玛巴赫切宫，前往耶尔德兹宫，这座宫殿位于彻拉安宫上方的一座山丘上，搬迁原因是这座宫殿更不容易受到海上和陆上的攻击。当大公威胁除非苏丹将奥斯曼舰队移交给俄国，否则他将占领君士坦丁堡时，苏丹说道："比起让哪怕一个俄国兵进城，我宁愿先死，我的孩子们也会随我而去。俄国人要想入城，就先踏过我的尸体。"事实上，他已经进行了秘密谈判，确保他及其家人会乘坐英国大使馆的船只，即皇家海军"羚羊"号舰艇逃走，以防俄国人入城。"羚羊"号就停在彻拉安宫的大理石码头边，从耶尔德兹宫可以看到它，以确保苏丹知道他有办法逃走。

最后，后勤问题阻住了俄国人的进军步伐。在埃迪尔内和君士坦丁堡城之间只有4万装备糟糕、疲惫不堪的俄国军队。而在"沙皇格勒"的城墙外驻守着3万奥斯曼军队，这是一道令人望而生畏的屏障（到5月，君士坦丁堡每一条防线的守军增加到约9万人）。此外，尼古拉大公害怕如果他试图攻入拥挤的首都，骚乱将会爆发，而苏丹会趁乱逃往布尔萨。[38]

然而，奥斯曼政府允许数千俄国士兵前进至耶希尔科伊，耶希尔科伊位于君士坦丁堡城墙外6英里处，在这个范围内能看到君士坦丁堡清真寺的圆顶和宣礼塔。2月24日，尼古拉·尼古拉耶维奇大公乘火车抵达埃迪尔内。奥斯曼战争大臣、将军们和东正教司铎会见了他。通过奥斯曼当局的安排，他在阿拉克尔贝伊和阿尔京·达江帕夏的豪宅里居住并进行谈判（据说，当看到他们为晚餐准备的豪华楼阁时，他叫道："冬宫都不比这更好！"）。3月3日，伊格纳季耶夫和艾哈迈德·维菲克帕夏在马尔马拉海边的内利曼别墅签订了《圣斯特凡诺和约》（Peace Treaty of San Stefano），该和约创造了一个从黑海到阿尔巴尼亚的大保加利亚。然而，英国和奥地利被该和约的条款激怒，这惊动了俄国。出于对英国皇家海军和奥地利军队的恐惧，俄国与英国、奥地利达成协议，废止《圣斯特凡诺和约》，参加柏林会议。[39]

当在柏林的谈判从6月13日持续到7月13日时，君士坦丁堡展现出了特有的动荡与团结相结合的氛围。奥斯曼军队已经被打败。俄国军队挑衅地接近这座城市，俄国军官还养成了游览该城的习惯。假如当地的基督徒请求援助，俄军占领君士坦丁堡也就有了借口。但是，什么也没有发生。基督徒店主们满足于拉着满满当当的运货车去俄国军营兜售，再腰包鼓鼓地回到城里。

君士坦丁堡比1815—1940年另一个兵临城下的欧洲大国首都——1870—1871年普法战争中的巴黎——更加坚韧。在法军战败后，第二帝国被推翻，法兰西第三共和国宣布成立。在普鲁士军队围城期间，一些居民沦落到吃老鼠维生。市民常常因缺少食物发起骚乱。巴黎投降后，普鲁士军队耀武扬威地在城中四处游行。最后，社会矛盾在法国政府和巴黎公社的内战中爆发。除了军人，在被称为"恐怖之年"的岁月里丧生的仅平民就有大约2万人，许多人被无情射杀。在君士坦丁堡的"恐怖之年"里，它的军事和政府机器更加稳定，这有赖于伊斯兰教的慈善与纪律，以及奥斯曼精英的现实主义和凝聚力。

然而，少数族群是不可信任的。出现了许多公开的效忠声明，亚美尼亚大牧首宣称："如果这个伟大的国家注定要灭亡，我们认为我们的义务是被埋葬在它的废墟之下。"然而，一位美国人记录道，亚美尼亚人私底下为俄军中的亚美尼亚将军得胜而高兴："对于土耳其人来说，亚美尼亚人是不情愿受摆布，但又畏畏缩缩的仆人；希腊人是两面派的朋友；保加利亚人是略加伪装的敌人。至于犹太人，他们曾经利用并讨厌土耳其人，但与基督徒作对时,他们总是站在土耳其人一边。"很少有当地基督徒自愿加入在"兄弟之爱"旗帜下征召起来的志愿军,这面旗帜的中心是奥斯曼的星星与新月,每个角落都有一个白十字架。正如帝国译员斯特凡纳基·沃戈里迪斯所说,一切都取决于战场上的结果。12月7日,当奥斯曼的抵抗似乎要成功之时,君士坦丁堡的亚美尼亚大会投票决定加入政府刚刚创立的民防团。12月17日,普列文沦陷后,尽管大牧首建议参军,而且在自己的城市携带武器有助于安全,但亚美尼亚宗教会议还是决定亚美尼亚人不该参加民防团。[40]

为了寻求从奇里乞亚到凡湖的亚美尼亚人聚居省份(虽然在这些省份,亚美尼亚人是最大且最为不满的群体,但他们在任何地方都不构成主体人口)的自治权,亚美尼亚大牧首多次拜访当时身在圣斯特凡诺的尼古拉大公和伊格纳季耶夫。他也向柏林会议派出自己的代表团,要求自治和欧洲宪兵队的保护。当苏丹表达怒意时,大牧首回应道:"去告诉苏丹,我本人为疗治自己的社群遭到的重创而派出代表团,即使他要像半个世纪前绞死希腊大牧首那样把我绞死在亚美尼亚大牧首座堂的门口,我也不会召回他们。"当柏林会议只给予空洞的改革承诺,而确保保加利亚部分地区的自治权时,大牧首警告欧洲代表:"亚美尼亚代表团将带着这样的教训——没有斗争,没有诸如保加利亚人发动的那些起义,就不能有所收获——回到东方。"[41]

君士坦丁堡的保加利亚人不比亚美尼亚人更为忠诚。沃戈里迪斯家族曾经在奥斯曼帝国内部平步青云,但此时也与帝国对抗。亚历山大·沃戈里迪斯将自己的保加利亚人身份置于对奥斯曼帝国的忠诚之前,1877年,他辞去了奥斯曼帝国驻维也纳大使一职。最终,像许多曾在君士坦丁堡发家的人一样,沃戈里迪斯家族功成身退,去往巴黎。[42]

希腊人则分裂了。大牧首和加拉塔的银行家保持忠诚,或者说小心谨慎。当尼古拉大公派来的一位将军来到法纳尔区召见大牧首时,他被告知大牧首病重,无法接见他。如果奥斯曼帝国解体,银行家的贷款就可能无法被偿还,希腊银行家乔尔乔斯·扎里菲因此胆战心惊,他组织了国防贷款和军购贷款,他和同行在此中获利颇丰。1878年5月,乔尔乔斯·扎里菲在帝国最颓丧的关头也得到了在城中收取海关税收的授权。然而，君士坦丁堡的希腊语言学协会向柏林会议发出了一份极其傲慢的照会，嘲弄保加利亚人是"卓越的农业民族，几乎完全没有团结的精神"。在"400年来对土耳其政府的抗争"之后，语言学协会希望能出现一个"从伊奥尼亚海到博斯普鲁斯海峡的希腊国家"。[43]

除了对外战败，还有内部冲突，1878年5月，一名叫阿里·苏阿维的奥斯曼青年党人提出解放彻拉安宫里的穆拉德五世，这位前任苏丹的精神状况已经开始恢复正常。一名叫纳克希迪尔的后宫女性和苏丹的老朋友、共济会成员克里安瑟斯·斯卡里埃利策划了一场阴谋。他们此前通过挂在邻近阳台上用色彩编码的换洗衣服与穆拉德取得了联系，甚至已经从宫墙外的蓄水池延伸出来的管道进入彻拉安宫。但后来阴谋败露，同谋者逃往雅典。

阿里·苏阿维有多重动机：渴望伊斯兰教能恢复早期的纯洁，大教长由他自己来当；对帝国与俄国签订屈辱条款的愤怒；共和自由主义的理念。他可能也受到了大维齐尔和皇室成员的秘密鼓动，因为他的英国妻子烧掉了他所有的文书，真相无人知晓。1878年5月20日上午11点，300名来自巴尔干的难民从海陆两个方向攻击宫殿。阿里·苏阿维从陆地一侧进入宫殿，冲过后宫的台阶。仆人带他到穆拉德的房子里。穆拉德预先已经收到警示，虽然他并没有被告知解救行动的确定时间。阿里·苏阿维和另一位同谋者开始带着穆拉德走下阿拉伯风格的台阶，他们架着穆拉德的两条胳膊，高喊："苏丹穆拉德万岁！"穆拉德唯一被记录下来的话是一个关键问题，过去许多奥斯曼宝座的竞争者都问过这个问题："你们对我的弟弟做了什么？"

然而，正规军很快从贝西克塔斯赶来，借仆人喊叫声的引导，他们很快压制了叛军。阿里·苏阿维被忠诚于阿卜杜勒哈米德的士兵乱棍打死。叛军的残肢断臂和尸体散布在台阶上。在弟弟冷酷的监视下，穆拉德被带到耶尔德兹宫的马耳他亭监禁起来。[44] 这位苏丹连自己的侍从也无法信任，因恐惧遇刺而夜不能寐。在一次会面后，莱亚德认为他可能疯掉了，或者早就精神失常了："他在房间里快速地走来走去，精神极度敏感，不停谈论他的孩子。"

在柏林会议上，奥斯曼帝国在奥地利和英国的支持下保住了大半个巴尔干。塞浦路斯被英国占领，英国人的主要目的是在君士坦丁堡再次被威胁时将其作为一个便捷的军事基地。8月18日，俄国军队在耶希尔科伊进行告别阅兵后乘船回家，数千人从君士坦丁堡前来观看。1879年3月，英国皇家海军的战舰经达达尼尔海峡返程。[45]

君士坦丁堡的凝聚力和欧洲的支持阻止了沙皇在圣索菲亚大教堂听弥撒的野心。然而，奥斯曼帝国对君士坦丁堡的控制仍然是不稳定的。火灾时常发生，对"政治体即将解体"的恐惧也经常浮现。阿卜杜勒哈米德是在君士坦丁堡进行统治的第28任苏丹，人民仍记得一个古老的预言，即第30任苏丹将是末代苏丹。1880年的一个夜晚，一位叫埃德加·文森特的英国年轻外交官走过加拉塔桥去乘坐蒸汽轮船，他将会在之后的20年里成为城中的显赫人物。文森特看着在落日中挺立的清真寺和宣礼塔，问了自己一个存在于所有人头脑中的问题："奥斯曼帝国将会存续多久？"[46]

13

耶尔德兹

> 没有一件事能逃过苏丹的警戒和行动。事实上,没有一个君主能比阿卜杜勒哈米德苏丹更值得其臣民的祝福。
>
> ——《东方导报》(*Moniteur Oriental*),1896年8月31日

如果加拉塔大桥是对君士坦丁堡作为东西方的交会处有生命力、有装饰的至高表现,那么1877—1909年苏丹阿卜杜勒哈米德的住处耶尔德兹宫则是以木头、石头制成的加拉塔桥对应物。欧洲的流行风尚随处可见。被称为"大间阁"(Buyuk Mabeyn,因为它位于苏丹的私人区域和公共区域之间)的大楼阁,以及山丘下方更远处的马厩和绿色的马耳他亭都由阿卜杜勒阿齐兹所建,呈现出简朴的古典风格。宫殿里挂着阿卜杜勒哈米德的宫廷画家,即来自威尼托的福斯托·佐纳罗绘制的风景画和肖像画,佐纳罗自视为真蒂莱·贝利尼的后继者。苏丹阿卜杜勒哈米德极为时尚的建筑师利古里亚人雷蒙多·达龙科为凉亭增加了新艺术风格。1893年,奥斯曼苏丹们的色佛尔在公园里开张了,这是一座陶瓷工厂,瑞士和法国专家在那里教土耳其人制造瓷器并在上面作画的技术。君士坦丁堡宏伟的新土耳其邮政总局、博斯普鲁斯海峡边的渡轮停靠站等官方建筑出现了对传统奥斯曼主题的回归。在耶尔德兹宫制作的盘子和花瓶上刻绘的主要是华丽的德累斯顿式图案和人物肖像画。

然而,耶尔德兹宫也具有浓郁的奥斯曼式风格。墙壁和椅子上的织物在海雷凯制造,1843年,苏丹阿卜杜勒迈吉德在那里建立了丝绸工厂。

它延续了奥斯曼酷爱使用鲜明对比色的传统，并于1866年在佩拉大道上开了自己的商店，这是奥斯曼制造业复苏的一个迹象，与此同时其他行业也在复苏。奥斯曼风尚可以从耶尔德兹宫墙壁、天花板上繁复精致的阿拉伯式图案，剔透的蓝绿色风景画为人识别，那里没有"糖人"艾哈迈德帕夏和艾哈迈德·齐亚为苏丹所绘的人物画作。

不仅如此，耶尔德兹宫还回归了传统的奥斯曼宫殿式样。它与托普卡帕宫类似，而与多尔玛巴赫切宫和彻拉安宫大相径庭，它由多栋相互独立的建筑——亭子、楼阁和工坊——镶嵌组合而成，四周环绕有花园和配有瞭望塔的宫墙。同托普卡帕宫一样，它很少有建筑超过两层楼高，政府在外部的庭院运作。

大间阁容纳了大部分苏丹的秘书和顾问。第一重庭院的对面是为他的官员所建的长而低矮的建筑，雕有回纹的屋顶像是瑞士的山地农舍。第二重庭院是苏丹的私人居住区，这座"小间阁"（Kucuk Mabeyn）有10扇窗户宽，配有"玛丽娅·特蕾莎黄"的墙壁和白色镀金洛可可壁板的内饰，如果放到维也纳的郊区，也不会有违和感。苏丹与他的女人和太监一起生活，遭遇火灾后，苏丹住在邻近的建筑里。苏丹非常信任太监，以至于他把大太监提拔到"皇家成员"的等级，与大维齐尔、大教长和麦加的埃米尔处于同一级别。

耶尔德兹既是宫殿和政府院落，也是博物馆建筑群和产业园。其中有一座自然历史博物馆和另一座存放苏丹的绘画、古董的博物馆。一家有60名工人的家具厂制造精致的奥斯曼晚期风格的高背镀金或镶嵌式宫廷家具。苏丹个人的摄影室、图书馆和木工坊反映出他喜爱的娱乐形式：他是一位技术娴熟的木工，他为自己的女儿制作桌子，为受伤的战士制作拐杖。耶尔德兹宫里还有四所医院、一座天文台、一所药学实验室、一间印刷厂、一间刺绣车间和一家动物园。[1]

花园是耶尔德兹宫的荣耀，它占地50万平方米，种植了来自世界各地的树木和花草。根据东方学家马克斯·缪勒妻子的记述，在小间阁后面的内花园里，"每个角落都种着美丽的灌木和棕榈树，而花圃则是满目绚丽的色彩。空气中弥漫着馥郁的橙花香味，园丁们总是忙着给草坪，甚至是易碎的砾石路面浇水"。

苏丹卫士的红色费兹帽在花园的一片葱郁中不时闪现。苏丹对遇刺的恐惧部分是因为其两位前任被废黜，以及在同时代的其他国家首脑中，俄国沙皇（1881年）、法兰西共和国总统（1896年）、奥地利皇后（1898年）、意大利国王（1900年）、塞尔维亚国王（1905年）和葡萄牙国王（1908年）都被虚无主义者或无政府主义者刺杀。苏丹很少信任他人：他的一些镶金速射私人左轮手枪在现今的伊斯坦布尔军事博物馆内展出。土耳其、阿拉伯和阿尔巴尼亚卫兵驻扎在耶尔德兹宫周边的兵营里。他的内廷护卫是超过6英尺高且神情凶猛的阿尔巴尼亚人。他们的指挥官塔希尔帕夏在年轻时来到君士坦丁堡做铺路工，他铺下的路石现在还被称为"阿尔巴尼亚铺路石"。在君士坦丁堡，阿尔巴尼亚人与塞尔维亚人之间的敌意和巴尔干山区的一样严重，塔希尔帕夏有一天在决斗中杀死了一个塞尔维亚人。将塔希尔带走的四轮马车车夫把这个阿尔巴尼亚人的勇猛无畏告诉了哈米德埃芬迪（之后将即位成为苏丹）。哈米德接见了他，对他颇为中意，向他提供贴身护卫一职：他飞黄腾达了。[2]

卫士不是保护苏丹的唯一力量。据说，苏丹收买半个帝国来监视另外一半，每个大家户中都有厨师或奴隶是苏丹的间谍。儿子们会向皇宫告发自己的父亲。苏丹怀疑任何与他的弟弟兼继承人雷西德（住在耶尔德兹宫花园里的楼阁内）用同一个裁缝的人；他仔细检查亲属、东方俱乐部和英国俱乐部举办派对的客人名单，寻找阴谋的证据。当普世牧首在法纳尔和两位主教会面时，他问房间里有多少人。他们说："三人。"普世牧首提供了正确的数字——七人，三位宗教人士和四面墙壁。[3]

虽然阿卜杜勒哈米德很少离开耶尔德兹宫，但是他比维多利亚女王、亚历山大三世等同时代的君主更平易近人。任何着装得体、有事商讨的人都可以进入大间阁。为了给奥斯曼帝国赢得有利印象，苏丹与前任决裂，开始像西方宫廷那样为精英集团成员定期提供娱乐活动。他在蒸汽船上举行晚宴，招待那些在帝国最后的光荣岁月里访问君士坦丁堡的皇室成员、大使、将军和重要访客。虽然阿卜杜勒哈米德懂的法语比他装作懂的要多，但是他的典礼总长穆尼尔贝伊帮他翻译，他一直在做额手礼。其他客人是帕夏，他们在主人面前表现得像奴隶。当苏丹前去用膳时，他们弯腰鞠躬，直到苏丹走过：他们的腰背弯曲的幅度非常大，看起来一片平坦，以至于孩子都可以在他们背上跑步。对于一位美国客人来说，晚宴餐厅有着"装饰奢华的欧洲客厅的气氛，拿破仑家族最后的成员的风格和品味仍然从镀满金的窗檐口和镜框鲜明地体现出来"。客人们得到穿着红色或金色制服的仆从的招待，吃完了金色餐盘里的食物。食物无论是奥斯曼的还是欧洲的——1894年，马克斯·缪勒一家享用了"温莎浓汤"、波雷克馅饼（在糕点中填入烹饪的肉馅或者奶酪）、大菱鲆鱼、羔羊肉、鸡肉、鹌鹑、芦笋、肉汁烩饭和维多利亚菠萝——都又冷又难吃，因为它们是从宫廷厨房端出来经过了很长一段路后被重新加热的。如同16世纪的情况一样，当苏丹在场时，除非他说话，否则晚宴餐厅里"鸦雀无声"。苏丹本人不喝酒，但是他的客人被招待了上好的波尔多红葡萄酒和烈性宾治酒。[4]

晚餐后，有时候苏丹会来到萨尔基斯·巴良贝伊所建的奶油色、金色和青绿色相间的宫殿剧院，同客人和后宫女性一起观看歌剧。剧院的天花板装饰同耶尔德兹宫的清真寺墙壁和椅子的垫子等装潢基本相似，都是蓝色背景下的金色星星，这与宫殿的名字相符（"耶尔德兹"在土耳其语里是"星星"的意思）。1893年后，苏丹雇用了来自加埃塔的意大利人阿尔图罗·斯特拉沃罗的旅行公司，该公司的雇员包括斯特拉沃罗的妻子、女儿、姐妹、兄弟和父亲。斯特拉沃罗夫人频繁怀孕，这使她扮演起年轻女性显得不可思议。苏丹对此只是说他期待合唱队里有新成员。

耶尔德兹宫是苏丹的私人世界，他在里面可以随心所欲。他为剧院的表演而修改话剧和歌剧的情节，在其中插入他自己写的片段，以避免悲伤的结局。《茶花女》（*La Traviata*）变成了《山茶夫人》（*Madame Camélia*），有了新的结局：医生前来，让维奥莱塔恢复了健康。苏丹最喜欢的《弄臣》（*Rigoletto*）改名为《国王女儿的歌剧》（*L'Opéra de la fille du roi*）。[5] 苏丹在其他的夜晚提供传统的奥斯曼娱乐：要么是土耳其音乐，要么是身形庞大的光头摔跤手，"腰部以上光裸，甚至在胯部之下也几乎不着寸缕……他们全身涂油，直到连裤子都像绸缎一样闪闪发光为止"。

苏丹一定很喜欢观察欧洲客人目睹这种景象时的表情。

在美国作家安娜·鲍曼·多兹的笔下，君士坦丁堡的夜晚有着"异常刺激的特性"，因为这位矮小瘦弱、衣着简朴、留着黑胡子的苏丹富有强烈的吸引力。他和耶尔德兹宫本身一样，是对立面的集合体：敏感与愚蠢，英勇无畏与畏首畏尾，残忍与宽容，现代与传统主义，他这一刻听《古兰经》，下一刻听夏洛克·福尔摩斯的冒险故事（有人每晚在屏风后面读专人翻译的译文给他听）。对于匈牙利学者万贝里来说，苏丹是"历史上最有魅力的人之一"。英国大使的妻子达弗林夫人与他所见略同："苏丹面容英俊，温文有礼。"他会亲自为客人的香烟划亮火柴。[6]

他经常抽烟，会经由翻译聊几个小时天，赞美日本（作为现代化中的君主国和俄国的敌人，日本是奥斯曼帝国的榜样）或是以议会不代表国家为理由而为自己在1878年解散议会辩护。他向法国记者亨利·德·布洛维茨保证自己会解决国家的财政问题，并随机应变："但是，谁都适应不了的过度自由同完全没有自由一样危险。一个国家被赋予自由，就像是一个人被委托持有枪支，但不知道如何使用一样。"教育是答案，他建立了许多新式学校。从市政管理学校毕业的优秀学生在耶尔德兹宫担任他的雇员。苏丹相信，"我们的疾病里没有治不好的，我们之中有能让我们完全康复的品质和力量。我们没有许多朋友，但是这个国家必然会是一个好国家，因为许多国家觊觎它，它们政策的唯一目的就是败坏我们的名声，以便使我们容易被捕获"。[7]

苏丹吸引力的关键是权力。虽然理论上宪法仍然具有效力，但是君士坦丁堡没有召集议会。在其他皇宫正不断丧失权力的时代，耶尔德兹宫统治着首都和帝国。1880年，莱亚德被告知："陛下仍在实施至高无上的统治，所有事情、所有人比以往更多地处在他的绝对管理和控制之下。"1895年，法国大使写道："苏丹最终吞没了一切……所有事情都在宫中决定，最重要和最不重要的事情都是如此。"苏丹的大臣们在昼夜的任何时刻都会被叫到耶尔德兹宫，据说他读过所有信件，并把文书都按顺序放好，以至于他可以在黑夜里找到自己想要的任何事物。成袋的来信在特殊的机器里进行消毒，然后被送到苏丹的桌子上。[8]

苏丹的绝对权力体现在1881年的一次审判中，该审判在耶尔德兹宫外重花园的帐篷里举行，受审者是伟大的宪政主义者米德哈特帕夏，他被指控组织了对阿卜杜勒阿齐兹的"谋杀"。过世苏丹的母亲提供了证词。米德哈特被判有罪，流放到麦加南边的塔伊夫，1884年，他在那里被谋杀。

苏丹蔑视宫墙外腐蚀帝国的民族主义，他在耶尔德兹宫里采用了在欧洲委员会之前就已存在的最国际化的官僚机构——成员有土耳其人、希腊人、亚美尼亚人、阿拉伯人、德意志人、波兰人和意大利人。他们与苏丹的每日接触很快给予他们比在"高门"里工作的大臣更大的权力。宫中仆人的首领，以及西方的强烈反对者——从1878年到他于1900年去世——是陆军元帅奥斯曼帕夏，他是奥斯曼抵抗力量在普列文围困战中的英雄。他的两个儿子都迎娶了苏丹的女儿。苏丹的首席文秘是土耳其人：许雷亚帕夏，另外一位土耳其人塔赫辛帕夏于1894年替代了他。后者"不知疲倦，认真负责，总是处在他的岗位上，他是君主的忠诚而不可怀疑的仆人"。据说，塔赫辛帕夏在12年里从来没有休过假，他只知道夏天来了，那时候会有人带草莓来给他吃。在他的权威下，20位秘书都必须做好夜以继日地工作的准备，他们都是市政管理学校的毕业生。苏丹的宠臣、长袍管理者卢特菲阿迦也是土耳其人：有所付出，让苏丹做"最喜欢的梦"的回报可能是极大的——保加利亚的斐迪南大公就是如此荣获奥斯曼陆军元帅的军衔的。苏丹还选择了其他土耳其官员，以便在宫廷内安抚和监视潜在的不满者，这与路易十四的一些宫廷官员受到的对待类似。比如，激进派作家和《第欧根尼》杂志前编辑特奥多尔·卡萨皮斯就成了宫廷图书馆馆员。[9]

宫中有专门部门处理阿尔巴尼亚、巴尔干事务、军队和间谍活动报告。一个翻译部门翻译能够取悦苏丹的侦探故事。欧洲媒体的选摘由亚美尼亚人尼尚埃芬迪主持的另一个部门翻译，选摘的内容经常引发不快，一家法国报刊称他为"大显贵"。皇室专款大臣（始终由亚美尼亚人所有的职位）阿戈普·卡扎良帕夏帮助阿卜杜勒哈米德获取了一个私人地产帝国，其中包括美索不达米亚的储油地区。

尼古拉·马夫罗耶尼的侄孙斯皮里宗·马夫罗耶尼是唯一一位成为奥斯曼将军的法纳尔人,作为苏丹的医生,以及苏丹与大牧首的中间人,他在宫中有办公室。他是奥斯曼议会上议院议员、维齐尔、市民医院和军事医院的总监、希腊语言学协会的三任主席,他并不对主人高看一眼。1892年,他在耶尔德兹宫里写作,称苏丹为"那个专制暴君,自私而多疑的人,一点都不像他光荣的祖先"。他俩经常吵架,马夫罗耶尼曾经到俄国大使馆避难。

亚历山大·卡拉狄奥多里帕夏是宫中最重要的希腊人。他出生于1833年,是苏丹阿卜杜勒迈吉德的医生斯特凡·卡拉狄奥多里之子。他掌握多种语言,在柏林会议上充当奥斯曼的全权代表,在1878—1879年担任外交大臣,1884—1894年担任萨摩斯大公,1895—1896年担任克里特总督和"苏丹的首席翻译官"。阿卜杜勒哈米德非常信任他,以至于称他为"拥有超凡才能的人,不仅是土耳其最聪明的外交官,还是欧洲最聪明的外交官之一",并在耶尔德兹宫里给了他一间房。卡拉狄奥多里说他要嫁出自己的女儿,对希腊民族主义不怎么有兴趣。1901年,他成为奥斯曼帝国吊唁维多利亚女王代表团的一员,而他的希腊表亲是希腊代表团的一名成员。后者很高兴见到卡拉狄奥多里帕夏,很快开始给他讲述许多希腊亲戚的消息。帕夏装作第一次见到表亲,只是尴尬地说道:"谢谢,谢谢。"1906年,他的葬礼在阿那乌科特伊举行,由大牧首和整个神圣会议主持,这标志着他的马夫罗科扎托斯家族祖先开创的法纳尔传统的终结。[10]

1895年后,一位来自大马士革,名叫艾哈迈德·伊泽特·阿比德的阿拉伯人在耶尔德兹宫的等级制度中不断晋升,最终成为二等秘书,在叙利亚拥有资助中心,并赢得了宫中最有影响力之人的名声。犹太复国主义领袖西奥多·赫茨尔曾经6次访问阿卜杜勒哈米德统治下的君士坦丁堡,试图买下巴勒斯坦,赫茨尔将伊泽特比作时刻准备出击的老虎。他身材偏瘦,身高中等,"他那张疲倦、布满皱纹但充满智慧的脸有些丑。他的鼻子很大,肤色较深,半长胡子不时飘动,双眼敏锐"。他是国库改革委员会的领导人,在侍奉苏丹的过程中赚了大钱。不过,他和马夫罗耶尼类似，他并不在亲近之人面前掩饰对苏丹的反感。1896年，当赫茨尔拜访他时，伊泽特在大间阁里拥有一间又小又阴暗的办公室，里面有两张书桌、几把扶手椅和一张配有床帘的四柱床（以备他要在那里过夜）。"那便是全部，"赫茨尔写道，"但是一扇窗户打开了，可以看到博斯普鲁斯海峡广阔而令人愉悦的美景、清真寺的白色宣礼塔，以及远方浓雾笼罩下的王子群岛。"

伊泽特和苏丹的成就之一是希贾兹铁路，修建这条铁路是为了把穆斯林朝觐团从大马士革带到麦加。这条铁路由世界各地的穆斯林出资修建，虽然在沙漠中修铁路困难重重，但它还是在1908年延伸到了麦地那。由礼物和朝觐者组成的神圣朝觐团每年从君士坦丁堡出发，这时他们可以乘坐火车完成大部分旅程，这令靠保护费生活的贝都因人非常沮丧。[11]

希贾兹铁路是苏丹的一项主要政策——复兴伊斯兰教——的外在表现。伊斯兰教是抵抗欧洲诸多帝国扩张的一项武器，是向他贫穷而失落的臣民提供希望和团结的一个手段，是这位选择希腊近臣、亚美尼亚亲信和意大利歌剧的苏丹的抉择。正如他于1892年对首席秘书所写的那样，"和他们（由"富裕而狂热"的基督徒资助的传教士）作战的唯一方法是增加伊斯兰人口，传播神圣的信仰"。在他的统治下，耶尔德兹宫成了伊斯兰世界的"梵蒂冈"。在阿卜杜勒阿齐兹的统治下，君士坦丁堡已经更新了自身作为伊斯兰世界首都的角色，吸引了从俄国和英国帝国主义暴政下逃亡而来的难民。他们开办报纸，从奥斯曼帝国政府领取补贴，宣扬复仇和圣战。1876年后，大批穆斯林传道者、托钵修士、学生和乌莱玛来到君士坦丁堡。他们带着《古兰经》和奥斯曼帝国国旗，最远被派到桑给巴尔、西伯利亚和爪哇岛，他们在那些地方鲜活地描述了苏丹哈里发的权力和荣耀，力劝穆斯林支持硕果仅存的独立伊斯兰君主——奥斯曼帝国的苏丹哈里发。[12]

苏丹离开耶尔德兹宫，来到山下50码外的哈米德清真寺礼拜时，伊斯兰教得到了每周一次的弘扬。1886年，萨尔基斯·巴良贝伊修建了哈米德清真寺，该清真寺体现了精致的奥斯曼-新哥特风格，外观类似阿尔罕布拉宫。墙壁上勾画着红色、蓝色和金色相间的阿拉伯风格图案，悬挂着装饰有珍珠母的书法圆盘，讲坛是苏丹本人精心雕刻的作品。1884年，威尔弗里德·布伦特称周五聚礼为"一桩非常简陋的事务，两队邋里邋遢的士兵，几个人骑着没精打采的瘦马，六辆装满沙子的清扫车，一边走一边把沙子撒在道路上，两辆满载妇女的四轮马车，她们不会进入清真寺，还有大约50名穿制服的军官"。[13]

然而，不到10年，阿卜杜勒哈米德的周五聚礼成了最好的奥斯曼帝国歌剧。军团接着军团——步兵、骑兵、炮兵、枪骑兵、海军——抵达宫殿外，昂扬的《哈米德进行曲》（*Hamidiye*）和其他奥斯曼进行曲的音乐声不时盖过指挥官的号令和军队行军的踏步声。战士们头上的费兹帽使耶尔德兹山丘变成了红色的海洋。身穿正装的大使、外国和当地的显贵，以及秘密特工在专门修建的阶梯形看台和楼阁上观看，这两处俯瞰着通向清真寺的道路。微笑的副官保证他们都有舒适的观景席位；仆从端着金色托盘来回走动，托盘里装有咖啡、茶、冰冻果子露、蛋糕、三明治和印有苏丹花押的雪茄。

这些军队还展示武器。之后，后宫的四轮马车从宫殿大门驶来，太监在旁护送，再后面是大太监、骑马的帕夏们、塔赫辛帕夏领导下的宫廷秘书，还有苏丹的儿子们。最后，小号声宣告苏丹驾到。两匹灰马慢悠悠地拉着苏丹的敞篷四轮马车，当苏丹出现时，士兵们高喊："帕迪沙万岁！"看客们点头致意。当四轮马车穿过外交官所在的阶梯看台时，观众先是一阵欢呼，然后突然一片寂静。所有的目光都集中在苏丹身上。当他经过时，马车篷打开了，他用审视的眼光扫了一眼，看看都有哪些人到场。

苏丹在清真寺的院落里和儿子们以微笑互相致意。城中声音最好听的宣礼员进行宣礼，以此提醒苏丹他只是一介凡人。他进入清真寺。在半小时的礼拜后，他驾驭着小一点的轻便敞篷马车，载着自己和最喜爱的儿子布尔汉丁埃芬迪回宫，帕夏们和秘书们在后面跟着跑上山丘，累得气喘吁吁。他从山丘下来的过程显示了奥斯曼苏丹作为现代欧洲君主的地位：他的归程是奥斯曼苏丹带领军队进入战场的象征性再现。[14] 民众在军队的警戒线外观看典礼，为了维护奥斯曼帝国的传统，在周五聚礼之后会有人收集民众的陈情书，陈情书会被运到宫殿里的一个特别办公室。大部分陈情书都收到了答复。[15]

在周五聚礼后，苏丹消失在"树篱阁"中，他在那里接待大使和外国贵客。这些观众可以成为获取或提供信息的有效工具，苏丹还经常用墨水在手腕上记下他打算说的话。比如，赫茨尔愿意向苏丹提供充足的资金，把奥斯曼帝国从债务控制委员会的压迫下拯救出来，而条件是在巴勒斯坦建立自治的犹太复国主义政权。苏丹显得举棋不定，因为他希望利用赫茨尔的媒体关系来改善奥斯曼帝国在欧洲的形象。事实上，他从来没有改变过对犹太复国主义的反对态度："我不能出卖哪怕一尺国土，因为这不属于我，而属于我的人民……犹太人可以省下数以百万计的金钱了。当我的帝国被分裂时，或许他们可以空手套到巴勒斯坦。但是，就算我们的尸体被肢解，我也永远不会同意分割我的帝国。""当我的帝国被分裂时……"，君士坦丁堡出版的官方年鉴仍然声称奥斯曼王朝是世界上最古老的王朝之一，将会持续到"时间终结之时"。苏丹和城内的许多居民一样，忧惧帝国早晚会四分五裂。[16]

周五聚礼的一些卫兵是著名的北非头巾兵（zouaves à turban），即来自的黎波里塔尼亚、戴绿头巾的阿拉伯人。阶梯看台上的许多观众都是曾与苏丹交战的阿拉伯人领袖，此时这些苏丹的客人穿着奥斯曼的荣誉长袍。在阿卜杜勒哈米德的统治下，奥斯曼帝国的疆域仍然囊括了几乎整个阿拉伯世界，君士坦丁堡既是阿拉伯人的首都，也是奥斯曼人的武器。自16世纪开始，就有阿拉伯教师、诗人和商人更青睐君士坦丁堡，而非停滞不前的巴格达和开罗。阿拉伯人在16世纪将咖啡的愉悦带到这座城市，在19世纪又带来了歌剧。阿卜杜勒哈米德是第一位任用阿拉伯政治顾问的苏丹。他任命来自阿勒颇的谢赫阿布·胡达为耶尔德兹宫的教义教师和鲁米利亚大法官（欧洲诸行省的大法官）。阿布·胡达编写的书籍和小册子多达212本，强调绝对君主制是伊斯兰教的自然之理。真主、《古兰经》和先知都要求人们服从苏丹哈里发。苏丹虔诚、公正，关心臣民的福利。服从他的指挥是义务，特别是在与暴虐的敌人和持不同政见者的战斗中。君士坦丁堡是新的巴格达。[17]

当阿布·胡达在叙利亚鼓舞民心时，来自的黎波里塔尼亚的谢赫扎菲尔·迈达尼正在北非主管泛伊斯兰政策。从1892年开始，卓越的伊斯兰现代主义者、团结伊斯兰世界反抗西方的倡导者哲马鲁丁·阿富汗尼就住在耶尔德兹宫庭院里的一所房子里，苏丹的膳房负责保证他的饮食，他还有权乘坐皇家四轮马车：苏丹邀请他从伦敦过来，以防止英国政府利用他支持麦加的谢里夫建立哈里发国。阿富汗尼从舒适的耶尔德兹宫写信给伊朗的什叶派显贵，号召他们支持伊斯兰教逊尼派和奥斯曼哈里发国，来换取苏丹的馈赠和俸禄。他帮助煽动了1896年对苏丹的仇敌波斯沙阿的刺杀。刺杀者米尔扎·礼萨在受审时回忆说，阿富汗尼在1895年君士坦丁堡的一次会面中表达了他希望能吸引所有穆斯林"到哈里发国，并让奥斯曼苏丹成为统帅所有穆斯林的长官"，还鼓励他杀死暴君（沙阿）。1897年，阿富汗尼在耶尔德兹宫去世，那时他已失去了帝国的宠幸。[18]

学校是奥斯曼苏丹实施阿拉伯政策的又一个利器。行省显贵的儿子们被带到君士坦丁堡，在军事和行政管理学院接受教育。1892年，一所游牧部落的学校在多尔玛巴赫切宫附近建立。其目的是"让游牧人民可以分享由知识和文明产出的财富，以及进一步加强他们早已为人所知的对伟大的伊斯兰哈里发国和至高无上的奥斯曼苏丹国的天然倾向及热爱"。在君士坦丁堡生活五年后，他们将作为教师和官员回到自己的行省。来自更远之地——波斯、摩洛哥和爪哇岛——的男孩也被带到首都的现代学校接受教育，苏丹为他们支付开销。他们常常回去宣扬泛伊斯兰主义，期望他们的殖民统治者把他们当作欧洲人对待。[19]

阿卜杜勒哈米德也强化了奥斯曼与伟大的阿拉伯哈希姆家族之间的联系，哈希姆家族来自他们在希贾兹的半独立权力基地，自1517年以来，他们既是奥斯曼的臣民，也是其对手。19世纪初，随着奥斯曼的权势不断衰弱，哈希姆家族的敌意日渐增强。一名法国旅行者发现"土耳其人和阿拉伯人之间存在不可动摇的仇恨、不可调和的敌意"。奥斯曼帝国政府的回应是加强在吉达的奥斯曼驻军规模，并邀请哈希姆家族前往君士坦丁堡。

自1816年开始，哈希姆家族的一些成员在首都得到了可观的年金、妻妾和房产。他们既是囚徒也是贵客，被视作奥斯曼精英来对待。1857

年10月，在雷希德帕夏举办的一次晚宴上，有一位面容英俊、表情端庄的年轻客人，大约30岁，他叫谢里夫·阿卜杜拉。他来自哈希姆家族中更为年轻、恭顺的奥恩系，奥斯曼政府利用他们对付哈希姆家族的宗家宰德系。当他被问到为什么他不戴先知后裔的绿头巾时，他说道："我有时候会戴，但是我们的家世太显赫了，不需要标志。"

另一方面，他们的存在对君士坦丁堡来说是一把双刃剑。面对欧洲的干预和技术优势，苏丹的软弱无力暴露无遗，哈希姆家族在首都的定居可能会提升臣民的反叛性而非忠诚度。当谢里夫阿卜杜勒·穆塔利布在克里米亚战争期间离开君士坦丁堡返乡时，他告诉希贾兹的乌莱玛奥斯曼人是注定要叛教的，并发动了一场对奥斯曼行省长官的"圣战"，因为行省长官阻止奴隶贸易的努力已经引发当地人的众怒。[20]

阿卜杜勒·穆塔利布战败，被带回君士坦丁堡，在1856—1880年一直在那里生活。他是米德哈特帕夏的朋友，参加了1876年穆拉德五世的即位礼。在谢里夫在英国支持下于麦加发动阿拉伯起义的40年前，英国驻君士坦丁堡大使馆和阿拉伯诸行省就已经有传言说"情况对土耳其人来说完全没有希望"，哈里发国将会"在某天回到阿拉伯故土"。1880年，苏丹的朋友奥斯汀·莱亚德爵士见到了一位阿拉伯绅士，这名绅士告诉他"对土耳其人不满是几乎全奥斯曼帝国阿拉伯人的主流态度"。他宣称："如果阿拉伯人不能依靠英国的支持，那么他们已经准备好解放自己……所有真正的穆斯林现在正把麦加的谢里夫看成他们正统的宗教领袖。"那一年，已经在"高门"被宣布为麦加埃米尔和谢里夫的阿卜杜勒·穆塔利布又回到了麦加：苏丹认为米德哈特和穆拉德五世的这位朋友留在君士坦丁堡甚至比在麦加还要危险。[21]

然而，在阿卜杜勒哈米德的统治下，谢里夫们仍然是君士坦丁堡城里最受尊敬的居民。阿卜杜勒·穆塔利布的孙子阿里·海达尔于1866年在君士坦丁堡出生，在耶尔德兹宫庭院里的宫廷学校和奥斯曼皇子、克里米亚汗国遗族，以及帕夏们的儿子一起接受教育。他成了谢赫阿布·胡达和苏丹阿卜杜勒阿齐兹之子阿卜杜勒迈吉德埃芬迪的朋友。当他抱怨学校时，他的祖父说："如果你不去上学，我就把你送回麦加。"19世纪的圣裔家族将君士坦丁堡看成家,将圣城麦加则视为放逐地。[22]

1893年,哈希姆家族的另一名成员,即来自奥恩系的谢里夫侯赛因回到麦加生活,他从1853年开始与儿子阿里、阿卜杜拉和费萨尔一起住在博斯普鲁斯海峡欧洲一侧的耶尼科伊阔气的水滨别墅里。他是一位专制主义者,据说为苏丹从事间谍活动,也是国务会议的成员,该机构是用于替代议会的。他已经与自己的阿拉伯表亲结婚,在君士坦丁堡又与雷希德帕夏的孙女阿迪莱结婚,由她所生,也是最受宠幸的儿子宰德于1898年出生。几年后,他离开耶尼科伊,搬到了他在一座小丘上所建的楼阁里居住——"远离苏丹和他的间谍",这座山丘绿树成荫,能俯瞰比尤克德雷。

谢里夫侯赛因、谢里夫阿里·海达尔和他们的家人都维持两种身份——奥斯曼人和阿拉伯人。苏丹提供的教师强迫前者的儿子说土耳其语——他们直到晚年还在坚持使用土耳其语,当身边都是阿拉伯人时,他们用土耳其语作为口头暗号。谢里夫侯赛因的次子阿卜杜拉在他的回忆录中(那时他已经是约旦国王)赞颂希贾兹"亲切可爱的阿拉伯语呼喊声、棕榈树和阿拉伯式建筑",但同时他更加钟情君士坦丁堡,那是"哈里发所在地……无法描述的吸引力,一座在每个季节都拥有迷人风景的城市,夏冬皆然。它的泉水多么纯洁,它的水果多么美味!……它聚集了来自各行各业、拥有不同风格和操不同语言的穆斯林,但是没有人、没有任何事物显得突兀,你可以找到来自其他任何国家、自己想要的东西"。[23]

谢里夫阿卜杜拉怀着特别愉悦的心情回忆起博斯普鲁斯海峡。当苏丹在耶尔德兹宫的高墙内统治时,博斯普鲁斯海峡经历了第二个黄金时代。每年5月,从君士坦丁堡到塔拉布亚,一路上翻山越岭,其间点缀着牛车,它们将家具送到博斯普鲁斯海峡边上的皇家别墅。仆人们早早出门,只为在主人晚上到达新住所前把房子准备好。博斯普鲁斯海峡的空气十分纯净,以至于它被描述成"身体的补药和精神的兴奋剂"。在阿卜杜勒哈米德的统治时期为奥斯曼银行工作的路易斯·兰伯特就为此心醉:"多好的光线!多明朗的阳光!从5月到11月,几乎万里无云,夏日的时光缓慢流淌，自有其步调，举目望去澄澈明净，都由一面巨大的蓝色镜子反射出来。博斯普鲁斯海峡里的船只在每个清晨到来，在夜晚离去，最终在你的想象之中刻绘下一道真正迷人的奇异美景。"1912年前君士坦丁堡的"甜蜜生活"和1789年前的巴黎相似，见过的人永不会忘怀。[24]

一长串水滨别墅沿着博斯普鲁斯海峡两岸延伸。最大的几间是皇室公主的，这些水滨别墅靠近皇宫，但彼此保持着合乎礼貌的距离。在塔拉布亚，连片的公园绿地向下延绵，从大使的白色木制水滨别墅慢慢延伸到蓝色的博斯普鲁斯海峡，大使馆的巡逻艇（每个大使馆都被允许在博斯普鲁斯海峡保有一艘船）停泊在那里。下午的塔拉布亚码头则成了国际社交场所。记者打探或者传播最新的流言。外交官和银行家规划筹办网球锦标赛、马球比赛（君士坦丁堡马球俱乐部位于比尤克德雷，1913年，哈罗德·尼科尔森担任该俱乐部秘书）、舞会和许多其他事务。晚期奥斯曼的君士坦丁堡编年史家、外交部高级官员之子赛义德·纳乌姆·杜哈尼写道：

> 情人、金融家、满口怨言的丈夫、野心勃勃的骗子互相打着手势，只有被接纳者才能正确理解。对于黎凡特的男女名流（马夫罗戈扎托斯家族、扎里菲家族、泰斯塔家族、奥斯特罗鲁格家族）来说，出现于这个社交场所是有利可图的，男人可能会做成生意，而对于年轻的未婚女孩来说，这可能是吸引路过的大使随员的好机会，她能将他变为丈夫。[25]

塔拉布亚既是欧洲的，也是黎凡特的。卡耶克小艇是更加传统的生活方式的核心。现代土耳其最伟大的小说家之一雅库普·卡德里在《努尔·巴巴》(*Nur Baba*，1921年）一书中，把富有的宫廷官员萨法埃芬迪的水滨别墅外边上了彩饰，在博斯普鲁斯海峡边上等待的卡耶克小艇描写成好似悬停在蓝色的虚空中："整个海湾都将为光和和谐所淹没，仿佛处于节日灯火通明的夜晚。所有的小划艇灵巧驶离，在浅滩随波摇动，云集在博斯普鲁斯海峡两侧，从贝贝克和坎迪尔里到萨勒耶尔和楚布克卢，追寻欢愉和享乐，它们总是在那里停留。"许多卡耶克小艇紧密地停泊在一起，欣赏音乐，以至于男男女女可以交换眼神或者鲜花。

在月光照耀的晚上，萨法埃芬迪完全沉醉于这样的景色，他从不离开自己房间的窗户，也不放下双筒望远镜，一边欣赏，一边缓缓地对朋友说：

> 多好的双筒望远镜啊！我看到哈塞内夫人就在我眼前。如果我伸出双手，仿佛就能摸到她！看看隔壁船的那个男人！他从来不曾离开她片刻。他们看起来像是粘在一起似的。啊哈，宫中女性已经转身背对着他了。多好的发型啊，多好的发型啊，多好的发型啊！她们可真是一群老八婆！……这儿还有法伊克贝伊的女儿们！我的妈呀！我的天哪！她们是多么轻浮的年轻尤物！从早到晚都在浪！我不禁开始想她们和船夫之间是不是有点什么猫腻！他们好熟，一起交谈、大笑的样子是多么自由和放松啊！真是有趣！今晚，我哪都找不到埃及人拉克希纳兹的尊夫人！我希望她可别先走了。

在其他的夜晚，载着音乐家和饮食托盘的卡耶克小艇会在卡伦德尔湾集合。为了欣赏音乐，其他小艇会在他们周围盘绕，组成一个随波起伏的集体，行动整齐如同一艘单筏。在苏丹阿卜杜勒阿齐兹的统治时期，"心灵更放浪，感情更强烈，肌肉更强壮，生活更悠闲，钱包更充实"，据说有1000艘船从博斯普鲁斯的一个海湾漂到另一个海湾，乘客们为夜晚的美丽和音乐声而入迷，直到拂晓。

在埃及，赫迪夫伊斯梅尔委托相关人员创作了《阿依达》（Aida），展现出了对于西方音乐的喜好。伊斯梅尔在君士坦丁堡度过了生命中的最后时光，在那里他重拾了孩童时期的喜好。在月光照耀的夜晚，由100名女奴组成的歌唱队在他位于埃米尔甘的水滨别墅吟唱东方歌曲。为了听歌而在外面聚集起来的卡耶克小艇组成了一座从埃米尔甘到博斯普鲁斯海峡靠亚洲海岸的桥梁。他的一个奴隶拥有能从埃米尔甘传到对岸的嗓音，声音震撼山丘，产生两重或三重回声。然而，苏丹顾忌大规模集会的影响，害怕帕夏受到欢迎。他声称在公共场合听到穆斯林女性的声音是不合适的，于是从耶尔德兹宫下旨禁止这些娱乐。[26]

博斯普鲁斯海峡边,有一座宫殿禁止任何船只进入。彻拉安宫里被废黜的苏丹对于耶尔德兹宫中他的弟弟而言,永远是一种威胁和羞辱。在1876年后,穆拉德五世和阿卜杜勒哈米德二世——类似苏格兰女王玛丽一世和伊丽莎白一世——是互相敌对的皇室成员,他们永不复相见。穆拉德五世住在宫殿左侧独立的后宫区域,现如今这里是一所学校,他被和他宫殿的墙壁一样难以穿透的保密之墙包围。一起被监禁的还有他的60名家眷随从,其中有他的孩子和后宫妃嫔。他的家眷用业余戏剧表演、古典音乐和奥斯曼音乐聊以自慰。皇家音乐指挥瓜泰利帕夏将穆拉德五世的儿孙在彻拉安宫中的情况告诉了阿卜杜勒哈米德:"陛下,我是去听他们的,不是去教他们的。"穆拉德五世读诗、写诗、谱曲(他的作品中有一首进行曲和一首波尔卡舞曲),用双筒望远镜扫视博斯普鲁斯海峡,喝白兰地和香槟混合而成的鸡尾酒。他再也没有做过礼拜。有时,他会给儿女和孙辈讲他同阿卜杜勒阿齐兹在1867年访问法国和英国的事情:"我们有一天会获得自由,我会驾船带你们去所有这些国家。"

由于牙医不被允许进入,穆拉德五世学会了自己拔牙。他很少收到新衣服,所以他的后宫妃嫔自己缝制衣服。耶尔德兹宫每天派出一位管家,询问穆拉德五世是否需要什么。他的高傲使他放不下身段去请求别人。有一次,他实在忍受不了后宫的责怪,便请求管家带来一份日历。管家却拒绝提供给他。阿卜杜勒哈米德恨他的哥哥。他寻到了当年大教长允许处死穆拉德五世的教谕,但是王朝的屠兄杀弟制度在19世纪末似乎已不合时宜。历经28年的囚禁生涯,这位可能把奥斯曼帝国带入君主立宪制的自由派君主于1904年去世,享年64岁。[27]

在博斯普鲁斯海峡魔幻的微观世界底下,这座城市看起来越来越现代化。新艺术派重视花朵图案和曲线,因而对奥斯曼人特别有吸引力。苏丹的意大利建筑师雷蒙多·达龙科修建的建筑中有1895年完成的壮观的海达尔帕夏军事医学院(建在亚洲一侧,或许是为了让学生不受佩拉的腐化影响),1901年完工、位于佩拉大道尽头的波特之家,以及1905年完工、位于塔拉布亚的意大利夏季使馆。[28]

毫不例外，欧洲服饰成了加拉塔桥上的风尚。一位名叫哈利勒·哈立德的年轻聪明的穆斯林拒绝在宗教学校学习，因为里面的学生必须穿传统的长袍，戴传统头巾，"和大部分国人一样，我也想穿得更现代，显得跟上了潮流"。简朴的房子仍然挂着装裱的书法作品，拥有矮小的会客厅，以及其他为数不多的传统。但是奥斯曼精英集团的成员，比如帝国博物馆馆长和艺术学校校长奥斯曼·哈姆迪贝伊，住在如梅利堡附近的水滨别墅，并邀请男性参加自己举办的沙龙的女诗人尼加尔夫人，还有沙基尔帕夏一家，在服饰、仪态举止和家具上都更像他们在伦敦或巴黎的同等级人士，而非他们的父母。烟壶和香水的旧定制开始消失（但咖啡依然流行）。每个体面人的家里都有钢琴。人们在家里用法式礼仪上菜，饭菜摆在桌子上，配有刀叉，而非摆在托盘里，放在地上；不是先给家中最年长者，而是先给女士上菜。即使是在最亲密的场合，也只有男性头上的费兹帽显示他们是奥斯曼人。埃及统治者家族的支系哈利姆系的一些女性成员对自身的现代性很有信心，以至于她们以穿戴传统的奥斯曼服装和珠宝为全新风尚，掀起了一场流行风潮。[29]

家庭关系本身也开始发生变化。出于控制一切的欲望，阿卜杜勒哈米德下令开展了奥斯曼帝国历史上最精细的数据调查。1907年，城中只有2.16%的已婚男性有超过一个妻子。君士坦丁堡的穆斯林市民是世界上第一个大规模施行避孕的穆斯林社群。为了限制家庭的人口规模，堕胎行为广泛为民众所接受，这令苏丹感到震惊。以肥皂水或柠檬汁作为杀精剂的避孕子宫帽也随处可见。[30]

奥斯曼人开始抛弃阿拉伯语和波斯语。知识分子侯赛因·贾希德写道："我的觉醒最应当归功于法国的语言和文化。"君士坦丁堡作家艾哈迈德·米德哈特认为奥斯曼语言已经烂到了骨子里，以至于其语言结构的任何部分都一触即溃。[31]

精英的积极进取和苏丹的传统专制统治之间，城市和宫廷之间确有明显的对立。阿卜杜勒哈米德蔑视当时最重要的两个运动：工业化和民族主义运动。为防止欧洲企业进一步侵入帝国经济体制，君士坦丁堡几乎不允许新建企业。1891年，除了金角湾岸边生产费兹帽的费兹房等官办工厂，以及纺织厂和火药厂，城中只有不超过10家私有工厂，它们生产牛奶、砖块、陶瓷、玻璃，此外还有两家煤气厂。伊兹密尔、萨洛尼卡，以及与外界隔离的耶尔德兹宫小世界允许供电，但是在君士坦丁堡城区，只有医院、大使馆和佩拉宫酒店有电力供应。[32] 1876年前，君士坦丁堡已经相对现代。而在阿卜杜勒哈米德的统治下，它成为一座时空错位的城市。

根据1887年的一张纳税清单，首都仍有287个传统行会在运作。每个行会——船夫、屠夫或是搬运工行会——各自以一位主管为首，这样就强化了耶尔德兹宫对首都的控制，以及行会自身的权力。港口工人的行会可以逼迫大船远远地停在海中，使用岸上工人的小船装卸货物——削弱港口的盈利能力。政府和外国投资集团从1890年开始计划的港口设施现代化进程因此被推迟。1895年后，随着库尔德人取代来自东安纳托利亚的亚美尼亚人，成为行会主要的成员来源，行会也发生了改变。[33] 而各行省的民族冲突蔓延到了君士坦丁堡，开始在首都的街头引发流血事件。

19世纪80年代，正如大牧首赫里米扬所预言的那样，一些亚美尼亚人选择了暴力革命。1887年，钟声党在日内瓦成立。它是奥斯曼帝国境内第一个马克思主义革命政党，受到了俄国民粹主义和虚无主义的影响。钟声党在君士坦丁堡招募了700名成员，他们主要来自为外国公司工作的亚美尼亚人。三年后，另外一个亚美尼亚革命党在第比利斯成立，它很快以"亚美尼亚革命联盟"（简称亚革联）的名字为人所知。亚美尼亚事业失去了沙皇政府的同情，但是获得了革命激情和组织。钟声党和亚革联开始刺杀为苏丹效力的亚美尼亚人。

恐惧和不信任改变了奥斯曼政府对亚美尼亚人的态度。1889年，在耶尔德兹宫内与历史学家、突厥语言文学专家、英国政府的匈牙利代理人万贝里商谈时，苏丹显得非常愤怒，以至于好几次掀起了他的费兹帽："告诉你的英国朋友，特别是要告诉我非常关心的索尔兹伯里勋爵，我已经准备好整治亚美尼亚的恶疾了，但就是让他把我的脑袋砍下来，也不会同意分裂亚美尼亚的方案！（他在说这句话的时候情绪非常激动）"[34]

来自耶尔德兹宫的档案显示,苏丹和他的官员视亚美尼亚人为"骗子",这些人的心中充满对"崇高国度"的"恶意"。根据苏丹本人所说,东部诸省应当被正确地称为库尔德斯坦,因为在那里居住的库尔德人比亚美尼亚人多。在亚美尼亚推行改革就像是"用左手抓住一个人的胡子,用右手割他的喉咙"。[35]

1890年7月27日,星期日,"库姆卡帕斗殴事件"在库姆卡帕的亚美尼亚大牧首座堂外爆发,开启了恐怖的循环。一群主要来自高加索的钟声党成员包围了该教堂,动手羞辱大牧首,并宣读反对苏丹的宣言。警察开火,杀死了大约20名亚美尼亚人。两名警察被杀——自1453年以来,基督徒首次胆敢在君士坦丁堡攻击奥斯曼帝国的武装力量。为表示对警察和恐怖分子双方的抗议,大牧首辞职了。人群呼喊着"钟声党万岁!亚美尼亚人民万岁!亚美尼亚万岁",站到钟声党一边。一些人希望发生屠杀,认为这样就能引发列强干涉。次年,《亚美尼亚国民宪法》被搁置。1894年3月25日,大牧首再次在库姆卡帕被一个年轻的亚美尼亚恐怖分子所伤。[36]

1895年9月18日,在钟声党革命委员会的数月准备后,大约2000名亚美尼亚人从库姆卡帕游行到"高门",他们中许多人都武装着刀和手枪,并大声喊着"自由或死亡",高唱革命歌曲"来让'高门'完全意识到亚美尼亚人的苦难"。大牧首被胁迫陪同游行队伍。亚美尼亚人把他们的事业与欧洲帝国主义者的利益相联系。他们向使馆寄信,要求在东部的六个"亚美尼亚行省"进行改革(言论自由,集会自由,允许持有武器,结束屠杀),并且建立欧洲总督管理下的警察部队。他们要求更大的欧洲经济渗透,但也威胁如果没有得到帮助,亚美尼亚抗议者或许会"在你们自己国家的劳苦大众里找到回声"。

奥斯曼帝国的回应是残酷的,警察开始向群众开火。用一个适合阿卜杜勒哈米德统治下君士坦丁堡的短语来说,苏丹"放纵暴徒",利用穆斯林大众的勃然怒火来实现自己的政治目的。穆斯林被允许当街打死亚美尼亚人,不仅是在库姆卡帕附近,在君士坦丁堡的许多其他街区也是如此。警察要么消极怠工,要么参与其中:一些亚美尼亚人在警局的庭院里被人用棍棒打死。各处针对亚美尼亚人的攻击同时开始，暴徒小心谨慎地放过外国人及其亚美尼亚仆人、亚美尼亚天主教徒和亚美尼亚新教徒，不过有时也有例外。屠杀持续了两天，在一些街区则持续了两周。贫穷的亚美尼亚人——搬运工和码头工人——受难最为严重，他们是最近从东部过来的移民，施暴者可以通过服饰和口音加以辨认。更加富有的亚美尼亚人躲在自己的宅邸或是教堂里避难。大牧首震惊过度，一病不起。[37]

1895年的希腊人对亚美尼亚人的同情不如1821年亚美尼亚人对希腊人的同情。希腊独立战争的领导人之子尼古拉·马夫罗科扎托斯大公和其他法纳尔人的后裔一样，成了希腊政治家和外交官。1894年，他以希腊大使的身份回到了祖辈们的城市。虽然他成了城中的名人和东方俱乐部的成员，但是他和他的父亲一样，是热忱的希腊民族主义者，他称奥斯曼帝国领土完整的原则是"无用而荒谬的规定"。1895年，他写道，奥斯曼帝国希望离间希腊人和亚美尼亚人，帝国向希腊人保证他们在奥斯曼人眼中是"真诚的朋友"，并释放在希腊人家庭中侍候的亚美尼亚仆人。普世牧首希望能给予道德上的支持："然而，希腊人聪明行事，他们必然能够平静地度过这个多事之秋。"事实上，一些亚美尼亚人已经于9月10日在奥塔科伊攻击了希腊人。更糟糕的大屠杀摧毁了东部的亚美尼亚人。外国大使最终决定集体干涉。苏丹签署了改革诏令，但它一直是一纸空文。[38]

1896年8月26日，恐怖气氛重新笼罩了君士坦丁堡。亚革联的革命者在全城开展了一系列精心策划的炸弹攻击，在加拉塔和萨马提亚尤甚。最戏剧性的事件发生在下午1点。25名亚美尼亚人假扮成搬运工，夺取了君士坦丁堡的权力中心之一——加拉塔的奥斯曼银行总部。他们选择奥斯曼银行是因为其坚固的构造便于劫持者在重重包围下坚守，并且它在金融上的重要性能够吸引欧洲的关注。他们杀死了两名雇员，将150名员工和顾客扣为人质，他们威胁，除非满足他们建立欧洲保护下的亚美尼亚自治国家的要求，否则他们就要炸掉银行。银行总裁埃德加·文森特从顶楼的办公室经由屋顶天窗逃脱。在由使馆译员进行的漫长谈判之后，恐怖分子被允许乘坐文森特的快艇离开君士坦丁堡。然后，他们乘坐法国大使馆的船只前往马赛，接着获得释放。

奥斯曼政府再次放纵暴徒。宗教学校的初级学生和暴徒开始攻击哈斯科伊、托普哈内和加拉塔的亚美尼亚人。军队和警察或者旁观，或者助纣为虐。大部分人把自己关在房子里，或者躲在商舍的厚重铁门内。奥斯曼银行职员路易斯·兰伯特在日记中写道："所有亚美尼亚人的房屋都遭到攻击，人们闯进他们的小商铺，劫掠一切东西。这些袭击事件几乎是无声无息地发生的（因为暴徒使用的是棍棒，而不是枪支）。暴徒杀死了他们在大街上遇到的每一个亚美尼亚人。"即使是在佩拉大道，也不例外，运货马车满载着尸体。他亲眼看到一条卡耶克小艇上的船夫被人杀死，加拉塔桥上则有一大群看客面带明显的愉悦之情围观这起事件。[39]

一位英国外交官记录了这些事件，他写道：

> 与此同时，出现了好几个暴力团伙，他们部分是该区域的土耳其底层人口，但另一部分是在该区域少见的戴头巾、穿亚麻长袍的人（来自宗教学校的学生）。他们杀死在大街上遇到的所有亚美尼亚人，并劫掠了加拉塔的许多商店。然而，破坏运动在卡西姆帕夏区和哈斯科伊区最为暴烈，那里的亚美尼亚人几乎全部被杀光。在哈斯科伊区有许多犹太人，他们加入土耳其人一边，反对基督徒……我也看到暴徒精神高涨，像节日里的孩童那样笑着，他们冲到连接加拉塔和斯坦布尔的桥上，据我所见，我能证实警察解除他们武装的夸张努力只是逢场作戏而已。

在君士坦丁堡的大街上，欧洲各国政府的步调出奇地一致，各国使馆让陆海军士兵从他们的驻地登陆——并不是为了帮助亚美尼亚人，而是为了保护他们国家公民的性命。法国、英国和俄国的译员前往耶尔德兹宫，从他们的大使那里带来了威胁性的照会，还带来了一根棍棒和一个行凶者，作为城中事件的证据。塔赫辛帕夏回复说，既然亚美尼亚人视君士坦丁堡的军队和警察如无物，用刀和炸药伤害无辜的人，那么穆斯林报复他们是非常正常的。奥地利大使告诉外交大臣，如果奥斯曼帝国政府不能维持秩序，欧洲舆论将会要求"补救"。俄国大使威胁集合俄国舰队炮轰比尤克德雷。8月27日晚，行凶者将他们的棍棒上缴警察局并回去工作，仿佛没有事情发生过，这显然是在政府的命令下进行的。然而，亚美尼亚革命者在接下来的几天里继续从房子里向人们丢炸弹和开火。在1896年君士坦丁堡的暴力事件中，大约有6000人丧生。[40]

1895—1896年，苏丹和亚美尼亚革命者都视君士坦丁堡的亚美尼亚人为走卒，不顾虑人们的性命。东方学家马克斯·缪勒警告革命者，他们的行为将会导致许多人死亡。他们用这样的宣言回应：“那些死去的人都是真正的爱国者和殉道者。”法国大使馆哀叹他们的求死愿望是"民族感情最突出的影响之一"。[41]

在否认事实方面，报纸比苏丹的做法更甚。为了表达厌恶之情，大使们首次拒绝为纪念苏丹登基而给大使馆亮灯。然而，9月2日，《东方导报》报道，波斯大使马尔库姆·汗在比尤卡达（Buyukada，意为大岛，是王子群岛中最大的一座岛）上举行了奢华的晚宴以纪念苏丹登基，而大使本人是皈依伊斯兰教的亚美尼亚人，娶了达江家族的一名成员。在他的宅邸，"宴客厅里装饰着稀有的鲜花和植物，厅里满是雅致奢侈品……女士们打扮优雅，互相比拼高雅气质和品味，引人注目"。9月19日，同一家报纸写道：“托苏丹的福，我们没有理由在现在或是将来发出警报——奥斯曼帝国当局随时准备好维持公共秩序和安全。”1896年10月8日，它残忍地指出，亚美尼亚人离开君士坦丁堡时，"甚至没有变卖掉他们财产的一半"。在苏丹和革命者的政治斗争底下，还有对其财富的评估：亚美尼亚精英的财富令其基督徒和穆斯林敌人都感到厌恶。

26岁的亚美尼亚年轻人加卢斯特·古尔本基安离开了君士坦丁堡。他之前一直就美索不达米亚的石油前景向他的亚美尼亚同胞、皇室专款大臣阿戈普·卡扎良帕夏提出建议。他在位于伦敦的新基地，以及位于加拉塔德米尔商舍的办公室里继续关注石油。1912年，他与来自著名的英国贸易家族的欧内斯特·惠托尔一起帮助建立了土耳其石油公司（后来的伊拉克石油公司），他结合了英国、荷兰和德国的利益，但为他自己保留了5%的股份：因此，在1927年后公司在伊拉克开始生产石油之后，他得到了"5%先生"的名号。[42]

阿尔京·达江帕夏是衰微的奥斯曼-亚美尼亚共生关系的代表人物,他是宫廷和亚美尼亚革命者的最后联系。他是奥哈内斯·达江贝伊之子,生于1830年,曾经以学生和外交官的身份在法国生活。阿尔京·达江帕夏能干、虔诚、富裕,他有三重身份。他是受到苏丹信赖的仆人,苏丹阿卜杜勒迈吉德频繁拜访达江家族,使得苏丹阿卜杜勒哈米德从小就认识阿尔京·达江帕夏。他以副国务秘书的身份于1875—1876年、1883—1885年和1885—1901年在奥斯曼外交部供职。他在欧洲也是一位知名人士、一位说法语比亚美尼亚语好的帕夏,他获得了俄国、奥地利、普鲁士、意大利、荷兰和希腊的勋章。他经常被召唤到耶尔德兹宫,翻译从欧洲到来的最新电报,并且随着审查制度的愈发严格,1884年,他成为专门审查从欧洲来的"有害"私人电报的部门的主管。1885年,在奥地利皇储鲁道夫大公来访时,阿尔京帕夏17岁的女儿叶芙金娜成为帝国后宫的官方翻译。[43]

阿尔京·达江帕夏也是亚美尼亚社群中的显赫人物:他帮助起草了《1860年宪法》,并于1871—1875年担任亚美尼亚国民议会主席。他同时是亚美尼亚人、奥斯曼人和欧洲人,也是奥斯曼世界主义最后的捍卫者之一。他在《维持土耳其在东方主导地位的必要性》(*Nécessité du maintien de la domination turque en Orient*)中赞扬了奥斯曼帝国政府的宽容,并且引用了一些基督徒偏好戴面纱和求助于穆斯林法庭的现象,作为帝国体制可行性的证明。"这个世界上没有一个政府和土耳其(原文如此)政府一样,能够如此卓越地把东方许多分散的民族重新团结在王座周围";在"穆斯林征服者的统治下",他们已经"几乎总是抱有淡定的态度,以免被激烈而暴戾的革命暴乱清扫,这些革命运动已经多次动摇了同土耳其一样由不同民族组成的欧洲国家"。19世纪下半叶,为了回应欧洲的傲慢,许多奥斯曼人对在西欧愈发强大的社会主义和无政府主义表现出怜悯和不屑,因为在苏丹"妥善守护的疆土上"并不存在这些威胁。

1896年,苏丹任命阿尔京·达江帕夏为解决帝国和亚美尼亚革命者之间冲突的委员会的主席。在保证1200名政治犯得到大赦、重获自由之后,阿尔京·达江帕夏派遣他的儿子到日内瓦和流亡者对话。他本人宣布

"同时作为一名奥斯曼公务员和一个亚美尼亚人"在东部推行改革。当一名亚美尼亚激进分子嘲笑这句话时,他说道:"我了解你们,年轻的亚美尼亚人,你们不相信我的爱国主义,认为我是一名土耳其狂热分子。这是错误的。我知道亚美尼亚人的恐惧并不完全是毫无根据,但我认为,在一个危险的情势下,比如在我们弱小的民族正在居住的环境里,我们的责任就是忠诚地为国家工作,谨防反叛运动,以免遭到惩罚。"他用发自内心的规劝结束讲话:"小心谨慎的爱国主义难道不也是爱国主义吗?"

在1898年写给亚革联的一封信中,他头脑清醒,具有预见性:

> 我认为,今天我们除了耐心和容忍,别无他法。第一,欧洲展现出完完全全的漠不关心,他们说,据他们所知,没有什么亚美尼亚问题。第二,亚美尼亚民族被完全消灭的威胁并没有完全消失。第三,人民厌倦了革命者的所作所为,他们希望弥合和政府的分歧,以免于更多的恐怖事件,比如那些已经几乎把我们的同胞从地表上抹除的事件。第四,许多组织正在为不同的事业而战,他们都有各自的处事之道,而被夹在所有立场中间的则是可怜的阿尔京帕夏,他一只手乞求苏丹的怜悯,告诉他什么是对帝国最好的选择,另一只手与小人作战,那些人为了达成他们自私的目的,甚至愿意出卖整个民族……正如我在之前已经无数次提到的那样,我相信让我们的人民与苏丹修复裂痕是最合适的做法。[44]

然而,亚美尼亚革命者相信的不是谨小慎微,而是公正和复仇。1897年,他们试图炸毁内阁会议,1903年试图暗杀亚美尼亚大牧首。在1905年7月21日的周五聚礼上,亚革联在一辆四轮马车上装设了葛里炸药,但装炸弹的马车仅以几分钟之差,没能如愿炸死苏丹。当苏丹从清真寺回到宫殿时,他对此次袭击和人群的欢呼显得同样不为所动。[45]

除了亚美尼亚人遭遇的灾难,阿尔巴尼亚社群的演变也显示出民族主义的紧密控制。阿尔巴尼亚部分地区在1878年就已经爆发了支持自治权的起义。移居到君士坦丁堡的阿尔巴尼亚族长之子弗拉舍里兄弟帮助定义了阿尔巴尼亚的民族主义。1879年，在前奥斯曼议会议员阿卜杜勒·弗拉舍里的领导下，保卫阿尔巴尼亚民族权利的中央委员会在君士坦丁堡短暂成立。他的儿子米德哈特·弗拉舍里虽然在"高门"工作，却是一位民族主义爱国者，他将另一个为独立而战的山地民族英雄威廉·退尔的传记翻译为阿尔巴尼亚语。

阿卜杜勒·弗拉舍里的弟弟萨米·弗拉舍里一直既是阿尔巴尼亚人，又是奥斯曼人，他出生于1850年，在22岁时来到君士坦丁堡，在奥斯曼帝国以"舍姆斯丁·萨米"的名字为人所熟知，直到生命的尽头，他一直都是奥斯曼公务员。他是当时的突厥语言和文学领袖，是《历史和地理大辞典》（Universal Dictionary of History and Geography，君士坦丁堡，1894年）等土耳其语作品的作者，他还编纂了一本土耳其语-法语词典。① 然而，萨米与阿尔巴尼亚本土和海外的活动者，以及阿尔巴尼亚文学会的成员有秘密联系，阿尔巴尼亚文学会于1879年在君士坦丁堡成立，他担任主席。萨米·弗拉舍里成为民族主义的焦点。他们的敌人既有希腊人，又有奥斯曼人。普世牧首威胁将任何使用萨米·弗拉舍里改革过的拉丁字母，而非希腊字母的人开除教籍。萨米·弗拉舍里的小册子《阿尔巴尼亚：她的过去、现在和未来》（Albania, what she was, is and will be，布加勒斯特，1899年）是一份请愿书，呼吁设立两院制立法机构，并由君士坦丁堡任命一位总理，进而成立共和制的独立国家。他在那一年被当局软禁。

萨米的另一个兄长纳伊姆·弗拉舍里为奥斯曼的铁路部门工作，他写诗赞颂15世纪的阿尔巴尼亚反奥斯曼英雄斯坎德培，并尝试去除阿尔巴尼亚语中的外来元素。每周五和周日，朋友们聚集在他位于郊区的一所房子里，讨论波斯文学和阿尔巴尼亚的独立事业。这么一来，到1900年，奥斯曼帝国优待的族长儿子们已经全部转而反对帝国。他们在博斯普鲁斯海峡两岸梦想着"解放"他们的故土。[46]

---

① Dictionnaire Turc-Français，由 Ch. Samy-Bey Fraschery 编纂，并且得到了官方教育机构的认可，于1885年在君士坦丁堡的 Mibran 印刷厂印刷出版。

巴尔干崛起的新兴力量是保加利亚，由强悍而野心勃勃的大公科堡的斐迪南从1887年开始统治。在理论上，斐迪南是苏丹的封臣，1896年，即亚美尼亚屠杀发生前6个月，他访问了君士坦丁堡，接受苏丹对他成为大公的认可——为了在欧洲让自己的地位合法化，这是重要的一步。在圣索菲亚清真寺里，他故意站在拜占庭皇帝加冕的斑岩平板上。保加利亚只是他的拜占庭梦想中的一步。保加利亚的野心，以及保加利亚人在马其顿的暴行解释了为什么苏丹于1900年在耶尔德兹宫的一场晚宴上用温和友善的声音提醒希腊的尼古拉王子："我们有相同的敌人。"[47]

当一些亚美尼亚人和保加利亚人选择暴力反抗时，大部分希腊人满足于富足的生活，以至于不愿意为"伟大理想"而战。他们觉得虽然奥斯曼人统治着国家，但是希腊人也通过银行和商业影响着政府。用一名希腊商人的话来说："我们将自己智力和商业能力的活力借给他们；他们保护我们，像是温柔的巨人……我确信一件事，未来属于希腊人；这个未来毫无疑问很遥远，但是人民可以等待。"希腊公使馆的文秘伊翁·兹拉古米斯为民族主义组织"君士坦丁堡协会"工作，他抱怨城中的希腊人对于民族事业缺乏兴趣。一些希腊人非常黎凡特化，以至于他们将孩子送到天主教的学校学习："大理石皇帝将永远是大理石像……我们已经完全失去了这座城市。"[48]

1897年，短暂的希腊-土耳其战争几乎不影响城中的希腊-奥斯曼关系，尽管君士坦丁堡的一些希腊人站在希腊一边作战。奥斯曼军队在战争中轻松取胜。苏丹的宫廷画家福斯托·佐纳罗描绘了奥斯曼军队击败希腊人的生动场景，这幅名为《进击》（*The Attack*）的画被挂在多尔玛巴赫切宫的大使等候厅中。1895—1896年，苏丹阿卜杜勒哈米德让街道血流成河。1897年，苏丹加强了城里的巡逻警力，保证秩序不受干扰。大牧首曾经在苏丹登基周年纪念日里拜访耶尔德兹宫以表祝贺，他在那一年得到了奥斯曼帝国大绶带勋章。[49]

接任他的大牧首时至今日仍为人所尊崇。对一位来访的记者来说，"不出所料，现任大牧首约阿希姆三世是我见过的最有气魄的人。他穿着一件简朴的蓝色长袍，庞大的身躯上是一颗高贵的头颅，留着传统的长胡子，这是东方教士的标志。即使他穿过屋子来见我时有点轻微跛脚,也带着尊贵庄严的气质"。他并没有和奥斯曼当局作对,而是与之合作。在君士坦丁堡,建筑方面掀起了日益高涨的希腊化浪潮,他获得了在"高门"对面的托普卡帕宫城墙处开设圣泉的许可。他也修复和扩建了法纳尔的牧首住所。和帝国初期一样,大牧首再次由苏丹本人接见,拥有对他说希腊语的特权。在标志斋月结束的穆斯林大节开斋节上,约阿希姆三世在耶尔德兹宫拜访了伊泽特帕夏,向他表示祝贺,并保证希腊社群将会满足于现状。(官员在宗教节日互访是延续到帝国末期的风俗,无论其信仰如何。)苏丹的回应是派太监向大牧首传达满意的信息和宠幸的象征:宫廷温室里种植的菠萝。大牧首把菠萝提到嘴边,亲吻了它,然后反复用土耳其语表达希腊民族和其领导人的忠诚与感恩。[50] 这种做派和话语并不就是真诚的,但是它们确实展现出双方都想要暂时妥协的愿望。

除了巴尔干诸国,列强也对奥斯曼帝国采取越来越咄咄逼人的态度。英国相信自己拥有奥斯曼帝国曾经享有的帝国命数。它已公开宣布在波斯湾的主导权,1882年,英国占领了埃及,并不断增强自己在埃及的势力。英国对开罗的占领消除了奥斯曼帝国在伊斯兰世界争夺领导权的主要对手。然而,它也让开罗成为英国中东政策的焦点。有了埃及这个囊中之物,君士坦丁堡对于保护前往印度的通路来说再也不是不可或缺的了。在1895年第一次亚美尼亚屠杀之后,英国内阁不顾首相索尔兹伯里勋爵的极力主张,拒绝冒与俄国开战的风险而派舰队前往博斯普鲁斯海峡。

俄国同样相信自己的帝国命数,不曾放弃自己对于君士坦丁堡的构想。从1882年开始,俄国驻奥斯曼大使涅利多夫就建议在比尤克德雷突然登陆,然后进军入城,将君士坦丁堡变为"俄国的直布罗陀"。沙皇尼古拉二世在1896年访问巴尔莫勒尔堡时也表现出了他的野心,认为俄国应该夺取"自己后门的钥匙"——君士坦丁堡。索尔兹伯里勋爵只是表示有限度的反对。① 四年后,沙皇的大臣们同意,夺取博斯普鲁斯海峡是俄

---

① 俄国对君士坦丁堡的构想得到了广泛的接受。1915年,英国首相阿斯奎斯写道,属于俄国,将是君士坦丁堡"合适的命运"。

国"在20世纪最重要的任务",尽管由于俄国财政和黑海舰队的虚弱,这项行动的可能性并不大。[51]

苏丹对帝国面临的威胁的回应是在耶尔德兹宫集中更多的权力,并邀请一位新朋友入宫。一座新的宫殿(小木阁)展现了奥斯曼帝国的现代性和宏伟,以及奥斯曼对与非常期望瓜分它的列强平起平坐的渴望。小木阁保存良好,直到现今,它仍很少有游客来访,以至于游客能毫不费力地想象出他们是100年前苏丹的宾客,而不是20世纪90年代的旅行者。小木阁最初是一座建于1880年的预制小木屋。1889年,萨尔基斯·巴良贝伊增加了几个部分,1898年,雷蒙多·达龙科又增建了几个部分。虽然小木阁有一个阿尔卑斯式的名字(Chalet Kiosk),但它是一座拥有60个房间的豪华宫殿,根据传统,它被划分成女性区和男性区。小木阁装饰着带有浓郁欧洲风格的家具(有些是苏丹本人雕的)、镶木地板、精致的带花纹织物和新洛可可风格的墙板。花瓶和洗脸盆由耶尔德兹瓷制成。苏丹使用金制的双筒望远镜,用金刀叉吃饭,继承了奥斯曼人的奢华品味。他在蓝色大厅设宴款待客人,这个蓝色大厅装饰有来自海雷凯皇家工厂的珍珠母门、新伊斯兰风格的天花板和华丽得惊人的蓝色丝绸椅套,以及奥古斯塔斯·皮金倡导的哥特风格的枝形吊灯。与奥斯曼晚期其他宫殿里的鲜红、蓝色和金色的阿拉伯式房间类似,这个房间具有帕尔米拉和犍陀罗雕像的神秘魅力——东方和西方在同一个人工造物中相会。[52]

小木阁扩建的原因是需要招待苏丹的新盟友——1889年和1898年访问君士坦丁堡的德意志帝国皇帝。与德国的联盟最终给了奥斯曼帝国一个在该区域没有领土要求的欧洲盟友。联盟的另一个建设纪念碑是亚洲一侧海达尔帕夏处那个毫无疑问显现出北欧风格的火车站。它是柏林-巴格达铁路的界标①,德皇鼓励修建这条铁路,半官方的德意志银行为它提供资助。到1908年,这条铁路抵达阿达纳。它不仅强化了苏丹对帝国的军事控制(因为铁路运兵更加容易),还让君士坦丁堡拥有了新的粮食来

---

① 有时候,德国人将之简称为BBB,即柏林-拜占庭-巴格达。

源——安纳托利亚的平原。

奥斯曼-德国友谊萌发的原因之一是德国大使馆首席译员查理·德·泰斯塔的能力和圆滑。查理·德·泰斯塔是其家族中最后一个在君士坦丁堡发挥主要作用的人。19世纪中叶是泰斯塔家族的巅峰时期。在19世纪40年代的君士坦丁堡，他们为奥地利、普鲁士、瑞典、荷兰、托斯卡纳提供译员，为荷兰提供了一位内阁大臣，为雷希德帕夏提供了一位秘书，为教皇提供了一位主教总代理。但是，1850年后，他们也倾向于支持现代欧洲民族主义。该家族的分支觉得离开君士坦丁堡，在法国、奥地利或荷兰生活更为吸引人。

虽然查理·德·泰斯塔留在君士坦丁堡，但是他为德国服务，获得了德国国籍。他是东方俱乐部创始成员之一，每天访问耶尔德兹宫，"带着老派译员的耐心、柔韧的脊梁骨和东方式的欺诈"进行工作。作为君士坦丁堡的安纳托利亚铁路、巴格达铁路、萨洛尼卡-君士坦丁堡铁路等公司的主席，海达尔帕夏港口公司董事，以及奥斯曼公共债务管理委员会的德国代表，他诚挚地为德国的经济利益服务，有时会反对奥斯曼政府。德国外交部对他的评价很高（宰相冯·比洛称他为"土耳其事务的最佳权威之一"），以至于当摩洛哥成为大国外交的焦点时，他被升任德国驻丹吉尔公使。[53]

1898年后，耶尔德兹宫继续扩建。一所铁路工程学校（现在的耶尔德兹大学）在耶尔德兹小丘的一侧建成。法提赫在托普卡帕宫的花园里修建了代表不同王国的亭子，阿卜杜勒哈米德与他相似，在耶尔德兹宫的花园里建了一座日本亭阁——被称为"小特里亚农亭"，并且为了向波斯新沙阿的来访致意，他修建了一座波斯亭阁。雷蒙多·达龙科于1895—1900年为苏丹的白色阿拉伯种马修建了新的马厩，该马厩是新艺术风格和新哥特风格的奇特结合。1903年，耶尔德兹山的山脚处修建了纪念苏丹的北非宗教顾问谢赫扎菲尔的清真寺和喷泉，要不是有刻上阿卜杜勒哈米德的花押，它们看起来像是维也纳分离派建筑的缩小版。根据一份评估，到1908年，有1.2万人住在宫城中。宫殿的厨房里准备了许多食物，以至于厨师们靠卖剩菜的钱就能为自己盖一栋宅子。[54]

耶尔德兹宫变得非常强势，以至于它和"高门"有时被比作两个独立的国家。1903—1908年，大维齐尔法里德帕夏在两者之间左右为难，他说自己宁愿到加拉塔的码头上做搬运工。宫廷和"高门"对法治有着不同的态度。苏丹将富裕而有势力的库尔德显贵贝迪尔·汗家族带到城里，他们吸收了大都会的习俗，却也没有丢掉自己原来所拥有的。一次玩桥牌时，牌桌上的搭档向耶尔德兹宫礼仪主管阿卜杜勒·拉扎克·贝迪尔·汗发问，库尔德人是否都是小偷，他回答道："女士，如果您非要这样说的话，我们是土匪，但不是小偷。"1906年，在君士坦丁堡的一名地方行政官员和贝迪尔·汗家族的两名成员发生争执后，那位官员被射杀在铁路月台上。苏丹没有依据应有的法律程序就流放了贝迪尔·汗家族，这让他的政府大为光火。

苏丹乳母的孙子费希姆帕夏是一个身材肥胖、脸色紫红的精神变态者，他领导着苏丹的其中一支秘密警察部队。他的手下拷打、勒索和绑架他人，不分男女。德国大使、前外交大臣马沙尔·冯·比贝尔施泰因男爵是一个身高六英尺、体形壮硕的大汉，被称为"博斯普鲁斯海峡的巨人"。最终，当德国臣民遭到秘密警察的虐待时，他将费希姆帕夏的犯罪证据呈交给苏丹，并与之对质。费希姆帕夏因而被流放到布尔萨。[55]

缺乏资金是另一个问题。从1879年开始，苏丹、银行、外国债券持有者，以及1881年为管理奥斯曼债务而建立的公共债务管理委员会就为奥斯曼的财政收入展开了四方斗争。苏丹被迫先向扎里菲、马夫罗戈扎托斯和卡蒙多，后向公共债务管理委员会让渡部分海关关税和盐税、烟草税。公共债务管理委员会位于巴扎边上一座巨大的新土耳其风格的建筑中，它帮助政府以更有利的条款借到更多的钱，并且将现代管理体系介绍给许多土耳其人。但它本质上是为欧洲投资者的利益而"开放"并控制奥斯曼经济的工具。它由外国人运作，主要是英国人和法国人；奥斯曼帝国代表奥斯曼·哈姆迪贝伊可以出席董事会，但不能参与表决。到1912年，委员会雇用了5500多名全职员工，超过了财政部本身的人员数量。[56]

在阿卜杜勒哈米德的统治期间，奥斯曼政府的财政始终入不敷出。路易斯·兰伯特的日记里频繁提到国库"空虚""勉强度日"，不能支付军饷。

在以埃德加·文森特的一生为原型的风靡一时的小说《谋杀者》(*L'Homme qui assassina*, 1902年)中, 克洛德·法雷尔写道: "金角湾被夹在银行和债务委员会之间窒息而死。"公共债务管理委员会大楼的屋顶高度威胁着君士坦丁堡清真寺圆形穹顶和宣礼塔的权威。希腊人、叙利亚人、亚美尼亚人和犹太人聚集起来,准备大开杀戒。帝国是"将死之国"。1907年,为了将港口现代化,外国投资者强迫政府禁止港口工人行会的限制性做法。在人民和宫殿之间,致命的隔阂形成了。[57]

苏丹的外貌象征着他的帝国的虚弱。他在赫茨尔面前看起来很脆弱,他的胡子染了色,牙齿长而发黄,生着一对招风耳,说话声音如同羊叫。他就像是被围困在城里的领袖。军队即将哗变,半数居民正在煽动反叛,围城部队的使节正在城墙内。

行省的叛乱也让耶尔德兹宫震惊。在1896年的寻常一天里,就会有克里特岛反叛、黎巴嫩起义、亚美尼亚人从俄国潜入东安纳托利亚的消息传来。1900年后,马其顿问题——如何治理一个同时居住着穆斯林、希腊人、保加利亚人、塞尔维亚人和阿尔巴尼亚人,又同时被这些居民觊觎的地区——困扰着奥斯曼帝国和欧洲的官员们。[58]

困境中的独裁气氛和行为给君士坦丁堡带来了邪恶的光环。由于显现出的堕落、贫穷、丑陋和过度拥挤,其他欧洲大城市本质上是邪恶的,常常被指责为新巴比伦,工业革命以来尤甚。比如,雪莱写道: "地狱就是像伦敦一样的城市。"烟雾和疾病为这座城市加上了"拥挤之都""雾都""废都"等名号。勒·柯布西耶称巴黎为"肿瘤"[59],而君士坦丁堡无可争辩的美丽、遍布的花园,以及工厂的稀少让它免于这样的责难。是市民和政府玷污了它的名声。

路易斯·兰伯特写道: "人类的邪恶找不到更好的繁荣舞台了。"一名在库尔德斯坦山区长大的虔诚穆斯林学生也有类似的反应。"时代的创新者"赛义德·努尔西曾经"想象哈里发所在地是一个美丽的地方。但我来到君士坦丁堡(1896年),却看到人们互相怨恨,这使他们所有人都沦为衣冠禽兽……我看到了这些,明白了伊斯兰教的落后,它远远落后于我们时代的文明"。最有力的责难来自诗人陶菲克·菲克雷特,他曾是优秀的先锋文化评论期刊《知识财富》(Servet-i Funun)的编辑,后来成为罗伯特学院的土耳其文学教授。170年前,奈迪姆曾将君士坦丁堡比作温暖整个世界的太阳。陶菲克·菲克雷特写道,它是被浓雾笼罩的城市:"这面纱很适合你,啊,一切压迫的王国,宏伟华丽的摇篮与坟墓。"拥有终极吸引力的"东方女王"事实上是衰老的巫婆,伪善、嫉妒和贪欲毒害了她。这是一座间谍和乞丐之城,是恐惧和谎言、不公正和耻辱之城:

> 遮掩你的面孔吧,哦悲剧,来吧,遮掩你的面孔吧,哦城市。
> 遮掩你的面孔吧,永眠吧,寰宇的娼妓。

这是对奥斯曼帝国的绰号"寰宇的庇护所"的残酷引用。[60]

君士坦丁堡的美丽吸引了谢里夫阿里·海达尔:风在松林间呼啸的声音,像是海边的波涛声;他与第二任妻子伊索贝尔·邓恩,以及他们的孩子过着平静的生活——读书、演奏音乐、骑马穿过乡村。然而,他对当局的仇恨连带着使他憎恶这座城市:"斯坦布尔开始让我窒息,我逐渐厌倦这个地方,这里发生了各种残忍之事,无论是精神上的还是肉体上的。"[61]

艾哈迈德·维菲克是一名忠诚的奥斯曼人。在1879—1882年四年成功的布尔萨总督任期结束后,他回到了君士坦丁堡。担任了仅三天的大维齐尔后,他隐退了,回到了如梅利堡的宅邸,他70岁时(1891年)在那里去世,是为数不多的在贫困中死去的帕夏。他穿着马哈茂德二世时期的旧式长袍和四方形费兹帽,于1884年告诉威尔弗里德·布伦特,阿卜杜勒哈米德应该被废黜。苏丹是"一个卑鄙而疯狂的人。他因恐惧和嫉妒而失智……他只关心阴谋,想着要比自己遇到的所有人都聪明,然后智胜他们……"。事实上,苏丹不是疯子。他改善了城市的供水(1900年的供水状况甚至比1995年的还要好),重开大学,使学校的数目增加了一倍。在皮埃尔·绿蒂看来,和西方工厂的工人相比,苏丹对工业化的抗拒使其臣民过着就像是"黄金时代"一样的生活。经济史学家估计,考虑到生活成本的不同,君士坦丁堡的薪资并不比英国的低多少。如果说奥斯曼精英总体上不喜欢苏丹,那么穷人和少数族群(除了亚美尼亚人)则支持一位"众所周知致力于慈善,真正在权力范围内关心臣民"的统治者。他避免了战争和破产。然而,他的传统主义专制改革并不能与当时日本发生的系统性现代化和工业化相提并论。[62]

君士坦丁堡曾经是一座接受流放者的城市。现在,它产生流放者。1889年,第一次"青年土耳其党密谋"在军事医学院爆发,之后被轻易镇压。一系列秘密革命团体在陆军学院、行政管理学院、兽医学院、海军学院,甚至军队内部蔓延开来。因为革命者使用"核心小组"体系,所以许多密谋者互相也不认识。即使是苏丹建立的部落学校,也受到了影响。部落学校于1907年解散,表面上是因为糟糕的伙食而导致的暴动。然而,苏丹的警察在首都非常有效率,因此这些密谋都很难成功。奥德扬埃芬迪、艾哈迈德·礼萨、苏丹的侄子萨巴赫丁等自由主义者逃到了巴黎或者开罗。不满的学生被流放到了黎波里塔尼亚等边远省。对于他们来说,阿卜杜勒哈米德是血腥苏丹、真主之鞭、残忍的刽子手。

最有势力的秘密组织"统一与进步委员会"(the Committee of Union and Progress)以萨洛尼卡为基地,在那里苏丹的警察势力更为软弱,审查也更加宽松。人民在金角湾的西尔凯吉车站焦急等候,他们愿意出两倍价钱买萨洛尼卡的报纸,因为它们比君士坦丁堡的报纸更加自由。包括穆斯塔法·凯末尔在内的"统一与进步委员会"先驱宣誓用"自由和公正的神圣光芒"反对专制。1908年6月9—10日,爱德华七世和沙皇会面,签署《英俄协约》,这更激发了革命者的热情。奥斯曼帝国从这两个帝国主义强权的敌对关系中获利颇多,但是二者的妥协证明了苏丹再也无法保证帝国的安全。此外,苏丹的警察还在追踪密谋。1908年7月3日,一些军官占领了马其顿的山丘。让全世界震惊的是,君士坦丁堡与海外的革命组织进展迅速。"青年土耳其党"的宣传一直很有效。许多军队太久没有得到薪资,以至于苏丹无法再仰赖他们。[63] 7月24日,苏丹接受了在耶尔德兹宫召开的大臣会议和谢赫阿布·胡达的建议,废除审查制度,宣布政治大赦和在秋天选举新议会。由于害怕这是警察所设的圈套,民众先是犹豫了一天。之后,君士坦丁堡爆发了狂欢。

14

青年土耳其党人

> 我们需要一个先进和现代化的土耳其。那时,君士坦丁堡将会是光源,穆斯林将会前来,在这里不带偏见地学习科学和文明的理念。
>
> ——阿卜杜拉·杰夫代特,1908年8月20日

青年土耳其党革命后的君士坦丁堡一度为"幸福门"的名号正名。一些行省城市还在抱憾苏丹专制主义的结束:在首都,民众则长期以来受到青年土耳其党宣传的润泽,他们在大街上互相拥抱。谢里夫阿里·海达尔挤在狂喜的人群中,经历了"我人生中最甜蜜的时刻。只有那些经历过压迫和奴役岁月的人才能体会这一切"。苏丹近侍的女儿、不久之后的女权主义者和作家哈莉黛·埃迪布回忆起穿过加拉塔桥的人浪"发散出一种异乎寻常的气氛,人们情绪激烈,喜极而泣,以至于人类的缺陷和丑陋在那一刻完全被抹去"。这座城市找到了新的角色。它既是帝国的首都,也是革命的总部。[1]

苏丹迅速地恢复了宪法,他因此树立起了从邪恶的近臣手中解脱出来的慈父人设。7月26日,6万人聚集在耶尔德兹宫门口。他们扛着用法语和奥斯曼语书写的"自由、平等、友爱、公正"旗帜,佩戴着红色和白色(奥斯曼国旗的颜色)的"自由帽章",这是为了模仿1789年巴黎的三色帽章。当苏丹在阳台上现身时,欢呼声"我们的帕迪沙万岁"响起。他回复道:"从我继位以来,我就全心投入到祖国的幸福与拯救的事业之中。我的伟大设想是臣民的幸福与获救,对我而言,臣民和我的孩子

没有区别。真主为证！"更多的欢呼声随之响起。多年后，苏丹的画师福斯托·佐纳罗写道："在我的人生中，我从没有听到这样的呼喊。我从来没有见过这么多欢腾的人民。"明信片上，太阳在君士坦丁堡的圆形穹顶和宣礼塔上冉冉升起，阿卜杜勒哈米德在法语和奥斯曼语的"自由、平等、友爱"标语的上方微笑，这象征着一种信念：革命是君士坦丁堡的新黎明。[2]

在新的大维齐尔，即精明而勤奋的卡米勒帕夏的领导下，耶尔德兹宫减少了一部分奢侈排场和大部分权力。苏丹的间谍像太阳下的雪一样消失了。副官、园丁和阿尔图罗·斯特拉沃罗的歌剧团都被解散了。费希姆帕夏被私刑处死。新一批君士坦丁堡流亡者抵达开罗：像伊泽特帕夏这样的前任大维齐尔和各部大臣替代了1908年之前避居此地的青年土耳其党成员。当青年土耳其党的领袖和军官得胜回到首都时，似乎整个帝国的人都在加拉塔桥和码头夹道迎接他们。

对于一个在30年专制主义统治后突然迎来自由的首都而言，君士坦丁堡的氛围似乎格外平静。然而，真正的权力不在卡米勒帕夏领导的文职政府手中，而在统一与进步委员会手中，该委员会由三位爱国者领导，他们将会在未来十年主宰政府：恩维尔帕夏、杰马尔帕夏和塔拉特帕夏。恩维尔是一名理想主义的青年军官，他相信自己是国民偶像，有能力实现民族的梦想；杰马尔是一名精力充沛的进步主义官员；塔拉特是健壮的前萨洛尼卡邮政官员，是三人中最无情者，尽管脸上总带着甜美的微笑。该委员会成员故意留在幕后，但每周都拜访大维齐尔和大臣，以通告他们委员会的观点，换句话说就是下达指示。宫廷似乎毫无保留地接受了新秩序。苏丹并没有等待"惯例的翻译"，而是"直接大笑着"告诉奥地利大使帕拉维奇尼侯爵（因其经常预知厄运而被称为"佩拉的卡桑德拉"），他无意撤回宪法，"五年里不会，十年里不会，就算十五年里也不会撤回"。[3]

同年秋天，人们通过盛大的自由、友爱和鲜花仪式庆祝选举的进行。投票站设立在清真寺、教堂和警察局的庭院里，装饰有菊花、玉兰花和月桂。11月25日，点缀着花朵的投票箱在瓢泼大雨中被人们用皇家带篷四轮马车送进"高门"，仿佛是凯旋的战利品一般。票箱队伍由骑兵队和鼓乐队领头，四轮马车护送，马车上坐满了身穿亮色衣服、高唱爱国歌曲的学童，后面跟着步行的民众，他们也唱着歌，手中挥舞着红色的奥斯曼国旗和绿色的伊斯兰教旗帜。[4]

这座城市庆祝宗教间的友爱，以及自由选举。7月，穆斯林和基督徒共同参加了在塔克西姆和巴鲁克利的亚美尼亚公墓里为1895年和1896年屠杀受害者举行的安魂弥撒。萨巴赫丁前往法纳尔，再次向大牧首保证新政权将会维持希腊人的特权，他称土耳其国内的希腊要素是秩序和进步不可缺少的部分。12月，库尔德人、拉兹人、格鲁吉亚人、切尔克斯人和阿拉伯人穿着民族服饰、带着武器，护送最后一个投票箱经过加拉塔桥，他们的服饰与身边穿着统一制服的奥斯曼官员、毛拉、教士和拉比形成对比，但欢乐之情是共有的。选举前发生了一场争议，因为有一些希腊投票者无法证明自己的奥斯曼公民身份：这些人此前选择希腊王国或其他国家的国籍，部分是为了避税而为之。于是，一群愤怒的希腊人从佩拉出发，经过加拉塔桥游行到"高门"，要求从卡米勒帕夏处得到一份书面保证，确保他们的投诉得到调查。然而，在照片中，毛拉、希腊司铎和亚美尼亚教士与拉比并肩共同庆祝选举成功举行，奥斯曼军人则围拢在他们身边。在1908年选举的代表中，有142名土耳其人、60名阿拉伯人、25名阿尔巴尼亚人、23名希腊人、12名亚美尼亚人（包括4名亚革联成员和2名钟声党成员）、5名犹太人、4名保加利亚人、3名塞尔维亚人、1名瓦拉几亚人。"青年土耳其党"是统一与进步委员会的支持者使用的通俗称呼，"青年土耳其党"大约有60名代表。其他人之中有反对世俗化的乌莱玛、保守派，以及支持去中心化的自由主义者。[5]

12月17日，议会开幕，它并没有像1877年那样在皇宫召开，而是在圣索菲亚清真寺旁边的议会大楼里。兴奋的人群涌入周边地区。男男女女攀上圣索菲亚清真寺的屋顶放飞鸽子和海鸥，他们渴望看到下方的庆典。大教长出现时欢呼声更加响亮了，他是宪法的著名支持者，也是最受欢迎的代表。突然，乐队从演奏新谱写的《宪法进行曲》改为演奏《哈米德进行曲》，这首曲子也在耶尔德兹宫的周五聚礼上演奏过。两个小时后，苏丹在枪骑卫兵的护送下到场。他驼着背，脸色像死人一样苍白，他不是踏步走上俯视代表们的讲台,而是拖着脚上去的。苏丹医生之子,即议会上院议员亚历山德罗斯·马夫罗耶尼写道:"他看起来像是被敌人追逐的败军之将,几乎如一具行尸走肉,当他的嘴唇张合时,他发出的声音小得都无法让自己听见。"首席秘书大声朗读他的讲稿,演讲稿中苏丹假意提到由于民众的教育水平最终让选举成为可能,便出于自己的意愿召唤民众前来。那一夜,清真寺、宫殿、内阁各部、水滨别墅和船只都灯火通明,这是对新时代的庆祝。[6]

此时,苏丹还不是强弩之末。12月31日,受邀在耶尔德兹宫中用晚餐的代表——位于大间阁的主厅——在宫墙内显得谦卑而充满敬意。他们根据传统的要求亲吻苏丹的手和外衣袖子,而不是像统一与进步委员会成员偏好的那样只是深鞠一躬。苏丹的首席秘书保证苏丹将与人民同在。苏丹流下了喜悦的眼泪,说他从来没有这么开心过。[7]

与此同时,青年土耳其党政府的声望遭遇了打击,部分是因为所谓的"古埃索夫事件"。苏丹总是提防国内民众和外国人之间的联系,不鼓励举办外交晚宴。外交大臣陶菲克帕夏是一名和蔼的老人,以临危不乱闻名,9月14日,他在自己位于德国使馆边上的宅邸设宴招待外交官。保加利亚外交代表M.古埃索夫没有受到邀请,这表示奥斯曼帝国政府依然把保加利亚大公斐迪南视为奥斯曼行省长官,而非独立君主。奥斯曼帝国当局的权威姿态使大公勃然大怒,于是他在10月5日宣布自己为独立的保加利亚沙皇。奥斯曼帝国的整个外交日程都因此被打乱了。奥地利随之宣布吞并波斯尼亚-黑塞哥维那(同样在理论上是奥斯曼的行省),这赶在了奥地利外交大臣与俄国外交大臣协定的日程安排之前,而俄国外交大臣原本同意从奥斯曼帝国得到向俄国战舰开放博斯普鲁斯海峡的许可作为补偿。俄国受到了羞辱。奥地利-俄国关系恶化,加快了欧洲迈向第一次世界大战的步伐。奥斯曼帝国失去了两个附庸行省(在同年还失去了第三个,即克里特)。君士坦丁堡的爱国商人掀起了对奥地利商品和船只的抵制。奥地利商船无法在加拉塔的码头卸货。只有在奥地利政府向奥斯曼帝国当局支付一笔为数不小的赔偿后,这场抵制活动才结束。[8]

在"解放、平等、自由和公正"革命的同时,君士坦丁堡经历了一场类似现代极端主义的运动。一个叫"盲人阿里"的传道者在法提赫清真寺里贬责宪法。1908年10月7日，他领导了一大群把斋群众去耶尔德兹宫见苏丹，苏丹在窗口现身。"盲人阿里"向他呼吁："我们需要一位牧羊人！没有牧羊人，羊群无法生存！"极端主义者要求实行伊斯兰教法的统治，查封酒馆、剧院，禁止摄影，以及终结穆斯林女性在城中公开行走的自由。他们的信仰体系是清教徒式的，和17世纪的伊斯兰教狂热派别卡迪扎德派类似。这体现出城中的伊斯兰生活有了自己的势头，独立于革命和宪法。之后，"盲人阿里"被逮捕入狱。

宗教极端主义者并不是孤军奋战。反对派的不满情绪影响到许多驻扎在城中的军人，即使是从萨洛尼卡调到君士坦丁堡以加强新秩序的革命军，也是如此。他们之中不仅有为极端主义所吸引的虔诚穆斯林，也有因特权被削减而愤怒的保皇派。之前用来做礼拜的时间现在被分配给军事操练。之前由苏丹晋升的军官现在被支持统一与进步委员会的军校毕业生取代。习惯于耶尔德兹宫闲适生活的卫兵因为可能会被派到希贾兹服役而发动哗变。君士坦丁堡的居民面临失去传统的免税权和免于兵役的自由。[9]

宗教极端主义报纸《火山报》（*Volkan*）于11月创刊，其计划是"在哈里发国的首都传播神圣团结的光芒"。这份报纸歌颂苏丹的虔诚和慈善，指责统一与进步委员会忘记了"君士坦丁堡不是巴黎"。1908年夏天的和谐氛围消失了。卡米勒帕夏希望军队去政治化，更加亲近宫廷，2月9日，他在统一与进步委员会的压力下辞职。1909年4月3日，穆罕默德协会成立，该协会在圣索菲亚清真寺召开会议，宣布和统一与进步委员会为敌："前进！如果我们注定要以殉难者的身份倒下，就不要撤退！"许多苏菲派人士和伊玛目支持它；高级别乌莱玛继续忠于宪法。[10]

4月7日，一份反统一与进步委员会报纸的编辑在加拉塔桥上被杀，加拉塔桥是一个绝妙的谋杀地点，因为凶手可以轻易地消失在人群里。4月12—13日晚，军人和士官发动哗变，高喊："我们要伊斯兰教法！"他们逼退了长官，游行到圣索菲亚清真寺边上的议会大楼。他们的要求是：实行伊斯兰教法，开除统一与进步委员会一系的大臣和军官，将穆斯林女性限制在家中。当他们对议会大楼发起进攻时，苏丹迅速接受了他们的方案。他派出自己的首席秘书，向在议事厅及其周边逡巡的战士和霍贾（穆斯林导师）宣读公告。根据其首席秘书的回忆录记载，当时发生了如下对话：

请回到你们的兵营里，放轻松，孩子们，苏丹原谅你们。
告诉那位老人，新来的小子正在排挤我们，亵渎我们的宗教，诋毁苏丹。

陶菲克帕夏随之就任大维齐尔。苏丹并没有煽动兵变，但是适时地对这次哗变有所预见，并在某种程度上加以利用。他重新取得了对关键的陆海军部门的控制。一些议会议员继续在君士坦丁堡开会，与此同时，另一些人则逃进了圣斯特凡诺游艇俱乐部，那里靠近1878年俄国军队的扎营地。军队洗劫了《共鸣报》（Tanin）等支持统一与进步委员会的报刊高层，杀死了司法大臣和一些司法官员。这一事件既展现出革命者对民众和军队感受的无知，也体现了君士坦丁堡的王朝保守主义之顽固。它比圣彼得堡和德黑兰的军队更忠于君主，后两者近来（分别于1905年和1906年）支持革命。[11]

在第一波血洗之后，军队重整纪律。但是，萨洛尼卡的青年土耳其党人拒绝接受新政府的权威。他们的文字中体现出极其反对首都的情感。阿卜杜勒哈米德将君士坦丁堡的控制权和伊斯兰教、奥斯曼家族，以及两圣城的监护权一起视为帝国的四根支柱。青年土耳其党人谴责"在旧拜占庭的可悲环境中编排的阴谋"，决心"净化"首都。[12]

一支叫作"行动军"的队伍在马哈茂德·谢夫科特帕夏的带领下从萨洛尼卡行军到首都，马哈茂德·谢夫科特帕夏是一名阿拉伯裔的青年土耳其党将领，是德国战术和法国文学的崇拜者〔1879年，他翻译的法国小说《曼侬·莱斯科》（Manon Lescaut）在君士坦丁堡出版〕。一时间，城中的街道上空无一人，即使是加拉塔桥，也是如此。苏丹的政府可能本来期待着兵不血刃地收回权力，因此没有作战的欲望。苏丹得到了人民的支持，但没有得到精英的认可。乌莱玛说服大部分兵变者放弃抵抗，发布宣言，声称伊斯兰教法不是与专制主义相兼容，而是与宪法相容。苏丹从谢夫科特那里得到消息，谢夫科特再次保证他并不计划废黜苏丹，苏丹拒绝了忠诚于他的军官的建议，没有下令抵抗。

在4月23日阿卜杜勒哈米德的最后一次周五聚礼上，军队和观众的热情达到了有史以来的最高点，苏丹也头一次满面笑容，亲切地接见大家：为了这个场合，他的脸颊涂上胭脂，胡子也染了色。伊玛目劝诫穆斯林相信哈里发，这是改革的前兆，也是紧急动员的信号。一些旁观者感到他将以某种方式渡过难关。但是他从四轮马车向外看去，没有在梯形外交看台上找到外国大使：欧洲站在注定是胜利者的那一边。[13]

在4月23—24日夜，来自萨洛尼卡的军队占领了这座城市。塔克西姆兵营、法提赫兵营和"高门"的士兵抵抗了数个小时，激战在"高门"的墙壁上留下了弹坑。然而，在24—25日夜里，耶尔德兹宫的卫兵要么投降，要么逃到了博斯普鲁斯海峡的另一侧。煤气和电力被切断，皇宫陷入一片黑暗。侍臣和仆人扛着一捆捆织物和珠宝鱼贯而出。苏丹的儿子们逃到已婚姐妹的宅邸里。太监和后宫女性惊慌失措。根据苏丹未婚的女儿艾塞所说，最后"偌大的皇宫里只剩下一群女人"。[14]

4月25日，谢夫科特施行《紧急状态法》。4月27日，国民大会在闭门会议中颁布苏丹退位的命令。大教长撰写了必要的教谕。那一天，四位代表（阿尔巴尼亚人埃萨德、犹太人卡拉苏、亚美尼亚人阿拉姆和拉兹人阿里夫·希克马特）来到耶尔德兹宫，告诉苏丹他因为压迫、屠杀、侵犯伊斯兰教法，以及引发最近的起义而被废黜。苏丹精神崩溃了，他回答说自己曾尝试拯救国家。他提醒他们，他于1897年的战争中战胜了希腊，并且声称自己不是最近兵变的原因。他请求迁居到彻拉安宫，但是统一与进步委员会已经决定把他送到萨洛尼卡。4月29日凌晨2点45分，苏丹和他的直系亲属，以及一些仆人从金角湾边的西尔凯吉车站乘火车离开君士坦丁堡。[15]

耶尔德兹的宫城被拆毁。大太监和一些哗变军人被吊死在加拉塔桥上。4月27日，300名惊恐万分、蓬头垢面的宫廷仆人——太监、厨师、咖啡侍者——被押送着穿过佩拉的街道，走过加拉塔桥，去往君士坦丁堡城内的监禁地点。213名后宫女性被四轮马车运出耶尔德兹宫，前往废弃的托普卡帕宫。一些人被切尔克西亚和安纳托利亚山区的亲属接走，他们"惊讶于女性亲属美丽的面容、优雅的举止和华丽的衣装"。另一些亲属来到君士坦丁堡后，只是被告知他们的女儿或是姐妹已经去世。还有一些女性没有亲属前来认领。

耶尔德兹宫惨遭掠夺。苏丹曾经每日必去的图书馆则被交给达鲁尔夫农大学，现在仍在原址。最终，这座宫殿在7月向公众开放。在青年土耳其党政府于1911年在巴黎组织的拍卖会上，苏丹的珠宝换来了700万法郎。这些珠宝包括一条用154颗珍珠串成的项链，一架饰有黄金和钻石的双筒望远镜，用蓝宝石、红宝石和钻石在盖子上镶嵌成柏林-巴格达铁路线的黄金雪茄盒。[16]

虽然老苏丹倒台了，但王朝思维仍然深植在奥斯曼穆斯林的心灵和思想之中。新苏丹是阿卜杜勒哈米德的弟弟雷西德，他是梅夫列维苏菲教团的托钵修士和最后一位写波斯语诗歌的奥斯曼苏丹。他对自由思想出了名的同情心曾经激发了青年土耳其党人的希望和老苏丹的恐惧。他取了"穆罕默德·雷西德"的名字，以表示自己像祖先法提赫穆罕默德一样，已经征服了君士坦丁堡——通过宪政的力量。他和法提赫一样，在圣索菲亚清真寺完成了首次周五礼拜。他简朴的生活方式令全城为之震惊。他住在多尔玛巴赫切宫里，家眷人数稀少。根据一名秘书的回忆录所述："现在，庞大的宫殿里面几乎寂静无声……如果餐厅里的一个盘子掉到地上摔碎了，碎裂声会在整个建筑中回响，就像是世界末日时的霹雳。"雷西德身体肥胖、心胸宽广，似乎愿意做统一与进步委员会或是"高门"要求他做的任何事情。宪法被重新改写，以限制君主在立法、外交政策和选举程序上的权力。[17]

现代化在阿卜杜勒哈米德的统治时期从没有完全中止，随着新苏丹的登基，君士坦丁堡重新成为一座现代化进程中的大都会。奥斯曼议会每年都会召开，直到1918年，议员就法律、预算和大臣的行政能力展开辩论。国家开始有意识地努力创建现代伊斯兰资本主义社会。从1909年开始，奴隶贸易（在理论上）被禁止，虽然事实上奴隶制度一直持续到1926年或更晚的时间。行会于1910年被废除，这让城中的商会非常高兴，商会成员已经抱怨行会的限制性行为很久了。1910—1911年，新的船坞、谷物磨坊、啤酒厂、鞋厂和水泥工厂建成。[18]

奥斯曼电力公司开始将电力输送到城里。成立于1911年的君士坦丁堡奥斯曼电话公司开始布设电话线路——虽然在阿卜杜勒哈米德的统治下已经有一些享有特权的电话持有者存在了。"Stamboul 42"是"高门"的电话号码，多尔玛巴赫切宫的号码是"Pera 24"。根据《东方导报》所述，塔克西姆的花园很快成为包含"各种乐趣"的现代娱乐场所：一家餐馆、一家露天影院、一家杂剧院和一家蒙马特式夜总会，夜总会里有"首都上层人士经常光顾的、最体面讲究的酒吧"。遍布整个城市的咖啡馆各有其特质，吸引特定的顾客：水手、朝圣者、希腊人、土耳其人、波斯人或阿尔巴尼亚人。太监因为奢华的珠宝和光亮的领结而引人注目，他们光顾加拉塔桥旁边的一家咖啡馆。"宏大且拥有欧洲风范"的托卡特里扬酒店由一个亚美尼亚家族于1892年建立，该酒店位于佩拉大道上一座巨大的带石柱古典建筑中。它的咖啡厅成了重要的政治中心，政治家、军官、记者、各国间谍和"除了土耳其以外的各族女性"都经常光顾。据说，侍者只需一瞥就能看出来客人要的是咖啡、啤酒、白兰地还是雷基酒。[19]

在青年土耳其党人的统治下，这座城市也从狗的统治下被解放出来。1910年5月，流浪狗被聚集起来，赶出大街，安置在马尔马拉海里的斯维里亚达岛上。最初，当有船只经过时，这些狗便满怀期望地来到岸边。之后，可怖的嗥叫声开始响起，隔着马尔马拉海一连好几个夜晚都能听到，50年后，老人们仍然记得那种声音。最终，幸存下来的野狗自相残杀，将彼此撕成碎片。在接下来的几个月里，君士坦丁堡的市民赢得了甜美酣睡的机会。后来，几声细小的尖叫声响起，新的小狗出生了——零散的幸存野狗在城市外围产下后代。到1913年，大街上又能看见狗了。那些将帝国近来的不幸遭遇归咎于驱逐流浪狗政策的土耳其人感到宽慰。[20]今天，虽然政府反复进行"清除"，但是流浪狗在一些区域仍然使人无法入睡，甚至使人行道无法顺畅通行。

欧洲和中东都对青年土耳其党革命产生了幻想。外国的著名人士纷纷前来观察焕然一新的帝国首都：绿蒂、安德烈·纪德（但他厌恶这座城市）、勒·柯布西耶（比起佩拉的纽约式外观，他更喜欢旧式的伊斯兰老城）必然会到来；保加利亚、塞尔维亚和黑山的国王；温斯顿·丘吉尔。关于这一年的故事的书籍像洪水一般出现：《阿卜杜勒哈米德的下台》（*The Fall of Abdulhamid*）、《革命中的土耳其》（*Turkey in Revolution*）、《青年土耳其党》（*Jeune Turquie*）、《古老的法兰西》（*Vieille France*）。因为这些书记录的是具体事件和青年土耳其党的观点，没有后见之明的优势，所以其中一些书可以说是珍贵的史料。然而，没有一位外国来访者像有俄裔犹太人背景、秉持马克思主义的记者亚历山大·伊斯拉埃尔·赫尔凡德那样产生巨大的影响。他是列宁和托洛茨基的朋友，1905—1906年俄国革命中的领导人物，他自称帕尔武斯，自1910年抵达君士坦丁堡开始，他就将青年土耳其党与第二国际联系起来。

这座城市似乎已准备好接受社会主义了。在青年土耳其党革命的几天内，码头工人和有轨电车工人、面包师和报社雇员就发起罢工，要求加薪——他们胜利了。1909年5月，即阿卜杜勒哈米德被推翻数天后，一群自称为"社会主义中心"的社会主义者从萨洛尼卡到来，他们的目标是教导"君士坦丁堡的劳工阶级"。1910年，记者、教师和学生成立了奥斯曼社会主义党，该党在君士坦丁堡和巴黎均设有分部。帕尔武斯开始写文章，极力主张经济自由主义和促进产生民族（穆斯林）资产阶级，他不仅在欧洲报纸上，也在一家叫作《土耳其人之家》（*Turk Yurdu*）的青年土耳其党刊物上发表文章，他是《土耳其人之家》的经济版编辑。他来时穷困潦倒，但在两年内，他成为一名富有的商人，负责为首都和军队提供粮食。[21] 1910年11月，他在一场对"社会主义中心"的演讲中承认："今天，奥斯曼帝国的工人被宗教、爱国主义和族群仇恨所分裂。"但是他希望他们能团结起来，抗击资产阶级。事实上，犹太人、亚美尼亚人、保加利亚人、希腊人和来自达吉斯坦、克里米亚的穆斯林在奥斯曼社会主义党中地位显赫。第一批工会（由建筑工人、商业雇员和码头工人发起）于1910—1912年在君士坦丁堡建立，虽然工会由希腊人主导，但是它吸引了来自不同民族的工人，并用四五种语言印刷公告。印刷工人工会有保加利亚语、希腊语、亚美尼亚语、土耳其语和法语等部门。

然而，比起培育革命，统一与进步委员会对巩固帝国更有兴趣。1910年年末，社会主义中心被查封。1911年年初，许多社会主义者被流放到安纳托利亚，两年后，于1908年创立《参与报》(Ishtirak)的侯赛因·希勒米也加入了流放者的行列。[22]

青年土耳其党革命也开启了妇女解放的进程。阿卜杜勒哈米德在女性话题方面特别保守。1889年，他下令让女性穿卡尔卡夫袍（charchaf，类似于现代伊朗的卡多尔黑罩袍），不许穿戴当时流行的约希麦面纱（yashmak）和费拉杰外套，这并非他第一次下达这样的命令。他还禁止穆斯林女性在任何男性的陪同下离家外出，即使是由父亲陪同也不行。然而，女性拒绝被压迫。1895年，一名旅行者写道："就算苏丹的法令严苛，也没有谁愿意遵守，在绝大多数情况下，女性会佩戴薄薄的白头巾，勉强让它遮住额头，在下巴下面松垮垮地收拢起来。"1900年左右，拜克塔什教团的一名女诗人写道：

真主不也创造了我们吗？
母狮不也是狮子吗？

女性曾热情地支持1908年革命，她们在1908年12月17日议会召开典礼和1909年4月30日雷西德的首次周五聚礼上公开露出面庞，以此庆祝胜利。[23] 一些精英阶层成员开始不再在家中划分女性区和男性区，并允许他们的妻子面见男性访客。他们开始公开表示，正如他们长期以来私下里所说的那样，隔离女性的行为是"我们国家的灾祸"，在女性摆脱后宫的窗格和约希麦面纱的笼罩之前，土耳其永远不会成为一个现代国家。[24]

在青年土耳其党的知识分子于城中创立的俱乐部"土耳其家园"里，女性向男性举办讲座，男性也给女性开办讲座。作家、女权主义者哈莉黛·埃迪布常常在那里发言，她之前是一名著名教师。青年土耳其党的另一位知识分子领袖穆里斯·泰基纳尔普（原名莫伊泽·科亨，是来自萨洛尼卡的犹太人）写道："普遍的观点是妇女的解放将会在相对较短的时间内实现。"第一所现代女子中学于1911年开学。从1913年开始，君士坦丁堡出现了几个妇女组织：奥斯曼妇女会、女性提升协会、女性就业协会和女性权利保护协会。[25]

君士坦丁堡是为中东制造新解药的实验室：不仅有社会主义和女权主义，还有库尔德人和阿拉伯人的民族主义。青年土耳其党成员礼萨·陶菲克在奥斯曼议会上夸口说穆斯林不像基督徒那般深受民族主义的影响，恩维尔宣称"民族身份在伊斯兰教中不存在"，然而，这些说法都大错特错了。[26]

大约有3万库尔德人住在君士坦丁堡。这些人中并非全部都是库尔德民族主义者。卓越的土耳其民族主义理论家齐亚·格卡尔普拥有库尔德血统，他说库尔德语优先于土耳其语，他在达鲁尔夫农大学教社会学，还在期刊《土耳其人之家》担任编辑，他是一名矮小、肥胖、黑皮肤的男人，根据哈莉黛·埃迪布所述，他"奇怪的眼睛向远处望去，远离身边的人和物"。但是他非常土耳其化，以至于他希望土耳其人回归他们的民族根源。他夸口说，他从阿提拉和成吉思汗那里得到了不少于从亚历山大和恺撒处得到的启发，他写诗赞颂土兰，即传说中土耳其人在东方的家园〔哈莉黛·埃迪布也写了一本叫《新土兰》(Yeni Turan)的空想政治小说〕。其他库尔德人想在东部自治，或者要求更多。1908—1909年，阿卜杜勒哈米德宠幸的贝迪尔·汗家族、未来的国务会议主席赛义德·阿卜杜勒-卡迪尔等在君士坦丁堡权势显赫的库尔德人开办了土耳其-库尔德双语报纸《库尔德斯坦报》(Kurdistan)、库尔德进步与互助委员会、库尔德教育传播协会和一所库尔德语学校。1912年，库尔德裔议会议员卢特菲·菲克里倡导激进的改革：国家世俗化、妇女平权和字母拉丁化。[27]

1908年后，君士坦丁堡也成了阿拉伯民族主义的中心，它比贝鲁特或开罗更加重要。阿卜杜勒哈米德用阿拉伯人充当间谍、军官和贴身侍卫的行为让阿拉伯-土耳其的关系更加紧张。土耳其语报纸《勇气报》(Ikdam)对阿拉伯人"忠诚"的不友好评论导致了阿拉伯人攻击该报社的印刷机。作为还击，阿拉伯-奥斯曼友谊协会于1908年9月2日在佩拉的杂剧沙龙成立：它的目标是"将所有奥斯曼社群不分民族或教派地联合起来，并以让他们得以服务和改革奥斯曼国家的方式来增强他们的团结"。在开幕式上的阿拉伯语和奥斯曼语演讲结束后，人们欢呼着喊出以下这段话："从现在开始，我们的目标是公正、友爱、平等、自由。宪政和协商政府的帕迪沙、苏丹阿卜杜勒哈米德汗万岁！"佩拉大道下方的俱乐部会所每晚都开放。然而，一些人害怕协会忠诚的外表下隐藏着什么秘密计划。一些阿拉伯人开始向政府要求，阿拉伯行省的政府学校应该用阿拉伯语教学，而不是当时正在使用的奥斯曼语。[28]

1909年夏，文学俱乐部取代了阿拉伯-奥斯曼友谊协会，由来自大马士革和耶路撒冷的军官和议会代表在君士坦丁堡成立。它在俱乐部会所中组织戏剧和讲座，并且很快在整个新月沃地召集了数千成员。两个拥有更多民族主义目标的秘密组织也成立了：1909年左右成立的"盖哈坦"（Al-Kahtaniya）和可能于1914年为军队而成立的组织"阿赫德"（Al-Ahd）。[29]

阿卜杜勒哈米德的阿拉伯政策成功的标志是同1880年相比，很少有阿拉伯人支持比去中心化更激进的方案，正如一个政党指出的，"奥斯曼帝国政府既不是土耳其的，也不是阿拉伯的，它是一个所有奥斯曼人都拥有平等权利和义务的政府"。他们仍然认为哈里发国是奥斯曼王朝统治者手中的神圣托管物，帝国是阿拉伯人抵御西方的第一道防线。君士坦丁堡本身是奥斯曼主义的另一个理论根据。"阿赫德"相信，"君士坦丁堡是东方的首都。如果君士坦丁堡被外国剥夺走，那么整个东方就无法生存。因此，本组织特别关心保卫君士坦丁堡并维护其安全"。为了加强帝国和阿拉伯人之间的联系，1910年，马哈茂德·谢夫科特帕夏安排了哈希姆家族和奥斯曼家族之间的首次联姻。在彻拉安宫长大的穆拉德五世的孙女，即鲁基耶苏丹嫁给了谢里夫阿里·海达尔的长子谢里夫阿卜杜勒迈吉德。[30]

谢里夫阿里·海达尔赞赏马哈茂德·谢夫科特和塔拉特，这两位经常拜访他位于博斯普鲁斯海峡亚洲一侧恰姆勒贾的宅邸。他对阿拉伯朋友说："青年土耳其党人正在翻开我们国家历史的新篇章，一切都会随时间走上正轨。在这个世界整体形势动荡不安的时代，先别忙着脱离奥斯曼帝国。"他的终极目标是建立类似奥匈帝国的阿拉伯-土耳其二元君主国，新国家将会在巴格达或麦地那设有第二首都和议会。[31]

虽然阿里·海达尔的堂兄及对手谢里夫侯赛因不喜欢统一与进步委员会树立的"篡权者"，也不看好宪法的重新生效，但他仍一直忠于奥斯曼帝国。阿卜杜勒哈米德任命他为麦加的谢里夫和埃米尔，这让阿里·海达尔暴跳如雷（毫无疑问，他因娶了一位爱尔兰妻子而失去了继承资格），谢里夫侯赛因于1908年11月离开君士坦丁堡，前往麦加。虽说谢里夫反对将希贾兹铁路延长到麦加、废除奴隶制度等奥斯曼帝国主导的改革措施，这导致他与行省总督发生分歧，但是他娶了土耳其妻子，在首都拥有人脉和财富，并且秉承亲奥斯曼政策。他的儿子阿卜杜拉和费萨尔前往君士坦丁堡参加每年的奥斯曼议会开幕典礼，他们分别作为麦加和吉达的代表坐在议会里。谢里夫本人则帮助奥斯曼帝国于1911年重新征服了希贾兹以南的阿西尔省。[32]

比起库尔德或者阿拉伯民族主义，对奥斯曼帝国和首都而言更加致命的力量是土耳其民族主义。在亚美尼亚人、希腊人和保加利亚人追随民族主义的潮流很久之后，土耳其人终于屈服于时代的精神。王朝和宗教的忠诚度不断减弱。早在阿卜杜勒哈米德时期，奥斯曼的知识分子就已经开始写文赞颂"突厥人对科学和文艺的贡献"，并且展现了对中亚和安纳托利亚的突厥人前所未有的兴趣。杰夫代特帕夏告诉苏丹，"突厥人是至高国度背后的真正力量"。[33] 从1908年开始，奥斯曼语成为官方文书必须使用的语言，而非奥斯曼语、法语、希腊语和亚美尼亚语的四语并存。君士坦丁堡的知识分子开始相信"我们是土耳其人，我们需要土耳其语"，用土耳其语词替代源于阿拉伯语和波斯语的词语。他们认为对于土耳其人来说，"奥斯曼"这个名称与早期阿拉伯人的"伍麦叶王朝"一样，已经不合时宜了："不存在奥斯曼民族和奥斯曼语。"[34]

民族主义的这般发展旨在抵消民族诋毁的漫长历史。不仅是奥斯曼统治阶级用"土耳其"一词指代粗鲁愚蠢之人，阿拉伯人也宣扬文化优越性。一位来自佩拉的小说家称土耳其人为"婴孩般的民族"。1915年，君士坦丁堡的一名欧洲居民在一本书中写道："土耳其人既没有对知识的渴望，也没有爱国主义，这个民族完全没有成形。"[35]

土耳其民族主义日益增长的吸引力由现代土耳其历史学的创建者、柯普律吕家族最卓越的现代代表人物福阿德·柯普律吕的职业生涯反映出来。他从来不提及自己的祖先，其子奥尔汗·柯普律吕记得他说过："我们在这个国家没有任何高贵的身份。"然而，虽然他所在的柯普律吕家族分支来源于柯普律吕家族首任大维齐尔的女儿，而非儿子，但是他们仍然使用柯普律吕扎德的名称。18世纪，他们在军队中服役，19世纪，在行政体系中服务——柯普律吕扎德·艾哈迈德·齐亚贝伊是1890—1892年奥斯曼驻罗马尼亚大使。他是伊斯梅尔·法伊兹贝伊之父，伊斯梅尔·法伊兹贝伊是公务员，娶了一名来自保加利亚的难民。他们的儿子福阿德·柯普律吕出生于1890年，在国务会议大街的柯普律吕家族陵墓和图书馆对面的家族地产中长大。其他精英家族离开了他们在君士坦丁堡的广厦，前往佩拉北部的希什利或尼尚塔什新区的现代房屋或公寓，这些区域由于靠近多尔玛巴赫切宫、耶尔德兹宫，变得时髦起来。然而，柯普律吕家族于1900年左右在苏丹艾哈迈德清真寺南边的传统区域修建了亭阁。它位于大海和旧拜占庭城墙之间，附近是一座建于奥斯曼帝国征服年代的清真寺与通往欧洲的铁路线，对于历史学家来说，是一个理想的环境。

福阿德·柯普律吕在19世纪40年代开始的现代学校体系中接受教育，他也在家中自学。他的法语、希腊语、奥斯曼语、波斯语和阿拉伯语水平很快就胜过了老师。他的生活方式总是有点离经叛道，他喜欢把书散落在地板上，在身边围成一圈，然后一口气全部读完，这是他最兴致勃勃的时刻。他认为是书籍，而不是这座城市或市民构成了他与法国文化的联系。他同君士坦丁堡的许多精英人士类似，既熟悉奥斯曼文学，又熟悉法国文学，他还订阅了法国文学杂志《两个世界的评论》(*Revue des Deux Mondes*)。他喜欢现代法国思想家的科学观点和清晰表述，特别是现代社会学之父埃米尔·涂尔干，他认为没有个体，只有社会。福阿德·柯普律吕是一名相信科学价值的乐观主义者。他在职业生涯中书写了大量文章和

75本书，他首要的知识成就是将现代科学方法用于土耳其文化历史研究。他不做每天的五次礼拜，也很少去清真寺。[36]

他第一部发表的作品是庆祝1906年阿卜杜勒哈米德63岁生日、歌颂王朝的诗歌，但是在1908年后，他成了一名全心全意的民族主义者。他加入了土耳其协会，该协会成立于1908年，"致力于研究所有被称为土耳其人的人民在过去和现在的成就、活动和状况"。他和大诗人叶海亚·凯末尔，以及塔拉特帕夏等老朋友一起每周五前往比尤卡达，到齐亚·格卡尔普家中吃饭。这个岛是君士坦丁堡人民的避暑胜地，岛上大部分居民是希腊人，其高耸的新艺术风格的木屋和四轮马车在今天仍能唤起晚期奥斯曼城市的氛围和气息。然而，现代土耳其民族主义正是在那里被建构的。格卡尔普是一位浪漫的民族主义者，魂牵梦萦着土兰，决心拯救奥斯曼帝国。他并不通过群体，而是通过"文化和情感的共同纽带"来定义民族，格卡尔普想要一片土耳其的土地，在那里人们用土耳其语诵读《古兰经》，"理想、习俗、口音、信仰同为一体"。[37]

格卡尔普、福阿德·柯普律吕，以及诸如阿卜杜拉·杰夫代特等其他知识分子，相信他们别无选择，只能完全接受西方文化，"玫瑰和刺都要"。他们遗忘了奥斯曼的多民族主义、艺术、宗教、诗歌、礼仪举止和习俗的遗产，相信"文明就是欧洲文明"。甚至连伊斯兰教的一些部分也遭到攻击：1913年，由阿卜杜拉·杰夫代特担任编辑的《自由探索报》（Free Search）发表文章，向神学家宣战，辩论先知是不是癫痫病患者。

民族主义是福阿德·柯普律吕在欧洲文化中毫不犹豫地接受的一个方面。他认为土耳其人已经遗忘了自身的历史和语言。如果他们重新获得民族意识和目标，那么奥斯曼帝国就将像德国和意大利那样得以复兴。1913年，他在《土耳其人之家》登载的一篇著名文章中写道：

> 土耳其民族主义者不是反动派，不是空想家，也不是分离主义者，他们只是相信奥斯曼主义和伊斯兰主义的保存依赖于土耳其主义的觉醒和发展。只有当土耳其人拥有自己的民族意识时，奥斯曼主义和伊斯兰主义才会获得保护帝国所必要的吸引力。只有这样，组成

帝国的多种要素才能够在与帝国完全和谐的情况下追求他们的民族发展。

他否认奥斯曼帝国历史上的多民族主义和柯普律吕家族的阿尔巴尼亚血统，写道："帝国的中心力量是土耳其民族，一直以来都是……比其他更重要的是，帝国是一个土耳其伊斯兰苏丹国。"他对少数族群没有什么兴趣，也没有几个少数族群朋友。1912年，他写道，因为"基督教人口逃过了兵役，没有去踊跃参军保卫帝国，所以避免了人力的损耗"，他们能够和西方一起垄断贸易。[38]

一些青年土耳其党人甚至开始讨论语言革命，以及采用拉丁字母替代阿拉伯字母的新措施，"我们不比法国人更阿拉伯化"，他们如此主张。雄心勃勃的年轻军官穆斯塔法·凯末尔曾经在1909年为青年土耳其党的运动效力，他有时会用拉丁字母写土耳其语书信给一个叫科琳娜的法国朋友。哈莉黛·埃迪布指责奥斯曼字母表："这种教学媒介需要六年的学习和练习后才能让人有能力写作，你能指望它什么呢？"[39]

土耳其民族主义诞生的结果之一是1912年3月25日"土耳其家园"协会的创立，它向土耳其人开放，但不对外族穆斯林开放。很快它就形成了一个范围极广的俱乐部网络，欢迎来自巴尔干的土耳其难民加入，为"构成伊斯兰教最重要部分的土耳其人民的民族教育，以及智识、社会、经济状况的提升，土耳其语言和民族的改良"而奋斗。"土耳其家园"协会在其位于君士坦丁堡的会所和图书馆中组织夜校和公共讲座，即"文艺之夜"，其中关于土耳其历史和艺术中的英雄人物的内容尤其受到青睐。齐亚·格卡尔普和福阿德·柯普律吕几乎每晚都到场。[40]

土耳其民族主义的发展限于一个小圈子，是一股知识风潮。"土耳其家园"协会的1800名成员并不构成一场大众运动。伊斯兰报纸特别热衷于攻击诸如"土耳其政府"和"土耳其军队"等名称的使用。苏莱曼·纳齐夫写道："我们的血管里只流淌着奥斯曼的血液。"艾哈迈德·纳伊姆称民族主义为"一种外国发明，它对伊斯兰教的肌体而言和癌症对人的身体一般致命"。他们拒绝奥斯曼帝国和中亚之间的任何联系。帝国境内的大部分穆斯林仍然称自己为奥斯曼人,并用"土耳其人"一词指代粗鲁愚蠢之人。1915年,巴扎里的一名路人告诉美国记者约翰·里德:"你一定不能称我们为土耳其人。土耳其人意味着乡巴佬,你可能会说是粗鲁之人……我们是奥斯曼人,一个古老而文明的民族。"君士坦丁堡仍然是一座多民族城市,它的政府虽然为土耳其民族主义所吸引,但是在行动和言语上实践着多民族主义。来自萨洛尼卡的青年土耳其党军队身边有保加利亚、希腊和阿尔巴尼亚游击队队伍与之一同行进,他们让首都的商户大为惊恐。季米特里奥斯·马夫罗戈扎托斯埃芬迪来自其家族的银行家分支,他被任命为商业和农业大臣(换句话说,作为基督徒,他被交付了一个不重要的部长职位,这同时代表了善意和不信任)。[41]

此外,奥斯曼王朝于1912年重新确立了它对统一与进步委员会的权力。王朝最强势的成员是阿卜杜勒阿齐兹之子阿卜杜勒迈吉德埃芬迪,他是一位有威风外表和广泛同情心的皇子,在阿卜杜勒哈米德的统治时期,他住在一所能俯瞰于斯屈达尔的宅邸里,被禁止前往君士坦丁堡。他告诉皮埃尔·绿蒂,他相当于在坟墓里度过了28年。[42] 阿卜杜勒迈吉德与福阿德·柯普律吕类似,是奥斯曼精英与法国文化联姻的产物。他说奥斯曼语、阿拉伯语、法语和德语,称法国为第二故乡。他在与世隔绝的岁月里编写古典音乐,读维克多·雨果全集和最新的《两个世界的评论》,以及打理花园。他和奥斯曼·哈姆迪贝伊、哈利勒帕夏等许多受过教育的奥斯曼人一样,喜欢绘制现代巴黎风格的画作,主要是一些风景画和奥斯曼历史场景画,比如塞利姆三世指导马哈茂德皇子或阿卜杜勒哈米德二世被废黜的场景。

阿卜杜勒迈吉德埃芬迪既是世界主义者,又是爱国主义者,还鼓励土耳其文化的复兴。他的宅邸属于新土耳其风格,有着宽大的屋檐、亮色的墙壁和贴着屈塔希亚瓷砖的壁炉;他自己设计了新塞尔柱风格的大门。1908年后,他为土耳其作家和音乐家举办聚会,在花园里上演阿卜杜勒哈克·哈米德写的戏剧。他是《雾》(*The Fog*)的作者陶菲克·菲克雷特的朋友,他被称为"贫穷土耳其诗人和匠人的米西纳斯",成了君士坦丁堡音乐和绘画学派的一名活跃资助者。

1911年，在与苏丹多次面谈之后，阿卜杜勒迈吉德及其堂亲请求苏丹"以王朝的名义"召回前任大维齐尔卡米勒。统一与进步委员会及其敌手、支持去中心化的自由联盟（Liberal Union）之间的党派仇恨给了他运筹帷幄的空间。1878年的大维齐尔之子塔希尔·海雷丁在1911年12月君士坦丁堡的补选中战胜了统一与进步委员会的候选人，这鼓舞了苏丹。1912年7月21日，苏丹组建了加齐艾哈迈德·穆赫塔尔帕夏领导下的新政府，其中有三位前大维齐尔。宫中支持统一与进步委员会的首席秘书被解职，阿尔巴尼亚人得到了获取更大自治权的承诺，军官被迫宣誓不干预政治。[43]

然而，此时，新的灾难袭击了帝国和君士坦丁堡。帝国成了1914年前欧洲整体愈演愈烈的侵略和国家间冲突局面的受害者。参谋们受到德国模式的启发，或者眼见欧洲各国对德国的恐惧而受到激励，开始将战争计划从防御改为进攻，并大规模提升军事预算。1911年10月，意大利进攻了位于北非的奥斯曼的黎波里塔尼亚行省。1912年4月和7月，意大利海军炮轰达达尼尔海峡，试图逼迫奥斯曼帝国讲和。奥斯曼政府以关闭海峡来回应。结果便是俄国的出口经济（其中，约33%到50%的出口额需要通过达达尼尔海峡）崩溃了，俄国银行出现了挤兑风潮。出于经济、战略、宗教和帝国统治方面的原因，俄国渴望控制君士坦丁堡和达达尼尔海峡。[44]

阿卜杜勒哈米德的成果之一是使巴尔干各国保持分裂。然而，1908年后，锐意改革、君主立宪、受欧洲同情的奥斯曼帝国前景光明，这使巴尔干在恐慌中联合起来。一家保加利亚报纸警告读者，"保持火药干燥，盯住君士坦丁堡"。俄国外交官和《泰晤士报》（The Times）巴尔干通讯员J.D.鲍彻帮助组建了巴尔干同盟，鲍彻被巴尔干人称为"我们的鲍彻"。1911年9月，鲍彻访问君士坦丁堡，旨在促成普世牧首和保加利亚督主教的和解。他们一直以来花费诸多精力，发表详细列举保加利亚人或希腊人在马其顿暴行的报告。[45] 现在，他们转而针对奥斯曼帝国。塞尔维亚和黑山也加入进来。

1912年10月17日，第一次巴尔干战争爆发了。奥斯曼的将军们对战局盲目乐观，又过于急切地保护马其顿的穆斯林，以至于他们没有坚持实用的作战计划。他们的补给体系过于糟糕，无法维持军队行动。军团长官也分裂了：统一与进步委员会的支持者和反对者。结果是灾难性的。隶属于奥斯曼帝国五个世纪之久的行省在五周内丢失了。希腊军队喊着"基督复活了"，于11月19日进入萨洛尼卡。"希腊化"马上就开始了。在奥斯曼征服后被改为清真寺的教堂恢复了它们的本来面貌，这是希腊人为圣索菲亚清真寺保留的命运的警告。土耳其人和他们的家庭乘船离开：阿卜杜勒哈米德及其家眷被带回君士坦丁堡，安置在贝勒贝伊宫。前任苏丹遭到了他给堂兄弟们相同的对待，他能在住所看见耶尔德兹宫，但是被禁止前往那里。

旧的奥斯曼秩序崩解了。一个阿尔巴尼亚选区曾经选举伊斯梅尔·捷马利贝伊为代表进入议会，伊斯梅尔·捷马利贝伊之前是"高门"官员，现在已经转变成了阿尔巴尼亚民族主义者。在战争爆发不久后，他与之后十年里的其他许多民族主义政治家类似，乘船离开君士坦丁堡，参与了建立新国家的行动。1912年11月28日，他在发罗拉宣布阿尔巴尼亚独立。前"高门"官员成为阿尔巴尼亚首届民族政府首脑。这是君士坦丁堡与曾经提供大维齐尔、将军，以及街头小贩和铺路工的各民族之间关系终结的开端。

11月15日，保加利亚军队已经征服了除埃迪尔内以外的整个色雷斯地区，并且已经抵达了恰塔尔贾防线，这是1877—1878年奥斯曼军队在君士坦丁堡以西22英里处建立的土木工事和堡垒的延伸线。尽管阿卜杜勒哈米德莫名其妙地忽视了这一点，但是它仍然是一道令人生畏的屏障。沙皇斐迪南并没有忘记自己的拜占庭野心。据说，他曾声称："我们要在君士坦丁堡主导和平。"而且据说，他曾经为穿越金门专门定制了四轮马车和皇袍。俄国外交大臣因保加利亚的成功而恼怒，他重申俄国的传统政策：在博斯普鲁斯海峡，只能有土耳其人或俄国人存在。[46]

在战争开始时骄傲地行军穿城而过的奥斯曼战士此时却饥肠辘辘、满身血污地回来。君士坦丁堡因遍地都是牛车而拥堵，进军的巴尔干军队一路实施暴行，勉强逃得一命的穆斯林难民家庭疲惫而憔悴地坐在牛车的稻草上。苏丹艾哈迈德清真寺成了难民营，法提赫清真寺成了收容院，圣索菲亚清真寺成了霍乱医院。瓦克夫博物馆（现今的土耳其和伊斯兰艺术博物馆的前身）被建立起来，以安置从清真寺中移出的地毯、书法和木雕。由于军队已经征调了所有的马匹，骆驼重新出现在佩拉的街道上。每天晚上都有火灾发生：仿佛是这座城市显示出的一贯的不满姿态。[47]

大使馆暂停举办招待会。德国大使馆被临时改建成了医院。在马尔马拉海对岸的莫达，惠托尔家族撕开被单，给奥斯曼伤兵制作绷带。但是佩拉的舞厅、餐厅，以及托卡特里扬、侯爵夫人等饭店仍然繁忙。受伤的战士蹒跚地爬上山丘，经过佩拉宫酒店，里面演奏着为寻常的下午茶茶舞会所配的华尔兹舞曲。奥黛特·科伊恩写过一部关于那些年的小说，据她所述，佩拉人在喝茶间歇评论道："土耳其人甚至不再知道如何作战。"

许多希腊人放弃奥斯曼主义，回归他们古老的野心，即实现"伟大理想"。1910年，诗人科斯蒂斯·帕拉马斯用希腊语写作了诗歌《国王的长笛》（*The King's Flute*）——向君士坦丁堡的魔力，以及拜占庭末代皇帝隐藏在城墙金门的大理石下方的传说致敬：

> 王，我要从大理石的沉睡中苏醒，
> 从我秘密的坟墓中走出来，
> 将被砖封起的巨大金门开启，
> 然后，击败哈里发和沙皇的胜利者啊，
> 将他们赶出红苹果树，并猎杀他们，
> 我应在自己的古老疆界里安息。

由于奥斯曼军队的惨败，之前十分谨小慎微的普世牧首约阿希姆三世也转变成了和福阿德·柯普律吕一样狂热的民族主义者。他忘记了三个世纪以来法纳尔人成功地利用奥斯曼帝国来增强自己的宗教权威和希腊人对东方基督教世界的文化霸权，这位曾经对苏丹俯首帖耳的大牧首现在告诉一名亲希腊的法国人士：

奥斯曼帝国是与我的民族、宗教、国家相异的强权……我代表一种理想。正是它在我的肉体实力虚弱时赐予了我无尽的力量。这个理想主张的美德迟早将战胜既成事实的野蛮……没有人或事物能够战胜这个理想。它是鲜活的，亦是不朽的。正是它支撑着我们度过了四个世纪。

他的大部分信徒和他的感受相同（虽然希腊银行家莱昂尼达斯·扎里菲将自己在佩拉的房子第一层交给了红新月会）。如果有土耳其得胜的新闻，希腊人就留在家中闭门不出。在首个战败消息传来时，他们离开家走到佩拉大道上，放声大笑，充满自信。

佩拉到处都是记者，有关屠杀的流言四起，用奥黛特·科伊恩的话来说，就是"每个真正的佩拉人都因屠杀谣言而坐立不安"。[48] 大维齐尔卡米勒帕夏警告外国大使，如果保加利亚军队进城就大肆屠城，这种恐惧会成为奥斯曼政府推行政策的工具。自拿破仑战败开始（除了他侄子的统治时期），使欧陆保持秩序的欧洲协调机制最后一次发挥作用，就是在1912—1913年君士坦丁堡的街道上。11月12日，在奥斯曼帝国的许可下，装载着2700名水兵的14艘外国战舰在博斯普鲁斯海峡抛锚，以安抚基督教徒。11月16日，亚美尼亚大牧首的代表请求外国使馆进行保护。11月18日，水兵带着机关枪登陆。法国人在加拉塔抢占地盘，英国人在佩拉部署军队，奥地利人和德国人在塔克西姆实施占领，俄国人沿着码头部署防线。[49]

11月17日，在保加利亚和奥斯曼枪炮沿着恰塔尔贾防线开火时，窗户开始嘎嘎作响，地面开始摇动。惠托尔家族可以在80英里外的莫达听到战火的喧嚣声。住在尼尚塔什的英国女性玛丽·波因特在日记中写道：

今天仍是一个温暖秋日，南风徐徐吹来，有时薄云会遮住太阳。近日以来气氛压抑，从远处传来的战火的喧嚣似乎显得战场离得很近，但声音的来源至少在20英里外……今早的炮火声像是远方的雷霆，之后随着气流变化而传来不祥的隆隆声，接着更低沉的炮声使地面摇晃起来。

佩拉的屋顶和阳台上站满了观察者,其中一些人的脸色因恐惧而发白。他们很快懂得了如何辨别马尔马拉海上奥斯曼战舰尖锐、干涩的炮击声和英国大使馆三等秘书哈罗德·尼科尔森所描述的"奇怪而模糊的重击声",即从陆上开炮的声音。虽然有墙外的战争和墙内的恐惧,但城里唯一的骚乱发生在被派来拯救他们的外国水手中间,特别令人不安的是法国人和德国人之间的斗殴。[50]

与1878年一样,君士坦丁堡位于远离其他人口中心的半岛末端,其地理位置在战时成了优势。当俄国和保加利亚的军队接近君士坦丁堡时,他们已经耗尽了力气,补给线也越拖越长,大大超出了负荷。虽然有霍乱和痢疾等疫病的蹂躏,但是食物和枪支补给良好的奥斯曼军队用全心的热情保卫"哈里发所在地"。11月18日,保加利亚军队没能横扫恰塔尔贾。12月3日,战争双方签署停战协定。和平谈判会议在伦敦开幕。[51]

恩维尔之前在的黎波里塔尼亚领导抵抗意大利人,当他归来时,他因城里恐惧和冷漠的氛围而感到愤愤不平。统一与进步委员会的支持者和反对者之间的仇恨似乎和民族间的仇恨一样强烈。奥斯曼政府决定将帝国的第二城市埃迪尔内割让给保加利亚人,这与伦敦会议上欧洲列强的建议一致。恩维尔相信自己支配着"这个民族的所有心灵",1913年1月14日,他写信给一位德国朋友:"我不想以革命者的身份行动,但我不知道这一切会在哪里结束……要么解救故土,要么光荣战死,我将为了革命事业颠覆一切。"[52]

1913年1月23日下午3点,在警察部门政治司司长萨穆埃尔·伊斯拉埃尔、塔拉特、杰马尔和五六十个挥舞自由旗或伊斯兰教旗帜的人的陪同下,恩维尔领导了一次对"高门"的进攻。他们先前已切断了电话线,并使亲统一与进步委员会的一营士兵处在驻防状态。当他们进入"高门"时,这些士兵欢呼起来。他们高喊"卡米勒帕夏去死",冲过通往大维齐尔办公室的楼梯。大维齐尔的副官之一基布里斯利上尉、战争大臣和另一位副官被枪杀。大维齐尔辞职。恩维尔任命了新的军队指挥官,使马哈茂德·谢夫科特帕夏成为新的大维齐尔。20分钟后，一位面带笑容的军官出现，告诉外面的500人："我们进行了一次小型革命。"一群印度人——他们的存在是帝国仍然在伊斯兰世界具有吸引力的象征——在人群中高谈阔论，说印度和土耳其肝胆相照。苏丹最初不相信，于是他从多尔玛巴赫切宫派出近侍长来查验消息。和恩维尔渴望的一样，帝国重新进入了战争状态。恩维尔夸口道，他每天工作36个小时，可以保证胜利。他避过外国人的耳目，成功建立了新政府。面对整个保加利亚军队，他拥有足够强大的实力。[53]

2月，城里又可以听到恰塔尔贾的炮火声。然而，奥斯曼军队无法拯救埃迪尔内。1913年3月26日，老对手埃迪尔内落入保加利亚人之手，君士坦丁堡为此哀悼了一天，虽然恩维尔领导军队在7月22日重夺埃迪尔内时赢得了帝国的赞赏，但比起奥斯曼军队的军事能力，这更多是因为保加利亚分兵打希腊和塞尔维亚导致其实力有所削弱。

帝国的虚弱加强了自19世纪90年代以来欧洲列强日益增强的反奥斯曼倾向。在开战之前，列强预测奥斯曼获胜，发表了反对改变巴尔干现状的声明。在奥斯曼战败后，它们则帮助巴尔干诸国瓜分所得领土。非官方的经济保护区被划分出来，英国统管美索不达米亚，法国分到了叙利亚，俄国占据北安纳托利亚，德国则管辖柏林-巴格达铁路沿线。英国大使写道："包括英国在内的所有大国都在努力获取它们能从土耳其得到的好处。它们都发誓说要保持土耳其的领土完整，但是没有一个国家曾经想过付诸行动。"私人信件和外交急件中渗透着奥斯曼帝国濒死时分的痛苦感受。据报告，统一与进步委员会的一些成员赞同成立共和国。扫地出局的大维齐尔卡米勒帕夏被恰如其分地称作"英国人卡米勒"，他呼吁"某种充分的外国控制……用以对土耳其事务进行管理"。[54]

统一与进步委员会立刻着手军队现代化改革，同时将武装部队踢出政治圈子。为此，统一与进步委员会召集了英国军官重整海军，德国军官重整陆军，法国军官重整宪兵。英国维克斯军火公司以奥斯曼帝国码头、兵工厂和海军建设事务公司的名义取得了奥斯曼海上力量的堡垒，即金角湾兵工厂的30年租赁权。[55] 利曼·冯·桑德斯将军于1913年12月14日到来，领导60位军官，并在战争部拥有自己的办公室。对君士坦丁堡德国人的恐惧是"一战"前夕德国和俄国关系紧张的主要原因。恩维尔已经成为战争大臣，并被认为是德国人的朋友，他的地位变得越发举足轻重。最后一位独立的大维齐尔马哈茂德·谢夫科特帕夏于1913年6月11日驾车经过巴耶济德广场时被射杀，当时街道上仅有为数不多的几辆汽车（从此以后，恩维尔驾车飙过街道时，后面都跟着另一辆车，车里坐着全副武装的副官）。1912年，一名皇室成员的亲属和一名成功的自由派人士的兄弟被指控有罪，并被判处绞刑。新的大维齐尔赛义德·哈利姆帕夏是埃及的穆罕默德·阿里的后裔，他品味奢侈，常去东方俱乐部，据说他是统一与进步委员会手中一名无足轻重的人物。1914年2月2日，恩维尔娶了苏丹宠爱的侄女纳吉耶——历史上少有的革命者和皇室公主之间的婚姻。他们住在库鲁切什梅一处奢华的水滨别墅里。[56]

与希腊人的动乱更是使帝国雪上加霜。大约40万穆斯林从沦陷的巴尔干行省迁来，他们的安置工作加剧了民族冲突。政府或许尝试过胁迫希腊人移民。1914年年初，政府下令在首都附近的希腊村庄拆毁房屋。6月，大牧首宣布关闭希腊学校和教堂。他向外国大使馆发备忘录，亲自访问希腊公使馆，要求免除他的一些官员的兵役，表现得仿佛法纳尔和梵蒂冈一样有权势和独立。[57]

奥斯曼与阿拉伯人的关系也恶化了。阿拉伯民族主义领袖之一、"埃及人"阿齐兹·阿里是君士坦丁堡军事学院的毕业生，他投靠阿拉伯民族主义更多是因为与恩维尔的私人恩怨，而非民族或语言：他是参加过青年土耳其党革命的切尔克斯人。1914年2月9日，被怀疑筹划叛乱的他在午饭后离开托卡特里扬酒店时被逮捕。经历了漫长的审判后，他在英国的压力下获释，乘船去往埃及——另一位离开首都的未来的民族主义起义领袖。麦加代表谢里夫阿卜杜拉深沉地热爱君士坦丁堡，他已经计划阿拉伯独立，当他在麦加和君士坦丁堡之间的旅行中暂留开罗时，他向基钦纳勋爵示好，提出了有关阿拉伯起义的建议。[58]

1914年7月，第一次世界大战的爆发给了奥斯曼帝国加强其地位的机会。维持中立可以促进经济繁荣,增加外交权重。然而,三巨头(恩维尔、杰马尔和塔拉特有时被这么称呼)认为帝国需要盟友。塔拉特对俄国、杰马尔对法国分别进行的试探性接触无果而终。8月2日,在赛义德·哈利姆帕夏位于耶尼科伊的水滨别墅里,恩维尔和塔拉特在其他内阁成员不知情的情况下与德国签订秘密盟约,他们从7月18日起就在进行谈判。奥斯曼帝国发誓站在德国一边参战。它暂且保持中立,但暗中调度军队。在帝国历史上最具决定性意义的一个夏天里,英国和德国驻君士坦丁堡大使馆争相拉拢奥斯曼政府。

1908年,英国已经赢得"自由之家"的名声,而德国则被指责为与阿卜杜勒哈米德狼狈为奸。在恢复宪法后,新任英国大使的四轮马车在加拉塔桥卸鞍,兴奋异常的民众将马车推到山丘上的大使馆。相信统一与进步委员会由犹太人和共济会会员运作的大使和译员,以及拒绝奥斯曼帝国结盟提议的英国政府共同抛弃了这个名声。英国政府害怕君士坦丁堡成功的议会制政权将会影响到自己在埃及和印度的穆斯林臣民。青年土耳其党革命的影响范围很广:1911年,在君士坦丁堡示例的鼓励下,布哈拉的"青年布哈拉党人"强迫布哈拉埃米尔颁布宪法。

1914年8月,英国政府没收了两艘奥斯曼战舰以供自己使用,这两艘战舰是奥斯曼帝国用民众捐款购买、在英国船厂建造的,因此他们进一步失去了奥斯曼人的支持(但是英国的如意算盘迟了一步,没能阻止恩维尔用战舰作为诱饵,吸引举棋不定的德国于8月2日签订盟约)。8月10日,两艘德国战列巡洋舰"格本"号和"布雷斯劳"号在地中海甩开英国舰队拙劣的追逐后抵达马尔马拉海,它们曾经于1912年11月作为国际舰队的一部分到访过君士坦丁堡。8月15日,这两艘战舰被正式移交给奥斯曼帝国,是帝国通过出色而野心勃勃的海军上将威廉·苏雄"购买"的,之后苏雄成为奥斯曼帝国的海军总司令。这两艘船被重新命名为"冷酷苏丹塞利姆"号和"小马"号,船员仍然是德国人,但是他们在公共场合佩戴费兹帽。公众舆论愈发亲德。奥斯曼海军雇用的英国军官被限制于海岸任务。[59]

德国大使是汉斯·冯·旺根海姆男爵,他在君士坦丁堡是很受尊重的图林根著名人物。在1914年夏，即德国喜报频传的日子里，他可以坐在塔拉布亚夏季使馆外边的长凳上读外交急件。英国大使路易斯·马利特爵士是一个钟爱意大利园林的单身汉，8月他正好在休假。虽然他是"东方问题"专家，但他无所作为，想法悲观。他无法利用协约国在帝国的投资（比德国的大得多），以及对奥斯曼银行和公共债务管理委员会的控制，来制约奥斯曼帝国。8月底，英国、法国和俄国提出保证奥斯曼帝国的领土完整和独立，来换取它继续维持中立。然而，马利特于9月6日给外交大臣爱德华·格雷爵士发电报，表示"保证土耳其的领土完整和独立，就像是为注定自杀的人的生命做担保"。他之所以如此缺乏外交手腕，部分是因为使馆中的反奥斯曼主义。他的译员安德鲁·瑞安写道："如果土耳其人在置身事外的情况下平安渡过欧洲的战争，那么他们将在未来带来许多麻烦。"

8月底，希腊学校和教堂重新开放，这展现出中立需求增强了奥斯曼帝国的杠杆作用。9月8日，奥斯曼政府废除了一系列的贸易特许权"协议"，这些协定已让很多外国人在君士坦丁堡炫耀财富和罪恶。9月9日和10日，执火炬的打鼓队伍游行在塔拉特帕夏靠近圣索菲亚清真寺的房子前方，以及杰马尔帕夏位于尼尚塔什新区的房子前方举行，庆祝奥斯曼人在"高门"和多尔玛巴赫切宫取得胜利。青年土耳其党报刊《共鸣报》的编辑侯赛因·贾希德贝伊宣称："我们过去不是国家的主人，外国人是。"大维齐尔在托卡特里扬酒店举办了一场可容纳300人的宴会。奥斯曼政府宣布，外国邮局从1914年10月1日起关闭。[60]

是开战还是维持和平，悬而未决。当德军在马恩河作战时，利曼·冯·桑德斯将军因在博斯普鲁斯的不作为而沮丧。事实上，在奥斯曼而非德国的控制下，苏雄感觉自己像是一头被拴上锁链的老虎。俄国大使吉尔斯了解奥斯曼内阁之中主战派和反对者的冲突，因为他贿赂了奥斯曼邮局的一名雇员，可以读到奥地利大使的密电。9月14日，赛义德·哈利姆领导同僚迫使恩维尔取消让苏雄率领舰船进入黑海攻击俄国的命令。

然而，正如对"高门"的攻击所显示的那样，恩维尔对首都的军事控制是决定性的。在那个夏天，从塔拉布亚到君士坦丁堡的道路并没有被寻欢作乐者的四轮马车占据，而是被军队帐篷覆盖。9月初，德国军官和工程师开始乘火车前来加强达达尼尔诸要塞的工事，以及检修奥斯曼舰队。9月17日，马利特发出电报："只要军队开动了，战争大臣就是最高统帅，那么内阁就无法对他强加其想法，并且必须在一定程度上拖延时间。"[61] 只有无法拒绝的协约国黄金或是一场政变才能够阻止恩维尔。

9月17日，英国海军代表团离开，苏丹在比尤卡达重新检阅了"冷酷苏丹塞利姆"号和"小马"号。然而，苏丹本人和大部分臣民一样都想要和平。安德鲁·瑞安在9月21日见到苏丹，他写道："这位老先生常常十分糊涂，但这次他的活力和智识让我们震惊。他告诉我们，他要保持中立，不想要战争，海军上将林普斯不辞而别不是他的错，他喜爱大使。"最晚到10月16日，英国大使还在发电报："我不会放弃希望，如果我们继续保有耐心，如果我们仍然（在战争中）取得成功（我不怀疑我们会取得胜利），那么我们或许可以干成事情。"[62]

但是有许多德国人受雇于奥斯曼陆海军，以至于中立局面难以维持。9月23日，苏雄得到了奥斯曼海军的有效指挥权。9月26日，一艘英国船只拦下了一艘从达达尼尔海峡驶出、开进爱琴海且载有德国水手（大部分奥斯曼船只都是如此）的奥斯曼鱼雷快艇。作为报复，达达尼尔诸堡垒的德国指挥官韦伯将军将达达尼尔海峡对所有船只关闭。俄国的运粮船在马尔马拉海中聚集，最终返航。到10月12日，价值200万土耳其镑的德国黄金已经由火车专列从柏林抵达，作为"软贷款"，事实上是贿赂，这是恩维尔的命令。第二天，恩维尔起草战争计划。10月27日，苏雄指挥下的两艘奥斯曼新战船进入黑海。10月29日，约凌晨3点半，它们在没有宣战的情况下炮轰了敖德萨和塞瓦斯托波尔。当消息传到东方俱乐部时，杰马尔帕夏说："如果苏雄这头猪干了这事，那么就让他见鬼去吧！"事实上，杰马尔帕夏支持这一决定。11月2日，俄国紧跟着英法宣战。四位奥斯曼大臣辞职；而曾经威胁辞职的大维齐尔则被说服留在位置上。[63]

城中最后的英国人和法国人准备离开。一名德国熟人对在城中任律师40年之久、同时也是拜占庭历史学家的埃德温·皮尔斯爵士说："埃德温爵士，您写过《希腊帝国的灭亡》（*The Destruction of the Greek Empire*），我想您会在有生之年写完《土耳其帝国的灭亡》……我喜欢土耳其人，但我认为他们在自杀。"

在之前奥斯曼帝国多次对俄国宣战时，君士坦丁堡的民众都很热情。然而，1914年，这是恩维尔的战争，不是奥斯曼王朝的战争，也不是人民的战争。没有兴奋的人群聚集在宫殿前庆祝战争爆发，这与伦敦、巴黎和圣彼得堡的情况不同。据说，苏丹说过："向俄国开战！可就算俄国真的败了，光是它的尸体就足够压垮我们了。"苏丹之后在多尔玛巴赫切宫里对美国记者讲话，含蓄地批评恩维尔："我的人民已经不是像过去那样。他们已经经历了太多次战争。他们已经流了太多的血……我不想要这场战争。真主作证。我很确信我的人民也不想要战争。"阿卜杜勒哈米德则在贝勒贝伊宫轻蔑地哼了一声："我们为了两艘船而牺牲了自己。"[64]

11月9日，圣战在法提赫区被宣布。君士坦丁堡的穆夫提号召俄国、印度和阿尔及利亚的穆斯林起来反对他们的帝国主义主人："穆斯林，真主真正的仆人啊！参与圣战而活着回来的人将会享受巨大的幸福，而在圣战中死得其所的人也将获得殉道者的荣光。"很少有人听从召唤。高唱着"俄国去死"的人群通过劫掠托卡特里扬酒店来庆祝土耳其参战，酒店所有者是俄国臣民。

君士坦丁堡成了一座战时的首都。到12月初，同正常活动时期相比，大桥和港口都变得空荡荡的。[65]军队巡逻，搜寻逃避兵役的年轻男子。在之后四年，面包价格上涨了38倍，比工资上涨快得多。面包店外排着长长的队伍，人们喊道："我们不关心胜利。给我们面包！"那里的小面包尝起来像稻草。人们开始用葡萄干给茶增加甜味，因为没有糖。供水经常中断，两家煤气公司也关门了。有轨电车十分拥挤，以至于女性把乘坐有轨电车比作士兵在战壕中的恐怖经历。

帕尔武斯开始在君士坦丁堡组织乌克兰和格鲁吉亚的反俄革命活动。他被称为"革命商人"，1915年1月，德国大使冯·旺根海姆在君士坦丁堡招募他来安排德意志帝国和俄国革命者之间的同盟，这一同盟将在德国的帮助下于1917年把列宁带到俄国。[66]不过，君士坦丁堡对同盟国的主要贡献既不是宣布圣战，也不是招募帕尔武斯，而是向外国船只关闭博斯普鲁斯海峡和达达尼尔海峡。由此造成的俄国经济混乱有助于引发1917年俄国革命。重新打开通往俄国的道路，以及把奥斯曼帝国踢出战争的渴望，促使中立国希腊和罗马尼亚站在协约国一边，导致了英国战争委员会于1915年1月13日做出满腔热忱的决议，决定准备一次海军远征，"以君士坦丁堡为目标，炮轰并夺取加里波利半岛"。

在作为帝都的最后数年里，这座城市从未像此时这样激发如此多的冲突。保加利亚的斐迪南沙皇和希腊人的国王君士坦丁十二世（选择这一数字，表明他是拜占庭末代皇帝君士坦丁十一世的继承者）都希望以征服者的身份进入君士坦丁堡。在圣彼得堡，尼古拉二世已经于1914年11月签署宣言，要求"完成俄国对博斯普鲁斯海岸的历史使命"；俄国的盟友在1915年3月向其承诺得到君士坦丁堡和博斯普鲁斯海峡。在伦敦，海军大臣温斯顿·丘吉尔（他于1910年访问过君士坦丁堡，认识青年土耳其党的领导人）用这样的话语支持攻击达达尼尔海峡的计划："想想君士坦丁堡对东方意味着什么！伦敦、巴黎和柏林对西方的意义加起来都比不上它。"在1914年前，他和英国总参谋部都认为仅用海军攻击达达尼尔海峡的尝试"已不可能成功"，但在战争不断获胜的兴奋中，他推翻了自己的信念。协约国舰队由18艘主力舰，以及包括潜艇在内的200艘较小的舰船组成，该舰队在达达尼尔海峡外40英里处的希腊利姆诺斯岛外集结。人们在一些船只的侧面涂画着"土耳其快乐行""去往君士坦丁堡和后宫"等标语。[67]

协约国的海军于2月19日开始对达达尼尔海峡的要塞进行炮击。达达尼尔海峡的浮动水雷击沉了三艘英国主力舰，击伤许多其他船只。4月25日，协约国军队在加里波利岛附近的沙滩登陆。接下来的屠杀无须赘述。协约国总共动员了53.9万名士兵。奥斯曼军则是31万人。协约国有好几次似乎要在陆上或海上取得突破。由于预测俄国小麦将会再次经过达达尼尔海峡出口，芝加哥的小麦价格有所下跌。当一艘英国潜艇突破达达尼尔海峡，开始在博斯普鲁斯海峡击沉舰船时，君士坦丁堡城普遍感受到一股恐慌：到年底，协约国的潜艇几乎迫使马尔马拉海域的日常交通停滞。奥斯曼政府几次计划迁移到布尔萨或是更远的地方。地形、协约国的无能、奥斯曼指挥官利曼·冯·桑德斯和穆斯塔法·凯末尔的能力帮助奥斯曼赢得了最终的胜利。不过，在德国军官汉斯·坎嫩吉赛尔帕夏看来，之所以能取得胜利大部分是出于心理因素：奥斯曼军队"坚定的意志、顽强的献身精神，以及对苏丹哈里发不可动摇的忠诚"。1916年1月，协约国撤出了最后剩余的军队。[68]

在加里波利战役期间，一场更大的灾难在君士坦丁堡成形了。统一与进步委员会最初与亚美尼亚人拥有良好的关系。在1909—1914年，亚美尼亚国民议会和钟声党的大会都在首都举行。阿里帕夏的门徒、亚美尼亚人加布里埃尔·诺拉敦基扬在1912—1913年短暂担任外交大臣（之后不久，他前往巴黎）。然而，从1913年开始，东安纳托利亚的改革计划造成紧张局势不断升级。1914年，一些亚美尼亚人帮助安纳托利亚的俄国军队攻打奥斯曼军队。凡城出现了亚美尼亚起义。在君士坦丁堡城内，一些亚美尼亚人在俄国取得第一批胜利后洋洋得意。统一与进步委员会决定实行清除政策。在安纳托利亚，有60万到80万亚美尼亚男人、女人和儿童在放逐、流行疫病和屠杀中死去（也有成千上万的土耳其人和库尔德人因战争在这一区域死去）。有2432名亚美尼亚社群的精英成员被驱逐出君士坦丁堡。在他们之中有7位议会上院议员、12名议会代表，其中包括君士坦丁堡代表克里科尔·佐赫拉布，他在1909年4月镇压革命的行动中曾经为塔拉特提供庇护。他们之中很少有人能再为人所见。[69]

负责驱逐和屠杀的"特别组织"从君士坦丁堡向别处运作。其破坏工作臭名昭著。1915年6月25日，接到东部的德国领事通知的德国大使报告说，驱逐行动从没有受到俄国入侵威胁的行省开始。"正在进行重新安置的事实及其野蛮的方式表明了，奥斯曼政府确实是在以摧毁土耳其的亚美尼亚民族为目标行动。"根据美国记者乔治·施赖纳写于8月7日的一则日记，哈莉黛·埃迪布在其开设于君士坦丁堡传统聚居区的一间学校的茶会上告诉他："太糟糕了！我希望政府能找到某种摆脱这个困境的方法。现在，这些可怜的家伙正在被带往美索不达米亚。我听说已经发生了屠杀。我无法相信！"杀死亚美尼亚人的决定不仅是因为奥斯曼政府在第一轮挫败后的恐惧（在一年后的阿拉伯起义爆发后并没有对阿拉伯人的大屠杀）。美国大使在日记中写道，内政大臣塔拉特告诉他，政府想要使亚美尼亚人"失去权势"，因为亚美尼亚人富裕，想要建立自己的独立国家，并鼓舞帝国的敌人。大使三次警告塔拉特帕夏，他正在犯危险的错误。塔拉特帕夏说他永远不会后悔。1915年9月30日，奥地利临时大使报告："清除亚美尼亚民族的计划已经显示出巨大的成功。塔拉特高兴地告诉我，比如最近在埃尔祖鲁姆已经没有亚美尼亚人了。今天的土耳其是一个疯狂的国家，它实行对亚美尼亚人的民族清除，却没有受到惩罚。"[70]

旧的奥斯曼秩序消失了。最后一个前往麦加的神圣朝觐团由恩维尔的父亲领导，在1915年从于斯屈达尔出发。第二年，旅行无法进行。在400年的犹豫之后，一位谢里夫决定和奥斯曼帝国决裂。尽管同奥斯曼帝国有联系，但是被青年土耳其党政府边缘化的谢里夫侯赛因还是在英国提供的黄金和承认的诱惑下，于1916年6月10日在麦加发动了阿拉伯反叛。但是，他的声明显示出他还保留着一些奥斯曼因素。宣言指责统一与进步委员会是异端，他们允许奥斯曼报纸发表不敬真主的文章，并阻止苏丹任命他自己的首席秘书。虽然有埃米尔的反叛，但是大部分阿拉伯人仍然忠诚，包括谢里夫自己住在君士坦丁堡的弟弟谢里夫纳赛尔。1915年，阿拉伯军队在加里波利半岛帮助守卫首都。奥斯曼政府通过在谢里夫的地盘宣称他的堂弟谢里夫阿里·海达尔为麦加的埃米尔来进行还击。奥斯曼阿拉伯主义的最后庆典于1916年6月18日在"高门"外的一大群人面前举行。阿里·海达尔戴着谢里夫的白色头巾和奥斯曼饰品，穿着他的黑色和金色制服，乘坐苏丹的带篷马车到来，随行的是一名阿拉伯贴身侍卫，以及苏丹的乐队。当任命他的诏书被宣读时，内阁大臣、谢里夫、奥斯曼皇子等在一旁观看。但是他最远走到了麦地那，1918年回到了君士坦丁堡。[71]

战争能使奥斯曼政府实行土耳其化和现代化的政策。要求在私人场所和官方文件中使用土耳其语的法律被颁布。非穆斯林终于开始学习一些土耳其语词。在期刊《知识财富》上，一个土耳其人问一个欧洲人，为什么他看起来这么伤心：

> 为了在土耳其能过得顺利一点，我现在要懂点土耳其语。

哦，我，一个土耳其人，直到现在都要像欧洲人一样行事，以便在我自己的国家过得好一点。

变化来得非常迅速。1916年，大教长被移出内阁，他领导下的伊斯兰教法法庭和宗教学校被移交给司法部。1917年的《家庭法》（The Family Law）承认女性有权提出离婚。穆斯林女性开始在政府的劳动营里工作，有时还在商店里任职。君士坦丁堡的巡视员、搬运工行会领导人卡拉·凯末尔先是管理君士坦丁堡的食物供应，然后管理整个经济生活。他在1916—1917年鼓励经济国有化，创建了穆斯林商人协会、国有面包公司和国有布匹公司。[72]

战时同盟使君士坦丁堡吸引了大量德国人。一个德国海军基地在博斯普鲁斯海峡左岸的伊斯廷耶建成。水手们将其重新命名为施滕尼亚塔尔，他们在附近养猪，这样就可以在周日中午吃烤猪肉。来自克虏伯公司的工人在军需品工厂里工作；驻扎在君士坦丁堡的德国官员中有冯·巴本和里宾特洛甫。恩维尔在战争部的总参谋是才干出众的汉斯·冯·泽克特将军，他是1919年后德国军队的重整者。艺术家皇子阿卜杜勒迈吉德绘制了几幅后宫女性阅读歌德作品，以及皇室成员弹奏贝多芬曲子的画——同时向现代化和战时同盟致敬。到战争结束，君士坦丁堡城内和周边大概有9000名德国士兵和1000名奥地利士兵。一些德国军官谈到奥斯曼帝国正在变为"德国的埃及"。一个德国人说他喜欢坐在托卡特里扬酒店的阳台上，因为这是一个向大街上的土耳其人吐唾沫的舒适位置。不过，达达尼尔海峡诸要塞的德国指挥官默滕帕夏曾在小墓园的加登巴尔看着金角湾上的日落，说："我有时候宁愿在君士坦丁堡当乞丐，也不想在其他任何地方成为别的什么人。"[73]

与德国的同盟关系摧毁了奥斯曼帝国。随着君士坦丁堡越来越土耳其化，奥斯曼帝国也不复存在：巴格达于1917年3月11日沦陷，耶路撒冷是12月9日，大马士革是1918年10月1日。协约国军队突破了萨洛尼卡防线。协约国的飞机开始轰炸君士坦丁堡。突然间，青年土耳其党政府意识到自身已经输掉了战争。

地中海的协约国海军和萨洛尼卡前线的陆军此时成为战局的主导者。君士坦丁堡仍然可以在伦敦激起入侵欲望，尽管没有1878年那般强烈。虽然法国对地中海的海军有总指挥权，但是在海军部的命令下，爱琴海的英国海军军官将法国同僚排挤出停战谈判。在巴黎会议上，克里孟梭和劳合·乔治之间爆发了战争期间最严重的几次争吵。1918年10月25日，克里孟梭写了一封抗议信给劳合·乔治，这是许多抗议信中的一封，他提及了在法国领导下于萨洛尼卡防线取得的胜利，以及法国在奥斯曼帝国的经济和文化投资："在君士坦丁堡，法国拥有最大的利益。"[74]

英国政府并没有屈服。10月30日，在停泊于利姆诺斯岛穆德洛斯的英国皇家海军"阿伽门农"号战舰上，奥斯曼海军大臣拉乌夫贝伊与英国地中海舰队司令萨默塞特·高夫-考尔索普爵士签订停战协议：当时，没有法国人在场。该协议要求奥斯曼军队停止行动，并授予协约国"在出现威胁其安全的情况时"占领"任何战略地点"的权利。考尔索普向拉乌夫贝伊保证协约国将会占领君士坦丁堡城内及周边的码头和博斯普鲁斯海峡诸要塞，但不会占领城市本身。当拉乌夫贝伊要求其做出书面保证时，考尔索普告诉他没有时间把协议送回伦敦了。拉乌夫贝伊相信了这位舰队司令所做的承诺。他回城后在媒体会议上保证"没有一个敌人的士兵会在我们亲爱的首都登陆"。11月1日，恩维尔、塔拉特和杰马尔乘坐最后一艘德国潜艇离开了博斯普鲁斯海峡。

回到伦敦，前印度总督寇松勋爵（他与丘吉尔，以及叶卡捷琳娜二世、伊格纳季耶夫伯爵等其他的超级帝国主义者一样关注着君士坦丁堡）劝说战时内阁，既然不存在特别豁免，那么"从东方精神状况的视角来说"，占领君士坦丁堡是值得的。停战协议的条款被驳回，同驳回法国参与谈判一样坚决。这座城市成了其荣耀和地理位置的牺牲品。它长期以来都被看作帝国和伊斯兰伟大的象征，因而英国内阁和寇松尤其相信占领它能够增强英国在近东和印度的声望。它的地理位置使占领变得物有所值，并且与其他敌国的首都柏林、维也纳和索非亚不同的是，占领它也是可行的。

随着两艘德国战舰离开君士坦丁堡去攻击俄国，君士坦丁堡的战争始于1914年10月27日，终结于1918年11月13日，彼时一长串协约国战舰（主要是英国战舰，但也有法国、意大利和希腊战舰）进入博斯普鲁斯海峡。在之前的150年里，许多强国都将君士坦丁堡视为一个向往的目标。[75] 英国攀登到世界权力的顶峰，自信心也因在战争中获胜而膨胀到了顶点，并且在奥斯曼境内各处驻扎军队。在这一巅峰时刻，英国成了最大赢家。

15

首都之死

> 伊斯坦布尔位于两个伟大世界的交界处，是土耳其民族的瑰宝，是土耳其历史的财富，是土耳其民族最深沉热爱之物，在每个土耳其人的心中都有一席之地。这座城市在不幸事件中的痛苦遭遇成了所有土耳其人心中的流血之伤。
>
> ——穆斯塔法·凯末尔，伊斯坦布尔，1927年7月1日

君士坦丁堡作为首都的最后几年是其史上最为国际化的时期。1918年11月13—14日，英国、法国、意大利军队（共约3626名士兵）乘坐协约国船只登陆。奥斯曼政府抗议这三国违背停战协议。英国代表淡定地回复说君士坦丁堡已经被选为英军司令部所在地。奥斯曼官员为此深感震惊，以至于哑口无言。

协约国军队的指挥官是将军亨利·梅特兰·威尔逊爵士，军队中有2616名英国人。在接下来的几周里，当德国和奥地利军队被遣送回各自的国家时，英国控制下的许多权力机构在君士坦丁堡城内出现了。城中协约国军团的总部是英国女子学校，位于佩拉大道181号；独立的协约国黑海海军还控制着俄国南部和高加索的军队，其总部位于哈尔比耶的奥斯曼军事学院。从1919年1月11日起，英籍主席管理下的国际警察委员会承担了对于君士坦丁堡警察力量的"行政控制"工作。协约国也创建了独立的警察部队（三分之一是英国人，三分之一是法国人，三分之一是意大利人），以及自己的军事法庭系统，他们还在城市的监狱、医院、银行和使

馆外边安排了自己的守卫力量。协约国的占领给城市的街道带来了新服饰，这些服饰就连君士坦丁堡都不曾了解过：来自塞内加尔和中南半岛的法军、来自印度的英军，以及另一个得胜的协约国军队，即日军，都带来了属于各自国家的服饰。[1]

1919年2月8日，协约国在街头大肆作秀，强化自身控制权的合法性，与此同时，法国政府对英国的控制进行了快速的还击。弗朗谢·德斯佩雷元帅从萨洛尼卡前来，在加拉塔的码头登陆，意图接收另一支同盟国军队，即同盟国东方军的指挥权。这位基督徒征服者骑着一匹由希腊人准备的白马前往法国使馆，这是对1453年法提赫入城的报复性回应。佩拉大道两旁排列着协约国的旗帜，站满了欢呼的希腊人和亚美尼亚人。在前往法纳尔，听到外皮已经剥落的古钟敲响钟声之后，弗朗谢·德斯佩雷前往自己的新居所，那里原本是恩维尔帕夏在库鲁切什梅修建的水滨别墅。[2]

在接下来的四年里，被称为"高级专员"的三位协约国代表比苏丹本人更有权力，这是自17世纪以来大使权力逐步上升的顶峰。协约国占领时期是君士坦丁堡历史上海军发展得最迅猛的时期，也是最国际化的时期。博斯普鲁斯海峡黑压压的满是战舰。地中海舰队总司令萨默塞特·高夫-考尔索普爵士住在停泊于王子群岛沿岸的"铁公爵"号皇家舰艇上，他是英国高级专员。法国、意大利和希腊最初也是由舰队司令官担任国家代表。托普哈内成了英国海军基地，维克斯-阿姆斯特朗公司（它的高级主管是君士坦丁堡希腊人、神秘的巴西尔·扎哈洛夫爵士）恢复了对奥斯曼皇家码头和兵工厂的控制权。

和1945年后的柏林、维也纳类似，君士坦丁堡被划分成不同的管辖区域。君士坦丁堡老城区，即金角湾南边的城区是法国区；加拉塔和佩拉是英国区；于斯屈达尔是意大利区；还有一小支希腊部队驻扎在法纳尔。一些街道由四名警察组成的小队巡逻：一个土耳其人、一个英国人、一个法国人和一个意大利人。根据亲历者的叙述，英国人在他们称为"君士坦"（Constant）的区域部署了规模最大且军纪最差的部队。英国士兵醉醺醺地穿过佩拉的街道。英国军官住在佩拉宫酒店或者伦敦大酒店，又或者被安排在迄今为止认为神圣不可侵犯的穆斯林家庭里（一个怒不可遏的女主人杀死了霸占她家的不速之客，然后逃去了博斯普鲁斯海峡对岸）。英国的军事情报部门驻扎在加拉塔的哈科布扬商舍，他们在城内有许多线人。一整天都有人在那里停留，对英国情报官员J.G.本内特说悄悄话："非常机密的线人"则在晚上拜访他。[3]

体育活动在英国军队生活中扮演了和酒一样重要的角色。士兵和水手在欧洲淡水区打橄榄球，在贝伊科兹打板球。内维尔·安德森曾经在高级专员公署工作，他在离开"君士坦"20年后回忆道："高级专员公署最大的成就之一就是组建了板球队，虽然这意味着几乎要把每个会打板球的人都招进来才能填满名额。"对于一些英国军官来说，君士坦丁堡的欢愉不能与在色雷斯狩猎狐狸和豺狼的乐趣相比。威尔士卫队的26岁上尉福克斯-皮特（绰号"大棒"）称君士坦丁堡为"鬼城"，"我待过的……最肮脏和最破败的地方"。抵达君士坦丁堡后不久，他成为两支英国猎狐队其中一支的猎犬管理员。他写信给父亲："我觉得等新鲜事物消耗殆尽时，这座城市会变得有些无聊，而狩猎则是很好的消遣方式，当天气变差时，也没什么其他可做的事情了。"[4]

帝国主义、复仇和反共产主义是协约国占领的主要动机。为了加速使奥斯曼帝国解除武装和分裂，协约国企图控制其首都。直到1919年5月，从诸行省涌入的军需品都被协约国扣押在首都和海峡的仓库中，这与停战协议相符。协约国打算证明加里波利的价值抵得上1915年牺牲的士兵生命，并且想惩罚奥斯曼帝国加入同盟国的行为。寇松和劳合·乔治都声称——但是没有证据——奥斯曼帝国的参战导致战争延长了两年。英国和法国也想要君士坦丁堡这个"通往东方的门户"，它是向俄国南部和高加索的白俄军队提供补给的中心，因为协约国正在帮助白俄军队攻打布尔什维克。[5]

1919年，沉醉在胜利中的协约国即将把充满恶意的和平强加给同盟国，并要以民族主义的构架重新塑造欧洲。奥斯曼帝国失败得非常彻底，以至于一些协约国政治家希望对奥斯曼帝国施加比对德国更糟糕的条款，包括失掉君士坦丁堡。英国首相劳合·乔治是马志尼式民族主义信徒、充满激情的亲希腊分子，以及巴西尔·扎哈洛夫爵士的密友。1918年，他还保证君士坦丁堡将仍是奥斯曼帝国的，1919年，他却宣称："土耳其人手中的斯坦布尔不仅是各种东方罪恶的温床，而且是腐败和阴谋的源泉，腐败和阴谋将从这里传遍欧洲，广布欧洲大陆……君士坦丁堡并非是土耳其的，主要人口也不是土耳其人。"由于战后混乱，数据难以收集。然而，根据城内英国军官的估算，1920年，城里有56万穆斯林、20.6万希腊人和8.3万亚美尼亚人。在总计约15万的外国人中，有许多是拥有希腊而非奥斯曼国籍的希腊人。但是，君士坦丁堡的主要人口是说土耳其语的穆斯林。

出席巴黎和会的美国代表团同意劳合·乔治的观点："君士坦丁堡和它所在的狭窄海峡已经给世界带来了太多的麻烦，在过去的500年里，它给人类造成了比全世界其他任何地方更多的流血和苦难。"协约国占领行动的幕后主使寇松勋爵在1919年1月7日交予英国内阁传阅的文书中更进一步。他忘记了外交部一直以来对于奥斯曼帝国致力于为欧洲势力均衡做出贡献的赞赏，以及诸如1914年的塞尔维亚等巴尔干国家的近期记录。寇松宣称："约五个世纪以来，土耳其人在欧洲的存在是欧洲政治中混乱、阴谋和腐化的源泉，是其臣属民族受压迫和暴政的源泉，也是伊斯兰世界不适当和过度野心的诱因。"他贬责"君士坦丁堡被污染的景象"（虽然英国保护下的商人和罪犯曾属于污染最甚者）："要想永久分割或摆脱这个病源地，几个世纪以来都没有出现的机会现在自己出现了。"这座城市"太大、太危险了"，英国无法单独管控。它也不适合成为国际联盟总部的所在地。寇松宣称只有40%的城市人口是土耳其人，鼓吹由一个国际委员会占领和管理这座城市及海峡。它将会成为"东方世界的大都会或国际城市"。苏丹将退往布尔萨或者科尼亚。

使君士坦丁堡成为自治城市的想法最初于19世纪20年代被提出。然而，自治城市的时代结束了（即使是上海，也在1927年回到了更为严格的中华民国中央政府的控制之下）。最重要的是，在1919年，土耳其人、希腊人和亚美尼亚人各自比任何时候都更想要他们自己的国家，而不是分享同一座城市。

寇松对"这个病源地"的执着将他自己变为了好战的基督徒，而他在统治印度时是对激进基督教观点嗤之以鼻的。一篇关于查士丁尼皇帝的论文使他在牛津获奖,他在40年后写道:"在约900年的时间里,查士丁尼的伟大拜占庭圣殿圣索菲亚大教堂一直都是基督徒的教堂,之后历经了460多年,伊斯兰教的清真寺将会自然而然恢复其本来的供奉。"[6]

君士坦丁堡在作为奥斯曼首都的最后几年,将战场的角色演绎得淋漓尽致。在考虑将圣索菲亚清真寺变为教堂是自然而然之事上,寇松并非孤身一人。一种"救赎的焦躁"从希腊传播到英国,"圣索菲亚赎回委员会"在英国成立。天主教会也声称对圣索菲亚清真寺拥有所有权。一名意大利代表认为,既然这座城市是由罗马皇帝建造的,并且拥有热那亚建筑,那么它应该是意大利的。奥斯曼政府在圣索菲亚清真寺前驻扎了配有机关枪的士兵,防止基督徒的偷袭。[7]

不仅是出于个人的偏见,君士坦丁堡作为伊斯兰教的首都也是寇松希望对该城的主要清真寺索菲亚进行"再洗礼",以及驱逐苏丹哈里发的原因。他向内阁同僚宣称:"印度穆斯林从来没有对君士坦丁堡赋予任何神圣性和敬意。"事实上,印度穆斯林从18世纪就开始这么做了,并且亲奥斯曼的哈里发运动即将横扫印度,其目的之一就是帮助土耳其和维护君士坦丁堡的伊斯兰属性。寇松本人信心满满地向印度事务大臣写信,声称泛伊斯兰主义是"来自伊斯兰教人口,对我们在印度统治的唯一真正和潜在的威胁"。[8]他相信,通过消减穆斯林在君士坦丁堡的存在,英国在印度的声望将会得到强化。

现实政治和情感上的帝国主义推动英国的政策。1919年,许多人(虽然不包括寇松本人)相信希腊是最有可能保护英国与印度通道的东地中海强权。寇松部下的一名官员哈罗德·尼科尔森〔他在1923年出版的小说《淡水区》(Sweet Waters)中体现出了1912—1913年,自己派驻君士坦丁堡时对奥斯曼人的厌恶〕写道,希腊"足够强大,能够在和平时期节省我们的开支,也足够弱小,可以在战争时期彻底臣服于我们"。

希腊人相信,作为协约国胜利的结果,"伟大理想"即将成为现实。希腊首相埃莱夫塞里奥斯·韦尼泽洛斯承诺建立一个"两洲之上,五海之间"(黑海、马尔马拉海、爱琴海、地中海和伊奥尼亚海)的希腊。由于

32. 阿米迪欧·普雷齐奥西绘制的有关君士坦丁堡大巴扎的油画（Pera Museum, Istanbul）

33. 巴鲁克利受人尊敬的圣母玛利亚修道院内景，J.廷格尔根据托马斯·阿罗姆所绘的画作制作了这幅版画（Commons. wikimedia）

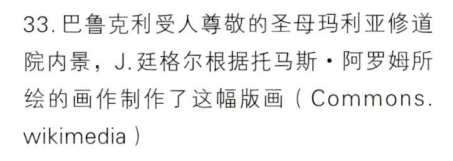

34. 根据托马斯·阿罗姆所绘的伊兹密尔街景画作制作的版画，约1838年（Commons. wikimedia）

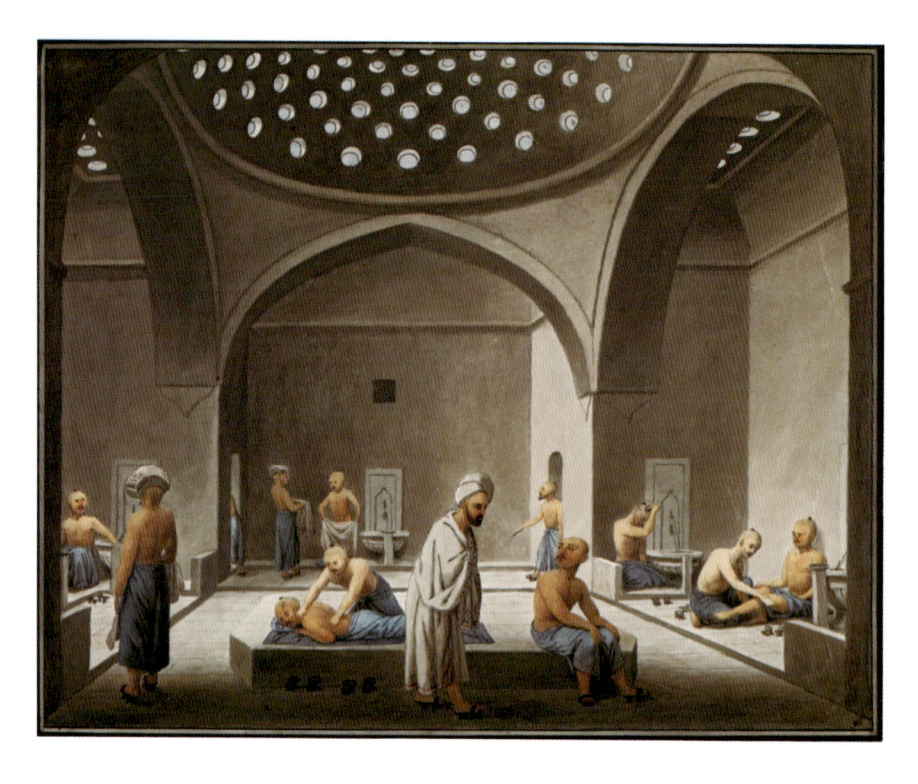

35. 上：希腊佚名艺术家绘制的关于土耳其浴室的画作，约1809年（The Victoria and Albert Museum）

36. 下：法国画家让·雅克·弗朗索瓦·勒巴比耶绘制的关于土耳其女浴室的油画，约1785年（Private collection）

37. 上：福斯托·佐纳罗绘制的油画《熙熙攘攘的加拉塔大桥》，约1896年（Private collection）

38. 下：有关加拉塔大桥风景的老照片（后经过上色），约1895年（RIBA Library Photographs Collection）

39. 取自君士坦丁堡印刷的《黎凡特年历》中的一页日历，时间是1911年4月20日。这本年历印有日期、日出和日落的时间，以及用奥斯曼语、希腊语、法语、拉地诺语、亚美尼亚语和保加利亚语写的相关宗教节日（Z. Duckett Ferriman, *Turkey and the Turks*, 1911）

40. 上：1915年12月12日，法国《小日报》增刊登载的有关亚美尼亚大屠杀事件的插图（Le Petit Journal）

41. 下：佚名画家绘制的画作，在这幅画中，弗洛伦斯·南丁格尔在君士坦丁堡的英国医院照顾克里米亚战争中的伤员（Wellcome Library）

42. 福斯托·佐纳罗为恩维尔绘制的肖像画，1909年（Private collection）

43. 印有大牧首约阿希姆三世肖像的明信片，约1905年（Philip Mansel's collection）

44.上：耶尔迪兹哈米迪耶清真寺周五聚礼的场景，这幅老照片约拍摄于1880年（Library of Congress）

45.下：穆罕默德六世从所住的宫殿后门离开的场景，在这幅老照片拍摄数日后，穆罕默德六世被废黜并流放，1922年11月（Commons. wikimedia）

46.上：希腊画家塞奥佐罗斯·若扎克斯绘制的马夫罗科扎托斯家族的肖像画，画中坐着的这位男士就是亚历山德罗斯·马夫罗科扎托斯，19世纪（National Gallery, Athen）

47.下：哈里发阿卜杜勒迈吉德二世与女儿杜鲁谢瓦的合照（Commons.wikimedia）

康斯坦丁国王被断言同情德国，他被迫退位离开，韦尼泽洛斯对继任的亚历山大国王说："我们应该夺取这座城市。"从奥斯曼战败那一刻起，君士坦丁堡的一些希腊人就卸下了他们的奥斯曼主义面具，开始像征服者那样行事。君士坦丁堡的一名当地居民乔治·狄奥托卡斯在小说《莱昂尼斯，君士坦丁堡的一名希腊人》（*Leonis, a Greek of Constantinople*）中回忆了希腊人对君士坦丁堡的占领，就像一场不落幕的狂欢。蓝白色的希腊旗在大牧首所在地和希腊私人住宅的上空飘扬。塔克西姆广场上立起了韦尼泽洛斯的巨幅照片。[9]

一位咄咄逼人的新代理大牧首于1918年10月被选出，他致力于希腊"民族统一主义"。1919年3月16日，大牧首委员会的一份官方声明终结了所有与奥斯曼政府的合作和联系。希腊人被要求不要在奥斯曼选举中投票，不要在他们的学校里教授土耳其语，从奥斯曼当局辞职。在之后三年，希腊和亚美尼亚大牧首在协约国的许可下向他们的"臣民"发放护照以替代奥斯曼护照。

陈情和电报从君士坦丁堡像洪水一样涌入伦敦和巴黎，宣称"尚未被救赎"的希腊人呼吁驱逐苏丹和建立"民族政权的自由"。他们声称，作为几个世纪以来迫害的结果，没有什么能够弥合希腊人和土耳其人之间的鸿沟。[10] 数个世纪以来的妥协被人遗忘。代理大牧首向和会派出自己的代表团，并谴责"466年来不可容忍的奴役"，在此期间，7位（其实是3位）大牧首被杀。"只要君士坦丁堡不是希腊人的，那么东方问题就不会被彻底解决。"希腊语言学协会在一份关于和会的报告中宣称，君士坦丁堡的土耳其人在数量上和智力上都处于劣势，因为许多土耳其人是官员或者士兵，当希腊主义重新获取完整且"不受时效限制的权利"时，土耳其人就应当离开。[11]

在奥斯曼帝国首都的街道上，人们开始否定奥斯曼帝国的统治。许多奥斯曼基督徒抛弃费兹帽，转而购买高帽，一些人甚至拽掉其他人头上的费兹帽。优秀的土耳其喜剧作家阿齐兹·内辛回忆道，王子群岛上的一名希腊店主把自己的费兹帽丢到地上，上蹿下跳践踏那顶帽子，直到将它碾碎在泥地里，一边还喊着"韦尼泽洛斯万岁！韦尼泽洛斯万岁！"内辛的母亲说："谁能想到这样的事情呢？他是很好的人。"不过，有些希腊人和内辛的母亲一样，想起了奥斯曼帝国的妥协。他们没有丢掉自己的费兹帽，而是将帽子裹在绵纸中，放到抽屉里，以便将来有所需要。[12]

当希腊人欢喜的时候，土耳其人在他们自己的城市成了陌客。哈莉黛·埃迪布写道："我们再也不是不久之前那个没有意识到自身优越的帝国缔造者的民族了……相反，我们现在成了饱受其他伟大的帝国缔造者优越感之苦的民族。"在为君士坦丁堡进行的斗争中，奥斯曼人指出这座城市拥有奥斯曼帝国的遗迹，这是使该城留在奥斯曼人手中的理由之一，这就反映了他们建设该城的动机之一：展现城市的奥斯曼身份。地方行政长官向英国议会下院抗议寇松使君士坦丁堡成为自由市的提案：因为君士坦丁堡"满是奥斯曼帝国几个世纪以来的历史遗迹、建筑和祖先的坟墓"。[13]

这个论点引发了希腊人出离的愤怒。代理大牧首告诉劳合·乔治，这座城市中的遗迹证明了它即使在数个世纪的"土兰式故意破坏"后，仍是鲜明的希腊城市。它不是伊斯兰教的圣城：君士坦丁堡是穆斯林朝圣的出发地，而不是目的地。希腊人被民族主义蒙蔽了双眼：他们看不到由圆形穹顶和宣礼塔组成的奥斯曼天际线、来到埃于普的穆斯林朝圣者、博斯普鲁斯海峡沿岸错落有致的宫殿。他们只看到得胜的希腊军队经过金门，去掉宣礼塔的圣索菲亚大清真寺，出来恢复1453年被中断的弥撒的司铎。一份寄给唐宁街10号的陈情书将圣索菲亚大清真寺、卡里耶清真寺和圣伊莲娜教堂回归基督教描述为"基本的正义行为"。另一份陈情书上盖着城中99个希腊教区和7个亚美尼亚教区的印信，教区的代表们写道：

> 至于苏丹们的陵墓，奥斯曼人可以确信，当在我们不可削减的愿望中添加的伟大文明民族的至高正义使我们得到对这片土地（拥有我们的皇帝，以及没有被淹死和绞死的大主教的被亵渎之墓）的完整权利时，我们会审慎正直地尊重他们的陵墓。[14]

伴随政治和宗教斗争的是金融竞争。希腊银行使德拉克马对奥斯曼里拉升值，以帮助希腊人在君士坦丁堡置产。奥斯曼政府对此进行回应，从1919年5月开始对正在出售的房产提高价格。希腊经纪人在股票交易所试图打压奥斯曼基金，犹太人则支持奥斯曼基金。[15] 整座城市的命运悬而未决。

1918—1924年，君士坦丁堡是两场历史戏剧的舞台：奥斯曼帝国、希腊人和西方之间的民族博弈，以及奥斯曼王朝和其穆斯林臣民之间的权力博弈。最初的主角是新任苏丹穆罕默德六世·瓦赫德丁，他接替了死于1918年7月3日的兄长雷西德。在埃于普登基后，他开始从青年土耳其党人手中收回权力。1918年的军事失利导致了哈布斯堡王朝和霍亨索伦王朝的倒台，因为他们分别被指责要为各自的帝国于1914年参战负责。然而，为奥斯曼帝国战败负责的是青年土耳其党人，而非奥斯曼王朝。"欧洲病夫"要比俄罗斯帝国、德意志帝国和奥地利帝国活得更久。1918年12月22日，穆罕默德六世解散议会。

穆罕默德六世相貌丑陋、身材瘦小、肩膀下垂，年轻时是一名精湛的骑士，到1918年已经是健康状况不佳的忧愁老人了。不久之后成为陆军元帅的亚历山大当时正驻防在君士坦丁堡的爱尔兰卫队，他说苏丹"病重、衰老，没有什么引人注意的魅力，是一个可悲的人"。舰队司令德·罗贝克曾经率领英国海军攻击达达尼尔海峡，他于1920年接替考尔索普成为君士坦丁堡的英国高级专员。他从"铁公爵"号上写信给寇松勋爵："虽然苏丹衣装得体，总体上打扮精致，但是他外形枯槁，颇显老态。"他在演说开始时，带着"几乎痛苦的犹疑停顿"，表现得"极端紧张"。

奥斯曼的帝王宝座正在失去其华丽的硬壳。苏丹住在耶尔德兹宫，此时这座皇宫蒙上了与他的兄长阿卜杜勒哈米德统治时期的境况相似的阴影。多尔玛巴赫切宫的开斋节宴会曾经令人深刻，持续几个小时之久。议会上院议员亚历山德罗斯·马夫罗耶尼（希腊人，没有遵守大牧首的禁令，即与奥斯曼帝国切断联系）写道，在1919年的宴会上："每个人脸上的愁容都清晰可见，悲苦之情从枯槁而憔悴的苏丹蔓延开来。来的人也远远少于以往。"[16]

苏丹的宫殿位于博斯普鲁斯海峡中停泊的主力舰的射程范围之内，他采取与协约国合作的政策，希望能平息他们的愤怒，转移他们对希腊人的支持。1919年3月4日，他任命姐姐梅蒂哈苏丹的丈夫费里德（"驸马"）为大维齐尔。费里德驸马是富有而有教养的自由主义者，是青年土耳其党人的敌人，正如他自己所说，他信任真主和英国。他的英国朋友将其描述为奥斯曼帝国版的英国绅士。1919年3月20日，他请求英国托管，试图为帝国保存阿拉伯诸行省和安纳托利亚。[17]

皇宫和"高门"仰仗协约国的好意。但青年土耳其党人在君士坦丁堡的咖啡馆和小巷中密谋抵抗，这是恩维尔在启程前往柏林前的最后日子里计划好的。他们在君士坦丁堡的领袖是前物资供应大臣卡拉·凯末尔。他的地下抵抗组织以革命的秘密小组体系为基础，主要招募的是统一与进步委员会前成员，该组织被称为"前哨社"。其总部位于巴扎边上的一个茶馆里，正对着马哈茂德帕夏清真寺。"前哨社"开始将奥斯曼军官和武器偷偷带出协约国控制的君士坦丁堡，前往安纳托利亚——最后一个驻扎着尚未被击败的奥斯曼军队的地区。[18]

"前哨社"试图送往东部的其中一名军官是加里波利战役中的英雄，即穆斯塔法·凯末尔帕夏。11月13日，当协约国的舰船开进博斯普鲁斯海峡时，他已经从叙利亚前线归来，乘火车抵达海达尔帕夏火车站，并搬进了佩拉宫酒店一楼的一间套房。穆斯塔法·凯末尔在1881年出生于萨洛尼卡，很了解君士坦丁堡。1899—1905年，他在君士坦丁堡就读军事和参谋学院。在1912年萨洛尼卡落入希腊人手中之前不久，他将母亲和妹妹转移到贝西克塔斯的一栋房子里。他在城中有许多朋友，其中有来自阿勒颇的阿拉伯人塞尔玛·范萨和萨利赫·范萨，当难以承担佩拉宫越来越高的费用时，凯末尔便和这对夫妇合住。凯末尔也是一名颇受苏丹赏识的军官。

穆斯塔法·凯末尔和大部分土耳其人一样，认为占领是难以忍受的。当佩拉宫的英国军官叫他去喝酒时，据说他如此回应："我们是这里的主人，他们是客人，应该是他们来我这桌。"英国巡逻队搜查了他母亲在贝西克塔斯的房子。很快，他就离开了范萨一家的套房，去往希什利一栋现代化的四层沿街楼房居住。[19]

在1918年11月、12月的周五聚礼结束后,凯末尔和苏丹在耶尔德兹宫谈了四次话。一直到3月,他都希望成为奥斯曼帝国的战争大臣,拒绝了那些想让他前往安纳托利亚的激进分子。他最终还是被"前哨社"的主张说服,并且意识到自己没有希望入阁,于是离开了君士坦丁堡。1919年4月30日,他得到了北安纳托利亚军队监察长一职,手握维护该区域和平与保证遵守停战协议的大权。

王朝姻亲关系或许影响到了他离开的决定。凯末尔鄙视的敌人恩维尔帕夏娶了一位公主,据说凯末尔本人通过范萨一家向苏丹迷人的女儿萨比哈苏丹求婚。他由于数条理由而被拒绝。萨比哈苏丹已经和她时髦的堂兄、阿卜杜勒迈吉德埃芬迪之子厄梅尔·法鲁克埃芬迪恋爱了;穆斯塔法·凯末尔的病史令人震惊,他格外偏执的野心也是众人皆知,而且另一位野心勃勃的皇家驸马恩维尔帕夏就没有为皇室带来什么好的影响。不过,一些人相信是凯末尔拒绝了来自宫廷的求婚提议,而非相反的情况。[20]

凯末尔将在君士坦丁堡的最后时光用于与官员在东方俱乐部会面和在费里德驸马位于尼尚塔什的宅邸接收指示上。5月15日,凯末尔前往耶尔德兹宫向苏丹告别,这时苏丹说了模棱两可的话:"我的帕夏,我的帕夏,或许你能够拯救国家。"5月16日,在希什利同母亲和妹妹用过告别晚餐后,他与18名参谋从加拉塔的码头前往黑海沿岸的萨姆松。他在表面上是苏丹的仆人,前往行省执行主人的命令。实际上,与1912年的伊斯梅尔·捷马利和1919年的许多阿拉伯人类似,他离开君士坦丁堡是为了建立一个新的国家。[21]

5月15日,在英法的煽动下,希腊军队搭乘英法两国的海军船舰占领了伊兹密尔——一座希腊人占多数的城市,但被穆斯林人口占主体的省份包围。希腊人挂出蓝白色的希腊旗,在君士坦丁堡的街道上跳舞庆祝。穆斯林则关闭店铺以示哀悼。占领伊兹密尔是一记重击,刺激了土耳其民族主义者的行动。伟大的女权主义者、作家哈莉黛·埃迪布回忆道:"我突然不再作为一个个体而存在，我作为那个卓越的民族之中一个疯狂的单位而工作、写作和生活。""前哨社"在君士坦丁堡和卡德科伊组织了一系列抗议集会（但是没有在基督徒聚居的佩拉进行）。在一次抗议集会上，代表们被派往耶尔德兹宫，请求苏丹站在人民一边。代表们被告知，苏丹病重，不能接见他们。奥斯曼王朝和土耳其民族主义之间的分裂就此开始。

抗议活动的高潮是6月6日在苏丹艾哈迈德清真寺前的大竞技场上举行的抗议大会。据估计，大约有20万人在场。协约国的飞机在人们头顶飞过。宣礼员在宣礼塔上吟唱。哈莉黛·埃迪布在黑色旗帜、红色费兹帽、白色头巾和那些闪闪发亮的"迸射出心声与渴求"的眼睛的海洋中发表演讲，她觉得自己是土耳其民族的化身。她的演讲证实了君士坦丁堡及其历史遗迹对土耳其人的影响。君士坦丁堡并不是一座陌生的国际大都会，而是伊斯兰教和土耳其民族的重要据点：

> 同胞们，孩子们，兄弟们！700年的辉煌正在从高耸入天堂的宣礼塔顶端见证这幕奥斯曼历史的新悲剧。我们伟大的祖先曾常常列队穿行经过这个广场，我向他们的灵魂乞求。我在那些不可战胜的心灵发出的义愤面前抬起头来，说："我是伊斯兰教的不幸女儿，也是我那个时代同样英勇但更不幸的一代人的母亲。我向我们祖先的精神鞠躬，以在这里展现出的全新的土耳其民族精神的名义宣布，今天被解除武装的土耳其民族仍然拥有不可战胜的心灵，我们相信安拉和自己的权利。"……现在，和我一起发誓，跟我说："我们在内心珍视的至高情感将会延续，直到人民权利被宣布的那一天！"[22]

当君士坦丁堡发声时，安纳托利亚在行动。凯末尔很快就控制了奥斯曼的领土、军队、行政体系，以及至关重要的电报线路。他于7月8日被苏丹解职，但是他继续利用代议制民主机制行动。9月，在锡瓦斯，代表大会起草了第一版《国民公约》（National Pact）。他仍然是坎嫩吉赛尔帕夏所说的土耳其人"对苏丹和哈里发不可动摇的忠诚"的证明。《国民公约》发誓要维持说土耳其语者占主体的领土的完整和独立，并称君士坦丁堡为"伊斯兰教哈里发所在地、苏丹国的首都,以及奥斯曼政府的总部"。一则法国史料报告说,土耳其全军支持凯末尔和奥斯曼王朝。从1919年夏开始,武器和军火离开君士坦丁堡,同时民族主义同情者开始劫掠协约国的仓库以支持凯末尔的武装。据估计,凯末尔的军火中有三分之一来自首都。[23]

到1919年末,君士坦丁堡的街头场景反映了民族主义者在安纳托利亚的成功。高帽比赛停止了:基督徒再次戴上了费兹帽。苏丹憎恶青年土耳其党人,而凯末尔的民族主义者正被大部分人误认为后者。凯末尔依靠代表大会和主权在民的言论壮大民族主义运动,苏丹却远离它们。有时,苏丹还选择遏制和约束民族主义运动,而非去正面对抗它。虽然苏丹已经将凯末尔开除出军队,但是穆斯塔法·凯末尔继续声明自己的忠诚。10月1日,民族主义倾向更加鲜明的阿里·礼萨帕夏接替了费里德驸马为新任大维齐尔。

凯末尔的部分随从继续忠诚于苏丹,而根据1920年1月9日的一份英国情报,苏丹政府中的一部分人——特别是战争部的官员——"向民族军队提供各种帮助"。在凯末尔顾问的坚持下,最后一次奥斯曼议会在多尔玛巴赫切宫附近穆尼雷苏丹(阿卜杜勒迈吉德一世的女儿)的宅邸召开,而不是像凯末尔预想的那样在安卡拉举行。可以预料到的是,苏丹"病重"以致无法亲自宣布会议开幕。1920年2月17日,议会接受了《国民公约》。[24]

尽管寇松和劳合·乔治表示反对,同月在巴黎举行的协约国高层会议还是决定君士坦丁堡将不会成为国际城市或希腊城市。宗教、奥斯曼王朝和地理位置维护了它的土耳其属性。1919—1924年,哈里发运动横扫印度,这是对英国仇恨和对奥斯曼哈里发忠诚的情绪爆发,这种情绪在1877—1878年和1912—1913年就浮出过水面。甘地和一些印度教徒分享了印度穆斯林对君士坦丁堡未来的关心。全印度哈里发会议在德里、孟买和卡拉奇组织民众大会,向君士坦丁堡派出代表团。在喀拉拉邦出现了支持哈里发运动的起义。[25]

与寇松侵略性的帝国主义主张相反,德里的印度总督和伦敦的印度事务大臣都警告说，如果土耳其人被驱逐出君士坦丁堡，就会对印度人的忠诚造成"最后的致命一击"，这与1877年利顿勋爵的观点一致。此外，英军参谋长相信，"在我们的枪杆子下"，苏丹在君士坦丁堡会比在内陆首都更好控制。[26] 在这个全民公决的时代里，在威尔逊总统许诺有能力"为民主创造一个安全的世界"的时代里，奥斯曼帝国首都的居民并没有被征询意见。

不过，英国不想使君士坦丁堡受制于奥斯曼议会中的民族主义者（英国史料中经常用带有贬义的"凯末尔主义者"来指代他们）。1920年2月，来自大西洋舰队的超无畏级战舰和来自埃及、巴勒斯坦的军队被派遣到博斯普鲁斯海峡。3月16日，英军占领了奥斯曼内阁各部、邮局和加拉塔石塔。英国士兵甚至进入了议会议员的房间，开始逮捕民族主义代表。当邮政总局被占领时，6名土耳其邮政工人被杀；5名土耳其士兵和3名协约国士兵也被杀了。奥斯曼议会发言人向威斯敏斯特的"议会之母"发出抗议，称这一"亵渎"是"与国际法的所有准则相违背"的，但此次抗议没有结果。

在亚美尼亚革命联盟的帮助下（他们正在执行对青年土耳其党人及其亚美尼亚合作者的复仇计划），许多奥斯曼官员和85位代表被捕，很多人当时还穿着睡衣。梅尔辛人杰马尔帕夏（前战争大臣）被发现时"正躺在一个女人的怀里，这名女士并非他的妻子。她根本没有因为士兵的打扰而惊慌失措，她唯一专注的事情就是急忙走到镜子前给鼻子涂粉"。150名土耳其民族主义者被遣送到马耳他拘留。然而，其他的土耳其民族主义者逃到了博斯普鲁斯海峡内的意大利和法国战舰上，之后又逃往安纳托利亚。君士坦丁堡既是英国和土耳其民族主义者的战场，也是协约国成员的战场。当法国和意大利表面上在君士坦丁堡与英国合作时，他们私下里偷偷支持土耳其民族主义者，他们决心防止在博斯普鲁斯海峡出现"另一个埃及"或者像法国所说的"君士坦丁罗陀"。没有一个强国喜欢英国支持下的强大希腊。[27]

在之后两年，君士坦丁堡到处都能看到英国的权势：1万名英军、8000名印军、8000名法军和2000名意军驻扎在城里和海峡边。英国军官沙特尔沃思上校监督着奥斯曼战争部。从1920年秋开始,哈林顿将军(绰号"蒂姆")既是协约国军总指挥,也是跨协约国管制军事委员会主席。除此之外,还有司法、金融、库尔德斯坦与海峡委员会,6个边界委员会和1个被称为"特殊要素分设委员会"的部门,大部分委员会的主席都是英国人。英国高级专员公署的首席译员安德鲁·瑞安"不时拜访大维齐尔",尽管苏丹比之前更加深居简出了。运营君士坦丁堡电报、电车和码头的公司呼吁英国当局确定关税。曾经的坚定青年土耳其党人阿里·海达尔谢里夫这时在讨好恰姆勒贾的英国军官,他希望通过英国或法国成为伊拉克或叙利亚的国王:"在我的生涯当中,我一直忠于土耳其人,但是我和我的朋友现在准备好成为英国的忠实朋友了,如果她这么想的话。"[28]

君士坦丁堡和安纳托利亚之间的联系似乎被切断了。英国情报部门的印度线人穆斯塔法·萨吉特渗透进了"前哨社","前哨社"被解散。①事实上,与1918—1923年大部分英国主导的行动相似,英国的占领强化了凯末尔的地位。凯末尔在3月16日的一场演讲中表达了从王朝忠诚到土耳其民族主义的转变:"如今协约国对伊斯坦布尔的强制占领已经摧毁了奥斯曼帝国长达七个世纪之久的至高无上的权威及其本身的存在。结果便是,土耳其民族今天被迫要保卫其权利、独立和整个未来。"而另一方面,苏丹对凯末尔的支持者之一拉乌夫贝伊说:"奥斯曼帝国是一个国家,拉乌夫贝伊,这群羊需要一个牧羊人,我就是那个牧羊人。"

在英国的鼓励下,苏丹开始打击民族主义者。费里德驸马于4月5日重新成为大维齐尔。4月11日,著名的杜里扎德家族的成员、第128任大教长阿卜杜拉贝伊埃芬迪在君士坦丁堡颁布了反对穆斯塔法·凯末尔的教谕。他们声称凯末尔是叛国者,他摧毁了法律与秩序,组建私人军队,违背苏丹的意愿向人民收税。如果他挑起的运动不能被镇压,那么他应该被杀死。与此同时,凯末尔和其他的民族主义领袖,即伊斯梅特贝伊、阿德南贝伊及其妻子哈莉黛·埃迪布被判处死刑。这些教谕威胁到了民族主义者的未来。从1911年开始,除了1913—1914年的间歇期,土耳其始终处

---

① 据说,就是这名印度线人之后还被派到安卡拉去刺杀凯末尔。

于战争状态。大部分民众已厌倦战争，不抱成功的希望。[29]

苏丹用行动支持这些教谕。他派出一支由英国武装的"哈里发军队"反对安卡拉。这支军队主要包括切尔克斯人和宗教狂热分子（因为在反对民族主义者一事上，苏丹在君士坦丁堡的正规军是无法信任的），他们几乎占领了埃斯基谢希尔，但到1920年7月被打败了。很快，民族主义军队就接近君士坦丁堡外围。子弹从贝伊科兹的山丘上穿过博斯普鲁斯海峡，射进了英国位于耶尼科伊的夏季使馆里的花园和"铁公爵"号皇家舰艇，这使英国高级专员怒不可遏。在一个希腊步兵团的协助下，英国军队、战舰和水上飞机于7月发动了反攻。最后一次骑兵团冲锋由第20轻骑兵团发起，以便保卫君士坦丁堡。最终，民族主义者被驱赶到了城东70千米处的伊兹密特镇外围。从伊兹密特到黑海的铁丝网防线加强了君士坦丁堡的防卫。[30]

为了给民族主义者"致命一击"，协约国允许希腊大举进军安纳托利亚和色雷斯。7月8日，希腊军队占领了布尔萨。7月26日，亚历山大国王得胜进入埃迪尔内。在接下来的两年里，当希腊军队和土耳其军队为安纳托利亚而战时，希腊在协约国的许可下将君士坦丁堡用作其陆海军基地，在加拉塔的码头上卸载军火，在街道上招募士兵。然而，首都的希腊人没有什么参军的热情。1921年3月—1922年3月，希腊只招募到2850名君士坦丁堡希腊人。比起战斗，他们更喜欢挑衅。1921年12月，一名叫梅雷蒂奥斯的狂热的韦尼泽洛斯派民族主义分子被选为大牧首，尽管他不是奥斯曼臣民，这有违法律。[31]

1920年8月10日，费里德驸马签订了苛刻的《色佛尔条约》。根据其条款，海峡地区仍为奥斯曼领土，但是被置于国际委员会的控制之下。东安纳托利亚被分为独立的亚美尼亚和自治的库尔德斯坦。作为奖赏，希腊得到了伊兹密尔和东色雷斯。征服者甚至要管控苏丹贴身侍卫的人数。"恢复贸易特许权'协议'"是对土耳其的最大羞辱。苏丹称此条约为"土耳其的死刑"，从未批准过它。

安卡拉和君士坦丁堡之间的决裂似乎已经完成。安卡拉在全君士坦丁堡都有线人，就连费里德驸马的宅邸也不例外。线人们在咖啡馆和清真寺里告诉人民，苏丹呼吁他们拿起武器对付民族主义者是出于英国的压力。然而，根据英国的档案记载，比起反对英国，苏丹更反对凯末尔主义者。他威胁说，如果英国不对安卡拉的"疯狂行径"采取措施，他就退位。许多诸如拉乌夫、雷费特、卡齐姆·卡拉贝基尔和凯末尔本人等民族主义者近来都以大臣和将军的身份为苏丹服务过。但在与德·罗贝克的继任者、英国高级专员霍勒斯·朗博尔德爵士的谈话中，苏丹称民族主义者是"在这个国家没有任何实际利益的人，他们与这个国家没有血缘关系或其他任何联系"。

当苏丹忘记了帝国的多民族传统，抱怨民族主义者中没有"真正的土耳其人"时，奥斯曼帝国显然已经过时了。虽然他本人的切尔克斯血统多于土耳其血统，但他还是为当时的激进民族主义所影响，他声称：

> 凯末尔是来历不明的马其顿革命者。他可能拥有保加利亚、希腊或者塞尔维亚中的任何一个血统。他看起来更像是塞尔维亚人！然而，他和他的政府在他们面前软弱无力。帕迪沙坚信，即使是通过宣传手段，他也没有办法成为真正的土耳其人。真正的土耳其人忠于内核，但他们被荒诞不经的错误陈述所恐吓或欺骗，比如他自己被囚禁的故事。

苏丹觉得他处于"完全无助和孤立的境地"。[32]

1920年后，奥斯曼政府徒留无能的躯壳。1921年、1922年最后的奥斯曼御诏像帝国自信的拂晓时期的诏书那样呈现出简朴的色调。政府依赖奥斯曼银行的贷款，直到1921年1月苏丹除战争部之外，还将财政部置于协约国的控制之下。他希望能因此收回到当时为止仍处于被没收状态的奥斯曼黄金，以恢复官员的薪资支付，阻止他们逃往安卡拉，凯末尔在那里承诺高薪和不受外国人打扰的安全。为数不多的苏丹政策支持者是乌莱玛成员，以及像礼萨·陶菲克和阿里·凯末尔等自由主义者，阿里·凯末尔是一名在英国接受教育的记者，后来成为内政大臣。他们憎恶民族主义者，视他们为统一与进步委员会的余党。[33]

君士坦丁堡的大部分穆斯林则支持民族主义者。君士坦丁堡希腊人季米特拉·瓦卡写道:"整个首都的呼吸、思想和言论几乎全部与穆斯塔法·凯末尔对希腊人的战争有关。土耳其人谈论它,就好像它是所有战争的战争。"她在流行的男女混合茶会上听到一位作家说:"内心与灵魂,一切都是为了安纳托利亚的运动。"康斯坦丁国王在其子亚历山大于1920年11月去世后重归王位。虽然他的亲德名声导致希腊从此之后失去了协约国的支持,但是佩拉的希腊人商店仍然贴出写有"他正过来"的国王肖像画,并且希腊人引用了一句与君士坦丁堡有关的话:"一个君士坦丁建设它,一个君士坦丁失去了它,又一个君士坦丁就应该夺回它。"然而,在城中斋月的夜晚,商店的橱窗里可以看到穆斯塔法·凯末尔的照片,清真寺展示被点亮的"胜利随耐心而到来"或者简单一些的"耐心"铭文。每个俱乐部和咖啡馆里都有人阅读敌视苏丹和协约国的安卡拉报纸,理论上这是被严令禁止的。[34]

在苏丹解除费里德驸马的职务之后,奥斯曼政府本身也开始在外交事务上靠近民族主义者。从1920年10月21日到1922年11月4日的大维齐尔是77岁的陶菲克帕夏,他曾经是阿卜杜勒哈米德的外交大臣。他与凯末尔保有联系,1921年于伦敦谈判修订《色佛尔条约》时遵从民族主义者的意见。穆斯塔法·凯末尔本人在发给陶菲克帕夏的信件和电报中承诺"当哈里发国获得拯救时"会保留苏丹。如果苏丹承认安卡拉的大国民议会,让安卡拉的使团替代君士坦丁堡的政府,安卡拉将会支付他的皇室专款。换句话说,凯末尔试图贿赂他,使他成为民族主义的傀儡。[35]

1920年3—7月的事件证明了苏丹是英国的走卒。在英国政府派出希腊军队和哈里发军队与民族主义者作战时,苏丹成了希腊人反对其臣民的间接盟友。越来越多的人离开君士坦丁堡,加入了安纳托利亚的民族主义者队伍。在协约国占领议会两天后,哈莉黛·埃迪布和丈夫阿德南·阿迪瓦尔在"前哨社"的帮助下打扮成霍贾夫妇(为了躲开英国警察的线人),逃到乌兹别克托钵修士的一座木制小道堂里,它位于斯屈达尔上方的一座山丘上。他们的接头暗号是"尔撒派我们来"。然后他们走过——哈莉黛·埃迪布乘坐一辆四轮马车——英国人的检查站，一路上避开希腊盗匪，直到抵达伊兹密特之外的民族主义者控制区。

没有哪两座城市能比20世纪20年代的君士坦丁堡和安卡拉更加不同。"民族主义运动的麦加"在那时是一座拥有2万人口的安纳托利亚贫困小城。成为民族主义军队准下士的哈莉黛·埃迪布回忆道："我们像新创立的教团成员一样生活，洋溢着教团初期夸张的清教主义式氛围。"当君士坦丁堡拥有3000多辆汽车，包括劳斯莱斯和梅赛德斯-奔驰在内时，安卡拉的唯一一辆汽车属于凯末尔的副手伊斯梅特帕夏。[36]

即使是皇位继承人，也试图离开君士坦丁堡。根据英国史料记载，阿卜杜勒迈吉德埃芬迪于1919年6月成为"民族主义政党的领袖"。他夜访首都清真寺的行为使苏丹惊恐不已。苏丹也憎恨费里德驸马。1919年6月12日，费里德带着不寻常的远见写信给苏丹，称"当伊斯兰世界将维持奥斯曼帝国视为对伊斯兰主义最为必要的事情之时，政府就会使全体奥斯曼人民陷入彻底的绝望境地"。他害怕皇室会遭遇"最严重的意外之灾"，称苏丹为"这个国家、哈里发国和苏丹国的最后一任皇帝"。出于对人民困境的同情，他禁食一周。他也与穆斯塔法·凯末尔有联系。[37]

根据英国史料，1920年8月，"做出了一些努力，试图说服皇室成员前往安卡拉，但是除了继承人，其他皇子明显不愿意走"。9月，为了防止阿卜杜勒迈吉德离开，苏丹将他软禁在家中。阿卜杜勒迈吉德写信给自己的一位年迈老师卡农·怀特豪斯："我仿佛活在中世纪的恐怖之中。无人进出我的家。"他于10月初获释。[38]

阿卜杜勒迈吉德的儿子厄梅尔·法鲁克是在维也纳和柏林接受教育的职业军人，他在1920年9月考虑离开。然而，和君士坦丁堡的许多人一样，他因安卡拉与苏联政府的紧密联系，以及无神论的名声而感到担忧。王朝的内在演变规律又一次影响了奥斯曼的历史。他已经于4月29日在耶尔德兹宫迎娶萨比哈苏丹——奥斯曼王朝历史上史无前例的堂亲联姻。他或许想陪着妻子，等待第一个孩子的降生；他们的女儿奈斯里沙出生于1921年2月2日。然而，过了不到3个月（刚到1921年4月27日），他就在黑海边的伊内博卢登陆了，这是受到他曾在写给苏丹的一封信中所说的

"无法抑制的爱国主义情感"的驱使。比起穆斯塔法·凯末尔,民众更喜欢他。1920年,当民族主义者绝望时,他可能会被接纳。1921年,当民族主义者开始打败希腊人时,穆斯塔法·凯末尔拒绝了这位皇位继承人的效力。[39] 但是,这并非奥斯曼王朝与土耳其民族主义关系的终结。

当民族主义者离开君士坦丁堡加入军队时,土耳其、库尔德、亚美尼亚的难民和孤儿如潮水涌入首都。难民和孤儿实在是太多了,以至于占据了军事学院、大宅邸和清真寺。美国资助的"近东救济"慈善组织每天在君士坦丁堡为16万人提供食物。[40]

但这座城市并未遭受某些恐怖事件的影响。1919年,许多人在反英起义中死于开罗和亚历山大港;希腊对伊兹密尔的占领始于对土耳其人的屠杀;法国军队在1920年炮轰大马士革。然而,除了1920年3月,君士坦丁堡奇迹般地避免了流血事件。比起肉体的痛楚,土耳其人在回忆录中更多地流露出了因负伤而感受到的光荣:土耳其人抱怨希腊人和亚美尼亚人"令人难以忍受的笑容",以及在渡轮和有轨电车上"通常令人讨厌"的行为。他们指责希腊人和亚美尼亚人的罪行,比如带着二等舱票乘坐头等舱,亚美尼亚售票员在穆斯林被驱逐时,给亚美尼亚人免费提供电车座位。[41]

君士坦丁堡很少受到暴力的袭扰,因而当民族主义者在安纳托利亚作战时,佩拉还处在不间断的狂欢氛围之中,如果无视小街上的贫穷景象和堕落现象的话。外国军人和水手总有钱消费。协约国军官把佩拉宫酒店的酒吧围得水泄不通。1918年12月1日,一份报纸指出,"在我们罪恶的记忆中,自从英国人到来以后,调情从来没有这么流行过,他们在这里为数众多。晚上6—8点,可以看到他们在佩拉宫的沙龙里忙碌穿梭,到处都在调情"。对于英国驻外代理武官哈罗德·阿姆斯特朗来说,"生活是放荡、邪恶而欢乐的。咖啡馆满是饮料和舞蹈。真是乐不思蜀"。奥斯曼帝国晚期的外交大臣的儿子米夫蒂扎德·齐亚贝伊写道:"在小墓园,有许多男人和女人在拉客,以至于不再有自重的男性敢去这个地方冒险了。"童妓也司空见惯。[42]

1920年，来自北方的和平入侵加强了佩拉的狂欢气氛。在民族主义者与协约国，以及民族主义者与苏丹之间的斗争后，俄国革命为君士坦丁堡作为首都的最后一幕提供了第三种元素。1920年11月，俄国"白卫军"最后也是最著名的指挥官弗兰格尔将军被迫撤离克里米亚。君士坦丁堡已经接收了许多难民，他们来自不同地区，如西班牙、波兰和中亚，此时则见证了载有约14.6万名俄国人（以及俄国皇家种马）的126艘船的到来。他们并不是像很多俄国人曾经希望的那样，是为了"把俄国的盾牌永远挂在沙皇格勒的门上"而来，而是在无可名状的悲惨处境中远行的难民。一些人又饿又渴，以至于他们把结婚戒指系在绳子上，把绳子下放到希腊或者亚美尼亚店主的小货船上，用以换取面包和水。[43]

他们睡在多尔玛巴赫切宫的马厩或加拉塔港口旅店的妓女空出来的房间里。俄国皇太后上了年纪的侍女为躲避匪徒袭击，也要剃成短发，她们躲在加拉塔的地下室里，面对着家族徽章祈祷。君士坦丁堡来了许多俄国士兵，似乎形成了另一支占领军：有几次，他们在饥饿和贫困的驱使下威胁夺取这座城市（哥萨克旅的俄军士兵曾在几个月前帮助礼萨汗，即巴列维一世，成为伊朗的统治者）。最终，弗兰格尔将军的士兵被安置在利姆诺斯岛、恰塔尔贾和达达尼尔海峡的法国军营里（作为条件，法国海军获取了俄国船只）。俄国委员会（Russian Council）在佩拉大道的俄国大使馆成立，它拥有自己的行政体系、档案和情报机构，是一个多党制流亡政府。每周日礼拜之后，大使馆的庭院里就满是俄国人，他们交换有关故土和亲戚下落，还有去哪里能为珠宝卖出最好售价的消息。[44]

在几个月之内，许多俄国人就与他们的宿敌土耳其人建立了比他们曾经渴望"解放"的基督教会同胞更好的关系。普列奥布拉任斯基卫队的年轻上校谢尔盖·托尔诺夫男爵回忆道，土耳其人用"极其友好的态度"接待了他和他的朋友们，"比希腊人好得多"。对于亚历山大·沃尔孔斯基公爵来说，"所有希腊人都虚伪得可怕。我们一直以来的印象都是土耳其人是那里最好的人"。君士坦丁堡的街道上挤满了俄国军官，其饥饿、憔悴的面容同难民没什么两样，他们驾驶出租马车或是卖报纸、鞋带、木头娃娃维生。曾经的"佩拉城"，现在的"鲜花廊街"，其名字来源于卖花的俄国小姐，她们躲在那里，以避开外边街上协约国士兵的注视。[45] 数学教授在俄国餐馆当收银员。哲学家葛吉夫售卖鱼子酱。[46] 1909—1912年的俄国驻奥斯曼大使尼古拉·恰雷科夫此时以难民的身份回到君士坦丁堡。他在贝贝克过着简朴的生活，做自己的生意；他的妻子教授英语和法语。

俄国人很快主导了这座城市的娱乐活动。《伏尔加纤夫曲》在佩拉的音乐厅里回响。鲍里斯·克尼亚泽夫的斯特列利纳卡巴莱舞团和维克托·济明的芭蕾舞团委托杰出的画家帕维尔·切利乔夫设计舞美和服装。一名叫托马斯的美国黑人在革命前的彼得格勒经营爵士舞厅，后来他在小墓园边上开办了一家新的舞厅，这家爵士舞厅把查尔斯顿舞和狐步舞介绍到君士坦丁堡。黑人在君士坦丁堡被称为"阿拉伯人"，因为大部分黑人来自埃及，所以这种音乐被称为"阿拉伯爵士乐"。①

俄罗斯人开办了带有像"莫斯科大俱乐部""彼得格勒糕点铺""黑玫瑰"等名字的餐馆。土耳其餐馆无法与它们竞争，因为俄国人提供了无可抵抗的新风潮——女侍者。一些侍者是贵妇（莫斯科大俱乐部里的女服务员被称为"公爵夫人"），她们的特质和优雅赢得了保罗·莫朗等法国作家的赞赏。安娜·瓦莲京诺夫娜告诉他："看看君士坦丁堡，那里的贫穷程度令人难以置信，但奢侈之风比过去任何时候都更狂热；人们喝酒、欺骗、互相打趣，之后死去，或带着机智和虚伪（程度之深令佩拉都为之震惊）进行交易。"奥斯曼绅士迷恋俄国女侍者，她们穿着切尔克斯式白夹克，脚蹬黑色长靴，头上裹着薄围巾，脸上化着浓妆。标题为《俄国热》(*Russian Fever*) 和《糕点店女孩》(*Cakeshop Girl*) 的土耳其小说描述了被酒吧、可卡因和俄国女孩摧毁的男人。君士坦丁堡报纸上的漫画描绘了一个土耳其人问一名俄国女性：

女士，你说法语吗？（原文为法语）
不，但我知道如何用每种语言说"爱恋"这个词。

---

① 20世纪60年代，当詹姆斯·鲍德温居住在伊斯坦布尔时，他就被称作"阿拉伯人"。

俄国人还将海滨混浴之风带到了君士坦丁堡。

如果君士坦丁堡激发了希腊人和土耳其人的帝国野心，那么它则将俄国人带入了堕落的深渊。因为他们需要钱来购买前往西欧的签证，所以他们准备好为此做任何事情。1923年，32位贝伊和帕夏的妻子或遗孀向君士坦丁堡政府请愿，要求立刻驱逐俄国女人，"这些罪恶与放荡的代理人，比梅毒和酒精更危险、更有破坏力"。似乎俄国女性在两年里带来的破坏比俄国军队在几个世纪里造成的还要多：

> 今天，18岁到30岁的年轻男子中，很少有人还没有因摄入吗啡、可卡因、乙醚和酒精等致命毒物逐渐被掏空，这完全是因为这些俄国女人带来的邪恶影响。仅仅在缆车线和塔克西姆之间那个小小的贝伊奥卢区里，就有超过25家俄国酒吧、驻唱咖啡厅和餐馆，它们经营着没有任何管制和卫生把控的不道德生意。每个场所都是玷污清白之处，每天晚上都有成百的年轻土耳其人在这些场所将自己的健康、财富和荣耀丢到不幸的漩涡里。同样地，因为这些罪恶的女孩已经慢慢融入了每个社交环境，一些土耳其女孩也被迫在公共集会上与她们产生联系。

1921年12月1日，霍勒斯·朗博尔德爵士在寄给舰队司令德·罗贝克的一封讨论英法糟糕关系的长信的附言部分透露了英国人和俄国人的婚姻优先考虑事项：

> 附言：奥尔佳·米切拉泽小公主要嫁给桑福德家族的一名成员，他在协约国的警察部队任职，是一个文静的好小伙。他有钱。[47]

在战后的君士坦丁堡，一些穆斯林女性也开始解放自己。从1919年开始，她们是世界上第一批例常不戴面纱出现在街道上的穆斯林女性，虽然仍然佩戴头巾。陶菲克小姐对一位英国朋友说："我们中有许多人正在试图舍弃这些老掉牙的东西。"她们可能会在巴耶济德等相对保守的街区被丢石子，但在其他地区这种做法被接受了。一些穆斯林女性开始作为街道清洁工在公开场合工作，以及在商店和邮局里任职，还参加政治会议。更富裕的女性举办男女混合的宴会和舞会，前往托卡特里扬酒店和佩拉宫酒店，甚至和协约国军官调情。一名法国游客写道，除了不戴高帽，优雅的穆斯林女性和基督徒女性没有区别。在美国高级专员举办的茶舞会上，人们可以看到四位皇子和三位公主"与陌生人自由交谈"。[48]

狄奥托卡斯将被占领下的君士坦丁堡的世界主义荒诞现状比作"疯子的芭蕾舞"，美国作家约翰·多斯·帕索斯记录下来的几个对话片段体现出了这一点：

> 啊，先生，我们的日子过得很糟糕！
> 希望真主能把过去阿卜杜勒哈米德时的好日子还给我们！
> 将城中所有的布罗什（布尔什维克）集合起来，把他们装进凿了洞的平底船里，拖到黑海里去！
> 扯淡，希腊人——英国人、法国人、保加利亚人、国际联盟、土耳其人——将会拥有它。我建议它保持中立，交给瑞士，这是唯一的办法。
> 土耳其并不存在。我向你保证，先生，这只是个强盗行径的问题。
> 希腊将要完成它的历史使命。
> 为什么你想学土耳其语？
> 凯末尔！他完蛋了。

在前往安纳托利亚的船上，在协约国巡逻的水域外，有一个不同的世界。六名土耳其军医从庇护所走出，前去加入民族主义者的阵营。

> 你们欧洲人都是伪君子……如果协约国把我们赶出君士坦丁堡，那很好。这是一座悲惨与衰朽之城。我们会把安卡拉当成首都……土耳其人全都会在安卡拉，和穆斯塔法·凯末尔在一起。[49]

许多土耳其人与寇松、劳合·乔治一样，觉得君士坦丁堡是罪恶的化身；苏丹的合作加深了其叛国与腐败的嫌疑。大国民议会在严格遵循道德信仰的安卡拉批评首都的土耳其人与外国人混在一起，接受外国人的风俗。君士坦丁堡《勇气报》的编辑雅库普·卡德里经常访问安卡拉，他把土耳其民族主义写进了自己的小说里。他在小说《努尔·巴巴》中批判恰姆勒贾著名的拜克塔什道堂的托钵修士活动。他在《出租公馆》（*Kiralik Konak*，1922年）一书中用公馆的倒塌作为帝国崩解的象征。

在文学史上最长的泄愤信件之一《所多玛和蛾摩拉》（*Sodom ve Gomore*，1928年）中，靶子不仅有敌对的占领者，也有佩拉城本身。雅库普·卡德里将革命者的自以为是和普鲁斯特式对社会及性别模糊的兴趣集合起来：他的标题致敬了普鲁斯特七年前在巴黎出版的《所多玛和蛾摩拉》（*Sodome et Gomorrhe*）。作者将君士坦丁堡的纯洁和佩拉的恐怖进行对比，在君士坦丁堡，女孩们将自己的身体视为真主的神圣礼物而加以保管，爱国者珍视印有安纳托利亚胜利新闻的报纸，而在佩拉，"西方文明已经倾倒了它所有的糟粕"。他指责那些像微笑的奴隶一样的土耳其人，他们允许敌人进入家中，允许敌人抢走他们的姐妹、妻子和情人。

人们怀着恶意记录下占领带来的痛苦小事。战斗英雄内杰代特被俄国餐馆里的一名醉酒英国军官要求脱掉土耳其属性至高无上的标志费兹帽。"真相"经常被写在圣索菲亚清真寺旁伊斯坦布尔图书馆里抄本页边的空白处，比如下文描述的事件。一名英国军官护送一位黎凡特女子上了有轨电车。军官用短手杖指手画脚，强迫两个土耳其人放弃位子。当女子走上前落座时，她踩在了一名没有脚、吃力地匍匐上车的奥斯曼战士的手上。当这名伤残者抗议时，她说"闭嘴，你这条狗"，而且怒骂这种人不应该被允许上车。于是，这名奥斯曼战士被迫下车。

内杰代特逐渐厌倦了自己的情人莱拉，她在公开场合裸体跳舞，还与英国军官谈恋爱；他憎恨佩拉，向往安纳托利亚和正义。解放者总有一天会到来，终结这里的污秽和腐败。最终，来自安纳托利亚的新闻使他心中满溢"沉醉和胜利的神圣欢愉"。他对莱拉的最后回忆是离别之吻中遗留下来的平淡的口红味道。[50]

土耳其人最终战胜了希腊人。随着战事越发激烈,希腊军队于1922年7月底请求得到进入君士坦丁堡的许可。协约国拒绝了这种要求,加强了恰塔尔贾防线的驻守。这样一来,无论协约国占领下的情况多么糟糕,它都使君士坦丁堡免于被希腊人占领。9月9日,穆斯塔法·凯末尔抵达伊兹密尔,这座"黎凡特的巴黎"已经毁于大火;20万希腊人乘船逃跑。希腊军队的指挥官、马夫罗科扎托斯家族的后人特里库皮斯被俘。

在君士坦丁堡的街道上,土耳其人交换胜利的喜悦目光。奥斯曼帝国胜利的标志圣索菲亚清真寺里满是前来礼拜的人,以至于廊道也开放了。在希腊胜利的新闻传来之时,君士坦丁堡的街道上到处都是一车车的希腊战士,战士们唱着爱国歌曲,挥舞着蓝白希腊旗。此时,一辆辆汽车在城里穿梭,城里满是花朵、穆斯塔法·凯末尔的画像,以及祈盼他万寿无疆的土耳其人,他们歌颂着:

万岁,万岁,万万岁!
穆斯塔法·凯末尔帕夏!

谢里夫阿里·海达尔在9月9日的一则日记中写道:"皇储打来电话,之后派信使军士告诉我说士麦那被攻下来了。我欣喜若狂,晚上亲自去向他道贺。"然而,内阁各部和皇宫都没有挂上奥斯曼旗。[51]

在之后两年,君士坦丁堡的事件以新闻短片的速度发展。9月初,大约7600名占领该城和海峡地区的协约国军人面临约5万名民族主义者。后者因胜利而大感振奋,做好了战斗准备。一艘航空母舰、来自开罗和巴勒斯坦的军队〔包括被称为"地狱的最后问题"(Hell's Last Issue,昵称,该兵团的幽默缩略语)的高地轻步兵团第二营〕与来自不列颠的近卫步兵团、冷溪卫队、爱尔兰卫队和威尔士卫队前来增援英军。博斯普鲁斯海峡两岸各驻扎了一个卫队旅。[52]

骄傲和好斗的情绪结合,而非保有首都的意愿,促使劳合·乔治、伯肯黑德和殖民地事务大臣丘吉尔渴望为君士坦丁堡而战:劳合·乔治甚至准备武装2万希腊平民。哈林顿得到指示,"不惜一切代价保下加里波利",

并要将土耳其军队赶出达达尼尔海峡亚洲一侧恰纳克附近英国划定的中立区域。

土耳其军队从9月23日起跨过战壕和带刺的铁丝网，进入中立区，他们经常走到英军士兵那里，抽烟、嘲讽，并用水浇他们的马匹。9月29—30日，英国内阁准备战争。战场的英国和土耳其指挥官，以及伦敦的寇松都做出了英勇的努力（哈林顿拒绝送出最后通牒），阻止了一场诉诸武力的冲突。哈林顿两次预想自己会收到行动开始的命令。他知道"有些男人会大声叫喊，因为他们觉得已经超出了自己容忍的极限。我怀疑这些部队是否曾被要求忍受这样的挑衅"。

1922年11月拍摄的君士坦丁堡首批电影之一展现了金角湾的海岸和水域，以及布满了各种船只的博斯普鲁斯海峡：战舰、蒸汽船、帆船、卡耶克小艇。然而，英国海军部随后便发出了摧毁所有船只以防止民族主义者的军队渡海进入欧洲的指示。正如朗博尔德爵士指出的那样，遵守命令可能会触犯众怒和导致君士坦丁堡经济生活的中断。朗博尔德及其他英国海军军官像哈林顿那样，学会了不服从的艺术。

9月26日，英国地中海舰队司令布罗克在君士坦丁堡写信给海军部，称基督徒人口处于高度紧张状态。哈林顿下令撤离英国妇女和儿童。[53]

势力均衡也有助于维持和平。这座城市曾经是"举世向往之城""众城之女王"，此时它却开始体验默默无闻的乐趣。共产主义在俄国的胜利削减了俄国的对外贸易和实力，由此也减少了与君士坦丁堡的政治和经济关联。奥斯曼帝国降为一个民族国家，尤其是土耳其军队的胜利，摧毁了该城的双重吸引力，使它不再像原来那样令人渴望，也不再脆弱可欺了。1878年和1915年非常热衷于为君士坦丁堡而战的英国公众在1922年厌倦了战争。英国政府激发不出自治领，盟友法国和意大利，邻国塞尔维亚、罗马尼亚和保加利亚产生保卫君士坦丁堡和海峡地区的兴趣。10月3日，哈林顿和土耳其将军伊斯梅特·伊诺努在马尔马拉海的穆丹亚开始谈判：英语优秀的哈莉黛·埃迪布担任翻译。10月11日，哈林顿和伊斯梅特帕夏签订条约，土耳其军队获准进入色雷斯，协约国留在君士坦丁堡和海峡地区，直到签署正式的和平协议。

"恰纳克危机"终结了劳合·乔治的首相生涯（正如加里波利战役几乎终结了丘吉尔的海军大臣一职）。保守党回应了博纳·劳的恳求，"我们不能独自充当世界警察"，并撤回其信任。10月20日，劳合·乔治辞去首相一职。此后，他再也没有当选过首相。[54]

10月19日，穆斯塔法·凯末尔最重要的将领之一雷费特帕夏在贝西克塔斯附近登陆，他面带笑容、英俊潇洒，看起来像是从舞会而非战场归来，他开车穿过君士坦丁堡，狂热的人群在旁欢呼。人们宰羊献祭以示庆祝，礼拜者一边沿着他的凯旋路线前往法提赫清真寺，一边背诵经文。雷费特在那里说，法提赫把这座城市赐予土耳其人，没有一个土耳其人会使它从他们手中被夺走。理论上来说，雷费特只是色雷斯行省总督，身边仅有126名宪兵守卫左右。然而，这座城市非常拥护民族主义，以至于雷费特很快在几乎不流血的情况下夺取了苏丹的军队、警察、市政部门、海关和护照部门的控制权。协约国专员几乎失去了所有权威。[55]

民族主义者的胜利标志着君士坦丁堡失去了国际城市不可缺少的属性：一个强大国家的保护。10月30日，安卡拉的大国民议会的一项动议谴责皇宫和"高门"几个世纪以来的"愚蠢""无知""堕落"和"背叛"。11月1日，穆斯塔法·凯末尔进行了他最具破坏性的演讲之一："奥斯曼的子孙是通过武力夺取土耳其民族的君主和苏丹位置的；他们已经篡权六个世纪之久。现在，土耳其民族起来反抗，阻止了这些篡权者，已经把君主和苏丹的权力掌握在自己手中。"雷费特在那一天通知穆罕默德六世，他是哈里发，但不再是苏丹。他接受了这一变化。[56]

下一个则是"高门"的转变。11月4日，雷费特帕夏在无视"高门"的情况下批准了君士坦丁堡省市官员的任职。虽然穆罕默德六世告诉各部大臣继续手头的事务，但他们决定辞职。当外交大臣伊泽特帕夏在下午抵达"高门"时，他发现四个部门已经空无一人，"只剩下内阁的残余。在这些情况下别无他法，只能随内阁成员一起卸任"。官员被告知，民族主义政府将会负责发放他们的工资；不管怎样，许多人已经踏上了前往安卡拉的道路。11月4日，末代大维齐尔陶菲克帕夏告诉霍勒斯·朗博尔德爵士，像大国民议会这样散乱而缺乏秩序的机构将无力决定哈里发国或苏丹国的未来,这是关乎整个伊斯兰世界的事情。然而,他也在同一天尝试辞职。由于不再是苏丹,穆罕默德六世在此事上无能为力。陶菲克帕夏的办公印章现在还在其后代的手中。[57]

协约国当局否决了他们所称的雷费特"革命"。"大棒"福克斯-皮特称情况"棘手"。他在11月7日写道:"看起来这里的事情非常严重……从军事角度来说,情况非常令人不悦,因为这个地方都是土耳其人,他们都有武装,但是我们拥有舰队,可以将斯坦布尔轰为齑粉。"人群在外面朝英国高级专员公署喊着:"打倒英国人!"英国军事警察需要使用武力从土耳其宪兵手中解救英国情报官及其土耳其线人。到此时为止,土耳其宪兵的态度仍"非常友好",但也服从民族主义者。3000名英国水兵在佩拉街道上游行以展示实力。为了在即将到来的和平谈判中保住讨价还价的筹码,协约国决心留下。[58]

最终,谈判双方接受了"双重控制"体系:协约国和土耳其军队都留在城里。土耳其政府并不"承认",但"接受"协约国接下来的占领和监管。协约国则保有对协约国臣民、持有希腊王国护照的希腊人和俄国难民的司法权,并且在城中维持自己的警察、情报和护照等部门的官员。双方合作审查新闻舆论和出版。哈林顿描述说,雷费特有时候"举止得体",有时候则"难以对付"。[59]

君士坦丁堡避免了类似法国在1944年经历的对纳粹合作者的血洗,这主要归功于凯末尔的政治家风度。但是,11月7日,反民族主义记者阿里·凯末尔在佩拉的一家理发店被逮捕,他被塞住嘴,乘船押往伊兹密特(船上的灯光被调暗,以躲避英国的海上巡逻队),他遭到政府审问,最终被民族主义群众用石头砸死。君士坦丁堡政府的许多支持者决定离开;150名"妥协的土耳其人"在英国大使馆内及其花园里扎营,直到他们被英国船只带到希腊。大教长前往印度;1923年,他的前任,即发布反凯末尔教谕的杜里扎德家族成员死于希贾兹。[60]

比起奥斯曼人,少数族群受到了更大的影响。希腊人开始为他们自1912年以来的行为付出代价。股票交易所被关闭。民族主义当局开始对外国公司和本地基督徒施行土耳其法律。他们告诉希腊人,不把自己当奥斯曼人的人应该离开。虽然牧首劝告希腊人留下，但是很快前往萨洛尼卡的船上就挤满了希腊人，他们丢弃的财物以低廉的价格被人抢购一空。希腊语言学协会的最后一次会议在1922年召开。其大楼于1925年被土耳其政府收走，40年后被拆除，现在是停车场。其图书馆和档案归属于安卡拉的土耳其历史协会。总共约有15万希腊人在1922—1924年离开君士坦丁堡。11月末，雷费特对内维尔·亨德森的声明使希腊人的前景一片惨淡，"如果希腊人不是事实上的被驱逐，那么他们将被劝离，因为他们无法在未来的新土耳其谋生。土耳其人将会把商业掌握在自己手里；他已经开始为此而组织行动"。土耳其国家商会于1923年成立。[61]

当希腊人和"妥协的土耳其人"逃离之时，穆罕默德六世首先表达了其留在位置上的意愿。他得到掷弹近卫步兵团的保护，该兵团驻扎在阿卜杜勒哈米德于耶尔德兹宫边上建立的兵营里。然而，他是没有实权的君主。当霍勒斯·朗博尔德爵士于11月6日前往耶尔德兹宫时，只有一个老近侍在他到来时表示欢迎，其他人都走了。苏丹不停地说了三个多小时，他仍然觉得如果协约国准备好"叫停"或者"抓紧控制"的话，可能会有"反应"。但是和许多受外国保护的君主一样，他混淆了权力和施展权力的意愿。协约国确实强大，但是比起1920年为另一群失败的受保护者，即白俄政府而战相比，它们不再愿意在1922年为奥斯曼苏丹而战。朗博尔德安排将苏丹的金钱送到国外。[62]

11月10日，由于乐队离开了君士坦丁堡，周五聚礼上无法演奏帝国国歌。六天后，苏丹写信给哈林顿（法国军队已经拒绝帮忙）：

先生：

考虑到我的生命在伊斯坦布尔面临危险，我向英国政府申请避难，请求您尽快将我从伊斯坦布尔转移到另一个地方。

穆斯林的哈里发穆罕默德·瓦希代丁

1922年11月16日

11月17日上午8点，穆罕默德六世从宫墙内正对着近卫步兵团军营的奥尔汗门离开。那天，天气寒冷，有风暴；还下着雨，而且雨已经下了八天了，很少有人出门。陪伴他的有穿着一套新的伦敦西装的儿子埃尔图鲁尔、首席近侍、乐队指挥和6名仆人。苏丹似乎不像他的随从那么不安。近卫步兵团军官用一辆被涂掉红十字的救护车将他带离（这样英国人就不会被指控躲在红十字会背后进行活动），后面还有一辆载着工作人员和行李箱的救护车。那天晚些时候，开第二辆救护车的卫队旅运输官"大棒"福克斯-皮特给母亲写信，信中的细节体现出他意识到自己正在见证一个帝国的终结：

> 这条路的路况十分可怕；下了一晚上大雨，当时仍然很大，我有一两次觉得我们要翻车了，在跟着苏丹的车行驶了一段时间后，我们选了一条不同的路前往码头（托普哈内），我们在那里把他们带到小艇上，然后登上将把他们带到马耳他的"马来亚"号。我们先到，然后发现总司令和总参谋部少将安德森将军在那里等着，我们将自己这辆车里的老人在小艇里安顿好，然后要等另一辆救护车（刮掉了红十字标志）10分钟，它最终到来，老苏丹出来并感谢所有人，热心地与近卫步兵握手。我们都向他鞠躬，他很快被人催促着登上船，然后他们走了。总司令送他到了船上。一切都很顺利，我不觉得凯末尔主义者知道任何事情……
>
> 苏丹并没有很感动，车上他一直在讲话，他说他希望我们不要觉得他害怕了，他只是希望能维护自己的荣耀，我并不是很清楚他如何产生这样的想法！[①]

事实上，民族主义政府和这座城市一样，可能都因这位在报纸上被诅咒为叛国者、懦夫和罪犯的苏丹的离开而感到宽慰。一张在英国史料中不起眼的土耳其照片展现出当末代苏丹跨离土耳其的土地，登上英国小

---

① 苏丹可能害怕如果他留下的话会遭到审判。

艇时，在场的有皇室专款大臣、一名土耳其军官和一个花环。上午8时45分，"马来亚"号皇家海军舰艇开往英国位于马耳他的军事基地。1926年，苏丹在热那亚附近的圣雷莫去世，六个世纪前，热那亚是奥斯曼帝国的第一个西方盟友。他负债累累，他的债主甚至夺走了他的棺材，这导致他的葬礼推后了两周。[63]

穆罕默德六世经由其反民族主义的政策，严重损伤了王朝和民族之间的情感纽带。然而，尽管有新闻媒体的中伤，奥斯曼王朝仍然深深植根于土耳其人的爱国主义和认同感之中，以至于这个阶段的凯末尔并没有强大到可以摆脱它。土耳其民族主义思想家齐亚·格卡尔普写道："这个令人尊敬的家族统治着一个受到保佑的王朝，1000年来一直服务和提升土耳其人，并在600年里服务和提升了伊斯兰教和土耳其民族。"凯末尔决定使皇位继承人成为哈里发。根据英国情报部门的报告，最初阿卜杜勒迈吉德犹豫是否接受这一头衔，他正确地指出，哈里发头衔是为"伊斯兰教中最有权力的君主"保留的，他不想成为"一个纯粹的幻影"。当雷费特承诺苏丹制将会最终恢复，并暗示如果他拒绝的话会有"让人后悔的结果"时，他屈服了。阿卜杜勒迈吉德作为"这个王朝中最有道德、最有学识、最虔诚的人"于11月19日被大国民议会选为哈里发。[64]

11月29日，新哈里发戴着白色领带，穿着燕尾服，站在托普卡帕宫的黄金宝座之前（没有坐在宝座上）接受乌莱玛、议会代表和高级官员的效忠。为了表示他不是苏丹，他并没有在埃于普"佩带奥斯曼的宝剑"。然而，作为哈里发阿卜杜勒迈吉德二世陛下，他乘坐一辆盛装四轮马车前往法提赫清真寺，雷费特陪伴在他身边。他们由骑兵卫队护送，身后是由汽车和四轮马车组成的队伍。沿路列队围观的人群齐声鼓掌，许多人爬到树上或屋顶上以获得更好的视野。这座城市似乎被土耳其国旗染成一片深红。在清真寺里，人们因土耳其民族免于灭绝而礼拜；礼拜首次使用土耳其语，而非阿拉伯语。在一场圣战胜利后，他呼吁下一场圣战，一场消灭无知、支持商业和农业的圣战。在返程途中，他在塞利姆一世和马哈茂德二世的陵墓处礼拜。[65]

新的哈里发仍然称自己为两圣城的仆人，继续在每周五正式前往君士坦丁堡城中不同的清真寺，有时他会乘坐卡耶克小艇到达，有时候则骑雷费特提供的白马"科尼亚"。多年后，一名土耳其军官回忆道：

> 当迈吉德抵达巴耶济德做礼拜时，他差点使我眼花缭乱。我看着他万众瞩目的模样，看着他容光焕发的老脸、浓密的白胡子、给他一身丧服式的黑色增彩的红色费兹帽。乐队高声演奏，战士行军，苏丹（**原文如此**）迈吉德将在马车上鞠躬，他先给这边鞠躬，然后给那边，刺耳的欢呼声震天。老苏丹扬起嘴角，露出大大的笑容以示感谢，还优雅地将手放在深红色的费兹帽上致礼。

然而，许多人对这种奢华和虔诚的展示行为表示反感。即使是在奥斯曼王朝，伊斯兰教也在逐渐失去其控制力。1923年5月1日，谢里夫阿里·海达尔满怀伤感地观看最后一次尊崇先知遗物的仪式，"非常缺乏尊崇的态度，这种态度原本一直是这类仪式的显著特点。他们现在的态度让我感到惊讶，似乎很少有人对他们的信仰持有之前那种非常基本的态度"。在周五聚礼后，人群中的一名女性问道："在战争期间，哈里发制度对我们有什么用呢？我们宣布了一场圣战，可是它有什么好处呢？"[66]

事实上，虽然哈里发制度增加了这座城市表面上的光鲜，但是它命数已定。这是对意见的妥协，而不是精心考虑后的政策。最早在1923年1月，穆斯塔法·凯末尔就告诉一群记者，他准备在他们有"万无一失的"意见时废除哈里发制度。2月27日，哈里发在多尔玛巴赫切宫接见朗博尔德，凯末尔的代表、哈莉黛·埃迪布的丈夫阿德南贝伊已经警告过朗博尔德要回避所有的政治话题。朗博尔德记录道："总的来说，与之前苏丹统治时期的宫廷官员形成鲜明对比的是，此时官员们的外观较为寒酸。"阿卜杜勒迈吉德是"对政治怀有浓厚兴趣的明智而多才之人"，他"只是一个傀儡，其行为受到中央政府的严密监视……以他为中心的糟糕仪式肯定会给观察者留下某些痛苦的印象"。[67]

经过旷日持久的谈判，土耳其和协约国之间的《洛桑条约》于1923年7月24日签署。该条约在当时被看成土耳其的胜利，但是它事实上确保了达达尼尔海峡的非军事化（这是奥斯曼帝国从未允许的侵犯主权的行为），并且与土耳其的意愿相悖，该条约还保留了君士坦丁堡的希腊人社群和普世牧首。从1918年开始，君士坦丁堡的协约国军队强迫土耳其军队敬礼，只有在签署和平协议后，他们才愿意回礼。

协约国和民族主义者在君士坦丁堡的关系在双重控制的压力下存活下来。1923年3月，土耳其历史上第一批足球队之一——费内巴切，击败了由掷弹近卫步兵团和爱尔兰卫队组成的球队。在6月3日英王生日那天，第一卫兵旅在塔克西姆广场行军旗敬礼分列式。8月24日—10月2日，协约国军队顺利地撤出了这座城市。最终的告别仪式于10月2日在多尔玛巴赫切的宫殿和清真寺之间的广场上举行。将军们受到接待，观看阅兵式，卫兵受到检阅，人们向旗帜敬礼。土耳其民众因协约国的离开而感到宽慰，他们对这些卫兵的举止印象深刻，为协约国士兵，特别是为由100名6英尺高的卫兵组成的英国仪仗队而欢呼。冷溪卫队的乐队演奏土耳其民族主义歌曲和英国国歌。10月6日，土耳其陆军第一步兵师进入该城。外国邮局和领事法庭停止运作。英国水兵医院被红新月会接管。在俄国使馆，苏联外交官替代了白俄外交官。弗兰格尔已经带着他的大部分军队离开君士坦丁堡，前往南斯拉夫——虽说一些法国军官预料到了1945年的场景，曾试图强行将白俄士兵遣返苏联。那些还没有这么做的基督徒为自己准备了费兹帽：如果他们佩戴欧洲头饰，那样会有被强迫驱逐的危险。政府短暂施行禁酒令，强调欧洲人已经不再是主人：佩拉宫酒店则用茶杯上酒。[68]

协约国对君士坦丁堡的占领持续了4年11个月——比第一次世界大战本身的时长还要多7个月。君士坦丁堡是在拿破仑时代和第二次世界大战之间唯一一个遭受敌军占领的欧洲大国首都。无论占领在那时招致了多大仇恨，它都使这座城市避免了其德国和奥地利盟友未被占领的首都所经历的一些恐怖之事。柏林有未遂的左翼和右翼政变、内战和灾难性的通货膨胀。在维也纳，大学因为没有供暖燃料而关闭；饥饿驱使人们去往乡村寻找食物；军官在公共场合被攻击。然而，君士坦丁堡避免了这些极端事件，而且协约国军队有足够的资金以供消费。[69]

奥斯曼帝国的毁灭和社群之间妥协的终结是占领导致的主要结果。英国鼓动苏丹去攻击民族主义者、接受《色佛尔条约》和乘坐英国战舰逃跑：没有这三件事情，民族运动或许会走向不同的道路。少数族群与占领者的公开结盟向土耳其人逐渐灌输了去除他们的决心，以及对西方"文明"的厌恶。

君士坦丁堡的历史是由个人创造的，比如叶卡捷琳娜二世、马哈茂德二世、阿卜杜勒迈吉德、恩维尔、寇松，当然其间也离不开王朝权力、地理、民族身份和宗教等非个人的力量。然而，从法提赫本人以来，没有一个人能像穆斯塔法·凯末尔一样对这座城市有如此大的影响力。赶走协约国的势力之后，他继续羞辱这座城市，并消灭奥斯曼人。10月13日，大国民议会批准了一项宪法修正案："安卡拉是土耳其国政府所在地。" 10月23日，唯一一位向哈里发示好过的民族主义者雷费特被解除君士坦丁堡的军事指挥权。因为穆斯塔法·凯末尔控制了军队和大国民议会，所以他没有什么可做的了。10月29—30日夜，君士坦丁堡居民被101响礼炮声惊醒，这些礼炮声致敬土耳其共和国宣告成立。这座城市作为帝国首都已经历了1593年的岁月，比其他任何一座首都的历史都要久，现在它是土耳其共和国的第二城市。[70]

君士坦丁堡的地位降级反映出穆斯塔法·凯末尔共享了雅库普·卡德里和陶菲克·菲克雷特的敌意。为了"清除"这座城市中的"污垢"，凯末尔说："或许整个黑海及其浪潮都将进入博斯普鲁斯海峡，淹没一切……拜占庭已经习惯了污秽下流、表里不一、谎话连篇和道德败坏，因而失去了其原本的属性、原初的美丽和无法衡量的价值，无论如何，共和国必将使它摆脱现状，回归其原本自然和纯洁的状态。"

这种幻灭感是双向的。记者法利赫·勒夫克·阿塔伊是凯末尔的朋友，他写道："伊斯坦布尔总体上不是很倾向于安卡拉。" 伊斯坦布尔的媒体每天都攻击民族主义管理当局。和传统主义者一样，许多世俗主义者也希望维持哈里发制度，以作为抵御凯末尔独裁统治的屏障和国际声望的来源。他们说，真正的区别不在于君主制和共和国，而在于民主和专制。

11月11日,《共鸣报》写道,废除哈里发制度将会"与理性、忠诚与民族感情完全不相容"。君士坦丁堡律师协会主席、重要的现代化论者卢特菲·菲克里于11月10日给哈里发写了一封公开信,要求恢复他的世俗权力(卢特菲·菲克里后来被"独立特别法庭"监禁)。其他人因恐惧而不敢说话。凯末尔的偶像化程度很深,但并不普遍。1924年,当他沿着博斯普鲁斯海峡旅行时,他没有访问君士坦丁堡,或许是因为警察不能保证他的安全。[71]

这座城市正迅速丧失让其变得独一无二的元素:它的战略重要性、苏丹制、"高门"、首都地位,以及哈里发制度。这个王朝是其自身多元民族主义的牺牲品。1918—1919年,当土耳其处于生死存亡之际,苏丹希望保留阿拉伯诸行省;他向埃迪尔内和布尔萨派出包括大牧首的代表在内的跨民族和解使团,并绞死了杀害亚美尼亚人的凶手。当穆斯塔法·凯末尔在东部镇压库尔德民族主义者时,君士坦丁堡进入了库尔德人活动的繁荣时代,其领导者是库尔德斯坦崛起协会、库尔德社会联盟和库尔德报界。国务会议主席赛义德·阿卜杜勒-卡迪尔有城内库尔德搬运工人的支持,像他这样的库尔德人为苏丹服务:君士坦丁堡警察局局长上校哈立德贝伊也是库尔德人。阿卜杜勒-卡迪尔宣称他非常敬重哈里发,他只希望能实现《色佛尔条约》承诺的自治权,他认为这符合土耳其人和库尔德人的利益。根据英国情报部门在1920年1月9日的报告,苏丹对此表示同意。[72]

大国民议会辖制着土耳其国家;奥斯曼哈里发在整个伊斯兰世界得到承认(除了摩洛哥)。1923年11月24日,阿迦·汗和阿米尔·阿里从印度向土耳其大国民议会写信,对哈里发国的未来表示关切,这么一来就给了凯末尔一个借口,谴责哈里发制度导致外国干预土耳其事务。[73]

1923年冬至1924年年初,哈里发的预算被削减,他被剥夺了皇家卡耶克小艇和卫队。最后的周五聚礼于2月29日在多尔玛巴赫切宫外的清真寺举行,那里靠近穆罕默德六世上船流亡之处。3月3日,安卡拉的大国民议会废除了哈里发制度。多尔玛巴赫切宫被军队包围。阿卜杜勒迈吉德正在深夜阅读《古兰经》(或者根据一些描述,是蒙田文集),这时候阿德南贝伊和警察局局长告诉他,他必须在拂晓时离开。他的家人和仆人开始哭泣。作为慰藉，安卡拉方面提出会送他们去西方享受自由生活。据说，哈里发深爱的女儿杜鲁塞瓦尔是这一悲伤场景的唯一现存者（1995年），她哭着答道："我不想要那种自由。"[74]

废除哈里发的举动相当不受欢迎。根据英国代理高级专员所述，"人们内心非常不安；君士坦丁堡和我所知道的其他地方的普遍姿态是一种表面上的冷漠或者压抑的顺从，源于疲倦和对胜利的少数族群的恐惧"。[75] 哈里发带走了他的直系亲属（6个人）、3名官员和2个仆人。出于对游行的恐惧，政府迫使哈里发从外城离开。早上5时30分，在皇宫大门处向一小群人道别后，他们被带进三辆车里，后方跟着一辆运载行李的卡车，他们沿着博斯普鲁斯海峡前进，跨过加拉塔大桥，经过巴耶济德清真寺，穿过埃迪尔内门出城，顺着老城墙到七塔堡，然后去往恰塔尔贾。哈里发的秘书萨利赫·凯拉梅特（诗人尼加尔夫人之子）在日记中记录道，三辆车在路上经常陷入淤泥里，宪兵不得不铺上石头以便使他们能够顺利驾驶车辆。11点，这群疲惫、饥饿又哀伤的人抵达了恰塔尔贾火车站。哈里发试图在警察和宪兵最后一次向他致敬时展露微笑。

他们在火车站里停留了一天。警察将保皇派和好奇之人阻隔在外。车站经理希望他们能在与家人共处的私人候车区感到舒适。他是犹太人，而犹太人是唯一仍然对奥斯曼王朝保持忠诚的少数族群。当哈里发表达谢意时，车站经理如是回复他，令在场之人潸然泪下：

> 奥斯曼王朝是土耳其犹太人的拯救者。当我们的祖先被赶出西班牙，寻找一个愿意接收他们的国家时，是奥斯曼人同意给我们提供避难所，拯救我们免于灭绝。由于帝国政府的慷慨，土耳其犹太人再次得到了宗教和语言的自由，以及对他们的妇女、财产和生命的保护。因此，良知使我们必须在你们的至暗时刻竭尽所能为你们服务。

东方快车在午夜时分到来。当一行人在其他乘客的注视下准备登车时，伊斯坦布尔总督给了哈里发一个信封，里面有护照、前往瑞士的签证和2000英镑。当火车加速穿过巴尔干，经过匈牙利埋葬苏莱曼大帝的心脏之地时,哈里发悲叹道:"我的祖先骑马举旗而来。现在,我作为流放者前来。"[76]

铁路之旅已经将罗曼诺夫家族带到西伯利亚受死,将霍亨索伦家族和哈布斯堡家族分别流放到荷兰和瑞士,而这是最后一趟埋葬欧洲帝国的火车之旅。没有一个帝国王朝能比奥斯曼王朝统治的时间更长久。也没有一个王朝能比它在首都留下更多的遗憾。

尾　声

　　君士坦丁堡对世界的主要遗产是它作为一个伟大的国际化首都的角色和范例，它没有理会民族、文化、社会和宗教之间的固有边界。在这座城市，拥有多重身份是很自然的事，它是伊斯兰教和基督教之间那堵墙上的一扇门户。"哈里发政权的都城"是"欧洲体系的一部分"：一个人在君士坦丁堡可以既是希腊人又是奥斯曼人，既是穆斯林又是欧洲人，并从实用角度而非情感对待民族身份。在这座城市里，像法提赫、索库鲁·穆罕默德帕夏、比斯贝克男爵、易卜拉欣·穆特菲利卡、穆拉德热亚·多桑、马哈茂德二世和19世纪伟大的奥斯曼改革家这样的人可以学习其他文化而不被优越感或自卑感、东方主义或西方主义的情结所扭曲。君士坦丁堡仅有的十字军运动是在基督教教派之间，而非基督教和伊斯兰教之间进行的。

　　欧洲列强不仅频繁通过外交手段保卫这座城市，还在五个不同的场合加强其物理防御——法国在1770年和1807年反对俄国，英国在1877—1878年反对俄国；德国在1915年反对英法；英国、法国和意大利在1922年反对希腊。直到1918年，君士坦丁堡一直都在抵御并操纵欧洲的帝国主义。如果说1918—1923年，这座城市在西方统治的极盛时代被占领，那是因为奥斯曼帝国在1914年11月违背王朝、人民和内阁大多数人的意愿参加了战争。

　　那时，城里的每个族群都开始接受排他性的现代民族主义。伟大的奥斯曼帝国的事业失败了。在奥斯曼皇室于1924年离开后，君士坦丁堡从欧洲最国际化的城市变成了最具民族主义色彩的城市。1924年，奥斯曼皇室的流亡命运比其他被废黜的王朝更令人惋惜；然而，再过一段时间，君士坦丁堡就没有多少对帝国的怀旧情绪了。休·纳奇布尔·许阁森爵士曾在"二战"中担任了五年半的英国驻土耳其大使，其间他没有听到一句为帝国感到遗憾的话，这一证词也为其他材料所证实。君士坦丁堡不像维也纳，它背弃了过去，甚至连它的名字也都变了。君士坦丁堡这个名字因为与奥斯曼王朝和民族多元主义的联系而被放弃。从1926年开始，邮局只接受"伊斯坦布尔"这个名称，它显得更土耳其，为绝大多数土耳其人所用。伊斯坦布尔和土耳其追随他们的拯救者穆斯塔法·凯末尔而免于毁灭的命运，掀起了一股爱国主义热潮。他的继任者伊斯梅特·伊诺努总统回忆道："我们豪情似火。"[1]

凯末尔的改革卓有成效，因为他是在100年来奥斯曼的现代化基础之上展开建设的。他的大部分政策自1908年以来已由青年土耳其党人和齐亚·格卡尔普的圈子讨论过，或者诸如将伊斯兰教限制在私人空间里、妇女不戴面纱等政策，已经在这座城市的精英之中施行。1924年3月，大教长一职和瓦克夫被废除：许多乌莱玛家族在失去其世袭的收入后，转向商业。宗教学校被关闭；伊斯兰教法法庭被废除，土耳其共和国采用了以瑞士法律为基础的法律体系。一年后，托钵修士教团被禁止，许多道堂被摧毁。凯末尔说："土耳其共和国不能成为谢赫、托钵修士、门徒和世俗修行者之地。最直接、最正确的道路是文明之路。"

正统伊斯兰教的某些方面也不受鼓励，比如前往麦加朝觐。1926年的一个星期五，罗伯特·拜伦注意到只有150名穆斯林在圣索菲亚清真寺做礼拜。爱国主义也驱使作家阿齐兹·内辛的父亲离开伊斯坦布尔的家，前去为民族主义者而战，尽管他忠于奥斯曼苏丹国。然而，他在1924年后有所转变。由于害怕警察，他私下里告诉家人，凯末尔是犹太人，还酗酒，是伊斯兰教的毁灭者。1925年，哈罗德·阿姆斯特朗听到一位霍贾在埃于普一座几乎被废弃的清真寺里发表长篇檄文式演讲："宗教被政府杀死了，他们是无信仰的，不信任何宗教；他们夺走了宗教资金，迫使清真寺的管理者挨饿，也赶走了宗教教团；人们希望前来礼拜，但是他们害怕。"[2]

如果传统的穆斯林感觉遭到了压制，那么凯末尔的同僚也有同感。从

1925年开始，在《维持秩序法》（The Law for the Maintenance of Order）的影响下，曾经非常具有批判性的伊斯坦布尔报纸被凯末尔主义的报纸取代。社会主义党和土耳其工农社会主义党都遭到压迫。社会主义领袖侯赛因·希勒米被污蔑为英国间谍，在民族主义者夺取君士坦丁堡后被神秘杀死，他的结局与几位宗教领袖类似。社会主义者从1912年开始进行五一游行，这在1927年后被禁止。土耳其国内重新实行通行证制度。凯末尔的照片随处可见，现在也是如此。土耳其作为"最为隐秘的当代独裁国家"使游客感到非常惊异。

为了挑战凯末尔的独裁统治，他曾经的同僚计划组建新党，或者说恢复统一与进步委员会。凯末尔利用超法律的独立法庭进行了一系列作秀公审予以报复。卡齐姆·卡拉贝基尔和雷费特被判无罪释放。拉乌夫被短暂监禁。哈莉黛·埃迪布和其丈夫流亡。卡拉·凯末尔举枪自杀。前财政大臣查维德被绞死。[3]

流亡的哈莉黛·埃迪布在回忆录中一方面赞赏凯末尔的许多措施，另一方面又批评他的"恐怖统治"。她也写了一部关于哈米德时期君士坦丁堡的优秀小说《小丑和他的女儿》（The Clown and His Daughter），展现了少女时期她在父亲位于耶尔德兹宫的办公室里看到了多少风物，该小说赞颂传统的邻里生活、道堂的活跃生气，以及与西方歌手形成鲜明对比的《古兰经》年轻咏唱者拉比阿的甜美声音，而前者的歌声类似于"疯人院的叫嚷合唱"。她对土耳其传统音乐的赞美非常有意义，因为在1926—1944年，传统音乐被官方打压，并被移出伊斯坦布尔大学的课程表。

新政府劝阻女性佩戴面纱，尽管面纱没有被完全禁止。在几年内，国家对此施加的压力非常大，以至于在伊斯坦布尔很难找到佩戴面纱的女性。1925年，奥斯曼帝国和伊斯兰教的标志费兹帽被法律禁止：直到今天，戴费兹帽仍是违法行为。凯末尔相信，西式高帽会使土耳其人在精神和生活方式上更加"文明"，并且能使土耳其人在"民族大家庭中找到适合的位置"。伊斯坦布尔在一夜之间失去了其特有的"红圆锥"，并出现了成千上万的黑色和棕色高帽。哈莉黛·埃迪布评论道："'高帽法'的主要结果是它以经十分穷困的土耳其人变得更加贫穷为代价，使欧洲的帽子工厂发了财。"[4]

凯末尔曾多次拒绝伊斯坦布尔的访问邀请：他憎恶伊斯坦布尔方面在1922—1925年对他的政府的批评，以及它在协约国占领时期的所作所为。但他最终还是于1927年归来，全城欢声雷动。他走进多尔玛巴赫切宫，宣布从此刻开始，这座宫殿将不会是"真主在大地上的影子"的居所，而是"民族的宫殿"（事实上，1938年，凯末尔在这座宫殿里去世，他的遗体被安放在宝座室里，这座宫殿直到1981年才向公众开放）。一年后，凯末尔在托普卡帕宫的花园里揭开了最具革命性的改革的面纱：用拉丁字母代替奥斯曼字母。这次改革的目的是传播更广泛的读写教育和使土耳其与欧洲结盟。他对一群官员及其夫人说道："我们必须从这些难以理解的字符中解放自己，它们在几个世纪以来像铁钳一般牢牢地禁锢住了我们的思想……我们民族将会用书写和头脑表明它是属于文明世界的。"[5]

8月11日，他在多尔玛巴赫切宫给官员们上了两个小时的拉丁字母课：大部分人经由奥斯曼帝国的教育已经懂得法语，这使得变换字母来得相对容易。这场改革起初只有为数不多的精英人物反对。1920年，福阿德·柯普律吕在英国曾被短暂监禁，实施字母改革时他在伊斯坦布尔大学教授土耳其历史和文学。他写道："文明不能简单地通过改变字母而被吸收消化。"杰出的土耳其犹太学者亚伯兰·加兰特也捍卫旧字母表。他在拜访日本大使馆后意识到了，更加复杂的字母体系并没有阻止日本成为非西方国家现代化的最成功范例。然而，反对声消失了，在穆斯塔法·凯末尔时期总是这样。福阿德·柯普律吕后来成了凯末尔圈子中的一员，他在安卡拉拜访凯末尔达100多次，很多时候是去后者的夜间宴饮讨论会。[6]

另外一个变革是在1932年后清除土耳其语中的阿拉伯语和波斯语词，它们被称为"语言投降主义"成分。土耳其语被视为一种科学术语，而非一门活生生的语言。来自古突厥语、法语和凯末尔主义者想象中的生僻而难以理解的词语由丰富而多样的奥斯曼语词（在早期的演讲中，凯末尔对后者的使用效果极好）取代。因此，来自阿拉伯语词根"书写"（k-t-b）的词语"学校"（mekteb），被来自法语"école"的"okul"替代。土耳其人被切断了与过去的联系。奥斯曼帝国的文学和文书变得无人能懂：凯末尔委托人将西方，而非奥斯曼帝国的优秀著作翻译成现代土耳其语。书法铭文是伊斯坦布尔遗迹中最主要的装饰品，如今它却不能被其居民读懂：不过，奥斯曼人的书法往往将美观置于可读性之前。

精英对国家的忠诚和对改革的坚持有助于凯末尔的方案取得成功。1924年后，很少有人移居国外。前哈里发阿卜杜勒迈吉德住在尼斯和巴黎，既参加周五礼拜，也去听古典音乐会，他仍然佩戴费兹帽，这些帽子是由一名离开伊斯坦布尔的亚美尼亚人为他制作的。他和其他流亡者一样，认为凯末尔的改革步伐使人民的精神世界留下了空洞。"不是宪法塑造灵魂，而是灵魂塑造宪法，"他说，"草率地开始猛烈的变革是一种盲目的行为。"[7] 1944年，最后一位哈里发在巴黎去世。他的儿子厄梅尔·法鲁克埃芬迪此前已搬去了开罗。在他的书房主墙上挂着一封装在边框里的穆斯塔法·凯末尔所发的电报，就是这份电报毁掉了他的生活："把陛下送回他该去的地方。"[8] 到最后，已经与萨比哈苏丹离婚并迎娶了另一位堂亲的他只想回到土耳其度过晚年时光。1969年，他在埃及去世。

其他皇室成员有一周的时间整理行装，然后流亡海外。没有任何例外。他们突然被驱离这座对他们来说是整个世界的城市，以往即使是去博斯普鲁斯海峡的旅行对他们来说也是一个重大事件，这时他们散落各处，去往美国、法国和印度，以及阿尔巴尼亚、黎巴嫩、埃及等之前属于奥斯曼的地区。阿卜杜勒哈米德之女艾塞苏丹住在法国，她在自己的回忆录中写道："我们是一群没有祖国、没有家园、没有庇护之地的人。我们家族流亡的历史就是一连串悲剧性的死亡事件。"她的兄长穆罕默德·阿卜杜勒-卡迪尔在索非亚的管弦乐团担任乐手，他后来穷困潦倒，死后被埋葬在一处贫民墓地。另一位兄长、"一战"中的杰出战士阿卜杜勒-拉希姆在巴黎自杀，他留下的钱勉强够办葬礼。她的姐姐泽基耶苏丹一贫如洗，死于波城的一家酒店。[9] 只在1951年和1975年，奥斯曼公主和皇子才分别被允许回到伊斯坦布尔。奥斯曼皇室的现任领袖偶尔从他在纽约的住所前去访问伊斯坦布尔。

伊斯坦布尔没有发生保皇运动，也没有类似19世纪巴黎圣日耳曼法布街那样的街区。根据一项评估，93%的奥斯曼参谋军官和85%的官员为共和国服务。1938年，最后一位大维齐尔陶菲克帕夏以96岁高龄去世，共和国以最高军事礼节为他举行了葬礼。在塔克西姆广场附近的家族宅邸所在地，阿卜杜勒哈米德的孙子建造了一家公园酒店，这是来自阿卜杜勒哈米德的一件礼物，它取代佩拉宫，成为这座城市最新潮的酒店。人们可以看到末代宫廷太监在佩拉大道的勒邦咖啡馆啜饮咖啡，或者在带领游客参观托普卡帕宫时用特别的摇摆步伐走路：1926年，托普卡帕宫作为博物馆向民众开放。

大部分"妥协的土耳其人"在凯末尔于1938年去世后回到了伊斯坦布尔。比如，哈里发的秘书萨利赫·凯拉梅特在罗伯特学院教书。他很少谈起过去，以至于许多同僚不曾知晓他侍奉过末代哈里发。埃德海姆·迪尔瓦纳的人生道路是最为典型的轨迹，他是阿卜杜勒迈吉德的大维齐尔的孙子、马利克夫人的后代，是有趣但不可靠的《后宫三十年》(*Thirty Years in the Harem*)的作者。他出生于1865年，在加拉塔萨雷和行政学院接受教育，他曾作为文秘在耶尔德兹宫工作，并为阿卜杜勒哈米德翻译侦探小说。最终，他逃往欧洲。他以地方总督的身份为青年土耳其党政府服务，以商业和邮政大臣的身份为瓦希代丁服务。他没有在1918—1922年加入凯末尔一方，更愿意留在亚洲淡水区附近18世纪末基布里斯利家族的水滨别墅里。末代苏丹乘坐英国战舰离开的事实让他反感，但他自己也在1923—1925年短暂离开了土耳其，以避免政府可能会下达的禁令。然而，这个奥斯曼宫殿的产儿支持凯末尔革命的每一个方面。他和萨利赫·凯拉梅特相似，再也不在公开场合礼拜或者把斋；晚年，他将笛卡尔的《谈谈方法》(*Discours de la méthode*)翻译成土耳其语。1958年，他以96岁高龄在自己的水滨别墅里去世，这座水滨别墅直到今天还属于他的家族。[10]

但对一些团体而言，共和国的最初几年无异于末日。穆斯塔法·凯末尔既是拯救者，又是摧毁者。在1920年后的民族主义顶峰时期，大部分国际性城市都被同质化了。维也纳和圣彼得堡成为狭隘之地，布拉格完全是捷克的，的里雅斯特完全是意大利的，萨洛尼卡则完全是希腊的。伊兹密尔被烧毁。大批穆斯林离开德里。伊斯坦布尔虽比其他城市坚持得更久，但是它也屈服了。

1923年后，土耳其共和国否认库尔德人的自由和身份。虽然民族主义者起初支持库尔德自治，但是从1923—1991年，库尔德语被禁止，库尔德人被称为"山地土耳其人"。寇松勋爵指出，土耳其政府决定将库尔德人定为土耳其人，这是有史以来的第一次。许多库尔德人在占领时期求助于外国势力。贝迪尔·汗家族——一些成员在战争中帮助俄国——获得了亲英的名声，并且可能从希腊高级专员公署那里收到了金钱。英国情报部门报告说"由于库尔德领袖缺乏可供支配的资金，君士坦丁堡的库尔德群体已经被希腊当局接管"。1925年，赛义德毛拉的反叛——其目的是支持奥斯曼哈里发制度和库尔德民族自治——被镇压。[11]

之后，用1927年外交部部长陶菲克·鲁什迪贝伊的话来说，土耳其政府希望"注定要失败"的库尔德人将会遭到"红印度人"（即美洲印第安人）的命运。他告诉巴格达的英国高级专员，"驱逐安纳托利亚的库尔德人是土耳其政府的意图，正如他们过去驱逐希腊人和亚美尼亚人那样"。他和穆斯塔法·凯末尔谈到"库尔德人不健全的心智，以及引导他们接受现代土耳其的现实而理性的政策的不可能性"。之后有许多军队被部署到东部，许多库尔德人被驱逐到西部，该区域的许多地区脱离了政府的管控。伊斯坦布尔失去了其作为库尔德中心的角色。[12] 贝迪尔·汗家族前往开罗和欧洲。1895年，卡姆兰·贝迪尔·汗博士出生于伊斯坦布尔，1978年，他在巴黎去世，生前他在索邦大学教库尔德语。他建立和资助了库尔德学会，该学会直到今天仍是库尔德研究的中心。[13]

伊斯坦布尔的人口到1940年都稳定维持在约80万人。开罗的人口从1882年的37.4万人上升到1937年的131.2万人，取代伊斯坦布尔成为中东第一大城市和阿拉伯世界的焦点。许多阿拉伯人无论有多热爱伊斯坦布尔，还是回到了故土。他们同19世纪的希腊人和保加利亚人类似，发现这座城市不像原来那样适合他们居住了。萨提·胡斯里是叙利亚著名知识分子，他首先是1909—1912年君士坦丁堡师范学校的校长，然后是尼尚塔什一所名为"新学校"的男女混合新式学校的校长。他迎娶了海军大臣的女儿，并同许多阿拉伯人一样，直到1918年仍然忠诚于奥斯曼帝国。他的妻子或许更愿意留在君士坦丁堡。然而，他觉得由于帝国已经失去了阿拉伯诸行省，他别无选择。当他于1919年离开时，城里的一份报纸写道："叙利亚已经同我们分离。"

经由英国的干预，另一名君士坦丁堡阿拉伯人、奥斯曼议会前代表谢里夫费萨尔成了伊拉克国王。萨提·胡斯里作为新国家的教育总长，在巴格达重新组织伊拉克的教育工作。他很少重访伊斯坦布尔，他与这座城市保持的唯一关联是他的妻子（他继续和妻子说土耳其语）和他们家雇用仆人的习惯。1969年，他在巴格达去世。[14]

哈希姆家族主支的谢里夫阿里·海达尔也于1926年3月4日离开了伊斯坦布尔，他写道：

> 在我之前所有的所谓朋友中，只有五个人来船上和我告别。比起震惊，我更加痛苦，因为我了解这些人反复无常的性格，但是在斯坦布尔度过60年的人生后，……似乎会很艰难。当我们出发时，我不忍最后看我挚爱的斯坦布尔一面，但是我扫了一眼斯库塔利的山丘，想到了自己在恰姆勒贾的家。我也为我父母的灵魂祈祷，他们的躯体被埋葬在山坡上一处遥远的墓园里。我已因为自己的民族服装而无法去扫墓和向他们说再见了。① 一切都变了，因为有了这种改变，还有什么是穆罕默德的家族不能忍受的事情呢？愿真主怜悯我们！

他和他的土耳其妻子、爱尔兰妻子一起定居在贝鲁特，1935年他在那里去世。恰姆勒贾的房屋被关闭，家具被售卖。他的姐妹回到麦加，弟弟前往哈德拉毛的拉赫吉，他的儿子穆罕默德和女儿尼梅搬到了巴格达。[15]

当费萨尔国王的侄子、伊拉克摄政阿卜杜勒·伊拉于1945年同几位大

---

① 所有宗教服装都被禁止。在这座曾经为服装多元化而感到极其骄傲的城市里，阿拉伯服饰可能会被认为是具有挑衅性的伊斯兰服装。

臣在英国的战舰上出访伊斯坦布尔时,阿拉伯民族主义的新世界遇到了阿拉伯奥斯曼主义的旧世界。伊拉克首相努里帕夏曾经是君士坦丁堡军事学院的学生,但他在第一次世界大战中与奥斯曼帝国对抗,"他从船的一边跑到另一边,想要再次看到这个他从孩提时期起就记住的地方……当船经过老城,船员鸣放礼炮向伊斯坦布尔致敬时,他抓紧甲板的扶手站立着,我看到他眼含泪水"。摄政及其派系不想在阿拉伯人的宫廷中被人理解谈话内容时,他们就说奥斯曼语,这是他们的秘密宫廷语言,他带着人拜访了住在埃米尔甘水滨别墅里的祖母,她因无法忘怀历史而受困于博斯普鲁斯海峡:"即使她现在已年迈,她的光亮外表和精神活力也要胜过周边基督教国家里许多和她地位相等的同时代人。"[16]

然而,就像维也纳的大部分捷克居民——占人口的20%——在1918年后留在那里成为奥地利人那样,许多阿拉伯人(以及切尔克斯人、阿尔巴尼亚人和中亚人)留在君士坦丁堡,被转变为土耳其人:伊斯兰教和这座城市证明了它们比民族主义更强大。谢里夫阿里·海达尔的长子阿卜杜勒迈吉德以约旦大使的身份于1951年回到土耳其(哈希姆家族的两支于1931年和解)。他的妻子鲁基耶苏丹用尊严和智慧将奥斯曼公主和阿拉伯大使夫人这两个相互冲突的角色结合起来。她从来不对新的土耳其共和国发表评论,虽然她经常在钢琴上弹奏过去的奥斯曼皇家进行曲。这对夫妇因对西方音乐的热爱而结合,据说鲁基耶苏丹是奥斯曼皇室最好的钢琴演奏者,而她的丈夫擅长拉小提琴,他们没有孩子,退休后住在多尔玛巴赫切宫附近一座舒适的公寓里。1967年,谢里夫阿卜杜勒迈吉德在伊斯坦布尔去世,比妻子早走四年。他的两位兄弟,即著名音乐家谢里夫穆希丁和商人谢里夫费萨尔都成了土耳其人,住在伊斯坦布尔,1935年,在土耳其开始要求必须遵照使用姓氏的法律规定时,他们把姓氏从谢里夫换成了塔尔干——土耳其语里的"谢里夫"。费萨尔·塔尔干拥有现代和民主的精神,他忘记了自己的阿拉伯根源,成为通用汽车公司在土耳其的代表。谢里夫阿里·海达尔的孩子里无人住在恰塔尔贾的家族宅邸。今天(1995年),这座家族豪宅成了哈希姆家族本身的一道影子。不同的区域

（男性区、女性区、图书馆和厨房）正在渐渐腐朽或坍塌。花园则变成了一片荒地，被公寓楼和棚户区包围。

他最小的妹妹穆斯巴嫁给了一个叫弗里普的英国男人，搬到伦敦，写了一本关于奥斯曼君士坦丁堡的回忆录《阿拉伯风格》（Arabesque，1944年）。谢里夫阿里·海达尔最后一位还在世的孩子是穆斯巴的姐姐斯费内，她是为数不多还记得1914年前君士坦丁堡风貌的人之一。她嫁给了一个埃及人，如今已经守寡，一个人住在亚历山大港的一座公寓里。和家族中的其他人一样，她继续从麦加的家族瓦克夫那里获得收入，尽管谢里夫家族于1925年已将希贾兹输给了沙特家族。当被问到过去时，她说："我忘了，亲爱的，现在我老了。我没法记住过去的所有事情。我现在不见任何人。我在这里坐着读书，其他什么也不做。人们在过去可以住在一起。现在，他们都在外艰难谋生。他（凯末尔）毁掉了这个国家。"[17]

让她遗憾的是，伊斯坦布尔像亚历山大港那样失去了希腊人。一个想要废除牧首制，并在1925年驱逐了一位牧首的政府并不能使希腊人感到心安。从1934年开始，一项法律将牙医、律师、药剂师等职业限制在土耳其国民范围内，导致拥有希腊国籍的希腊人进一步外流。越来越多的伊斯坦布尔希腊人在雅典的街道上炫耀他们的大都市优越感。许多伊斯坦布尔来的希腊人觉得希腊本地人不比阿尔巴尼亚人好多少，并且觉得雅典是一个落后、无聊之地，他们在希腊比在奥斯曼帝国更觉得疏离：其中一些人后来为希腊共产党建立了基础。[18]

君士坦丁堡逐渐变得贫穷、狭隘。1923年，英国军官报告称许多土耳其人处于饥荒的边缘："港口里几乎所有的商业活动都消失了，数十万库尔德人和拉兹人就此失业。"1925—1935年，各国大使馆被要求离开伊斯坦布尔，前往安卡拉，这极大地违背了他们的意愿：旧的使馆楼现在人去楼空，被降级为总领事馆。为了给新首都安卡拉筹备足够的资金，伊斯坦布尔的设施建设设备受忽视。这段时间的旅行者发现伊斯坦布尔已变成一座"肮脏到无法忍受"的"垂死之城"。[19]

贫穷导致人们离开，正如当年金钱的诱惑吸引他们到来。1920年，伊斯坦布尔有15万白俄移民；1922年，有3万人；1930年，只有1400

人。在1914年之前,这座城市欢迎那些逃离俄国反犹大屠杀的犹太难民;1941年,它像其他中立国一样谨慎行事,表现得冷酷无情。1941年12月,载有来自保加利亚和罗马尼亚的769名犹太难民的"斯特鲁马"号在金角湾抛锚。但没有一个人被允许上岸,这或许是出于英国殖民地部的请求,其目的是防止旅客前往限制犹太移民的英治巴勒斯坦。1942年2月24日,土耳其船只将这艘船拖出了博斯普鲁斯海峡,将它拖进黑海,远离土耳其水域。"斯特鲁马"号在那里爆炸,或是被炸毁,船上所有人丧生。[20]

1942年,土耳其政府施加财产税(varlik vergisi),用以惩罚亚美尼亚人、犹太人和希腊人的企业,这与欧洲的纳粹政权发展至权力巅峰同时发生。为了帮助土耳其企业扩张,他们不得不分别支付相当于其财产232%、184%和159%的税收。古老的商业在一夜之间被摧毁了:商人们一无所有,只能含泪离开。意大利犹太人哈伊姆兄弟的印刷厂曾经雇用土耳其人、希腊人、亚美尼亚人和犹太人。亚伯兰·加兰特曾经自费资助这家印刷厂出版了自己的许多著作,赞美了几个世纪以来的土耳其-犹太友谊。财产税导致哈伊姆兄弟被迫将他们的企业卖给苏美尔银行。当时是议会代表的加兰特没有为这家印刷厂的命运发表抗议。[21] 伊斯坦布尔失去了磁石般吸引人民和思想的作用。1945年后,很少有来自巴尔干社会主义国家的难民在那里定居。阿尔巴尼亚人前往纽约,而不是他们曾经的首都伊斯坦布尔。

即使如此,1950年的伊斯坦布尔仍然有超过10万的希腊人。在北大西洋公约组织(简称"北约")的早期,希腊与土耳其的关系相对和谐。但是,雷费特帕夏在1922年的警告——"如果希腊人不是事实上的被驱逐,那么他们将被劝离,因为他们无法在未来的新土耳其谋生"——最终实现了。1955年9月5—7日的骚乱即两者关系终结的开始。希腊人和土耳其人在塞浦路斯的纷争,以及报纸头条宣称阿塔图尔克在萨洛尼卡的出生地被炸弹轰炸的事件成为迫害的借口。来自郊区的学生、搬运工和其他人破坏和劫掠了基督徒的商店和房屋。一名美国官员写道:"我亲眼看到许多商店被洗劫,而警察只是懒散地站在一边,或者为暴徒打气。"71

座教堂和2座修道院被毁坏。第二天，人们醒来看到之前的佩拉大道、现在被重新命名的独立大街的景象，大街上从一端到另一端覆盖了厚厚一层碎玻璃和成捆的布匹。有轨电车无法运行，因为电车轨道被阻断。当时，伊安·弗莱明正在伊斯坦布尔报道耶尔德兹宫小木阁里举行的国际刑警组织的一次会议，他写道："仇恨像岩浆一样流淌过大街。"[22] 三个因素显示出是政府组织了这场骚乱：伊斯坦布尔没有一位部长当值（大部分人正在例常消夏度假）；没有暴徒对像大牧首座堂这样的世界知名目标发动进攻；只有一人（巴鲁克利的一名希腊老修道士）死亡的事实。政府利用这场骚乱作为施加戒严令和逮捕共产主义者的借口。

民主党从1950年开始执政。领导成员之一是福阿德·柯普律吕，他放下了历史研究，成为伊斯坦布尔的议会代表和外交部部长。他家族里的大维齐尔们因努力与少数族群建立文明关系而出名。福阿德·柯普律吕试图将这些骚乱归咎于共产主义者，虽然他后来承认总理阿德南·门德列斯要为骚乱负责。越来越多的希腊人离开伊斯坦布尔，福阿德·柯普律吕坚称这是他们希望开拓海外生意的证据。[23]

门德列斯于1960年受审并被处死，部分原因就是煽动骚乱。然而，其继任者继承了他的政策。1964—1970年，几乎所有留下来的希腊人都遭到驱逐或是被劝离。仍然有一些希腊人因年老、乐观主义或是对这座城市的热爱而不愿离开，选择继续在伊斯坦布尔生活。最后一位住在法纳尔的希腊世俗人员是奥斯曼银行的一名高级职员——西奥多·哈里多尼泽斯，一位与姐妹生活在一起的单身汉。到生命尽头时，他的衣服和毛毯都破破烂烂的：没有人来他们家参加周六的家庭招待会。1972年，他死于伊斯坦布尔。最后一位住在城中的血统上的法纳尔人，也是马夫罗科扎托斯家族后人的是亚历山大·韦戈勒里，他是末代萨摩斯岛大公格列高利·韦戈勒里贝伊和安娜·卡拉狄奥多里的儿子；1985年，他在耶尼科伊去世。[24] 马夫罗科扎托斯家族和马夫罗戈扎托斯家族成员现在住在雅典、爱丁堡、伦敦、巴黎——除伊斯坦布尔以外的任何地方。在希腊和北美，君士坦丁堡俱乐部试图永久保存人们对这座希腊城市的记忆。每年最靠近5月29日（即"征服者"进城之日）的周日，雅典大教堂都会举办礼拜仪式。仪式后，一些年长的希腊人会在"不朽的皇帝"君士坦丁十一世的青铜雕像面前高喊"不朽！不朽"。

在今天留在君士坦丁堡的2000名希腊人中，大部分人超过了65岁。他们的学校和教堂保存良好，因为大牧首仍然拥有昂贵的地产。然而，几乎没有希腊人留下来上学和去教堂。1991年，现任普世牧首巴塞洛缪一世在法纳尔正式执事。但是拥有必要的土耳其公民资格的受训东正教司铎后备人员不断减少。王子岛群中黑贝里岛上的神学院于1970年关闭。一些希腊人对大牧首座堂这一在欧洲历史上仅晚于梵蒂冈的机构的依恋类似许多奥斯曼官员在帝国终结时的情感："如果我们要死去，至少让我们带着尊严而死。"

亚美尼亚社群也衰落了，尽管速度不同。大约有5万亚美尼亚人留在君士坦丁堡，他们有38座教堂和23所学校。今天的伊斯坦布尔已没有达江家族、巴良家族或者杜齐安家族。最后的达江家族成员之一安娜·达江于1922年前往埃及，嫁给联合国秘书长布特罗斯·布特罗斯-加利（1992—1996年在任）的叔叔。达江家族的一名成员在伊斯坦布尔的电车上工作，另外一位照看阿塔图尔克的马匹。一名伊斯坦布尔亚美尼亚人与斯费内所见略同："他们走了，走了，一个接一个地走了。他们都害怕了。人们不能接受彼此肩并肩地生活在一起。"[25] 埋葬在墓地里的基督徒比伊斯坦布尔街道上的更多。20世纪末，希腊人和亚美尼亚人曾经是受信任的奥斯曼官员——经常比穆斯林更受宠——的想法，对他们的后代来说，和对一些现代土耳其人来说似乎显得同样令人厌恶。没有哪些民族比希腊人和亚美尼亚人在奥斯曼帝国的败亡中遭受更多损失。没有一座欧洲城市经历过如伊斯坦布尔这般的人口转变。

天主教徒和黎凡特人的世界也消失了。泰斯塔家族——诸如此类家族中首个在佩拉被记录下来的家族，是最后一批离开的。伊斯坦布尔的泰斯塔家族最后一名成员伊波利特贝伊在独立大街旁、勒邦咖啡馆对面的公寓里过着闲适的生活。他娶了富裕的希腊维塔利斯家族的一位成员，但是在国籍和情感上成了土耳其人。他于1960年在伊斯坦布尔去世。其子弗雷德里克也觉得自己是土耳其人。然而，弗雷德里克仍因两个原因离开了伊斯坦布尔。他不想陷入优越感十足的黎凡特人的心态，而且他在土耳其民族主义的新世界里没有被完全接受。1947年，他与杰拉尔·巴亚尔、福阿德·柯普律吕一起参与了民主党的创建。虽然他会说许多种语言（土耳其语、希腊语、英语、法语、德语），但是他仍然觉得自己在土耳其的公共生活中没有前途。当他的名字（伊斯坦布尔最古老的名字）在对话中被提及时，因为这个名字听起来不像土耳其语，所以人们就问道："怎么会有一个这样的名字？"1950年，他离开了伊斯坦布尔。他看到西方的第一眼是那不勒斯港口的"喝可口可乐"标语。他与包括奥斯曼家族在内的许多伊斯坦布尔旧家族后人一样，现居巴黎。他仍然相信"伊斯坦布尔之后再无别物"，并且述说来自佩拉的信息："单一文化不足以哺育任何英才。"土耳其大使馆是他的第二个家。[26]

其他家族成员从伊斯坦布尔前往欧洲不同国家的现实逼迫这个外交官家族在历史上首次在军队服役。泰斯塔家族德国分支的一位成员死于"一战"，三位成员死于"二战"。法国泰斯塔家族分支的一名成员死在毛特豪森集中营。其奥地利和德国分支已经消亡，但是法国和荷兰分支仍兴旺发达。20世纪70年代，泰斯塔家族的一名成员以法国总领事的身份回到伊斯坦布尔：他是法国人，伊斯坦布尔对他来说是一个异国城市。

1971年5月19日，最后一份法语报纸《东方日报》(Le Journal d'Orient)拥有者的妻子安热勒·洛勒雷写道："我们的一些读者要求看到伊泽特·德·塔兰托医生（著名的塞法迪犹太家族的成员）撰写的关于疾病和药物的文章。他们没有意识到伊泽特·德·塔兰托医生已经在美国去世……亚历山德里先生、加利齐先生、杜哈尼先生[①]也都已去世。维多尔男爵和利维奥·阿梅代·米西尔先生在有话可说时也会送文章来。"那一年，《东方日报》关闭了，此时几乎不剩多少读者了。[27] 曾经的佩拉大道上遗留下来的清楚可见的法语词只剩一些零散的铭文：佩拉城（Cité de Pera）、东方道（Passage Oriental）、建筑师米切江（S. Michdjian

---

① 他总是用轻松且愉悦的笔触撰写奥斯曼首都晚期的编年史，忽视其下隐藏的恐怖，直到他于1965年去世为止。他在佩拉大道边上的公寓里过着修士般的生活：他的妻子回到了巴黎，他的儿子则自杀了。

Architecte)。因为它们被刻在石头上，因此无法被清除。

在伊斯坦布尔的实体城市之外，来自这个旧的国际化首都的幸存者正是因为他们在这个大都市获得的技能而得到赞赏。四位外约旦首席部长（包括阿卜杜勒哈米德的顾问阿布·胡达之子）、三位伊拉克首相、两位叙利亚政府首脑、一位阿尔巴尼亚首相和利比亚的首任外交大臣都来自1918年后的民族政治家，他们都在君士坦丁堡接受过教育。[28] 1919年，大拉比哈伊姆·纳胡姆前往巴黎，他因亲土耳其的政治倾向而不受犹太复国主义者的欢迎；因支持青年土耳其党人而为奥斯曼政府所不喜。1924年，他被非常了解君士坦丁堡的赫迪夫伊斯梅尔之子、埃及国王福阿德任命为大拉比。这位国王经常传他进阿卜丁宫，命他在一整天的时间里用土耳其语回答与当下有关的问题。他们经常这样开始："这在奥斯曼帝国是怎么做的？" 1960年，他在开罗去世，当时他正在尼罗河畔听土耳其语广播（由于将奥斯曼处理埃及事务的敕令集翻译成法语，他的视力严重受损）。民族主义摧毁了他的世界。[29]

君士坦丁堡的另一个遗产是沙特阿拉伯王后。1919年，未来的沙特阿拉伯国王费萨尔在访问君士坦丁堡时遇到了他的堂妹伊法特·苏纳扬，苏纳扬是19世纪定居在君士坦丁堡的沙特家族分支的成员。结婚后，她将奥斯曼首都的自由氛围带到了沙特阿拉伯的宫殿。1931年，有人如此描述她："在君士坦丁堡出生和接受教育，意志坚定，决心使埃米尔成为男子汉，有人声称埃米尔深受她的影响，并且同意为她而抛弃其他妻子。"直至今天，她都是唯一得到王后称号的沙特家族的妻妾。[30] 在她的丈夫统治时，她同母异父的阿尔巴尼亚弟弟凯末尔·阿扎姆成了涉外情报部门的负责人和国王最信任的顾问，他出生于君士坦丁堡，并会说流利的土耳其语和法语。[31] 后来，他因与国际商业信贷银行的倒闭有关联而被国际刑警组织通缉（1999年，因心脏病在埃及开罗去世）。

伊斯坦布尔在失去其多元社会成员的同时也失去了许多物质财产和艺术遗产。这一过程始于19世纪末。到1900年，在从未被阐明的情况下，霍顿版《列王纪》(Shahnama)——最伟大的插图手抄本之一，16世纪波斯沙阿赠送给奥斯曼苏丹的一件礼物——离开托普卡帕宫，进入了埃德蒙·德·罗斯柴尔德男爵的收藏之列。1910年，用心险恶的文物贩子-外交官、瑞典公使团译员F. R. 马丁在慕尼黑协助组织了第一次伊斯兰大型展览，他声称他在托普卡帕宫研究的手稿需要再次装订，就这样他盗走了这本古老的珍贵手抄本。或许是因为清真寺管理部门的腐败，华盛顿、波士顿、里斯本、柏林的博物馆时常从伊斯坦布尔的诸多清真寺取得墙上的镶板，有时候甚至会获得整堵墙。圣索菲亚清真寺旁塞利姆二世陵墓中的一堵伊兹尼克瓷砖墙如今陈列在卢浮宫里。[32]

档案也会丢失。1931年，财政部按千克将旧文件售卖给保加利亚政府，算作卖废品。在将它们运到火车站的途中，文件碎片从运货卡车上散落下来：苏丹的诏令或是某位公主的账本被人发现躺在街道上。最后，保加利亚归还了收购的文献。奥斯曼帝国留下来的档案非常多，并且是用一种如今很少有人能读懂的语言书写的，这导致奥斯曼历史仍然有待于研究和探索。奥斯曼帝国曾经为外部世界所熟知，现在却被称为"被遗忘的巨人"。[33]

宏伟的宫殿和几乎所有的清真寺都存留了下来。圆形穹顶和宣礼塔构成的天际线也没有改变。然而，只有大约15座水滨别墅和宅邸得以保留。1921年，阿卜杜勒迈吉德就已写信给皮埃尔·绿蒂，称君士坦丁堡已经变得几乎让人认不出来了："美丽的水滨别墅正在消失，所在之处，用钢筋混凝土搭建的可怕工厂耸立起来。"这一时期的航拍照片显示，君士坦丁堡已经拥有了许多七八层的公寓楼。1926年的街道拓宽毁掉了法纳尔大部分遗留下来的老房屋。[34] 小墓园等其他许多墓地都和它们的墓碑一起消失了。剩下的奥斯曼清真寺和喷泉被混凝土的海洋——那些自1940年以来修建的公寓和房屋——所孤立。

欧洲和亚洲的"淡水区"已经成为污水坑，里面满是污物，以至于垃圾都沉不到底，只能留在表面。周边的山丘和那些环绕着谢里夫家族在恰姆勒贾的宅邸的山丘一样，其间密集地点缀着别墅和公寓楼。博斯普鲁斯海峡正毁于自己的美丽：别墅和摩天大楼一年比一年更接近海峡，以得到更好的观景视野。海峡再也不是"两块翡翠之间的钻石"，它的其中一部分已成为两块住宅区之间的下水道。两条高速大桥跨过海峡，但是由于其人口规模庞大，很少会有渡船使用桥下的水域。20世纪中叶，最后一批卡耶克小艇仍能为人所见。汽车成为道路上的统治者。

在残酷破坏金角湾北边天际线的现代建筑中，为首的则是伊安·弗莱明在1955年骚乱期间居住的伊斯坦布尔希尔顿酒店。过去五年中最糟糕的建筑罪孽之一就是建造了一座由玻璃和混凝土制成的酒店，它傲慢地矗立在那片土地上，那里曾经是一片松树林，位于多尔玛巴赫切宫上方。它的重量威胁到了宫殿的地基。另一座巨大的酒店遮蔽了耶尔德兹山丘。

伊斯坦布尔急速扩建的原因之一是安纳托利亚人的涌入，一些人认为这是安纳托利亚省份对500年来的忽视和剥削的复仇。他们从20世纪40年代起就开始涌入这座城市寻找工作。对他们来说，伊斯坦布尔就是希望与前途的富庶之乡。他们造成了自法提赫时期以来无可比拟的经济和人口大爆炸。这座城市曾经缺乏大型工厂，现在几乎囊括了土耳其一半的制造业。其居民人均年收入1万美元，是土耳其全国平均值的5倍。它已经成为一座拥有1万个村庄的城市。许多地区以安纳托利亚东部的城镇命名，被称为"小加济安泰普"或者"新开塞利"。

欧洲大部分巨型都市的人口都很稳定：从1945年开始，伦敦的人口从800万减少到600万。然而，伊斯坦布尔像开罗或墨西哥城一样，成了扩张不受控制的城市。1970年，其人口是300万，1985年是550万，现在至少有1050万。它很快就会成为欧洲最大的城市，和拜占庭帝国、奥斯曼帝国的顶峰时期一样。除非工业被迁移至其他省，或者征收入城税，否则这座城市将无法延续下去。伊斯坦布尔最大的敌人既不是希腊，也不是俄国，更不是协约国，而是自己的居民。

一些人的家庭在伊斯坦布尔已居住了很多代，他们说话带着传统的伊斯坦布尔口音，却仍旧觉得自己是要被猎杀的少数族群。他们渴望建立民族国家，却因其结果而恐慌，因而做出如下评论："我们已经成为自己城市中的陌生人……伊斯坦布尔现在不是伊斯坦布尔……对于我们来说，它已经成了安纳托利亚。"一些人怀念奥斯曼时代城市中的民族交融氛围，听到来自雅典的游客在伊斯坦布尔说希腊语时不由得感到精神振奋。

物质生活的某些方面正在改善。全城都在种植树木和花朵。然而,汽车、工厂和继续使用煤作为燃料的行为导致污染一年比一年严重。在大部分区域里,人们在冬天需要使用空气净化器。据说,有200万人没有自来水可用。虽然有民众抗议,但是计划中的限排政策总是被忽视。用一句土耳其谚语来说就是:"拿蜜罐的人注定舔手指。"如今的社论以陶菲克·菲克雷特在阿卜杜勒哈米德时期的诗歌《雾》中的激情来批判腐败:"越来越浓烈的恶臭包围了伊斯坦布尔,人们说的话越多,越能闻到臭气在伊斯坦布尔周围弥漫。掠夺和不公正在驱使人们转向福利党。"[35]

伊斯坦布尔因两种身份而左右为难。一方面,激进主义福利党的崛起和它在1993年地方选举与1996年全国选举中的胜利象征着伊斯坦布尔作为战场的角色,其崛起和胜利的原因是土耳其民众对其他政党的厌恶和对福利党自身计划的热爱,这两者权重相等。但它仍然不能代表这座城市的大多数居民。面纱再次出现了;虽然佩戴头巾还是违法的,但它在50年来首次在街道上为人所见。苏菲派道堂正重新开放。《古兰经》再次在托普卡帕宫的圣斗篷亭阁中被吟诵。通过宣礼塔上越来越多的扩音器,清真寺的宣礼无论是从比喻意义,还是字面意义都更大声了。出现了要求将圣索菲亚(1935年,阿塔图尔克宣布将其世俗化)重新用作清真寺的运动。现在,其后方的一小片区域已经被用来礼拜,礼拜的号召从其宣礼塔向外广播。同雅典的忧郁典礼形成对比的是,群众集会、宗教仪式和对法提赫骑白马入城的重现活动每年都在伊斯坦布尔举行,以庆祝征服这座城市,这一天也是公共假日。福利党党魁在1995年11月的一场讲话中正确预言了他的政党在伊斯坦布尔的胜利,并夸口道"夺取伊斯坦布尔的人就夺取了世界"。

伊斯坦布尔面临的另一个挑战是人口中的库尔德人数量,据估计现在大概占20%到30%。迄今为止,他们融入得很好。虽然有贫富分化,但是伊斯坦布尔的暴力事件比大部分可以与之相比的城市都要少。然而,土耳其军队和库尔德武装分子在东部的持久战争,以及使人联想到20世纪20年代凯末尔政策的大规模驱逐政策,都导致这一和谐局面难以持久。土耳其共和国在物质和教育方面取得了令人印象深刻的成果,在70年内将识字率从5%提高到80%。但比起奥斯曼帝国的最后岁月，某些人权（言论自由，不受非法拷打和监禁的自由）变得更加不稳固。

尽管具有这类矛盾，伊斯坦布尔仍然开始恢复其集会中心的作用。自20世纪20年代开始，这座城市首次成为世界经济的一部分，货币可自由兑换。1995年，配备了最新科技的伊斯坦布尔证券交易所在博斯普鲁斯海峡边上的伊斯廷耶开盘。大部分伊斯坦布尔人像19世纪的城市精英接受法国文化一样全心全意地接受了现代国际文化。只有偶然出现的圆形穹顶和宣礼塔将伊斯坦布尔和其他欧洲城市区别开来。城里大部分区域的服装、音乐、夜总会同巴黎或纽约的完全一样。

苏联的解体加速了伊斯坦布尔作为一座国际大都市的重生。大巴扎和附近的商舍已经成为东欧和中亚的牛津街，它们制造和出售的蓝色牛仔裤和皮革夹克多于地毯和挂毯。俄罗斯人回来了，并不是以朝圣者、侵略者或是难民的身份，而是以商人的身份归来。伊斯坦布尔既是伊斯兰的，又是世俗的，既是亚洲的，又是欧洲的，既是传统的，又是现代的，它再次成为世界的十字路口，和它的奥斯曼往昔一样。

词汇表

阿迦（Aga）：字面上的意思是大人或者先生，这个术语通常用来指组织或部落的领袖。

阿克切（Akce）：银币，奥斯曼帝国的主要记账单位。

阿米拉（Amira）：阿拉伯语"埃米尔"（emir）的变体，也可指王侯，本书中通常指最富裕的亚美尼亚显贵。

阿瓦尼税（Avanie）：任意向西方商人征收的税款。

圣泉（Ayazma）：喷泉。

巴洛（Bailo）：威尼斯在君士坦丁堡的代表。

委任状（Berat）：带有苏丹花押的文书。

贝伊（Bey）：军队指挥官或埃米尔国的统治者，后来也指高级文职官员。

女俘虏（Cariye）：被俘后成为女奴或后宫妃妾。

信使军士（Cavus）：信使、看门人、身穿制服的仆人，苏丹经常指派他们担任使者。

牲贩官（Celeb）：监管牲口贩卖的官员。

切莱比（Celebi）：对文人学者非正式的尊称。

托钵修士（Dervish）：苏菲教团成员，致力于达到比非成员更高的精神境界。

奴官制度（Devshirme）：需要时征召农村基督徒家庭的孩童在宫殿、行政部门和军队中服务。

国务会议（Divan）：大维齐尔主持、用以管理帝国的会议。

东马派（Donme）：这一术语特别用于指17世纪末效仿沙巴泰·泽维而皈依伊斯兰教的犹太人。

埃芬迪（Efendi）：与切莱比意义类似的尊称，也用于称呼宗教神职人员，到了19世纪用法基本等同于"先生"。

教谕（Fatwa）：对有关伊斯兰教法问题的书面回复。

费拉杰（Ferace）：穆斯林女性外出所穿的外套。

诏书（Firman）：苏丹颁布的法令，通常带有他的花押。

卡菲勒（Gavur）：异教徒，非穆斯林，因此隐含有固执、狂热和残忍之意。

加齐（Gazi）：为信仰而战的战士。

目中人（Gozde）：这个术语通常用来指被苏丹注意到的后宫女性。

《圣训》（Hadith）：先知穆罕默德的言行记录，是对《古兰经》思想的阐释。

朝觐（Hajj）：前往两座圣城麦加和麦地那的朝觐，每个穆斯林一生中必须完成至少一次。

搬运工（Hamal）：搬运工人，行李工，脚夫。

帝王诏令（Hatt-i humayun 或 hatt-i sherif）：在诏书顶部有苏丹亲手写的惯用语句，表明他同意其内容。

霍贾（Hoca）：用于宗教官员或学者。

大公或总督（Hospodar）：经常被用来指瓦拉几亚和摩尔达维亚的统治者。

呼图白（Hutbe）：清真寺周五的讲道，在礼拜之前，会提到在位的苏丹的名字。

得宠者（Ikbal）：苏丹宠爱之人，苏丹会与她发生性关系。

伊玛目（Imam）：清真寺内率领穆斯林群众举行礼拜的领拜人。

施粥所（Imaret）：将食物分配给需要者的公共食堂。

圣战（Jihad）：为扩张或保卫伊斯兰教进行的战争，理论上是穆斯林唯一可以开展的战争形式。

骑马掷标枪（Jirid）：在马背上投掷标枪。

克尔白（Ka'aba）：麦加大清真寺中心的立方体建筑。

宗教法官（Kadi）：管理伊斯兰教法和奥斯曼行政法的高级法官。

大法官（Kadiasker）：奥斯曼帝国法律体系中的最高职位。鲁米利亚大法官在帝国的欧洲诸行省管理奥斯曼行政法律，安纳托利亚大法官在亚洲各行省管理法律。

卡迪扎德派（Kadizadeliler）：狂热分子卡迪扎德的追随者（1630年后）。

副手（Kaimakam）：大维齐尔的副手，在首都治理上特别有影响力。

掌事（Kalfa）：后宫官职之一，亦是奥斯曼帝国行会组织的术语，一般用来指手工业行会中的领班。

奥斯曼行政法律（Kanun）：苏丹颁布的一系列法律和法规，大部分与行政管理和犯罪事务的处理有关，用于补充伊斯兰教法，有助于管理宗教法律之外的世俗领域。

卡普丹帕夏（Kaptan Pasha）：奥斯曼帝国的海军元帅。

卡耶克（Kayik）：小艇，小船。

中间人（Kira）：奥斯曼帝国后宫女性在宫殿之外的女代理人的头衔，通常是犹太人，但也不排除有一些基督徒。

奇兹尔巴什（Kizilbash）："红头军"，奥斯曼帝国在安纳托利亚的什叶派敌人，或者波斯人，来源于他们的红色头饰。

宅邸（Konak）：公馆，大官邸。

奴隶（Kul）：接受教育以服务国家的苏丹的奴隶或奴仆。

库鲁斯（Kurush）：货币单位。

邻里（Mahalle）：城镇街区。

轿子（Mahmal）：一种装饰华丽的仪式性轿子，每年放在马背上从君士坦丁堡和开罗送到麦加。

宗教学校（Medrese）：城市里强调学习《古兰经》《圣训》和伊斯兰教法的学校。

梅夫列维教团（Mevlevi）：特别致力于音乐和舞蹈的托钵修士教团。

圣纪节（Mevlud）：庆祝先知生日的仪式。

米勒特（Millet）：奥斯曼帝国对待非穆斯林族群的宗教自治制度，苏丹承认各米勒特享有自治权。

宣礼员（Muezzin）：在宣礼塔上召唤礼拜的人。

穆夫提（Mufti）：最高宗教长官，伊斯兰教教法说明官，其职责包括给出书面意见，即教谕。

穆哈兰姆月（Muharrem）：伊斯兰教教历一月。

协商会议（Musavere）：协商，因此引申出协商会议。

纳喜树（Nahil）："婚礼上的棕榈树"，大型树状物，上面挂满了象征丰产和富饶的水果、鲜花。

"新秩序"军（Nizam-i cedid）："新法令"，这个术语指塞利姆三世的改革，特别是指他于1793年后创建的新的军事单位。

房间（Oda）：房间、办公室或者会客厅；这个术语经常用于指代军事单位。

中队（Orta）：中间或中心；这个术语经常用于指代军事单位。

帕夏（Pasha）：授予奥斯曼帝国政要的头衔，源自"帕迪沙"。

随从卫士（Peik）：宫廷卫士，其成员佩戴镀金头盔。

书记长（Reis efendi或reis ul-kuttab）：奥斯曼帝国国务会议的首席文书，后来对外事活动负有特殊职责。

桑贾克贝伊（Sancakbey）：桑贾克是奥斯曼帝国时期的地方行政区域名，桑贾克的长官称作桑贾克贝伊。

室内男子居住部分/周五聚礼仪式（Selamlik）：字面意思是住所中的男性区域；也指代苏丹周五公共礼拜过程中的仪式性游行。

大元帅（Seraskier）：征战期间的奥斯曼军队总指挥官，后也指战争大臣。

谢赫（Seyh）：长老，用于乌莱玛和托钵修士领袖的荣誉称号。

大教长（Seyhulislam）：城市中乌莱玛的领袖，也被称为穆夫提。

伊斯兰教法（Sheriat）：伊斯兰教的神圣法律。

什叶派（Shi'i）：逊尼派穆斯林的对手，什叶派相信政治和宗教权威属于先知女婿阿里的后人。

沙发（Sofa）：大厅或者大厅里抬高的部分。

宗教学校的初级学生（Softa）：经常用于指宗教学校的学生和辍学者，常常是引发民众骚乱的动因。

左手卫士（Solak）：弓箭卫队，佩戴饰有羽毛的头盔，组成了禁卫军第60、61、62、63中队，总是随苏丹上战场。

苏菲派（Sufi）：伊斯兰教神秘主义派别，通过成为托钵修士教团的成员来追寻更高的精神境界。

强制迁移（Surgun）：为了帝国的利益而驱逐或者强行重新安置人口。

坦都炉（Tandir）：房屋内取暖用的火盆。

坦志麦特（Tanzimat）：1839—1876年的西化改革。

道堂（Tekke）：苏菲派托钵修士隐居修行之所。

祝礼（Temenna）：敬礼，通常的形式是将右手手指放到嘴唇和额头上。

图格拉（Tughra）：奥斯曼苏丹签署文书时使用的标志，即花押。

乌莱玛（Ulema）：伊斯兰教教职称谓，伊斯兰教宗教学者，在城里的宗教学校受过严格的宗教和法律训练。

师傅（Usta）：后宫官职之一，亦是行会用语，在奥斯曼行会组织中属于级别最高的，用于指代手工艺大师。

瓦克夫（Vakif）：基金会，通常是永久致力于宗教或慈善目的的不动产。

瓦利（Vali）：行省长官。

皇太后（Valide）：苏丹的母亲。

行省（Vilayet）：奥斯曼省级行政单位。

总督（Voivode）：源自斯拉夫语的一个头衔，指代瓦拉几亚和摩尔达维亚的大公。

佛努克（Voynuk）：奥斯曼帝国在巴尔干维持的基督徒军事力量。

水滨别墅（Yali）：靠水的居所。

约希麦面纱（Yashmak）：某些穆斯林女性在公共场合佩戴的面纱。

泽伊贝克（Zeibek）：伊兹密尔附近的土耳其部落，其特征是头饰、短马裤和瘦小的身材。

济克尔（Zikir）：背诵祈祷文，向真主致敬。

附录一

根据可获悉的宗教隶属关系，按照百分比得出的君士坦丁堡的人口估算数据

		穆斯林	东正教徒	亚美尼亚人	犹太人	其他
1477年	10万	59	23	5	9	4
1557年	55万					
1689年	60万	58	34		8	
1794年	42.6万					
1885年	87.3565万	44	18	17	5	16
1897年	105.9234万	58	22	15.5	4.5	
1914年	102万	49	22	25	4	
1920年	99.9万	56	20	8.5	4	12.5
1927年	69.4292万	65	11	7	7	10
1950年	103.5202万	80	10	5	5	
1965年	154.1695万	91	3	3	3	
1980年	474.1890万	97	1	1	1	
1995年	10/1200万	99.99	.0001	.005	.002	

（1477年、1689年：东正教徒与亚美尼亚人数据合计）

"其他"包括天主教徒（总是占一小部分）和外国人，1830年后许多外国人是拥有独立希腊护照的希腊人。

附录二

君士坦丁堡人口与其他主要城市人口的对比

	1500年	1600年	1700年	1800年	1900年	1990年
君士坦丁堡	10万	50万	60万	40万	100万	730.919万
开 罗	15万	20万	20万	26.3万	67.8433万	863万
伦 敦	5万	20万	57.5万	111.7万	658.6万	639.3万
巴 黎	20万	40万	50万	54.7万	271.4万	931.8821万
维也纳	3万	5万	10万	24.7万	166.6269万	153.9848万

附录一和二的材料来源:Kemal Karpat, 'The Population and the Social and Economic Transformation of Istanbul', in *Istanbul à la jonction des cultures balkaniques, méditerranéennes, slaves et orientales aux XVIe–XIXe siècles*, Bucharest, 1977, 395–436, and 'Ottoman Population Records and Census of 1881/2–1893', *International Journal of Middle East Studies*, IX, 2, 1978, 237–74; Halil Inalcik, 'Istanbul', in *Encyclopedia of Islam*, 2nd edn.; B. R. Mitchell, *European Historical Statistics* 1750–1975, 2nd rev. edn. 1981; The Statesman's Yearbook, 1994–5; Roy Porter, *London: a Social History*, 1994; PRO 371/5190.

附录三

1453年之后的苏丹

穆罕默德二世	1444—1446年和1451—1481年
巴耶济德二世	1481—1512年
塞利姆一世	1512—1520年
苏莱曼大帝	1520—1566年
塞利姆二世	1566—1574年
穆拉德三世	1574—1595年
穆罕默德三世	1595—1603年
艾哈迈德一世	1603—1617年
穆斯塔法一世	1617—1618年和1622—1623年
奥斯曼二世	1618—1622年
穆拉德四世	1623—1640年
易卜拉欣	1640—1648年
穆罕默德四世	1648—1687年
苏莱曼二世	1687—1691年
艾哈迈德二世	1691—1695年
穆斯塔法二世	1695—1703年
艾哈迈德三世	1703—1730年
马哈茂德一世	1730—1754年
奥斯曼三世	1754—1757年
穆斯塔法三世	1757—1774年
阿卜杜勒哈米德一世	1774—1788年
塞利姆三世	1788—1807年
穆斯塔法四世	1807—1808年
马哈茂德二世	1808—1839年
阿卜杜勒迈吉德一世	1839—1861年
阿卜杜勒阿齐兹	1861—1876年
穆拉德五世	1876年
阿卜杜勒哈米德二世	1876—1909年
穆罕默德五世	1909—1918年
穆罕默德六世	1918—1922年
哈里发阿卜杜勒迈吉德（二世）	1922—1924年

* 以上年数指在位时间

附录四、五、六、七图注

塞利姆二世	苏丹,附有在位时期
努尔巴努	皇太后,附有在位时期
＝＝＝＝	妃妾关系
＝＝＝＝m.	妃妾关系,之后成婚

附录四、五、六、七世系表的材料来源:Yilmaz Oztuna, *Devletler ve Hanedanlar. Turkiye 1074–1990*, cilt 2, Ankata, 1990; Leslie Peirce, *The Imperial Harem*, Oxford, 1993; Milhail Dimitri Sturdza, *Grandes Familles de Grèce, d'Albanie et de Constantinople*, 1983. 所有世系表都被简化了,只包含本书中提到的那些人物。

附录四

奥斯曼王朝，1500—1700年

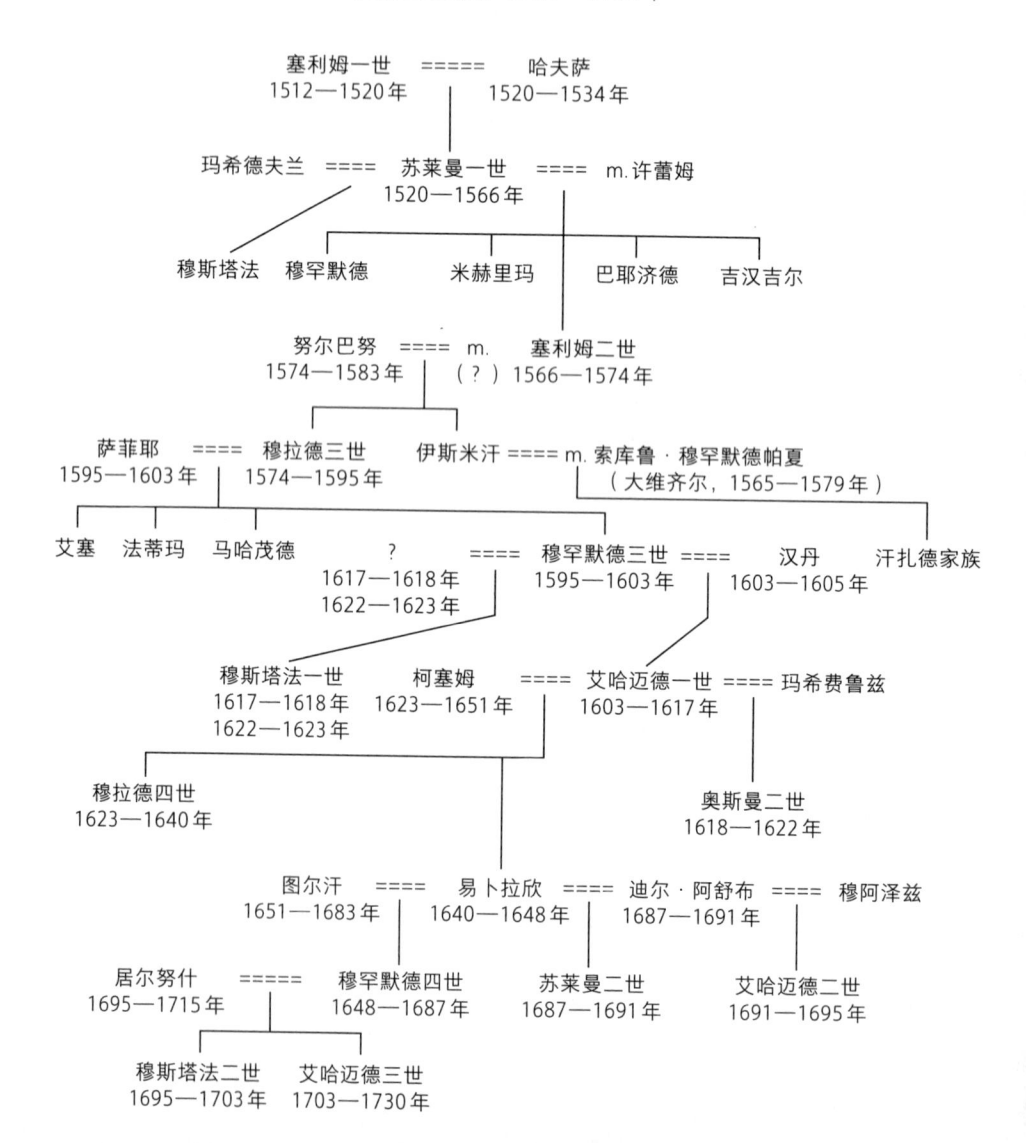

```
         塞利姆一世  =====  哈夫萨
         1512—1520年        1520—1534年
                  │
玛希德夫兰 ====  苏莱曼一世  ====  m.许蕾姆
                 1520—1566年
         ┌────────┬────────┬────────┬────────┐
      穆斯塔法  穆罕默德  米赫里玛  巴耶济德  吉汉吉尔

         努尔巴努  ====  m.  塞利姆二世
         1574—1583年    （？） 1566—1574年
                  ┌──────────┴──────────┐
萨菲耶 ==== 穆拉德三世          伊斯米汗 ==== m.索库鲁·穆罕默德帕夏
1595—1603年 1574—1595年                    （大维齐尔，1565—1579年）
  ┌─────┬─────┬─────┬─────────┐           ┌─────┬─────┐
 艾塞  法蒂玛 马哈茂德   ?    ====  穆罕默德三世  ==== 汉丹   汗扎德家族
                1617—1618年  1595—1603年    1603—1605年
                1622—1623年

   穆斯塔法一世     柯塞姆   ====  艾哈迈德一世  ==== 玛希费鲁兹
   1617—1618年   1623—1651年     1603—1617年
   1622—1623年
        │
   穆拉德四世                              奥斯曼二世
   1623—1640年                            1618—1622年

         图尔汗  ====  易卜拉欣  ====  迪尔·阿舒布  ====  穆阿泽兹
         1651—1683年  1640—1648年   1687—1691年

   居尔努什  =====  穆罕默德四世   苏莱曼二世    艾哈迈德二世
   1695—1715年     1648—1687年   1687—1691年   1691—1695年
        ┌──────────┴──────────┐
     穆斯塔法二世            艾哈迈德三世
     1695—1703年            1703—1730年
```

附录五

最后的苏丹们

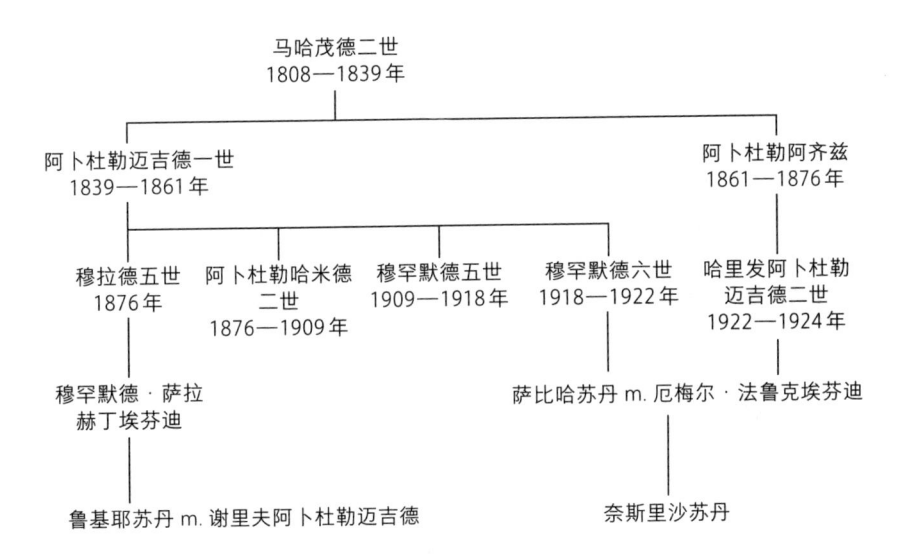

```
                         马哈茂德二世
                         1808—1839年
        ┌────────────────────┴────────────────────┐
  阿卜杜勒迈吉德一世                              阿卜杜勒阿齐兹
   1839—1861年                                   1861—1876年
        │                                              │
  ┌─────┼──────────┬──────────┬──────────┐            │
穆拉德五世  阿卜杜勒哈米德  穆罕默德五世  穆罕默德六世    哈里发阿卜杜勒
 1876年      二世        1909—1918年  1918—1922年    迈吉德二世
           1876—1909年                               1922—1924年
   │                                  │                 │
穆罕默德·萨拉                      萨比哈苏丹 m. 厄梅尔·法鲁克埃芬迪
赫丁埃芬迪
   │                                        │
鲁基耶苏丹 m. 谢里夫阿卜杜勒迈吉德        奈斯里沙苏丹
```

附录六

柯普律吕家族的大维齐尔们

1656—1710年

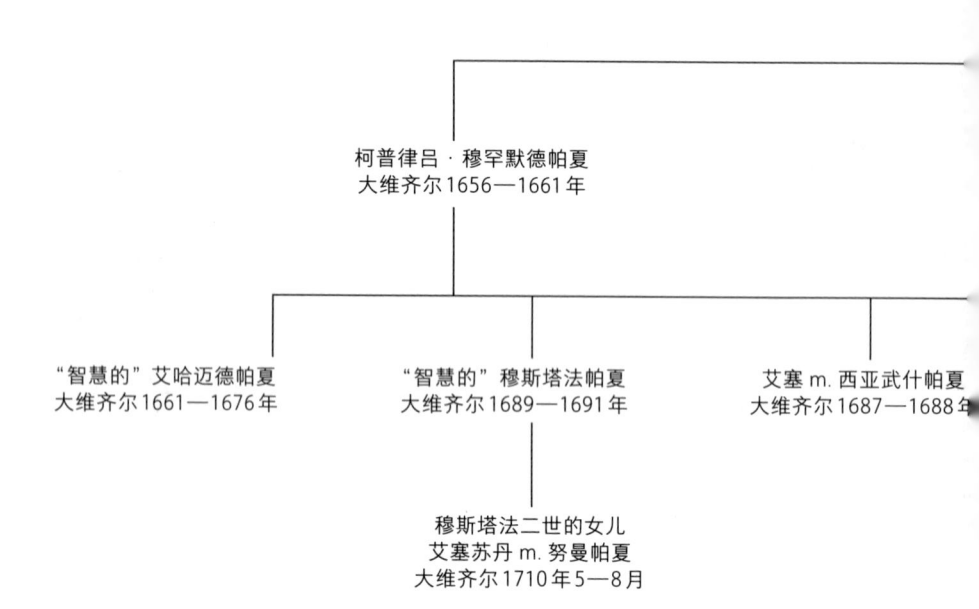

```
                    柯普律吕·穆罕默德帕夏
                    大维齐尔 1656—1661年


"智慧的" 艾哈迈德帕夏    "智慧的" 穆斯塔法帕夏    艾塞 m. 西亚武什帕夏
大维齐尔 1661—1676年    大维齐尔 1689—1691年    大维齐尔 1687—1688年

                        穆斯塔法二世的女儿
                        艾塞苏丹 m. 努曼帕夏
                        大维齐尔 1710年5—8月
```

```
                                                    ┌─────────────────
                                                    │
                                                   哈桑

┌──────────────────────┐                            │
│                                                   │
萨利哈 m.卡拉·穆斯塔法帕夏                "侄子"侯赛因帕夏
大维齐尔1676—1683年                      大维齐尔1697—1703年
                                                    │
                                                    │
                                          卡瓦诺斯·艾哈迈德帕夏
                                          大维齐尔1703年8—11月
                                                m.谢里菲
```

附录七

马夫罗科扎托斯家族和卡拉狄奥多里家族

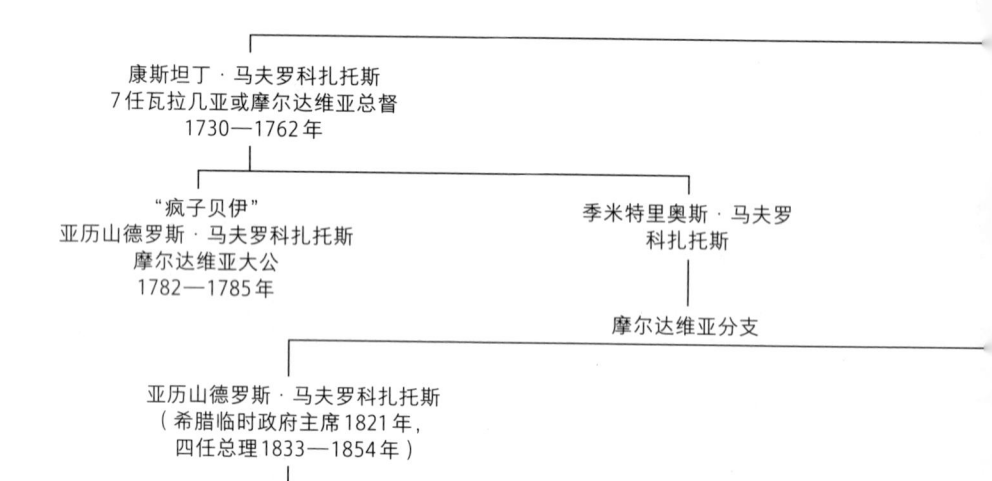

- 康斯坦丁·马夫罗科扎托斯
  7任瓦拉几亚或摩尔达维亚总督
  1730—1762年
  - "疯子贝伊"
    亚历山德罗斯·马夫罗科扎托斯
    摩尔达维亚大公
    1782—1785年
  - 季米特里奥斯·马夫罗科扎托斯

摩尔达维亚分支

- 亚历山德罗斯·马夫罗科扎托斯
  （希腊临时政府主席1821年，
  四任总理1833—1854年）
  - 尼古拉·马夫罗科扎托斯
    驻君士坦丁堡大使1889—1902年

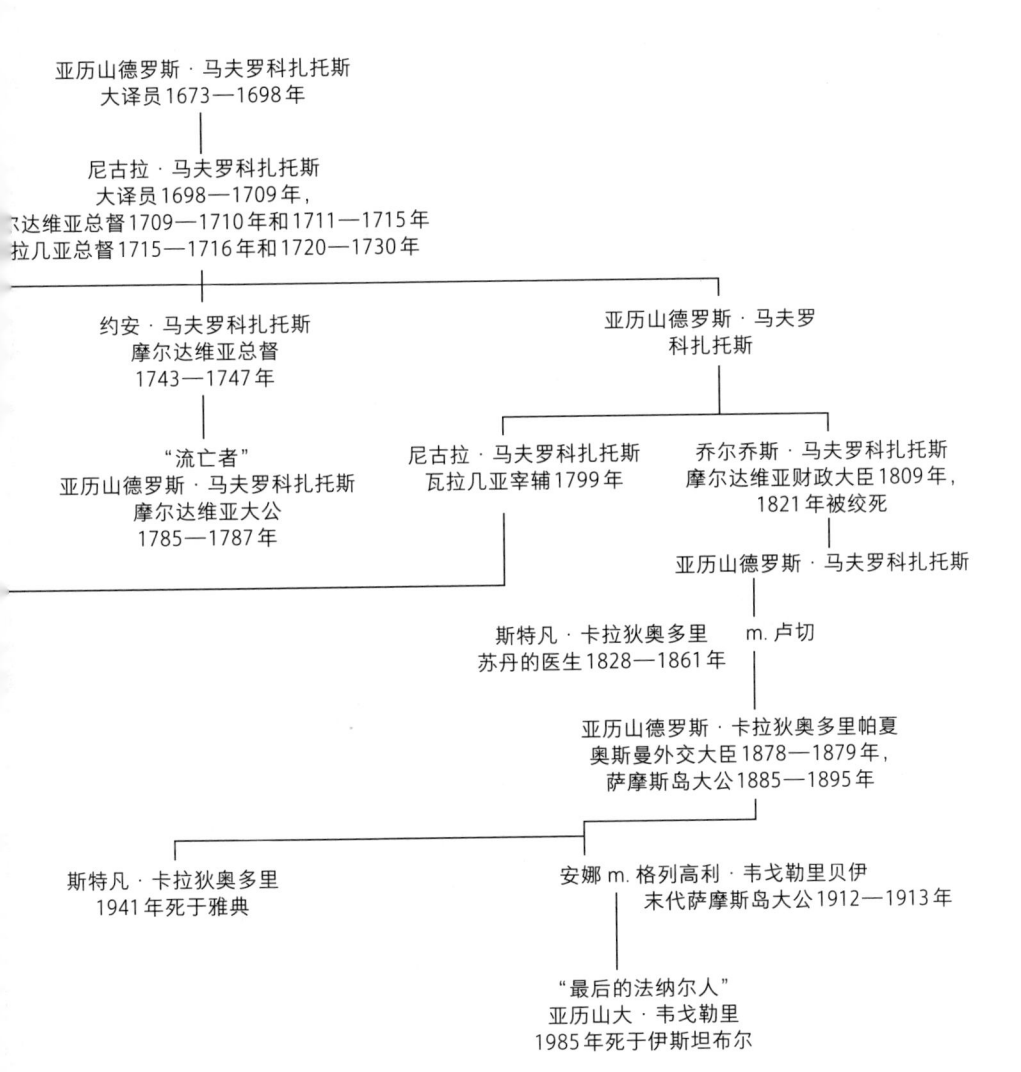

```
亚历山德罗斯·马夫罗科扎托斯
大译员 1673—1698年
        │
尼古拉·马夫罗科扎托斯
大译员 1698—1709年，
尔达维亚总督 1709—1710年和1711—1715年
拉几亚总督 1715—1716年和1720—1730年
        │
   ┌────┴────────────────────┐
约安·马夫罗科扎托斯        亚历山德罗斯·马夫罗
摩尔达维亚总督              科扎托斯
1743—1747年
        │                   ┌──────┴──────────┐
"流亡者"              尼古拉·马夫罗科扎托斯   乔尔乔斯·马夫罗科扎托斯
亚历山德罗斯·马夫罗科扎托斯  瓦拉几亚宰辅 1799年   摩尔达维亚财政大臣 1809年，
摩尔达维亚大公                                    1821年被绞死
1785—1787年
                                          亚历山德罗斯·马夫罗科扎托斯
                                                     │
                                    ┌────────────────┴──┐
                              斯特凡·卡拉狄奥多里         m. 卢切
                              苏丹的医生 1828—1861年
                                          │
                              亚历山德罗斯·卡拉狄奥多里帕夏
                              奥斯曼外交大臣 1878—1879年，
                              萨摩斯岛大公 1885—1895年
                                          │
              ┌───────────────────────────┴──┐
        斯特凡·卡拉狄奥多里           安娜 m. 格列高利·韦戈勒里贝伊
        1941年死于雅典                末代萨摩斯岛大公 1912—1913年
                                                     │
                                          "最后的法纳尔人"
                                          亚历山大·韦戈勒里
                                          1985年死于伊斯坦布尔
```

附录八

在君士坦丁堡工作的主要西方艺术家

真蒂莱·贝利尼	1479—1481年
彼得·库克·范·阿尔斯特	1533年
梅尔基奥尔·洛里克	1555—1560年
让-巴蒂斯特·范莫尔	1699—1737年
让-艾蒂安·利奥塔尔	1738—1742年
安托万·德·法夫雷	1762—1771年
路易-弗朗索瓦·卡萨斯	1784年和1786年
路易吉·迈尔	约1785—1793年
安托万-伊尼亚斯·梅林	约1785—1802年
米歇尔-弗朗索瓦·普雷奥	1796—1827年
路易·杜普雷	1820—1824年
戴维·威尔基	1840—1841年
阿米迪欧·普雷齐奥西	约1842—1876年
爱德华·利尔	1849年
康斯坦丁·居伊	1854年
斯坦尼斯拉斯·赫莱博夫斯基	1864—1876年
伊万·C.埃瓦佐夫斯基	1845年、1874年和1890年
福斯托·佐纳罗	1893—1910年

注 释

1 "征服者"

1. Nicolò Barbaro, *Diary of the Siege of Constantinople 1453*, tr. J. R. Jones, New York, 1969, 67.
2. Tursun Beg, *History of Mehmed the Conqueror*, ed. Halil Inalcik and Rhoads Murphy, Minneapolis and Chicago, 1978, 37; Steven Runciman, *The Fall of Constantinople 1453*, 1988 edn., 147–8; George Sphrantzes, *The Fall of the Byzantine Empire*, Amherst, 1980, 130; Khoja Sa'd-ud-din, *The Capture of Constantinople*, tr. E. J. W. Gibb, Glasgow, 1879, 36.
3. Philip Sherrard, *Constantinople: Iconography of a Sacred City*, 1965, 16; Robert Liddell, *Byzantium and Istanbul*, 1956, 48; Laurence Kelly, *Istanbul: a Traveller's Companion*, 1987, 151.
4. Dimitri Obolensky, *The Byzantine Commonwealth*, 1974 edn., 375; Franz Babinger, *Mehmed the Conqueror and His Time*, Princeton, 1992 edn., 96.
5. Harry J. Magoulias (ed.), *The Decline and Fall of Byzantium to the Ottoman Turks*, Detroit, 1975, 233; Babinger, 230.
6. J. R. Melville Jones, *The Siege of Constantinople 1453: Seven Contemporary Accounts*, Amsterdam, 1972, 134, letter of 23 June 1453; F. W. Hasluck, *Christianity and Islam under the Sultans*, 2 vols., 1925, II, 737.
7. Julian Raby, 'El Gran Turco: Mehmed the Conqueror as a Patron of the Arts of Christendom', D.Phil. thesis, Oxford, 1980, 188; Babinger, 112.
8. Cornell H. Fleischer, *Bureaucrat and Intellectual in the Ottoman Empire: The Historian Mustafa Ali*, Princeton, 1986, 255–6; George W. Gawrych, 'Tolerant Dimensions of Cultural Pluralism: the Ottoman Empire and the Albanian Community 1800–1912', *International Journal of Middle East Studies*, XV, 1983, 523.
9. Kritovoulos, *History of Mehmed the Conqueror*, Princeton, 1954, 105, 177; Gulru Necipoglu, *Architecture, Ceremonial and Power, the Topkapi Palace in the Fifteenth and Sixteenth Centuries*, Cambridge, Mass., 1991, 250.
10. Babinger, 272; Halil Inalcik, 'The Policy of Mehmed II toward the Greek Population of Istanbul and the Byzantine Buildings of the City', in *The Ottoman Empire: Conquest, Organisation and Economy*, 1978, 241.
11. Kritovoulos, 140, 148; Babinger, 328.
12. Runciman, *Fall*, 153; Babinger, 195.

13. Charles Schefer (ed.), *Le Voyage de Monsieur Chesneau d'Aramon, ambassadeur pour le Roy au Levant*, 1887, 261，引用了1532年5月7日的诏书; Kritovoulos, 94; Steven Runciman, *The Great Church in Captivity*, 1968, 169, 172–4。
14. A. Papadakis, 'Gennadius II and Mehmed the Conqueror', *Byzantion*, XLII, 1972, 103; Raby, 109.
15. Kritovoulos, 140; Raby, 247; Benjamin Braude, 'Foundation Myths of the Millet System', in Benjamin Braude and Bernard Lewis (eds.), *Christians and Jews in the Ottoman Empire*, 2 vols., 1982, I, 75, 79; Kevork B. Bardakjian, 'The Rise of the Armenian Patriarchate of Constantinople', in ibid., I, 90-I, 94.
16. Halil Inalcik, 'Ottoman Galata 1453–1553', in Edhem Eldem (ed.), *Recherches sur la ville ottomane: le cas du quartier de Galata*, 1991, 18; Jones, 133, letter of 23 June 1453.
17. Inalcik, 'Ottoman Galata', 61; Babinger, 107, 277; Raby, 172; Gertrude Randolph Branletter Richards, *Florentine Merchants in the Age of the Medici*, Harvard, 1932, 147, Giovanni Maringhi to Nicolò Michelozzi 29 October 1501.
18. Fernand Braudel, *Civilisation and Capitalism*, III, 1982–4, 467; Stéphane Yerasimos, 'Galata à travers les récits de voyage (1453–1600)', in Edhem Eldem (ed.), 117; Horatio F. Brown, *Studies in the History of Venice*, 2 vols., 1907, II, 4, 22, 29, 32; Lucette Valensi, *Venise et la Sublime Porte*, 1987, 27–9.
19. Anon., *Letters Histoncal and Critical from a Gentleman in Constantinople to his Friend in London*, 1730, 8; J. A. Blanqui, *Voyage en Bulgarie pendant l'année 1841*, 1843, 302; Hugo Schuchardt, *Pidgin and Creole Languages*, Cambridge, 1980, 67, 72. 英国使馆译员皮萨尼在1824年写信给大使，谈到了"主比例尺"：大英博物馆补充手稿(hereafter BM Add. MSS) 36301, f. 268v, letter of 14 June 1824。
20. Joseph Hacker, 'The Surgun System and Jewish Society in the Ottoman Empire', in Aron Rodrigue (ed.), *Ottoman and Turkish Jewry: Community and Leadership*, Bloomington, 1992, 5, 9, 17.
21. Stanford J. Shaw, *The Jews of the Ottoman Empire and the Turkish Republic*, 1991, 32; Mark Alan Epstein, *The Ottoman Jewish Communities and their Role in the Fifteenth and Sixteenth Centuries*, Freiburg, 1980, 135; Avigdor Levy, *The Sephardim in the Ottoman Empire*, Princeton, 1992, 47.
22. Babinger, 75, 291.
23. Necipoglu, 57; Cemal Kafadar, 'Yeniceri-Esnaf Relations: Solidarity and Conflict', unpublished Ph.D. thesis, McGill, 1981, 14, 24–6; Apostolos E. Vacalopoulos, *The Greek Nation 1453–1669*, New Brunswick, 1976, 37; A. H. Lybyer, *The Government of the Ottoman Empire in the time of Suleiman the Magnificent*, Cambridge, Mass., 1913, 41.
24. Jones, 33, 128 quoting Leonard of Chios and Zorzi Dolfin; Yerasimos, 158; Nizam al-Mulk, *The Book of Government or Rules for Kings*, 1960, 103–4; Alberto Bobovi, quoted in *Archivum Ottomanicum*, XI, 29–30. 根据一份评估报告，1453年后的前48个大维齐尔之中，有12个是土耳其人：J. de Hammer, *Histoire de l'Empire Ottoman*, 16 vols., 1835–40, VIII, 421。
25. Yvelise Bernard, *L'Orient du XVIe siècle à travers les récits de voyageurs français*, 1988, 145: 'la plus fréquentée et la plus estendue de toutes ... d'autant qu'elle est commune aux Janissaires'; cf. Matei Cazacu, 'Projets et intrigues serbes à la cour de Soliman', Gilles Veinstein (ed.), *Soliman le Magnifique et son temps*, 1992, 512;

Babinger, 147. 另一对兄弟是第一代黑塞哥维那大公的儿子，一个信仰伊斯兰教，另一个信仰东正教。一个继承了父亲的公爵领地，另一个去往君士坦丁堡成了大维齐尔，即艾哈迈德帕夏，后娶了苏丹的女儿为妻。

26. Michel Lesure, 'Notes et documents sur les relations venéto-ottomanes', *Turcica.*, VIII, 129n.; Geoffrey Goodwin, *A History of Otoman Architecture*, 1992 edn., 271–3; Runciman, *Great Churchy* 204; J. A. Cuddon, *The Companion Guide to Jugoslavia*, 1986 edn., 323. 这座桥是伊沃·安德里奇的著名小说《德里纳河上的桥》的主题。索库鲁·穆罕默德帕夏在色雷斯、希腊北部、安纳托利亚和麦地那也委托修建了许多建筑。
27. Carlier de Pinon, *Voyage en Orient,* 1920, 111, 123; Esther Juhacz (ed.), *Sephardi Jews in the Ottoman Empire,* Jerusalem, 1990, 122; Albert Galante, *Histoire des Juifs d'Istanbul,* Istanbul, 2 vols., 1941–2, I, 112, 115, 122, 127.
28. Nicolas de Nicolay, *Dans l'Empire de Soliman le Magnifique*, 1989, 234, 236; Edmondo de Amicis, *Constantinople*, 1894 edn., 155–6.
29. Babinger, 424.
30. Raby, 231; Necipoglu, 12, 137.
31. Babinger, 472–3; A. Navarian, *Les Sultans poètes (1451–1809),* 1936, 19.
32. Annemarie Schimmel, *Calligraphy and Islamic Culture,* New York, 1984, 73; E. J. W. Gibb, *A History of Ottoman Poetry,* 6 vols., 1900–9, III, 109, 121.
33. Babinger, 505, 508.
34. Babinger, 432.
35. H. Inalcik, 'Policy of Mehmed II', 244; Babinger, 272; Ashiqpashazade in Khoja Sa'd-ud-din, *The Capture of Constantinople,* tr. E. J. W. Gibb, Glasgow, 1879, 29; Stéphane Yerasimos, *La Fondation de Constantinople et de Sainte-Sophie dans les traditions turques,* 1990, 34, 85, 244.
36. Konstantin Mihailovic, *Memoirs of a Janissary,* Ann Arbor, 1975, 13; Tursun Beg, 33.
37. Nicolas Iorga, *Byzance après Byzance,* 1992 edn., 56–8, 60.
38. C. J. G. Turner, 'The Career of George-Gennadius Scholarius', *Byzantion,* XXXIX, 1969, 445; Vacalopoulos, *Greek Nation,* 121; Magoulias, 202, 208.
39. Donald M. Nicol, *The Immortal Emperor,* 1992, 98–102, 105, 109; Hasluck, II, 721–2; de Amicis, 186.
40. Robert Schwoebel, *The Shadow of the Crescent: the Renaissance Image of the Turk (1453–1517),* Nieuwkoop, 1967, 153, 161–5.
41. Mihailovic, 145; Babinger, 317.
42. Jones, 134, letter of 23 June 1453; Babinger, 291–2.

2　神的城市

1. Halil Inalcik, 'Istanbul: an Islamic City', *Journal of Islamic Studies,* I, 1990, 2; Khoja Sa'd-ud-din, 16, 33.
2. Andres Tietze (ed.), *Mustafa Ali's Counsel for Sultans of 1581,* 2 vols., Vienna, 1979–82, I, 56; Halil Inalcik, *The Middle East and the Balkans under the Ottoman Empire,* Bloomington, 1993, 28; Sir Hamilton A. R. Gibb, 'Lutfi Pasa on the Ottoman Caliphate', 287–95.

3. M. A. Cook (ed.), *A History of the Ottoman Empire to 1730*, Cambridge, 1976, 40; Yerasimos, *Fondation*, 172–3; El-Tangrouti, *Relation d'une ambassade marocaine en Turquie*, ed. Henry de Castries, 1929, 56–7.
4. Metin And, *Istanbul in the Sixteenth Century*, Istanbul, 1994, 90; *Encyclopedia of Islam*, 2nd edn. (henceforward referred to as *EI* 2), art. 'Istanbul' by Halil Inalcik.
5. Raby, 268; Yerasimos, *Fondation*, 147; Babinger, plate Xa; Evliya Celebi, *Narrative of Travels in Europe, Asia and Africa in the Seventeenth Century*, 2 vols., 1834–50, I, 71.
6. El-Tangrouti, 64.
7. Roy Porter, *London: a Social History*, 1994, 13; A. H. Wratislaw (ed), *Adventures of Baron Wenceslas Wratislaw*, 1867, 32.
8. E. J. W. Gibb, *Ottoman Poetry*, II, 396; Goodwin, *Ottoman Architecture*, 121–31; Theodore Spandouyn Cantacasin, *Petit Traité de l'origine des turcqz*, ed. Charles Schefer, 1896, 207; Inalcik, 'Islamic City', 10; Robert Mantran, *La Vie quotidienne à Istanbul au siècle de Soliman le Magnifique*, 1990 edn., 158.
9. Lybyer, 42, quoting Lorenzo Bernardo; Henry O. Dwight, *Constantinople and its Problems*, 1901, 79; Gibb, *Ottoman Poetry*, III, 133–51.
10. R. C. Repp, *The Mufti of Istanbul*, 1986, 144, 193; Thomas Naff and Roger Owen, *Studies in Eighteenth-century Islamic History*, Carbonsville, 1977, 19; Abdulkadir Altuna, *Osmanli Seyhulislamlari*, Ankara, 1972, *passim*. 杜里扎德家族的成员在1734—1736年、1756—1757年、1762—1767年、1783—1786年、1792—1798年、1808—1810年、1812—1815年和1920年担任过伊斯坦布尔的穆夫提。
11. Faruk Suner, 'Yavuz Selim s'est-il proclamé Calife?', *Turcica*, 1991, XXI-XXIII, 343–54.
12. Suraiya Faroqhi, *Pilgrims and Sultans: the Hajj under the Ottomans*, 1994, 147, 150.
13. Goodwin, *Ottoman Architecture*, 15, 199–203; Aptullah Kuran, *Sinan the Grand Old Man of Ottoman Architecture*, Istanbul, 1987, 29; Evliya Celebi, I, 174.
14. M. Piton de Tournefort, *A Voyage into the Levant: Perform'd by Command of the Late French King*, 2 vols., 1718, II, 59; I. Mouradgea d'Ohsson, *Tableau général de l'Empire Ottoman*, 3 vols., 1787–1820, I, 287; Charles White, *Three Years in Constantinople*, 3 vols., 1845, I, 26.
15. Yerasimos, *Fondation*, 231–2.
16. Howard Crane, 'The Ottoman Sultan's Mosques: Icons of Imperial Legitimacy', in Irene A. Bierman *et al.* (eds.), *The Ottoman City and its Parts*, New Rochelle, 1991 edn., 201, 203.
17. Robert Mantran, *Istanbul dans la seconde moitié du XVIIe siècle*, 1962, 110.
18. Mantran, *Vie quotidienne*, 203; de Amicis, 18–19.
19. Lucy M. J. Garnett, *The Dervishes of Turkey*, 1990 edn., 73–4; Raymond F. Lifchez (ed.), *The Dervish Lodge: Architecture, Art and Sufism in Ottoman Turkey*, Berkeley, 1992, 297–301.
20. Garnett, *Dervishes*, 126.
21. Metin And, *A Pictorial History of Turkish Dancing*, Ankara, 1976, 40; Lifchez, 100; Garnett, *Dervishes*, 93, 119, 131.
22. John Kingsley Birge, *The Bektashi Order of Dervishes*, 1965, 128; Lifchez, 5, 170–1, 191; *Istanbul Ansiklopedisi*, art. 'Halvetilik'.
23. Dr Meryon, *Travels of Lady Hester Stanhope*, 3 vols., 1846, I, 51; Mouradgea

注　释　469

d'Ohsson, I, 193; Evliya Celebi, I, 132; Adnan Adivar, *La Science chez les Turcs Ottomans,* 1938, 33.
24. Mouradgea d'Ohsson, II, 82–7; White, I, 230–5; Pierre Ponafidine, *Life in the Muslim East,* 1911, 281.
25. Faroqhi, *Pilgrims and Sultans,* 42, 57; Onnik Jamgocyan, *Les Finances de l'Empire Ottoman et les financiers de Constantinople,* thèse d'état, Paris, I, 1988, 41.
26. Barnette Miller, *Beyond the Sublime Porte,* 1931, 80, 82; Necipoglu, 151.
27. Philippe du Fresne Canaye, *Le Voyage du Levant,* 1986, 221–9; Mouradgea d'Ohsson, I, 205; Thomas Watkins, *Tour through Swisserland... to Constantinople,* 2 vols., 1792, II, 227. 1828年，查尔斯·麦克法兰对人群"仍如死了"般一动不动地看着苏丹的行进队列印象深刻：id., *Constantinople in 1828,* 2 vols., 1829, I, 499。
28. White, I, 229.
29. El-Tangrouti, 63; Mouradgea d'Ohsson, I, 305.
30. Stanford J. Shaw, *History of the Ottoman Empire and Modern Turkey,* 2 vols., 1976–8, I, 144; Elizabeth Eisenstein, *The Printing Revolution in Early Modern Europe,* Cambridge, 1993, *passim*; Fatma Muge Gocek, *East Encounters West: France and the Ottoman Empire in the Eighteenth Century,* New York, 1987, 112–13.
31. Yasin Hamid Safadi, *Islamic Calligraphy,* 1987 edn., 29–31; Schimmel, 71–2; Lifchez, 242; Bernard Lewis, *The Muslim Discovery of Europe,* 1982, 232.
32. *The Turkish Legacy,* exhib. cat., Bodleian Library, Oxford, 1988, 26; Runciman, *Great Church,* 273–4.
33. Marios Philippides (ed. and tr.), *The Fall of the Byzantine Empire: a Chronicle by George Sphrantzes,* Amherst, 1980, 123, 131 (chronicle of Makarios Melissenos); Mme B. de Khitrovo, *Itinéraires russes en Orient,* Geneva, 1889, 226; Jones, 108.
34. A. de La Motraye, *Voyages ... en Europe, Asie et Afrique,* La Haye, 2 vols., 1727, I, 203.
35. Hammer, IV, 364–5; Jean-Michel Cantacuzène, *Mille Ans dans les Balkans,* 1992, 107.
36. Revd R. Walsh, *A Residence at Constantinople,* 2 vols., 1836, II, 386–8; cf. A. Goodrich-Freer, *Things Seen in Constantinople,* 1926, 112; Khitrovo, 269; Runciman, *Great Church,* 201–2.
37. John Covel, diary entry for 8 November 1674, in J. Theodore Bent (ed.), *Early Voyages and Travels in the Levant,* 1893, 146–8; M. Grelot, *Relation nouvelle d'un voyage de Constantinople,* 1681, 207; Vacalopoulos, *Greek Nation,* 121, 124.
38. La Motraye, II, 364; Runciman, *Great Church,* 324.
39. Runciman, *Great Church,* 331; Vacalopoulos, *Greek Nation,* 176.
40. Macarius, Patriarch of Antioch, *Travels,* 1936, 3, 85; Hammer, XII, 17.
41. Runciman, *Fall,* 189, 201; id., *Great Church,* 184, 190; Mantran, *Istanbul,* 48.
42. Julia Pardoe, *The City of the Sultans,* 2 vols., 1837, I, 443; Runciman, *Great Church,* 189; A. Paliouras (ed.), *The Oecumenical Patriarchate,* Athens, 1989, 65; Pars Tuglaci, *Armenian Churches of Istanbul,* Istanbul, 1991, 77, 121.
43. Wratislaw, 84–96.
44. Antoine Galland, *Journals,* 2 vols., 1881, I, 220, entry for 3 October 1672; cf. Grelot, 282–3; Nikolaos Adjemoglou, *The Ayazmata of the City,* Athens, 1990 (in Greek), 16–17, 167–81.
45. Adjemoglou, 64–5; Walsh, II, 388; Henry Carnoy and Jean Nicolaides, *Folklore de Constantinople,* 2 vols., 1894, I, 65–7.

46. Necipoglu, 231; Lifchez, 193, 133–4.
47. Mouradgea d'Ohsson, I, 286. 古文物研究者理查德·波科克"正如我想看到的，公开进入了诸如此类的清真寺中的一座，有时甚至是在周五"：Richard Pococke, *A Description of the East and some other Countries*, 2 vols., 1745, II, part 2, 133; Carnoy and Nicolaides, I, 172。
48. Tulay Artan, 'Architecture as a Theatre of Life: Profile of the Eighteenth-century Bosphorus', unpublished Ph.D. thesis, Massachusetts Institute of Technology, 1989, 159; M. A. Ubicini, *Letters on Turkey*, 2 vols., 1856, II, 359.

3 皇 宮

1. Necipoglu, 242, 44; Shaw, *History*, I, 130.
2. Necipoglu, 15; Babinger, 418.
3. Necipoglu, 19.
4. Serif Mardin, *The Genesis of Young Ottoman Thought*, Princeton, 1962, 110; Necipoglu, 85, 107.
5. Mustafa Naima, *Annals of the Turkish Empire*, 1842, I, 327; Bernard Lewis, *Islam in History*, 1973, 211.
6. Babinger, 461.
7. B. Miller, *Sublime Porte*, 163; Leslie Peirce, *The Imperial Harem: Women and Sovereignty in the Ottoman Empire*, Oxford, 1993, 243.
8. R. B. Merriman, *Suleyman the Magnificent*, Harvard, 1944, 33.
9. Necipoglu, 36; Kemal H. Karpat (ed.), *The Ottoman State and its Place in World History*, Leiden, 1974, 51; Veinstein, *Soliman le Magnifique*, 166, 169.
10. B. Miller, *Sublime Porte*, 176; Necipoglu, 100; J. M. Rogers (ed.), *The Topkapi Saray Museum: Costumes, Embroideries and Other Textiles*, 1986, 161.
11. Mary Nisbet of Dirleton, Countess of Elgin, *Letters*, 1926, 56, to her mother 27 November 1799; El-Tangrouti, 46, 58; H. F. Brown, I, 20.
12. Lord Charlemont, *Travels in Greece and Turkey 1749*, ed. W. B. Stanford and E. J. Finopoulos, 1984, 168; El-Tangrouti, 61; C. G. and A. W. Fisher, 'Alberto Bobovi's Account of Topkapi Sarayi' (henceforward referred to as Bobovi), in *Archivum Ottomanicum*, XI, 1985, 23, 80; Alexandru Dutu and Paul Cernovodeaunu (eds.), *Dimitrie Cantemir, Historian of South-East European and Oriental Civilisations*, Bucharest, 1973 (henceforward referred to as Cantemir), 171; Necipoglu, 26.
13. Necipoglu, 249, 61–6; Nils Rolamb, 'A Relation of a Journey to Constantinople', in A. C. Churchill (ed.), *A Collection of Voyages*, 5 vols., 1732, V, 683.
14. Bobovi, 55.
15. Esin Atil, *Turkish Art*, 1980, 349; Rogers, *Topkapi: Costumes*, 160.
16. Rogers, *Topkapi: Costumes*, 11, 37 and *passim*; Atil, *Turkish Art*, 350; J. M. Rogers and R. Ward, *Suleyman the Magnificent*, 1988, 166; Babinger, 441.
17. Rogers, *Topkapi: Costume*, 21; J. B. Tavernier, *Nouvelle Relation de l'intérieur du Sérail du Grand Seigneur*, 1675, 112; Norman Itzkowitz and Max Mote, *Mubadele: an Ottoman-Russian Exchange of Ambassadors*, Chicago, 1970, 167.
18. Mouradgea d'Ohsson, II, 142.

注 释　471

19. Necipoglu, 68; Domenico Sestini, *Lettres... pendant le cours de ses voyages en Italie, en Sicilie et en Turquie,* 3 vols., 1789, III, 474, letter of 5 December 1778.
20. Esin Atil, *The Age of Sultan Suleyman the Magnificent,* New York, 1987, 62, 113; B. Miller, *Sublime Porte,* 215–21.
21. J. M. Rogers, *The Topkapi Saray Museum: The Treasury,* 1987, 40 and illustrations *passim.*
22. Halil Inalcik and Cemal Kafadar (eds.), *Suleyman the Second and His Time,* Istanbul, 1993, 33, 263–4; Rogers and Ward, 120, 123; Nevber Gursu, *The Art of Turkish Weaving,* Istanbul, 1988, 46; Wratislaw, 58.
23. Janusz Tazbir, 'Les Influences orientales en Pologne au XVIe-XVIIIe siècles', in *La Pologne au XVe Congrès International des Sciences Historiques à Bucarest,* Warsaw, 1980, 214. 对于这一条参考资料，我很感谢André Nieuwaszny。
24. Atil, *Age of Sultan Suleyman,* 31; Rogers and Ward, 187; Gursu, 167; Nurhan Atasoy and Julian Raby, *Iznik: the Pottery of Ottoman Turkey,* 1989, 76–7; Atil, *Turkish Art,* 283.
25. Rogers and Ward, 186; Atasoy and Raby, 14–15, 23; Atil, *Turkish Art,* 163–5, 198, 216; Gursu, 112–13.
26. Aysegul Nadir (ed.), *Imperial Ottoman Fermans,* 1986, *passim*; Rogers and Ward, 56.
27. Raby, 299; Bobovi, 25, 78.
28. *Vers l'Orient,* exhib. cat., Bibliothèque Nationale, 1983, 68; Bobovi, 29–30, 54; Barnette Miller, *The Palace School of Mohammed the Conqueror,* Cambridge, Mass., 1941, 7. 宫廷中的另一拨团体是由来自"不同族群和宗教信仰"的艺术家和贵族组成的，他们被称为"Muteferrik"。
29. Necipoglu, 111–16, 149; Bobovi, 37, 49.
30. Carter V. Findlay, *Bureaucratic Reform in the Ottoman Empire: the Sublime Porte 1789–1922,* Princeton, 1980, 37; White, I, 183; Fanny Davis, *The Ottoman Lady: a Social History from 1718 to 1918,* New York, 1986, 193.
31. Bobovi, 45; Carl Max Kortepeter, *The Ottoman Turks: from Nomad Kingdom to World Empire,* Istanbul, 1991, 133; Hammer, VII, 227; Gerald de Gaury, *Rulers of Mecca,* 1951, 129, 155, 161.
32. Celik Gulersoy, *The Caique,* Istanbul, 1991, *passim*; Major-General Sir Grenville Temple, *Travels in Greece and Turkey,* 2 vols., 1836, II, 18; Bobovi, 56, 61; John Sanderson, *Travels in the Levant 1584–1602,* 1931, 89.
33. Hammer, V, 138–4 5.
34. Evliya Celebi, II, 130, 147; Hammer, VII, 148–63; Jean Palerne, *Pérégrinations,* Lyons, 1606, 459; Peirce, *Imperial Harem,* 193.
35. Hammer, VII, 150–1; Pars Tuglaci, *The Ottoman Palace Women,* Istanbul, 1985, 333–5.
36. Tuglaci, *Palace Women,* 348–50; cf. Sestini, III, 443–9 描述了1778年11月17日一位公主的婚礼游行；F. Davis, 68。
37. Atil, *Turkish Art,* 186–7, 220–1; Tuglaci, *Palace Women,* 336.
38. Tuglaci, *Palace Women,* 341–3; Hammer, XVI, 36; Hans Christian Andersen, *A Poet's Bazaar,* New York, 1988, 120.
39. Tommaso Bertele, *Il palazzo degli ambasciatori di Venezia a Constantinopoli e le sue antiche memorie,* Bologna, 1932-X, 108; du Fresne Canaye, 60; *At the Sublime Porte,* exhib. cat., Hazlitt, Gooden and Fox, 1988, 15.

4 后宫和公共浴室

1. Tuglaci, *Palace Women,* 155; F. Davis, 102.
2. Peirce, *Imperial Harem*, 40–4, 277.
3. Leslie Peirce, 'The Imperial Harem: Gender and Power in the Ottoman Empire 1520–1657', Princeton, 1988 (henceforward referred to as 'Gender and Power'), 98, 100–3.
4. Necipoglu, 163.
5. Gibb, III, 9; Talat Halman, *Suleyman the Magnificent, Poet*, Istanbul, 1989, *passim*; Veinstein, *Soliman*, 99.
6. M. Cagatay Ulucay, *Sultanlarina Ask Mektuplari*, Istanbul, 1950, 1–18 *passim*; Peirce, *Imperial Harem*, 64.
7. Peirce, *Imperial Harem*, 60–4.
8. Babinger, 66, 404–5; A. D. Alderson, *The Structure of the Ottoman Dynasty*, 1956, 26.
9. Sherrard, 54; Rogers and Ward, 9; Merriman, 76–7.
10. Merriman, 121, 122.
11. Bragadin, 1526, quoted in Lybyer, 53n.; Ulucay, 39–40; Geuffroy, quoted in Schefer (ed.), 240n.
12. Halil Inalcik, 'Sultan Suleyman the Man and the Statesman', in Veinstein, *Soliman,* 92–6.
13. Merriman, 185; Necipoglu, 257.
14. Peirce, 'Gender and Power', 157; Merriman, 187.
15. Ogier Ghislain de Busbecq, *Turkish Letters,* Oxford, 1927, 33; Gibb, III, 119, 131; Ulucay, 47.
16. Peirce, 'Gender and Power', 207; Benjamin Arbel, 'A Venetian Sultana?', *Turcica,* XXIV, 1992, 241–59.
17. Necipoglu, 95–6, 171–2.
18. Hammer, VII, 10, 283; Bobovi, 73; James C. Davis (ed. and tr.), *The Pursuit of Power. Venetian Reports on Spain, Turkey, France in the Age of Philip II,* 1970, 2–6.
19. J. M. Rogers (ed.), *The Topkapi Saray Museum. Architecture: the Harem and Other Buildings,* 1988, 27, 32, 34.
20. Peirce, 'Gender and Power', 180; Susan Skilliter, 'The Letters of the Venetian "Sultana" Nur Banu and her Kira to Venice', in *Studia Turcologica … Alexis Bombacci,* 515–27; Necipoglu, 175; Kuran, 181.
21. Peirce, 'Gender and Power', 351; Tavernier, 257–62.
22. Necipoglu, 175.
23. Mehmed Ipsirli, 'Mustafa Selaniki and His History', *Tarih Enstitusu Dergisi,* IX, 1978, 437; Tietze, I, 60.
24. J. C. Davis, 147–9; Peirce, 'Gender and Power', 186; Spandugino in Lybyer, 144; Hammer, VII, 4.
25. Peirce, 'Gender and Power', 374, 380, 382.

注　释　473

26. White, I, 266; Bobovi, 26; Molly Mackenzie, *Turkish Athens,* 1992, 30–2; Nadir, 113.
27. Tuglaci, *Palace Women,* 84.
28. Mantran, *Vie quotidienne,* 81; Evliya Celebi, II, 11; White, III, 234.
29. Bobovi, 23.
30. Tuglaci, *Palace Women,* 156–9.
31. B. Miller, *Sublime Porte,* 26, 27; Chris Hellier and Franco Venturi, *Splendours of the Bosphorus: Houses and Palaces of Istanbul,* 1993, 215.
32. Peirce, *Imperial Harem,* 104–5, 244–5.
33. Peirce, *Imperial Harem,* 269–70; Hammer, X, 7, 72–5.
34. Hammer, X, 176–8.
35. Peirce, 'Gender and Power', 291, 112, 194–5; Charles Pertusier, *Promenades pittoresques dans Constantinople et sur le Bosphore,* 3 vols., 1815, II, 197.
36. Peirce, 'Gender and Power', 220, 257, 243, 279.
37. Peirce, 'Gender and Power', 273, 280, 286, 337n.; Robert Dankoff (ed.), *The Intimate Life of an Ottoman Statesman,* Albany, 1991, 27.
38. Pars Tuglaci, *Women of Istanbul in Ottoman Times,* Istanbul, 1984,189–208; Robert Mantran, *Istanbul dans la seconde moitié du XVIIe siècle,* 1962, 504.
39. F. Davis, 132–3.
40. Sevgi Gonul (ed.), *The Sadberk Hanim Museum,* Istanbul, 1988,172, 176; F. Davis, 69–76; James E. P. Boulden, *An American among the Orientals,* Philadelphia, 1855, 165–9.
41. Ian C. Dengler, 'Turkish Women in the Ottoman Empire', in Nikki Keddie and Lois Beck (eds.), *Women in the Muslim Worlds* 1978, 235–8; Hammer, XI, 435n.
42. MacFarlane, *Constantinople,* II, 521.
43. Tulay Artan, 'The Palaces of the Sultanas', *Istanbul: Selections,* I, i, Istanbul, 1993, 87–97; Mouradgea d'Ohsson, III, 315; White, I, 325. 直到1914年，官员不愿离开伊斯坦布尔的理由之中仍有"我们的女性极不情愿忍受外省生活的穷困之苦"这一点：Marmaduke Pickthall, *With the Turk in Wartime,* 1914, 210。
44. Hammer, XVI, 20; Dankoff, 226, 233, 234, 259.
45. Bobovi, 70; Tijen Ozdoganci, 'The Ballad of Adile Sultan', in *Istanbul: the Guide,* May 1993, 55. 穆斯塔法·雷希德帕夏在1858年去世，到那时他的妻子才第一次获悉丈夫另有两处归置妻妾之所，每一处都有两位年轻的切尔克斯女奴：L. Thouvenel, *Trois Années de la Question d'Orient,* 1897, 223, Comte de Thouvenel to Comte Walewski, 19 January 1858。
46. Cernai Kafadar, 'Women in Seljuk and Ottoman Society up to the Mid-nineteenth Century', in *Women in Anatolia: Nine Thousand Years of the Anatolian Woman,* exhib. cat., Istanbul, 1993, 196–7; F. Davis, 92.
47. Quoted in Alev Lyle Croutier, *Harem: the World behind the Veil,,* New York, 1989, 154–5.
48. Peirce, *Imperial Harem,* 269; Kafadar, in *Nine Thousand Years of the Anatolian Woman,* 198, 204; Pertusier, II, 197; Leila Hanoum, *Le Harem impérial et les sultanes auXIXe siècle,* Brussels, 1991 edn., 29; *Don Juan,* V, 158.
49. Marquis de Ferriol, *Correspondance,* Antwerp, 1870, 267. 1708年2月16日，法国大使费里奥尔写信给Blondel de Jouvancourt讲述"借钱给我的君士坦丁堡的女人"；Kafadar, 'Women in Seljuk and Ottoman Times', in *Nine Thousand Years of the Anatolian Woman,* exhib. cat., 219–20。

474　君士坦丁堡

50. Ulku U. Bates, 'Women as Patrons of Architecture in Turkey', in Keddie and Beck (eds.), 246–7.
51. Peirce, *Imperial Harem,* 209; John Freely, *Stamboul Sketches,* Istanbul, 1974, 110.
52. Fleischer, 53; *Journal of Ottoman Studies,* VII, Istanbul, 1988, 140; Louis Mitler, *Ottoman Turkish Writers,* Washington, 1988, 55, 81; F. Davis, 229–31; Schimmel, 47.
53. De Amicis, 221; Leila Hanoum, 150.
54. Pauline Johnstone, *Turkish Embroidery,* 1985, 9, 84; White, II, 104; Lady Mary Wortley Montagu, *The Turkish Embassy Letters,* ed. Malcolm Jack, 1994, 116, letter of 10 March 1718.
55. Galland, II, 59, diary entry for 20 April 1673; cf. Comte de Guilleragues, *Correspondance,* 2 vols., Geneva, 1976, II, 975, *mémoire sur le commerce du Levant* 9 June 1684; Juhacz (ed.), 72–3, 80, 100.
56. Dorothy M. Vaughan, *Europe and the Turk: a Pattern of Alliances,* Liverpool, 1951, 132; Michel Carmona, *Marie de Medicis,* 1981, 126; *National Palaces,* Istanbul, 1992, 138.

5　黄金城

1. Mantran, *Istanbul,* 25, 74; Grenville Temple, II, 14, 16–17; Pierre Gilles, *The Antiquities of Constantinople,* New York, 1988, 23–5.
2. Andersen, 99; Mantran, *Istanbul,* 72, 95.
3. M. A. Belin, *Histoire de la Latinité de Constantinople,* 2nd edn., 1894, 337, 341; M. du Mont, *Voyages,* 4 vols, La Haye, 1699, II, 374.
4. Necipoglu, 238; Vaughan, 169; Sestini, III, 230–8, letter of 8 May 1778.
5. Mantran, *Istanbul,* 88n., 481, 488, 583; Vacalopoulos, *Greek Nation,* 284–5.
6. Levy, *Sephardim,* 24; Halil Inalcik and Donald Quataert, *An Economic and Social History of the Ottoman Empire,* 1994, 95,231, 248.
7. Richards, 163, 167, Giovanni Maringhi to Nicolò Michelozzi, 29 March 1502; 'il carico principale di un bailo di Constandnopoli è la difensione delle mercanze della nazione', Navagero, 1553, quoted in Horatio F. Brown, *Studies in the History of Venice,* 2 vols., 1907, I, 25; Paul Masson, *Histoire du commerce français dans le Levant au XVIIIe siècle,* 1911, 612; Susan Skilliter, *William Harborne and the Trade with Turkey 1578–1582,* Oxford, 1977, 50, cf. 115; Alfred C. Wood, *A History of the Levant Company,* 1935, 72.
8. Masson, 429, 454; Braudel, *Civilisation and Capitalism,* II, 471.
9. Mantran, *Istanbul,* 237, 241,608.
10. M. de Thévenot, *Travels into the Levant,* 3 parts, 1687, I, 18, 62; Lord Charlemont, *Travels in Greece and Turkey 1749,* ed. W. B. Stanford and E. J. Finopoulos, 1984, 209; cf. 'The police of this city is in many respects beyond that of any other', Lord Baltimore, *A Tour to the East in the Years 1763 and 1764,* 1767, 58.
11. Anon., *Letters Historical and Critical,* 30, 38; Mantran, *Vie quotidienne,* 43.
12. Hon. Roger North, *Lives of the Norths,* 3 vols., 1890, II, 48, 53, 71–2, 148; Cemal Kafadar, 'Self and Others: the Diary of a Dervish in Seventeenth-century Istanbul and First Person Narrative in Ottoman Literature', *Studia Islamica,* LXIX, 1989, 121–50;

Masson, *Commerce français au XVII siècle*, 468.
13. North, II, 407, III, 58; cf. Naima, I, 138 and Pertusier, II, 108 有其他关于基督教徒和穆斯林之间社会关系的描述。
14. Daniel Panzac, 'International and Domestic Maritime Trade in the Ottoman Empire during the Eighteenth Century', *International Journal of Middle Eastern Studies*, May 1992, 195–201.
15. Hammer, VI, 241; Charles Issawi, *An Economic History of Turkey 1800–1914*, 1980, 27; Mantran, *Vie quotidienne*, 127; Francis Peter Werry, *Personal Memoirs and Letters*, 1861, 90.
16. Mantran, *Istanbul*, 190, 198–9, 446n.; de Amicis, 71.
17. Anthony Greenwood, 'Istanbul's Meat Provisioning: a Study of the Celepkesan System', unpublished D.Phil. thesis, Chicago, 1981, 4–5, 9; Naima, I, 37.
18. Greenwood, 13–14, 285, 122; Suraiya Faroqhi, *Towns and Townsmen of Ottoman Anatolia*, Cambridge, 1984, 228, 231; Thévenot, I, 61.
19. Daniel Goffman, *Izmir and the Levantine World 1550–1650*, 1990, 34; B. Miller, *Sublime Porte*, 194–5; N. M. Penzer, *The Harem*, 1966 edn., 115, 128, 130.
20. Greenwood, 156, 162; Mantran, *Istanbul*, 181–2; Baltimore, 59.
21. Mantran, *Istanbul*, 351, 353, 380, 390.
22. Babinger, 452.
23. Jean Michel Cantacuzène, *Mille Ans dans les Balkans*, 1992, 102, 105, 121, 125–6; Emile Legrand, *Recueil de poèmes historiques en grec vulgaire*, 1877, 2–3, 8–9.
24. Vacalopoulos, *Greek Nation*, 209, 259, 285; Troian Stoianovic, 'The Conquering Balkan Orthodox Merchant', *Journal of Economic History*, 1960, 272, 302.
25. Greenwood, 54; Mantran, *Istanbul*, 366, 374; id., *Vie quotidienne*, 154.
26. Nicolas Soutzo, *Mémoires*, Vienna, 1896, 10, 24; Rodrigue, 21, 23, 37; Braude and Lewis, I, 105.
27. Richard Fletcher, *Moorish Spain*, 1992, 166–8; Halil Inalcik, 'Ottoman Galata', in Edhem Eldem (ed.), *Recherches sur la ville ottomane*, Istanbul, 1991, 68–70.
28. *Levant Herald*, 19 October 1869; Galante, *Histoire des Juifs*, I, 33.
29. Jak Deleon, *Ancient Districts on the Golden Horn*, Istanbul, 1992, 18 and *passim*; Shaw, *Jews*, 48–9.
30. Shaw, *Jews*, 84–5; Nicolay, 233–4.
31. Cecil Roth, *Dona Gracia Nasi*, Paris, 1990, 96, 115, 143; Epstein, 92–3; Maria Pia Pedani, *In nome del Gran Signore: inviati ottomani a Venezia dalla caduta di Constantinopoli alla guerra di Candia*, Venice, 1994, 154.
32. Cecil Roth, *The House of Nasi: the Duke of Naxos*, Philadephia, 5708/1948, 8–9, 170; Nicolas Iorga, *Byzance après Byzance*, 1992 edn., 50.
33. Roth, *Duke of Naxos*, 41, 43, 46, 9 5.
34. Galante, *Histoire des Juifs*, I, 188, Suleyman to Charles IX 23 March 1565; Roth, *House of Nasi*, 58, 60; M. de Charrière, *Négociations de la France dans le Levant*, 4 vols., 1848–60, III, 61, despatch of 14 March 1569.
35. Roth, *Duke of Naxos*, 50, 152; Michel Lesure, 'Notes et documents sur les relations vénéto-ottomanes 1570–1573: II', *Turcica*, 1972, IV, 148; *Turcica*, 1976, VIII, I, 138.
36. Roth, *Duke of Naxos*, 108, 115, 137, 143.
37. Abraham Galante, *Appendice à l'histoire des Juifs d'Istanbul*, Istanbul, 1941, 163–6; Mantran, *Istanbul*, 605, 61.

38. Levy, *Sephardim in the Ottoman Empire*, 91.
39. Onnik Jamgocyan, 'Les Finances de l'Empire Ottoman et les financiers de Constantinople', unpublished Ph.D. thesis, Paris, I, 1988, 15; H. D. Barsoumian, 'The Armenian Amira Class of Constantinople', unpublished Ph.D. thesis, Columbia, 1980, 87; Walsh, II, 430.
40. Barsoumian, 64, 79, 81.
41. Onnik Jamgocyan, *Une Famille de financiers arméniens au XVIIIe siècle: les Serpos*, Paris, n.d., 368, 371.
42. Barsoumian, 160–2; Zabel Essayan, *Les Jardins de Silihdar*; 1994, 12–14.
43. Mantran, *Istanbul*, 463–4; Celik Gulersoy, *The Story of the Grand Bazaar*, Istanbul, 1990, 21, 55, 56.
44. Halil Inalcik, 'The Hub of the City: the Bedestan of Istanbul', *Studies in Ottoman Social and Economic History*, 1985, IX, *passim*; Gulersoy, *Grand Bazaar*, 29, 37; du Fresne Canaye, 95.
45. Pertusier, II, 177; Gulersoy, *Grand Bazaar*, 32, 50, 53, 70.
46. Hafez Farmayan and Elton L. Daniel (eds.), *A Shiite Pilgrimage to Mecca 1885–6*, 1990, 142–3; Stéphane Lauzanne, *Au chevet de la Turquie*, 1913, 226–7; *Istanbul Ansiklopedisi*, Istanbul, 1994–5, art. 'Buyuk Valide Han'.
47. North, II, 176; Mantran, *Istanbul*, 506–7; id., *Vie quotidienne*, 143; du Fresne Canaye, 94–6; Jean Chesneau, *Le Voyage de Monsieur d'Aramon... en Levant*, 1887, 34; Cantemir, 52.
48. Leila Hanoum, 54, 56, 58; Lady Hornby, *Constantinople during the Crimean War*, 1863, 364, letter of July 1860. 19世纪80年代初，在42个知名奴隶贩子的名单中有14个是女性：Ehud R. Toledano, *The Ottoman Slave Trade and its Suppression 1840–1890*, Princeton, 1982, 59。
49. Gulersoy, *Grand Bazaar*, 41; Inalcik, *Studies*, VII, 26, 47.

6　维齐尔和译员

1. Hammer, VIII, 289, 301, 305n., 310–11; Michael Strachan, *Sir Thomas Roe*, 1989, 145–8; Pierce, *Imperial Harem*, 171.
2. Paul Rycaut, *The Present State of the Ottoman Empire*, 1675, 46; Inalcik and Kafadar, 103.
3. Mantran, *Istanbul*, 102, 293, 303, 307, 321.
4. Findlay, *Bureaucratic Reform*, 55, 87; id., *Ottoman Civil Officialdom*, Princeton, 1992, 22; Charlemont, 168–70; Michel Lesure, *Lepante: la crise de l'Empire Ottoman*, 1972, 17–20; 参见18世纪英国大使詹姆斯·波特："在有些部门，没有一个基督教强国能比得上奥斯曼政府的谨慎和精确；任何一份重要的公文都会权衡用词，并不断地选择最可能对自身有利的含义，以便做到最准确地进行交易，就算只知道交易的年份，也能在政府里找到署有最遥远日期的那些文件。"
5. Artan, 'Architecture', 97n.; id., 'The Kadirga Palace shrouded by the Mists of Time', *Turcica*, XXVI, 1994, 80–1, 105; Rifa'at Ali Abou el-Hajj, *The 1703 Rebellion and the Structure of Ottoman Politics*, Istanbul, 1984, 14n.; Nicolas Vatin, 'Les Cimetières musulmans ottomans: source d'histoire sociale', in Daniel Panzac (ed.), *Les Villes*

注　释　477

      dans l'*Empire Ottoman: activité et société,* 1991, 157–8; Yilmaz Oztuna, *Devletler ve Hanedanlar,* II, *Turkiye (1074–1990),* Ankara, 1990, 834–8; Sir James Porter, *Turkey, its History and People,* 2 vols., 18 54,1, 317–18.

6. Mantran, *Istanbul,* 96, 252–3; Sir Thomas Roe, *Negotiations in his Embassy to the Ottoman Porte from the year 1621 to 1628,* 1749, 37, 38; Peirce, 'Gender and Power', 295.
7. Medn Kunt, 'The Koprulu Years 1656–1661, unpublished Ph.D. thesis, Princeton, 1971, 32–4, 41, 141, 148.
8. Dankoff, 204.
9. Hammer, XI, 49–5 5; Dankoff, 204. 亚美尼亚牧首可能是因支持教宗和反对教宗的派系争斗而死：Leon Arpee, *A History of Armenian Christianity,* New York, 1946, 229。
10. John Covel, in J. Theodore Bent (ed.), *Early Voyages and Travels in the Levant,* 1893, 206, diary entry for 27 May 1675; B. Miller, 117; Bobovi, 57; Peirce, 'Gender and Power', 299n.
11. B. Miller, 116.
12. Hammer, XI, 6, 164; Mantran, *Istanbul,* 374; Madeleine C. Zilfi, 'The Kadizadeliler: Discordant Revivalism in Seventeenth-century Istanbul', *Journal of Near Eastern Studies,* 45, 4, 1986, 251–62; Charles A. Frazee, *Catholics and Sultans,* 1983, 99.
13. Abbé Toderini, *De la Littérature des Turcs,* 3 vols., 1789, I, 57; Bobovi, 57; Abdulhak Adnan, *La Science chez les Turcs Ottomans,* 121–3; Covel, 195, diary entry for 19 May 1676.
14. Levy, *Sephardim,* 84–6; Gershom Scholem, *Sabbatai Sevi: the Mystical Messiah,* 1971, 435, 450, 606, 674–9.
15. Hammer, XI, 260, 366, 379.
16. Abou el-Hajj, 82; Paul Rycaut, *The History of the Turks beginning with the year 1679,* 3 vols., 1687, 6th edn., II, 222.
17. Can ternir, 101, 190; Hammer, VIII, 30 5 n.; Paul Fesch, *Constantinople aux derniers jours d'Abdul Hamid,* 1907, 282 quoting Vakit, 27 October 1876; cf. Findlay, *Ottoman Civil Officialdom,* 62 引用了伊斯坦布尔的宗教法官在1784年的一次会议上对大维齐尔所说的话："我们在外表和内心都服从我们君主的愿望和命令，他是信仰的指挥官。从我们那里得到事情为何会变成这样的解释是不可能的。您是我们君王至高无上的代表。告诉我们君主对这件事的看法，我们会说我们听到了，也会对此认真遵循。"
18. Hammer, XII, 238–9, 305; Kenneth M. Setton, *Venice, Austria and the Turks in the Seventeenth Century,* Philadelphia, 1991, 371, 380, Sir William Trumbull to the Earl of Nottingham 6 November 1689, 15 June 1691.
19. Vahid Cabuk, *Koprululer,* 1988, 166, 175, 177; Hammer, XII, 307, 319–22; Can ternir, 102.
20. Cabuk, 178, 182; Lewis V. Thomas, *A Study of Naima,* New York, 1972, 31–2.
21. Rifa'at AM Abou el-Hajj, 'Ottoman Attitudes towards Peace-Making: the Karlowitz Case', *Der Islam,* 1974, 136; Hammer, XIII, 29–30; 和Feyaz Koprulu一起于1993年11月27日拜访柯普律吕宅邸。Feyaz Koprulu说大会客厅将会被修复。要不是最近有搭建脚手架，这个无与伦比的房间就会坍塌，它的状况是关于公有制弊端的教学实例。
22. Ferriol, 162, Ferriol to Louis XIV, 10 August 1700; A. N. Kurat (ed.) *The Despatches*

*of Sir Robert Sutton Ambassador in Constantinople 1710–1714,*1953, 17, Sutton to Sunderland, 7 June 1710; Louis Rousseau, *Les Relations diplomatiques de la France et de la Turquie au XVIIIe siècle,* I, 1908, 298; Cabuk, 195–7; Can ternir, 193.

23. C. Bosscha Erdbrink, *At the Threshold of Felicity: Ottoman-Dutch Relations during the Embassy of Cornelis Calkoen at the Sublime Porte 1726–1744,* Ankara, 1975, 171, Calkoen to States-General 11 April 1733; 1991年11月5日对于Orhan Koprulu的采访。
24. Setton, 371, Sir William Trumbull to Earl of Nottingham 6 November 1689; Hammer, XII, 322.
25. J. H. Elliott, *Richelieu and Olivares,* 1992 edn., 160.
26. Nestor Camariano, *Alexandre Mavrocordato le Grand Drogman: son activité diplomatique,* Thessaloniki, 1970, passim; A. C. Stourdza, *L'Europe orientale et le rôle historique des Mavrocordato 1660–1830,* 1913, 354; Cantemir, 279; Piton de Tournefort, I, 385–6; Montagu, 126, Lady Mary Wortley Montagu to Lady Birstol 10 April 1718. 本书作者遇到一名亚美尼亚高龄女性，她住在塔克西姆附近，她说自己只去过伊斯坦布尔市区三次。
27. N. M. Vaporis, 'A Study of the Zisking MS No. 22 of the Yale University Library', *Greek Orthodox Theological Review,* Fall 1967, XII, 3, 13, 27; G. Chassiotis, *L'Instruction publique chez les Grecs depuis la prise de Constantinople par les Turcs,* 1881, 27.
28. Hammer, XII, 141; Vaporis, 'A Study', 21; Camariano, 34, 68; SOAS Library MSS., Paget Papers, 50 X/4, letters of 23 February, 2 April 1699; Setton, 406.
29. Camariano, 78, 102.
30. E. Miller, 'Alexandre Mavrocordato', *Journal des Savants,* May 1879, 229, Daubert to Torcy 25 July 1698, 264; Galland, I, 237, 18 November 1672; R. W. Seton-Watson, *A History of the Roumanians,* 1934, 93–4n.; Ferriol, 116, Ferriol to Louis XIV 12 May 1700.
31. Hammer, XI, 425; Vaporis, 'A Study', 37; Camariano, 81, Mavrocordato to Patriarch 29 August 1707; Philip P. Argenti, *Chius Vincta.,* Cambridge, 1941, clxxv.
32. La Motraye, I, 374; Iorga, *Byzance,* 135, 145; Stourdza, 98; Théodore Blancard, *Les Mavroyenni: histoire d'Orient,* 2 vols., 1909, I, 468; Comte d'Hauterive, *Mémoire sur l'état ancien et actuel de la Moldavie ... en 1787,* Bucarest, 1902, 339, 346.
33. Cantemir, 158–64; Soutzo, 26–31; Michel Sturdza, *Grandes Familles de Grèce, d'Albanie et de Constantinople,* 1983, 142–3.
34. Camariano, 85; Cantemir, 144–5, 253; A. N. Kurat (ed.), *The Despatches of Sir Robert Sutton, Ambassador in Constantinople 1710–1714,* 1953, 29, Sutton to Earl of Dartmouth 8 December 1710; Cyril Mango, 'The Phanariots and the Byzantine Tradition', in Richard Clogg (ed.), *The Struggle for Greek Independence,* 1973, 44–5.
35. William Wilkinson, *An Account of the Principalities of Wallachia and Moldavia,* 1820, 135; Maréchal Prince de Ligne, *Mémoires,* 5 vols., 1828, I, 211–14, Ligne to Comte de Ségur 1 December 1788; II, 390–2.
36. Stourdza, 98–9; Baron Eudoxiu de Hurmuzaki (ed.), *Documente privitoare la Istoria romanilor;* Bucarest, 1912, XVI, 401, letter of 12 December 1716.
37. C. Mango, 'The Phanariots and the Byzantine Tradition', in Clogg (ed.), *Struggle,* 53; Ariadna Camariano-Cioran, *Les Académies princières de Bucarest et de fassy et leurs professeurs,* Thessaloniki, 1974, 77; Corneliu Dima Dragan, 'La Bibliophilie des Mavrocordato', in *L'Epoque phanariote,* Thessaloniki, 1974, 209–16.

38. G. P. Henderson, *The Revival of Greek Thought*, Edinburgh, 1971, 23; Stourdza, 134.
39. Jacques Bouchard, 'Nicolas Mavrocordato et l'aube des lumières', *Revue des Etudes du Sud-Est Européen*, XX, 1982, 237–46; id. (ed.), *Les Loisirs de Philothée*, Athens-Montreal, 1989, 79, 101, 119, 149, 151, 181; Sutton, 203, despatch of 3 September 1714; Cantacuzène, 201, 207.
40. Vasile Dragut, 'Le Monastère de Vacaresti: expression des relations artistiques romanou-grecques', in *LEpoque phanariote*, 295–300; Stourdza, 266–70 and figs. 26–33; Sturdza, 320, 328.
41. N. Iorga, *Histoire des Roumains et de la Romanité orientale*, 9 vols., Bucharest, 1937–44, VII, 20–3; *Fragments tirés des chroniques moldaves et valaques*, 2 vols., Jassy, 1843, II, 16, chronicle of Nicholas Muste.
42. Mihaila Staianova, 'Des Relations entre le Patriarcat oecuménique et la Sublime Porte en Constantinople au courant du XVIIIe siècle', *Balkan Studies*, XXV, 2, 1984, 449–56; Theodore H. Papadopoulos, *Studies and Documents relating to the History of the Greek Church and People under Turkish Domination*, Brussels, 1952, 52; Madame Chénier, *Lettres sur les danses grecques*, 1879 edn., 137, 190–1.
43. Denis Deletant, 'Romanian Society in the Danubian Principalities in the early Nineteenth Century', in Richard Clogg (ed.), *Balkan Society in the Age of Greek Independence*, 1981, 238.
44. Iorga, *Histoire des Roumains*, VII, 9, 154n., 164, 239; Marthe Bibesco, *La Nymphe Europe*, i960, 306–7, Villeneuve to Maurepas 15 April 1731; Stourdza, 201, 210, 217.
45. Humurzaki, XIX, part I, 224, Raicevich to Kaunitz 30 November 1784; Paschalis M. Kitromilides, *The Enlightenment as Social Criticism: Miosipis Moisiodax and Greek Culture in the Eighteenth Century*, Princeton, 1992, 83, 94; Clogg, *Movement*, 36, 59–60; Richard Clogg, 'The Greek Millet in the Ottoman Empire', in Braude and Lewis (eds.), I, 185, and Braude and Lewis, 'Introduction', in ibid., 16–17.
46. John Cam Hobhouse, *A Journey through Albania and other Provinces of Turkey during the years 1809 and 1810*, 1813, 588–9; cf. A. de Juchereau de Saint Denys, *Révolutions de Constantinople en 1807 et 1808*, 2 vols., 1819,1, 156.
47. Prince Nicholas Ypsilanti, *Mémoires*, n.d., 72. 7

7 惬意的毯子

1. Tulay Artan, 'Architecture', 9; C. R. Cockerell, *Travels in Southern Europe and the Levant 1810–1817*, 1903, 29.
2. Musbah Haidar, *Arabesque*, 1944, 42; Mouradgea d'Ohsson, II, 177; Du Fresne Canaye, 87; Walter G. Andrews, *Poetry's Voice, Society's Song: Ottoman Lyric Poetry*, Seattle, 1985, 134; Nermin Menemencioglu, *The Penguin Book of Turkish Verse*, 1978, 92.
3. Artan, 'Architecture', 320; White, I, 314; Du Mont, II, 114; Z. Duckett Ferriman, *Turkey and the Turks*, 1911, 300–2.
4. B. Miller, *Sublime Porte*, 151–5; Necipoglu, 200.
5. Thomas Hope, *Anastasius or Memoirs of a Greek*, 2 vols., 1836 edn., II, 124; Thomas Allom and Robert Walsh, *Constantinople and the Scenery of the Seven Churches of*

Asia Minor, 2 vols., 18 39,1, 25.
6. Allom and Walsh, 25; Boulden, 140–4.
7. Necipoglu, 202; Arthur Barker, 'The Cult of the Tulip in Turkey', *Journal of the Royal Horticultural Society*, LVI, 1931, 234–44; Nurhan Atasoy, 'Les Jardins impériaux sous le règne de Soliman le Magnifique', in Veinstein (ed.), *Soliman*, 239–48; Michiel Roding and Hans Theunissen, *The Tulip, a Symbol of Tm Nations*, Utrecht-Istanbul, 1993, 10, 54.
8. William Wittman, *Travels in Turkey, Asia Minor, Syria and across the Desert to Egypt*, 1803, 14; Dankoff, 107.
9. Artan, 'Architecture', 38, 162–3, 242; Du Mont, II, 113; Hope, I, 53.
10. Un Jeune Russe, *Voyage en Crimée*, 1802, 177, 199; Cockerell, 28–9; Montagu, 141, Lady Mary Wortley Montagu to Abbé Cond 1 April 1718.
11. Skilliter, *William Harborne*, 85; Carlier de Pinon, 111–12; Bobovi, 30; Ferriman, 325.
12. Nubar Gulbenkian, *Pantaraxia*, 1965, 130; Turabi Effendi, *Turkish Cookery*, repr. Rottingdean, 1987, *passim;* James Dallaway, *Constantinople Ancient and Modern*, 1798, 149; Ferriman, 326.
13. Stanley Lane-Poole (ed.), *The People of Turkey: Twenty Years Residence among Bulgarians, Greeks, Albanians, Turks and Armenians by a Consul's Daughter and his Wife*, 2 vols., 1878, II, 39.
14. Lewis, *Muslim Discovery*, 196; Katib Celebi, *The Balance of Truth*, ed. G. L. Lewis, 51, 58; White, II, 127–34.
15. *Istanbul Ansiklopedesi*, art. 'Kahvehaneler'; Allan Ramsay and Francis McCullagh, *Tales from Turkey*, 1914, xxii, xxviii.
16. Hammer, XI, 286, 335; Bernard Lewis, *Istanbul and the Civilization of the Ottoman Empire*, Norman, Oklahoma, 1963, 132–3.
17. White, I, 282.
18. F. Billacois (ed.), *L'Empire du Grand Turc vu par un sujet de Louis XIV*, 1965, 96; Walsh, II, 500; Freely, 93; Ramsay and McCullagh, 57–9.
19. Charlemont, 166–7.
20. Hammer, XVI, 64–5; Baron de Tott, *Memoirs concerning the State of the Turkish Empire and the Crimea*, 4 parts, 1786, I, 140; Mouradgea d'Ohsson, II, 121.
21. Artan, 'Architecture', 207,410,411; Gibb, II, 227; Mantran, *Istanbul*, 106; Milter, 107.
22. Hammer, XV, 143.
23. Talat S. Halman, *Suleyman the Magnificent, Poet*, Istanbul, 1989, 53–4; Evliya Celebi, I, 134; Hammer, VI, 279, VIII, 323; Menemencioglu, 100; Mittler, 151.
24. And, *Istanbul,* 193; Maréchal de Moltke, *Lettres ... sur l'Orient*, 1877 edn., 36–7, letter of 12 February 1836; Gibb, IV, 68; F. Munir Katircioglu, 'Ottoman Culinary Habits', in Feyzi Halici (ed.), *First International Food Congress Turkey 1986*, Ankara, 1988, 163–5.
25. Murat Bardakgi, *Osmanlida Seks,* 1993, 117.
26. Elias Habesci, *The Present State of the Ottoman Empire,* 1784, 388; Tott, I, 163; Melek Hanim, *Thirty Years in the Harem,* 1872, 245.
27. Bardakgi, 132; Ulucay, *Ask Mektuplari,* 203–5, letter of 11 August 1875.
28. And, *Istanbul,* 211; Alfred C. Wood, 'The British Embassy in Constantinople', *English Historical Review,* XL, 1925, 551; Charlemont, 204–6; Habesci, 175, 393. 将墓园作为性交易的场所，这种做法一直延续到20世纪，正如读者回想起克洛德·法雷尔

的《谋杀者》一书中的情节。

29. Necipoglu, 210, 216–17; Alderson, Table XXVII; Kritovoulos, 61; Raymond T. Macnuly and Radu R. Florescu, *Dracula, His Life and His Times*, 1989, 150; Babinger, 207.
30. Carlier de Pinon, 119; White, I, 195; And, *Turkish Dancing*, 140–1.
31. Wratislaw, 54 描写了来自那不勒斯王国的Cigala帕夏, 他"在品尝过土耳其的自由和快乐之后变得越来越堕落, 直到现在, 他与基督教已变得毫无关联"; Lady Hornby, 394, 在1856年6月26日遇见Slade帕夏, 他"觉得与伦敦和巴黎的僵化传统相比, 自己无比热爱东方生活的轻松与自由", Valensi, 47; Pedani, 42.; 然而, 1577年, 政府试图禁止"非法移民的行为": Hammer, VII, 133n。
32. Gibb, III, 55, 123; Menemencioglu, 108–9.
33. Dankoff, 278; Gibb, IV, 56.
34. Gibb, IV, 220–42; Bardakgi, 103–32. Sunbulzade Vehbi 在1809年去世, 他用图解的方式时而赞扬, 时而批评女性和男孩的性优势。
35. De Amicis, 147; Raphaela Lewis, *Everyday Life in the Ottoman Empire*, 124–7; Tott, I, 175
36. Abou el-Hajj, *The 1703 Rebellion*, 31–3, 86.
37. Necipoglu, 258; Artan, 'Architecture', 36, 38.
38. B. Miller, *Sublime Porte*, 226, 125; Gocek, 77, 79.
39. Gibb, IV, 30; Menemencioglu, 113; Mitler, 106–7; Epiphanius Wilson, *Turkish Literature*, 1901, 181–3; *Anka: Revue d'art et de littérature de Turquie*, VII-VIII, 1989, 44–6.
40. Levy, *Sephardim*, 77; André Philippides, *Hommes et idées du Sud-Est Européen à l'aube de l'âge moderne*, 1980, 243, Daniel de Fonseca to Jean Leclerc 1 March 1724; Montagu, 142, Lady Mary Wortley Montagu to Abbé Conti 19 May 1718.
41. Turhan Baytop, 'The Tulip in Istanbul during the Ottoman Period', in Roding and Theunissen (eds.), 53, 55.
42. Artan, 'Architecture', 166; Gocek, 130; B. Miller, *Sublime Porte*, 125.
43. Artan, 'Architecture', 166, 201, 360, 414; Artun and Beyhan Unsal, *Istanbul la magnifique: propos de table et recettes*, 1991, 77.
44. E. Wilson, 182; Ligne, I, 214, Ligne to Comte de Ségur i December 1788.
45. Charlemont, 204–5; Bosscha Erdbrink, 138, Calkoen to States-General 22 March 1739.
46. Niyazi Berkes, *The Development of Secularism in Turkey*, Montreal, 1964, 37–42; Gocek, 113; César de Saussure, *Lettres de Turquie*, ed. Coloman de Thaly, Budapest, 1909, 94, letter of 21 February 1732; B. Miller, *Sublime Porte*, 110.
47. Levy, *Sephardim*, 90; de Saussure, 94, letter of i February 1732; Berkes, *Secularism*, 42–5.
48. Robert W. Olson, *The Siege of Mosul and Ottoman-Persian Relations 1718–1743*, Bloomington, 1975, 66, 71, 74–5; Mardin, *Genesis*, 433; Bosscha Erdbrink, 93–5.
49. Olson, 79; Bosscha Erdbrink, 95, despatch of Cornelius Calkoen 13 November 1730; Albert Vandal, *Une Ambassade française en Orient sous Louis XV: la mission de Marquis de Villeneuve 1728-1741*, 1887, 15 5–6, despatch of Villeneuve 7 October 1730; Gocek, 159.
50. Mary Lucille Shay, *The Ottoman Empire from 1720 to 1734 as revealed in Despatches of Venetian Baili*, Urbana, 1944, 31–3; Olson, 80.

8 大使和艺术家

1. Hammer, VIII, 148.
2. Merriman, 236; Colin Imber, 'The Ottoman Dynastic Myth', *Turcica*, 1987, 22.
3. Naimur Rahman Farooqi, *Mughal-Ottoman Relations*, Delhi, 1989, 23, 29, 88, 195.
4. Lewis, *Muslim Discovery*, 118, 45; Merriman, 133, quoting the chronicle of Kemal Pashazade; Pierre Duparc, *Recueil des instructions données aux ambassadeurs et ministres de France*, 1969, 16, 259, instructions of 22 August 1665, 6 March 1724.
5. Vaughan, 124, 127, 129.
6. M. S. Anderson, *The Rise of Modern Diplomacy*, 1993, 28; Peirce, 'Gender and Power', 120–1.
7. Busbecq, 183; Hammer, VI, 148; Skilliter, *William Harborne*, 63, Joachim Von Sinzendorf to Rudolf II 24 March 1579.
8. Hammer, V, 149, 151n., letter of February 1526, 333, VII, 18 5; M. S. Anderson, 72.
9. Pedani, 203–8.
10. Jacques Lefort, *Documents grecs dans les Archives de Topkapi Sarayi: contribution à Phistoire de Cem Sultan*, Ankara, 1981, 20; Bobovi, 12; Baron de Dedem de Gelder, *Mémoires*, 1900, 25; Habesci, 法提赫夸口说他在意大利的秘密情报网络，使他能深入了解那块地方的种种事件：Raby, 285。
11. Hammer, IV, 48, 138.
12. Bosscha Erdbrink, 119, 123.
13. Guilleragues, 908–9; Belin, 314; Galland, II, 52, diary entry for 2 April 1673; Vandal, *Une Ambassade française*, 38.
14. Alberto Tenenti, *Piracy and the Decline of Venice 1580–1615*, 1967, 72; *L'Orient des provençaux dans l'histoire*, exhib. cat., Marseilles, 1982, 280.
15. William Hunter, *Travels through France, Turkey and Hungary to Vienna in 1792*, 3rd edn., 2 vols., 1803, 1, 323.
16. Wood, *Levant Company*, 238; Hammer, XII, 10. 波兰使团的炫耀式游行传统一直持续到这个王国终结之时：Dedem de Gelder, 37。
17. Marquis de Bonnac, *Mémoire historique sur lAmbassade de France à Constantinople*, 1894, 12; Gerard Tongas, *Les Relations de la France avec l'Empire Ottoman durant la première moitié du XVIIe siècle*, Toulouse, 1942, 23–31, 37; Hammer, XI, 229–30, 346; G. F. Abbott, *Under the Turk in Constantinople*, 1920, 102, 9 September 1675.
18. Hammer, XI, 255, 259, 282, XII, 8; Covel, in Bent (ed.), 194, diary entry for 19 May 1675; Comte de Saint-Priest, *Mémoires sur l'Ambassade de France en Turquie*, 1877, 231; Vandal, *Voyages*, 216, 232.
19. Guilleragues, I, 192, 436, 473: *mémoire pour servir d'instruction au Sr. de Guilleragues*, 10 June 1679, Guilleragues to Louis XIV 24 May 1680, 12 September, 25 October 1681; Hammer, XII, 56, 167; Piton de Tournefort, II, 27.
20. Bonnac, 43–5; Ferriol, 75–9, Ferriol to Louis XIV 8 January 1700; 参见对于此事件的其他叙述，La Motraye, I, 272; Piton de Tournefort I, 397–401。
21. Cantemir, 261; Ferriol, 190, letter of 25 July 1707; William Miller, *Travel and Politics in the Near East*, 1897, 428; Hammer, IX, 113.
22. La Motraye, I, 369; Vandal, *Une Ambassade française*, 40; H. Riondel, *Le Bienheureux Gomidas de Constantinople, prêtre arménien et martyr*, 1929, 137; Hammer, XIII, 41.

23. Archives du Ministère des Affaires Etrangères, Paris (henceforward referred to as AAE), Turquie, 68: *Relation de l'audience que j'aye eue du grand Vizir Ibrahim Pacha Gendre du Grand Seigneur le mardi 10 Octobre dans son palais de Constantinople.*
24. State Archives, Stockholm, Turcica, 100, Bonneval to Hoepken 6 September 1738, 14 May 1741, to G. Bonde 4 September 1736, to Horn 4 August 1735.
25. Hammer, XV, 365–78, Desalleurs to Bonneval 2 3 December 1746, Castellane to d'Argneson 23 March 1747.
26. State Archives, Stockholm, Turcica, 100, Bonneval to Hoepken 19 December 1735, 21 January 1744.
27. *Revue d'Histoire Diplomatique,* 1987, 234–5; cf. Virginia Aksan, 'Ottoman-French Relations 1739–68', in *Studies in Ottoman Diplomatic History,* ed. Sinan Kuneralp, 5 vols., Istanbul, 1987–90, 1, 50, 56; Vassif Efendi, *Précis historique de la guerre des Turcs contre les Russes,* ed. P. A. Caussin de Perceval, 1822, 6–7; Hammer, XVI, 179, 184, 203–5, 228.
28. Onnik Jamgocyan, 'L'Apprivoisonnement de Constantinople, la Révolution française et le déclin du négoce français', *Arab Historical Review for Ottoman Studies,* VII, October 1993, 129–33; Tott, II, 123, 149, 167, 205, 255, III, 149, IV, 255.
29. Berkes, *Development of Secularism,* 54; Itzkowitz and Mote, 161.
30. Hugh Ragsdale (ed.), *Imperial Russian Foreign Policy,* Cambridge, 1993, 82, 99.
31. Masson, 274; Comte de Choiseul-Gouffier, *Voyage pittoresque de la Grèce,* 2 vols., 1782–1809, I, xi; Léonce Pingaud, *Choiseul-Gouffier. La France en Orient sous Louis XVI,* 1887, 179n. Vergennes to Ségur; Duparc, 477, instruction of 2 June 1784.
32. Max Roche, *Education, assistance et culture françaises dans l'Empire Ottoman,* Istanbul, 1989, 17–18.
33. Octave Teissier, *La Chambre de Commerce de Marseille,* Marseilles, 1892, 315, Grand Vizier to Louis XVI 16 January 1791; Pingaud, 85.
34. Stanford J. Shaw, *Between Old and New: the Ottoman Empire under Sultan Selim III 1789–1807,* Harvard, 1971, 17; Archives du Ministère des Affaires Etrangères, Correspondance Politique, Turquie, 176, ff. 72v, 87v, 98, 100, 195v: Choiseul-Gouffier to Montmorin 3, 9, 10, 25 August; cf. A. I. Bagis, *Britain and the Struggle for the Integrity of the Ottoman Empire,* Istanbul, 1984, 42, 45.
35. Pingaud, 253, 255; BM Add. MSS 41567, f. 186: Choiseul-Gouffier to Sublime Porte 24 September 1792.
36. Wanda, *Souvenirs anecdotiques sur la Turquie 1820–1870,* 1884, 174, 175.
37. Colonel Rottiers, *Itinéraire de Tiflis à Constantinople,* Brussels, 1829, 345.
38. Nicolay, 179; Vandal, *Voyages,* 65; id., *Une Ambassade française,* 83n.; Itzkowitz and Mote, 176–7.
39. Un Jeune Russe [H.-C.-R. von Struve], *Voyage en Crimée,* 190; Dedem de Gelder, 23; Wittman, 25.
40. Michel Lesure, 'Notes et documents sur les relations vénéto-ottomanes', *Turcica,* IV, 143, 155.
41. Cantemir, 259; Karl A. Roider jun., *Austria's Eastern Question,* Princeton, 1982, 92–3, 220, Thugut to Kaunitz 21 March 1771。1710年的英国大使罗伯特·萨顿得到了奥斯曼军队的秘密名单：Kurat (ed.), 9。
42. J. M. Tancoigne, *Voyage à Smyrne... suivi d'une notice sur Péra,* 2 vols., 1817, II, 46.

43. Montagu, 122, Lady Mary Wortley Montagu to Lady Mar 16 March 1718.
44. Ausilia Roccatagliata, *Notai genovesi in oltremare: atti rogati a Pera e Mitilene*, I, Genoa, 1982, 140; E. Dalleggio d'Alessio, 'Liste des Podestats de la colonie génoise de Péra', *Revue des Etudes Byzantines*, XXVII, 1969, 152–3; id., 'Une Inscription inédite d'Arab-Djami', *Echos d'Orient*, XXVIII, 1929, 408–11; Belin, 151.
45. Sturdza, 590–6; Antoine Gautier and Marie de Testa, 'Quelques Dynasties de Drogmans', *Revue d'Histoire Diplomatique*, 1991, 89–94; J. F. Labourdette, *Vergennes*, 1990, 48–50; E. L. G. H. de Marcère, *Une Ambassade à Constantinople: la politique orientale et la révolution française*, 2 vols., 1927,1, 42, letter of Testa 28 March 1793.
46. Sturdza, 5 87; Wood, 'English Embassy', 556.
47. National Library of Scotland (hereafter NLS), Liston MSS, Pisani to Liston *passim* and 24 November, 24 October 1794.
48. Virginia Childs, *Lady Hester Stanhope*, 1990, 67; NLS, Liston MSS, Lady Liston journal 1812, f. 38.
49. Walsh, II, 440; Sir Austen Layard, *Autobiography and Letters*, 2 vols., 1903, II, 140 and n.
50. John Stoye, *Marsigli's Europe*, 1994, 17, 23; Toderini, III, 212; Edward Said, *Orientalism*, 42, 95; *Vers F Orient*, exhib. cat., Bibliothèque Nationale, 1983, 40.
51. Kemal Beydilli, 'Ignatius Mouradgea d'Ohsson', *Istanbul Universitesi Edebiyat Fakultesi Tarih Dergisi*, XXXIV, 1984, 252, 260; Mouradgea d'Ohsson, III, 312n. 其他写过奥斯曼帝国状况的外交官和译员包括比斯贝克；菲利普·迪弗伦·卡纳耶（《黎凡特之旅》，1573年）；托马斯·罗伊爵士；保罗·利考特爵士；将《一千零一夜》翻译成法语的安托万·加朗，他于1671—1675年和1678—1683年在法国驻伊斯坦布尔大使馆工作；F. Petis de La Croix；美国公使馆的John Brown，他是有关托钵修士的书籍和1850年出版的《土耳其夜晚娱乐消遣》的作者；在克里米亚战争期间，翻译了许多奥斯曼文献的法国使馆首席译员Charles Schefer，他成了现代东方语言学院的院长。
52. Freiherr von Hammer-Purgstall, *Erinnerungen*, Vienna, 1940, 41, 44, 46–7, 133, 134, 137.
53. And, *Istanbul*, 325–6 已确定了19本这样的画册。
54. *At the Sublime Porte*, exhib. cat., Hazlitt, Gooden and Fox, 1988; Vandal, *Voyages*, 200–2; Catherine and André Boppe, *Les Peintres du Bosphore au XVIIIe siècle*, 1989, 40–7; *Les Peintures 'turques' de Jean-Baptiste Vanmour 1671–1737*, exhib. cat., Istanbul, 1975. Marshal Sebastiani的肖像现收藏于凡尔赛镇的法国历史博物馆，其背景是伊斯坦布尔风景，由Winterhalter在1841年绘制，即在Sebastiani卸任法国驻君士坦丁堡大使33年之后。
55. 1994年8月29日，拜访了Biby，以及采访了Fredrik von Celsing。其他"使馆画作"由以下人员和机构收藏：法国的M. de Tugny；德国的Prince von Oettingen Wallerstein；奥地利的Gudenus伯爵；威尼斯的莫瑟尼格宫博物馆；威尼托多洛的瓦尔托塔别墅；意大利驻伊斯坦布尔总领事馆；英国驻安卡拉使馆；凡尔赛镇的法国历史博物馆、波尔多美术馆、克拉科夫美术学院，以及阿姆斯特丹皇家博物馆。1795年，韦尔热纳夫妇之子的4幅君士坦丁堡风景画及其8幅居民肖像被国家征收了，自此之后就消失了：Archives Nationales F 17 1268, no. 226: *Inventaire des objets réservés pour la nation, provenants de Vergennes émigré*. 对于这一条参考资料，我很感谢Mme de Tugny-Vergennes。
56. Gilles, 221, 97, 170; B. Miller, *Sublime Porte*, 24.
57. Strachan, 174; William St Clair, *Lord Elgin and the Marbles*, 1983 edn., 90 and *passim*.

9 禁卫军蹙眉

1. Philip Mansel, *Pillars of Monarchy*, 1984, 85, 88.
2. Godfrey Goodwin, *The Janissaries*, 1994, 70, 72; Lybyer, 109; Enis Batur (ed.), *Eccomium to Istanbul,* Istanbul, 1991, 107.
3. Hammer, VI, 263–4, XV, 215–16; BM Add. MSS 36301, f. 263, Pisani to Lord Strangford, 1821.
4. Kafadar, 'Yeniceri-Esnaf Relations', 37, 42, 116.
5. Hammer, VI, 299–302.
6. Kafadar, 'Yeniceri-Esnaf Relations', 47, 81, 86, 24; A. Djevad Bey, *Etat militaire ottoman depuis la fondation de l'Empire jusqu'à nos jours*, Constantinople-Paris, 1882, 76; Galland, II, 137, diary entry for 6 August 1673.
7. Man tran, *Istanbul,* 105; Shaw, *Between Old and New,* 120.
8. Kafadar, 'Yeniceri-Esnaf Relations', 67; Djevad, 43; Hammer, IV, 338. 1592年，禁卫军也逼迫苏丹返回伊斯坦布尔。
9. Hammer, X, 112, IX, 171, 177, 181; Thomas, *Naima,* 94–5.
10. Bobovi, 42; Hammer, IX, 219, 280.
11. Tott, I, 17–21; Revd E. J. Davis, *Osmanli Proverbs and Quaint Sayings,* 1898, 66; Bosscha Erdbrink, 65; Louis Bonneville de Marsangy, *Le Chevalier de Vergennes: son ambassade à Constantinople*, 2 vols., 1894, I, 266–8 and n., Vergennes to Rouille 30 September 1755.
12. Bonneville de Marsangy, I, 313, Vergennes to Rouille 3 February 1756; cf. Pingaud, 132, Choiseul-Gouffier to Chevalier de Gruyère 2 June 1787.
13. Roy Porter, *London*, 80; Daniel Panzac, *La Peste dans l'Empire Ottoman 1700–1850,* Leuwen, 1985, 117, 283, 341, 59, 41; Alfred C. Wood, *A History of the Levant Company,* 1935, 246; William Turner, *Journal of a Tour of the levant*, 3 vols., 1820, I, 76; Resad Ekrem Kocu, 'The Records of the Gardener Corps of the Imperial Guards', in Batur (ed.), 108.
14. Panzac, *Peste,* 312; Busbecq, 183; Ali Nami Bey, *Vérité, justice, bonté,* Constantinople, 1918, 63.
15. Hammer, XVI, 46; Mouradgea d'Ohsson, III, 306–9; Paul Wittek, 'Les Archives de Turquie', *Byzantion,* 1938, 697.
16. Findlay, *Reform,* 115; Jamgocyan, *Finances de l'Empire Ottoman,* 110; Pingaud, 228, Choiseul-Gouffier to Noailles 15, 21 May 1789; Shaw, *Between Old and New,* 75–8.
17. Beydilli, 260–8, 289. 穆拉德热亚后来说服帝国承认法兰西共和国，在1795—1799年担任驻君士坦丁堡的瑞典大臣，由于俄国大使认为他是雅各宾党人，在俄国大使的坚持下，他离开了君士坦丁堡。1807年，他在巴黎近郊去世。
18. A. F. Miller, *Mustafa Pacha Bairaktar*; Bucharest, 1975, 89, 86; Wilkinson, 219, 234; A. P. Caussin de Perceval (tr.), *Précis historique de la destruction du corps des Janissaires par le Sultan Mahmoud en 1826,* 1833, 14, 223–5, 230–1; Shaw, *Between Old and New,* 92, 135.
19. A. F. Miller, 105–6; Shaw, *Between Old and New,* 182, 194.
20. NLS MSS 5572, Liston to Grenville 25 November 1794; Navarian, 145.
21. Nisbet, 156, Lady Elgin to Mrs Nisbet 11 December 1801; Sturdza, 582; Dedem de Gelder, 32.

22. Cornelis Boschma and Jacques Perot, *Antoine-Ignace Melling (1763–1831), artiste voyageur*; Paris, 1991, 18, 20, 22, 30.
23. Shaw, *Between Old and New*, 358; Edouard Driault, *La Politique orientale de Napoléon*, 1904, 95, 102; H. Deherain, *La Vie de Pierre Ruffin*, 2 vols., 1929–30, II, 84–5, Sébastiani to Talleyrand 3 March 1807.
24. Shaw, *Between Old and New*, 89, 371; Mahmud Raif Efendi, *Tableau des nouveaux règlemens de l'Empire Ottoman*, Constantinople, 1798, 7; Deherain, II, 87, Ruffin to his daughter 10 June 1807.
25. Shaw, *Between Old and New*, 382–92.
26. A. F. Miller, 286, 289.
27. Serge Tatistcheff, *Alexandre Ier et Napoléon*, 1891,412, Caulaincourt to Napoleon 24 June 1808; Shaw, *History of the Ottoman Empire*, II, 3–5.
28. Hobhouse, 999, 1001; Cyrus Hamlin, *Among the Turks*, 1878, 114; Temple, II, 36.
29. White, III, 269n.; Pars Tuglaci, *The Role of the Balian Family in Ottoman Architecture*, Istanbul, 1990, 17, 21, 26.
30. NLS MSS 5630, Liston to Castlereagh 25 February 1815; 5628, Liston to Castlereagh 24 December 1814.
31. Walsh, I, 342; NLS MSS 5709, ff. 45–6, Lady Liston, Journal 30 October 1812; F. Ismail, 'The Diplomatic Relations of the Ottoman Empire and the Great European Powers from 1800 to 1821', unpublished D.Phil. thesis, London, 1975, 36; P. Coquelle, 'Andreossy, ambassadeur à Constantinople', *Revue d'Histoire Diplomatique*, XX, 1906, 250.
32. W. Turner, I, 69, III, 385, 393; BM Add. MSS 56301, f. 205v, Pisani to Strangford 5 December 1821.
33. Walsh, II, 503–4; Andrew Wheatcroft, *The Ottomans*, 1993, 125.
34. Howard A. Reed, 'The Destruction of the Janissaries by Mahmud II in June 1826', unpublished Ph.D. thesis, Princeton, 1951, 112, 171.
35. MacFarlane, *Constantinople*, II, 380; H. Reed, 200, 203.
36. Caussin de Perceval, 44–6; H. Reed, 284, 295, 213, 238.
37. Stanley Lane-Poole, *The Life of Sir Stratford Canning, Viscount Stratford de Redcliffe*, 2 vols., 1888, I, 422, letter of 22 June 1826.
38. Caussin de Perceval, 103.
39. Caussin de Perceval, 3, 201.
40. White, I, 110; Lane-Poole, *Stratford Canning*, I, 420, Stratford to George Canning 20 June 1826.
41. Allan Cuningham, *Anglo-Ottoman Encounters in the Age of Revolution*, 1993, 293–4; Lane-Poole, *Stratford Canning*, I, 434; Temple, II, 188.

10 马哈茂德二世

1. G. Frangos, 'The *Philike Etairia*', unpublished Ph.D. thesis, Columbia, 1971, 33, 67, 103, 150, 274; Philip Sherrard, 'Church, State and the Greek War of Independence', in Clogg (ed.), *Movement*, 182, 186, 189.
2. A. Otetéa, 'L'Hétairie d'il y a cent cinquante ans', *Balkan Studies*, VI, 2,1965, 261.

3. BM Add. MSS 36299, f. 59, Chabert to Strangford 31 March 1821; Walsh, I, 300, 305, 329; Frangos, 203.
4. BM Add. MSS 36301, ff. 10v, 26v, 32, 42, Pisani to Strangford 22 April, 4, 6, 12 May 1821; Walsh, I, 315–16, 336, 349, 361.
5. BM Add. MSS 36301, f. 87, Pisani to Strangford 23 July 1821.
6. BM Add. MSS 36301, f. 85, Pisani to Strangford 5 July 1821.
7. BM Add. MSS 36301, ff. 190, 194V, Pisani to Strangford 13, 18 November 1821.
8. Florin Marinescu, Georgeta Penelea-Filitti, Anna Tabaki (eds.), *Documents gréco-roumains: le Fonds Mourouzi d'Athènes*, Athens-Bucarest, 1991, 47; BM Add. MSS 36301, ff. 5, 59, Pisani to Strangford 16 April, 6 May 1821; Walsh, I, 392; Soutzo, 24.
9. Walsh, I, 389–92; Sturdza, 325; C. M. Woodhouse, 'Kapodistrias and the *Philiki Etairia*', in Clogg (ed.), *Struggle,* 116.
10. Barbara Jelavich, *History of the Balkans: Eighteenth and Nineteenth Centuries,* Cambridge, 1983, 208; *Historic Archive of Alexander Mavrocordato*, Athens, 1963, II, 370, Mavrocordato to M. de Reineck 9/21 July 1823; Edouard Driault and Michel L'Héritier, *Histoire diplomatique de la Grèce de 1821 à nos jours*, 5 vols., 1925–6, I, 218, letter of Mavrocrodato 30 June 1823.
11. Herbert Huscher, 'Alexander Mavrocordato, Friend of the Shelleys', *Bulletin of the Keats-Shelley Memorial Association*, XVI, 1965, 29–37; Frederick L. Jones (ed.), *The Letters of Percy Bysshe Shelley*, 2 vols., Oxford, 1964, II, 617, Shelley to Clare Claremont 2 April 1821.
12. Avigdor Levy, The Military Policy of Sultan Mahmud II 1808–1839', unpublished Ph.D. thesis, Harvard, 1968, 244, 248, 371, 378; MacFarlane, *Constantinople,* II, 165.
13. Tuglaci, *Balian,* 41–3, 53–61.
14. MacFarlane, *Constantinople,* I, 499, 501; White, III, 46.
15. Herbert Weinstock, *Donizetti,* 1964, 308–10; MacFarlane, *Constantinople,* I, 517; *National Palaces,* I, 43–4.
16. Colonel Calosso, *Mémoires d'un vieux soldat,* Turin-Nice, 1857, 142, 156–7, 170, 184; Temple, II, 134; MacFarlane, *Constantinople,* II, 174–83.
17. Patricia L. Baker, The Fez in Turkey: a Symbol of Modernisation?', *Costume,* 1986, 72–85; Bernard Lewis, *The Emergence of Modern Turkey,* 1960, 100; Pars Tuglaci, *The Role of the Dadian Family in Ottoman Social, Economic and Political Life,* Istanbul, 1993, 187.
18. MacFarlane, *Turkey and its Destiny*, 2 vols., 1850, II, 622–3; Aziz Nesin, *Istanbul Boy,* 3 vols., Austin, Texas, 1977–90, II, 12; Elias Kazan, *A Life,* 1988, 14.
19. Cunningham, *Anglo-Ottoman Encounters,* I, 311; Calosso, 225; Vernon John Puryear, *France and the Levant from the Bourbon Restoration to the Peace of Kutahya,* Berkeley, 1941, 63, despatch of Gordon 26 July 1829, 76.
20. M. S. Anderson, *The Eastern Question,* 1982, 71; R. W. Seton-Watson, *Britain in Europe 1789–1914,* 1937, 137, 177, 195; Allan Cunningham, *Eastern Questions in the Nineteenth Century,* 1993, II, 211.
21. M. S. Anderson, *Eastern Question,* 90–1; Frank E. Bailey, *British Policy and the Turkish Reform Movement,* Harvard, 1932, 132, Canning to Palmerston 7 March 1832; Lane-Poole, *Stratford Canning,* I, 505, Canning to Lady Canning 24 March 1832.
22. Temple, II, 91; Walsh, II 275; John Auld)o, *Journal of a Visit to Constantinople and Some of the Greek Islands in the Spring and Summer of 1833,* 18 3 5, 98; J. W.

McCarthy and Constantin Caratheodory, *Relation officielle de la maladie et de la mort du Sultan Mahmoud II*, 1841, 12–13.
23. Cunningham, *Eastern Questions*, II, 40; Walsh, I, 343; Temple, II, 44n.
24. Alderson, Table xliv, n. 3; M. Cagatay Ulucay, *Padishahlarin Kadinlari ve Kiftfari*, Ankara, 1992, 107–8. 在法国大使Riviere侯爵的信件中没有提及她的死。
25. Lane-Poole, *Stratford Canning*, II, 505, Canning to Lady Canning 24 March 1832.
26. Temple, II, 60, 195, 214; *Istanbul à la jonction des cultures balkaniques, méditerranéennes, slaves et orientales aux XVI-XIXe siècles*, Bucarest, 1977, 95, 103.
27. Berkes, *Secularism*, 128; Findlay, *Ottoman Civil Officialdom*, 26.
28. Nathalie Clayer and Alexandre Popovic (eds.), *Presse turque et presse de Turquie*, Istanbul-Paris, 1992, 84; Berkes, *Secularism*, 126–7; Walsh, II, 281–3.
29. Walsh, II, 288; Cunningham, *Anglo-Ottoman Encounters*, 312; BM Add. MSS 36301, f. 52, 114, Pisani to Strangford 24 May, 7 August 1821; Chassiotis, 433.
30. Sturdza, 220; Pardoe, I, 74–82.
31. Barsoumian, 'The Armenian Amira Class', 126, 129, 157.
32. Tuglaci, *Dadian, passim*; Cyrus Hamlin, *My Life and Times*, 1897, 259; Anna Boutros-Ghali and Archag Alboyadjian (eds.), *Les Dadian*, Cairo, 1965, 78–9.
33. Issawi, 160; Allom and Walsh, II, 62.
34. White, I, 126; Berkes, *Secularism*, 113–14.
35. Alexandre Mavroyennis, *Contribution à l'histoire du Proche-Orient*, 2 vols., Istanbul, 1950, II, 125n.; Roderic H. Davison, 'The French Language as a Vehicle for Ottoman Reform in the Nineteenth Century', 126–40; J. J. Sheehan, *German History 1780–1866*, Oxford, 1989, 583.
36. White, I, 151; Panzac, *La Peste*, 476, 482.
37. White, I, 234; Allom and Walsh, I, 69, II, 34; Tuglaci, *Women of Istanbul*, 25–6; Prince de Joinville, *Vieux Souvenirs*, 1970 edn., 130- 1.
38. Pardoe, I, 315, 317.
39. Walsh, II, 2; Philip Argenti, *The Massacres of Chios*, 1932, 25, 108, Strangford to Londonderry 25 June 1822, Baron von Militz to Graf von Bernstorff 25 June 1822.
40. Tulay Artan, 'The Palaces of the Sultans', *Istanbul: Selections*, 1992, 94–7; Pardoe, I, 315; Temple, II, 89; Walsh, II, 313, 379.
41. Pardoe, I, 304, 306, 330, 312; White, I, 184n., III, 2; Adolphus Slade, *Turkey and the Crimean War*, 1867, 88.
42. Maréchal de Moltke, *Lettres... sur l'Orient*, 1877 edn., 318, letter of 1 September 1839; Maréchal Duc de Raguse, *Voyages*, 5 vols., 1837–8, II, 64; Pardoe, II, 312; cf. MacFarlane, *Constantinople*, I, 53, II, 165, 169.
43. Pardoe, II, 236; Walsh, II, 292; Ubicini, I, 107–8.
44. Pardoe, I, 30; A. Borie, P. Pinon and Stéphane Yerasimos, *L'Occidentalisation d'Istanbul au XIXe siècle*, Ecole d'Architecture, Paris, 1989, 3–4.
45. PRO FO 78/225,152v, 155,157v, Ponsonby to Palmerston 19 December 1833; Philip E. Moseley, *Russian Diplomacy and the Opening of the Eastern Question in 1838–1833*, Harvard, 1934, 10, 96, 99.
46. M. S. Anderson, *Eastern Question*, 83; Edouard Driault, *L'Egypte et l'Europe: la crise de 1839–1841*, 2 vols., Cairo, 1930–1, I, 113, 151, Cochelet to Soult 5 July, 15 July 1839; White, III, 100; McCarthy and Caratheodory, 21–3.

11　奇迹之城

1. Théophile Gautier, *Constantinople*, 228.
2. Edmund Hornby, *An Autobiography*, 1929, 84; Charles de Mouy, *Lettres du Bosphore*, 1879, 179; Mrs Brassey, *Sunshine and Storm in the East, or Cruises to Cyprus and Constantinople*, 1880, 79, diary entry for 28 October 1874.
3. Patricia Herlihy, *Odessa: a History 1794–1914*, 1986, 107; Zeyneb Celik, *The Remaking of Istanbul*, 1989, 84; *Levant Herald*, 2 October 1869; F. Trench Townsend, *A Cruise in Greek Waters*, 1870, 220.
4. Celik, 93; de Amicis, 23–30; Ferriman, 264–6; Samuel S. Cox, *Diversions of a Diplomat in Turkey*, New York, 1887, 183; MacFarlane, *Turkey and its Destiny*, II, 326.
5. De Mouy, 30; F. Marion Crawford, *Constantinople*, 1895, 15; Inalcik and Quataert, 922; Claude Farrère, *L'Homme qui assassina*, 1928, 17.
6. Crawford, 17; Lady Hornby, 63, diary entry for 26 October 1855.
7. Ferriman, 265; Celik, 88–9.
8. Toledano, 53, 146; Melek Hanoum, 46–7. 19世纪80年代，Dr Comanos帕夏为埃及的赫迪夫采购奴隶，在3个小时之内于一间私人宅邸验看了85个奴隶：Dr Comanos Pasha, *Mémoires*, c. 1920, 52。
9. Wanda, 32; Boutros-Ghali and Alboyadjian, 7.
10. Galante, *Histoire des Juifs*, I, 65, 159, 223, II, 133; A. de Lamartine, *Histoire de la Turquie*, 6 vols., 1854, I, 19; S. G. W. Benjamin, *The Turks and the Greeks*, New York, 1867, 76; Sir Henry F. Woods, *Spun-Yarn from the Strands of a Sailor's Life*, 2 vols., 1924, II, 225.
11. Bayram Kodoman, *Les Ambassades de Moustapha Rechid Pacha à Paris*, Ankara, 1992, *passim*; Roderick Davison, *Reform in the Ottoman Empire 1856–1876*, Princeton, 1963, 89; Charles Mismer, *Souvenirs du monde mussulman*, 1892, 110.
12. Davison, 3–4; Lane-Poole, *Straford Canning*, II, 90–1; Vartan Artinian, *The Armenian Constitutional System in the Ottoman Empire 1839–1863*, Istanbul, 1990, 52; Steven T. Rosenthal, *The Politics of Dependency: Urban Reform in Istanbul*, Westport, 1980, 36, 63.
13. Edouard Driault, *Mohammed Ali et l'Europe: la crise de 1840–41*, 5 vols., Cairo-Rome, 1930–4, III, 40, letter of 17 July 1840; 227, 7 September 1840; I, 193, letter of 27 July 1839; *Levant Herald*, 8 October 1869; Thouvenel, 125, Thouvenel to Benedetti, 1 July 1857.
14. Cunningham, *Eastern Questions*, 135, and Nassau W. Senior, *A Journal kept in Turkey and Greece*, 1859, 35; Tito Lacchini, *I Fossati, architetti del Sultano di Turchia*, Rome, 1943, 88–94.
15. Bailey, 282, 286, memorandum of Baron von Sturmer, March 1841.
16. Rosenthal, 104–5, 107–8, 113, 115, Stratford Canning to Palmerston 31 August 1848.
17. Sir Telford Waugh, *Turkey Yesterday, Today and Tomorrow*, 1930, 25; Davison, 71; Lane-Poole, *Straford Canning*, II, 334, Lord to Lady Stratford de Redcliffe 24 December 1853; Cunningham, *Anglo-Ottoman Encounters*, 147n.; R. W. Seton-Watson, *Britain in Europe 1789–1914*, Cambridge, 1937, 318, 363; Woods, II, 97.
18. John Shelton Curtiss, *Russia's Crimean War*, Durham, N.C., 1979, 47, 117, 62.

19. Norman Rich, *Why the Crimean War? A Cautionary Tale*, 1985, 35; Curtiss, 93–4.
20. Curtiss, 116; Rich, 39.
21. Rich, 43, 48, 55, 75; Curtiss, 46.
22. Rich, 82–3; Curtiss, 183–4; Lane-Poole, *Stratford Canning*, II, 302, Charles Alison to Lady Stratford 28 September 1853; Seton-Watson, *Britain in Europe*, 312.
23. Slade, *Turkey and the Crimean War*, 187; W. H. Russell, *The British Expedition to the Crimea*, rev. edn. 1858, 52.
24. Rosenthal, 110, 115; Senior, 132, diary entry for 19 October 1857.
25. Hon. and Revd Sydney Godolphin Osborne, *Scutari and its Hospitals*, 1855, 49, 50; Sir Edward Cook, *The Life of Florence Nightingale*, 2 vols., 1914, I, 220.
26. Lady Hornby, 204–213, 8 February 1856.
27. Rich, 193; Rogers, *Topkapi: Costumes*, 161; B. Miller, *Sublime Porte*, 100–2.
28. *National Palaces*, I, Istanbul, 1987, *passim;* Mustafa Cezar, 'The Architectural Decoration of Dolmabahce and Beylerbeyi Palaces', *National Palaces*, II, Istanbul, 1992, 1–20; Gautier, 262; Turhan Baytop, 'The Tulip in Istanbul during the Ottoman Period', in Roding and Theunissen (eds.), 52.
29. Celik Gulersoy, *Dolmabahce Palace and its Environs*, Istanbul, 1990, 54; Lady Hornby, 407–11, letter of 23 July 1856.
30. Felix Ribeyre, *Voyage de Sa Majesté l'Impératrice en Corse et en Orient*, 1870, 153n.; *Levant Herald*, 16 October 1869.
31. *National Palaces*, II, 1992, 137.
32. Braude and Lewis, I, 30; Avigdor Levy, 'The Ottoman *Ulama* and the Military Reforms of Sultan Mahmud II', *Asian and African Studies*, VII, 1971, 18.
33. W. M. Thackeray, *Notes of a Journey from Cornhill to Grand Cairo*, 2nd edn., 1846, 44; W. H. Russell, *A Diary in the East during the Tour of the Prince and Princess of Wales*, 1869, 480–1; Trench Townsend, 217; Woods, II, 224.
34. Thierry Zarcone, *Mystiques, philosophes et franc-maçons en Islam*, 1993, 31, 117, 317.
35. Orhan Kologlu, 'La Formation des Intellectuels', in Clayer and Popovic (eds.), 127; Gibb, V, 20, 22.
36. Hamlin, *My Life and Times*, 477; M. Destrilhes, *Confidences sur la Turquie*, 1855, 67; Layard, II, 47–51; *Catalogue de la Bibliothèque de feu Ahmed Vejyk Pacha*, Constantinople, 1893.
37. Serif Mardin, 'Super Westernisation in Urban Life in the Last Quarter of the Nineteenth Century', in Peter Benedict *et al.* (eds.), *Turkey: Geographical and Social Perspectives*, Leiden, 1974, 406, 417; Layard, II, 86.
38. BM Add. MSS 38979, f. 241, letter of 25 May 1850; 39103, f. 311, 3 August 1862; 38987, f. 49, 15 January 1861; 39024, f. 306; 38985, f. 44, 18 August 1856; Senior, 136, diary entry for 23 October 1857.
39. Jules Blancard, *Etudes sur la Grèce contemporaine*, Montpellier, 1886, 12, 35, 37.
40. H. Exertoglu, 'The Greek Bankers in Constantinople 1856–1881', unpublished Ph.D. thesis, London, 1985, 81, 129, 133.
41. Exertoglu, 141, 147, 159; Rosenthal, 79; Sturdza, 223.
42. Exertoglu, 150, 153, 161, 237–40; Haydar Kazgan, *Galata Bankerleri*, Istanbul, 1991, 133; Sturdza, 152.
43. Charles Brun, 'Les Grecs de Constantinople', *Revue Moderne*, LII, 10 June 1869, 432.

44. C. Th. Dimaras, *Histoire de la littérature néo-hellénique,* Athens, 1965, 312; Thouvenel, 344; Jelavich, *History of the Balkans,* 262.
45. Levy, *Sephardim,* 96; cf. P. Baudin, *Les Israélites de Constantinople,* Constantinople, 1872, repr. 1989: 'On imaginerait difficilement un tableau de misères plus frappant, plus déchirant'; Abraham Galante, *Nouveau Receuil de nouveaux documents concernant l'bistoire des Juifs de Turquie,* 1949, 46; Shaw, *Jews,* 160–2.
46. Walsh, II, 436–7; William Miller, *Travel and Politics in the Near East,* 1897, 426; Slade, *Turkey and the Crimean War,* 63n.
47. Duncan M. Perry, *Stefan Stambulov and the Emergence of Modern Bulgaria 1870–1895,* Durham and London, 1993, 6; Mercia MacDermott, *A History of Bulgaria 1393–1885,* 1962, 140, 147–9.
48. Cunningham, *Eastern Questions,* 38–9; PRO FO 78/225, 157v, 172, Ponsonby to Palmerston 19 December 1833; Davison, *Reform,* 59; Braude and Lewis, I, 323.
49. Sturdza, 448, 465; MacDermott, 151–5; B. H. Sumner, 'Ignatyev at Constantinople', *Slavonic Review,* 1933, 571.
50. Hamlin, *My Life and Times,* 439; *Levant Herald,* 1 July 1869; George Washburn, *Fifty Years in Constantinople,* Boston and New York, 1909, 72, 96, 114, 293. 1869—1903年，在435个优秀毕业生之中有195个保加利亚人、144个亚美尼亚人和76个希腊人。
51. Kemal H. Karpat, 'The Population and the Social and Economic Transformation of Istanbul: the Ottoman Microcosm', *International Journal of Middle East Studies,* 1983, 86; M. S. Anderson, *Eastern Question,* 113; Berkes, *Secularism,* 316; Davison, *Reform,* 231.
52. *Correspondance d'Adam Mickiewicz,* ed. Ladislas Mickiewicz, n.d., 363, Adam Mickiewicz to Madame Klustine 25 October 1855; *National Palaces,* I, 88.
53. W. Miller, 429; Gulersoy, *Grand Bazaar,* 35; Rosenthal, 10; Exertoglu, 74.
54. *The Whittalls of Turkey 1809–1973,* n.d., passim; A. Gallenga, *Two Years of the Eastern Question,* 2 vols., 1877, I, 260–4.
55. Celik, 62–3; Rosenthal, 39.
56. Rosenthal, 41, 59, 70, 95, 151; White, I, 195, II, 94; Raouf d'Orbey, *Les Amours dangereuses,* Constantinople, 1874, *passim.*
57. Said N-Duhani, *Quand Beyoglu s'appelait Péra,* Istanbul, 1956, 12; Celik, 133–4; Marcelle Tinayre, *Notes d'une voyageuse en Turquie,* 1909, 293.
58. Celik, 136.
59. Celik, 37–8, 158; Rosenthal, 17, 173–4; de Amicis, 20.
60. Walsh, I, 248–51; Celik, 93; Mark Twain, *The Innocents Abroad,* Hartford, Conn., 1869, 372; Mavroyennis Pacha, *Chiens errants de Constantinople, et chiens et chats de bonne maison,* 1900, 8, 14.
61. Albert Smith, *A Month at Constantinople,* 1850, 69, 89; de Amicis, 108.

12　通往沙皇格勒之路

1. P. Oberling, 'The Istanbul Tunnel', *Archivum Ottomanicum,* IV, 1972, 238–40; Celik, 97.

2. Suha Umur, 'Abdulmecit, Opera and the Dolmabahce Palace Theatre', *National Palaces*, I, 50–1; W. H. Russell, *Diary in the East*, 506, 479.
3. Hrant Papazian, *D. Tchouhadjian: vie et œuvres*, Istanbul, 1977, 9, 12; Pars Tuglaci, *Turkish Bands of Past and Present*, Istanbul, 1986, 124–5.
4. Gawrych, 298–300; Davison, 298.
5. Mardin, *Genesis*, 13, 26.
6. *Istanbul Ansiklopedisi*, art. 'Galata Borsasi'; Davison, *Reform*, 247–8; Berkes, *Secularism*, 180, 184; Margaret Stevens Hoell, 'The Ticaret Odasi: Origins, Functions and Activities of the Chamber of Commerce of Istanbul 1885–1899', unpublished MA thesis, Ohio State University, 1973, 1–5, 50.
7. Zarcone, 204, 209, 281; Constantin Svolopoulos, 'L'Initiation de Mourad V à la franc-maçonnerie par Cl. Scalieri; aux origines du mouvement libéral en Turquie', *Balkan Studies*, 1980, XXI, 2, 1964, 451.
8. Artan, 'Architecture', 119; Haidar, 20–2, 33–4, 52–3, 60, 87.
9. Ferriman, 4–5; [Sir Charles Eliot], *Turkey in Europe*, 1900, 142–5.
10. Gérard Groc and I. Caglar, *La Presse française de Turquie de 1795 à nos jours*, Istanbul, 1985, 203, 228.
11. Guity Neshat, *The Origins of Modern Reform in Iran 1870–1880*, Urbana, 1982, 33–7; Mitler, 76; Clayer and Popovic (eds.), 201.
12. Godfrey Hodgson, *A New Grand Tour*, 1995, 165, 199, 214; Robert Pynsent (ed.), *Decadence and Innovation: Austro-Hungarian Life and Art at the End of the Century*, 1989, 54.
13. Ernest Roth, *A Tale of Three Cities*, 1971, 118–19; see e.g. *Levant Herald*, 6 July, 25 October 1869.
14. Artinian, 103; James Etmekjian, *The French Influence on the Western Armenian Renaissance 1843–1915*, New York, 1964, 109.
15. Vartan, 71; Engin Cizgen, *Photography in the Ottoman Empire 1839–1919*, Istanbul, 1987, 96, 98.
16. Butros Ghali, 25, 32; Tuglaci, *Dadian*, 114.
17. Prince Mek-B. Dadian, 'La Société arménienne contemporaine', *Revue des Deux Mondes*, 15 June 1867, 906, 914, 921; Findlay, *Bureaucratic Reform*, 214.
18. Sarkis Atamian, *The Armenian Community*, New York, 1955, 84.
19. Senior, 139, 24 October 1857; Vartan, 87; Etmekjian, 111.
20. G. A. Mavrocordatos, *De la Réforme et de la finance des Romains en Orient*, Athens, 1856, 13; A. Synvet, *Les Grecs de l'Empire Ottoman: étude statistique et ethnique*, 2nd edn., c. 1878, 10; Brun, 434.
21. MacDermott, 209; David Kushner, *The Rise of Turkish Nationalism*, 1977, 11, 12.
22. B. H. Sumner, *Russia and the Balkans 1870–1880*, 1937, 110; Barbara Jelavich, *The Ottoman Empire, the Great Powers and the Straits Question 1870–1887*, Bloomington, 1973, 12–13, 152; Sir Henry G. Elliot, *Some Revolutions and other Diplomatic Experiences, 1927*, 205; M. S. Anderson, *Eastern Question*, 166.
23. Count Ignatyev, 'Memoirs', *Slavonic Review*, X, June 1931, 394–7; Michael Boro Petrovich, *The Emergence of Russian Panslavism 1836–1870*, New York, 1956, 263.
24. Roger Owen, *The Middle East in the World Economy 1800–1914*, 1981, 105; Exertoglu, 255; Kazgan, 86, 89.

25. Lewis, *Emergence of Modern Turkey,* 469; Celik Gulersoy, *The Ceragan Palaces,* Istanbul, 1992, 66–76.
26. Henry O. Dwight, *Turkish Life in War Time,* 1881, 1, diary entry for 15 April 1876; Gallenga, I, 140; Davison, 325, 329. 屠杀人数参见 Richard Millman, *Britain and the Eastern Question 1875–1878,* Oxford, 1979, 153–4, 162。许多被认为死亡的保加利亚人其实早先因为寻找工作而离开了村庄，每年夏天他们都这么做。
27. Dwight, 7, diary entry for 12 May 1876; Davison, 330.
28. Davison, 332–7; Dwight, 21, diary entry for 31 May 1876; Cléanthe Scalieri, *Appel à la justice des Grandes Puissances,* Athens, 1881, 9; Robert Devereux, 'Suleyman Pasha's "the Feeling of the Revolution" ', *Middle Eastern Studies,* XV, 1, 1979, 7–8.
29. Devereux, ibid., 19; Gulersoy, *Ceragan Palaces,* 101–11.
30. Davison, 352–3, 355; Berkes, *Secularism,* 242; Pierre Loti, *Aziyade: Stamboul 1876–1877,* 1892 edn., 64.
31. Davison, 382–3; Robert Devereux, *The First Ottoman Constitutional Period,* Baltimore, 1963, 80–3, 134; Millman, 226.
32. Fesch, 277; Gallenga, II, 307, 310–12.
33. Dwight, 84, 103–6, diary entries for 23 April, 22, 29 June 1876; David MacKenzie, 'Russia's Balkan Policies under Alexander II', in Ragsdale (ed.), 235.
34. Dorothy Anderson, *The Balkan Volunteers,* 1968, 193–4, 196; Dwight, 226–7, 231, diary entries for 25 January, 6 February 1878; MacKenzie in Ragsdale (ed.), 239.
35. Farooqi, 95, 173, 198; Ram Lakhan Shukla, *Britain, India and the Turkish Empire 1853–1882,* New Delhi, 1973, 49, quoting letters of Lord Lytton to Lord Salisbury January-May 1877.
36. D. Anderson, 119–22, 187, 205; Millman, 311; Gordon Waterfield, *Layard of Nineveh,* 1963, 396, 505; Robert Blake, *Disraeli,* 1966, 595, 639.
37. Waterfield, 402; Devereux, *First Ottoman Constitutional Period,* 240.
38. Sumner, 361, 366, 375, 391, 397.
39. Dwight, 258–9, diary entry for 27 February 1878; BM Add. MSS 39018, f. 71, Vefyk to Layard January 1878; 39023, f. 258, 39024, f. 306, letters of February 1878; Tuglaci, *Dadian,* 122.
40. Dwight, 66, 137, 263, diary entries for 21 January 1877, 25 July, 8 August, 7 November 1877; Salahi R. Sony el, *Minorities and the Destruction of the Ottoman Empire,* Ankara, 1993, 262, 282, 284; Devereux, *First Ottoman Constitutional Period,* 224.
41. *La Turquie,* 2 March, 7 April 1878; Sumner, 416–17; Waterfield, 420; A. O. Sarkisian, *History of the Armenian Question to 1885,* Urbana, 1938, 85, 88n.
42. Sturdza, 465.
43. *La Turquie,* 7 April 1878; Exertoglu, 210, 226–7, 283; Elia Institute for the Study of the Greek Diaspora, Athens, MSS: *Mémorandum du Syllogue Grec de Constantinople,* 1878, f. 14.
44. Gulersoy, *Ceragan Palaces,* 131, 135, 141–8.
45. Waterfield, 414, 416; Dwight, 338, diary entry for 18 August 1878; Sumner, 572.
46. Dwight, 418, diary entry for 30 May 1878; W. Miller, 432; BM Add. MSS 48944, Vincent Papers, f. 191, diary of Edgar Vincent 12 November 1880.

13 耶尔德兹

1. Tuglaci, *Balian,* 546–657, 提供了有插图的，有时甚至有点奇妙的对于耶尔德兹的描述; Ayse Osmanoglu, *Avec mon Père le Sultan Ab dulh amid de son palais à son prison,* 1991, 80–2; Tahsin Pasha, *Yildiz Hatiralari,* 1990 edn., 212。
2. Mrs Max Muller, *Letters from Constantinople,* 1897, 5 3; Anna Bowman Dodds, *In the Palaces of the Sultan,* 1904, 7 5; Woods, II, 230; Prince Nicholas of Greece, *My Fifty Years,* 1929, 201; 1989年4月13日对于Yalter夫人的采访。
3. Tahsin Pasha, 30, 61, 66–8.
4. 关于耶尔德兹宫的宴请描述可参见: Dowager Marchioness of Dufferin and Ava, *My Russian and Turkish Journals,* 1917, 303, diary entry for 17 October 1883; Muller, 88–90; Paul Cambon, *Correspondance,* 3 vols., I, 352, letter of 27 December 1891; Dodds, 93。
5. Tuglaci, *Balian,* 639–46; Lloyd C. Griscom, *Diplomatically Speaking,* 1940, 168; Osmanoglu, 64.
6. Dodds, 91, 104; Dufferin, 303, diary entry for 17 October 1881.
7. Henri de Blowitz, *Une Course à Constantinople,* 1884, 254–5.
8. Dufferin, 221, diary entry of 30 August 1882, cf. Tahsin Pasha, 6–8; BM Add. MSS 39024, f. 296, Longworth to Layard 15 December 1880; Cambon, I, 386, letter of 15 February 1895.
9. Philip Graves, *Briton and Turk,* 1941, 50; Waugh, 99.
10. Tahsin Pasha, 19–22; Blancard, II, 440–3, letter of 19 November 1892; Sturdza, 260; despatch of Layard 30 July 1879, quoted in Sonyel, 258; Theodore Herzl, *Diaries,* 1958, 141, entry for 17 June 1896.
11. Louis Rambert, *Notes et impressions de Turquie,* 1926, 331, diary entry for 22 November 1904; Herzl, 158, entry for 22 June 1896; Graves, 51n.
12. Shukla, 155; Selim Deringil, 'The Invention of Tradition as Public Image in the Late Ottoman Empire, 1808 to 1908', *Comparative Studies in Society and History,* XXXV, 1 January 1993, 15; Serif Mardin, *Religion and Social Change in Modern Turkey,* Albany, New York, 1989, 125–9; Selim Deringil, 'Legitimacy Structures in the Ottoman State: the Reign of Abdulhamid II 1876–1909', *International Journal of Middle East Studies,* XXIII, 1991, 353.
13. Tuglaci, *Balian,* 498; Wilfrid Scawen Blunt, *Gordon at Khartoum,* 1911, 318, diary entry for 24 October 1884.
14. Wilfrid Blunt, *My Diaries,* 2 vols. 1919–20, I, 102, entry for 28 April 1892; Mrs Will Gordon, *A Woman in the Balkans,* 1916, 228–9, 231–2; 'Tercuman', *Grecs et Turcs d'aujourd'hui,* 1898, 16–18.
15. Deringil, 'The Invention of Tradition', 12.
16. Osmanoglu, 54; Herzl, 152, 18 June 1896; Deringil, 'The Invention of Tradition', 10.
17. Blunt, *My Diaries,* I, 102, 28 April 1893.
18. Nikki R. Keddie, *Sayyid Jamal ad-din 'al-Afghani',* Los Angeles, 1972, 371, 375, 381, 385, 406, 408.
19. Engin D. Akarli, 'Abdul Hamid's Attempts to integrate Arabs into the Ottoman System', in David Kushner (ed.), *Palestine in the Late Ottoman Period,* Jerusalem, 1986, 80; Jan Schmidt, *Through the Legation Window 1871–1926,* Istanbul, 1992, 91,

98; Deringil, 'Legitimacy Structures', 351.
20. Charles Didier, *Séjour chez le Grand Schérif de la Mekke,* 1857, 157, 247, 261; George Stitt, *A Prince of Arabia: the Emir Shereef Ali Haidar,* 1948, 37; Senior, 55–7, 6 October 1857; Toledano, 120, 130.
21. Blunt, *Gordon at Khartoum,* 305, 19 October 1884, 331, November 1884; PRO FO 78/3081, Layard to Salisbury 'secret', 9 February 1880; 可确认英国和哈希姆家族的联系, William Ochsenwald, *Religion, Society and the State in Arabia,* Ohio, 1984, 201–2; Shukla, 170–1。
22. Stitt, 57–9, 93–4, 105.
23. King Abdullah of Jordan, *Memoirs,* 1950, 46, 40; Shirin Devrim, *A Turkish Tapestry: the Shakirs of Istanbul,* 1994, 88.
24. Waugh, 90–1; Cox, *Diversions of a Diplomat,* 152; Rambert, 34, diary entry for 24 October 1896.
25. Said N-Duhani, *Quand Beyoglu s'appelait Péra,* 61.
26. Gulersoy, *The Caique,* 219–26.
27. Gulersoy, *Ceragan Palaces,* 154–62; Alderson, 29n.
28. Celik, 146; Vera Freni and Carla Varnier, *Raimondo d'Aronco: l'opera completa,* Padova, 1983, 123.
29. Halil Halid, *Diary of a Turk,* 1903, 134–5; Blunt, *Gordon at Khartoum,* 304, 18 October 1884; Crawford, 17; Alan Duben and Cem Behar, *Istanbul Households: Marriage, Family and Fertility 1880–1940,* Cambridge, 1991, 210.
30. Duben and Behar, 4, 149, 180–1, 183.
31. Berkes, *Secularism,* 291, 320.
32. Issawi, 275.
33. Donald Quataert, *Social Disintegration and Popular Resistance in the Ottoman Empire 1881–1908,* New York, 1983, 95–6, 98.
34. Louise Nalbandian, *The Armenian Revolutionary Movement,* Berkeley, 1963, 117, 130; Christopher J. Walker, *Armenia: the Survival of a Nation,* 1991 edn., 145–6.
35. Ertugrul Zekai Okte (ed.), *Ottoman Archives. Yildiz Collection. The Armenian Question,* 3 vols., Istanbul, 1989, II, 129, Kamil to General Secretariat 15 July 1879; 157, Sureyya Pasha to Grand Vizier 11 August 1890; 195.
36. Walker, 132; Raymond H. Kevorkian and Paul B. Paboudjian, *Les Arméniens dans l'Empire Ottoman à la veille du génocide,* 1992, 11–12.
37. Hratch Dasnabedian, *History of the Armenian Revolutionary Federation Dashnaktsutiun 1890–1924,* Milan, 1990, 76; Walker, 153–6; Nalbandian, 123–5.
38. Edouard Driault and Michel L'Héritier, *Histoire diplomatique de la Grèce de 1821 à nos jours,* 5 vols., 1925–6, IV, 344, telegram of 12 February 1897; J. K. Hassiotis, 'The Greeks and the Armenian Massacres', *Neo-hellenika,* IV, 1981, 81, 85, despatch of 20 September 1895.
39. *Correspondance respecting the Disturbances at Constantinople in August 1896 presented to both Houses of Parliament by command of Her Majesty,* 1897, 11, Herbert to Lord Salisbury 27 August 1896; 32, letter of Max Muller 31 August 1896; Rambert, 18–19, diary entry for 30 August 1896.
40. Tahsin Pasha, 44; Walker, 165–8; *Correspondance respecting the Disturbances ...,* 18–20, Herbert to Salisbury 31 August 1896; 22, Calice to Herbert 29 August; J. A. S. Grenville, *Lord Salisbury and Foreign Policy: the Close of the Nineteenth Century,*

1970, 75.
41. *Correspondance respecting the Disturbances ...*, 15, report by F. A. Barker 26 August 1896; 17, Herbert to Lord Salisbury; Cambon, I, 394, letter of 10 October 1895.
42. Nubar Gulbenkian, *Pantaraxia,* 1966, 10; Stephen Longrigg, *Oil in the Middle East,* 3rd edn., 1968, 31.
43. Tuglaci, *Dadian,* 427, 243, 292.
44. Ibid., 240–1, *mémoire* of 1900; Kevorkian, 15; Boutros Ghali, 109–12; Sarkis Artamian, *The Armenian Community,* New York, 1955, 121–2.
45. Kevorkian, 17, 19; Dasnabedian, 77.
46. Haus-, Hof- und Staatsarchiv, Vienna PA XIV/18, *Mémoire sur le mouvement albanais* by Faik Bey Konitza, 1899年1月：对于这一条参考资料，我很感谢Orhan Kologlu; Stefanaq Pollo and Arben Pulo, *Histoire de lAlbanie,* Roanne, 1972, 137, 147, 154, 156; Stavro Skendi, *The Albanian National Awakening 1878–1912,* Princeton, 1967, 169, 317; Stuart E. Mann, *Albanian Literature,* 1955, 38–9, 41–3; J. Swire, *Albania: the Rise of a Kingdom,* 1929, 64。
47. Stephen Constant, *Foxy Ferdinand,* 1979, 180–1; Prince Nicholas of Greece, *My Fifty Years,* 1930, 205.
48. Michel Noe, *Pages d'Orient,* 1895, 174–5; A. J. Pannayotopulos, 'The Great Idea and the Vision of Eastern Federation', *Balkan Studies,* XXI, 2, 1980, 340; cf. Gerasimos Augustinos, *Consciousness and History: Nationalist Critics of Greek Society,* New York, 1977, 128–30.
49. Cambon, I, 428, Paul to Madame Cambon 20 August 1897; Blancard, II, 469.
50. Bertrand Bareilles, *Constantinople,* 1918, 368; Allen Upward, *The East End of Europe,* 1908, 96–7; Mavroyennis, II, 20, diary entry for 25 October/7 November 1907.
51. Keith M. Wilson, 'Constantinople or Cairo?', in id. (ed.), *Imperialism and Nationalism in the Middle East,* 1983, 33, 35; Alan Bodger, 'Russia and the End of the Ottoman Empire', in Marian Kent (ed.), *The Great Powers and the End of the Ottoman Empire,* 1984, 78; Alan Palmer, *The Decline and Fall of the Ottoman Empire,* 1993 edn., 182; J. A. S. Grenville, 50–1, 81.
52. Feryal Irez and Vahide Gezgor, 'The Sale Kosk', in *National Palaces,* II, 114–15; Osmanoglu, 77–8.
53. Sturdza, 590–6; Edouard Fazy, *Les Turcs d'aujourd'hui,* 1898, 160; Donald C. Blaisdell, *European Financial Control in the Ottoman Empire,* New York, 1929, 133, 138, 141 ; Prince von Bulow, *Memoirs,* I, 1931, 245.
54. Halide Edib, *Memoirs,* 1926, 36n.
55. Woods, II, 271–2; Waugh, 97; Findlay, *Bureaucratic Reform,* 231–2, 243; Gordon, 229.
56. Exortoglu, 299, 301, 310, Owen, 192–4.
57. Rambert, 35, 67, 69, 103, entries for 31 October 1896, 7, 9 October 1899, 23 December 1900; Quataert, *Social Disintegration,* 118.
58. Herzl, 350, 161, entries for 21 May 1901, 22 June 1896; cf. Rambert, 197, entry for 20 December 1902: 'au palais on est tout à coup fort pessimiste sur les affaires de Macédoine.'
59. R. Porter, 257–8; R. J. Olson, 'Cities and Culture', in Théo Barker and Anthony Sutcliffe (eds.), *Megalopolis: the Giant City in History,* 1993, 167; Andrew Lees,

注 释 497

Cities Perceived: Urban Society in European and American Thought 1820–1940, Manchester, 1985, 6–9.
60. Rambert, 35, entry for 24 October 1896; Mardin, *Religion and Social Change,* 82; *Anka, revue d'art et de littérature de Turquie,* 1989, 48–50; Lewis, *Emergence,* 206.
61. Stitt, 57, 88, 105; cf. Louise Hirszowicz, 'The Sultan and the Khedive 1892–1908', *Middle East Studies,* VIII, 1972, 296, 赫迪夫Abbas Hilmi对此有相似的情感体验。
62. Blunt, *Gordon,* 307–8, diary entry for 20 October 1884; Loti, *Les Désenchantées,* 1906 edn., 165; Duben and Behar, 40; PRO FO 800, f. 306v: 万贝里于1894年的观察。
63. Ernest Edmondson Ramsaur jun., *The Young Turks: Prelude to the Revolution of 1908,* Princeton, 1957, 16, 46 and *passim;* Gilles Veinstein (ed.), *Salonique 1850–1918: la ville des Juifs et le réveil des Balkans,* 1992, 108.

14 青年土耳其党人

1. Stitt, 97; Edib. *Memoirs,* 258.
2. Hercule Diamantopoulo, *Le Réveil de la Turquie,* Alexandria, 1908, 59–60; 经Mafalda Zonaro Meneguzzer女士的允许，得以查阅福斯托·佐纳罗的回忆录。
3. Diamontopulo, 171; C. R. Buxton, *Turkey in Revolution,* 1909, 119, 127; F. R. Bridge, 'The Young Turk Revolution: an Austro-Hungarian Assessment', 论文发表在1988年3月23—25日于曼彻斯特大学举行的"1908年青年土耳其党人革命"的会议。
4. Mary A. Poynter, *When Turkey was Turkey,* 1921, 56, diary entry for 1 December 1908; E. F. Knight, *The Awakening of Turkey,* 1909, 300.
5. Poynter, 58, entry for 3 December 1908; Diamantopoulo, 85, 121; Knight, 303; Feroz Ahmad, 'Unionist Relations with the Greek, Armenian and Jewish Communities of the Empire 1908–1914', in Braude and Lewis (eds.), I, 409.
6. Buxton, 199–200; Aubrey Herbert, *Ben Kendim,* 1918, 264; Francis McCullagh, *The Fall of Abdul Hamid,* 1909, 14; Mavroyennis, II, 34, diary entry for 4/17 December 1908.
7. Mavroyennis, II, 34, diary entry for 18/31 December 1908; Ali Cevaat Bey, *Fezleke,* Ankara, 1960, 18, 23; Glen Svenson, 'The Military Rising in Istanbul 1909', *Journal of Contemporary History,* V, 1970, 174.
8. Duhani, *Vieilles Gens,* 144.
9. Feroz Ahmad, *The Young Turks: the Committee of Union and Progress in Turkish Politics 1908–1914,* Oxford, 1969, 25 ; David Farhi, 'The *Seriat* as a Political Slogan or the Incident of 31 March', *Middle East Studies,* 1971, 7; Svenson, 181; Ahmed Emin, *The Development of Modern Turkey as Measured by its Press,* New York, 1914, 95.
10. Emin, *Development,* 97.
11. Ali Cevaat, 51–2; Farhi, 1–41.
12. Emin, *Development,* 95.
13. Sir W. M. Ramsay, *The Revolution in Constantinople and Turkey,* 1909, 91; Woods, II, 240; McCullagh, 208.
14. Abbott, *Turkey in Transition,* 255; MacCullagh, 244, 249; Osmanoglu, 142–3.
15. McCullagh, 283.

498 君士坦丁堡

16. W. M. Ramsay, 123–5; *Catalogue des perles, pierreries, bijoux et objets d'art précieux, le tout ayant appartenu a S.M. le Sultan Abdul Hamid II, dont la vente aura lieu à Paris,* November 1911, items 241, 278 and 279.
17. Fesch, 160; A Mavroyennis, II, 41, diary entry for 27/10 May 1909; Gulersoy, *Dolmabahce,* 109.
18. Zafer Toprak, 'Nationalism and Economics in the Young Turk Era 1908–1918', 论文发表在1988年3月23—25日于曼彻斯特大学举行的"1908年青年土耳其党人革命"的会议；Issawi, 276。
19. *Guide téléphonique,* Constantinople, 1914, 51, 110; *Moniteur Oriental,* 4 July 1914; Ferriman, 123; Ramsay and McCullagh, xxvii-xxviii.
20. Pierre Loti et Samuel Viaud, *Suprêmes Visions d'Orient,* 1921, 22–3, diary entry for 16 August 1910; Hilary Sumner-Boyd and John Freely, *Strolling through Istanbul,,* Istanbul, 1973, 144; A. Goodrich-Freer, *Things Seen in Constantinople,* 1926.
21. Le Corbusier, *Le Voyage d'Orient,* 1966, 69; *Documents on British Foreign Policy,* V, 255, annual report for Turkey for the year 1908; George S. Harris, *The Origins of Communism in Turkey,* Stanford, 1967, 20; Z. A. B. Zeman and W. B. Scharlau, *The Menant of Revolution,* 1965, 127–8.
22. Mete Tuncay and Erik J. Zurcher, *Socialism and Nationalism in the Ottoman Empire 1876–1923,* 1994, 69, 84–6.
23. Rambert, 279, diary entry for 29 January 1904; Crawford, 17; *Women in Anatolia,* exhib. cat., 201; McCullagh, 7; W. M. Ramsay, 148.
24. Tinayre, 337; Hon. Mrs William Grey, *Journal of a visit to Egypt, Constantinople, the Crimea, Greece etc. in the suite of the Prince and Princess of Wales,* 3rd edn., 1870, 166, diary entry for 9 April 1869.
25. Jacob M. Landau, *Tekinalp: Turkish Patriot 1883–1981,* Istanbul, 1984, 117, 122; Zafer Toprak, 'The Family, Feminism and the State', in Edhem Eldem, *Vie politique,* 447.
26. Tuncay and Zurcher, 25; M. Sukru Hanioglu, *Kendi Mektuplarinda Enver Pasa,* 1989, 188, letter of 23 September.
27. Edib, *Memoirs,* 317–18; Mitler, 186; Robert Olson, *The Emergence of Kurdish Nationalism and the Sheikh Said Rebellion, 1880–1925,* Austin, 1989, 15; Gerard Chaliand (ed.), *A People without a Country: the Kurds and Kurdistan,* 1993 edn., 35, 27, 29.
28. Hassan Saab, *The Arab Federalists of the Ottoman Empire,* Amsterdam, 1958, 226; Sabine Prator, 'The Arab Factor in Young Turk Politics: Aspects from the Istanbul Press', 论文发表在1988年3月23—25日于曼彻斯特大学举行的"1908年青年土耳其党人革命"的会议；Abdullah, 70。
29. George Antonius, *The Arab Awakening,* Beirut, 1969, 108, 111, 119; Saab, 234, 238–9.
30. Saab, 236; Zeine M. Zeine, *Arab-Turkish Relations and the Emergence of Arab Nationalism,* Beirut, 1958, 83; Haidar, 30.
31. Haidar, 69, 54; Stitt, 156. 关于1913年君士坦丁堡的权力下放和独立议会的讨论可参见 Pickthall, 118。
32. C. Ernest Dawn, *From Ottomanism to Arabism: Essays on the Origin of Arab Nationalism,* Urbana, 1973, 6, 12; Abdullah, 45.
33. Kushner, 35, 43, 77.
34. Kushner, 63, 65, 71; Sir Edwin Pears, *Forty Years in Constantinople,* 1917, 271.

35. Odette Keun, *Mesdemoiselles Daisne de Constantinople, c.* 1920, 53n.,; Emile Edwards, *Mon Maître chéri,* 1915, 38.
36. Interview with Orhan Koprulu, 30 March 1992; George T. Park, 'The Life and Writings of M. Fuad Koprulu', unpublished Ph.D. thesis, Johns Hopkins University, 1975, 3–5 and n., 7, 9, 14.
37. Lewis, *Emergence,* 343; Park, 20, 28n., 30; Mitler, 187.
38. Lewis, *Emergence,* 231; Emin, *Development,* 109–10; Park, 127, 138n., 140–3, 147.
39. George A. Schreiner, *From Berlin to Baghdad,* New York, 1918, 327, diary entry for 7 August 1915.
40. Landau, *Tekinalp,* 116; Mitler, 187.
41. Berkes, *Secularism,* 373–4; John Reed, *War in Eastern Europe,* 1994 edn., 135; McCullagh, 157.
42. Loti and Viaud, 71, diary entry for 23 August 1910.
43. Ahmad, *Young Turks,* 108; Bilal N. Simsir, *Dis Basinda Ataturk ve Turk Devrimi,* cilt I, Ankara, 1981, 165, 169; Abbas Hilmi Papers, Durham University, 46/248, 67/57, reports of an agent, possibly Damad Ferid, to the Khedive Abbas Hilmi, 10 October 1911, 3 September 1912.
44. William C. Askew, *Europe and Italy's Acquisition of Libya 1911–1912,* Durham, North Carolina, 1942, 206–7, 210–11; Alan Bodger, 'Russia and the Fall of the Ottoman Empire', in Kent, (ed.), 83–4.
45. Tuncay and Zurcher, 47; Lady Grogan, *Life of J. D. Bourchier*; 1921, 136, 139.
46. Constant, 254–61; Andrew Rossos, *Russia and the Balkans: Inter-Balkan Rivalries and Russian Foreign Policy,* Toronto, 1981, 87–90.
47. Lauzanne, 120; Poynter, 90, 95, 101, 115, diary entry for 9, 18 November, 12 December 1912, 26 September 1913; H. Myles, *La Fin de Stamboul,* 2nd edn., 1921, 1, 16.
48. *Moniteur Oriental,* 5 November 1912; Lauzanne, 119, 144, 155, 180; Keun, 43n., 49, 52; Gaston Deschamps, *A Constantinople,* 1913, 178–9.
49. Constant, 259; Poynter, 91, diary entry for 12 November 1912; Lauzanne, 233; *Moniteur Oriental,* 16 November 1912.
50. Poynter, 91–2, diary entry for 17 November 1912; Lauzanne, 227, 230; Harold Nicolson, *Sweet Waters,* 1928 edn., 128; Paul G. Halpern, *The Mediterranean Naval Situation 1908–1914,* Cambridge, Mass., 1971, 104.
51. *Moniteur Oriental,* 29 November, 2 December; Ellis Ashmead-Bartlett, *With the Turks in Thrace,* 1913, 283.
52. Hanioglu 223, 225, letters of 12, 14 January 1913, cf. 54, letter of 7 May 1911.
53. Hanioglu, 230, letter of Enver, 28 January 1913; Joseph Heller, *British Policy towards the Ottoman Empire 1908–1914,* 1983, 78.
54. Poynter, 106, diary entry for 29 March 1913; William I. Shurrock, *French Imperialismi in the Middle East,* Madison, 1976, 168, Mallet to Grey 17 December 1913; Abbas Hilmi Papers, Durham University, 194/62, 66, 72: 1913年2月4日、11日和18日写给赫迪夫Abbas Hilmi的信件提及"帝国存在徒劳无功"；Ahmad, 29。
55. PRO FO 371/9174, f. 68, 有关维克斯军火公司对于土耳其造船厂的租赁期的备忘录，Engineer Captain E. C. Hefford, 1923。
56. D. C. B. Lieven, *Russia and the Origins of the First World War,* 1983, 46, 69; Fritz Fischer, *War of Illusions: German Policies from 1911 to 1914,* 1975, 334; Hans

Kannengiesser Pasha, *The Campaign in Gallipoli*, 1927, 47.
57. Sir Andrew Ryan, *The Last of the Dragomans*, 1951, 88–9; *Miniteur Oriental*, 3, 10, 16 July, 28 August 1914.
58. Ahmad, 138–9.
59. Kent, 15; Heller, 98, 134; William Eleroy Curtis, *Turkestan, the Heart of Asia*, 1911, 142; Erik J. Zurcher, *Turkey: a Modern History*, 1993, 117; Dan van der Dat, *The Ship that Changed the World: the Escape of the 'Goeben' to the Dardanelles in 1914*, 1986 edn., 157.
60. Waugh, 150–1; Ryan, 84, 103; A. L. Macfie, *The Straits Question 1909–1934*, Thessaloniki, 1993, 53; Heller, 141, Mallet to Grey 6 September 1914; *Moniteur Oriental*, 10, 11 September.
61. Paul G. Halpern, *The Naval War in the Mediterranean 1914–1918*, 1987, 48; Ulrich Trumpener, *Germany and the Ottoman Empire 1914–1918*, 1968, 33, 36, 40; Heller, 144–5.
62. Ryan, 101; Heller, 150, 156.
63. Halpern, *Naval War*, 77; Van der Dat, 246, 267; Trumpener, 51, 56, 59; Ryan, 105; Heller, 152.
64. Pears, 354; Cdt. Larcher, *La Guerre Turque dans la Guerre Mondiale*, 1926, 39n.; Schreiner, 168, diary entry for 7 April 1915; Osmanoglu, 189, 196.
65. Emile Edwards, *Journal d'un habitant de Constantinople 1914–1913*, 1915, 74, 78, 107; Ahmed Emin, *Turkey in the World War*; New Haven, 1930, 176.
66. Stephane Yerasimos (ed.), *Istanbul 1914–1923: capitale d'un monde illusoire ou l'agonie des vieux empires*, 1992, 17, 171; J. Reed, 131–2; Zeman and Scharlau, 133–4, 136.
67. Martin Gilbert, *Winston Churchill*, 8 vols., 1968–90, III, 189, 411; id., *Churchill: a Life*, 1991, 295, 300; Norman Rose, *Churchill: an Unruly Life*, 1995 edn., 114; Alan Moorehead, *Gallipoli*, 1956, 125–6.
68. Gilbert, *Churchill: a Life*, 303–4; Kannengiesser Pasha, 64, 259, 270; Moorehead, 56, 91, 217, 363.
69. Schreiner, 38, diary entry for 23 February 1915; Walker, 210; Zurcher, *Turkey*, 121.
70. Heath W. Lowry, *The Story behind Ambassador Morgenthau's Story*, Istanbul, 1990, 49; Schreiner, 327, diary entry for 7 August 1915; *Los Angeles Examiner*, 1 August 1926, quoted in Vahakn N. Dadrian, 'The Documentation of the World War I Armenian Massacres in the Proceedings of the Turkish Military Tribunal', *IJMES*, XXIII, 1991, 561, 568.
71. Randall Baker, *King Husain and the Kingdom of Hejaz*, 1979, 115–18, proclamation of 25 Shaaban 1334; Stitt, 163.
72. Emin, *Turkey in the World War*, 173, 176, 236; Berkes, *Secularism*, 417–18; Ernst Jaeckh, *The Rising Crescent*, New York, 1944, 132.
73. Van der Dat, 263; J. Reed, 115; Jaeckh, 137; Schreiner, 63, 277, 6 July 1915.
74. Halpern, *The Naval War*, 559, 560, 568; id. (ed.), *The Royal Navy in the Mediterranean 1915–1918*, 1987, 580; Gwynne Dyer, 'The Turkish Armistice of 1918: 2', *Middle Eastern Studies*, VIII, 3, October 1972, 323–4.
75. Dyer, 324, 330, 333, 337; Halpern, *Naval War*, 568.

15　首都之死

1. PRO WO 161/85, Brigadier-General Sir James E. Edmonds, 'The Occupation of Constantinople 1918–1923', 1944, ff. 10–13 (以下简称为 Edmonds); FO 371/6485, f. 33, Note by R. W. Skelton, March 1921。
2. Jean Bernachot, *Les Armées alliées en Orient après ! Armistice de 1918*, 4 vols., 1972–8, II, 12, 17–18, despatch of 22 February 1919.
3. Erik Lance Knuds en, *Great Britain, Constantinople and the Turkish Peace Treaty*, New York, 1987, 22; J. G. Bennett, *Witness*, 1962, 30.
4. General Sir Charles Harington, *Tim Harington Looks Back*, 1940, 137; Nevile Henderson, *Water under the Bridges*, 1945, 105; 经 Sarah Fox-Pitt 的允许，查阅了 Fox-Pitt 的文件, W. A. F. L. Fox-Pitt to his father 11 October 1922, 22 May 1923。
5. Edmonds, f. 13; India Office Library Curzon Papers MSS EUR F 112/132: Curzon, 'The Future of Constantinople', 4 January 1919. 对于这一条参考资料，我很感谢 David Gilmour。
6. Curzon, 'The Future of Constantinople', 4 January 1919; Knudsen, 29, 53; PRO 371/5190, f. 44, 有对人口的估算。1914年，算上郊区，人口有49万土耳其人、22.5万希腊人、15.5万亚美尼亚人和15万其他族群。寇松的数据可能是参考了1911年的 *Encyclopedia Britannica*, art. 'Constantinople', by a Greek。
7. Erik Goldstein, 'Holy Wisdom and British Foreign Policy, 1918–1922: the St Sophia Redemption Agitation', *Byzantine and Modern Greek Studies*, XV, 1991, 47; Kent, 70; Myle , 165, article of 9 April 1919.
8. Macfie, 100–1; Mihir Bose, *The Aga Khans*, 1984, 180, Curzon to Montagu.
9. A. E. Montgomery, 'Lloyd George and the Greek Question 1918–22', in A. J. P. Taylor (ed.), *Lloyd George: Twelve Essays*, 1971, 264, 引用了1920年12月29日的备忘录；Alexis Alexandris, *The Greek Minority of Istanbul and Greek-Turkish Relations 1918–1974*, Athens, 1983, 53; G. Theotokas, *Leonis, enfant grec de Constantinople*, 1985, 134。
10. PRO FO 371/5190, ff. 31–35, 1920年2月18日牧首发给劳合·乔治的电报；ibid., f. 134, 1920年3月7日由154个协会和组织组成的委员会给劳合·乔治所发的电报。
11. Patriarche Oecuménique, *Mémoire*, Paris, 1919, 8–9.
12. Halide Edib, *The Turkish Ordeal*, 1928, 5; Nesin, II, 57; Harold Armstrong, *Turkey in Travail*, 1925, 97.
13. Edib, *Turkish Ordeal*, 149; Nur Bilge Criss, 'Istanbul during the Allied Occupation 1918–1923', unpublished Ph.D. thesis, George Washington University, 1990, 13.
14. PRO FO 371/5190, f. 76, acting Patriarch to Lloyd George 15 March 1920, and f. 101, *mémoire* of 14 February 1920; ibid., f. 111, petition of 16/9 January 1920.
15. Galante, *Histoire des Juifs*, II, 82; Criss, 35, 71.
16. Nigel Nicolson, *Alex*, 1973, 73; Churchill College, Cambridge, De Robeck Papers 6/1, De Robeck to Curzon 23 August 1920; A. Mavroyennis, II, 86, diary entry for 17/30 June 1919.
17. Knudsen, 115; Ryan, 127; Paul Dumont, *Mustafa Kemal*, Brussels, 1983, 27.
18. Erik J. Zurcher, *The Unionist Factor, the Role of the Committee of Union and Progress in the Turkish National Movement 1905–1926*, Leiden, 1984, 81; Criss, 132, 139, 146.
19. Norman Itzkowitz and Vamik D. Volkan, *The Immortal Ataturk a Psychobiography*,

Chicago, 1984, 114, 116.
20. Yerasimos, *Istanbul,* 115; Alexandre Jevakhoff, *Kemal Ataturk: les chemins de l'Occident,* 1989, 75; Criss, 147.
21. Zurcher, *Unionist Factor,* 82; Itzkowitz and Volkan, 124–5.
22. Anon., *Fusilier Bluff: the Experiences of an Unprofessional Soldier in the Near East 1918–1919,* 1934, 236; Edib, *Turkish Ordeal,* 23, 27–9, 32–33n.
23. Jean Bernachot, *Les Armées alliés en Orient après l'Armistice de 1918,* 4 vols., 1972–8, IV, 118, report of 1 August 1919.
24. Armstrong, 105; PRO 371/4241, 1919年12月12日瑞安的备忘录; 371/4162, 1920年1月9日情报汇总。
25. Gai Minault, *The Khilafat Movement,* New York, 1982, 75–6, 83.
26. Knudsen, 143; Macfie, 101, 105, 1920年1月6日英国参谋部的备忘录; cf. Albert Christiaan Niemeijer, *The Khilafat Movement in India 1919–1924,* The Hague, 1972, 145。
27. Bennett, 32, 34; Knudsen, 169, 171–2; Churchill College, De Robeck Papers 6/1, anon, note 16 March 1920; Criss, 92, 97, 102, 164; PRO FO 371/5162, f. 90, note of 18 March 1920.
28. David Walder, *The Chanak Affair,* 1969, 106; Edmonds, f. 23; Ryan, 128; Stitt, 202.
29. Falih Rifki Atay, *The Atatürk I Knew,* Istanbul, 1982, 138; Lord Kinross, *Ataturk: the Rebirth of a Nation,* Nicosia, 1981 edn., 223.
30. Major-General Sir Edmund Ironside, *High Road to Command,* 1972, 97; Knudsen, 195, 197; Ryan, 145.
31. Criss, 119, 205; Alexandris, 74; Macfie, 138.
32. Criss, 167, 170; *Documents on British Foreign Policy* 1919–1938, 第一系列（以下简称DBFP）, VII, 89, 91, Rumbold to Curzon 23 March 1921。
33. Martin Gilbert, *Sir Horace Rumbold,* 1973, 230–1; Criss, 54, 189; Jevakhoff, 184.
34. Demetra Vaka, *The Unveiled Ladies of Stamboul,* Boston, 1923, 105; Maurice Pernot, *La Question turque,* 1923, 9, 39, 43, 49.
35. DBFP, XVII, 23, 49, Rumbold to Curzon 20 January, 7 February 1921.
36. Edib, *Turkish Ordeal,* 71–3, 84, 89; Kinross, 214, 219; Jevakhoff, 185.
37. PRO FO 371/5170, report by Admiral Calthorpe 17 June 1919, memorandum by Calthorpe 31 July 1919.
38. PRO FO 371/5178, report of 12 August 1920; ibid. 5172, report of 13 October 1920; Whittall Papers, Abdulmecit to Canon Whitehouse, 9 September 1920.
39. PRO FO 371/5172/4131, report of 25 October 1920; *Burke's Royal Families of the World,* 2 vols., 1980, II, 244; PRO FO 371/6469, Rumbold to Curzon 29 April, 5 May 1921; Yerasimos, *Istanbul,* 129; Jevakhoff, 257–8.
40. James L. Barton, *Story of Near East Relief,* New York, 1930, 69, 158, 213.
41. Edib, *Turkish Ordeal,* 7, 9; Muftyzade K. Zia Bey, *Speaking of the Turks,* New York, 1922, 26.
42. *L'Express,* 1 December 1918; Armstrong, 97; Muftyzade, 152, 155; Pernot, 34.
43. Norman Stone and Michael Glenny, *The Other Russia,* 1991 edn., 55; General P. N. Wrangel, *Memoirs,* 1929, 326n.; Véra Dumesnil, *Le Bosphore tant aimé,* Brussels, 1947, 30, 37。哈林顿将军写道, "一生中从未有人能比弗兰格尔将军更使我印象深刻": Harington, 222。
44. Paul Morand, *Ouvert la nuit,* 1987 edn., 75; Stone and Glenny, 152–3; Dumesnil, 157;

Alexis Wrangel, *General Wrangel, Russia's White Crusader,* 1990, 219, 223–6.
45. Sergei Tornow, 'Unpublished Memoirs', 207, 经由 Elena Tornow 男爵夫人的允许才得以引用；1992年12月3日在巴黎采访 Prince Alexander Volkonsky; John Dos Passos, *Orient Express,* New York, 1926, 12; Jak Deleon, *A Taste of Old Istanbul,* Istanbul, 1989, 44。
46. Stone and Glenny, 231; G. I. Gurdjieff, *Meetings with Remarkable Men,* 1963, 282.
47. Fox-Pitt Papers, W. A. F. L. Fox-Pitt to his mother 15 March 1923: "在莫斯科饭店，柏碧思（一个英国女性熟人）很好地出现在公爵夫人面前"；Deleon, 47; Morand, 70; Zafer Toprak, 'Harasolar', *Istanbul,* 76, 78–80; Churchill College, De Robeck Papers 6/18, Rumbold to De Robeck 1 December 1921。
48. Irfan Orga, *Portrait of a Turkish Family,* 1988 edn., 187; Anon., *Fusilier Bluff,* 243; Eliot Granville Mears, *Modern Turkey,* 1924, 145; Myles, 175, article for 27 April 1919, 199, article for December 1920; Muftyzade, 77, 181.
49. Dos Passos, 11, 21–30; Armstrong, 188.
50. Muftyzade, 170; Yakup Kadri, *Sodome et Gomorrhe,* 1928, 16–17, 128, 132, 135.
51. Macfie, 149; Pernot, 8; Louis Francis, *La Neige de Galata,* 1936, 93–4; Alexandris, 104; Stitt, 247.
52. Edmonds, ff. 27–8; Knudsen, 292; Walder, 250–2.
53. Walder, 259, 260, 270–1, 27 5; Harington, 252, despatch of 20 October 1928 (*sic*); 277, speech of 30 October 1922; David Gilmour, *Curzon,* 1994, 545–6; PRO FO 371/7893, f. 63, Rumbold to Curzon 23 September 1922.
54. Walder, 295, 299, 327; Harington, 211.
55. Nesin, I, 104; PRO FO 371/7907, f. 113, Henderson to Curzon 24 October 1922; 371/9176, f. 84 and 84v.
56. Michael M. Finefrock, 'From Sultan to Republic: Mustafa Kemal Ataturk and the Structure of Turkish Politics 1922–24', unpublished Ph.D. thesis, Princeton, 1976, 65, 78; Kinross, 348.
57. PRO FO 371/7907, ff. 199, 212, 226, Rumbold to Curzon 4, 5 November 1922; 7914, f. 144, Rumbold to Curzon 14 November 1922.
58. Harington, 254, report of 20 October 1923; Fox-Pitt Papers, Fox-Pitt to his father 7 November and his brother Tommy 10 November 1922.
59. Letters in FO 371/7917，描述了1922年11—12月的局势。11月28日，Henderson 写信给寇松，提及 "这里的双重控制，土耳其平民和协约国军队"。
60. Kinross, 346; PRO FO 371/7917, f. 60, Rumbold to Curzon 21 November 1922; Gilbert, *Rumbold,* 279, Lady Rumbold to her mother 6 November 1922; Simsir, I, 79, 109; *Le Journal,* 15, 18 November 1922.
61. PRO FO 371/7917, f. 98, Henderson to Curzon 28 November 1922; Alexandris, 104, 132; DBFP, XVIII, 421n., memorandum of Ryan 26 December 1922.
62. PRO FO 371/7907, f. 226, Rumbold to Curzon 5 November 1922; Gilbert, *Rumbold,* 278–9, Lady Rumbold to her mother 6 November 1922; PRO FO 371/7912/12647, Rumbold to Curzon 7 November 1922.
63. Harington, 130–1; PRO FO 371/7962, f. 150, Henderson to Curzon 17 November, 371/7916/13192, 11月24日东部秘密情报汇总；1995年4月21日在伦敦采访苏丹的侄孙 Prince Sami。
64. Niyazi Berkes (ed.), *Turkish Nationalism and Western Civilisation: Selected Essays of Zia Gokalp,* 1959, 227; Finefrock, 73, 87; PRO FO 371/7917, f. 40, 1922年12月1日

东部秘密情报汇总；7916, f. 7, 1922年11月24日东部秘密情报汇总。根据7917, f. 41, 12月1日东部秘密情报汇总，公共舆论不同意废除苏丹制，但是"自土耳其建立议会制政府以来公共舆论一直都不受重视"。

65. PRO FO 371/7963, f. 142, Henderson to Curzon 28 November 1922; Simsir, I, 151, 164; *Muslim Standard*, 30 November 1922.
66. Finefrock, 106; Orga, 218; Haidar, 258; Stitt, 267.
67. Erik J. Zurcher, *Political Opposition in the Early Turkish Republic: the Progressive Republican Party*, Leiden, 1991, 24; PRO FO 371/9135/2660, Rumbold to Curzon 1 March 1923.
68. Michael Howard and John Sparrow, *The Coldstream Guards 1920–1946*, 1952, 3; Criss, 113; Walder, 349–52; Olga Verkorsky Dunlop, *Register of the Baron Petr Nikolaevich Vrangel Collection in the Hoover Institution Archives*, Stanford, 1991, 72, 103–5; PRO 371/9174, f. 129, 141, Henderson to Curzon 10, 15 October 1923.
69. William M. Johnston, *The Austrian Mind*, 1972, 73.
70. Kent, 193; Lewis, *Emergence*, 255; Finefrock, 230, 249, 262, 273.
71. Itzkowitz and Volkan, 270–3; Atay, 217; Zurcher, *Unionist Factor*, 137; Lewis, *Emergence*, 257; Jevakhoff, 375n.
72. Bernachot, II, 17, 145, despatches of 1 March, 27 April 1919; PRO FO 371/4162, summary of intelligence, 9 January 1920.
73. Lewis, *Emergence*, 258.
74. Simsir, I, 460; *Le Temps*, 6 March 1924; Finefrock, 288, 292, 293; Gulersoy, *Dolmabahce*, 138, 141.
75. PRO FO 371/10217, ff. 30, 155, R. C. Lindsay to Macdonald 5, 24 March 1924.
76. *Istanbul Ansiklopedisi*, art. 'Abdulmecid'; Salih Keramet Nigar, *Halife Ikinci Abdulmecid*, Istanbul, 1964, 7–9.

尾　声

1. Sir Hugh Knatchbull Hugesson, *Diplomat in Peace and War*, 1949, 138; Kinross, 438.
2. Lewis, *Emergence*, 405; Robert Byron, *Letters Home*, 1991, 65, letter of 29 May 1926; Nesin, I, 68, 124; Harold Armstrong, *Turkey and Syria Reborn*, 1930, 224–5.
3. Harris, 124–6; Harry A. Franck, *The Fringe of the Moslem World*, 1928, 412; Kinross, 402.
4. Franck, 344; Itzkowitz and Volkan, 254; Kinross, 415; Halide Edib, *Turkey Faces West*, New Haven, 1930, 221, 226.
5. *Istanbul Ansiklopedisi*, art. 'Ataturk ve Istanbul'; Kinross, 443.
6. Albert E. Kalderon, *Abraham Galante*, New York, 1983, 50; Park, 38, 61.
7. Simsir, I, 683–5; *Le Journal*, 14 March 1924.
8. Interview with Basri Danishmend, 2 November 1991.
9. Osmanoglu, 236, 240, 245.
10. Landau, 103; Sacheverell Sitwell, *Far from My Home: stories long and short*, 1931, 88; 1994年7月1日采访Nigar Alemdar；1992年10月9日采访Selim Dirvana。
11. Kamal Madhar Ahmad, *Kurdistan during the First World War*, 1994, 92; Olson, *Kurdish Nationalism*, 53, 63, 64, 75; Chris Kutschera, *Le Mouvement National Kurde*,

1979, 31–3.
12. PRO FO 371/12255, f. 63–4, Sir Henry Dobbs to Leo Amery 8 December 1926; f. 86, Sir G. Clerk to Austen Chamberlain 4 January 1927.
13. Kutschera, 42; Chaliand, 40.
14. André Raymond, *Le Caire,* 1993, 317; William L. Cleveland, *The Making of an Arab Nationalist: Ottomanism and Arabism in the Life and Thought of Sati al-Husri,* Cleveland, 1971, 30, 44; 1994年11月28日采访Khaldun al-Husri。
15. Stitt, 290–1; Haidar, 238.
16. Gerald de Gaury, *Traces of Travel,* 1983, 145–6.
17. Interview with Sherifa Sfyne, Alexandria, 4 January 1993.
18. Alexandris, 162; Theotokas, 168; Thomas Doulis, *Disaster and Fiction: Modern Greek Fiction and the Asia Minor Disaster of 1922,* Berkeley, 1977, 92, 98, 108, 217.
19. PRO FO 371/9174, ff. 153–4, Lieutenant Patterson to director of military operations and intelligence 11 November 1923; Alexandris, 185; Angèle Lorely, 'Esquisses', Istanbul Library; Liddell, 100, 159, 238.
20. Yerasimos, *Istanbul,* 202–3; Nicholas Bethell, *The Palestine Triangle,* 1979, 114–19.
21. Alexandris, 217; 1993年11月9日采访Baruh Pinto; Kalderon, 59。
22. *Istanbul Ansiklopedisi,* art. 'Alti Yedi Eylul Olaylari'; Alexandris, 257, 262; John Pearson, *The Life of Ian Fleming,* 1966, 271.
23. Feroz Ahmad, *The Turkish Experiment in Democracy 1950–1975,* 1977, 78–9, 89; Alexandris, 265, 271.
24. Interview with Achilles Melas, 1 October 1992; Sturdza, 260, 82.
25. Semih Vaner (ed.), *Istanbul,* 1991, 132; Tuglaci, *Balian,* 290, 427; 1992年7月14日采访伊斯坦布尔的一名亚美尼亚人。
26. Interviews with E. F. de Testa, Paris 24, 25 February, 6 May 1994.
27. Clayer and Popovic (eds.), 67.
28. Mary C. Wilson, *King Abdullah, Britain and the Making of Jordan,* Cambridge, 1987, 220.
29. 1992年4月20日和5月20日在巴黎采访Jose Naoum。
30. PRO FO 371/16013–16016, Ryan to Simon 21 June 1932. 对于这一条引用资料，我很感谢Alan de Lacy Rush。
31. H. St J. Philby, *Arabian Jubilee,* 257, 250–1; Gerald de Gaury, *Faisal, King of Saudi Arabia,* 1966, 22: 对于这些引用资料，我很感谢Alan Rush。David Holden and Richard Johns, *The House of Saud,* 1981, 203.
32. Godfrey Goodwin, *Sinan and City Planning,* Rome, 1989, 83.
33. Paul Wittek, 'Les Archives de Turquie,' *Byzantion,* 1938, 693.
34. 'Stamboulimies', *Les Carents de l'Exotisme,* XI, Janvier-Juillet 1993, 79, Abdulmecid to Loti 20 May 1921; Ernest Mamboury, *Guide touristique,* 363.
35. *Turkish Daily News,* 26 September 1994.

参考文献

一手文献

Archives du Ministère des Affaires Etrangères, Paris: Correspondance Politique, Turquie, 68, 176: ambassadors' reports, 1724, 1787.

British Library, London, Add. MSS 38979, 38985, 38987, 39018, 39023–4, 39103: Layard Papers, letters of Ahmed Vefyk to Layard; 56301, Pisani to Strangford 1821.

Churchill College, Cambridge, De Robeck Papers, MSS 6/1, 6/18: correspondence of Admiral de Robeck.

Imperial War Museum, London, Fox-Pitt Papers (consulted by kind permission of Sarah Fox-Pitt): letters of W. A. F. L. Fox-Pitt to his parents.

National Library of Scotland, Edinburgh, Department of Manuscripts, Liston Papers, MSS 5572, 5628, 5630: despatches of Liston and Pisani 1794–5, 1815–20; 5709, journal of Lady Liston 1812–13.

Public Record Office, Kew, Middlesex, FO 78/225, 3081: diplomatic despatches 1833, 1880; FO 371/4162, 4241, 5162, 5170, 5172, 5178, 5190, 6469, 7893, 7907, 7912, 7914, 7916, 7917, 7962, 7963, 9174, 12255: papers of the British High Commission in Constantinople, 1918–23; WO 161/85: Sir James E. Edmonds, 'The Occupation of Constantinople 1918–1923'.

School of Oriental and African Studies Library, London, Paget Papers 50 X4: letters of Alexander Mavrocordato 1699.

State Archives, Stockholm, Turcica 22, 24, 100: letters from Comte de Bonneval 1734–45.

二手文献

除非另有说明，否则所有提到的英文文献都在伦敦出版，所有提到的法语文献都在巴黎出版，所有提到的土耳其语文献都在伊斯坦布尔出版。

Abbott, G. F., *Turkey in Transition*, 1909.
——*Under the Turk in Constantinople*, 1920.
Abdullah of Jordan, King, *Memoirs*, 1950.

Abou el-Hajj, Rifa'at Ali, *The 1703 Rebellion and the Structure of Ottoman Politics*, Istanbul, 1984.
——*Formation of the Modern State: the Ottoman Empire, Sixteenth to Eighteenth Centuries*, Albany, 1991.
Abu-Lughod, Janet, *Cairo: 1000 Years of the City Victorious*, Princeton, 1971.
Abu-Manneh, Butros, 'Sultan Abdul Hamid II and the Sharifs of Mecca 1880–1900', *Asian and African Studies*, 1972, 1–21.
Adivar, Adnan, *La Science chez les Turcs Ottomans*, 1938.
Adjemoglou, Nicolaos, *The Ayazmata of the City*, Athens, 1990 (in Greek).
Adnan, Abdulhak, *La Science chez les Turcs Ottomans*, 1939.
Afetinan, Prof. Dr, *Aperçu général sur l'histoire économique de l'Empire Turc-Ottoman*, 2nd edn., Ankara, 1976.
Ahmad, Feroz, *The Young Turks: the Committee of Union and Progress in Turkish Politics 1908–1914*, Oxford, 1969.
——*The Turkish Experiment in Democracy 1950–1975*, 1977.
Alderson, A. D., *The Structure of the Ottoman Dynasty*, 1956.
Alexandris, Alexis, *The Greek Minority of Istanbul and Greek-Turkish Relations 1918–1974*, Athens, 1983.
Allom, Thomas and the Revd Robert Walsh, *Constantinople and the Scenery of the Seven Churches of Asia Minor*, 2 vols., 1838.
Altuna, Abdulkadir, *Osmanli Seyhulislamlari*, Ankara, 1972.
And, Metin, *Karagoz*, 3rd edn., Istanbul, n.d.
——*A Pictorial History of Turkish Dancing*, Ankara, 1976.
——*Turkish Miniature Painting*, rev. edn., Istanbul, 1982.
——*Istanbul in the Sixteenth Century*, Istanbul, 1994.
Andersen, Hans Christian, *A Poet's Bazaar*, New York, 1988.
Anderson, Dorothy, *The Balkan Volunteers*, 1968.
Anderson, M. S., *The Eastern Question*, 1982.
——*The Rise of Modern Diplomacy*, 1993.
Andrews, Walter G., *Poetry's Voice, Society's Song: Ottoman Lyric Poetry*, Seattle, 1985.
Anon., *Fusilier Bluff: the Experience of an Unprofessional Soldier in the Near East 1918–1919*, 1934.
Anon., *Letters Historical and Critical from a Gentleman in Constantinople to his Friend in London*, 1730.
Antonius, George, *The Arab Awakening*, Beirut, 1969 edn.
Argenti, Philip, *The Massacres of Chios*, 1932.
Armstrong, Harold, *Turkey in Travail*, 1925.
——*Turkey and Syria Reborn*, 1930.
Arnakis, G. Georgiades, 'The Greek Church of Constantinople and the Ottoman Empire', *Journal of Modern History*, 1952, 235–50.
Arpee, Leon, *A History of Armenian Christianity*, New York, 1946.
Artamian, Sarkis, *The Armenian Community*, New York, 1955.
Artan, Tulay, 'Architecture as a Theatre of Life: Profile of the Eighteenth-century Bosphorus', unpublished Ph.D. thesis, Massachussets Institute of Technology, 1989.
Artinian, Vartan, *The Armenian Constitutional System in the Ottoman Empire 1839–1863*, Istanbul, 1990.

Arzik, Imet, *Anthologie de la poésie turque*, 1968.
Ashmead-Bartlett, Ellis, *With the Turks in Thrace*, 1913.
Atamian, Sarkis, *The Armenian Community*, New York, 1955.
Atasoy, Nurhan and Julian Raby, *Iznik: the Pottery of Ottoman Turkey*, 1989.
Atay, Falih Rifki, *The Ataturk I Knew*, Istanbul, 1982.
Atil, Esin (ed.), *Suleymanname: the Illustrated History of Suleyman the Magnificent*, Washington, 1986.
——*The Age of Sultan Suleyman the Magnificent*, New York, 1987.
——*Turkish Art*, New York, 1980.
Auldjo, John, *Journal of a Visit to Constantinople and Some of the Greek Islands in the Spring and Summer of 1833*, 1835.
Avrenche, Henry, *La Mort de Stamboul*, 1930.
Babinger, Franz, *Mehmed the Conqueror and His Time*, Princeton, 1992 edn.
Bailey, Frank E., *British Policy and the Turkish Reform Movement*, Harvard, 1932.
Baker, Patricia, 'The Fez in Turkey: a Symbol of Modernisation?', *Costume*, 1986, 72–85.
Baltimore, Lord, *A Tour to the East in the Years 1763 and 1764*, 1767.
Barbaro, Nicolò, *Diary of the Siege of Constantinople 1453*, tr. J. R. Jones, New York, 1969.
Bardakgi, Murat, *Osmanlida Seks*, 1993.
Bareilles, Bertrand, *Constantinople*, 1918.
Barker, Arthur, 'The Cult of the Tulip in Turkey', *Journal of the Royal Horticultural Society*, LVI, 1931, 234–44.
Barker, Theo and Anthony Sutcliffe (eds.), *Megalopolis: the Giant City in History*, 1993.
Barnett, R. D., *The Sephardi Heritage*, 2 vols., 1971–89.
Baronian, Hagop, *The Perils of Politeness*, New York, 1983.
Barsoumian, Hagop Leon, 'The Armenian Amira Class of Constantinople', unpublished Ph.D. thesis, Columbia, 1980.
Basmadjian, K. J., *Essai sur l'histoire de la littérature ottomane*, Constantinople, 1910.
Batu, Hamit et Jean-Louis Bacqué-Gramont, *L'Empire Ottoman: la République de Turquie et la France*, Istanbul, 1986.
Batur, Enis (ed.), *Encomium to Istanbul*, Istanbul, 1991.
Baudin, P., *Les Israélites de Constantinople*, Istanbul, 1872, 1989 edn.
Belin, M. A., *Histoire de la Latinité de Constantinople*, 2nd edn., 1894.
Benbassa, Esther, *Un Grand Rabbin sépharade en politique 1892–1923*, 1991.
Benjamin, S. G. W., *The Turks and the Greeks*, New York, 1867.
Bennett, J. G., *Witness*, 1962.
Bent, J. Theodore (ed.), *Early Voyages and Travels in the Levant*, 1893.
Berk, Nurullah, *Istanbul chez les peintres turcs et étrangers*, Istanbul, 1977.
Berkes, Niyazi, *The Development of Secularism in Turkey*, Montreal, 1964.
——(ed.) *Turkish Nationalism and Western Civilisation: Selected Essays of Zia Gokalp*, 1959.
Bernachot, Jean, *Les Armées alliées en Orient après L'Armistice de 1918*, 4 vols., 1972–8.
Bernard, Yvelise, *L'Orient du XVIe siècle à travers les récits de voyageurs français*, 1988.
Bertele, Tommaso, *Il Palazzo degli ambasciatori di Venezia a Constantinopoli e le sue antiche memorie*, Bologna, 1932–X.
Beydilli, Kemal, 'Ignatius Mouradgea d'Ohsson', *Istanbul Universitesi Edebiyat Fakultesi Tarih Dergisi*, XXXIV, 1984, 248–314.

Bibesco, Marthe, *La Nymphe Europe*, 1960.
Bierman, Irene *et al.* (eds.), *The Ottoman City and its Parts*, New Rochelle, 1991 edn.
Birge, John Kingsley, *The Bektashi Order of Dervishes*, 1965.
Blaisdell, Donald C., *European Financial Control in the Ottoman Empire*, New York, 1929.
Blancard, Théodore, *Les Mavroyenni: histoire d'Orient*, 2 vols., 1909.
Blanqui, J. A., *Voyage en Bulgarie pendant l'année 1841*, 1843.
Blowitz, Henri de, *Une Course à Constantinople*, 1884.
Blunt, Wilfrid Scawen, *Gordon at Khartoum*, 1911.
——*My Diaries*, 2 vols., 1919–20.
Boghossian, Sarkis, *Iconographie arménienne*, 1987.
Bonnac, Marquis de, *Mémoire historique sur l'Ambassade de France à Constantinople*, 1894.
Bonneville de Marsangy, Louis, *Le Chevalier de Vergennes: son ambassade à Constantinople*, 2 vols., 1894.
Boppe, Catherine et André, *Les Peintres du Bosphore au XVIIIe siècle*, 1989.
Boschma, Cornelis and Jacques Perot, *Antoine-Ignace Melling (1763–1831), artiste voyageur*, 1991.
Bosscha Erdbrink, C., *At the Threshold of Felicity: Ottoman-Dutch Relations during the Embassy of Cornelis Calkoen at the Sublime Porte 1726–1744*, Ankara, 1975.
Bouchard, Jacques, 'Nicolas Mavrocordatos et l'époque des tulipes', *Eranisthes*, XVII, Athens, 1981, 120–6.
——'Les Lettres fictives de Nicolas Mavrocordato à la manière de Phalaris: une apologie de l'absolutisme', *Revue des Etudes du Sud-Est Européen*, XIII, 1972, 197–207.
——(ed.), *Les Loisirs de Philothée*, Athens–Montreal, 1989.
Boulden, James E. P., *An American among the Orientals*, Philadelphia, 1855.
Boutros-Ghali, Anna Naguib and Archag Alboyadjian, *Les Dadian*, Cairo, 1965.
Brassey, Mrs, *Sunshine and Storm in the East or Cruises to Cyprus and Constantinople*, 1880.
Braude, Benjamin and Bernard Lewis (eds.), *Christians and Jews in the Ottoman Empire*, 2 vols., 1982.
Brown, Horatio F., *Studies in the History of Venice*, 2 vols., 1907.
Brown, Sarah Graham, *Images of Women: the Portrayal of Women in Photography of the Middle East 1860–1950*, 1988.
Brummett, Palmyra, *Ottoman Seapower and Levantine Diplomacy in the Age of Discovery*, Albany, 1994.
Brun, Charles, 'Les Grecs de Constantinople', *Revue Moderne*, LII, 10 June 1869, 422–39.
Busbecq, Ogier Ghislain de, *Turkish Letters*, Oxford, 1927.
Buxton, C. R., *Turkey in Revolution*, 1909.
Cabuk, Vahid, *Koprululer*, 1988.
Calosso, Colonel, *Mémoires d'un vieux soldat*, Turin–Nice, 1857.
Camariano, Nestor, *Alexandre Mavrocordato le Grand Drogman: son activité diplomatique*, Thessaloniki, 1970.
Camariano-Cioran, Ariadna, *Les Académies princières de Bucarest et de Jassy et leurs professeurs*, Thessaloniki, 1974.
Cambon, Paul, *Correspondance*, 3 vols., 1940–6.
Cantacasin, Theodore Spandouyn, *Petit Traicté de l'origine des turcqz*, ed. Charles Schefer, 1896.

Cantacuzène, Jean Michel, *Mille Ans dans les Balkans*, 1992.
Carayon, Père Auguste, *Relations inédites de la Compagnie de Jésus à Constantinople et dans le Levant*, 1864.
Carlier de Pinon, M., *Voyage en Orient*, 1920.
Carnoy, Henry et Jean Nicolaides, *Folklore de Constantinople*, 2 vols., 1894.
Catalogue de la Bibliothèque de feu Ahmed Vefyk Pacha, Constantinople, 1893.
Catalogue des perles, pierreries, bijoux et objets d'art précieux, le tout ayant appartenu à S.M. le Sultan Abdul Hamid II, dont la vente aura lieu à Paris, November 1911.
Caussin de Perceval, A. P. (tr.), *Précis historique de la destruction du corps des Janissaires par le Sultan Mahmoud en 1826*, 1833.
Celik, Zeyneb, *The Remaking of Istanbul*, Seattle and London, 1989.
Cevaat Bey, Ali, *Fezleke*, Ankara, 1960.
Cezar, Mustafa, *XIX Yuzyil Beyoglusu*, Istanbul, 1991.
Chalcondyle, *L'Histoire de la décadence de l'Empire Grec et de l'établissement de celuy des Turcs*, 2 vols., 1662.
Chaliand, Gerard (ed.), *A People without a Country: the Kurds and Kurdistan*, 1993 edn.
Champonnois, Suzanne, *Le Mythe de Constantinople et l'opinion publique en Russie au XIXe siècle*, Istanbul, 1989.
Charlemont, Lord, *Travels in Greece and Turkey 1749*, ed. W. B. Stanford and E. J. Finopulos, 1984.
Charrière, M. de, *Négociations de la France dans le Levant*, 4 vols., 1848–60.
Chassiotis, G., *L'Instruction publique chez les Grecs depuis la prise de Constantinople par les Turcs*, 1881.
Chénier, Madame, *Lettres sur les danses grecques*, 1879 edn.
Chesneau d'Aramon, Jean, *Le Voyage de Monsieur Chesneau d'Aramon, ambassadeur pour le Roy au Levant*, ed. Charles Schefer, 1887.
Choiseul-Gouffier, Comte de, *Voyage pittoresque de la Grèce*, 2 vols., 1782–1809.
Cizgen, Engin, *Photography in the Ottoman Empire 1839–1919*, Istanbul, 1987.
Clark, E. C., 'The Ottoman Industrial Revolution', *International Journal of Middle East Studies*, V, 1974, 65–76.
Clayer, Nathalie and Alexandre Popovic (eds.), *Presse turque et presse de Turquie*, Istanbul–Paris, 1992.
Cleveland, William I., *The Making of an Arab Nationalist: Ottomanism and Arabism in the Life and Thought of Sati al-Husri*, Cleveland, 1971.
Clogg, Richard (ed.), *Balkan Society in the Age of Greek Independence*, 1981.
——*The Struggle for Greek Independence*, 1973.
——*The Movement for Greek Independence*, 1976.
Cockerell, C. R., *Travels in Southern Europe and the Levant 1810–1817*, 1903.
Constant, Stephen, *Foxy Ferdinand*, 1979.
[Constantinios] *Constantiniade ou Description de Constantinople ancienne et moderne comparée par un philologue et archéologue*, Constantinople, 1846.
Cook, M. A. (ed.), *A History of the Ottoman Empire to 1730*, Cambridge, 1976.
Correspondence respecting the Disturbances at Constantinople in August 1896 presented to both Houses of Parliament by command of Her Majesty, 1897.
Coufopoulos, Demetrius, *A Guide to Constantinople*, 1910.
Cox, Samuel S., *The Isles of the Princes; or, the Pleasures of Prinkipo*, 1887.
——*Diversions of a Diplomat in Turkey*, New York, 1887.

Crawford, F. Marion, *Constantinople*, 1895.
Criss, Nur Bilge, 'Istanbul during the Allied Occupation', unpublished Ph.D. thesis, George Washington University, 1990.
Cunningham, Allan, *Anglo-Ottoman Encounters in the Age of Revolution*, 1993.
——*Eastern Questions in the Nineteenth Century*, 1993.
Curtis, William Eleroy, *Turkestan, the Heart of Asia*, 1911.
Curtiss, John Shelton, *Russia's Crimean War*, Durham, North Carolina, 1979.
Dadian, Prince Mek-B., 'La Société arménienne contemporaine', *Revue des Deux Mondes*, 15 June 1867, 903–28.
Dadrian, Vahakn N., 'The Documentation of the World War I Armenian Massacres in the Proceedings of the Turkish Military Tribunal', *International Journal of Middle East Studies*, XXIII, 1991, 549–76.
Dallaway, James, *Constantinople Ancient and Modern*, 1798.
Dalleggio d'Alessio, E., 'Liste des Podestats de la colonie génoïse de Péra', *Revue des Etudes Byzantines*, XXVII, 1969, 151–7.
Dankoff, Robert (ed.), *The Intimate Life of an Ottoman Statesman: Melek Ahmed Pasha, as Portrayed in Evliya Celebi's Book of Travels*, Albany, 1991.
Dasnabedian, Hratch, *History of the Armenian Revolutionary Federation Dashnaktsutian 1890–1924*, Milan, 1990.
Davis, Revd, E. J., *Osmanli Proverbs and Quaint Sayings*, 1898.
Davis, Fanny, *The Ottoman Lady: a Social History from 1718 to 1918*, New York, 1986.
Davis, James C. (ed. and tr.), *The Pursuit of Power: Venetian Ambassadors' Reports from Spain, Turkey, France in the Age of Philip II*, 1970.
Davison, Roderick H., *Reform in the Ottoman Empire 1856–1876*, Princeton, 1963.
Dawn, C. Ernest, *From Ottomanism to Arabism: Essays on the Origins of Arab Nationalism*, Urbana, 1973.
De Amicis, Edmondo, *Constantinople*, 1894 edn.
Dedem de Gelder, Baron de, *Mémoires*, 1900.
De Gaury, Gerald, *Rulers of Mecca*, 1951.
——*Three Kings in Baghdad*, 1961.
——*Traces of Travel*, 1983.
Deherain, H., *La Vie de Pierre Ruffin*, 2 vols., 1929–30.
Deleon, Jak, *A Taste of Old Istanbul*, Istanbul, 1989.
——*Ancient Districts on the Golden Horn*, Istanbul, 1992.
Deringil, Selim, 'The Invention of Tradition as Public Image in the Late Ottoman Empire, 1808 to 1980', *Comparative Studies in Society and History*, XXXV, 1, January 1993, 1–29.
——'Legitimacy Structures in the Ottoman State: the Reign of Abdulhamid II 1876–1909', *International Journal of Middle East Studies*, XXIII, 1991, 345–59.
Deschamps, Gaston, *A Constantinople*, 1913.
Destrilhes, M., *Confidences sur la Turquie*, 1855.
Devereux, Robert, *The First Ottoman Constitutional Period*, Baltimore, 1963.
——'Suleyman Pasha's "the Feeling of the Revolution"', *Middle Eastern Studies*, XV, 1, 1979, 3–35.
Devrim, Shirin, *A Turkish Tapestry: the Shakirs of Istanbul*, 1994.
Diamandouros, Nikoros P. (ed.), *Hellenism and the First Greek War of Liberation 1821–1830*, Thessaloniki, 1976.

Diamantopoulo, Hercule, *Le Réveil de la Turquie*, Alexandria, 1908.
Dimaras, C. Th., *Histoire de la littérature néo-hellénique*, Athens, 1965.
Djevad Bey, A., *Etat militaire ottoman depuis la fondation de l'Empire jusqu'à nos jours*, Constantinople–Paris, 1882.
Dodds, Anna Bowman, *In the Palaces of the Sultan*, 1904.
Dos Passos, John, *Orient Express*, New York, 1927.
Douglas, Revd J. A., *The Redemption of Saint Sophia*, 1919.
Doulis, Thomas, *Disaster and Fiction: Modern Greek Fiction and the Asia Minor Disaster of 1922*, Berkeley, 1977.
Driault, Edouard, *La Politique orientale de Napoléon*, 1904.
——*L'Egypte et l'Europe: la Crise de 1839–1841*, 2 vols., Cairo, 1930–31.
——and Michel L'Héritier, *Histoire diplomatique de la Grèce de 1821 à nos jours*, 5 vols., 1925–6.
Duben, Alan and Cem Behar, *Istanbul Households: Marriage, Family and Fertility 1880–1940*, Cambridge, 1991.
Dudell, Tim, *Tales from the Orient and Pera: Sketches of Constantinople*, Constantinople, n.d.
Dufferin and Ava, Dowager Marchioness of, *My Russian and Turkish Journals*, 1917.
Du Fresne Canaye, Philippe, *Le Voyage du Levant*, 1986 edn.
Duhani, Said N-, *Vieilles Gens, vieilles demeures*, Istanbul, 1947.
——*Quand Beyoglu s'appelait Péra*, Istanbul, 1956.
Dumesnil, Vera, *Le Bosphore tant aimé*, Brussels, 1947.
Du Mont, M., *Voyages*, 4 vols., La Haye, 1699.
Dumont, Paul, *Mustafa Kemal*, Brussels, 1983.
Duparc, Pierre, *Recueil des instructions données aux ambassadeurs et ministres de France*, 1969.
Durand, Alfred, *Jeune Turquie, Vieille France*, 1909.
Dutu, Alexandru and Paul Cernovodeanu (eds.), *Dimitrie Cantemir, Historian of South-East European and Oriental Civilisations*, Bucharest, 1973.
Dwight, Henry O., *Turkish Life in War Time*, 1881.
——*Constantinople and its Problems*, 1901.
Dyer, Gwynne, 'The Turkish Armistice of 1918: 2', *Middle Eastern Studies*, VIII, 3, October 1972, 313–48.
Edib, Halide, *Memoirs*, 1926.
——*The Turkish Ordeal*, 1928.
——*Turkey Faces West*, New Haven, 1930.
Edwards, Emile, *Mon Maître chéri*, 1915.
——*Journal d'un habitant de Constantinople 1914–1915*, 1915.
Edwards, George Wharton, *Constantinople–Stamboul*, Philadelphia, 1930.
Eldem, Edhem (ed.), *Recherches sur la ville ottomane: le cas du quartier de Galata*, Istanbul, 1991.
——*La Vie politique, économique et socio-culturelle à l'époque jeune-turque*, Istanbul, 1991.
Eldem, Seddad Hakki, *Reminiscences of Istanbul*, Istanbul, 1979.
——*Reminiscences of the Bosphorus*, Istanbul, 1979.
[Eliot, Sir Charles], *Turkey in Europe*, 1900.
Elliot, Sir Henry G., *Some Revolutions and other Diplomatic Experiences*, 1927.
Elliott, J. H., *Richelieu and Olivares*, 1992 edn.

El-Tangrouti, *Relation d'une ambassade marocaine en Turquie*, ed. Henry de Castries, 1929.
Emin, Ahmed, *The Development of Modern Turkey as Measured by its Press*, New York, 1914.
——*Turkey in the World War*, New Haven, 1930.
Encyclopedia of Islam, 2nd edn., Leiden, 1956–.
L'Epoque phanariote, Thessaloniki, 1974 (conference proceedings).
Epstein, Mark Alan, *The Ottoman Jewish Communities and their Role in the Fifteenth and Sixteenth Centuries*, Freiburg, 1980.
Esenbel, Selcuk, 'A *fin de siècle* Japanese Romantic in Istanbul: the Life of Yamada Torajiso and his Toruko Gakan or a Pictorial Look at Turkey', unpublished article, Istanbul, 1994.
Essayan, Zabel, *Les Jardins de Silihdar*, 1994.
Etmekjian, James, *The French Influence on the Western Armenian Renaissance 1843–1915*, New York, 1964.
Exertoglou, H., 'The Greek Bankers in Constantinople 1856–1881', unpublished Ph.D. thesis, London, 1985.
Exhibition catalogues:
Les Peintures 'turques' de Jean-Baptiste Vanmour 1671–1737, Ankara, 1975.
L'Orient des provençaux dans l'histoire, Marseilles, 1982.
Vers l'Orient, Bibliothèque Nationale, 1983.
At the Sublime Porte, Hazlitt, Gooden and Fox, London, 1988.
The Turkish Legacy, Bodleian Library, 1988.
Topkapi en Turkomanie, Museum voor Volkenkunde, Rotterdam, 1989.
Dessins de Liotard, Musée du Louvre, 1992.
C. G. Lowenhielm, Artist and Diplomat in Istanbul 1824–7, Uppsala, 1993.
Women in Anatolia: Nine Thousand Years of the Anatolian Woman, Topkapi Saray Museum, 1993.
Louis-François Cassas 1756–1827, Musée des Beaux-Arts, Tours, 1994.
Evliya Celebi, *Narrative of Travels in Europe, Asia and Africa in the Seventeenth Century*, 2 vols., 1834–50.
Ezgin, Fouad, *Yildiz Saray Tarihcesi*, Istanbul, 1962.
Farmayan, Hafez and Elton L. Daniel (eds.), *A Shiite Pilgrimage to Mecca 1885–6*, 1990.
Farooqi, Naimur Rahman, *Mughal-Ottoman Relations*, Delhi, 1989.
Faroqhi, Suraiya, *Towns and Townsmen of Ottoman Anatolia*, Cambridge, 1984.
——*Pilgrims and Sultans: the Hajj under the Sultans*, 1994.
Farrère, Claude, *L'Homme qui assassina*, 1928.
Fazy, Edouard, *Les Turcs d'aujourd'hui*, 1898.
Ferriman, Z. Duckett, *Turkey and the Turks*, 1911.
Ferriol, Marquis de, *Correspondance*, Antwerp, 1870.
[——(ed.)], *Recueil de cent estampes représentant différentes nations du Levant*, 1914.
Fesch, Paul, *Constantinople aux dernier jours d'Abdul Hamid*, 1907.
Findlay, Carter V., *Bureaucratic Reform in the Ottoman Empire: the Sublime Porte 1789–1922*, Princeton, 1980.
——*Ottoman Civil Officialdom*, Princeton, 1992.
Finefrock, Michael M., 'From Sultan to Republic: Mustafa Kemal Ataturk and the Structure of Turkish Politics 1922–24', unpublished Ph.D. thesis, Princeton, 1976.

Fischer, Fritz, *War of Illusions: German Policies from 1911 to 1914*, 1975.
Fisher, C. G. and A. W. Fisher, 'Topkapi Sarayi in the Mid-Seventeenth Century: Bobovi's Description', *Archivum Ottomanicum*, X, 1985, 5–81.
Fleischer, Cornell H., *Bureaucrat and Intellectual in the Ottoman Empire: the Historian Mustafa Ali*, Princeton, 1986.
Fletcher, Richard, *Moorish Spain*, 1992.
Francis, Louis, *Le Neige de Galata*, 1936.
Franck, Harry A., *The Fringe of the Moslem World*, 1928.
Franco, M., *Essai sur l'histoire des Israélites de l'Empire Ottoman*, 1897.
Frangos, G., 'The *Philike Etairia*', unpublished Ph.D. thesis, Columbia, 1971.
Frazee, Charles A., *Catholics and Sultans*, 1983.
Freely, John, *Stamboul Sketches*, Istanbul, 1974.
Freni, Vera and Carla Varnier, *Raimondo d'Aronco: l'opera completa*, Padova, 1983.
Fuller, John, *Narrative of a Tour through some Parts of the Turkish Empire*, 1829.
Galante, Abraham (all works published in Istanbul):
——*Don Joseph Nasi Duc de Naxos*, 1913.
——*Esther Kyra d'après de nouveaux documents*, 1926.
——*Hommes et choses juifs portugais en Orient*, 1927.
——*Documents officiels turcs concernant les Juifs de Turquie*, 1931.
——*Turcs et Juifs*, 1932.
——*Abdul Hamid II et le Sionisme*, 1933.
——*Nouveaux Documents sur Sabbetai Sevi*, 1935.
——*Médecins juifs au service de Turquie*, 1935.
——*Don Salomon aben Yacche, Duc de Metelen*, 1936.
——*Les Synagogues d'Istanbul*, 1937.
——*Histoire des Juifs d'Istanbul*, 2 vols., 1941–2.
——*Appendice à l'histoire des Juifs d'Istanbul*, 1941.
——*Recueil de nouveaux documents concernant l'histoire des Juifs de Turquie*, 1949.
——*Nouveau Recueil de nouveaux documents inédits concernant l'histoire des Juifs de Turquie*, 1952.
——*Encore un Nouveau Recueil de documents concernant les Juifs de Turquie: études scientifiques*, 1953.
——*Les Juifs d'Istanbul sous le Sultan Mehmed le Conquérant*, 1953.
Galland, Antoine, *Journal*, 2 vols., 1881.
Gallenga, A., *Two Years of the Eastern Question*, 2 vols., 1877.
Garnett, Lucy M. J., *The Dervishes of Turkey*, 1990 edn.
——*The Women of Turkey and their Folk-lore*, 2 vols., 1890.
Gautier, Théophile, *Constantinople*, Istanbul, 1990 edn.
Gawrych, George W., 'Tolerant Dimensions of Cultural Pluralism: the Ottoman Empire and the Albanian Community 1800–1912', *International Journal of Middle East Studies*, XV, 1983, 519–36.
Gerasimos, Augustinos, *Consciousness and History: Nationalist Critics of Greek Society*, New York, 1977.
Germaner, Semra and Zaynep Inankur, *Orientalism and Turkey*, Istanbul, 1989.
Gibb, E. J. W., *A History of Ottoman Poetry*, 6 vols., 1900–9.
Gilbert, Martin, *Sir Horace Rumbold*, 1973.
——*Churchill: a Life*, 1991.

Gilles, Pierre, *The Antiquities of Constantinople*, New York, 1988.
Gilmour, David, *Curzon*, 1994.
Gocek, Fatma Muge, *East Encounters West: France and the Ottoman Empire in the Eighteenth Century*, New York, 1987.
Goffman, Daniel, *Izmir and the Levantine World 1550–1650*, 1990.
Gonul, Sevgi, *The Sadberk Hanim Museum*, Istanbul, 1988.
Goodblatt, Morris, S., *Jewish Life in Turkey in the Sixteenth Century*, New York, 1952.
Goodrich-Freer, A., *Things Seen in Constantinople*, 1926.
Goodwin, Godfrey, *A History of Ottoman Architecture*, 1992 edn.
——*Sinan and City Planning*, Rome, 1989.
——*The Janissaries*, 1994.
Gordon, Mrs Will, *A Woman in the Balkans*, 1916.
Graves, Philip, *Briton and Turk*, 1941.
Greenwood, Anthony, 'Istanbul's Meat Provisioning: a Study of the Celepjan System', unpublished Ph.D. thesis, Chicago, 1981.
Grelot, M., *Relation nouvelle d'un voyage de Constantinople*, 1681.
Grenville, Henry, *Observations sur l'état actuel de l'Empire Ottoman* (1766), Ann Arbor, 1965.
Grenville, J. A. S., *Lord Salisbury and Foreign Policy: the Close of the Nineteenth Century*, 1970.
Groc, Gérard and I. Caglar, *La Presse française de Turquie de 1795 à nos jours*, Istanbul, 1985.
Guilleragues, Comte de, *Correspondance*, 2 vols., Geneva, 1976.
Gulbenkian, Nubar, *Pantaraxia*, 1966.
Gulersoy, Celik (all works published in Istanbul):
——*Hidiver ve Cubuklu Kasri*, 1985.
——*Dolmabahce Palace and its Environs*, 1990.
——*The Story of the Grand Bazaar*, 1990.
——*Taksim: the Story of a Square*, 1991.
——*The Caique*, 1991.
——*The Ceragan Palaces*, 1992.
Gurkan, Dr K. I. et al., *Lectures Delivered on the 511th Anniversary of the Conquest of Istanbul*, Istanbul, 1964.
Gursan-Salzmann, Ayse, *Anyos Muxhos y Buenos: Turkey's Sephardim 1492–1992*, Philadelphia, 1992.
Gursu, Nevber, *The Art of Turkish Weaving*, Istanbul, 1988.
Guys, M., *Voyage littéraire de la Grèce*, 3rd edn., 2 vols., 1783.
Habesci, Elias, *The Present State of the Ottoman Empire*, 1784.
Haidar, Musbah, *Arabesque*, 1944.
Halid, Halil, *Diary of a Turk*, 1903.
Halman, Talat S., *Suleyman the Magnificent, Poet*, Istanbul, 1989.
Halpern, Paul G., *The Mediterranean Naval Situation 1908–1914*, Cambridge, Mass., 1971.
——*The Naval War in the Mediterranean 1914–1918*, 1987.
——(ed.), *The Royal Navy in the Mediterranean 1915–1918*, 1987.
Hamlin, Cyrus, *Among the Turks*, 1878.
——*My Life and Times*, 1897.
Hammer, J. de, *Histoire de l'Empire Ottoman*, 16 vols., 1835–40.

——*Erinnerungen*, Vienna, 1940.
Hanioglu, M. Sukru, *Kendi Mektuplarinda Enver Pasha*, 1989.
Harington, General Sir Charles, *Tim Harington Looks Back*, 1940.
Harris, George S., *The Origins of Communism in Turkey*, Stanford, 1967.
Hasluck, F. W., *Christianity and Islam under the Sultans*, 2 vols., 1925.
Hassiotis, J. K., 'The Greeks and the Armenian Massacres', *Neo-hellenika*, IV, 1981, 69–101.
Hauterive, Comte d', *Mémoire sur l'état ancien et actuel de la Moldavie . . . en 1787*, Bucharest, 1902.
Heller, Joseph, *British Policy towards the Ottoman Empire 1908–1914*, 1983.
Hellier, Chris and Franco Venturi, *Splendours of the Bosphorus: Houses and Palaces of Istanbul*, 1993.
Henderson, Nevile, *Water under the Bridges*, 1945.
Herbert, Aubrey, *Ben Kendim*, 1918.
Herlihy, Patricia, *Odessa: a History 1794–1914*, 1986.
Herzl, Theodore, *Diaries*, 1958.
Hobhouse, John Cam, *A Journey through Albania and other Provinces of Turkey during the years 1809 and 1810*, 1813.
Hope, Thomas, *Anastasius or Memoirs of a Greek*, 2 vols., 1836 edn.
Hornby, Edmund, *An Autobiography*, 1929.
Hornby, Lady, *Constantinople during the Crimean War*, 1863.
Humurzaki, Baron Eudoxiu de (ed.), *Documente privitoare la Istoria romanilor*, vol. XVI, Bucarest, 1912.
Hunter, William, *Travels through France, Turkey and Hungary to Vienna in 1792*, 3rd edn., 2 vols., 1803.
Huscher, Herbert, 'Alexander Mavrocordato, friend of the Shelleys', *Bulletin of the Keats–Shelley Memorial Association*, XVI, 1965, 29–37.
Ignatyev, Count, 'Memoirs', *Slavonic Review*, X, June 1931, 386–407, 627–640; 1932, 341–53, 556–71.
Ihsanoglu, Ekmeleddin, *Istanbul: a glimpse into the Past*, Istanbul, 1987.
Imber, Colin, *The Ottoman Empire 1300–1481*, Istanbul, 1990.
Inalcik, Halil, *The Ottoman Empire: the Classical Age 1300–1600*, 1973.
——*The Ottoman Empire: Conquest, Organisation and Economy*, 1978.
——*Studies in Ottoman Social and Economic History*, 1985.
——*The Middle East and the Balkans under the Ottoman Empire*, Bloomington, 1993.
——and Cemal Kafadar, *Suleyman the Second and His Time*, Istanbul, 1993.
——and Donald Quataert, *An Economic and Social History of the Ottoman Empire*, 1994.
Iorga, Nicolas, *Byzance après Byzance*, 1992 edn.
——*Histoire des Roumains et de la Romanité orientale*, 9 vols., Bucharest, 1937–44.
Ipsirli, Mehmet, 'Mustafa Selaniki's History of the Ottomans', unpublished Ph.D. thesis, Edinburgh, 1976.
Ismail, F., 'The Diplomatic Relations of the Ottoman Empire and the Great European Powers from 1800 to 1821', unpublished D.Phil. thesis, London, 1975.
Issawi, Charles, *An Economic History of Turkey 1800–1914*, Chicago, 1980.
Istanbul à la jonction des cultures balkaniques, méditerranéennes, slaves et orientales aux XVI–XIXe siècles, Bucarest, 1977.
Istanbul Ansiklopedisi, 10 vols., Istanbul, 1993–5.

Istanbul: Selections, Istanbul, 1993– (magazine).
Itzkowitz, Norman and Max Mote, *Mubadele: an Ottoman-Russian Exchange of Ambassadors*, Chicago, 1970.
——and Vamik D. Volkan, *The Immortal Ataturk: a Psychobiography*, Chicago, 1984.
Jaeckh, Ernst, *The Rising Crescent*, New York, 1944.
Jamgocyan, Onnik, 'Les Finances de l'Empire Ottoman et les financiers de Constantinople', thèse d'état, Université de Paris, I, 1988.
——'L'Apprivoisonnement de Constantinople, la Révolution française et le déclin du négoce français', *Arab Historical Review for Ottoman Studies*, VII, October 1993, 127–42.
Jelavich, Barbara, *The Ottoman Empire, the Great Powers and the Straits Question 1870–1887*, Bloomington, 1973.
——*History of the Balkans: Eighteenth and Nineteenth Centuries*, 1983.
Jevakhoff, Alexandre, *Kemal Ataturk: les chemins de l'Occident*, 1989.
Johnson, Clarence R., *Constantinople Today: the Pathfinder Survey*, New York, 1922.
Johnstone, Pauline, *Turkish Embroidery*, 1985.
Jones, J. R. Melville, *The Siege of Constantinople 1453: Seven Contemporary Accounts*, Amsterdam, 1972.
Juhacz, Esther (ed.), *Sephardi Jews in the Ottoman Empire*, Jerusalem, 1989.
Kadri, Yakup, *Sodome et Gomorrhe*, 1928.
Kafadar, Cemal, 'Yeniceri–Esnaf Relations: Solidarity and Conflict', unpublished Ph.D. thesis, McGill University, 1981.
——'Self and Others: the Diary of a Dervish in Seventeenth-century Istanbul and First Person Narrative in Ottoman Literature', *Studia Islamica*, LXIX, 1989, 121–50.
Kalderon, Albert E., *Abraham Galante*, New York, 1983.
Kaldy-Nagy, G., 'The Holy War in the First Centuries of the Ottoman Empire', *Harvard Ukrainian Studies*, IV, 1980.
Kampman, A. A., *The Swedish Palace in Constantinople*, 1971.
Kannengiesser Pasha, Hans, *The Campaign in Gallipoli*, 1927.
Karahan, Abdulkadir, *Les Poètes classiques à l'epoque de Soliman le Magnifique*, Ankara, 1991.
Karmi, Ilhan, *Jewish Sites of Istanbul: a Guide Book*, Istanbul, 1992.
Karpat, Kemal H., *The Ottoman State and its Place in World History*, Leiden, 1974.
——*Ottoman Population*, Wisconsin, 1985.
Kastoryano, Lidya, *Quand l'Innocence avait un sens*, Istanbul, 1993.
Katib Celebi, *The Balance of Truth*, ed. G. L. Lewis, 1957.
Kayra, Cahit, *Maps of Istanbul*, Istanbul, 1990.
Kazamias, Andrew, *Education and the Quest for Modernity in Turkey*, 1966.
Kazgan, Haydar, *Galata Bankerleri*, Istanbul, 1991.
Keddie, Nikki R., *Sayyid Jamal ad-din 'al-Afghani'*, Los Angeles, 1972.
——and Lois Beck (eds.), *Women in the Muslim World*, 1978.
Kelly, Laurence, *Istanbul: a Traveller's Companion*, 1987.
Kemal Bey, Ismail, *Memoirs*, 1920.
Kent, Marian (ed.), *The Great Powers and the End of the Ottoman Empire*, 1984.
Keun, Odette, *Mesdemoiselles Daisne de Constantinople*, c. 1920.
Kevorkian, Raymond H. and Paul B. Paboudjian, *Les Arméniens dans l'Empire Ottoman à la veille du génocide*, 1992.

Khitrovo, Mme B. de, *Itinéraires russes en Orient*, Geneva, 1889.
Kinross, Lord, *Ataturk: the Rebirth of a Nation*, Nicosia, 1981 edn.
Kitromilides, Paschalis M., *The Enlightenment as Social Criticism: Miosipis Moisiodax and Greek Culture in the Eighteenth Century*, Princeton, 1992.
Kitsikis, Dimitris, *L'Empire Ottoman*, 1985.
Knatchbull-Hugesson, Sir Hugh, *Diplomat in Peace and War*, 1949.
Knight, E. F., *The Awakening of Turkey*, 1909.
Knos, Borje, *L'Histoire de la littérature néo-grecque*, Uppsala, 1962.
Knudsen, Erik Lance, *Great Britain, Constantinople and the Turkish Peace Treaty*, New York, 1987.
Koprulu, M. Fuad, *The Origins of the Ottoman Empire*, ed. Gary Leiser, Albany, 1992.
Kortepeter, Carl Max, *The Ottoman Turks: from Nomad Kingdom to World Empire*, Istanbul, 1991.
Kritovoulos, *History of Mehmed the Conqueror*, Princeton, 1954.
Kuneralp, Sinan (ed.), *Studies in Ottoman Diplomatic History*, 5 vols., Istanbul, 1987–90.
Kunt, Metin, 'The Koprulu Years 1656–1661', unpublished Ph.D. thesis, Princeton, 1971.
Kuran, Aptullah, *Sinan the Grand Old Man of Ottoman Architecture*, Istanbul, 1987.
Kurat, Akdes Nimet (ed.), *The Despatches of Sir Robert Sutton, Ambassador in Constantinople 1710–1714*, 1953.
Kushner, David, *The Rise of Turkish Nationalism*, 1977.
Kutschera, Chris, *Le Mouvement National Kurde*, 1979.
Labourdette, J. F., *Vergennes*, 1990.
La Motraye, A. de, *Voyages . . . en Europe, Asie et Afrique*, 2 vols., La Haye, 1727.
Landau, Jacob M., *Ataturk and the Modernisation of Turkey*, Boulder and Leiden, 1984.
——*Tekinalp: Turkish Patriot 1883–1961*, Istanbul, 1984.
Lane-Poole, Stanley (ed.), *The People of Turkey: Twenty Years Residence among Bulgarians, Greeks, Albanians, Turks and Armenians by a Consul's Daughter and his Wife*, 2 vols., 1878.
——*The Life of Sir Stratford Canning, Viscount Stratford de Redcliffe*, 2 vols., 1888.
Lang, David Marshall, *The Armenians: a People in Exile*, 1988 edn.
Lauzanne, Stéphane, *Au chevet de la Turquie*, 1913.
Layard, Sir Austen, *Autobiography and Letters*, 2 vols., 1903.
Lechevalier, J. B., *Voyage de la Propontide et du Pont Euxin*, 2 vols., 1800.
Lees, Andrew, *Cities Perceived: Urban Society in European and American Thought 1820–1940*, Manchester, 1985.
Lefort, Jacques, *Documents grecs dans les archives de Topkapi Sarayi: contribution à l'histoire de Cem Sultan*, Ankara, 1981.
Legrand, Emile, *Recueil de poèmes historiques en grec vulgaire*, 1877.
Leila Hanoum, *Le Harem impérial et les sultanes au XIXe siècle*, Brussels, 1991.
Lesure, Michel, *Lepante: la crise de l'Empire Ottoman*, 1972.
Levy, Avigdor, 'The Military Policy of Sultan Mahmud II 1808–1839', unpublished Ph.D. thesis, Harvard, 1968.
——'The Ottoman *Ulama* and the Military Reforms of Sultan Mahmud II', *Asian and African Studies*, VII, 1971, 13–39.
——'The Officer Corps in Sultan Mahmud II's New Ottoman Army 1826–1839', *International Journal of Middle East Studies*, II, 1971, 21–39.

——*The Sephardim in the Ottoman Empire*, Princeton, 1992.
Lewis, Bernard, *The Emergence of Modern Turkey*, 1960.
——*Istanbul and the Civilization of the Ottoman Empire*, Norman, Oklahoma, 1963.
——*Islam in History*, 1973.
——*The Muslim Discovery of Europe*, 1982.
——*The Jews of Islam*, 1984.
——*The Political Language of Islam*, Chicago, 1988.
——*Race and Slavery in the Middle East: a Historical Enquiry*, New York, 1990.
Liddell, Robert, *Byzantium and Istanbul*, 1956.
Lieven, D. C. B., *Russia and the Origins of the First World War*, 1983.
Lifchez, Raymond F. (ed.), *The Dervish Lodge: Architecture, Art and Sufism in Ottoman Turkey*, Berkeley, 1992.
Ligne, Maréchal Prince de, *Mémoires*, 5 vols., 1828.
Liskar, Elizabeth (ed.), *Europa und die Kunst der Islam*, Wien, 1985.
Loti, Pierre, *Aziyade: Stamboul 1876–1877*, 1892 edn.
——et Samuel Viaud, *Suprêmes Visions d'Orient*, 1921.
Lowry, Heath W., *The Story behind Ambassador Morgenthau's Story*, Istanbul, 1990.
Lybyer, Albert H., *The Government of the Ottoman Empire in the Time of Suleiman the Magnificent*, Cambridge, Mass., 1913.
Macarius, Patriarch of Antioch, *Travels*, 1936.
MacDermott, Mercia, *A History of Bulgaria 1393–1885*, 1962.
MacFarlane, Charles, *Constantinople in 1828*, 2 vols., 2nd edn. 1829.
——*Turkey and its Destiny*, 2 vols., 1850.
Macfie, A. L., *The Straits Question 1909–1934*, Thessaloniki, 1993.
Mackenzie, Molly, *Turkish Athens*, Reading, 1992.
Magoulias, Harry J. (ed.), *The Decline and Fall of Byzantium to the Ottoman Turks*, Detroit, 1975.
Mamboury, Ernest, *The Tourist's Istanbul*, Istanbul, 1953.
Mamoni, Kyriaki, 'Les Associations pour la propagation de l'instruction grecque à Constantinople (1861–1922)', *Balkan Studies*, 1975, XVI, i, 103–12.
Mango, Cyril, *Studies on Constantinople*, Aldershot, 1993.
Mann, Stuart E., *Albanian Literature*, 1955.
Mansel, Philip, *Sultans in Splendour: the Last Years of the Ottoman World*, 1988.
Mantran, Robert (ed.), *Histoire de l'Empire Ottoman*, 1989.
——*Istanbul dans la seconde moitié du XVIIe siècle*, 1962.
——*La Vie quotidienne à Istanbul au siècle de Soliman le Magnifique*, 1990 edn.
Mardin, Serif, 'Super Westernisation in Urban Life in the Last Quarter of the Nineteenth Century', in Peter Benedict *et al.* (eds.), *Turkey: Geographical and Social Perspectives*, Leiden, 1974, 403–45.
——*The Genesis of Young Ottoman Though*, Princeton, 1962.
——*Religion and Social Change in Modern Turkey: the Case of Bediuzzaman Said Nursi*, Albany, New York, 1989.
Marinescu, Florin, *Etude généalogique sur la famille Morouzi*, Athens, 1987.
——with Georgeta Penelea-Filitti and Anna Tabaki (eds.), *Documents gréco-roumains: le Fonds Morouzi d'Athènes*, Athens–Bucharest, 1991.
Marsigli, Comte de, *L'Etat militaire de l'Empire Ottoman, ses progrès et sa décadence*, La Haye–Amsterdam, 1732.

Masson, Paul, *Histoire du commerce français dans le Levant au XVIIe siècle*, 1896.
——*Histoire du commerce français dans le Levant au XVIIIe siècle*, 1911.
Mavrocordatos, G. A., *De la Réforme et de la finance des Romains en Orient*, Athens, 1856.
Mavroyennis, Alexandre, *Contribution à l'histoire du Proche-Orient*, 2 vols., Istanbul, 1950.
Mavroyennis Pacha, *Chiens errants de Constantinople, et chiens et chats de bonne maison*, 1900.
McCarthy, J. W. and Constantin Caratheodory, *Relation officielle de la maladie et de la mort du Sultan Mahmoud II*, 1841.
McCullagh, Francis, *The Fall of Abdul Hamid*, 1909.
Mears, Eliot Granville, *Modern Turkey*, 1924.
Medlin, William K., *Moscow and East Rome*, Geneva, 1952.
Meienberger, Peter, *Johann Rudolf Schmid zum Schwarzerhorn als Kaiserlicher Resident in Konstantinopel in den Jahren 1629–1643*, Bern, 1973.
Melas, Achilles and Kostas Stamatopulos, *Constantinopolis*, Athens, 1990 (in Greek).
Melek Hanoum, *Thirty Years in the Harem*, 1872.
[Melling, Antoine-Ignace], *Voyage pittoresque de Constantinople et des rives du Bosphore*, 1819.
Menemencioglu, Nermin, *The Penguin Book of Turkish Verse*, 1978.
Meredith-Owens, G. M., *Turkish Miniatures*, 1969.
Merriman, R. B., *Suleyman the Magnificent*, Harvard, 1944.
Meryon, Dr, *Travels of Lady Hester Stanhope*, 3 vols., 1846.
Mihailovic, Konstantin, *Memoirs of a Janissary*, Ann Arbor, 1975.
Miller, A. F., *Mustafa Pacha Bairaktar*, Bucharest, 1975.
Miller, Barnette, *Beyond the Sublime Porte*, New Haven, 1931.
——*The Palace School of Mohammed the Conqueror*, Cambridge, Mass., 1941.
Miller, William, *Travel and Politics in the Near East*, 1897.
Millman, Richard, *Britain and the Eastern Question 1875–1878*, Oxford, 1979.
Minault, Gai, *The Khilafat Movement*, New York, 1982.
Mismer, Charles, *Souvenirs du monde mussulman*, 1892.
Mitler, Louis, *Ottoman Turkish Writers*, Washington, 1988.
Moltke, Maréchal de, *Lettres . . . sur l'Orient*, 1877 edn.
Monconys, M., *Journal des Voyages*, 4 vols., Lyons, 1666.
Moorehead, Alan, *Gallipoli*, 1956.
Morand, Paul, *Ouvert la nuit*, 1987 edn.
Morier, James, *A Journey through Persia, Armenia, Asia Minor, to Constantinople, in the Years 1808 and 1809*, 1812.
Moseley, Philip E., *Russian Diplomacy and the Opening of the Eastern Question 1838–1839*, Harvard, 1934.
Mouradgea d'Ohsson, Ignatius, *Tableau général de l'Empire Ottoman*, 3 vols., 1787–1820.
Mouy, Charles de, *Lettres du Bosphore*, 1879.
Muftyzade, K. Zia Bey, *Speaking of the Turks*, New York, 1922.
Muller, Mrs Max, *Letters from Constantinople*, 1897.
Myles, Henri, *La Fin de Stamboul*, 2nd edn., 1921.
Nadir, Aysegul (ed.), *Imperial Ottoman Fermans*, 1986.
Naff, Thomas and Roger Owen, *Studies in Eighteenth-century Islamic History*, Carbonsville, 1977.

Naima, Mustafa, *Annals of the Turkish Empire*, I, 1842.
Nalbandian, Louise, *The Armenian Revolutionary Movement*, Berkeley, 1963.
Nami Bey, Ali, *Vérité, justice, bonté*, Istanbul, 1918.
National Palaces, Istanbul, 1987, 1992.
Navarian, A., *Les Sultans poètes (1451–1809)*, 1936.
Necipoglu, Gulru, *Architecture, Ceremonial and Power: the Topkapi Palace in the Fifteenth and Sixteenth Centuries*, Cambridge, Mass., 1991.
Nesin, Aziz, *Istanbul Boy*, 3 vols., Austin, Texas, 1977–90.
Neuville, Pierre de, Gilbert Beaupré *et al.*, *Images d'Empire*, Istanbul, 1994.
Nicholas of Greece, Prince, *My Fifty Years*, 1929.
Nicol, Donald M., *The Immortal Emperor: the Life and Legend of Constantine Palaiologos, Last Emperor of the Romans*, Cambridge, 1992.
——*The Last Centuries of Byzantium 1261–1453*, 1993 edn.
Nicolaides, Jean, *Folklore de Constantinople*, 2 vols., 1894.
——*Contes licencieux de Constantinople et de l'Asie Mineure*, 1906.
Nicolay, Nicolas de, *Dans l'Empire de Soliman le Magnifique*, 1989.
Nicolson, Harold, *Sweet Waters*, 1928 edn.
Nicolson, Nigel, *Alex*, 1973.
Nigar, Salih Keramet, *Halife Ikinci Abdulmecid*, 1964.
Nisbet, Mary of Dirleton, Countess of Elgin, *Letters*, 1926.
Noe, Michel, *Pages d'Orient*, 1895.
North, Hon. Roger, *Lives of the Norths*, 3 vols., 1826.
Nubar Pacha, *Mémoires*, ed. Mirrit Boutros-Ghali, Beirut, 1983.
Obolensky, Dimitri, *The Byzantine Commonwealth*, 1974 edn.
Ochsenwald, William, *Religion, Society and the State in Arabia*, Ohio, 1984.
Okday, Sefik, *Der letzte Grossvezir und seine Preussische Sohne*, Gottingen–Zurich, 1991.
Okte, Ertughrul Zekai (ed.), *Ottoman Archives. Yildiz Collection. The Armenian Question*, 3 vols., Istanbul, 1989.
Olson, Robert W., *The Siege of Mosul and Ottoman-Persian Relations 1718–1743*, Bloomington, 1975.
——*The Emergence of Kurdish Nationalism and the Sheikh Said Rebellion, 1880–1925*, Austin, 1989.
Orbey, Raouf d', *Les Amours dangereuses*, Constantinople, 1874.
Orga, Irfan, *Portrait of a Turkish Family*, 1988 edn.
Osborne, Hon. and Revd Sydney Godolphin, *Scutari and its Hospitals*, 1855.
Osmanoglu, Ayse, *Avec Mon Père le Sultan Abdulhamid de son palais à son prison*, 1991.
Ostle, Robin (ed.), *Modern Literature in the Near and Middle East 1850–1970*, 1991.
Owen, Roger, *The Middle East in the World Economy 1800–1914*, 1981.
Ozdamar, Ali, *Beyoglu in the Thirties through the Lens of Selahattin Giz*, Istanbul, 1992.
Oztuna, Yilmaz, *Devletler ve Hanedanlar*, II, *Turkiye (1074–1990)*, Ankara, 1990.
Palerne, Jean, *Pérégrinations*, Lyons, 1606.
Paliouras, A. (ed.), *The Oecumenical Patriarchate*, Athens, 1989.
Palmer, Alan, *The Decline and Fall of the Ottoman Empire*, 1993 edn.
Pannayotopoulos, A. J., 'The Great Idea and the Vision of Eastern Federation', *Balkan Studies*, XXI, 2, 1980, 331–65.
Panzac, Daniel, *La Peste dans l'Empire Ottoman 1700–1850*, Leuwen, 1985.
——'International and Domestic Maritime Trade in the Ottoman Empire during

the Eighteenth Century', *International Journal of Middle Eastern Studies*, May 1992, 189–206.
——*Les Villes dans l'Empire Ottoman: activité et société*, 1991.
Papadakis, A., 'Gennadius II and Mehmed the Conqueror', *Byzantion*, XLII, 1972, 88–106.
Papadopoulos, S. A. (ed.), *The Greek Merchant Marine*, Athens, 1972.
Papadopoulos, Theodore H., *Studies and Documents relating to the History of the Greek Church and People under Turkish Domination*, Brussels, 1952.
Pardoe, Julia, *The City of the Sultans and Domestic Manners of the Turks in 1836*, 2 vols., 1837.
Park, George T., 'The Life and Writings of M. Fuad Koprulu', unpublished Ph.D. thesis, Johns Hopkins University, 1975.
Pears, Sir Edwin, *Forty Years in Constantinople*, 1917.
Pedani, Maria Pia, *In nome del Gran Signore: inviati ottomani a Venezia dalla caduta di Constantinopoli alla guerra di Candia*, Venice, 1994.
Peirce, Leslie, 'The Imperial Harem: Gender and Power in the Ottoman Empire 1520–1657', unpublished Ph.D. thesis, Princeton, 1988.
——*The Imperial Harem: Women and Sovereignty in the Ottoman Empire*, Oxford, 1993.
Penzer, N. M., *The Harem*, 1966 edn.
Pernot, Maurice, *La Question turque*, 1923.
Pertusier, J. C., *Promenades pittoresques dans Constantinople et sur le Bosphore*, 3 vols., 1815.
——*La Valachie, la Moldavie et de l'influence politique des Grecs du Fanal*, 1822.
Petrovich, Michael Boro, *The Emergence of Russian Panslavism 1856–1870*, New York, 1956.
Philippides, André, *Hommes et idées du Sud-Est Européen à l'aube de l'âge moderne*, 1980.
Pickthall, Marmaduke, *With the Turk in Wartime*, 1914.
Pingaud, Léonce, *Choiseul-Gouffier: la France en Orient sous Louis XVI*, 1887.
Piton de Tournefort, M., *A Voyage into the Levant: Perform'd by Command of the Late French King*, 2 vols., 1718.
Pococke, Richard, *A Description of the East and some other Countries*, 2 vols., 1745.
Ponafidine, Pierre, *Life in the Muslim East*, 1911.
[Porter, David] *Constantinople and its environs in a series of letters*, 2 vols., New York, 1835.
Porter, Sir James, *Turkey, its History and People*, 2 vols., 1854.
Porter, Roy, *London: a Social History*, 1994.
Poynter, Mary A., *When Turkey was Turkey*, 1921.
Puaux, René, *De Sofia à Tchataldja*, 1913.
Quataert, Donald, *Social Disintegration and Popular Resistance in the Ottoman Empire 1881–1908*, New York, 1983.
——*Ottoman Manufacturing in the Age of the Industrial Revolution*, Cambridge, 1993.
Quella-Villeger, Alain, *Istanbul: le regard de Pierre Loti*, 1992.
Raby, Julian, 'El Gran Turco: Mehmed the Conqueror as a Patron of the Arts of Christendom', unpublished D.Phil. thesis, Oxford, 1980.
Ragsdale, Hugh (ed.), *Imperial Russian Foreign Policy*, 1991.
Rambert, Louis, *Notes et impressions de Turquie*, 1926.
Ramsaur, jun., Ernest Edmondson, *The Young Turks: Prelude to the Revolution of 1908*, Princeton, 1957.

Ramsay, Allan and Francis McCullagh, *Tales from Turkey*, 1914.
Ramsay, Sir W. M., *The Revolution in Constantinople and Turkey*, 1909.
Rankin, Lt-Col. Reginald, *The Inner History of the Balkan War*, 1914.
Raymond, André, *Le Caire*, 1993.
Reed, Howard, 'The Destruction of the Janissaries by Mahmud II in June 1826', unpublished Ph.D. thesis, Princeton, 1951.
Reed, John, *War in Eastern Europe*, 1994 edn.
Repp, R. C., *The Mufti of Istanbul: a Study in the Development of the Ottoman Learned Hierarchy*, 1986.
Revue d'Histoire Diplomatique, 1991, issue on consuls and dragomans.
Rich, Norman, *Why the Crimean War? A Cautionary Tale*, 1985.
Richards, G. R. B., *Florentine Merchants in the Age of the Medici*, Harvard, 1932.
Riondel, H., *Le Bienheureux Gomidas de Constantinople, prêtre arménien et martyr*, 1929.
Roche, Max, *Education, assistance et culture françaises dans l'Empire Ottoman*, Istanbul, 1989.
Roding, Michiel and Hans Theunissen (eds.), *The Tulip, a Symbol of Two Nations*, Utrecht–Istanbul, 1993.
Rodrigue, Aron (ed.), *Ottoman and Turkish Jewry: Community and Leadership*, Bloomington, 1992.
Roe, Sir Thomas, *Negotiations in his Embassy to the Ottoman Porte from the year 1621 to 1628*, 1749.
Rogers, J. M. (ed.), *The Topkapi Saray Museum: Costumes, Embroideries and Other Textiles*, 1986.
——*The Topkapi Saray Museum: the Treasury*, 1987.
——*The Topkapi Saray Museum. Architecture: the Harem and Other Buildings*, 1988.
——and R. M. Ward, *Suleyman the Magnificent*, 1988.
Roider, jun., Karl A., *Austria's Eastern Question*, Princeton, 1982.
Rolamb, Nils, 'A Relation of a Journey to Constantinople', in A. C. Churchill (ed.), *A Collection of Voyages and Travels*, 5 vols., 1732, V, 669–716.
Rose, Norman, *Churchill: an Unruly Life*, 1995 edn.
Rosenthal, Steven T., *The Politics of Dependency: Urban Reform in Istanbul*, Westport, 1980.
Rossos, Andrew, *Russia and the Balkans: Inter-Balkan Rivalries and Russian Foreign Policy*, Toronto, 1981.
Roth, Cecil, *The House of Nasi: the Duke of Naxos*, Philadelphia, 5708/1948.
——*Dona Gracia Nasi*, Paris, 1990.
Rottiers, Colonel, *Itinéraire de Tiflis à Constantinople*, Brussels, 1829.
Runciman, Steven, *The Great Church in Captivity*, 1968.
——*The Fall of Constantinople 1453*, 1988 edn.
Russell, W. H., *The British Expedition to the Crimea*, rev. edn. 1858.
——*A Diary in the East during the Tour of the Prince and Princess of Wales*, 1869.
Ryan, Sir Andrew, *The Last of the Dragomans*, 1951.
Rycaut, Paul, *The Present State of the Ottoman Empire*, 1675.
——*The History of the Turks beginning with the year 1679*, 3 vols., 1687.
Saab, Hassan, *The Arab Federalists of the Ottoman Empire*, Amsterdam, 1958.
Sa'd-ud-din, Khoja, *The Capture of Constantinople*, tr. E. J. W. Gibb, Glasgow, 1879.
Safadi, Yasin Hamadi, *Islamic Calligraphy*, 1987 edn.

Saint Clair, William, *Lord Elgin and the Marbles*, 1983 edn.
Saint-Priest, Comte de, *Mémoires sur l'ambassade de France en Turquie et sur le commerce des Français dans le Levant*, 1877.
Sanderson, John, *Travels in the Levant 1584–1602*, 1931.
Sarkisian, A. O., *History of the Armenian Question to 1885*, Urbana, 1938.
Scalieri, Cléanthe, *Appel à la justice des Grandes Puissances*, Athens, 1881.
Schefer, Charles (ed.), *Le Voyage de Monsieur Chesneau d'Aramon, ambassadeur pour le Roy au Levant*, 1887.
Schimmel, Annemarie, *Calligraphy and Islamic Culture*, New York, 1984.
Schmidt, Jan, *Through the Legation Window 1871–1926*, Istanbul, 1992.
——'Sunbulzade Vehbi's Sevk-Engiz, an Ottoman Pornographic Poem', *Turcica*, XXV, 1993, 9–37.
Scholem, Gershom, *Sabbatai Sevi: the Mystical Messiah*, 1971.
Schreiner, George A., *From Berlin to Baghdad*, New York, 1918.
Schwoebel, Robert, *The Shadow of the Crescent: the Renaissance Image of the Turk (1453–1517)*, Nieuwkoop, 1967.
Senior, Nassau W., *A Journal kept in Turkey and Greece*, 1859.
Sepiha, Haim Vidal, *L'Agonie des Judéo-Espagnols*, 2nd edn., 1979.
Sestini, Domenico, *Lettres . . . pendant le cours de ses voyages en Italie, en Sicilie et en Turquie*, 1789.
Seton-Watson, R. W., *A History of the Roumanians*, 1934.
——*Britain in Europe 1789–1914*, Cambridge, 1937.
Setton, Kenneth M., *Venice, Austria and the Turks in the Seventeenth Century*, Philadephia, 1991.
Shaw, Stanford, J., *Between Old and New: the Ottoman Empire under Sultan Selim III 1789–1807*, Harvard, 1971.
——*A History of the Ottoman Empire and Modern Turkey*, 2 vols., 1976–8.
——*The Jews of the Ottoman Empire and the Turkish Republic*, 1991.
Shay, Mary Lucille, *The Ottoman Empire from 1720 to 1744 as revealed in Despatches of Venetian Baili*, Urbana, 1944.
Sherrard, Philip, *Constantinople: Iconography of a Sacred City*, 1965.
Shmuelevitz, Aryeh, *The Jews of the Ottoman Empire in the late Fifteenth and the Sixteenth Centuries*, Leiden, 1984.
Shukla, Ram Lakhan, *Britain, India and the Turkish Empire 1853–1882*, New Delhi, 1973.
Shurrock, William I., *French Imperialism in the Middle East*, Madison, 1976.
Simsir, Bilal N., *Dis Basinda Ataturk ve Turk Devrimi*, cilt I, Ankara, 1981.
Sitwell, Sacheverell, *Far from my Home: Stories Long and Short*, 1931.
Skendi, Stavro, *The Albanian National Awakening 1878–1912*, Princeton, 1967.
Skilliter, Susan, *Life in Istanbul 1588: Scenes from a Traveller's Picture Book*, Oxford, 1977.
——*William Harborne and the Trade with Turkey 1578–1582*, Oxford, 1977.
Slade, Adolphus, *Turkey, Greece and Malta*, 2 vols., 1837.
——*Turkey and the Crimean War*, 1867.
Smith, Albert, *A Month at Constantinople*, 1850.
Snouck Hurgronje, C., *Mekka in the latter part of the Nineteenth Century*, Leiden–London, 1931.
Sonyel, Salahi R., *Minorities and the Destruction of the Ottoman Empire*, Ankara, 1993.
Soutzo, Prince Nicolas, *Mémoires*, Vienna, 1896.

Sperco, Willy, *Istanbul indiscret*, Istanbul, n.d.
——*L'Orient qui s'éteint*, 1936.
——*Mustafa Kemal Ataturk*, 1958.
Sphrantzes, George, *The Fall of the Byzantine Empire: a Chronicle*, ed. and tr. Marios Philippides, Amherst, 1980.
Stchoukine, Ivan, *La Peinture turque d'après les manuscrits illustrés*, 2 vols., 1966–76.
Stitt, George, *A Prince of Arabia: the Emir Shereef Ali Haidar*, 1948.
Stoianovic, Troian, 'The Conquering Balkan Orthodox Merchant', *Journal of Economic History*, 1960, 234–313.
Stone, Norman and Michael Glenny, *The Other Russia*, 1991 edn.
Stourdza, A. C., *L'Europe orientale et le rôle historique des Mavrocordato 1660–1830*, 1913.
Strachan, Michael, *Sir Thomas Roe*, 1989.
Studia Turcologica Memoriae Alexis Bombacii Dicata, Naples, 1982.
Sturdza, Michel, *Grandes Familles de Grèce, d'Albanie et de Constantinople*, 1983.
Sugar, Peter F., *Southeastern Europe under Ottoman Rule 1354–1804*, Seattle, 1977.
Sumner, B. H., *Russia and the Balkans 1870–1880*, 1937.
Sumner-Boyd, Hilary and John Freely, *Strolling through Istanbul*, 2nd edn., Istanbul, 1973.
Svenson, Glen, 'The Military Rising in Istanbul 1909', *Journal of Contemporary History*, V, 1970, 171–84.
Synvet, A., *Les Grecs de l'Empire Ottoman: étude statistique et ethnique*, Constantinople, 1878.
Tahsin Pasha, *Yildiz Hatiralari*, 1990 edn.
Tavernier, J. B., *Nouvelle Relation de l'intérieur du Sérail du Grand Seigneur*, 1675.
Temple, Bt., Major-General Sir Grenville, *Travels in Greece and Turkey*, 2 vols., 1836.
Tenenti, Alberto, *Piracy and the Decline of Venice 1580–1615*, 1967.
Thalasso, A. et F. Zonaro, *Deri Se'adet ou Stamboul, porte du bonheur*, 1908.
Theotokas, G., *Leonis, enfant grec de Constantinople*, 1985.
Thévenot, M. de, *Travels into the Levant*, 3 parts, 1687.
Thomas, Lewis V., *A Study of Naima*, New York, 1972.
Thouvenel, L., *Trois Années de la Question d'Orient 1856–1859*, 1897.
Thuasne, L., *Gentile Bellini et Sultan Mohammed II*, 1888.
Tietze, Andreas (ed.), *Mustafa Ali's Counsel for Sultans of 1581*, 2 vols., Vienna, 1979–82.
Tinayre, Marcelle, *Notes d'une voyageuse en Turquie*, 1909.
Titley, Norah and Frances Wood, *Oriental Gardens*, 1991.
Toderini, Abbé, *De la Littérature des Turcs*, 3 vols., 1789.
Toledano, Ehud R., *The Ottoman Slave Trade and its Suppression 1840–1890*, Princeton, 1982.
Tongas, Gérard, *Les Relations de la France avec l'Empire Ottoman durant la première moitié du XVIIe siècle*, Toulouse, 1942.
Toros, Taha, *Turco-Polish Relations in History*, Istanbul, 1983.
——*The First Lady Artists of Turkey*, Istanbul, 1988.
Tott, Baron de, *Memoirs concerning the State of the Turkish Empire and the Crimea*, 4 parts, 1786.
Trubetskoy, Professor Prince Eugene Nicolayevich, *Saint Sophia, Russia's Hope and Calling*, 1916.
Trumpener, Ulrich, *Germany and the Ottoman Empire 1914–1918*, 1968.

Tsourkas, Cléobule, *Les Débuts de l'enseignement philosophique et de la libre pensée dans les Balkans: la vie et l'œuvre de Théophile Corydalée (1570–1646)*, Thessaloniki, 1967.
Tuglaci, Pars (all works published in Istanbul):
——*Women of Istanbul in Ottoman Times*, 1984.
——*The Ottoman Palace Women*, 1985.
——*Turkish Bands of Past and Present*, 1986.
——*The Role of the Balian Family in Ottoman Architecture*, 1990.
——*Armenian Churches of Istanbul*, 1991.
——*The Role of the Dadian Family in Ottoman Social, Economic and Political Life*, 1993.
Tuncay, Mete and Erik J. Zurcher, *Socialism and Nationalism in the Ottoman Empire 1876–1923*, 1994.
Turner, C. J. G. 'The Career of George-Gennadius Scholarius', *Byzantion*, XXXIX, 1969, 420–55.
Turner, William, *Journal of a Tour in the Levant*, 3 vols., 1820.
Tursun Beg, *History of Mehmed the Conqueror*, ed. Halil Inalcik and Rhoads Murphy, Minneapolis and Chicago, 178.
Ubicini, M. A., *Letters on Turkey*, 2 vols., 1856.
Ulker, Muammer, *The Art of Turkish Calligraphy from the Beginning up to the Present*, Ankara, 1987.
Ulucay, M. Cagatay, *Sultanlarina Ask Mektuplari*, 1950.
——*Harem II*, Ankara, 1971.
——*Padishahlarin Kadinlari ve Kizlari*, 1992.
Un Jeune Russe [H.-C.-R. von Struve], *Voyage en Crimée, suivi de la relation de l'ambassade envoyée de Pétersbourg à Constantinople en 1793*, 1802.
Unsal, Artun and Beyhan, *Istanbul la magnifique: propos de table et recettes*, 1991.
Upward, Allen, *The East End of Europe*, 1908.
Vacalopoulos, Apostolos E., *Origins of the Greek Nation: the Byzantine Period 1204–1461*, New Brunswick, 1970.
——*The Greek Nation 1453–1669*, New Brunswick, 1976.
Vaka, Demetra, *The Unveiled Ladies of Stamboul*, Boston, 1923.
Valensi, Lucette, *Venise et la Sublime Porte*, 1987.
Vandal, Albert, *Les Voyages du Marquis de Nointel*, 1900.
——*Une Ambassade française en Orient sous Louis XV: la mission du Marquis de Villeneuve 1728–1741*, 1887.
Van der Dat, Dan, *The Ship that Changed the World: the Escape of the 'Goeben' to the Dardanelles in 1914*, 1986 edn.
Vaner, Semih (ed.), *Istanbul*, 1991.
Varol, Marie-Christine, *Balat, faubourg juif d'Istanbul*, Istanbul, 1989.
Vassif Efendi, *Précis historique de la guerre des Turcs contre les Russes*, ed. P. A. Caussin de Perceval, 1822.
Vaughan, Dorothy M., *Europe and the Turk: a Pattern of Alliances 1350–1700*, Liverpool, 1951.
Veinstein, Gilles (ed.), *Salonique 1850–1918: la ville des Juifs et le réveil des Balkans*, 1992.
——*Soliman le Magnifique et son temps*, 1992.
Vryonis, Speros, 'The Byzantine Legacy and Ottoman Forms', *Dumbarton Oaks Papers*, XXIII–XXIV, 1969–70, 253–318.
Walder, David, *The Chanak Affair*, 1969.

Walker, Christopher J., *Armenia: the Survival of a Nation*, 1991 edn.
Walsh, Revd R., *A Residence at Constantinople*, 2 vols., 1836.
Wanda, *Souvenirs anecdotiques sur la Turquie 1820–1870*, 1884.
Washburn, George, *Fifty Years in Constantinople*, Boston and New York, 1909.
Waterfield, Gordon, *Layard of Nineveh*, 1963.
Watkins, Thomas, *Tour through Swisserland . . . to Constantinople*, 2 vols., 1792.
Waugh, Sir Telford, *Turkey Yesterday, Today and Tomorrow*, 1930.
White, Charles, *Three Years in Constantinople*, 3 vols., 1845.
Wilkinson, William, *An Account of the Principalities of Wallachia and Moldavia*, 1820.
Wilson, Epiphanius, *Turkish Literature*, 1901.
Wilson, Mary C., *King Abdullah, Britain and the Making of Jordan*, Cambridge, 1987.
Wittek, Paul, 'Notes sur la tughra ottomane', *Byzantion*, XVIII, 1948, 311–34.
Wittman, William, *Travels in Turkey, Asia Minor, Syria and across the Desert to Egypt in the years 1799, 1800 and 1801*, 1803.
Wolff, Sir Henry Drummond, *Rambling Recollections*, 2 vols., 1908.
Wood, Alfred C., 'The English Embassy in Constantinople', *English Historical Review*, XL, 1925, 533–61.
——*A History of the Levant Company*, 1935.
Woods, Sir Henry F., *Spun-Yarn from the Strands of a Sailor's Life*, 2 vols., 1924.
Wortley Montagu, Lady Mary, *The Turkish Embassy Letters*, ed. Malcolm Jack, 1994.
Wrangel, Alexis, *General Wrangel, Russia's White Crusader*, 1990.
Wrangel, General P. N., *Memoirs*, 1929.
Wratislaw, Baron Wenceslas, *Adventures*, ed. A. H. Wratislaw, 1862.
Wright, H. C. Seppings, *Two Years under the Crescent*, 1985 edn.
Yerasimos, Stéphane, *La Fondation de Constantinople et de Sainte-Sophie dans les traditions turques*, 1990.
——(ed.), *Istanbul 1914–1923: capitale d'un monde illusoire ou l'agonie des vieux empires*, 1992.
Yiannias, John, *The Byzantine Tradition after the Fall of Constantinople*, 1991.
Ypsilanti, Prince Nicholas, *Mémoires*, n.d.
Zarcone, Thierry, *Mystiques, philosophes et franc-maçons en Islam*, 1993.
Zeine, M., *Arab-Turkish Relations and the Emergence of Arab Nationalism*, Beirut, 1958.
Zeman, Z. A. B. and W. B. Scharlau, *The Merchant of Revolution*, 1965.
Zurcher, Erik J., *The Unionist Factor: the Role of the Committee of Union and Progress in the Turkish National Movement 1905–1926*, Leiden, 1984.
——*Political Opposition in the Early Turkish Republic: the Progressive Republican Party*, Leiden, 1991.
——*Turkey: a Modern History*, 1993.

出版后记

公元330年，君士坦丁一世将罗马帝国的首都从罗马迁到拜占庭，并将之命名为"新罗马"，但人们习惯以建立者之名称呼它为"君士坦丁堡"。这座千年古城还有很多名称，比如"伟大之城""众城之女王""沙皇格勒""皇帝之城""七丘之城"。本书作者描写的主要是1453年陷落之后处于奥斯曼统治之下的君士坦丁堡。如作者在前言中所述，虽然奥斯曼苏丹将之改名为"伊斯坦布尔"，但鉴于其公文和其他语言中的使用次数，奥斯曼帝国基本上继承了"君士坦丁堡"这一名称，甚至在与欧洲各国的外交信函中也将首都自行译成此名，"伊斯坦布尔"则成为奥斯曼帝国首都的非正式名称，因而本书仍然选用了"君士坦丁堡"之名，这也成为本书的书名。

1453—1924年，这座城市在奥斯曼王朝的统治下经历了五六百年的时光流转。各国使节、艺术家、学者、探险家、商人纷至沓来，会聚于这座世界之都，见证了奥斯曼帝国最为辉煌的历史时刻，以及东西方文明交融的和谐图景。然而，随着帝国的衰落，处于世界十字路口的君士坦丁堡也成为一座极具争议和矛盾的城市，东正教、天主教、伊斯兰教、犹太教等宗教在此激烈碰撞，希腊人、土耳其人、亚美尼亚人、保加利亚人、库尔德人等民族独立意识渐增，最终使之成为欧洲的火药桶，引爆了第一次世界大战。

奥斯曼帝国在第一次世界大战中战败，战后崩溃解体，在历史的舞台上黯然离场。在1923年土耳其共和国成立后，伊斯坦布尔成为这座城市在国际上的正式名称，我们也在此希望这座"永恒之城"不只是笼罩着一层忧伤和失落的面纱，而是既能承载厚重的过去和传统，又能焕发新生。

尽管尽了多种努力，但编者水平有限，本书难免有各种疏漏，还请读者批评指正。

服务热线：133-6631-2326　188-1142-1266

读者信箱：reader@hinabook.com

后浪出版公司
2022年12月

© 民主与建设出版社，2024

图书在版编目（CIP）数据

君士坦丁堡：举世向往之城：1453—1924 /（英）菲利普·曼塞尔著；陈功译. -- 北京：民主与建设出版社，2024.9

书名原文：Constantinople: City of the World's Desire, 1453–1924

ISBN 978-7-5139-4604-9

Ⅰ.①君… Ⅱ.①菲… ②陈… Ⅲ.①拜占庭帝国—战争史—1453–1924 Ⅳ.①K134

中国国家版本馆CIP数据核字（2024）第092788号

Constantinople: City of the World's Desire, 1453–1924
by Philip Mansel
Copyright © Philip Mansel, 1995
This edition arranged with Georgina Capel Associates Ltd
Through Big Apple Agency, Inc., Labuan, Malaysia.
Simplified Chinese edition copyright © 2024 by Ginkgo（Shanghai）Book Co., Ltd.
All rights reserved.
本书简体中文版由银杏树下（上海）图书有限责任公司出版。
版权登记号：01-2024-2363
审图号：GS（2024）0715

君士坦丁堡：举世向往之城，1453—1924
JUNSHITANDINGBAO JUSHI XIANGWANG ZHI CHENG 1453—1924

著　　者	[英]菲利普·曼塞尔
译　　者	陈　功
责任编辑	王　颂
封面设计	徐睿绅
出版发行	民主与建设出版社有限责任公司
电　　话	（010）59417749　59419778
社　　址	北京市海淀区西三环中路10号望海楼E座7层
邮　　编	100142
印　　刷	河北中科印刷科技发展有限公司
版　　次	2024年9月第1版
印　　次	2024年9月第1次印刷
开　　本	655毫米×1000毫米　1/16
印　　张	34
字　　数	505千字
书　　号	ISBN 978-7-5139-4604-9
定　　价	128.00元

注：如有印、装质量问题，请与出版社联系。